廿一世纪全国应用型本科财经管理系列实用规划教材

# 国际贸易规则与进出口业务操作实务

主　编　李　平
副主编　孟　亮　宋科艳
参　编　屈国强　李春梅
　　　　张雪梅

PEKING UNIVERSITY PRESS

中国林业出版社
China Forestry Publishing House

## 内容简介

本书以国际贸易业务的具体流程为主线，将国际贸易活动涉及的各环节串连起来。在强调国际贸易业务整体性的同时，突出履行合约的灵活性，增强从业人员在具体业务操作过程中灵活、合理处理问题的能力。同时一改过去教科书重出口轻进口的情况，加大了对进口的论述。本教材的特色在于强调了进出口业务的实用性，与国际贸易相关的资格认证考试相联系，在简洁明了地解释国际贸易操作流程的基础上，附有大力的案例增强教材的可读性，并通过模拟训练题来启发从业者的思考和实际动手能力。

本书既可以作为各类院校经济管理专业学生的专业教材，也可以作为高等院校理工科大学生文化素质教育的教材，以及国际贸易学、管理科学、社会学研究生研读的资料，还可以作为管理干部培训、报关员和单证员备考、在职外贸、运输、保险、银行等部门的参考用书或自学教材。

**图书在版编目(CIP)数据**

国际贸易规则与进出口业务操作实务/李平主编．—北京：中国林业出版社；北京大学出版社，2007.9

(21世纪全国应用型本科财经管理系列实用规划教材)

ISBN 978-7-5038-4883-4

Ⅰ.国…　Ⅱ.李…　Ⅲ.①进出口贸易商用规则—高等学校—教材②进出口贸易—贸易实务—高等学校—教材　Ⅳ.F740.4

中国版本图书馆CIP数据核字(2007)第132026号

**书　　名**：国际贸易规则与进出口业务操作实务
**著作责任者**：李　平　主编
**策划编辑**：李　虎
**责任编辑**：房兴华　杜建玲
**标准书号**：ISBN 978-7-5038-4883-4
**出　版　者**：中国林业出版社(地址：北京市西城区德内大街刘海胡同7号　邮编：100009)
http://www.cfph.com.cn　E-mail:cfphz@public.bta.net.cn
电话：编辑部66170109　营销中心66187711
北京大学出版社(地址：北京市海淀区成府路205号　邮编：100871)
http://www.pup.cn　http://www.pup6.com　E-mail: pup_6@163.com
电话：邮购部62752015　发行部62750672　编辑部62750667　出版部62754962
**印　刷　者**：北京中科印刷有限公司
**发　行　者**：北京大学出版社　中国林业出版社
**经　销　者**：新华书店
787mm×960mm　16开本　31.5印张　610千字
2007年9月第1版　2007年9月第1次印刷
**定　　价**：45.00元

# 21世纪全国应用型本科财经管理系列实用规划教材

## 专家编审委员会

# 丛书序

我国越来越多的高等院校设置了经济管理类学科专业，这是一个包括经济学、管理科学与工程、工商管理、公共管理、农业经济管理、图书档案学6个二级学科门类和22个专业的庞大学科体系。2006年教育部的数据表明在全国普通高校中经济类专业布点1518个，管理类专业布点4328个。其中除少量院校设置的经济管理专业偏重理论教学外，绝大部分属于应用型专业。经济管理类应用型专业主要着眼于培养社会主义国民经济发展所需要的德智体全面发展的高素质专门人才，要求既具有比较扎实的理论功底和良好的发展后劲，又具有较强的职业技能，并且又要求具有较好的创新精神和实践能力。

在当前开拓新型工业化道路，推进全面小康社会建设的新时期，进一步加强经济管理人才的培养，注重经济理论的系统化学习，特别是现代财经管埋理论的学习，提高学生的专业理论素质和应用实践能力，培养出一大批高水平、高素质的经济管理人才，越来越成为提升我国经济竞争力、保证国民经济持续健康发展的重要前提。这就要求高等财经教育要更加注重依据国内外社会经济条件的变化适时变革和调整教育目标和教学内容；要求经济管理学科专业更加注重应用、注重实践、注重规范、注重国际交流；要求经济管理学科专业与其他学科专业相互交融与协调发展；要求高等财经教育培养的人才具有更加丰富的社会知识和较强的人文素质及创新精神。要完成上述任务，各所高等院校需要进行深入的教学改革和创新。特别是要搞好有较高质量的教材的编写和创新。

出版社的领导和编辑通过对国内大学经济管理学科教材实际情况的调研，在与众多专家学者讨论的基础上，决定编写和出版一套面向经济管理学科专业的应用型系列教材，这是一项有利于促进高校教学改革发展的重要措施。

本系列教材是按照高等学校经济类和管理类学科本科专业规范、培养方案，以及课程教学大纲的要求，合理定位，由长期在教学第一线从事教学工作的教师立足于21世纪经济管理类学科发展的需要，深入分析经济管理类专业本科学生现状及存在问题，探索经济管理类专业本科学生综合素质培养的途径，以科学性、先进性、系统性和实用性为目标，其编写的特色主要体现在以下几个方面：

(1) 关注经济管理学科发展的大背景，拓宽理论基础和专业知识，着眼于增强教学内容的联系实际和应用性，突出创造能力和创新意识。

(2) 体系完整、严密。系列涵盖经济类、管理类相关专业以及与经管相关的部分法律类课程，并把握相关课程之间的关系，整个系列丛书形成一套完整、严密的知识结构体系。

(3) 内容新颖。借鉴国外最新的教材，融会当前有关经济管理学科的最新理论和实践经验，用最新知识充实教材内容。

(4) 合作交流的成果。本系列教材是由全国上百所高校教师共同编写而成，在相互进行学术交流、经验借鉴、取长补短、集思广益的基础上，形成编写大纲。最终融合了各地特点，具有较强的适应性。

(5) 案例教学。教材具备大量案例研究分析，让学生在学习过程中理论联系实际，特别列举了我国经济管理工作中的大量实际案例，这可大大增强学生的实际操作能力。

(6) 注重能力培养。力求做到不断强化自我学习能力、思维能力、创造性解决问题的能力以及不断自我更新知识的能力，促进学生向着富有鲜明个性的方向发展。

作为高要求，财经管理类教材应在基本理论上做到以马克思主义为指导，结合我国财经工作的新实践，充分汲取中华民族优秀文化和西方科学管理思想，形成具有中国特色的创新教材。这一目标不可能一蹴而就，需要作者通过长期艰苦的学术劳动和不断地进行教材内容的更新才能达成。我希望这一系列教材的编写，将是我国拥有较高质量的高校财经管理学科应用型教材建设工程的新尝试和新起点。

我要感谢参加本系列教材编写和审稿的各位老师所付出的大量卓有成效的辛勤劳动。由于编写时间紧、相互协调难度大等原因，本系列教材肯定还存在一些不足和错漏。我相信，在各位老师的关心和帮助下，本系列教材一定能不断地改进和完善，并在我国大学经济管理类学科专业的教学改革和课程体系建设中起到应有的促进作用。

2007 年 8 月

**刘诗白**　刘诗白教授现任西南财经大学名誉校长、博士生导师，四川省社会科学联合会主席，《经济学家》杂志主编，全国高等财经院校资本论研究会会长，学术团体“新知研究院”院长。

# 前　言

随着我国改革开放的深入和履行入世承诺的逐步到位，尤其是2004年新对外贸易法的实施，个人也可以从事外贸，迎来了我国对外贸易发展的又一个春天。我国的对外贸易额由1979年的世界排位26位跃居为2004年世界第3位，对外贸易的依存度已经达到69%。在这样的形势下，加强对外贸从业人员的培训和提高对外经济贸易人员的业务素质成为当务之急。为适应新形势发展的要求，特编写本教材。

《国际贸易规则与进出口业务操作实务》是一门研究有关国际货物买卖理论和实际业务的课程，也是普通高校和成人高等院校国际经济与贸易专业的一门专业课程。通过本门课程的学习，可使学生初步掌握国际货物买卖的基本理论、基本知识和基本技能，以便将来在进出口业务活动中，既能按法律规范和国际惯例，又能结合我国的实际和企业的经营意图，进行各类贸易活动，以实现利用两种资源，开拓两种市场的目的。

《国际贸易规则与进出口业务操作实务》是一门实践性、技术性、操作性、实用性很强的课程，主要内容包括五个方面：国际货物买卖条款；国际货物买卖合同的商订与履行；与国际货物买卖有关的主要法律法规、国际条约、国际惯例；国际货物买卖合同的商订与履行及国际贸易方式，具体内容如下表所示。

| 教学主要项目 | 具体包括教学内容 | 主要采取教学方法 |
| --- | --- | --- |
| 国际货物买卖合同条款 | 国际货物买卖合同条款包括：<br>(1) 主要条款(商品的品质、数量、包装、价格、装运、保险、支付)；<br>(2) 一般条款(商品的检验、索赔、不可抗力、仲裁) | 基本知识介绍<br>实例讲解<br>案例分析<br>操作练习 |
| 国际贸易术语 | 常用的6种贸易术语；其他贸易术语；贸易术语的选用 | 基本知识介绍<br>案例分析 |
| 与国际货物买卖有关的主要法律法规、国际条约、国际惯例 | 联合国国际货物销售同公约、2000国际贸易术语解释通则、跟单信用证统一惯例(UCP600)、托收统一规则、中华人民共和国合同法(1999) | 基本知识介绍<br>实例讲解<br>案例分析 |
| 国际货物买卖合同的商订与履行 | 国际货物买卖合同的磋商与签订；出口合同的履行；进口合同的履行 | 基本环节介绍<br>操作练习 |
| 国际贸易方式 | 经销、代理、招投标、拍卖、寄售、展卖、易货、互购、租赁、加工贸易、期货贸易、补偿贸易 | 基本知识介绍<br>实例讲解<br>案例分析 |

本书以国际贸易业务的具体流程为主线，将国际贸易活动涉及的各环节连贯起来；在强调国际贸易业务整体性的同时，突出履行合约的灵活性，增强从业人员在具体业务操作

过程中灵活、合理处理问题的能力。同时，一改过去教科书重出口轻进口的情况，因为中国的对外贸易发展速度惊人，说明中国的对外贸易进入扩张竞争阶段，世界睁大眼睛看着中国，尤其作为负责任的大国，多边贸易组织的成员国，大量进口已经成为中国必须面临的重大问题。需要加强研究，因此，加大了对进口的论述。

本教材的特色在于强调了进出口业务的实用性，与国际贸易相关的资格认证考试相联系，在简洁明了地解释国际贸易操作流程的基础上，附有大量的案例增强教材的可读性，并通过习题和案例来启发从业者的思考和实际动手能力。本教材既可以作为各类院校经济管理专业学生的专业教材，也可以作为高等院校理工科大学生文化素质教育的教材，以及国际贸易学、管理科学、社会学研究生研读的资料，还可以作为管理干部培训、报关员和单证员备考、在职外贸、运输、保险、银行等部门的参考用书或自学教材。

本书由李平任主编，孟亮、宋科艳任副主编。李平对全书进行整体设计和拟订各章写作大纲，并负责最后统稿、定稿工作。参加本书编写的有(按章节顺序排列)：李平第一篇(第1章、第2章、第3章)；屈国强第二篇(第4章、第6章)；李春梅第二篇(第5章、第7章)；宋科艳第二篇(第8章、第9章)；孟亮第三篇(第10章、第11章、第12章)；张雪梅第四篇(第14章)本书在编写过程中，承蒙北京大学出版社李虎老师给出了许多宝贵的建议和深入细致地的工作，撰写过程中引用和借鉴了国内外学者的相关研究成果，汲取了许多有益的思想和内容，在此表示衷心感谢，本书是一个探索性研究，书中不妥之处，敬请专家和广大读者不吝赐教，我们将共同努力把进出口业务与国际贸易的研究引向深入。

编　者

2007年5月

# 目　录

## 第 2 篇 进出口贸易合同实务

## 第3篇 进出口商品贸易操作实务

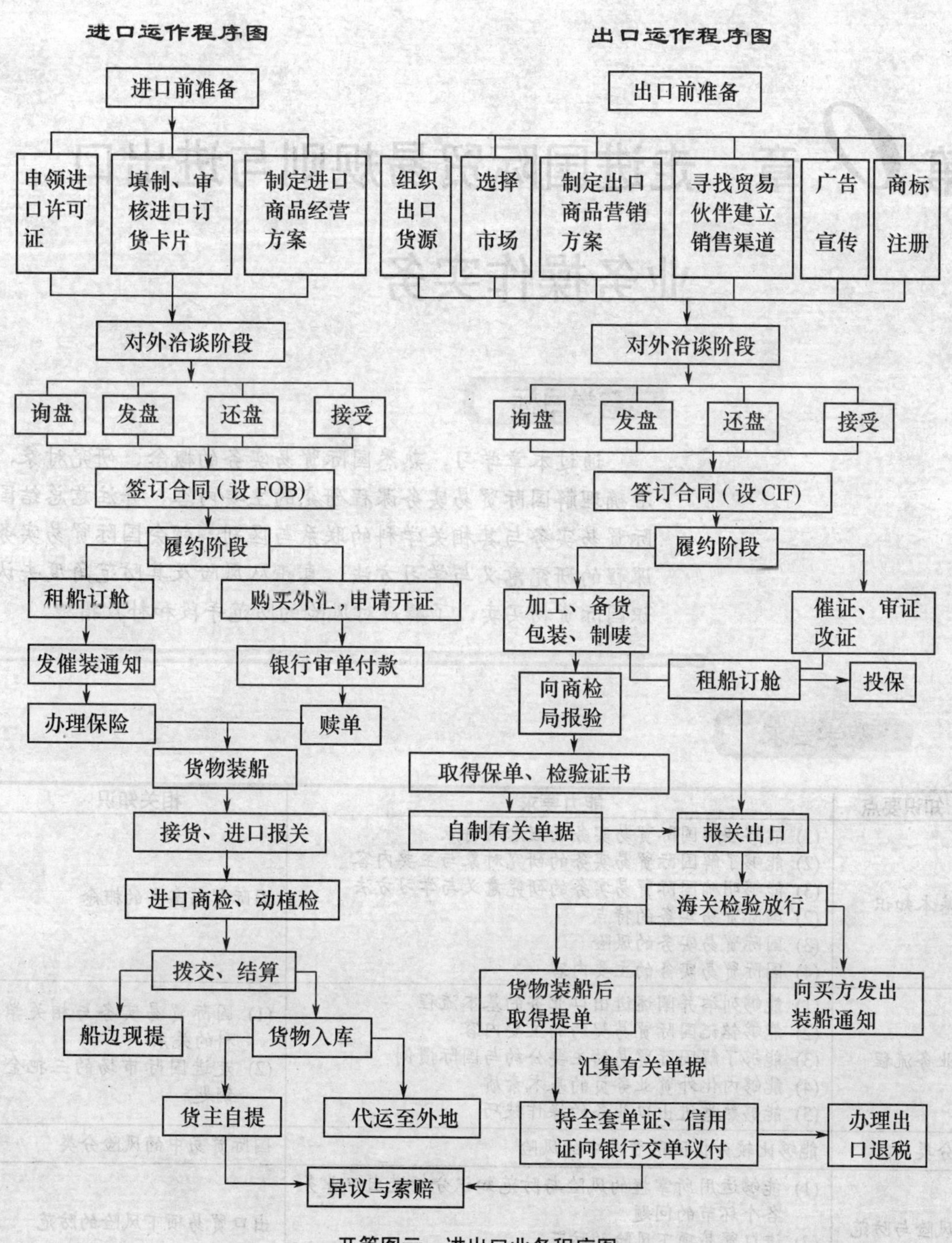


开篇图示　进出口业务程序图

注：以信用证支付方式和海洋运输方式为例

# 第 0 章　走进国际贸易规则与进出口业务操作实务

## 教学目标

通过本章学习，熟悉国际贸易实务的概念、研究对象，准确理解国际贸易实务课程研究的主要内容，并注意总结国际贸易实务与其相关学科的联系与区别，领会国际贸易实务课程的研究意义与学习方法。真正从风险及其防范角度去认识国际货物买卖，了解应对风险的防范手段和补救措施。

## 教学要求

| 知识要点 | 能力要求 | 相关知识 |
| --- | --- | --- |
| 基本知识 | (1) 能够理解国际贸易实务的概念与特点<br>(2) 能够了解国际贸易实务的研究对象与主要内容<br>(3) 能够明确国际贸易实务的研究意义与学习方法<br>(2) 国际贸易实务的特点<br>(3) 国际贸易实务的风险<br>(4) 国际贸易实务的主要内容 | 国际贸易实务的概念 |
| 业务流程 | (1) 能够列举并阐述进出口业务的基本流程<br>(2) 能够铭记国际贸易契约的主要内容<br>(3) 能够了解国际贸易的主要公约与国际惯例<br>(4) 能够内化外贸业务员的基本素质<br>(5) 能够熟悉进出口业务的操作技巧 | (1) 国际贸易实务与相关学科的关系<br>(2) 走进国际市场的三把金钥匙 |
| 分类 | 能够比较分析国际贸易中的风险 | 国际贸易中的风险分类 |
| 风险与防范 | (1) 能够运用所掌握的风险与防范知识分析进出口业务各个环节的问题<br>(2) 进口贸易项下风险的防范<br>(3) 国际贸易争议与解决中的风险与防范 | 出口贸易项下风险的防范 |

**引例**

中国一家电视机出口厂与沙特阿拉伯的一家进口商通过往来函电达成一笔电视机买卖合同。双方往来函电内容如下。

4月2日来电：愿购蝶牌电视机 JA-15 000台，立即装运请报价。

4月3日去电：蝶牌电视机 JA-15 000台，木箱装。每台62美元 CIFC2 科威特 10/11月装运，即期信用证，限6日复到。

4月5日来电：你3日电歉难接受，同行类似品质报价55美元，请速复。

4月7日去电：我3日电重新发盘，限10日内我方时间复。

4月9日来电：你7日电收到，若55美元 CIFC3D/P，即期信用证，请确认。

4月10日去电。你9日电最低60美元，即期信用证，限12日复到。

4月至11日来电：你10日电接受，再订购 500台同样条件即复。

4月12日去电：你11日电接受。合同号 02HJAM。

根据上述资料分析：

(1) 指出这些函电内容分别是贸易磋商的什么环节。

(2) 请根据函电内容列出成交的主要交易条件。

## 0.1 把握走向国际市场的金钥匙

1. 中国国际贸易的发展与变化

改革开放使中国第一次真正与世界进行了“连接”，中国人开始走向世界、影响世界。同时中国也受到世界的影响与冲击，人们的生活不再与外界无关，中国的经济与世界市场紧密相连。我们不仅每年消费着约占国内生产总值 33.9%的外国商品，还有约占国内生产总值 2/5 的收入取决于能否成功出口。对外关系和对外贸易，已经不再是只有政府才管的“国家事务”，而是影响到普通老百姓的事了。现在，人们最关心的是人民币的走势，物价的稳定，世界贸易组织的未来发展方向。人们之所以有意无意关心起这些属于国际贸易范畴的问题，是因为这些都直接涉及个人的收入与消费，影响个人的经济利益。

随着中国与世界各国经济关系的加强，中国的国际贸易地位不断上升。20 世纪 80 年代中国对外贸易在世界的排名是 26 位，不到世界的 1%。到 2004 年中国的贸易总额达到了 1.15 万亿美元(出口 5933.6 亿美元，进口 5613.8 亿美元)，创历史新高，在全球贸易排行榜上的名次已跃居第 3；2006 年位次虽然没有变化，但又再创佳绩，进出口总额达 17 606.93 亿美元(其中，进口 7916.14 亿美元，出口 9690.80 亿美元)，改革开放已经充分展示了我国贸易发展速度之快、总量之大、名次之高；中国对外贸易的增长速度真的只能用“强劲”来形容。中国已经成为名副其实的贸易大国了！

但中国还不是贸易强国。因为即使是用 2006 年的进出口总额 17 606.93 亿美元除以 13 亿人口，结果是人均 1354 美元，和世界的平均水平还有一段距离。而通过查询世界贸易组织，世界银行以及相关国家的官方网站，计算得出的其他国家的人均货物贸易额的统计数据，在2002年，美国就为6540美元，德国为13510美元，日本为5952美元，墨西哥为3321美元，再查我国香港地区，是8157美元。统计数据已经真实、清楚地说明了我国与贸易强国之间的差距(在世界银行2005、2006年GDP排名前十名的统计中，中国均排名第4，见表0-1、表0-2)。

表0-1 世界银行2005年GDP排名前十名的国家

| 排名 | 国家 | 百万美元 |
|---|---|---|
| 1 | 美国 | 12 455 068 |
| 2 | 日本 | 4 505 912 |
| 3 | 德国 | 2 781 900 |
| 4 | 中国 | 2 228 862 |
| 5 | 英国 | 2 192 553 |
| 6 | 法国 | 2 110 185 |
| 7 | 意大利 | 1 723 044 |
| 8 | 西班牙 | 1 123 691 |
| 9 | 加拿大 | 1 115 192 |
| 10 | 巴西 | 794 098 |
| 11 | 韩国 | 787 624 |
| 12 | 印度 | 785 468 |
| 13 | 墨西哥 | 768 438 |
| 14 | 俄罗斯 | 763 720 |
| 15 | 澳大利亚 | 700 672 |
| 16 | 荷兰 | 594 755 |
| 17 | 瑞士 | 365 937 |
| 18 | 比利时 | 364 735 |
| 19 | 土耳其 | 363 300 |
| 20 | 瑞典 | 354 115 |
| 21 | 沙特阿拉伯 | 309 778 |
| 22 | 奥地利 | 304 527 |
| 23 | 波兰 | 299 151 |
| 24 | 印度尼西亚 | 287 217 |

表 0-2 世界银行 2006 年世界 GDP 前十名的国家

| 排 名 | 国 家 | 万亿美元 |
|---|---|---|
| 1 | 美国 | 12.955 |
| 2 | 日本 | 4.5905 |
| 3 | 德国 | 2.7901 |
| 4 | 中国 | 2.329 |
| 5 | 英国 | 2.202 |
| 6 | 法国 | 2.118 |
| 7 | 意大利 | 1.726 |
| 8 | 西班牙 | 1.131 |
| 9 | 加拿大 | 1.119 |
| 10 | 巴西 | 0.796 |

之所以做这些说明，是因为当我们有幸开始研究国际货物贸易实务(进出口业务)时，我们人生的历程开始跨越到了一个崭新的阶段，它将使我们慢慢懂得如何与外国商人做买卖，当我们掌握了这方面的基本知识与经验，我们就可以进入国际贸易专业人士的行列，为我们的人生进一步发展打下基础。由于我国的对外贸易与世界上的贸易强国相比还有较大的差距，因此在中国从贸易大国逐渐步入强国之列的进程中，作为专业的贸易界人士自然就有很多事业成功的机会。

当然，学习国际货物贸易实务(进出口业务)的知识是要下一番工夫的。因为在国际商事务交易中，许多在从事国内贸易活动中不会发生、也不可能发生的问题，却可能会使国际贸易无法进行。国际贸易是复杂的商务活动，也是非常规范的商务活动。联合国、国际商会、各国立法机构或商业团体，对国际贸易活动制定了公约、惯例、法律与法规，使各国的商人们在进行贸易时有法可依。开设国际贸易实务及其相关课程，就是讲授这些通行的贸易规则。

**阅读资料** 0-1

## 丝绸反倾销：印度拿“市场经济地位”说事

中国网 | 时间：2006-08-14 | 文章来源： 新华每日电讯 6 版

11 日上午，四川省丝绸公司迎来了两名印度政府官员，他们将决定四川丝绸能否在 10 月间的反倾销终裁上获得市场经济地位。

我国丝绸占据了印度市场 60%的份额。眼下，印度对从中国进口的丝绸展开的反倾销行动正进入紧要关头。中国纺织品进出口商会副会长曹新宇 12 日在广州接受记者采访时说：“局势比较严峻，我们希望通过各方面的努力，让个别中国企业获得市场经济地位，并保住大部分企业的市场份额。”

**初裁结果对中国企业很不利**

印度商工部的两名官员行程长达10天，除了四川外，他们还前往浙江和贵州进行核查。

四川省丝绸进出口集团有限公司董事长王可澄称："印度官员连续多日在我们公司进行调查。现在双方的矛盾比较大。尽管还有希望达成一致，但是与我们的预期有很大差距。"

这起迄今为止中印之间最大宗的反倾销案要追溯到去年5月。正值中美、中欧纺织品争端激烈之时，印度反倾销总局宣布对从中国进口的20克/米至100克/米的绸缎发起反倾销调查。

今年4月27日，印度方面初裁我丝绸倾销成立，还否定了中国企业的市场经济地位申请，针对不同产品和不同克重，对中国产品提出了30种最低限价，并从6月起对中国进口的丝绸开征57%～108%的临时关税。

据统计，2003年4月至2004年9月间，我国直接出口到印度的丝绸价值达1.81亿美元。专家认为，反倾销一旦终裁出台，将对我国部分企业造成重大影响。

**"奇特"的反倾销核查**

尽管市场经济地位核查工作尚未尘埃落定，但此案印方一些不同寻常的做法却引起了我国纺织业和外贸行业的高度关注。

首先，印度方面首次提出要对我国政府已经在世界贸易组织备案的"蚕茧收购预测价"制度提出核查。这也是我国产业界首次在反倾销调查过程中遭到此类问题。

事实上，我国早在加入世贸组织之前，为了保护农民利益曾实行了一段时间的"蚕茧收购指导价"，2003年前后修订为"预测价"，只有少数省份还称为"指导价"，但已经是蚕茧价格的形成因素。

曹新宇说："考虑到国际国内现实情况，这是一个非常奇怪的理由。世界各国很少就已经备案的制度提出疑问，印度也是头一次提出这类调查。"

此外，印度方面还提出对我国纺织行业商会的性质展开调查。曹新宇说，印方要求我国相关商会证明没有以所谓"二政府"身份实施"行业控制"，这也是前所未有的。"我们列出诸多证据，表明商会的经费来源除了极少部分来源于对企业的服务外，绝大部分是企业自愿缴纳的会费，商会也是由企业层层选举组成的，并不是什么'二政府'。"

**"市场经济地位"成中国企业之痛**

专家指出，种种"奇特"做法反映出印度在确定我国丝绸产品是否构成倾销上没有过硬的证据。

然而，这种胡乱出牌的做法还是给我国丝绸企业造成了很大损害，追根究底，还是"市场经济地位"因素在发挥作用。

曹新宇指出，明明是依靠市场运行的中国企业屡屡在反倾销中被裁定为不具备"市场经济地位"，根本原因在于部分国家出于保护自身利益的需要而采取的歧视态度。

另一方面，我国企业在熟练运用国际市场游戏规则、通过"市场经济地位"调查获得有利地位上还存在很大差距，往往为其他国家的贸易壁垒政策提供了口实。多次代理过反倾销案件的比利时布鲁塞尔钧天律师事务所蒲凌尘律师说，大部分应诉企业误认为获得"市场经济"待遇的前提或者唯一条件是"私有股份""私有控股"等，其实不完全是这样。

他指出，尽管完全是私有的，但实际操作表明，有的企业的财务账根本未经审计，有的营业执照上表明的企业性质和实际公司结构不符，有的资产入账和损益表编制不正规，有的审计报告无具体审计意见，有的成本记账不完整、核算不严谨，有的资产折旧或摊销违背"公认会计原则""这些都是中国不少企业的老毛病、小毛病，在国际贸易争端中，一个企业只要碰到一两个类似问题，它获得"市场经济"待遇的希望将变得极为渺茫。"新华社广州8月13日专电(记者王攀　海明威　邓华宁)

2. 走向国际市场的三把金钥匙

上面所提到的变化和实际情况，也是在告诫我们，今后从事国际商事活动所面临的问题会越来越多，越来越复杂。另外，尤其在中国加入 WTO 以后的今天，由于市场机制的引进，外贸权力的下放，为履行入世承诺，2004 年 4 月 6 日我国修订了《外贸法》，并在当年的 7 月 1 日正式实施。对外贸易不再只是政府外贸部门的事，企业必须自己去开拓国际市场，去勇敢地面对国际竞争。因此，无论是政府决策部门还是企业管理人员，了解和研究国际贸易的理论和现实，对于在新形势下制定贸易政策和生产决策也变得越来越重要。那么，如何才能顺利地打入国际市场，并在国际经济竞争中取得胜利？我们说，中国的开拓型企业家必须要掌握住走向国际市场的三把金钥匙。

(1) 懂得如何与外商做生意。首先应当掌握国际商业交易的基本原理、基本知识和基本操作技能，熟悉国际贸易的全过程，学会综合利用各种交易方式的优势，做到心中有数，游刃有余。因为市场即商场，商场即战场，经营者必须“胸中自有雄兵百万”，才能在商战中稳操胜券。所以，全面的国际商务知识就是第一把金钥匙。

(2) 学会运用法律武器保护自己。市场经济即法制经济，在经济活动中做到有法可依，已经贯穿国际贸易的各个环节。从合同、商检、运输、保险到金融信贷，从民法、合同法、公司法、产品责任法、货物买卖法到证券法，从国际贸易的制度法律到政策法规，法制的恢恢之网约束着国际商业交易向规范的方向发展。因此，掌握国际贸易的政策与法规就是第二把金钥匙。

(3) 建立完备的市场信息网络。国际市场瞬息万变，国际局势动荡不定，错综复杂的贸易惯例和利益关系，形形色色的从业人员和中间交易，国际商业交易的风险之大，难度之大，使人防不胜防。在国际市场信息高度膨胀的环境下，我们的企业家必须适应市场运行的内在规律，依靠完备的市场信息网络，审慎估计每一种变化、每一个因素对国际商业交易的影响。做到运筹帷幄，处乱不惊。所以完备的国际市场信息就是第三把金钥匙。

《国际贸易规则与进出口业务操作》正是从国际商业交易的实践出发，全面介绍了国际贸易活动的基本知识和基本技能，从国际交易方式，交易合同条款，合同的商签与履行等方面，结合各国涉外商务法律的有关现象以及国际公认的贸易惯例，勾勒了国际贸易实务的全貌，目的在于帮助有志于走向国际市场的中国企业家们和未来的企业家，在系统的学习和实践中找到一条发现钥匙并掌握钥匙的正确道路。

## 0.2 国际贸易实务课程的研究对象与内容

进出口贸易实务也称国际货物贸易实务，涉及国与国之间的有形商品即货物买卖的有关理论和实际业务，同时也是国际经济与贸易专业的一门专业课，是一门实践性很强的对外经济贸易综合性应用学科。为了更好地掌握这门课程，首先要了解国际货物贸易实务课程的研究对象和主要内容。

### 0.2.1 国际贸易实务课程的研究对象

国际贸易实务是在总结我国对外贸易实践经验和国际上一些通行的贸易惯例与做法的基础上形成和发展起来的一门学科。它的研究对象及主要任务是：从国际商务的角度，总结国内外实践经验，分析研究商品交换(在国际市场)的各种做法，使学生学会在进出口业务活动中，既能正确贯彻国家的对外贸易方针政策和经营意图，确保最佳的经济效益，又能按国际规范办事，使我们的基本做法能为国际社会所接受；能较全面熟练地掌握专业的基础知识和实际操作技能，从而具备国际商务人员应有的良好的综合职业素质。

### 0.2.2 国际贸易实务课程的主要内容

本课程以国际货物买卖为对象，以交易条件和合同条款为重点，以国际贸易惯例和法律为依据，并联系我国外贸实际，介绍国际货物买卖合同的内容及订立和履行的基本环节。概括地说，国际贸易实务课程的学习内容主要有国际货物买卖合同条款，国际货物买卖合同的签订与履行、国际贸易法规和惯例、国际贸易方式、出口业务的模拟操作等几个方面。

(1) 国际货物买卖合同条款。合同是买卖双方经济交易的法律基础，也是交易双方履约的依据。按照各国的法律规定，买卖双方可以根据“契约自主”的原则，在不违反法律的前提下，规定符合双方意愿的条款，这就必然导致合同内容的多样性。因此，研究合同中各项条款的法律含义及其所体现的权利与义务关系，是本课程的基本内容。国际货物买卖合同主要包括商品品质、数量、包装、价格、运输、保险、支付、检验、索赔、不可抗力和仲裁等交易条件，本书将就上述条款做出符合国际惯例和各国法律规定的通行解释，尤其就合同条款的订立应注意的问题做了比较详细的说明。

(2) 国际货物买卖合同的商订。买卖双方就各项交易条件通过函电洽商或当面谈判取得一致后，交易即告达成，双方之间就成立了合同关系。由于国际贸易的任何一笔交易都首先从磋商合同开始，所以说，谈判是商务合同成立的前提，合同是商务谈判的结果。因此，了解商务谈判的程序及其法律效力是非常必要的。本课程将比较详细地介绍合同订立的过程，如邀请发盘、发盘、还盘、接受各环节，其中，重点介绍发盘接受的条件和效力。同时为了使学习者更好地了解谈判的内容、步骤、对策等，我们将专设一章，专门介绍口头谈判的技巧、策略等。

(3) 国际货物买卖合同的履行。合同订立后，买卖双方应信守合同，在享有合同规定权利的同时，也承担约定的义务。以 CIF 合同为例，卖方履行合同的环节主要包括备货、报验、审证、改证、租船订舱、投保、报关、装运和制单结汇等。卖方应本着诚信、公平的原则，切实做好合同的履行工作，以充分保障买方的利益；买方也应信守承诺，按合同规定收货和付款，以保障卖方的基本利益。此外，对外贸易从业人员还应了解如何处理履约过程中产生的争议，掌握违约的救济方法，以保障合同当事人的合法权益。

(4) 有关的国际贸易法规与惯例。国际货物买卖的双方处在不同的国家和地区，因各国法律制度不同，对同一问题往往出现不同的规定和理解。要正确地处理好有关问题，必须掌握国际货物买卖的有关法规和惯例。实际业务中，国际货物买卖涉及合同法、货物买卖法、票据法、代理法和知识产权保护法等法律规定和有关国际条约与惯例的规定。特别是《联合国国际货物销售合同公约》《2000 年国际贸易术语解释通则》《跟单信用证统一惯例》(国际商会第 600 号出版物)《托收统一规则》(国际商会第 522 号出版物)和《备用信用证惯例》(ISP98)等，应在本课程的学习过程中重点了解和掌握。

(5) 国际贸易方式。国际贸易方式是指营业地在不同国家或地区的当事人之间进行货物买卖所采用的贸易做法和商品的流通渠道。随着国际经济关系的不断变化和国际贸易突飞猛进的发展，国际贸易方式越来越多样化和综合化。除通常采用的单边进口和单边出口之外，还有经销、代理、寄售、展卖、招标与投标、拍卖、期货交易、对销贸易和加工贸易等多种形式。学习并掌握这些贸易做法，有利于我国对外贸易的进一步发展。

(6) 进出口业务的操作技能。国际经济与贸易专业应突出技术应用能力的培养，做到理论与实践相结合，知识传授与能力培养相结合。为突出动手能力和综合运用所学知识能力的培养，操作技能训练是要求学生在一定的条件下模拟一笔出口业务。通过模拟训练，巩固知识、学会应用。

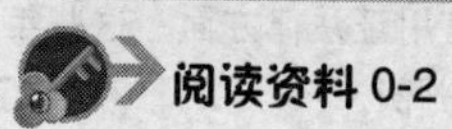
**阅读资料 0-2**

## UCP600——信用证领域的新规则

江西财经大学国际经贸学院 王善论

2007. 01. 05 国际商报

在 2006 年 10 月召开的国际商会(ICC)巴黎年会上，顺利通过了 UCP600(2007 年修订版)，新版本将

于2007年7月1日起实施。作为信用证领域最权威、影响最为广泛的国际商业惯例，新修订的UCP600至少会在接下来的10年当中主宰全球范围内的信用证业务，因此，本文将通过对UCP500与UCP600的比照，介绍其做作的具体修订，分析其修订原因，以帮助广大信用证从业者更为深入地学习并应用UCP600。

**修订UCP500的原因**

首先，据有关统计表明，由于包括银行和进出口商在内的当事人存在对UCP的错误理解及应用，大约有70%的信用证项下的单据在首次交单时由于不符而遭拒付(Gary Collier)，这就严重影响了信用证作为一种主要的付款工具的地位，而事实上成了一种拒付的工具。

有鉴于此，在UCP500实施的10多年间，国际商会先后制订并公布了很多新的与信用证业务有关的规则或文件，例如：

4份Position Paper，以澄清业界对UCP500中关于信用证的修改、议付、非单据性条件以及运输单据条款的误解。

URR525，以解决银行间的偿付十分频繁且数额巨大，而UCP500第19条的规定又过于简单所带来的问题。

ISP98，这是因为尽管UCP500第1条规定该惯例可以适用于备用信用证，但由于备用信用证本身交易的复杂性，且随着备用信用证业务量的增加，造成实务界迫切需要一套更具体的标准实务规则。因此，ISP98的制定目的就是为了满足这一需求。

关于如何确定UCP500第20条b款所指的正本单据的文件，以澄清对该条款的误解。

eUCP，该出版物是在电子商务飞速发展的形势下，为了适应电子通信技术的发展及其在国际经贸领域的广泛应用，以填补有关电子交单规定的空白。

Discrepant Documents, Waiver and Notice，以回应围绕UCP500第13、14条所提出的问题，对规范拒付程序及格式做了进一步的阐述与澄清。

Transferable Credits and the UCP500，以解决围绕UCP500第48条所产生的问题。

关于非银行(non-bank)开立信用证问题的文件，以明确ICC对银行以外的机构开立信用证问题的立场。

ISBP，该出版物以长达200个段落的篇幅，在UCP500使用了近10年后首次清晰地向世人诠释其中第13条a款("本惯例所体现的国际标准银行实务是确定信用证所规定的单据表面与信用证条款相符的依据。")中的"国际标准银行实务"为何物。

此外，各国家委员会及银行仍有大量围绕UCP500的业务咨询提交到国际商会银行委员会，要求做出是非判定或"司法解释"。迄今为止，国际商会通过一系列出版物(第565、596、613、632、660号)公布了500多个正式意见，这些意见在一定程度上解释了起草UCP条文背后的考虑和国际银行实务。在信用证法律方面，这些年也出现了多宗与UCP500条款的解释与应用有失偏颇或对UCP500中的条款发出质疑的判例。

另外，随着国际贸易和信息电子技术的发展，与信用证业务相关的运输、保险、质检、物流等方面的做法也出现了显著的变化，UCP500在条款设置及措词方面也存在一定不足。考虑到上述诸多变化，许多银行界人士和信用证专家纷纷向国际商会提出应该对UCP500进行一次全面修订，以适应新形势的发展。

**修订工作的基本思路**

一、全面评审国际商会的意见、决定，DOCDEX裁定以及各国司法判例中针对UCP的救济措施。在启动修订工作时就有500多个国际商会意见、4个意见书、2个决定(关于欧元的使用以及正本单据的确定)、60多个DOCDEX裁定。国际商会需要对其加以全面评审和分析，以决定对UCP条款的增删。

二、重点针对UCP500的7大焦点条款(第9、13、14、21、23、37、48条)，在所有国际商会做出的意见中，有关这7个条款的争议占据了高达58%的比例，同时也有17个条款从未引起争议或最多一两个争议，或除了在格式或措辞方面稍加调整外，无需修改。

三、解决UCP500实施后发展起来的规则(URR525、ISP98、eUCP、ISBP等)与UCP600的关系问题。

经过国际商会充分讨论，现在的结果是，这4个规则仍然独立存在，没有并入UCP600。

由于ISP98的规则8.04中对URR做了明确援引，因此有必要保留一个独立的URR。在UCP600中新增如果涉及指定银行须向偿付行索偿时，必须在信用证中明确规定该偿付是否受开证时有效的URR版本(第13条a款)约束。

作为专门规范备用信用证的ISP98，除了让其独立存在之外，修订时要考虑的反而是UCP600是否仍有必要涉及备用信用证。最终多数意见是备用信用证仍然可以继续适用UCP600。

由于当时以为银行业、企业界以及运输与保险业会很快跨入单据及数据传输的电子时代，国际商会于2002年出台了规范电子交单的eUCP。但该预期直到目前仍未变为现实，因此将其并入UCP600的时机尚未成熟。eUCP仍将作为UCP的补充，并使其相应升级到1.1版，以明确其与UCP600的关系。

当然ISBP并非一个“新”规则，仅仅是对UCP条文的细化及澄清。在修订过程中对如何处理UCP600与ISBP之间的关系存在许多不同意见，最终采纳了经各国家委员会投票后的多数意见，也就是作为UCP的必要补充以及银行审核单据的重要依据，ISBP仍然单独存在，在实施UCP600时需要对ISBP予以相应的调整，以便与UCP600的内容及风格相一致。但不会在UCP600的条文中直接援引ISBP的版本号(645)，只是在前言中提及。

### 0.2.3 国际贸易实务课程与其他相关学科的关系

国际货物贸易实务就是研究商品在国际市场流通过程中的各种做法，因此，这门课程具有较强的综合应用性，不仅要受国际贸易政策理论、国际贸易法律和国际贸易惯例的指导，而且还涉及与国际货物贸易实务相关的其他学科的知识，如商品学、国际货物运输与保险、国际结算、商品检验检疫及商务文化礼仪等方面的知识。

国际贸易实务与其他经贸学科既有联系，又有区别。其不同之处体现在以下几个方面。

(1) 从研究对象来看，其他专业课主要是研究有关商品交易某一方面的理论与实务问题，而国际贸易实务是研究国际商品交换的全部过程和具体环节。

(2) 从教学内容的侧重点看，其他相关科目比较注意强调知识的系统性、理论性，而国际贸易实务更着重于知识的应用性、实践性。

(3) 从教学方法上看，其他外贸学科的讲授一般采用直述法，主要告诉学生“为什么”，而国际贸易实务主要讲“怎么做”。

总之，国际贸易实务是一门应用性、实践性、操作性都很强的学科，涉及的知识面比较宽，这也就决定了国际经贸人才在贸易实践中必须对各相关知识都应有所了解。

## 0.3 国际贸易实务课程研究的意义和学习方法

### 0.3.1 学习国际贸易实务课程的意义

1. 国际货物买卖是当代国际贸易的重要组成部分

20 世纪 60 年代以来，由于科技的突飞猛进，带来生产力的巨大发展和国际分工的进一步深化，使国际贸易不论在形式方面，还是在内容方面都发生了重大变化。国与国之间的以许可贸易为主要形式的技术转让，各种形式的劳务合作等无形贸易占相当的比重。

生产力发展带来的经济生活的国际化趋势的日益加强，以直接投资结合技术输出，把部分产品(大多是劳动密集型产品) 转移到劳动力和原料价格相对低廉的地区进行生产，并在当地和邻近的地区销售，以代替原来的商品出口的做法也日趋普遍。尽管如此，国际货物买卖在当前仍然是国际贸易中最基本、最主要的部分，有形贸易仍占最大比重。因此，有关国际货物买卖的业务知识，仍然是每一个从事国际贸易工作和研究人员必须掌握的基本知识之一。有关技术转让、劳务合作等方面的业务和做法，不少是从货物买卖的基本做法中脱胎出来的，有的甚至是沿袭货物买卖的基本做法。可见，了解有关货物买卖的知识是更好地了解和掌握有关技术转让和劳务合作方面知识的途径之一。

2. 国际货物买卖实务是一门实用的和动态的学科

所谓实用是指国际贸易实务的一些基本理论、基本知识和基本技能都是非常有用的。要从事对外贸易就得学习它，其中包括怎样进行交易磋商和签定合同，怎样履行合同，合同条款如何订得对当事人有利，以及如何灵活使用贸易方式等。

所谓动态，是指随着国际政治经济形势的变化，科学技术的进步和运输事业的发展等因素不断变化进出口业务的一些具体做法也在不断地更新修订，但是新事物是从旧事物内部产生发展的，它与旧事物之间存在着必然的联系，学习旧的才能更好地理解新的乃至可能创造新的。所以实用与动态有着密切的联系。因此，不但要知其然，而且要知其所以然。

3. 学习和研究外贸专业知识是对外贸易工作者毕生的学习任务

对外贸易是一项不断变化发展的经济活动，它以世界市场为背景，需要学习研究的问题浩如烟海，无论是各国所实施的贸易政策、贸易手段、国际贸易协定，还是市场、商品、金融汇率之间的变化，每时每刻都有新的内容出现，切不可夜郎自大，自我满足。

所以，认真学习，刻苦钻研，不断开拓自己的知识领域，搞懂对外贸易专业知识的方方面面，为发展我国的对外贸易事业，贡献自己的光和热就成为每一个对外贸易工作者的光荣使命。

4. 外贸业务员应具备的基本素质

面对战后国际贸易日新月异的新形势，经济全球化的大环境，作为世界贸易组织成员国，遵守国际规则更是责无旁贷。外销员作为国际商战前线的战士，应当具有良好的政治品质，广博的业务知识和敏捷的商业头脑。方积中老师在他编著的《国际货物买卖实务》一书中把它归结为“四、三、二、一”模式。

“四”即坚持四项基本原则，就是坚持社会主义道路，坚持人民民主专政，坚持中国共产党的领导，坚持马列主义毛泽东思想。外贸工作是涉外工作，政治性强，在与国外商家打交道中，要政治立场坚定，为社会主义建设多作贡献。

“三”即“3S”特性。“3S”是英文 Smart，Sharp，Swift 三个词的词首字母。中文的意思是精、灵、迅。

(1) “精”就是一个外销员在与外商谈判时，给人的第一印象应当是一个精明能干的人。

(2) “灵”就是做生意信息要灵。世界已进入信息时代，有效的信息能创造财富，在国际贸易中，不论是向外商报盘还是接受外商报盘，均要心中有数，要耳听八方，眼明手快，才能为国家多创汇。

(3) “迅”就是办事要迅速，讲工作效率。马拉松式的谈判不受外商欢迎，会失去成交机会，一个外销员在授权所允许范围内，应在对我方有利的时机迅速做出决定。

“二”即外语和业务两优。外语是交换思想的工具，业务水平是完成外贸任务的基础。外语水平低，词不达意往往使谈判进行不下去或产生误解。业务水平低则会使合同条款签定被动，往往会带来经济上的损失。因此只有外语及业务两优，才能做好外贸工作，为国家多作贡献。

“一”即一专多能。一个人的智力和精力总是有限的，只能一专。专你所掌握的进出口商品的专业知识，熟悉商品的产销情况、生产工艺、原材料消耗、消费习惯及用途。多能是无限的，越多越好。但作为一个外销员，必须做到懂得谈判艺术和运用函电策略，能搜集和运用有效信息，能核算分析各种价格，能草拟外贸合同，能审核各种信用证，能运用不同原型的客户，能使用电传及电脑等。

根据我国对外经贸部颁布的《经贸行业外销岗位规范》，外销员的工作能力有如下要求。

(1) 综合业务能力。熟悉进出口业务的各个环节和交易程序，能独立审核信用证、改证，进行业务查询；会制订产品推销方案和经营方案；能合理使用计价货币，会进行汇率换算、成本核算；并具有处理异议、索赔、理赔等业务能力。

(2) 推销能力。能利用各种方法宣传自己的商品，扩大影响；有强烈的销售意识，善于掌握客户的心理，主动寻求贸易机会，随机应变，灵活推销；守信用，不断地了解、考察、选择和培养客户，服务热情，赢得客户信任和尊重，在平等互利的基础上同客户建立良好的贸易关系，较好地完成销售和进口任务和指标。

(3) 调研能力。能运用市场调研的方法和技巧，利用一切途径捕捉市场息，及时掌握市场变化和需求动态；能搜集、整理、分析国际市场行情和客户情况，写出市场调研报告，提出经营建议。

(4) 语言文字能力。掌握一门以上外语，以独立进行对外洽谈及有关业务活动；能准确起草有关合同和协议，处理日常业务函电；能较熟练地使用外语打字机。有较高的中文水平，能用正确的语言和文字表达思想、交流信息，独立处理业务文件。

(5) 社交能力。懂得公共关系学知识，善于同业务有关的国内外厂商和业务部门建立、保持和发展良好的公共关系，灵活运用各种正当的交际手段交朋友。

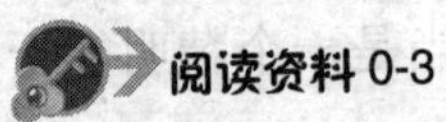
**阅读资料 0-3**

## 报检员资格考试简介

报检员是负责本企业的进出口货物或者接受委托人的委托向国家质量监督检验检疫总局申请办理商品检验、动植物检验、卫生检验等报检手续的人员。

1. 报检员的需求情况、就业方向和就业前景

需求情况：自 2005 年 6 月起，报检员必须持证上岗，全国急需持证报检员将达到 10 万名左右。

就业方向：报检员比较合适的企业有专业报关企业、外贸企业、国际货物运输代理企业、国际船务运输代理企业。

就业前景：随着我国加入 WTO，对外贸易的发展，进出口货物增加，报检员的需求将不断增加，就业市场一片光明灿烂。2005 年上海拥有报检员资格证书的人员不足 1 万名，就目前的趋势，预计报检员人才缺口为 5 万。

2. 主考单位

国家质量监督检验检疫总局。

3. 考试性质

国家报检从业人员岗位资格考试。

4. 考试时间

每年的 4 月和 11 月。

5. 考试内容

检验检疫有关法律、报检业务基础、基础英语知识。

报检员与报关员的联系和区别。

共同点：都是对进出境的货物向国家相关机构办理规定的手续，缴纳相关费用；都必须在上岗前通过国家相关机构组织的全国统一考试持证上岗，上岗后都需要上述所提及的素质和能力；它们同属于目前最

紧缺的岗位之一，也是被市场最看好的行业之一。

区别：报检员是代表本企业或委托人的委托向检验检疫机构办理货物检验检疫的手续，而报关员是代表本企业或委托人的委托向海关办理货物合法进出境的手续。

### 0.3.2 学习国际贸易实务课程的方法

国际贸易实务课程是一门实践性很强的应用性课程，根据本课程的研究对象及教学内容，在学习的过程中，我们应该注意以下方法以保证学习质量。

1. 贯彻理论联系实际的原则

在学习过程中，要以国际贸易的基本理论和国家对外方针政策为指导，将中国对外贸易概论、国际贸易等先修课中所学到的基础理论和基本政策，在本学科中加以具体运用，以便使理论和实践、政策和业务有机地结合起来，不断提高分析和解决问题的能力。

2. 讲究按国际规则办事的原则

为了促进国际贸易的发展，国际商会等组织相继制定了有关国际贸易方面的各种规则，如《国际贸易术语解释通则》《跟单信用证统一惯例》和《联合国国际货物销售合同公约》等，这些已成为国际贸易中公认的惯例和法律，被人们普遍推行和接受，并成为国际贸易界从业人员遵守的行为准则。因此，在学习本课程时，我们必须讲究按国际规则办事的原则，结合实际来研究国际上一些通行的惯例和普遍实行的原则，按国际规范办事，在贸易做法上与国际接轨。

3. 注意与其他相关学科相联系的原则

“国际贸易实务”是国际贸易与经济管理专业的核心课程(基础学科) ，与此相关的课程还有“国际金融”“市场营销”“国际商法”等。可以说，国际贸易实务涉及上述几门课程的部分内容，目的是运用相关知识，解决具体的业务，而其他经贸学科则重点研究相关问题的综合性、系统性和关联性。因此，在学习的过程中，要注意这种联系，用心研究不同学科之间的差异与关联，以真正融会贯通。

4. 注重实践、学以致用的原则

由于本课程是一门实践性很强的学科，在学习的过程中，要重视案例、事例分析的教学，结合现场参观、实习，增加感性认识。为达此目的，本教材每篇均设计了专章的技能训练。使学生通过学习和练习，加强基本技能的训练，增强分析解决实际问题的能力，真正做到学以致用，为将来走上工作岗位打下坚实的基础。

## 本章小结

国际贸易实务涉及国与国之间有形商品(即货物买卖)的有关理论和实际业务，同时又是国际经济与贸易专业的专业课，是一门应用性、实践性都很强的课程。绪论部分结合我国入世六年的实际，全面展示了我国对外贸易发展的强劲发展势头。同时详尽介绍了国际贸易实务课程的研究对象、研究内容、研究意义和研究方法。为进一步深入研究打下基础。

### 关键名词

(1) Import & Export Practice　进出口贸易实务

(2) World Trade Organization　世界贸易组织

## 习　题

### 【思考题】

(1) 如何掌握走向国际市场的金钥匙？

(2) 为什么要研究国际贸易实务？

(3) 为什么说国际贸易实务是一门实用的和动态的学科？

(4) 国际贸易实务课程的研究对象和内容是什么？

(5) 你认为一个外贸业务员应具备哪些基本素质。

## 案　例

**案例 1**

### 增长速度很快，科技含量偏低的中国外贸

2002 年以来，中国出口贸易一直持续、高速、超预期增长。有关数据显示，2004 年前 11 个月我国出口额达到了 5296.1 亿美元，同比增长 35.7%。出口数额大幅度提高的同时，也存在一些亟待解决的问题。

(1) 商品结构：高技术产品比例偏低。

从出口结构上看，我国工业制成品(包括有色金属、钢铁、化学产品、纺织品、机电产品、高新技术产品等)一直是拉动中国对外贸易出口快速增长的主要商品。2004年前10个月工业制成品在我国出口中的比例上升至93.2%，初级产品(包括实物、原料、矿产品等)占6.8%。据海关统计，2004年1月~10月，机电产品出口2538.3亿美元，同比增长42.4%，占同期中国出口总值的54.2%。高新技术产品贸易额高达12834亿美元，同比增长51.7%。出口额占总出口额的27.4%。但同发达国家相比，我国高新技术产品所占比重偏低。据世界贸易组织统计，在2000年，世界前十大出口国和地区的产品，平均高科技含量已达40%。

(2) 贸易方式：加工贸易是主导。

从贸易方式上看，加工贸易仍是我国产品出口的主要贸易方式，今年1月~10月加工贸易出口额占出口总额的比重达到55%。

加工贸易对国民经济的拉动链短，所得不过是一点微薄的加工费而已。比如进口100美元的原料，经过加工后产品以150美元出口，一进一出被海关统计为250美元，但国家实际才得到50美元的实惠。即使近年异军突起的电子、信息产品出口，其中很大一部分也是为诺基亚、摩托罗拉、英特尔等跨国巨头做贴牌加工。这表明真正利用我国自主知识产权和自有品牌生产的高技术产品的出口份额还很低，所以目前我国还算不上是“世界工厂”。

(3) 出口市场：多元化发展有起色。

从我国商品出口市场上看，过度集中于美国、欧洲、中国香港和日本市场的现象仍未改变。近10年来，我国对上述国家和地区的出口额一直占总出口额的七成左右。以鞋为例，2003年我国对美、欧、日鞋类出口额占到了鞋类总出口额的64.6%。2004年前十个月，尽管我国对上述国家和地区的出口仍占68.7%，但对其他国家的出口增长速度更快。对俄罗斯、中国台湾、加拿大、澳大利亚、韩国和东盟地区的出口增长率分别达到51.3%、49.6%、43.1%、41.6%、39.2%和36.8%。这说明我国的出口市场正逐步向多元化发展，但这一调整过程不是在短期内能够实现的。

(4) 出口主体：私营企业增长快。

从我国出口主体类型看，私营企业出口增长速度最快。2004年1月~10月份，私营企业的出口额为5357亿美元，增长率为101.8%。而同期国有企业和集体企业的增长率仅为9.3%和27.4%。表明我国私营企业在出口中的地位和作用在逐步上升。虽然私营企业在出口中的地位不断上升，但外资企业仍是我国出口的主力军，对我国出口的大幅度攀升和结构的改善起着主导作用。2003年外资企业出口占全国出口总额的比重达到41.4%，外资企业高新技术产品出口所占比重上升为89.5%。

资料来源：倪月南. 出口贸易喜中有优，环球时报，2004-12-29.

【要求】根据上述资料分析：

(1) 怎样才能算得上是“世界工厂”？

(2) 我国怎样才能解决以上问题？

**案例2**

## 取消配额不等于自由贸易

根据世贸组织《纺织品与服装协定》，从2005年1月1日起，长达40多年的配额管理体制彻底终结。在原有的配额体制下，188个类别的中国受限纺织品年均增长率被严格限制在1.7%。取消配额后，这些类别的纺织品将获得正常发展的机会，中国纺织品平均竞争优势也将得以进一步发挥。世贸组织预测，纺织品一体化后，中国纺织品出口将在短期内占到全球市场的50%。

“纺织品一体化对世界贸易意味着一个时代的结束，但不要过高估计后配额时代对全球纺织品市场的影响，不要过高估计后配额时代对中国纺织业带来的机遇。”博鳌亚洲论坛秘书长龙永图曾对纺织业配额取消后过高的市场期望值泼冷水，他说：“绝对的自由贸易是没有的，从前没有，以后也不会有。有的只是相对的自由贸易，或者更多的自由贸易。”

影响全球纺织品贸易的因素很多，除了配额，还有关税、绿色壁垒以及各种非关税措施，龙永图指出，纺织品配额的取消，绝不意味着全面进入纺织品自由贸易时代，取消纺织品配额以后，也不会立刻引起全球纺织品市场格局产生根本的、革命性的变化。统计也显示，中国出口的纺织品中，绝大多数是不需要配额的。2003年中国纺织品出口788亿美元，需要配额的只有100亿美元左右。因此，取消配额对绝大多数中国出口纺织品影响并不大。

一些纺织品主要进口国在配额即将全面取消的最后阶段，把国内产业面临的困难简单地归咎于中国的纺织品出口，对中国纺织品实施一系列限制性措施。中国纺织品也出现了“量增价跌”的问题，出口纺织品多以定牌、贴牌为主，缺乏自主品牌，在整个产业链中，中国制造商只能拿到10%的利润，90%的利润都属于国外品牌拥有者——批发商、分销商、零售商等各个环节。

在这种形势下，中国政府决定从2005年起到2007年12月31日，对向全球出口的外衣、裙子、衬衫、裤子、睡衣和内衣等7大类33个敏感类别的148个服装税号，采取从量计征方式加征出口关税的过渡性措施。龙永图认为，加征出口关税固然会增加中国纺织品出口企业的成本，但这远远低于恶性竞争带来的恶果，也低于以前高价购买配额所付出的成本，对中国纺织企业出口成本不会造成很大影响。

上海华盛纺织品有限公司2004年出口达到2500万美元，公司董事长兼总经理朱贤仁也承认，征收13%的出口关税，税负水平低于预计的2%～4%，对企业来说还能承受得了，对当年的出口影响不大。商务部外贸司司长鲁建华指出，进入后配额时代，中国纺织业一是要充分认识一体化面临的新形势，处理好短期利益与中长期利益，企业利益与行业利益和国家利益的关系；二是要加快提升产业结构，加大对产品创新研发的投入，提高产品附加值，创立自主品牌；三是要在目前国内行业组织化程度低，行业组织发育不成熟的情况下，企业加强自律；四是要以合作求发展，通过到国外投资设厂、建立合作伙伴关系、设立贸易公司等方式积极大胆地“走出去”；五是要通过对话和交流，扩大与国外纺织业的合作，实现互利共赢，共同享受纺织品一体化的成果。

龙永图提出，同时也应看到中国本身就是一个极大的纺织品市场，要加大对国内市场的控制力，不要盲目地舍近求远，防止国外的纺织品品牌过快、过多地抢占中国市场份额。

对于滥用贸易保护主义措施对中国纺织品出口进行不合理排斥和打击的行为，龙永图认为“不要怕”，中国可以利用世贸争端解决机制维护自己的合法利益。另外，中国并不是唯一的纺织品出口大国，遭遇不合理的贸易保护，中国还可以联合其他成员协同对抗。况且，中国纺织品出口利益并不完全属于中国，打击中国纺织品出口，也将打击国外相关企业和广大消费者的利益。

资料来源：张毅. 取消配额不等于自由贸易，环球时报，2005-01-07.

【要求】根据上述资料分析：

(1) 如何正确理解贸易自由化？

(2) 我国纺织业为什么受到非常多的贸易限制？

(3) 我国纺织业怎样才能形成良性循环？

案例3

# 入世后的今天，浙江外贸依然面临“壁垒”考验

日前，浙江省经贸委公布了2004年美国贸易救济立案调查的相关数据。在涉及我国的20起案件中，涉及浙江的就达18起。有关人士指出，浙江已成为国际贸易救济措施的主要目标之一。

这份浙江经贸委的要情专报显示，2004年，在涉及浙江的18起贸易救济立案调查中，反倾销案件就有4起。

反倾销案件影响非常大。从有关部门获悉，2005年2月4日，美国商务部对原产于中国的薄绵纸做出反倾销仲裁。美国商务部认为，原产于中国的薄绵纸在美国市场上的倾销幅度为112.64%，9家中国企业因此得到112.64%的单独关税税率。2004年11月30日，美国商务部以印度相关产品为替代，公布了对原产于中国和越南的冷冻及罐装暖水虾的反倾销调查仲裁结果：认定在57家中国应诉企业中的4家抽样企业中，有3家企业以低于正常价值的价格在美销售涉案产品，倾销幅度为27.9%至112.8%。这一仲裁结果，使舟山、宁波等地的虾产业也受到重创。

更为严峻的是纺织行业。进入1月以来，虽然配额取消，但浙江纺织品服装出口还是遭到欧美等主要销售市场的“设限潮”。在4月15日开幕的广交会上，浙江纺织企业的纺织品服装，尤其是袜子、胸衣、针织衬衫等“敏感商品”的签单受到严重影响，不少企业都表示，“设限”压力让他们一筹莫展。嘉兴浙能有限公司沈总透露，不得已，他们已将今年出口的目标市场调整到南非等非洲国家。

有关专家说，浙江之所以成为“重灾区”，其根本原因就在于近年来浙江对外贸易的大发展。以宁波为例，“宁波制造”今年一季度出口增幅高达44.3%，在全国各计划单列市中位居第一，其中3月份出口总量达17.04亿美元，刷新了以前的单月出口记录。这里面，民营企业达18.75亿美元，同比增长高达60%。木秀于林，风必摧之，浙江出口迅猛增长，自然难逃欧美贸易保护主义的大棒。

当然还有其他原因。浙江经贸委综合处有关人士认为，从出口贸易结构来看，浙江出口的大多是劳动密集型产品，附加值较低，加上丰富而低廉的劳动力供给，导致出口产品成本不高，极易给人以低价倾销的印象。再者，浙江一些商品的出口市场过于集中，由于出口能力旺盛，更令某些国家惊恐不安。

出口秩序问题也是一个不容忽视的因素。中国纺织品商会会长曹新宇表示，一些纺织出口企业削价竞销，在出口国市场价格一跌再跌，这无疑是“授人以柄”。他说，2003年至2004年一年间，我国出口纺织企业就从3万家猛增到近4万家，其中许多是中小企业，而中小企业的低价竞销策略，不仅损害行业利益，也影响到整个行业在国际上破除贸易壁垒的努力。

还有大环境因素。在美国等一些西方国家眼中，中国目前还不是一个他们认同的真正意义上的市场经济国家，因此总是对我国实行“制度歧视”，总是拿所谓“非市场经济国家”做文章，随意指定替代国，依据不切实际的替代价格进行裁决。上述冷冻及罐装暖水虾的案例就是一个证明。

资料来源：浦琦．入世后的今天，浙江外贸依然面临“壁垒”考验，中国商报，2005-05-27(2)。

【要求】根据材料回答以下问题：

(1) 为什么在加入世界贸易组织之后，浙江省的出口依然受到国际限制？

(2) 世贸组织大力倡导贸易自由化，为什么还允许使用反倾销、反补贴措施？这会不会加剧国与国之间的贸易争端？

(3) 我国企业应该如何利用世界贸易组织规则，使自己的出口健康发展？

# 第1篇　国际贸易规则与操作总论

## 第1章　与国际贸易相关的规则与问题

### 教学目标

通过本章的学习，对与国际贸易相关的规则与问题有一定的基本了解和认识，能针对不同的案例进行分析并拿出自己的解决方案。

### 教学要求

| 知识要点 | 能力要求 | 相关知识 |
| --- | --- | --- |
| 基本知识 | (1) 理解国际贸易的动机<br>(2) 了解国际贸易的基本问题<br>(3) 理解国际贸易的行为约束 | (1) 国际贸易的概念<br>(2) 国际贸易的地位<br>(3) 国际贸易的动机<br>(4) 国际贸易的基本分类<br>(5) 国际贸易的统计指标<br>(6) 国际贸易的特点 |
| 业务流程 | (1) 阐述国际贸易的动机<br>(2) 了解斯密的绝对利益论<br>(3) 评价李嘉图的比较利益论<br>(4) 了解国际贸易的基本分类<br>(5) 了解国际贸易的行为约束 | (1) 国际贸易的规则<br>(2) 国际贸易的相关问题 |
| 分类 | (1) 分析比较国际贸易的动机<br>(2) 掌握国际贸易的分类及特点 | (1) 国际贸易的动机<br>(2) 国际贸易的基本问题 |
| 风险与防范 | 运用所掌握的有关国际贸易的基础知识分析操作实务中的各种案例 | 国际贸易的相关概念 |

引例

## 中国外贸出口依存度的变化分析

新中国刚刚成立以后，我国对外贸易发展缓慢。直到 1978 年，我国对外贸易额才达到 206 亿美元，表现为进出口规模小，外贸出口依存度很低。

20 世纪 80 年代我国对外贸易进入了大发展时期。由于我国逐步改革外贸体制，极大地调动了地方、部门和企业扩大出口的积极性，外贸出口逐年大幅度增加。外贸出口依存度由 1978 年的 4.62%上升到 1980 年的 6.03%，到 1990 年外贸出口依存度又上升到 16.10%，比 20 世纪 70 年代高出 12 个百分点。

进入 20 世纪 90 年代，随着我国社会主义市场经济体制的建立，外贸出口依存度在 20 世纪 80 年代的基础上，又有较大程度的提高。在整个 20 世纪 90 年代，除 1993 年外贸出口依存度略有下降(为 15.26%)外，其他年份均比 20 世纪 80 年代有所上升。1991 年和 1992 年外贸出口依存度分别为 17.70%和 17.55%；1994—1996 年 3 年中，外贸出口依存度分别为 22.28%、21.29%和 18.53%；1997 年和 1998 年出口依存度分别为 20.26%、21.29%，也就是说，在亚洲金融危机严重冲击下，我国外贸出口额虽然大大下降，低于国内生产总值的增长，但出口依存度仍然居高不下。2000 年我国外贸出口额达到 2 492.97 亿美元，国内生产总值达到 10 801 亿美元，首次突破 1 万亿美元大关，外贸出口依存度高达 23.08%。

加入世界贸易组织使我国融入世界经济的步伐加快。这期间，我国外贸进出口总值快速增长，从 2000 年的 4743 亿美元提高到 2004 年的 11 547 亿美元，年均增长 24.9%；国内生产总值从 2000 年的 89 468 亿美元提高到 136 515 亿美元，年均增长 9.5%。由于外贸进出口增幅高于国内生产总值增幅 15.4 个百分点，再加上人民币兑美元汇率稳定在 8.27 元水平上，我国外贸依存度也由 1978 年的 8.9%，2000 年的 43.8%，上升到 2003 年的 60%，2004 年高达 70%。

随着工业化进程的加快，我国逐步提高了出口产品的国际竞争力。随着产业结构的升级，出口贸易规模的扩大，我国出口商品结构也发生了很大变化：1980 年改革开放初期，初级产品出口额为 91.14 亿美元，占出口总额的比重为 50.30%，到 1999 年初级产品出口达到 199.9 亿美元，占出口总额的比重下降到 10.23%。工业制品出口额 1980 年为 90.5 亿美元，占出口总额的 49.70%，到 1999 年工业制成品出口额增加到 1749.9 亿美元，占出口总额的 89.77%。工业制成品出口额在 1980—1999 年平均增长 16.9%。这个增长率比同期国内生产总值和出口总额的增长率分别高出 7.2 和 3.6 个百分点。2003 年我国高新技术产品出口额达到 1103 亿美元，比上年增长 62.2%，占我国商品出口总额的 25.2%，反映了我国加入世界贸易组织以后产业结构变动和制造能力提高较快的势头。

根据所给材料回答以下问题：

(1) 对外贸易依存度高与低分别说明了什么？

(2) 中国外贸出口依存度提高的原因是什么？

(3) 结合中国出口商品结构变化，分析出口商品结构与对外贸易依存度的关系。

资料来源：苗成栋，梁爱丽. 国际贸易. 北京，对外经济贸易大学出版社，2002 年. 第 93-95 页。

贸易是人类最为基本的活动之一，每个社会都有贸易活动，并存在于世界各地。事实上，从洞穴人开始就已经有了贸易交往活动。国际贸易就是人们跨越国界所进行的商务活动。广义地说，它不仅包括国际货物贸易及国外生产，同时还包括新兴的服务行业，诸如交通运输业、旅游业、银行业、广告业、建筑业、零售业、批发业以及大众传播业等。它包括所涉及的两个及两个以上国家的商务活动。这种商务活动，可能是私人间的关系，也可能是国家间的关系。私人企业为盈利从事国际商务活动，而带有国家色彩的国际贸易也不可能不以盈利为目的。

## 1.1 国际贸易的动机

国际贸易在国际经济活动中占有重要地位，是国际经济活动不可缺少的重要组成部分。然而，人们为什么要进行对外贸易？我国的经济学学者和国际贸易专家与西方的法学家和经济学家做出过各种回答。下面我们归纳目前两种观点的论述。一种观点是易露霞、陈原提出的，他们主编的《国际贸易实务》教材，从一般事实的角度概括为四个方面；另外一种观点是国际贸易法专家王传丽教授从国际贸易理论的角度概括为6种学说。

1. 寻求资源(Resource Acquisition)

国际贸易，又称对外贸易、世界贸易或海外贸易。从本质上说，即在平等的基础上，有意识地进行跨国界的商品和服务的交换行为。它包括进口业务和出口业务两部分内容。国际贸易的兴起有多种原因。

世界各地的原材料分布不均，而现代制造业和农业却都需要各种不同的资源。因此，通过贸易来获取这些资源是十分必要的。同时资源在世界各地的不同分布状况决定着世界贸易的格局。例如，美国是一个咖啡消费国，但由于气候的关系，它不能大量生产咖啡，因此，不得不从其他生产咖啡的国家，如巴西、哥伦比亚等地进口咖啡。英国拥有大量的煤炭资源，却严重缺乏像铜、铝之类的矿产资源。

气候和土壤影响着农产品的种植，这些农产品可以被该国用来消费和进行国际贸易。比如，一些南美洲国家的气候非常适宜咖啡的生长，而美国几乎不产咖啡，必须进口。另一方面，美国有些州的气候和土壤很适合小麦的生长，因此，美国的小麦产量非常高，经常出口到其他国家。

2. 追求利润(Benefits Acquisition)

随着制造业和技术的发展，产生了另一个促进国家间进行贸易的原因，即经济效益。人们发现，如果一个国家只生产低成本的产品，而其他国家购买它们用低成本生产的产品，那么这比该国自己生产所有的产品要划算。对于这一点，人们常用比较优势的理论来解释。比较优势理论也叫比较成本理论，是由大卫·李嘉图、斯图尔特·米尔和19世纪的其他一些经济学家发展而来的。比较优势理论的要点是：不同国家和地区具有不同的生产可能性。国家之间的贸易对双方都有利，即使其中一方可用较低的成本生产所有的商品，只要两国在生产一种商品的效率上存在着微弱的相对差异，即便是穷国也可能具有生产这一商品的比较优势。

比较优势引导各国专门和批量生产某些特定产品。例如，美国生产食品的效率远高于欧洲。美国生产食品所需劳动力仅占欧洲所需劳动力的1/3，制作服装所需劳动力只占欧洲所需的1/2。可见，在食品业和服装业方面，美国都有绝对优势，但是生产食品的效率比制作服装的效率更高，所以，美国有大量服装从欧洲进口。

3. 多种经营(Diversification)

为尽量避免销售量和利润的剧烈波动，公司通常会寻找海外市场作为防止这种情况出现的措施。由于南北半球学校放暑假的时间不同(此时为放映儿童电影的主要时间)，电影制片公司将对其年度销售计划做精心策划。一些电影制片公司在不同年份与不同的国家签订了拍摄电视的合同，其他许多公司则利用各国不同的经济周期，对其生产与销售进行调整。这样，当一国经济萧条而引起销售量减少时，在另一国则可因经济复苏而使销售量增加。最后，依靠来自不同国家的同一产品或配件，公司就可减轻由于一国价格波动或资源短缺带来的损失，比如由于罢工而引起的上述情况。

4. 扩大销售(Expand Sales)

产品的销售量受制于潜在购买者的数量以及消费者的购买力。既然消费者人数及其购买力在世界范围内比在一国内要大得多，企业就可以在全球范围内划分销售市场，以增加其销售量。通常，销售量越大则利润越高。

还有其他一些进行国际贸易的原因。有些国家无法大量生产出某种产品，所以必须从其他国家进口这类商品，以满足国内的大量需求。此外，国际贸易的发生有时也出自于对创新和款式的追求。因为国际贸易能够提供花色品种更多的产品，并且能扩大消费者对某一产品的选择范围。最后，还有些国家进行贸易主要是出于政治目的。此时，政治目的的重要性超过了经济因素。

5. 资源的绝对匮乏

国际货物买卖产生于人类社会的第一次大分工，有了剩余物资，产生了交换。起初是物物交换，之后发展为物与货币的交换。按照经济学家的观点，国际贸易的产生首先是由于资源的绝对匮乏。住在温带地区的居民要想吃到香蕉、喝上咖啡，最直接的办法就是从生产国进口香蕉和咖啡；缺乏矿产资源的国家要进行工业生产，必须从国外购买所需要的矿砂或原料。由于各国地理位置不同，气候条件、资源分布存在着巨大差异，因此，资源绝对匮乏的情况是不可避免的，直通有无，是人们从事国际贸易的第一个动机和目的。

6. 资源的相对匮乏

资源的相对匮乏又称为“绝对生产费用”学说或“地域分工”理论，是由英国古典经济学家亚当·斯密(Adam Smith，1723—1790) 提出来的。他认为，根据各国资源条件而进行的“自然分工”，使各国都按照最有利的条件进行专业化生产，通过自由贸易，输出本国在生产费用上占绝对优势的商品，换取本国不能生产或生产费用较高的产品。1776 年，在他的名著《国民财富的性质和原因的研究》一书中他写道：“如果一件东西在购买时所费的代价比家内生产时小，就永远不会想要在家内生产，这是每一个精明的家长都知道的格言。裁缝不想制作他自己的鞋子，而向鞋匠购买。鞋匠不想制作他自己的衣服，而雇裁缝制作。农民不想缝衣，而宁愿雇用那些不同的工匠去做。……如果外国能以比我们自己制造还便宜的商品供应我们，我们最好就用我们有利地使用自己的产品的一部分去向他们购买。”利用本国丰富的资源或专长向国外出口产品或提供服务，当产品的生产数量和销售量达到一定程度时，会大大降低生产成本、用现代经济学的术语来说，即通过规模经济提高效益。这是人们从事国际贸易的第二个动机和目的。

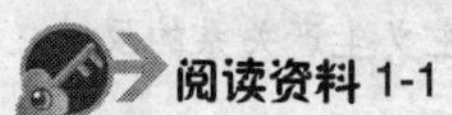

阅读资料 1-1

## 亚当·斯密

1. 亚当·斯密生平简介

1723 年亚当·斯密出生在苏格兰法夫郡(County Fife)的寇克卡迪(Kirkcaldy)。亚当·斯密的父亲也叫 Adam Smith，是律师、也是苏格兰的军法官和寇克卡迪的海关监督，在亚当·斯密出生前几个月去世。母亲玛格丽特(Margaret)是法夫郡斯特拉森德利(Strathendry)大地主约翰·道格拉斯(John Douglas)的女儿，亚当·斯密一生与母亲相依为命，终身未娶。

亚当·斯密常想事情想得出神、丝毫不受外物干扰。有时也因此发生糗事，例如：亚当·斯密担任海关专员时，有次因独自出神将自己公文上的签名不自觉写成前一个签名者的名字。亚当·斯密在陌生环境发表文章或演说时，刚开始会因害羞频频口吃，一旦熟悉后便恢复辩才无碍的气势，侃侃而谈，而且亚当· 斯密对喜爱的学问研究起来相当专注、热情，甚至废寝忘食。

1723—1740 年，亚当·斯密在家乡苏格兰求学，在格拉斯哥大学(University of Glasgow)时期亚当·斯密完成拉丁语、希腊语、数学和伦理学等课程。1740—1746 年，赴牛津大学(Colleges at Oxford)求学，但在牛津并未获得良好的教育，唯一收获是大量阅读格拉斯哥大学缺乏的书籍。1751 年后，亚当·斯密在格拉斯哥大学不仅担任过逻辑学和道德哲学教授，还兼负责学校行政事务，一直到 1764 年离开为止；这时期，亚当·斯密于 1759 年出版的《道德情操论》获得学术界极高评价。而后于 1768 年开始着手著述《国富论》，1773 年时认为《国富论》已基本完成，但亚当·斯密多花三年时间润饰此书，1776 年 3 月此书出版后引起大众广泛的讨论，影响所及除了英国本地，连欧洲大陆和美洲也为之疯狂，因此世人尊称亚@当·斯密为“现代经济学之父”和“自由企业的守护神”。

1778 年—1790 年间亚当·斯密与母亲和阿姨在爱丁堡定居，1787 年被选为格拉斯哥大学荣誉校长，也被任命为苏格兰的海关和盐税专员。1784 年斯密出席格拉斯哥大学校长任命仪式，因他的母亲于 1784 年 5 月去世所以迟未上任；直到 1787 年才担任校长职位至 1789 年。斯密在去世前将自己的手稿全部销毁，于 1790 年 7 月 17 日与世长辞，享年 67 岁。

2. 亚当·斯密的主要贡献

亚当·斯密认为，劳动是国民财富的源泉。同时还指出，劳动创造的价值是工资和利润的源泉，并经过分析得出了工资越低，利润就越高，工资越高，利润就越低的结论。这实际揭示了资本主义经营管理的中心问题和剥削本质。

亚当·斯密在分析增进劳动生产力的因素时，特别强调了分工的作用。他对比了一些工艺和一些手工制造业分工前后的变化，对比了易于分工的制造业和当时不易于分工的农业的情况，说明分工可以提高劳动生产率。

亚当·斯密在研究经济现象时，提出了一个重要的论点：经济现象的产生是由于人们的利己主义目的。人们在经济行为中，追求的完全是私人的利益，但是每个人的利益又被其他人的利益所限制，这就迫使每个人必须顾及他人的利益，由此产生了相互的共同利益，并进而发展为社会利益。可见社会利益是以个人利益为基础的。这种认为人都要追求自己的经济利益的“经济人”的观点，是资本主义生产关系的反映，也是早期管理思想的重要表现。

资料来源：http://baike.baidu.com/view/36852. htm。

7. 比较利益说

由于种种原因，如地理的、气候的、原料的、技术的等，甲国生产的产品可能都比乙国便宜，按照上述亚当·斯密的“绝对生产费用”理论，甲、乙两国之间似乎就不会存在贸易活动。然而，事实并非如此。英国经济学家大卫·李嘉图(1772—1823)发展了亚当·斯密的“绝对生产费用”理论，在考虑从英格兰进口呢绒、从葡萄牙进口酒类时，于当年提出了“比较利益”学说，在更深的层次上推动了国际贸易的发展。其名著《政治经济学及赋税原理》对这一学说做了最简明的描述。他写道：“如果两个人都能制造鞋帽，其中一人在两种职业上都比另一个强一些，不过制鞋时强 1/3，制帽时强 1/5，那么，较强的人专门制鞋，较差的人专门制帽，双方均可获利。”他以英、葡两国生产酒和毛呢为例，来论证比较利益学说。

李嘉图比较利益学说的建立，导致英国议会于 1846 年终于废除了维护封建地主利益的谷物法，从此英国成为一个实行自由贸易的国家。恩格斯盛赞道：“这永远确定了资产阶级，特别是资产阶级最活跃的部分即工厂主对土地贵族的优势，这是资产阶级的最大胜利，但同时也是它专为自己本身利益所获得的最后二次胜利。”比较利益学说的科学性在于它以劳动价值论为基础，推导出由两国劳动生产率的差异而产生的比较利益，揭示了通过国际分工实现这种比较利益即节省社会劳动的可能性。

第二次世界大战以后，国际分工的形式和内容有了新的变化，出现了劳动密集型产品、资本密集型产品和技术(或知识) 密集型产品，推动了国际贸易在广度和深度上的飞跃发展，出现了现代西方经济学家对比较利益学说的新的衍释和探讨。

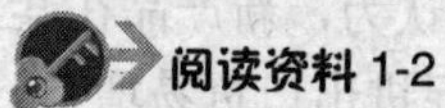

**阅读资料 1-2**

## 大卫·李嘉图

大卫·李嘉图(1772—1823 年)，是英国政治经济学家，对系统经济学作出了重要贡献，被认为是最有影响力的古典经济学家。他也是成功的商人、金融和投机专家，并且积累了大量资产。

李嘉图出生在伦敦的一个犹太移民家庭，在 17 个孩子中排行第三。14 岁时，他跟随父亲进入伦敦证券交易所，在那里开始学习金融运作。这一开始为他将来在股票和房地产市场的成功奠定了基础。

21 岁时，李嘉图拒绝了家庭的正统犹太教信仰，加入了贵格会，这导致他与家庭疏远。很可能他的母亲从此再没有与他交谈过。差不多在同时，他成为一神论派信徒。

1799 年的一次乡村度假里，他阅读了亚当·斯密的《国富论》，由此对经济学产生了兴趣。

李嘉图在证券交易所的工作使他非常富有，1814 年 42 岁时便退休了。

1819 年，李嘉图在英国议会上院购买了一个代表爱尔兰的席位，他占据这个席位直到去世。作为议员，李嘉图支持自由贸易和废除《玉米法》。

李嘉图的密友詹姆斯·穆勒对其政治雄心和经济学论文写作多加鼓励。其他知名友人还有马尔萨斯，他们常在协会里辩论诸如地主的社会角色之类的问题，他也是伦敦知识分子圈子里的一员，后来成为马尔萨斯政治经济学俱乐部和国王俱乐部会员。

他 51 岁那一年在自己的庄园里去世。

### 8. 生产要素比例学说

1933 年瑞典的经济学家俄林在其《域际和国际贸易》一书中提出了“生产要素比例”学说，对以劳动价值为出发点的古典国际贸易理论提出质疑。他认为，劳动是不同质的。不同的货物要求不同的要素投入。例如，当市场需求木桶时，制桶匠的工资就要高于铁匠的工资，因为两者的工作是不可相互替换的。即使是在一个充分竞争的市场上同质的劳动，商品的生产也不仅仅取决于劳动本身，而是由生产的诸要素——土地、劳动、资本决定的。不同的商品要求不同的要素投入，而不同的国家有不同的要素禀赋，如果相对劳动和资本来说，小麦的生产需要更多的土地，那么具有广大土地的国家生产的小麦就可以相对便宜一些。这就是为什么澳大利亚、阿根廷、加拿大、明尼苏达和乌克兰出口小麦；另一方面，如果相对资本和土地来说，生产棉布需要更多的劳动力，则拥有大量劳动力的日本、印度则可在制造棉布并在出口方面享有比较利益。不同的生产要素禀赋加上商品生产的专业化分工才产生了比较利益。

9. 技术差异和产品生命周期理论

随着科学技术的飞速发展，把技术看做生产要素之一，从技术发明不断创新的动态发展的观点出发，美国哈佛大学教授弗农于 1966 年在其著作《国际投资和产品周期中的国际贸易》一书中提出了“技术差距和产品生命周期”理论。技术差距理论认为，新产品在其发明阶段，企业拥有暂时的垄断权，很容易进入国际市场，于是，可以促进出口贸易增长。其后，产品在其他国家大量生产出来，发明国享受着技术优势的比较利益，等到技术扩散后，发明国的绝对利益消失了，一个新技术的生命周期又开始了。根据产品生命周期理论，俄林认为，新产品的生命周期可以分为三个阶段。

(1) 新产品开发阶段。这一阶段由于开发和改进产品需要大量技术性劳动，因此也称为技术密集型时期。

(2) 产品成熟阶段。开拓市场和资本投入占据主导地位，也称为资本密集型时期。

(3) 标准化产品阶段。这一时期技术稳定，产品又赢得广大消费者，需要大量的原材料、资本和非技术性劳动从事大规模生产，产品开始进入劳动密集型时期。当产品成熟并进入标准化生产时，比较利益则从拥有大量技术性劳动的国家转移到拥有大量非技术性劳动的国家。

由于各国技术发展水平不同，拥有科技人才和雄厚资本的国家将在国际贸易竞争中享受更多的比较利益。综上所述，我们会发现，比较利益的合理内涵至今仍在影响着国际贸易的发展方向，影响着各国的对外贸易政策。综观第二次世界大战以来国际贸易的发展，应当承认，古典的资源的绝对匮乏理论、绝对生产费用理论、比较利益学说以及现代的生产要素比例学说、技术差距与产品生命周期学说都在从不同的方面解释人们从事国际贸易的动机和目的。

10. 国家相互依赖学说

资源匮乏说、绝对生产费用说和比较利益学说等是资产阶级上升时期鼓吹自由贸易的经济学说，是建立在完全就业和充分的市场竞争基础上的静态假设。实际上，自由贸易仅仅是一个理想，从来就没有真正实现过。今天，即使是最发达的工业化国家，如美国、日本、欧洲联盟各国都在实行严格的保护主义，什么因素是促使国家从事国际贸易的动机？显然不单纯是资源的匮乏，也不单纯是基于“绝对生产费用”和“比较利益”，国家之间的相互依存和相互合作的需要已超过了单纯的资源匮乏和比较利益等纯粹经济上的考虑。第二次世界大战以后，特别是 20 世纪 60 年代以来民族解放运动的兴起，许多过去在帝国主义、殖民主义统治下的殖民地和半殖民地取得了独立，建立了新的民族国家，走上了独立发展的道路，并成为联合国大家庭中的平等成员，大大改变了国际力量的对比，第三世界国家不再是附属于发达国家并受其支配的被动力量。1974年5月1日联大通过的《建立新的国际经济秩序宣言》正确地反映了这一力量对比的变化，指出，20世纪70年代以来世界的变化说明了世界大家庭的一切成员相互依赖的实际情况，发达国家的利益同发展中国家的利益不能再相互分隔开，发达国家的繁荣是与发展中国家的增长和发展紧密关联的。整个国际大家庭的繁荣取决于它的组成部分的繁荣。根据这一观点建立起来的以国家相互依赖为基础的国际贸易学说反对以邻为壑的贸易政策，具体表现在以下几点。

(1) 从历史发展的观点出发，发达国家应当承认发达国家之所以成为发达国家，是因为在旧的经济秩序下，发达国家对发展中国家用武力或其他手段强制推行不平等的“国际分工”的结果，因此，现代的国际贸易动机首先是为建立新的国际经济秩序而努力。

(2) 在建立新的国际经济秩序的基础上，发达国家应为发展中国家的产品以及服务排除一切关税与非关税壁垒，为发展中国家幼稚工业的建立提供优惠条件。

(3) 发达国家应尊重并承认各国基于社会制度、经济发展水平不同而存在的差异，允许发展中国家在贸易发展过程中实行程度不同的保护政策。

总之，以国家之间相互依存、相互合作的共识为基础，在大国、小国、穷国、富国一律平等的前提下，国家从事对外贸易的动机不能再是纯粹的追求利己的一国的繁荣和发展。利用本国在政治的、经济的、军事的、文化的、自然条件的、科学技术发展方面的以及社会人力资源等诸方面的优势，利用国际条件的差异，通过对外贸易，实现国家在政治、经济、军事、外交等各方面的综合效益。这种做法在第二次世界大战后开始显露，20世纪60年代以后，特别是20世纪80年代，达到了登峰造极的地步，国际贸易是国家实现包括经济利益在内的特定目的的手段。1986年开始直至1993年12月底结束的关税与贸易总协定乌拉圭回合谈判中所反映出来的各利益集团之间的妥协和争斗，可以看成是这种国际贸易动机和目的的最好证明。

## 1.2 国际贸易概述

这里将介绍一些国际贸易中最常见的一些经济变量，这些变量均属于宏观变量，它们可以用来分析一国的贸易状况及其对国民经济的影响。

### 1.2.1 国际贸易的基本分类

1) 按从事贸易的角度不同分类

(1) 对外贸易(Foreign Trade)是指一个国家或地区同其他国家或地区进行商品和劳务的

交换活动，一些岛国如英国、日本等也常用海外贸易(Oversea Trade)这一概念。包括货物与服务的对外贸易称其为广义对外贸易，不包括服务在内则称其为狭义对外贸易。

(2) 国际贸易(International Trade)是指国家之间商品和劳务(Goods and Services)的交换活动，是世界各国之间国际分工的表现形式，它反映了世界各国在经济上的相互联系。国际贸易是从国际(世界) 范围内来看这种商品交换活动，国际贸易是由各国的对外贸易构成的，它是世界各国对外贸易的总和。

2) 按商品形态不同分类

(1) 有形贸易(Visible Trade)，或称有形商品贸易(Tangible Goods Trade) 或简称货物贸易(Goods Trade)，指实物商品的进出口。

(2) 无形贸易(Invisible Trade)，指一切不具备物质自然属性的商品或称无形商品的国际交换活动，包括运输、保险、金融、旅游及技术转让等劳务的提供与接受以及其他非实物形态的进出口。

有形商品的进出口须经过海关手续，从而表现在海关的贸易统计上，是国际收支的主要构成部分；无形贸易虽然也构成国际收支的一部分，但因不经过海关手续，通常不显示在海关的贸易统计上，而显示在一国的国际收支平衡表上。

3) 按统计标准不同分类

(1) 总贸易体系(General Trade)又称一般贸易体系，是以货物通过国境作为统计对外贸易的标准。凡是进入本国国境的货物一律记为进口，称为总进口(General Import)；凡是离开本国国境的货物一律计为出口，称为总出口(General Export)，两者之和为总贸易额。

(2) 专门贸易体系(Special Trade)又称特殊贸易体系，以关境作为统计对外贸易的标准。关境是指一国海关法规全部生效的领域。所以关境与国境可能存在不一致，例如保税区和自由贸易区的存在使国境要大于关境，而几个国家结成关税同盟，对外统一征收关税，内部则自由贸易互免关税，此时关境要大于国境。

4) 按贸易形式不同分类

(1) 一般贸易是指一国内企业单边进口或单边出口货物的交易形式，但投资设备、捐赠等除外。

(2) 加工贸易是指国内企业从境外进口全部或部分原辅材料、零部件、元器件、配套件和包装物料等，经加工或装配后，将成品或半成品复出口的交易形式。该项业务主要包括来料加工和进料加工两种贸易方式。

5) 按商品流向不同分类

(1) 出口贸易又称输出贸易(Export Trade)，是指本国生产或加工的商品输往国外市场销售。从国外输入的商品，未在本国消费，又未经本国加工而再次输出国外，称为复出口或再输出(Re-Export Trade)。

(2) 进口贸易又称输入贸易(Import Trade)，是指将外国商品输入本国市场销售。输往国外的商品未经消费和加工又输入本国，称为复进口或再输入(Re-Import Trade)。

(3) 过境贸易又称通过贸易，某种商品从甲国经乙国输往丙国销售，该商品的输入和输出对乙国而言即为过境贸易(Transit Trade)。这种贸易对乙国来说，既不是进口，也不是出口，仅仅是商品过境而已。

6) 按贸易有无第三国参加分类

(1) 直接贸易(Direct Trade) 是指货物生产国将货物直接出口到消费国，消费国直接进口生产国的货物时两国之间发生的贸易，即由进出口两国直接完成的贸易。

(2) 间接贸易是指商品生产国不直接向消费国出口，商品消费国也不直接从生产国进口，而经由第三国商人来完成贸易，这种形式的国际贸易称为间接贸易(Indirect Trade)。

(3) 转口贸易是指商品生产国和消费国通过第三国进行的贸易，对第三国而言就是转口贸易(Entrepot Trade)。转口贸易又可分为两种：一为直接转口贸易，商品还是从生产国直接运往消费国，但转口商人参与商品的交易过程，分别与生产国的出口商和消费国的进口商订立买、卖合同；另一种是间接转口贸易，商品由生产国输入转口国，再由转口国商人负责向消费国输出。

7) 按清偿工具分类

(1) 自由结汇贸易是指以货币作为清偿工具的国际贸易，又称现汇贸易(Cash-Liquidation Trade)，但作为清偿工具的货币必须是能在国际金融市场上自由兑换的国际货币。

(2) 易货贸易是指不以货币为媒介，直接以货物相交换的国际贸易。

8) 按经济发展水平分类

(1) 水平贸易(Horizontal Trade)是指经济发展水平比较接近的国家之间开展的贸易活动。例如，发达国家之间展开的贸易或者发展中国家之间所展开的贸易活动。

(2) 垂直贸易(Vertical Trade)是指经济发展水平不同的国家之间开展的贸易活动。发达国家与发展中国家之间进行的贸易大多属于这种类型。

9) 按货物运输方式不同分类

(1) 陆路贸易(Trade by Roadway)。陆地毗邻国家之间的贸易多采取陆路贸易，主要运输工具是火车和卡车。

(2) 海路贸易(Trade by Seaway)。货物通过海上运输的国际贸易称为海路贸易，运输工具主要是各类船舶，这是国际贸易中最主要的运输方式。

(3) 空运贸易(Trade by Airway)。单位价值较高或数量较少的货物，为争取时效，往往以航空货运方式装运，称为空运贸易。

(4) 邮购贸易(Trade by Mail Order)。数量很少的交易，通常也有采取邮政包裹的方式寄送的，称为邮购贸易。

(5) 多式联运贸易。海陆空各种运输方式结合运送货物的行为。国际物流迅猛发展促进了这种方式的贸易。

### 1.2.2 国际贸易的有关统计指标

#### 1. 对外贸易额

对外贸易额(Value of Foreign Trade)是指用金额表示的一国的对外贸易，又称对外贸易值，用以说明一国对外贸易的总规模。

一定时期内(通常为一年)一国从国外进口商品的全部价值，称为进口贸易总额或进口总额；一定时期内一国向国外出口商品的全部价值称为出口贸易总额或出口总额，两者相加即为进出口总额——对外贸易额。计算公式为

$$\text{国际贸易额} = \text{世界各国的进出口总额之和}$$

#### 2. 对外贸易量

对外贸易量(Quantum of Foreign Trade)是指以不变价格计算的反映贸易规模的指标。计算公式为

$$\text{出口贸易额} = \frac{\text{出口额}}{\text{出口价格指数}}$$

$$\text{进口贸易额} = \frac{\text{进口额}}{\text{进口价格指数}}$$

#### 3. 贸易差额

贸易差额(Balance of Trade)是指一国在一定时期内(通常为一年)出口总额与进口总额之间的差额，用以表明一国对外贸易的收支状况。当出口总额大于进口总额时，称贸易顺差(Favorable Balance of Trade)，或贸易盈余(Trade Surplus)，又称出超；当出口总额小于进口总额时，称贸易逆差(Unfavorable Balance of Trade)，或贸易赤字(Trade Deficit)，又称入超。当进、出口总额相等时，称贸易平衡。

#### 4. 对外贸易依存度

对外贸易依存度又称对外贸易系数(Ratio of Dependence on Foreign Trade)是指一国的对外贸易额占其国民生产总值(GNP)或国内生产总值(GDP)的比重，它是反映对外贸易在一国国民经济中所处地位的重要指标。其计算公式为

$$\text{对外贸易依存度} = \frac{\text{对外贸易额}}{\text{GNP(或GDP)}}$$

5. 贸易条件

由于一国进出口商品的种类繁多，通常用贸易条件指数来反映贸易条件的改善程度。在国际贸易中，贸易条件(Terms of Trade，TOT)有以下几种。

(1) 净贸易条件是指一国在一定时期(通常为1年)内的出口商品价格指数与进口商品价格指数之比，其公式为

$$净贸易条件指数=\frac{出口价格指数}{进口价格指数}\times 100$$

(2) 收入贸易条件是在净贸易条件的基础上，把贸易量指数加进来。其公式为

$$收入贸易条件指数=\frac{出口价格指数}{进口价格指数}\times 出口数量指数$$

(3) 单项因素贸易条件是在净贸易条件的基础上，考虑劳动生产率提高或降低后贸易条件的变化。其公式为

$$单项因素贸易条件指数=\frac{出口价格指数}{进口价格指数}\times 出口商品劳动生产率指数$$

(4) 双项因素贸易条件不仅考虑到出口商品劳动生产率的变化，而且考虑到进口商品的劳动生产率的变化。其公式为

$$双项因素贸易条件指数=\frac{出口价格指数}{进口价格指数}\times\frac{出口商品劳动生产率指数}{进口商品劳动生产率指数}\times 100$$

6. 对外贸易的地理方向与国际贸易的地理方向

(1) 对外贸易的地理方向(Direction of Foreign Trade)又称对外贸易地区分布或国别构成，是指从一国对外贸易角度而言的对外贸易额的地区分布和国别分布状况，即指一国出口商品的去向和进口商品的来源，从而反映出一国与世界其他国家之间经济贸易的关联程度。

(2) 国际贸易的地理方向(Direction of International Trade)又称国际贸易地区分布(International Trade by Regions)，是指从国际贸易角度而言的一定时期内(通常为1年)各个国家或地区，各个国家集团，世界各大洲在世界贸易中所占的地位，即世界贸易的国别分布和洲别分布状况。计算方法既可以计算各国(地区)的进出口额在世界进出口额中的比重，也可以计算各国的进出口总额在世界进出口总额中所占的比重。

7. 对外贸易和国际贸易的商品结构

(1) 对外贸易商品结构(Composition of Foreign Trade)是指一定时期内(通常为1年)各类商品进出口贸易在一国进出口贸易中的构成，通过计算各类商品的进出口贸易额在一国对外贸易额中所占的比重来表示。

(2) 国际贸易商品结构(Composition of International Trade)是指一定时期内各类商品在

整个国际贸易中的构成，用各类商品的贸易额在整个世界出口贸易额中所占的比重来表示。

对外贸易或国际贸易构成可以反映出一国或世界的经济发展水平、产业结构状况和第三产业发展水平。对外贸易服务构成是指一定时期内一国或世界服务进出口中各类服务的构成。

### 1.2.3 国际贸易的基本特点

#### 1. 国际贸易的广泛性

国际贸易的广泛性主要表现在以下几个方面。

(1) 市场空间的广泛性。世界有多大，市场就有多大，贸易就可以做多大。进入21世纪以来，国际贸易商品在广泛的空间流动，打破了单独的国内市场和区域市场界限，全球的物流渠道畅通，双边贸易、区域贸易与全球贸易的市场广泛。一个成功的企业必然是国际性的。任何国家、企业要想在日益激烈的国际市场竞争中立于不败之地，最有效的做法就是建立起本国、本企业的最佳商业信誉，“重合同守信用”，树立品牌战略，要视信誉为企业、国家的生命。

(2) 信息传递的广泛性。为了满足国际贸易对信息多元化的需求，越来越多的货物贸易、服务贸易、知识产权贸易的信息通过广播、电视、报刊、杂志、因特网等多种方式广泛传播，特别是因特网以其强大的信息传播与检索功能，使全世界范围内的人们可以共享信息，成为人们获知信息的重要途径。现代社会的信息科学技术，在极大程度满足人类自身发展的同时，加快了国际贸易的步伐。参与国际贸易的企业要想做出准确的市场判断，必须采取各种手段调查了解各国经济、政治、法律、生产和市场等方面的信息。

(3) 法律适用的广泛性。国际贸易是建立在市场经济基础上的，市场经济是法制经济，国际贸易经营者既要遵守本国的贸易法，又要遵守贸易对象国的贸易法，还要适应国际贸易条约和惯例；既要遵守各国与国际经济贸易组织的强制性法律，又要按照民商法律行事。国际贸易涉及大量的法律知识。迄今为止，国际上仍无统一的国际贸易法，各国的法律制度、体系不同，法律规则庞杂，甚至迥然不同和相互冲突，商务法规也很不一致。故从事国际贸易的人要了解相关国际贸易的法律。

(4) 贸易障碍的广泛性。为了争夺市场，保护本国利益，各国均采取关税壁垒与非关税壁垒来限制外国商品的进口，给对外贸易造成了许多障碍。如绿色贸易壁垒，保护的内容非常广泛，商品的生产、销售不仅涉及与人类健康、卫生、安全相关，而且还涉及资源、环境、生态的保护。这些绿色保护措施，具有不确定性和可塑性，对生产技术水平较低的发展中国家来说，影响就更大更深。各国海关制度、法令与非关税措施互有不同，如关税税率、进口特殊规定、非关税壁垒方面的规定。对国际性的贸易组织有关规则也要知晓。

(5) 交易接洽的广泛性。电子商务为贸易洽谈提供了一个广泛的交流平台，协助各国加强并拓展国际市场。它突破了时空的阻隔，随时随地与世界各地保持联系，贸易双方从初次接触到签订合同，在网络的洽谈中，谁都拥有全面的市场空间。从事国际贸易，必然与外国商人接触，双方的和谐沟通是以语言为载体的，英文已成为国际贸易通用语言，掌握它对成功开展业务至关重要。除了英文，还有很多种语言，还要通晓与之开展贸易往来的国家或地区的语言。

2. 国际贸易的风险性

国际贸易的风险性主要表现在以下几个方面。

(1) 自然风险。自然风险是由于大自然风险因素所致财产毁损和人员伤亡的风险。在国际贸易中，由于自然力所致的风险是常见的。突发的灾难事故时有发生，如地震、暴风、瘟疫、海难、洪水、干旱等，这些风险必然会给国际贸易带来诸多困难，同时也给贸易各方带来机遇和挑战。

(2) 社会风险。国际贸易的社会风险包括以下6种。

① 政治风险。政变、战争，乃至时局的动荡，就像“晴雨表”一样影响着国际贸易的发展。从两次世界大战，到某国、某地区的政治骚乱，都会给国际贸易带来影响。这种政治风险之大，波及面之广，是任何风险都无法相提并论的。一次“9·11”的出现，带给国际贸易的是全球性的经济下滑；一次海湾战争，带来的是世界石油贸易的危机。这不但使经营贸易的厂商在此风险中受害，也使许多国家在无奈之中承担巨额风险。

② 价格风险。价格是一只“看不见得手”，在无形操纵着市场的行情。国际市场的买价、卖价、市价、时价、地区差价，变化莫测，使贸易双方签约后，会出现上涨或下跌的价格风险，给买卖双方造成风险，尤其是大宗交易的国际贸易，价格风险更大。

③ 商业风险。在国际贸易中，无论是现货市场，还是期货市场，只要进行贸易就必然和风险同行。实践中，因出口商交货不符、交货期晚、单证不符，进口商拒收货物或拒付货款等，从而给进出口商造成了商业风险。

④ 信用风险。在国际贸易中，自买卖双方接洽开始，经报价、还价、确认，到订约、履约。在此期间，买卖双方的财务经营状况可能发生变化，有时出现违约等信用风险。

⑤ 汇兑风险。国际贸易的交易双方必有一方要以外币计价，但外汇汇率不断变化，稍不留神，就会出现汇兑风险。无论金融环境如何有利，在复杂多变的世界中，任何风险都会增加汇兑风险，国际金融的自由化，常常给交易各方带来双重或多重的压力。

⑥ 运输风险。国际贸易货物运输里程一般超过国内贸易，在运输过程中发生的风险也随之增多。无论是海运、陆运，还是空运、联运，越是现代化的运输工具，风险的概率越是不可避免，因为掌握运输工具的人“风险意识”不尽相同，各国在运输中预防风险的措施不一样，技术水平也参差不齐。国际贸易货物的转移，要通过各种交通运输工具进行，

由于海运、陆运、空运的环境和条件不同，贸易商不但要有一定的运输知识，还要掌握相关的地理知识、港口状况，只有这样才能使货物妥善地转移，安全地运送到目的地。

3. 国际贸易的复杂性

国际贸易的复杂性主要表现在以下几个方面。

(1) 贸易结算复杂。各国的货币汇率及软硬程度差别很大，在国际贸易中，应采用何种货币计价？两国货币如何兑换？凡此种种，对外贸易都比国内贸易复杂。汇率是物价总水平的综合反映，国内物价越低，名义汇率越有升值压力。反之，名义汇率高估，国内通货紧缩就越严重。国际贸易货款的清偿多以外汇支付，而汇价依各国采取的汇率制度、外汇管理制度而定，使国际汇兑相当复杂。

(2) 海关制度严谨。各国都设有海关，对于货物进出口都有许多规定。货物出口，不但要在输出国家办理出口报关手续，而且出口货物的种类、品质、规格、包装和商标也要符合输入国家的各种规定。各国海关制度、法令与非关税措施互有不同，从事国际贸易的企业除要了解本国有关规定外，还要了解贸易对手国家的规定。如关税税率、进口特殊规定，非关税壁垒方面的规定。对国际性的贸易组织有关规则也要知晓。同时，充分发挥货运、报关、检验的能力，办好出口与进口手续。

(3) 运输手续繁多。国际贸易运输，除了办理装卸、提货手续外，既要考虑运输工具与运费，又要考虑交易合同的运输条款与运输合同的条款，承运人、托运人以及代理人的责任。如今，货主代理、船舶代理、货运代理人、签单代理人、契约承运人、承运人、实际承运人、无船承运人等复杂的运输当事人，已经打破了传统的运输关系，开拓了国际货物运输的新天地，也增加了许多的风险与责任的纠纷。

(4) 商业习惯多样。国际贸易方式十分复杂，各国、各地区市场商业习惯不同，规约与条例解释也不一致。特别是商业习惯、港口习惯，它是世界各国在千百年的实践当中形成发展起来的，这些习惯不但带有表面的商业意义，也蕴涵着政治、经济、文化的内容。掌握市场动向，涉及企业进出口的方方面面，牵涉到产品设计、生产、销售和服务的全过程，在国际贸易中，成功的关键在于对未来趋势的判断，对市场动态的把握。

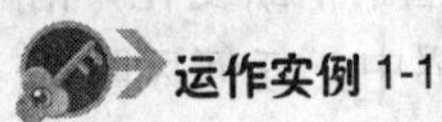
**运作实例 1-1**

## 韩国对中国一次性打火机反倾销案

[案情介绍]

1997 年 2 月 4 日，中国产一次性打火机被韩国打火机协会起诉为倾销。1997 年 2 月 27 日，韩国贸

易委员会决定进行调查，于1997年3月10日公告调查开始，并向利害关系人做了通报。

1997年3月18日，韩国贸易委员会向中国生产者、出口商、进口商及用户发送了调查问卷，答辩期限为1997年4月30日。韩国贸易委员会进行调查后，于1997年5月20日进行初裁，决定于1997年6月5日起征收31.39%的暂定反倾销关税，并要求韩国财政经济部征收反倾销关税，财政经济部于1997年6月27日公告征收暂定反倾销关税。

1997年8月9日，韩贸易委员会在官报上公告产业损害听证会的召开日期，并于1997年8月26日召开了产业损害听证会，1997年9月26日做出产业损害的最终裁决，向韩财政经济部建议征收反倾销关税，财政经济部完全接纳贸易委员会的建议，对中国产一次性打火机征收了反倾销关税。

[案情分析]

此案因中国企业没有应诉，被征收了反倾销关税。涉案企业不积极应诉，给中国企业造成了大量不必要的损失。统计显示，在对华反倾销案中，中国至少有一半的企业不去应诉，直接导致了80%反倾销案件的败诉。如欧盟对我国彩电征收44.6%的最终反倾销税的主要原因，就是中国无一家彩电企业应诉。根据欧盟《反倾销法》的规定，对不应诉企业，欧盟将根据“所能掌握的情况”做出不利于中国企业的决定，通常是征收了最高等级的反倾销税率。这与韩国彩电企业形成了鲜明的对比。韩国三星、LG等企业积极应诉，制定了周密应诉策略，向欧盟提供了充分的依据，同时调整了全球市场战略，纷纷到欧盟国家投资设厂，从而绕开反倾销壁垒。

本案中韩国贸易委员会把中国视为“非市场经济”国家，没有适用中国国内的销售价格，而是把泰国作为替代国，确定了正常价格。另外因中国的出口商没有提供相关价格资料，韩国贸易委员会根据海关提供的进口统计资料和可以收集到的材料算出了对韩国的出口价格。值得关注的是，美欧等发达国家也均将中国视为“非市场经济”国家，对中国出口产品的“正常价值”，以“替代国”或“参照国”的国内市场正常交易过程的正常价值来代替标准。比如自行车，就找个同样生产自行车的新加坡、中国台湾省等替代。可以设想，中国的劳动工资比新加坡、中国台湾省要低得多。若按新加坡、中国台湾省较高工资水平生产的自行车的市场价比，中国产肯定会构成“倾销”。所找的替代国生活水平越高，算出的“倾销差”越大，要征的反倾销税就越高。前些年，美国进行过一项调查，中国产业工人平均工资是每小时0.5美元，而美国与欧盟的同类工人的工资是每小时18美元，相差36倍。若用欧美作替代国来计算某种产品的生产成本或市场“正常价值”，中国产品必“倾销”无疑，倾销差也会很大。

而且，这种替代国的计算方法，同样也适用于推算价格的计算上，例如在计算生产成本时，对原材料的价格也找替代国生产的原材料。这样推算出的中国产品的正常价值，必然远远超出中国实际的生产成本。

## 1.3 国际贸易的行为约束

在国际贸易中，买卖双方的一切行为都会受到法律、买卖合同、国际惯例及国际公约的约束。这都是构成“游戏规则”的因素。

### 1.3.1 国际货物买卖合同

买卖合同是最直接的约束国际贸易中买卖双方当事人行为的规定。它体现了当事人之

间的经济关系，规定了买卖双方的权利和义务。为了保证订立的合同得以顺利履行，必须使用法律，使经济贸易纳入法律规范。因而，只有符合法律规范的合同方能得到法律的承认，当事人的权利和义务才能受到法律的保护、监督和约束。所以，对外达成和履行货物买卖合同，不仅是一种经济活动，而且是一种法律行为。

### 1.3.2 国际贸易惯例

在大多数情况下，贸易惯例并没有定义，只是提及。例如，《联合国国际货物销售合同公约》第九条规定如下。

(1) 双方当事人业已同意的任何惯例和他们之间确立的任何习惯做法，对双方当事人均有约束力。

(2) 除非另有协议，双方当事人应视为已默示地同意对他们的合同或合同的订立适用双方当事人已知道或理应知道的惯例，而这种惯例，在国际贸易上，已为有关特定贸易所涉同类合同的当事人所广泛知道并被他们经常遵守。

### 1.3.3 国际贸易所适用的法律

在国际货物买卖中，货物需经过包装、商检、清关、运输、仓储、保险、开证及支付各个环节，或其中某几个环节。由于双方当事人的营业地在不同的国家或地区，这就需要确定双方的权利、义务关系应当适用哪一国家的法律。因此，在签订国际货物买卖合同时，就要考虑合同的法律适用问题。对于这一问题，如果双方当事人达成协议，则应在合同中订立一些法律选择条款，明确规定该合同适用的法律。如果双方当事人就法律适用问题达不成协议，合同中没有法律选择条款时，一旦发生争议，就要由有关法庭或仲裁机构，根据其认为适用的法律冲突规则来确定该合同应适用的法律。无论哪一种情况，在国际货物买卖中，都可能导致适用某项国际公约或某一国际贸易惯例。

我国《合同法》允许合同当事人选择处理合同争议所适用的法律，若未选择，则适用与合同有最密切联系的国家的法律。按国际惯例，确定“与合同有最密切联系的国家”的标准，应视国际贸易具体情况而定。一般国际货物买卖合同的缔约地、违约发生地等事实都构成导致该合同适用某一国内法的重要因素。

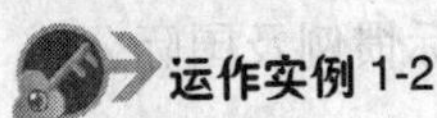


## CIF 合同法律适用案

有一份 CIF 合同在美国订立，由美国商人 A 出售一批 IBM 电脑给香港商人 B，按 CIF 香港条件成交。

双方在执行合同的过程中，对合同的形式及合同有关条款的解释发生争议。请分析解决此项纠纷应适用中国香港法律还是美国法律？

结论：应适用于美国法律。理由：合同与美国关系最密切，因为订约地和履约地都在美国。

分析：在按CIF香港条件成交的合同中，出口方在出口国装运港履行交货义务，所以履约地在美国装运港，而非目的港香港。(有关CIF条件的内容参见“贸易术语”)

### 1.3.4 国际贸易公约

国际贸易惯例并不具有普遍的约束力，当事人可以采用也可以不采用。只有当事人在国际贸易买卖合同中规定适用某一国际贸易惯例来确定他们之间的权利义务关系时，该项惯例才对双方当事人有约束力。但是国际公约对成员国的国民或自然人、法人而言，与本国的法律一样具有约束力，或者说具有普遍约束力。从这个意义上说，国际公约也同时具有国际惯例的性质。然而，国际公约应高于国际惯例。此外，关于国际公约和国内法律，如果属于某一国际公约成员国的国内法与国际公约相应条款有不同的规定，则应适用国际公约的规定，也就是说，国际公约优于国内法。

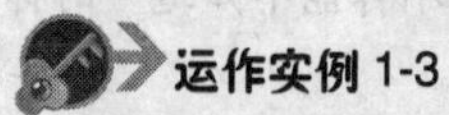
**运作实例 1-3**

## 从国际仲裁案看销售合同公约的应用

[案情介绍]

某年2月，某中国公司与某美国公司签订合同，向美国公司购买一台4000吨压机。按合同规定，卖方提供的保证期在货物离港之日起18个月。但在合同保证期届满之后33个月，该压机发生了一次大的事故，经专家分析论证，事故的原因是传动装置中的一块防松板因金属疲劳而断裂，使得动力不能传递而致。按美国公司随机器提供的使用手册，原设计的防松装置应是一个方块状的防松键，美国公司在制造过程中将其更换为一块较薄的防松板。事故发生后，美国公司以合同规定的保质期已过，他们不再负有义务为由，拒绝来中国确定事故的原因和修复压机。中国公司只好通过自身努力将压机修复，因此发生数百万元人民币的费用，并且压机的工作寿命也受到影响。于是，中国公司委托律师事务所向美国公司提出索赔，但美国公司却以合同规定的保证期已过以及压机质量无问题、事故是中国公司使用维护不当而致为由，拒绝谈判。

[案情分析]

本案的争论焦点问题有两点：一是在合同规定的保证期已过的情况下，中国公司是否有权获得赔偿；二是将原设计的防松键更换为防松板是否构成货物与合同不符。

本案的依据是《公约》第40条项3个适用条件。

第一，货物不符合合同

本案事故的原因是由于传动装置中的防松板因疲劳而断裂所致。按合同规定，压机设计的某些图纸是要经过中国公司的批准才能通过的，但导致事故发生的传动防松部件，并不属于需要中国公司批准的设计，合同的附件也没有要求这里必须使用防松键。因此，美国公司可以对这部分无须经用户批准的部件，加以变更。因此从合同法上讲，美国公司使用防松板代替了防松键，这一行为本身并不构成违约。

至于美国公司所做的变更是否在技术上是合理的，为此双方各自聘请了技术专家出庭提供专家证言，美国专家用了大量的技术分析认为，用防松板代替防松键功能效果不受影响，甚至更好。因此，仲裁庭认为中国公司没有举出充分的证据证明防松板的功能效果比原来设计的防松键差。

但是，中方同时提出的另一点争议点是，无论防松板和原来设计的防松键相比有无不当，这一制造上的变更使得它的安装变得更加复杂麻烦，而美国公司没有对因其改变设计而变得复杂的安装做出说明并告知不适当安装的危险性，他们的技术人员到中国公司现场验证时也没有提出这一点。正是这一点被仲裁庭所采纳，认为虽然将防松键变更为防松板本身不能证明有什么不当，但改用了防松板后，使得其安装变得复杂，容易出现多种安装上的失误，而这些安装上的错误都会导致防松功能的失效并导致事故的发生。因此，美国公司在这一设计上的变更，且没有对变更后的安装做出适当的说明，加上存在各种错误安装的可能性使得这一变更是很危险的，这两者结合使得实际交付的货物不符合合同。

第二，卖方已知道或不可能不知道。

合同法的基础是契约自由的原则，合同当事人自愿订立的保证期条款应当得到承认和执行，而《公约》第 40 条的适用就是否定了当事人约定的保证期的效力，因此，通常认为这一条只是在特别的情形或例外的情形之下才适用的。这里的问题是如何掌握判定“已知道或不可能不知道”的标准的问题。

证据表明，美国公司确切地知道存在错误安装的可能性及其危险性。

这里还存在一个举证责任和证明标准的问题。卖方通常对货物的设计和制造过程提出证据比买方更容易，为适用《公约》第 40 条的目的，一旦买方提供的证据显示卖方知道或应当知道货物不符合合同的情形可能性大于不可能性，卖方如主张这种知道还达不到《公约》第 40 条要求的标准，那么他对此负有举证责任。

仲裁庭认为，中国公司提出了证据证明美国公司知道不符合合同的情形及其危险性，而美国公司在不能排除用户错误安装的可能性的情形下，并没有提出证据显示他们曾做过任何努力来确定防松板是否得到正确安装，仲裁庭认定美国公司是“有意不顾与货物不符合合同明显相关的显而易见的事实”。

第三，卖方没有告知买方。

美国公司争辩说，在给中国公司的使用手册中的防松装置为防松键，而实际使用的防松板上打有戳记，因此他们实际上将这一部件的更换“告知”了中国公司。仲裁庭认为，这一点不够《公约》要求的告知义务。买方从有关文件或其他情形应当能够推知货物不符合同，这是不够的。并且，本案货物不符合同的要点在于防松板的安装上，美国公司并没有告知中国公司有关安装的要求，这一点导致了事故的发生。换句话说，即使美国公司将更换部件的情形告知了中国公司，而没有进一步提供正确安装的信息和其中的危险性，也是不够的。

接受中国公司委托的律师事务所依据《联合国国际货物买卖合同公约》(以下简称《公约》)第 40 条的相关规定，提起仲裁，最终仲裁庭裁定，美国公司应承担责任。在此情况下，美国公司同意赔偿并提出和解，中国公司不久收到美国公司支付的赔偿款 100 多万美元，此案圆满得到解决。

## 本 章 小 结

我们生活在一个国际化的时代。随着经济全球化的发展，世界各国之间的相互依存关系越来越密切，要了解经济全球化的发展趋势，成为一个国际性的人才，必须懂得一些有关国际贸易的基本理论与政策。随着大量外国企业进入我国及我国与世界之间的贸易量的不断扩大，进入这些相关行业工作都要求对国际贸易有所研究。本书导论部分将对与国际贸易相关的理论问题和技术操作规范问题做循序渐进的论述。

### 关键名词

(1) International Trade　国际贸易
(2) Foreign Trade　对外贸易
(3) Ratio of Dependence on Foreign Trade 对外贸易依存度(又称对外贸易系数)
(4) International Trade Practice　国际贸易实务
(6) Absolute Advantage 绝对优势
(7) Comparative Advantage　比较优势
(8) Overseas Trade　海外贸易
(9) Visible Trade　有形贸易
(10) Invisible Trade　无形贸易
(11) Leasing Trade　租赁贸易
(12) Multilateral Trade　多边贸易

## 习　题

### 【技能训练题】

××××年度某国对外贸易发展状况

某国家统计局公布的××××年国民经济和社会发展统计公报显示，该年度该国 GDP 达 95 933 亿元，按可比价格计算，比上年增长 7.3%。在对外贸易方面，由于国家采取了包括提高出口退税率在内的一系列鼓励出口的政策，加上亚洲金融危机国家和地区经济的逐步复苏，该国外贸出口转降为升。全年进出口总额达到 5098 亿美元，比上年增长 7.5%。其中：出口总额 2662 亿美元，比上年增长 6.8%；进口总额 2436 亿美元，比上年增长 8.2%，在全年出口中，一般贸易出口达 1119 亿美元，增长 6.4%，占出口额的 42%。出口产业结构有所调整，机电产品出口保持快速增长，出口产品 1188 亿美元，增长 12.8%，占出口总额的比重由上年的 42.3%，上升到 44.6%。从出口地区看，全年对 M 国出口占 543 亿美元，比上年增长 7.9%；对×地区出口 465 亿美元，增长 4.6%；对 R 国出口 450 亿美元，增长 7.9%；对 O 国出口 409

亿美元，增长 7.1%；对 D 国出口 184 亿美元，增长 6%；对 H 国出口 125 亿美元，增长 10.9%；对 E 出口 27 亿美元，增长 21.4%；对 F 洲出口 60 亿美元，增长 19.1%；对 L 洲出口 82 亿美元，增长 14.6%。外商直接投资上升。全年批准外商投资项目 26139 个，比上年增长 16%；合同外资金额 692 亿美元，增长 10.4%；外商直接投资实际到位资金 468 亿美元，增长 14.9%。

国际经济合作业务继续保持增长。全年完成营业额 121 亿美元，比上年增长 7.2%；新签合同额 165 亿美元，增长 10.1%。根据上述资料，结合所学内容，对 Z 国××××年的对外贸易发展概况做简要分析，分析的内容可参考以下提示。

(1) 对外贸易额与贸易差额。

(2) 有形贸易与无形贸易。

(3) 对外贸易商品结构。

(4) 对外贸易地理方向。

(5) 对外贸易系数。

【思考题】

(1) 什么是国际贸易？它的研究对象及内容是什么？

(2) 什么是国际贸易额与国际贸易量？

(3) 总贸易体系与专门贸易体系有何区别与联系？

(4) 计算题：已知以 1980 年为基准年，某国进出口价格指数均为 100，而 2000 年的出口价格上升了 18%，进口价格下跌了 6%，请计算该国的贸易条件指数，并说明其经济意义。

## 案　例

案例 1

### 美国对中国果汁反倾销案

[案情介绍]

1998 年，美国企业诉中国果汁倾销。接到美方的反倾销诉讼后，中国湖滨果汁有限责任公司联合山东省烟台北方安德利有限公司、中鲁果汁集团公司和陕西海升果汁有限公司等 9 家国内企业，经过充分的准备后积极应诉。在应诉过程中，中国企业一方面对国际市场上倾销价格的认定和技术处理方面做出了有利于我方的安排；另一方面特地聘请了具有 25 年反倾销办案经验的美国资深律师为主办律师来办理此案。经过艰难的应诉，美国国家贸易委员会做出最终裁决，对来自中国的浓缩苹果汁增收 51.74%的反倾销税，比起美国企业最初要求的 91%，不能不说是大获全胜了。

[案情分析]

面对世界各国对中国反倾销诉讼，中国企业应从以下三方面积极应对：一是要积极应诉。应诉是我们应对反倾销的关键。正像打官司有原告和被告一样，并不是谁是原告谁就有理，被告也有申辩的权利，最终理在何方要服从法庭的裁决。二是要敢于起诉。在国际贸易领域中，反倾销是一柄双刃剑，谁都可以利用它置对手于败境。与国际社会对中国的反倾销诉讼相比较，中国对外国产品提出反倾销诉讼的比例大失平衡，获胜的案例就更是凤毛麟角了。在国际范围内的反倾销斗争中，我们不能总是处于消极防御、被动挨打的地位。三是不要盲目应诉。我们提倡积极应诉，就是说应诉就要有胜诉的把握，起码要有胜诉的可能。这意味着在应诉之前要进行充分的准备，不顾自身的条件限制，仓促应诉是不可取的。

根据案例思考问题：

(1) 试根据经济学原理，分析倾销的原因。

(2) 外国对中国用“替代国”来计算成本使中国产品必然形成“倾销”，中国企业应该如何摆脱这种局面？

(3) “非市场经济”身份对中国有什么影响？

(4) 中国企业应如何应对WTO各成员国对中国的反倾销诉讼？

(5) 发展中国家和发达国家的反倾销调查有什么不同？

(6) 在反倾销应诉中，行业协会应该起到什么样的作用？

(7) 反倾销应诉与不应诉各有什么后果？

(8) 《反倾销协议》即《关于执行〈1994年关贸总协定〉第6条的协定》是如何界定倾销的？

**案例2**

## 博茨瓦纳的经济发展

博茨瓦纳位于非洲南部，是个内陆国家。东接津巴布韦，西连纳米比亚，北邻赞比亚，南界南非。面积宽173万平方公里，人口159万。矿产资源丰富，以金刚石最为珍贵，储量居世界前列，铜镍储量为4600万吨，煤储量170亿吨。

森林面积96万公顷，占国土的1.7%。目前在政治上实行多党议会民主制和立法、司法、行政三权分立的原则。

1966年博茨瓦纳独立时，她是世界上最贫困的画家之一，当时人均GDP亿仅80美元，但此后其经济一直增长迅速。1965－1980年间。年均增长率为14%。1980—1990年间为11%。到1999年人均GDP高达2600美元。该国经济的发展几乎完全依赖于采矿业和采石业，这两项到80年代末已占其国内生产总值的50%以上，并创造了50%以上的政府收入。其中，仅钻石的开采和出口就占其总出口的75%以上。”，

需要指出的是，博茨瓦纳的矿产开采主要依靠的是外国直接投资。如南非欧跨国公司Debeer与博茨瓦纳政府以50%: 50%的参股形式合办的企业Debswana拥有该国所有的钻石矿。双方曾不断重新洽商合作条件，目的在于增加政府收入，从而保证双方的长期合作关系。此外。该国中央银行还提出了对这种资源导向型经济增长的疑虑。并注意在出口形势好时增加外汇储备。

据估计，由于国际市场钻石价格下跌，该国90年代的经济增长将减缓，而且，80年代吸收的外国直接投资中投向制造业的不足7%，一这将给国民经济的长期增长带来隐患。

思考题：试分析博茨瓦纳在发展经济中的经验和不足。

# 第2章 国际贸易的政策与法律规范

## 教学目标

通过本章的学习，对与国际贸易相关的政策措施和国内的法律规范有一定的了解和认识，能针对不同的案例运用国际贸易的理论政策原理和国际公约条约进行分析，并拿出自己的解决方案。

## 教学要求

| 知识要点 | 能力要求 | 相关知识 |
| --- | --- | --- |
| 基本知识 | (1) 了解对外贸易政策的类型<br>(2) 了解对外贸易政策的主要措施及多边贸易规则<br>(3) 熟悉我国的对外开放的政策<br>(4) 熟悉我国外贸的管理手段及入世的承诺 | (1) 国际贸易中的国际法规范<br>(2) 国际贸易中的国内法规范 |
| 业务流程 | (1) 了解国际贸易政策的实质、内容和演变<br>(2) 了解国际货物贸易关税方面的限制措施<br>(3) 读懂国际货物贸易的非关税壁垒与鼓励出口措施<br>(4) 掌握贸易条约、协定的安排措施<br>(5) 掌握国际贸易中的多边贸易规则<br>(6) 了解我国的对外开放政策与管理手段、我国成为世界贸易组织成员的承诺 | 国际贸易国际法与国内法规范 |
| 分类 | 能够比较分析国际法与国内法 | 国际贸易政策法规 |
| 风险与防范 | 能够运用所掌握国际贸易政策法规知识分析各种案例 | 国际贸易法规 |

引例

## 中日农产品贸易争端

2001年4月10日，日本政府宣布，自2001年4月23日起对从中国进口的大葱、鲜香菇、蔺草席这三种农产品实施为期200天的临时紧急保障措施。根据日本政府的决定，当中国向日本出口的大葱、鲜香菇、蔺草席超过1997—1999年3年间平均对日出口量时，超出部分将征收高额关税，分别为大葱256%、香菇266%、蔺草席106%。时间一直持续到2001年11月8日。与此同时，日本国内的其他一些行业协会也趁机提出对中国的鳗鱼、裙带菜、袜子、领带等也采取限制措施，先后涉及多种品种，这给中国农业和轻工业产品的出口带来了极大威胁。日本政府声称，由于中国农业产品对日出口剧增，已给日本国内相关产业造成冲击，为了保障日本农民利益，不得不援引WTO保障措施条款而临时设限，此举符合WTO规则。但据中国有关方面的统计，以上三种农产品对日本的出口并未出现激增，更不能得出对日产业形成损害的结论。据我国海关的资料统计，受紧急进口限制的3种产品每年出口到日本仅1.5亿美元，根本不可能给日本国内相关产业构成实质性的威胁。

作为反击，中国政府在其后采取临时紧急限制进口措施，决定从2001年6月21日起对原产于日本的汽车、车载无线电话和空气调节器三种进口商品征收惩罚性关税，税率为100%。为了防止两国政府之间贸易争端事态的扩大，双方从2001年7月3日至12月19日为解决贸易争端举行了多次磋商，均未取得实质性进展。但双方政府均表示愿意从维护两国经贸合作大局出发，协商解决有关问题。在这期间，因日本对这三种农产品进口设限，使中国以种植生产出口这三种农产品为主业的农民利益受到重大损害。据估计，此次贸易争端中，中国的直接损失高达5亿多元。当然，贸易争端使得日本对华汽车、车载无线电话、空气调节器等产品的出口也受到了一定的影响，出口数量出现了急剧下降的势头。

2001年12月7日，中日双方达成共识，日方决定不启动对从中国进口三种农产品的正式保障措施，中方决定撤销对日本三种商品的特别关税措施。

资料来源：张宪，张鸿. 国际贸易，上海：上海财经大学出版社，2004. 第16-17页。

根据以上材料回答：

(1) 对我国农产品采取保障措施后，日本是否就真正能获益？

(2) 在经济全球化背景下，对外贸易的管理者怎样处理类似贸易纠纷才能达到“双赢”的结果？

贸易给人们带来各种各样的享受，人们也承受着名目繁多的代价。好莱坞的明星披挂巴黎时装走上奥斯卡颁奖台；无法在西方电视上露面的香烟广告却在东方的许多场合频繁出现；就在全世界不少消费者津津乐道地使用进口货的时候，贸易保护却迅速地翻新和升级。越多的人参加贸易，贸易就越有利可图，丰厚的利润吸引着成千上万为之倾倒的地球村的村民。村民们不断地推销自己，小心翼翼地编织着关系网，谁都担心苦心经营的事业有一天会毁于一旦，“村规民约”便自然地形成了。轻松地说，贸易是游戏，“村规民约”是贸易规则或称惯例，贸易给参加的人以快乐，它仅仅要求游戏中的人继续遵守游戏规则，新加入的人必须先掌握(至少是理论上)规则。

## 2.1 国际贸易中的国际法规范

正如上面所说，国际贸易其实并不神秘，它就发生在每个人的身边。譬如，你喝的饮料可能是美国的可口可乐，你用的肥皂可能是英国的力士，你皮包里的袖珍计算器可能是日本的卡西欧。坐上轿车时，你恐怕不知道，它的底盘来自美国，发动机由日本制造，控制仪器是德国产品，而它的安装却在中国进行。这就是通过国际贸易这根纽带连接起来的“世界车”。

现代国际贸易发展很快，新法规、新惯例、新业务、新操作迫使我们站在更高的角度来思考问题。

### 2.1.1 国际贸易的政策与措施

#### 1. 国际贸易政策的实质、内容和演变

一个国家的对外贸易政策是其经济政策和对外政策的重要组成部分，是为它的经济基础服务的。资本主义国家的对外贸易政策为资本主义经济基础服务；社会主义国家的对外贸易政策为社会主义的经济基础服务。因此，一个国家的对外贸易政策，首先体现了这个国家的经济利益，这就是美国人常说的要符合所有美国人民的最高利益。

资本主义发展至今，对外贸易政策时有变化，但总离不开自由贸易和保护贸易这两种政策交替使用。自由贸易政策是国家取消对进出口贸易的限制和障碍，取消对本国进出口商的各种特权和优待，使商品自由进出口，在国内外市场上自由竞争；保护贸易政策是国家采用各种措施限制商品进口，以保护本国市场免受外国商品的竞争，并对本国出口商品给予优惠和补贴以鼓励其出口。

产业革命以后，英国成为世界工厂。为了推动其工业品的出口以换取原料和粮食的进口，实行自由贸易政策。美、德、法、日等国为了免遭英国商品的竞争，实行保护贸易政策以保护其幼稚工业。但当这些国家的工业生产水平赶上英国，其产品在世界市场可与英国匹敌时，也采取了不同程度的自由贸易政策。1929—1933年世界经济危机以后，主要资本主义国家纷纷放弃自由贸易政策，而转向保护贸易政策。这一时期的保护贸易政策和第一次世界大战前的有很大的不同，保护对象不是新建的幼稚工业，而是发展成熟的垄断工业，保护的目的不是培育自由竞争，而是加强垄断和扩张，因此，被称为侵略性的超保护贸易政策。

“二战”以后，美国成为世界上最强大的经济大国，为了对外扩张，大力推行“贸易自由化”。20世纪70年代资本主义经济出现“滞胀”现象，市场争夺又日趋尖锐，它们口头上虽仍高唱自由贸易，但实际上保护主义又重新抬头。

1) 自由贸易政策的理论基础

(1) 绝对成本理论。英国经济学家亚当·斯密，从生产成本的绝对差异出发，认为一国生产某商品的成本比别的国家绝对地低，该商品就可以出口；反之就要进口。各国根据其成本优势分工生产，可提高劳动生产率，实现国民财富增值，相互交换都可以获得利益，因此，主张自由贸易。

(2) 比较成本理论。大卫·李嘉图从生产成本的相对差别出发，认为两个国家生产力不同，一国即使生产不出成本绝对低的商品，即两种商品都处于劣势，而另一国都处于优势。如果在优势中取最优者，在劣势中取较轻者分工进行专业化生产，同样可使国民财富增值，通过交换双方也都可以得到好处。

(3) 生产要素秉赋理论。这一理论是瑞典经济学家俄林提出的，其主要论点是：各国商品价格的绝对差是国际贸易的直接基础，商品价格的绝对差来源于生产成本的绝对差，而生产成本的高低则是由生产要素价格和生产要素结合比例决定的。所以俄林认为，一国出口的应是它丰富要素密集的产品，进口的应是它稀缺要素密集的产品。在自由贸易的条件下，国际商品交换，等于生产要素的转移。这样，生产要素在世界范围内可以得到合理地配置，生产要素价格也将逐步趋于均等。

2) 保护贸易政策的理论基础

(1) 重商主义理论。重商主义者认为货币是财富的唯一形式，但财富并不来源于生产领域，而是来源于对外贸易。只有对外贸易才能增加一国的货币量，从而增加财富。因此，主张国家干预经济生活，奖励出口，限制进口，保持对外贸易顺差，使金银财富流入国内，重商主义所奉行的实际上是一种保护贸易政策。

(2) 保护幼稚工业理论。德国经济学家李斯特认为，一国的生产力比之通过比较利益所获得的财富要重要得多。因此，他主张国家干预对外贸易，通过关税措施保护本国工业，发展生产力。保护应该是有阶段的、有条件的，农业阶段应实行自由贸易，以推动本国农业发展，农工阶段工业还很幼稚，需要进行保护。农工商阶段工业已具有国际竞争能力，应实行自由贸易，以刺激本国工业进一步发展。保护幼稚工业应有时限，过期则撤销保护以鼓励其自立与竞争。

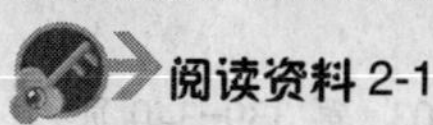
**阅读资料 2-1**

## 李斯特简介

李斯特于1789年8月6日出生于德国符藤堡(Wurttemberg) 的罗伊特林根(Reutlingen)。他早期的生活并不引人注目。他一开始在父亲的制革店中工作，一段时间后，他进入了政府部门任职，1811 年他在蒂宾根(Tubingen)得到一个职位，并开始不定期地旁听法律讲座，两年后放弃公职专心学习。

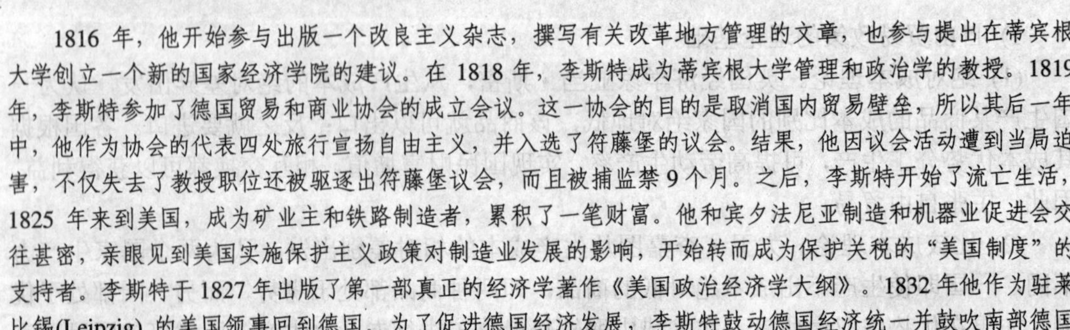

1816 年，他开始参与出版一个改良主义杂志，撰写有关改革地方管理的文章，也参与提出在蒂宾根大学创立一个新的国家经济学院的建议。在 1818 年，李斯特成为蒂宾根大学管理和政治学的教授。1819 年，李斯特参加了德国贸易和商业协会的成立会议。这一协会的目的是取消国内贸易壁垒，所以其后一年中，他作为协会的代表四处旅行宣扬自由主义，并入选了符藤堡的议会。结果，他因议会活动遭到当局迫害，不仅失去了教授职位还被驱逐出符藤堡议会，而且被捕监禁 9 个月。之后，李斯特开始了流亡生活，1825 年来到美国，成为矿业主和铁路制造者，累积了一笔财富。他和宾夕法尼亚制造和机器业促进会交往甚密，亲眼见到美国实施保护主义政策对制造业发展的影响，开始转而成为保护关税的“美国制度”的支持者。李斯特于 1827 年出版了第一部真正的经济学著作《美国政治经济学大纲》。1832 年他作为驻莱比锡(Leipzig) 的美国领事回到德国。为了促进德国经济发展，李斯特鼓动德国经济统一并鼓吹南部德国保护主义，甚至于 1843 年创立了《关税同盟报》，努力拥护关税同盟的形成，宣扬他的保护主义和保护幼稚工业理论。李斯特在 1841 年出版了他的代表著作《政治经济学的国民体系》(Das National System der Politischen Okonomie)。然而李斯特最终感到自己的经济政策理想在现实社会中无望实现，绝望之余，他于 1846 年自杀身亡。

李斯特根据国民经济发展程度，把国民经济的发展分为五个阶段，即原始未开化时期、畜牧时期、农业时期、农工业时期、农工商时期。各国经济发展阶段不同，采取的政策也应不同。处于农业阶段的国家应实行自由贸易政策，以利于农产品的自由输出，并自由输入外国的工业产品，以促进本国农业的发展，并培育工业化的基础。处在农工业阶段的国家，由于本国已有工业发展，但并未发展到能与外国产品相竞争的地步，故应实施保护关税制度，使它不受外国产品的冲击。而农工商阶段的国家，由于国内工业产品已具备国际竞争能力，国外产品的竞争威胁已不存在，故应实施自由贸易政策以享受自由贸易的最大利益，刺激国内产业进一步发展。李斯特提出这些主张时，认为英国已达到最后阶段(农工商时期)；法国在第四阶段与第五阶段之间；德国与美国均在第四阶段；葡萄牙与西班牙则在第三阶段。因此，根据他的经济发展阶段说，他主张当时的德国应实行保护工业政策，促进德国工业化，以对抗英国工业产品的竞争。

李斯特保护贸易政策的目的是促进生产力的发展。经过比较，他认为应用动力与大规模机器的制造工业的生产力远远大于农业，而工业发展以后，农业自然跟着发展，所以，应有一定范围的保护。他提出的选择保护对象的原则是：

(1) 农业不需保护。只有那些刚从农业阶段跃进的国家，距离工业成熟期尚远，才适宜于保护。

(2) 一国工业即使幼稚，但在没有强有力的竞争时，也不需要保护。

(3) 只有刚刚开始发展且存在强有力的外国竞争的幼稚工业才需要保护。他提出，保护时间以 30 年为最高期限，如果在此期限内，被保护的工业始终扶植不起来，那就不再予以保护，任它自行灭亡。他认为，为保护幼稚工业，“对某些工业品可以实行禁止输入，或规定的税率事实上等于全部或至少部分地禁止输入”。同时，“对凡是在专门技术与机器制造方面还没有获得高度发展的国家，对于一切复杂机器的输入应当允许免税，或只征收轻微的进口税”。

资料来源：海闻，P·林德特，王新奎，国际贸易. 上海：上海人民出版社，2003. 第 339-340 页。

(3) 凯恩斯的超保护贸易理论。凯恩斯主义者认为，出口和国内投资一样，有增加国民收入的作用，一国的商品和劳务出口，会使出口产业部门的收入增加，消费也增加。这样，必然引起其他产业部门生产增加，就业扩大，收入和消费增加。如此循环往返，国民收入量的增加将为出口增加量的若干倍。进口则相反，成为国民收入中的漏洞。因此，他们重复了重商主义的结论，政府必须干预对外贸易，执行奖出限入政策，以争取贸易顺差。所以，凯恩斯主义的保护贸易政策又被称为新的重商主义。

以上有关自由贸易政策与保护贸易政策的各种理论，都没有从生产力和生产关系等根本问题进行分析，但它们对国际贸易现象的分析，却有一定的道理，可以从不同的侧面来解释国际贸易发生的原因和结果。它们已成为当今资本主义国家制订对外贸易政策的主要依据，并且对社会主义国家的对外贸易政策产生重要影响。自由贸易政策与保护贸易政策往往同时存在，在不同时期各有主次。二者虽然截然不同，但并不绝对排斥，既可以相容并存，也可以相互转化。

2. 国际货物贸易关税方面的限制措施

1) 关税概述

关税是一种传统的有效的管理对外贸易措施，今天仍然是世界各国用以限制进口的重要手段。要掌握关税方面的知识，必须弄清以下几个问题。

(1) 什么叫关税？关税是进出口货物通过一国关境时，由政府所设置的海关向其进出口商所征收的一种税。关税具有强制性、无偿性和固定性。关税属于间接税，纳税人不直接承担税负，而是转嫁到商品成本上去，由消费者负担。因此，可以起到限制进出口的作用。

(2) 为什么要征收关税？一些国家征收关税的目的是为了增加财政收入，这叫做财政关税。有的国家征收关税的目的是为了保护本国产业和市场，这叫做保护关税。有的可能是兼而有之。另外，通过调整关税结构(税率高低对比) 还可以调节进出口商品结构。

(3) 征收关税的依据是什么？海关征收关税的法定依据是海关税则，它是一国关税政策的具体体现。海关税则是海关对于应税物品、免税物品及禁止进出口物品的系统分类表。它主要由税则目录分类和税率表组成。

由于各国海关在商品名称、定义、分类标准及税则号列的编排上存在差异，因而给各国的贸易活动和经济分析带来困难。1952 年成立了海关合作理事会这一国际组织，并在布鲁塞尔制订出了《海关合作理事会税则目录》(CCCN)，使世界各国海关在税则分类方面有了共同的语言和标准。这个目录把全部贸易商品共分为 21 类 99 章 1015 税目。采用此目录分类的各国海关结合本国的商品特征，可以在税目下增设分自和子国，但对类、章、目三级的排列和编制不得改动，以保持其统一性。

为了使国际贸易商品的分类取得进一步的协调和统一，以兼顾海关税则、贸易统计与运输等方面的共同需要，海关合作理事会设立了一个协调制度委员会，研究并制订了《协调商品名称和编码制度》(The Harmonized Description and Coding System) ，又译为《商品名称及编码协调制度》，简称协调制度(H.S.)。这是一部最新的国际贸易商品目录统一分类。

它于1983年6月24日以国际公约的形式通过，于1988年在国际上正式开始实施。我国海关经过充分准备，于1992年起开始采用。

H.S.是在《海关合作理事会税则目录》(CCCN)和联合国统计委员会的《国际贸易标准分类》(SITC)的基础上，吸收了国际上其他分类的长处，统一和协调国际商品分类体系，以CCCN为核心编制而成。H.S.将商品分为21类96章第97章留空供H.S.备用，第98章及99章留空供各缔约国备用，章以下设有1241个四位数的税目，5019个六位数的子目(Sub heading，H.S. code)。

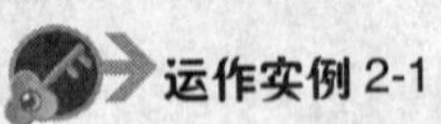
运作实例 2-1

## 海关合作理事会税则目录

《海关合作理事会税则目录》是国际上使用最广泛的商品分类目录之一，缩写为CCCN。海关合作理事会于1950年12月15日在比利时首都布鲁塞尔成立。其税则目录于1959年生效，1965年、1972年及1978年经过了三次系统的修订。《海关合作理事会税则目录》在1974年前称为布鲁塞尔税则目录，缩写为BTN。CCCN第三次修订本将所有商品归为21类99章，计1011个税目。第1～第24章为农产品；第25～第99章为工业品。税目号以4位数字表示，中间用圆点隔开。前两位数字表示所属章次号，后两位数字表示该税目在此章内的顺序。采用CCCN的约有150个国家(或地区)，其中包括20个对中国给惠的国家。

资料来源：http://www.ttexp.com/html/waimaozhishi/2006/0723/187.html。

《商品名称和编码协调制度》是一个新型的、系统的、多用途的国际贸易商品分类体系，它除了用于海关税则和贸易统计外，对运输界的计费和统计，计算机数据传递，国际贸易单证简化以及普惠制的利用等方面，都提供了一套可使用的分类制度。这样就可以避免一种商品在一次国际贸易交易中，因成交、检验、保险、出运、议付、报关和统计等环节而需要多次改动商品编号的情况。在国际贸易活动中，无论是经营进出口具体业务、市场行情调研、海关管理、普惠制利用，还是研究制定进出口贸易的政策与管理，世界经济分析、贸易统计等方面，均涉及国际贸易商品分类问题。因此，加强对HS的研究和掌握具有十分重要的现实意义。在一个税目项下，只设一栏税率的叫单式税则，它对来自任何国家领土的商品都一样对待，目前只有极少数的发展中国家实行这种无歧视的单式税则；凡设有两栏以上税率的叫复式税则。大多数发展中国家实行两栏税则，其中普通税率最高，适用于非建交或未签订贸易条约协定的国家；另一栏为最低税率，适用于来自享有最惠国待遇国家的商品，所以又叫最惠国税率。发达国家都设有多栏税率，如日本有四栏税率，美国、加拿大、欧共体设五栏税率。由于世界上大多数国家加入关贸总协定(WTO)，并和签订了双边条约或协定，相互提供最惠国待遇，普通税率常指最惠国税率。

(4) 关税有哪些种类？正常关税有进口税、出口税和过境税。进口税是进口海关在外国商品输入时，对本国进口商所征收的关税，是关税中最主要的一种。由于保护的缘故，一国常对某些产品征收高额进口税，以削弱其竞争能力，达到保护本国产业和市场的目的。这种高额的进口税，即国际贸易中的所计关税壁垒。出口税是商品在输出时，由本国出口商缴纳的一种关税。目前国际贸易中很少征收出口税，只有少数国家为了财政收入，或为保护国内生产及保障市场供应，才征收低额的出口税。过境税是对转口运输商品在过境时所征收的一种关税。目前航运竞争激烈，一般国家都取消了过境税。

(5) 怎样征收关税？关税征收的方法主要有，按照商品计量单位计征的从量税和按商品价格计算征收的从价税，在此基础上，又有从量税加从价税的混合税和在从量税、从价税或混合税之中选择税额较高者而征收的选择税。

关税税额大小取决于完税价格的大小和税率高低。在税率不变的条件下，高估完税价格可以提高关税。因此，在计征从价税时，如何确定完税价格是比较复杂和有争议的问题。“东京回合”所制订的《海关估价协议》，对解决这一争端起了很重要的作用。

2) 特别关税

(1) 反倾销税。关贸总协定第六条规定：“如一国以不正常价格倾销产品，并因而对进口国同类工业造成实质损害，或有实质损害的威胁，或实质阻碍某项工业的建立，就构成倾销。”由此可见，“不正常价格”和“造成损害”是构成倾销的两个并列条件，且后者是由于前者引起的。征收反倾销税的目的在于抵制商品倾销，维护公平竞争，因此，反倾销税征收的数额不得超过倾销差额。“正常价格”和“造成危害”含义笼统，关贸总协定还做了较为具体的说明。故意拖延“反倾销”调查时间，可以起到限制进口的作用，成为一种非关税壁垒措施。

(2) 反补贴税。为了抵消外国商品在生产、买卖、运输过程中直接或间接接受的任何奖金或补贴，而在进口后对国内某些工业造成阻碍时所征收的一种特别关税。反补贴税所征收的税额一般不得超过“补贴数额”。由于有些出口商品未在生产国国内消费，或因这些商品在进口国国内可能被征收同种或类似的国内税。因此，关贸总协定规定：“对产品在原产国或输出国所征的捐税，在出口时退还或因出口而免税的，进口国对这种退税或免税不得征收反补贴税”。

(3) 差价税。是欧共体对农产品进口征收的一种特别关税，它是按商品的国内价格与进口价格的差额征收的，所以是 种滑动关税。差价税的计算很特别，它是以指标价格扣除从中心市场运往口岸的一切费用，而构成的入门价格，差价税额就是入门价格与进口价格的差额。

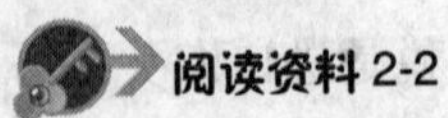

阅读资料 2-2

## 欧盟差价税

在 2007 年 1 月 31 日召开的 2007 青岛形势分析会上，国务院关税税则委员会办公室人员陈智远提到了目前中国棉花进口所实行的滑准税参考了“欧盟差价税”，本网在此对“欧盟差价税”做出解释如下：

差价税(Variable Levy)又叫差额税，欧盟对从非成员国进口的农产品征收的一种进口关税。当某种本国生产的产品国内价格高于同类的进口商品价格时，为了削弱进口商品的竞争能力，保护国内生产和国内市场，按国内价格与进口价格之间的差额征收关税，就叫差价税。由于差价税是随着国内外价格差额的变动而变动的，因此它是一种滑动关税(Sliding Duty)。对于征收差价税的商品，有的规定按价格差额征收，有的规定在征收一般关税以外另行征收，这种差价税实际上属于进口附加税。

其税额是欧盟所规定的门槛价格与实际进口的货价加运保费(CIF) 之间的差额。门槛价格是欧盟根据欧盟境内谷物最短缺地区公开市场上可能出售的价格(境内谷物最高价格) 减去从进境地到达该地区市场的运费、保险费、杂费和销售费用后所规定的价格。门槛价格是计算差价税的基准价格，外国农产品抵达欧盟港口(地) 的 CIF 价格低于此价时，即按其差额征税，使税后的外国农产品进入欧盟的市场价格不低于欧盟同类产品的价格。征收差价税是欧盟实施共同农业政策的一项主要措施。其主要目的是为了保护和促进欧盟内部的农业生产。所征差价税款作为农业发展资金，用于资助和扶持内部农业生产的发展。征收差价税的农产品包括粮食及其制品；生猪、猪肉、家禽、蛋、动植物油、脂、奶制品、糖、食糖及糖浆等农畜产品及其制品。对使用部分农产品加工成的制成品，除按进口税则征收工业品的进口税外，还对其所含农产品部分另征部分差价税。在欧共体成立之初，各成员国之间的农产品贸易也曾使用过差价税，使其各成员国的农产品价格逐步拉平。1968 年取消了内部的差价税，建立了统一的农产品市场。欧盟的共同农业政策，使欧盟成员国成为世界农产品的重要产地和出口地。

欧盟征收差价税的办法。欧盟征收差价税的办法比较复杂。例如，对谷物进口差价税分为以下三个步骤：首先是由欧盟委员会对有关谷物按季节分别制订统一的“指标价格”(Target Price)。该价格是以共同体市场内部生产效率最低而价格最高的内地中心市场价格为标准。其次确定“入门价格”(Threshold Price)，即从“指标价格”中扣除把谷物从进口地运至内地中心市场支付的一切费用所得的价格。最后是确定差价税额。它是由有关产品的进口价格与“入门价格”的差额所决定的，这个差额的大小决定差价税的高低。

资料来源：中国棉花信息网。

3) 优惠关税

普遍优惠制(普惠制)是发达国家对来自发展中国家的商品，特别是工业制成品或半制成品给予普遍的关税减免优惠待遇。这种优惠待遇的特点是普遍的、非互惠的、非歧视的。由于这种优惠关税是在最惠国税率基础上的再减免，最惠国税率越高，普惠制税率越低，减税差幅就越大。目前欧共体、美国及北欧一些国家对工业品实行全部免税，这就大大提高了发展中国家的商品在世界市场上的竞争能力，增加外汇收入，从而促进这些国家的工业化和国民经济的增长。同时还有助于发展中国家与发达国家之间的经济贸易往来。原产地规则是实施普惠制的重要内容，它包括受惠国产品的原产地标准、直接运输规则及书面证明要求。

(1) 原产地标准是各给惠国对原产品概念所下的定义，是能否享受普惠制优惠待遇的重要标准。原产地标准规定，受惠商品必须完全由受惠国生产或制造，没有使用任何进口原料或零部件；部分或全部使用进口(包括来源不明)的原料或零部件制成的产品，必须经过深度加工，发生实质性的改变才能享受。对"实质性改变"，各给惠国有不同的解释。

① 加工标准：欧洲国家普遍采用这一标准，即进口成分与其制成品的税则号列(CCCN)发生变化，即可视为发生实质性改变。一些给惠国并制定 A、B 两份清单，作为加工标准的补充，清单 A(List A)为否定清单，列入清单 A 的商品，即使税则号列发生变化，也不能享受优惠待遇，或者是要在一定的条件下才能享受。清单 B(List B)为肯定清单，列入清单 B 的商品，其税则号列没有发生变化也能享受优惠待遇。

② 百分比标准：根据进口成分(或本国成分)占成品价值的百分比来确定其是否实现实质性变化的标准。美国、加拿大、澳大利亚等国家采用这一标准。

(2) 直接运输规则规定，受惠商品必须由受惠国直接运往给惠国，但由于地理原因和运输需要，允许在海关监督之下转口运输。

(3) 书面要求。凡受惠国要求享受普惠制待遇的商品，均必须向给惠国提供原产地证书表格 A(Form A)。

《洛美协定》特惠税是欧洲共同体向参加协定的非洲、加勒比海和太平洋地区发展中国家单方面提供的特别优惠关税。这一优惠安排在原产地规则中，实行"充分累积"制度。这项规定使协定中的发展中国家，从参加协定中的任何国家进口原料或零部件进行加工或制造的产品，都可享受特惠税的待遇。

### 3. 国际货物贸易的非关税壁垒与鼓励出口措施

#### 1) 非关税壁垒

非关税壁垒是指除关税手段以外的各种限制进口措施，它可分为直接限制与间接限制两种。直接限制是对进口商品的数量或金额直接加以限制，即人们常说的"数量限制"。如进口配额制、"自限"配额、进口许可证和外汇管制等，对进口商品的数量或金额都有确切规定，超过限额不准进口。这种数量限制严格有效，现已成为西方发达国家限制进口的主要手段。间接限制措施对进口商品的数量或金额并不作具体限制，而是通过制订种种严格的规章、条例，间接地影响和限制商品的进口。如进口押金制、歧视性国内税、海关估价、最低限价、国家垄断制和复杂苛刻的技术安全、卫生检疫和商品包装、标签规定等。1974—1975年资本主义世界经济危机以后，贸易保护主义重新抬头，各国更多地采用非关税壁垒的贸易保护措施。非关税壁垒措施的项目日益繁杂增多，受限制商品的范围日益扩大，受到限制税损害的国家越来越多，歧视性的程度也在不断深加。非关税壁垒与关税壁垒比较起来，具有更大的灵活性、隐蔽性和针对性，因此，当前非关税壁垒已成为国际贸易中的主要障碍。

2) 鼓励出口措施

鼓励出口措施主要是国家运用宏观经济手段和政策工具来鼓励本国商品出口，这些鼓励措施涉及财政、金融和外汇等一系列问题。鼓励出口措施主要有以下几种。

(1) 生产补贴与出口补贴。生产补贴是指产品无论出口与否，给予生产该产品的工业部门以补贴。生产补贴一方面可以降低商品价格，鼓励出口；另一方面生产补贴还可以起到与关税相同的保护作用，这是因为生产补贴可使本国企业所生产的产品价格低于进口商品，从而使其在竞争中，有效地抵制外国商品的进口。出口补贴是国家为了降低商品的出口价格，加强其在国外市场上的竞争能力，在出口时给予出口商以现金贴补或财政上的优惠待遇。出口补贴的方式有两种，一种是以现金直接贴补，另一种是给予财政上的优惠或津贴等间接补贴。

(2) 商品倾销与外汇倾销。商品倾销是指以低于本国国内市场价格，在国外市场进行销售的贸易行为。外汇倾销是通过本国货币对外国货币贬值的手段，来扩大本国商品出口，以夺取国外市场的措施。但外汇倾销必须具备一定的条件，即本币贬值程度要大于国内物价上涨程度；进口国不实行同等程度的货币贬值；进口国不同时采取另外的报复性措施，以抵消外汇贬值的作用。商品倾销与外汇倾销都表现为出口产品的价格竞争，只是所采取的方法不同，前者是以低于本国市场价格对外销售来进行。后者是以通过本国货币对外贬值的方式来进行。两者对鼓励出口的作用是相同的，但对进口的影响却是不同的。

(3) 出口信贷与出口信贷保险。出口信贷是出口国银行对本国出口商、外国进口商或进口国银行所提供的信贷资助。从银行来讲，这就是出口信贷业务。出口信贷是一种限制性贷款，即这种贷款只能用于购买贷款国的出口商品。因此，它能起到促进和扩大出口的作用。出口信贷有卖方信贷、买方信贷和银行对银行信贷等形式。出口信贷保险是指国家为了推动出口，设立专门机构，对本国商业银行所提供的出口信贷进行担保，以保证其贷款不受损失的措施。出口信贷保险与商业上对商品的数量质量等损失所提供的资金保险不同，它所保险的对象是钱不是物，承保的险别是一般商业保险所不承保的经济险、政治险，承保的期限是到贷款全部回收为止。

(4) 其他鼓励出口措施。如成立专门出口销售组织、建立商业情报服务系统，组织贸易中心和展览会、组织贸易团体互访和组织出口厂商评奖、制订外汇分成制等。

3) 促进对外贸易发展的经济特区措施

经济特区是一个国家或地区在其关境以外，划出一定的区域，在此区域内实行特殊的经济政策，以促进对外经济贸易的发展。在当代国际贸易中，经济特区占有重要地位，各国政府都想通过兴办各种类型的经济特区来扩大出口。经济特区有自由港、自由贸易区、出口加工区、保税区等形式，它们的目标和内容不尽相同，或以经营贸易为主，或以加工出口为主，但它们的共同特点是“自由”与“免税”。20 世纪 80 年代初以来，世界经济特区出现了一些新的趋向，一是向多行业、多功能的综合型方向发展；一是向知识密集、技术密集型过渡。

4) 出口管制

出口管制是指国家通过法令和行政措施，对本国出口贸易所实行的管理和控制。尽管目前世界各国都在采取各种措施鼓励商品出口，但为了保护本国最高利益，或达到一定的政治、军事和经济目的，往往对某些商品，尤其是战略物资、先进技术和文物、艺术品、贵重金属等特殊商品，实行管理、限制或禁止出口。出口管制主要有单边或多边管制等形式，单边管制是一国根据本国出口管制法规独立自主决定的，不对其他国家承担义务与责任。多边管制是几个国家的政府通过一定的方式建立起来的国际性多边出口管制机构，商讨和编制多边出口管制清单，规定出口管制办法，协调管制政策与措施，以达到共同的政治与经济目的。巴黎统筹委员会(简称巴统) 就是西方国家所组成的一个国际性的多边出口管制机构，它主要是对社会主义国家出口高技术和战略物资实行管制。

4. 贸易条约、协定的安排措施

贸易条约与协定是指两个或两个以上国家在经济、贸易关系方面规定相互间权利和义务的各种书面协议。按照参加国的多少可分为双边贸易条约和多边贸易条约。常用的双边贸易条约有通商航海条约、贸易协定、支付协定等。

### 2.1.2 国际贸易中的多边贸易规则

世界贸易组织(WTO)是 1995 年 1 月 1 日成立的，其前身是 1947 年 10 月 30 日由 23 个缔约方签署的关税与贸易总协定。关贸总协定的基本原则及其谈判达成的一系列协议，形成了一套国际贸易政策与措施的规章制度和法律准则，这些成为各缔约方处理彼此间权利与义务的基本依据，并具有一定的约束力。世界贸易组织是多边贸易体系的法律基础和组织基础，它规定了成员方的协定义务，以决定各成员方政府如何制定和执行国内贸易法律制度和规章。同时，它还是各成员方进行贸易谈判和审议贸易政策、解决贸易争端、发展其贸易关系的场所。作为外贸从业人员，应熟悉世界贸易组织的多边贸易规则与各协议(协定)的内容以及争端解决机制。

1. 世贸组织的目标与原则

世贸组织的目标是建立一个完整的包括货物、服务、与贸易有关的投资及知识产权等更具活力、更持久的多边贸易体系，以包括关贸总协定贸易自由化的成果和乌拉圭回合多边贸易谈判的所有成果。世界贸易组织适用的基本原则是由若干规则和一些规则的例外所组成的，例如：非歧视待遇原则、最惠国待遇原则、国民待遇原则、互惠原则、透明度原则、贸易自由化原则、争端协商处理原则等。

2. 世贸组织管辖的范围

世界贸易组织为其成员在处理有关世贸组织协定、协议而产生的贸易关系时，提供一个统一的制度框架。世贸组织管辖的范围有：

(1) 有关货物贸易的多边协议。具体包括《1994年关贸总协定》《农业协议》《关于卫生和动植物检疫措施的协议》《纺织品与服装协议》《技术性贸易壁垒协议》《与贸易有关的投资措施协议》《反倾销协议》《海关估价协议》《装船前检验协议》《原产地规则协议》《进口许可证协议》《补贴与反补贴协议》保障措施协助。

(2)《服务贸易总协定》及附件。

(3)《与贸易有关的知识产权协定》。

(4)《贸易争端解决程序与规则的谅解》，即关于贸易争端解决的有关协议及程序。

(5) 贸易政策审议机制。即负责审议各成员贸易政策法规是否与世贸组织相关协议、条款规定的权利义务相一致。

(6) 诸边贸易协议。包括《民用航空器贸易协议》《政府采购协议》《国际奶制品协议》《国际牛肉协议》。

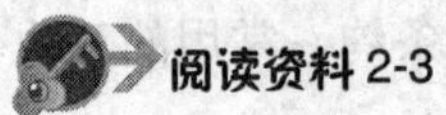
阅读资料 2-3

## 国际奶制品协议

《国际奶制品协议》是世界贸易组织管辖的诸边贸易协议，由前言和8条及某些奶制品附件构成，主要内容有目标、产品范围、资料和市场监督、国际奶制品理事会的职能及参加方之间的合作、粮食援助及正常商业之外的交易及附件、协议的管理及最后条款等。协议的宗旨是在市场条件尽可能稳定的条件下，以进出口国家互利为原则，扩大奶制品贸易及其自由化，促进发展中国家的社会和经济的发展。因《国际奶制品协议》《国际牛肉协议》参加方太少，协议无法履行而于1997年底废止，两协议的职能由世界贸易组织农业委员会和卫生与植物卫生措施委员会承担。

资料来源：http://trade.1uon.com/Article/1667.html。

## 2.2 国际贸易中的国内法规范

国际货物买卖和其他经济活动一样，体现了当事人之间的经济关系。经济合同是商品经济的产物，随着商品经济的发展而不断地充实完善并运用。法律成为调整经济关系的手段，使经济关系纳入法律规范。凡是符合法律规范的合同可得到法律的承认，合同当事人的权利受到法律的保护，义务受到法律的监督和约束。这也完全符合国际贸易实际，因为国际贸易是从事跨国贸易，它必然涉及输出国的法律、输入国政策及国际商法与国际惯例。国际贸易中的市场准入是指东道国允许外国厂商参与该国市场的程度，国际贸易只有纳入法律规范才能正常进行。

### 2.2.1 我国的对外开放政策

我国实行对外开放首先是经济上的开放，也就是要实行对外开放的经济政策。从这个角度讲，对外开放的基本含义是：要冲破因循守旧、闭关自守的陈腐思想，大力发展和不断加强对外经济技术交流，积极参与国际交换和国际竞争，由封闭型经济转变为开放型经济，以加速实现四个现代化。

1. 对外开放政策的主要内容

我国对外开放政策的主要内容是：大力发展对外贸易，特别是扩大出口贸易；积极引进先进技术和设备，特别是有助于企业技术改造并适用的先进技术；积极合理有效地利用外资；积极开展对外承包工程和劳务合作；发展对外经济技术援助和多种形式的互利合作；设立经济特区和开放沿海城市，带动内地开放。党的十二大报告指出，实行对外开放的经济政策，主要是“要促进国内产品进入国际市场，大力扩展对外贸易。要尽可能多地利用一些可以利用的外国资金进行建设…… 要积极引进一些适合我国情况的先进技术……以促进我国建设事业”。由此可见，发展对外贸易，利用外国资金，引进先进技术和设备，这三项是对外开放政策的最主要的内容。这三项内容中，发展出口贸易又是利用外资和引进技术的物质基础，是对外开放政策的最根本内容。

2. 我国对外开放的格局

我国对外开放的格局：我国的对外开放，由点到面、由浅到深、从南到北、从东到西，形成了以经济特区和沿海开放城市为重点的多层次、多渠道、全方位的开放格局。加入世贸组织后，我国已由有限范围、领域、地域内的开放，转变为全方位、多层次、宽领域的开放；由以试点为特征的政策性开放，转变为在法律框架下的制度性开放；由单方面为主的自我开放市场，转变为我国与世贸组织成员之间的双向开放市场；由被动地接受国际经贸规则，转变为主动参与国际经贸规则的制定；由只能依靠双边磋商机制协调经贸关系，转变为可以、多双边机制相互结合、相互促进。我国将在新的国际经济贸易环境下，稳步、健康、快速地发展对外经济贸易。

### 2.2.2 我国对外贸易管理的法制手段

对外贸易管理的法制手段是在对外贸易中借助法律规范的作用对进出口活动施加影响的一种手段。它具有权威性、统一性、严肃性、规范性的特点。我国根据不同时期发展对外贸易的需要，制定了大量的对外贸易法律和法规，并且不断加以修改、补充和完善，迄今已初步建立了较完善的对外贸易法制体系，为对外贸易的顺利进行提供了法律保障。

1. 中华人民共和国对外贸易法

《中华人民共和国对外贸易法》简称《外贸法》，主要规定了我国对外贸易的基本方针、基本政策、基本制度和基本贸易行为。1994 年 5 月 12 日，第八届全国人大常委会第七次会议正式通过了《中华人民共和国对外贸易法》，并定于 1994 年 7 月 1 日施行。这对促进我国外贸体制改革和对外经济贸易的迅速发展，为建立适应社会主义市场经济和国际经济通行规则的社会主义外贸制度奠定了法制化的重要基石。经过 10 年的应用，为了履行入世的承诺，2004 年 4 月 6 日，对 1994 年通过的外贸法进行了修订，于 7 月 1 日正式实施。

《外贸法》是我国对外经济贸易的根本大法。从法律渊源的制定来看它有四个层次，在我国具有最高法律效力的国家的根本大法——《宪法》属第一层次法律规范；第二层次为全国人大及其常委会制定的法律规范，称之为法律，主要规定调整某一领域的基本法律，《外贸法》就属于这一层次；第三层次一般指国务院制订的法律规范，称之为行政法规；地方立法机关制订的法律规范，称之为地方法规；第四层次则指国务院所属部委或地方政府所制订的法律规范，称之为行政规章或规范性文件。综上所述，《外贸法》作为一部国内法的实体法，具有很高的法律效力，是我国对外贸易重要的法律渊源，是我国对外经济贸易的根本大法。

1) 外贸法的沿革

新中国成立后，我国第一部有关对外贸易方面的行政法规是 1950 年 12 月政务院通过的《对外贸易管理暂行条例》(简称《暂行条例》)，共 11 条。《暂行条例》明确规定国家“实行对外贸易管理，并采用保护贸易政策”；对从事进出口业务的所有公私企业提出全面登记要求；对货物的进出口确立了国家统购统销的基本体制。在 20 世纪六、七十年代，国务院对外贸易主管部门依据《暂行条例》制订了一些规范性文件，这些规范基本是以内部文件形式，而不是以法律形式来执行的。

1978 年党的十一届三中全会以后，对外经贸立法工作得到重视。1979 年 7 月，全国人大五届二次会议通过我国历史上第一部《中华人民共和国中外合资经营企业法》，以后全国人大和国务院又陆续颁布了《中华人民共和国涉外经济合同法》《中华人民共和国进口货物许可证制度暂行条例》《关于出口许可制度的暂行办法》《中华人民共和国外汇管理暂行条例》《对外贸易仲裁委员会仲裁程序暂行规定》《中华人民共和国技术引进合同管理条例》《中华人民共和国海关法》及《中华人民共和国进出口商品检验法》等一批重要法律和行政法规，但是作为覆盖整个对外贸易领域的法律规范，始终只有那部《暂行条例》。《暂行条例》尽管早已不符合我国对外经济贸易的实际情况，但由于对外贸易领域没有新的国家立法，致使《暂行条例》实行了40多年。

1994年5月12日，第八届全国人大常委会第七次会议正式通过了《中华人民共和国对外贸易法》，并定于1994年7月1日施行。这为促进我国外贸体制改革和对外经济贸易的迅速发展、为建立适应社会主义市场经济和国际经济通行规则的社会主义外贸制度奠定了法制化的重要基石。自1994年我国《外贸法》颁布实施以来，我国对外贸易发展迅猛，对外贸易的实际情况已经发生了很大变化，对外贸易理念也有了新的发展，尤其是我国2002年12月11日加入WTO，为了履行我国入世承诺，进一步维护对外贸易秩序，对现行的《外贸法》这部对外贸易领域的“小宪法”进行修订就有了必要。

2004年4月6日上午，第十届全国人民代表人会常务委员会第八次会议表决通过了修订后的《中华人民共和国对外贸易法》。修订后的《中华人民共和国对外贸易法》正式公布并将于2004年7月1日起施行。凑巧的是，也在4月6日这一天，世界贸易组织公布了2003年世界各国贸易排名情况。2003年中国货物进口总额和出口额世界排名，出口额从上年的第五位上升至第四位，进口额从世界第六位跃升至第三位，进口额占世界进口额的比重比上年提高0.9个百分点。这个巧合无意中印证了这样一个事实：立足经济全球化不断发展和我国加入世贸组织的新形势，迫切要求并最终促成了这部法律的修订。

修订后的《外贸法》包括总则、对外贸易经营者、货物进出口与技术进出口、国际服务贸易、与对外贸易有关的知识产权保护、对外贸易秩序、对外贸易调查、对外贸易救济、对外贸易促进、法律责任和附则11章共70条。

2) 外贸法的特点

与国外相类似的法律和我国经济的其他法律法规进行比较，《外贸法》具有一些显而易见的特点：新外贸法总结了我国10年来持续发展的经验，又适应世贸组织规则的要求，同时还注重借鉴各国外贸立法的先进经验，与1994年外贸法相比，此次修订体现了现阶段我国外贸管理的基本理念，也反映出下一步外贸改革发展的方向和制度保障。虽然酝酿和修改时间较为紧张，仍存在有不足之处，但是从整体上来说是一部符合我国当前外贸发展客观需要的法律。纵观全法，对外贸易法的主要特征，沈四宝教授把它概括为：在立法指导上呈现三个体现，在立法内容上汇聚了四个亮点，在立法体例上实现了五个突破。

(1) 新外贸法在立法指导上呈现的三个体现。外贸法的修改是在中国国际经济地位正在发生根本性变化，面临着和改革开放初期甚至和十年前完全不同的内外部环境条件下进行的，体现了立法者与时俱进、实事求是的科学精神。

一是立法思想和宗旨体现了科学的发展观。科学的发展观要求以人为本，实现城乡发展、统筹区域发展、统筹经济社会发展、统筹人与自然和谐发展、统筹国内发展和对外开放的要求，更大程度地发挥市场在资源配置中的基础性作用这一指导思想在外贸法的修订中得到充分体现。从立法思想来看，新外贸法强调了对外开放对国内经济的促进作用，增加了"扩大对外开放"的表述，体现于统筹国内发展和对外开放的目的。从立法宗旨来看，新外贸法更加重视经济和社会、人与自然的统筹发展。

二是体现了中国作为 WTO 成员的权利和义务的平衡。新外贸法借鉴国际经验，根据世界贸易组织规则，增加了促进对外贸易发展，维护市场公平竞争，合理保护国家和国内产业利益的"主动条款"。新增了与对外贸易有关的知识产权保护、对外贸易调查和对外贸易救济等 3 章内容，共计 17 条，占新外贸法全部条款数的近四分之一。新外贸法充分利用 WTO 的例外条款，结合我国的具体国情，将维护产业经济安全作为我国对外贸易可持续发展的重要前提和基础，体现了权利和义务的平衡。这种平衡，一方面增强了主动条款的攻击力，另一方面增强了国内产业对进口冲击的防御力，特别是提升和增强国内产业对国际市场的开拓能力。使我国对外贸易法真正成为具有主动性的贸易防御法和积极的市场开拓法，以便遏制国外贸易保护主义，拓宽我国的贸易和投资。

三是体现了从外贸管理为主向外贸管理与服务并重的转变。外贸法作为"1994 年外贸法"的继续和发展，强调发挥政府在外贸管理中的重要作用，如有关建立和健全对外贸易秩序，有关知识产权保护、对外贸易调查与对外贸易救济，建立对外贸易公共信息服务体系，加大对违法行为处罚力度以及构建国内外市场的预警监测体系等相应条款，进一步明确了政府在外贸管理中的重要职责与角色定位，充分体现了政府适度参与外贸管理的重要作用。同时，新外贸法更强调了其外贸法服务和保护外贸发展的功能。

(2) 新外贸法在立法内容上汇聚的四大亮点。

亮点一：强化了开拓国际市场的保障功能。当前，主要国家外贸法的一个突出特点就是具有对外市场开拓，对内保护国内产业的功能及增强外贸法的开拓国际市场的保障功能，实施对外贸易调查，已经成为各国开拓国际市场，维护本国产业安全的重要法律手段，是当今各国外贸法的立法趋势。著名的美国"301"条款就是一例。为最大限度地保护国内产业利益，新外贸法在原有的反倾销、反补贴、保障措施、反规避等对外调查的基础上，调整并专门增加了第 7 章对外贸易调查。例如，参照美国、韩国的立法实践，明确规定国家可对货物进出口、技术进出口、国际服务贸易对国内产业及其竞争力的影响进行调查，并对调查的主管机关、方式、措施等进行了相应规定(第 38、39 条)。这些规定为我国今后对外谈判和磋商、签署多双边协议、发起对外调查和贸易救济措施，提供了一个基础性的定量分析框架和评估程序，有利于全面平衡国际经济变化对国内产业及国内就业的影响，有利于全面评价货物进出口、技术进出口、国际服务贸易多双边安排的利弊，有利于准确及时发起对外调查和贸易救济措施。同时，在第48条明确授权国务院对外贸易主管部门依照本法和其他有关法律的规定，进行对外贸易的双边或者多边磋商、谈判和争端解决，增强了运用国家机器维护国家经济安全和企业合法权益的能力。

亮点二：高度重视与贸易有关的知识产权保护。与贸易有关的知识产权保护是世界贸易组织规则中的重要内容，正日益成为发达国家维护其国家利益的主要手段。在全球化的知识经济中，知识产权的本质已经不只是技术的创新，更是国际贸易中的竞争武器之一。因此，发达国家十分重视知识产权的保护工作，日本甚至提出专利立国战略。在WTO的《与贸易有关的知识产权协议》(即TRIPS)中，既规定了在保护知识产权时应遵守下述原则，即国民待遇、保护公共秩序、社会道德、公众健康等原则，同时也明确规定："可采取适当措施防止权利所有人滥用知识产权"。新外贸法根据WTO的规则，在借鉴美、欧、日等国外立法经验的基础上，增加了第5章"与对外贸易有关的知识产权保护"，具体规定了通过实施贸易措施，防止侵犯知识产权的货物进出口和知识产权权利人滥用权利等内容。这些规定有利于中国企业妥善处理与外国专利人之间的知识产权纠纷，也有利于保护外商的合法权益。

亮点三：建立预警应急机制成为政府调控宏观经济的法定职责。建立对外贸易预警应急机制是各国的通行做法。例如美国商务部建立工业分析办公室，负责审查和评估进出口贸易、政府政策对产业及企业的影响；南非、欧盟建立的进口监测快速反应机制；印度建立的进口监测机制等。从国内产业角度来说，对外贸易预警应急机制一般称为产业损害预警机制。产业损害预警机制主要是通过对货物进出口、技术进出口和国际服务贸易异常情况的连续性监测，分析其对国内产业的影响，及时发布相关预警信息，为国务院领导、政府相关部门、产业和企业决策服务，实现"为之于未有，治之于未乱"。该系统由预警、预案和应对实施三个部分组成，是国家宏观管理的重要组成部分，是国家调控宏观经济的重要手段，也是有效运用贸易救济措施的基础性、前瞻性、预防性工作，对维护国内产业安全具有重要的作用。新外贸法第49条规定，国务院对外贸易主管部门和国务院其他有关部门应当建立货物进出口、技术进出口和国际服务贸易的预警应急机制，应对对外贸易中的突发和异常情况，维护国家经济安全。这一条款的出台，必将强化政府的预警职能，促进我国产业损害预警机制的建设与发展。

亮点四：透明度原则作为一般性原则在新外贸法中得到全面的贯彻。透明度原则是世界贸易组织规则中最基本的原则之一，也是实现WTO总体目标的关键。透明度原则的核心条款是关贸总协定的第10条。随着WTO影响的扩大，该原则得到了广泛的传播和应用，成为保障国际贸易可预见性的关键，并已成为各国外贸法的强制性规定而列入其外贸法的主要条款。其具体内容，一是公布和告知原则，即通知义务。二是关于行政和司法过程中的透明度。新外贸法在对外贸易秩序和对外贸易调查两章中的第36和第38条均强调了对外公告义务。例如，第36条规定："违反本法规定，危害对外贸易秩序的，国务院对外贸易主管部门可以向社会公告。"在第54条还规定了国家外经贸主管部门必须建立对外贸易公共信息服务体系，向对外贸易经营者和其他社会公众提供信息服务的义务。

(3) 新外贸法在立法体例上实现的五个突破。

① 突破了外贸经营主体单一和实行审批制的局面，优化了外贸经营主体结构。是否允许自然人、法人或合伙企业等所有企业从事外贸，这是一国对外贸易法的基石，犹如一国宪法是否保护人权一样重要。20多年来，放开对外贸易经营权一直是中国外贸体制改革主线之一。事实上，我国以往实行的外贸经营权审批制是我国高度集中的计划经济垄断经营制度的直接表现。新外贸法第9条第1款规定的许可制度，无疑在有外贸经营权和无外贸经营权的企业之间造成事实上的不平等，限制了市场，限制了竞争，也与世界贸易组织要求相背离，易被视为贸易壁垒，不符合《中国加入议定书》和《中国加入工作组报告书》中关于"中国将在加入三年内取消贸易权的审批制"的承诺。新外贸法据此取消了贸易权审批制，改为实行备案登记制(第8、9条)。赋予企业更广泛的外贸经营权，从而为形成以多元经济为核心的外贸体制，为充分发挥中国企业在国际市场上的总体优势奠定了基础。同时，新外贸法赋予自然人从事外贸的权利，彻底实现了外贸经营主体的国民待遇。根据原外贸法第8条的规定，自然人不能够从事对外贸易经营活动。而根据我国的入世承诺，在贸易权方面应给予所有外国自然人和企业不低于给予在中国的企业的待遇。虽然中国的自然人能不能成为外贸经营主体并不涉及我们在WTO规则下的义务，但这一条款是否增加一直为国内业界所广泛关注。

② 突破了重视对外贸易秩序中国内民商事主体救济的立法模式，突出和强化了公权的贸易救济功能，以及反垄断和反不正当竞争的作用。对外贸易秩序包括对外贸易的管理秩序和经营秩序，前者是为了维护国家的经济利益和政治利益而产生的，所反映的是作为对外贸易管理者的国务院对外贸易主管部门与对外贸易经营者之间的权利义务关系；后者是适应对外贸易活动的客观规律而形成的，所反映的是作为平等主体的对外贸易经营者之间的民商事权利义务关系。依法维护公平、自由的对外贸易秩序则是其中的一项重要内容。无论是在1994年对外贸易法还是在新修订的对外贸易法当中，第一章总则的第1条都把"维护对外贸易秩序"作为制定本法的一项宗旨。新外贸法增加了知识产权保护、对外贸易调查和贸易救济3章，强化了对国内产业的保护功能，弥补了中国作为WTO成员应当享受的相应权利。特别是在第45条、第46条规定了贸易转移以及国际服务贸易的贸易救济问题，为我国产业维护其自身合法权益提供了法律保障。同时，在第6章对外贸易秩序中还对垄断和不正当竞争行为做了相应的规定，明确国务院商务主管部门可以采取禁止进出口等措施消除其危害或者影响，及时发现和处理对外贸易中出现的新情况，更为全面的保障经济安全。

③ 突破了以进出口商会为主参与外贸中介服务的规定，强化了行业协会等中介组织的

作用。总览《马拉喀什建立世界贸易组织协定》(即《WTO 协定》)及其附件，在其第 5 条第 2 款“总理事会可就与涉及 WTO 有关事项的非政府组织进行磋商和合作做出适当安排”，以及《关于实施 1994 年关税与贸易总协定第 6 条的协定》(补贴与反补贴措施协定)、《技术性贸易壁垒协定》等协定涉及非政府组织、行业协会或商会。与原外贸法相比，在有关中介组织规定方面，新外贸法客观反映了我国市场经济改革的成果，尊重了协会等中介组织在经济活动中的实际作用和发展状况，明确了协会、商会的权利和义务。特别是强调了协会、商会为其会员提供与对外贸易有关的生产、营销、信息、培训等方面服务的职能，以及依法提出有关对外贸易救济措施的申请、反映会员呼声的义务。

④ 突破了单一的外贸发展道路，强化对外贸易促进的手段实现多元化。新外贸法除在第 9 章对外贸易促进规定增加了出口信用保险、公共信息服务系统、鼓励对外投资、工程承包和对外劳务合作等方式外，很重要的一个突破就是首次以法律条款规定我国参与区域经济贸易协定和区域经济组织的行为。这将为我国的外贸发展提供一个广阔的空间。新外贸法第 5 条明确规定，中华人民共和国根据平等互利的原则，促进和发展同其他国家和地区的贸易关系，缔结或者参加关税同盟协定、自由贸易区协定等区域经济贸易协定参加区域经济组织。这将积极推动我国参加区域经济一体化活动，有利于中国与东盟以及中日韩就建立自由贸易区的可能性进行有益的尝试。

⑤ 突破了处理外贸违法主要依赖行政处罚的局面，健全了严格的法律责任。原外贸法关于法律责任的规定只有 4 条，原则、处罚手段不够，处罚种类也比较单一，主要手段是撤销对外贸易的经营许可。对此，最高人民检察院曾于 1994 年下发了《关于严格彻执行〈中华人民共和国对外贸易法〉的通知》，对原外贸法有关违法行为做了补充规定。新修订的外贸法根据外贸管理出现的新情况、新问题，结合外贸管理的实际需要，补充、修改和完善了有关国营贸易等法律责任的规定(第 60～66 条)。

2) 其他法律和法规

《外贸法》作为对外贸易的基本法，只是规定了我国对外贸易的基本方针、政策和主要的法律制度框架，要保证《外贸法》的全面贯彻执行，必须制定可操作的行政法规。因此，为了与世界贸易组织的多边贸易规则接轨，我国已制定《货物进出口管理条例》《技术进出口管理条例》《反倾销条例》《反补贴条例》《保障措施条例》，还将制定与《外贸法》配套的《国际服务贸易管理条例》《外贸发展基金条例》《进出口商会条例》以及《边境贸易管理条例》等行政法规、规章。随着这些法律、法规的颁布和实施，必将增强全国对外贸易法律和政策的统一性和透明度，加强对外贸易的宏观管理，维护对外贸易秩序，促进国民经济和我国对外经济贸易的发展。

除《外贸法》外，我国还有其他专门性的外贸法律，如《海关法》《进出口商品检验法》等)以及非专门性的涉外经济法律中有关对外贸易的规定(如《专利法》《商标法》等)。除法律外，我国国务院及其所属部委还根据宪法、法律制定和颁布了有关对外贸易活动的条例、规定、实施细则、办法等。各省、自治区、直辖市和经国务院批准的计划单列市的人民代表大会及其常务委员会或人民政府还制定了调整本地区对外贸易关系的区域性法规。此外，我国对外贸易法制建设，除了进行大量的国内立法外，还认真研究和积极参加国际条约，承认我国所能接受的国际惯例。

### 2.2.3 我国对外贸易管理的经济手段

我国运用的经济调控手段主要有汇率、税收、信贷、价格等经济杠杆。经济手段的特点是，遵从物质利益原则，遵循经济规律，间接影响企业利益，引导企业行为，不具有行政命令的强制性。

1) 我国现行汇率制度

汇率是调控一国进出口总量平衡和优化进出口商品结构的主要经济杠杆。世界上许多国家都把汇率作为调节进出口贸易的重要手段。1994 年 1 月 1 日我国汇率制度进行了重大改革：进行汇率并轨，实行以市场供求为基础的、单一的、有管理的浮动汇率制度；实行银行结汇、售汇制，取消外汇留成、上缴和额度管理制度；建立统一的银行间外汇交易市场，改变人民币汇率形成机制；取消对外汇收支的指令性计划，国家主要运用经济、法律手段实现对外汇和国际收支的宏观调控。1996 年 4 月 1 日起，我国取消了若干对经常项目中的非贸易非经营性交易的汇兑限制；1996 年 7 月 1 日起，在全国范围内全面推行外商投资企业银行结汇售汇制；1996 年 11 月 27 日我国政府宣布，接受《国际货币基金组织协定》第 8 条规定的义务，实现人民币经常项目下的可兑换。2005 年 7 月 21 日央行宣布将以市场供求为基础，参考篮子货币汇率变动，对人民币汇率进行管理和调节，维护人民币汇率的正常浮动，保持人民币汇率在合理均衡水平上的基本稳定，促进国际收支基本平衡，维护宏观经济和金融市场的稳定。

2) 我国对外贸易税收制度

我国的对外贸易税收主要是通过征收进口关税实行和完成的，而对出口税收则更主要地表现为出口关税的减免和出口退税。

(1) 关税政策。我国目前实行以产业与技术倾斜为中心的适度开放与适层保护的关税政策。具体表现为：一是按照 WTO 对发展中国家的要求逐渐降低关税总体水平，使关税成为调节进出口贸易的主要手段；二是按照国际贸易规范的要求，结合国内产业政策，建立符合世界贸易组织规则的调节和管理进出口贸易的体制，以保护和促进国民经济的发展。

(2) 关税税率和税则。我国进口关税设普通税率和优惠税率两栏税。对于原产于与我国未订有关税互惠协议的国家和地区的进口货物，按普通税率征税；对原产于与我国订有关税互惠协议的国家和地区的进口货物，按优惠税率征税。此外，凡是对进口原产于我国成品货物征收歧视性关税或给予其他歧视性待遇的，我国可以征收特别关税。其征税品种、税率和起征、停征的时间，由国务院关税税则委员会决定。到2002年止，我国进口关税的平均税率已降至12%，达到了发展中国家的水平。我国现行的《海关进出口税则》是于1992年1月1日开始实施的，它是以国际上广泛采用的《商品名称及编码协调制度》为基础编制的，共分为21类、97章、6250个税号。

(3) 关税的计征标准与关税减免。我国关税的计征标准主要采取从价税，但也有一小部分商品采取从量征税。我国的关税减免分为三种，即法定减免(指《海关法》和《进出口关税条例》规定给予的关税减免)、特定减免(指依照国家规定对特定地区、特定企业或特定用途的进出口货物所实行的关税减免)和临时减免(指法定减免、特定减免规定范围以外的临时减免)。

(4) 进口征税制度。进口征税是指对进口货物征收增值税和消费税。我国对进口产品实行与国内产品同等征税的原则，即在增值税和消费税上按相同的税目和税率征税。根据《增值税条例》的规定，除境内销售货物或提供加工、修理修配业务外，进口货物也属于增值税征收的范围。根据《消费税条例》的规定，我国纳入消费品征税范围的进口商品共11种，具体包括：烟、酒及酒精、化妆品、护肤护发品、贵重首饰及珠宝玉石、鞭炮及焰火、汽油、柴油、汽车轮胎、摩托车、小汽车。根据《增值税条例》规定，我国增值税设基本税率、低税率和零税率3档。

① 基本税率：纳税人销售或者进口货物、提供加工、修理修配劳务，税率为17%。

② 低税率：纳税人销售或者进口粮食等19种货物，税率为13%。

③ 零税率：纳税人报关出口货物，税率为零。根据《消费税条例》规定，消费税的税率有两种：一是比例税率，即实行从价定率征税；二是定额税率，即实行从量定额征税。《消费税条例》对消费税共设置十档比例税率，最高税率为45%，最低税率为3%。

(5) 出口退税制度。出口退税就是将出口货物在国内生产和流通领域过程中缴纳的间接税退还给出口企业，使出口商品以不含税的价格进入国际市场。我国明确规定：有出口经营权的企业出口货物，除另有规定外，可在货物报关出口并在财务上做销售处理后，凭有关凭证按月报送税务机关批准退还或免征增值税和消费税。目前，我国出口货物退税办法包括“先征后退”和“免、抵、退”。生产企业自营出口或委托代理出口的货物，一律先按照增值税暂行条例规定的征税率征税，然后由主管出口退税业务的税务机关在国家出口退税计划内按规定的退税率审批退税。

3) 我国进出口信贷制度

我国进出口信贷政策是：积极支持有信誉的国有进出口企业发展有效益、有市场的进出口业务；支持国有大中型企业、企业集团的发展；支持外贸企业推行代理制；严禁对盲目竞争、没有效益、挪用银行资金的企业贷款；支持国家重点建设企业技术进步；支持机电产品、成套设备出口；支持高利税、高创汇、高销售额的外商投资企业；支持效益好、产业结构合理的国家级经济技术开发区。中国银行和中国进出口银行是我国提供进出口信贷的主渠道。另外，我国一些国有商业银行、区域性商业银行及其他金融机构，经国家外汇管理局批准，也可以对进出口企业发放一定数量的外汇贷款及人民币贷款。

### 2.2.4 我国对外贸易管理的行政手段

我国对外贸易管理虽然以法律手段、经济手段为主，但也辅以必要的行政手段。行政手段是指国家各级政府和其所属主管部门凭借其职权，通过制定和下达指示、命令、规定等形式，对社会经济活动进行决策、组织、监督和调节的一种手段。行政手段具有超经济强制的性质，具有强制性、权威性、直接性和无偿性的特点，可以弥补和修正市场自发机制的缺陷。

我国运用的行政手段主要包括：配额管理、进出口许可证管理、外贸经营权管理、对外国企业在中国设立常驻代表机构的管理、海关管理、外汇管理、进出口商品检验管理及进出口商品原产地管理等。本节仅阐述配额管理、进出口许可证管理、外贸经营权管理、对外国企业在中国设立常驻代表机构的管理、进出口商品原产地管理。海关管理、外汇管理、进出口商品检验管理等将在本书其他有关章节中阐述。

1) 进出口配额管理

进出口配额管理是指国家对部分货物的进出口规定一定的数量限制，在限额之内允许进出口，超过限额则不准进出口的管理制度。我国对一部分进出口货物的进出口实行配额管理。

我国出口配额管理形式根据不同商品可分为被动配额管理、主动配额管理和计划配额管理三种形式。计划配额、主动配额的总量由商务部根据国际、国内市场的供求情况，其他国家(地区)要求我国主动设限的情况，全国出口配额申请总量和实际出口执行情况加以确定。商务部将出口配额切块分配并下达给各地外贸主管部门和外贸总公司执行；各地外贸主管部门按照商务部规定的出口配额分配条件，将配额分配给本地区有出口实绩、出口规模大、出口效益好的各类外贸企业。我国还对部分出口商品配额实行有偿招标分配，即出口企业通过自主投标、竞标，有偿取得和使用中标配额。

列入我国进口配额管理的商品范围主要有以下3类。

(1) 国家尚需适量进口以调节国内市场供应，但过量进口会严重损害国内相关工业发展的进口产品。

(2) 直接影响进口商品结构、产业结构调整的进口商品。

(3) 危及国家外汇收支地位的进口商品。

我国进口配额包括机电产品进口配额与一般商品进口配额两种。实行进口配额管理的机电产品系指机械设备、电子产品及其零部件和元器件。实行一般商品进口配额管理的商品主要是少数国内人民生活和现代化建设所必需的，关系国计民生的大宗资源性商品，如原油、成品油、羊毛、涤纶、粮食、化肥及农药等。

2) 进出口许可证管理

进出口许可证管理是指国家规定某些商品的进出口必须从国家指定的机关领取许可证，没有许可证的一律不准进出口。它是一国对其进出口商品的品种、数量、价格及进出口国别进行管理的手段之一。我国对限制进口或者出口的货物实行许可证管理。我国实行出口许可证管理的出口商品包括：实行计划配额管理、主动配额管理和一般许可证管理的商品。出口金额大，经营易混乱和重要的名、特、优出口商品及少数需要管理的商品，实行一般许可证管理。国家对实行一般许可证管理的商品，将根据情况调整品种，出口数量原则上不受限制。实行进口许可证管理的商品范围主要有：机电产品进口配额管理的商品、一般商品进口配额管理的商品、外经贸部许可证管理的进口商品、国家有关部门审批的进口商品。

3) 外贸经营权管理和对外国企业在中国设立常驻代表机构

我国实行对外贸易经营许可制度。在我国设立对外贸企业，必须经过国家对外经贸主管部门审查批准，在国家或地方工商行政管理部门注册登记后，才能获得许可从事外贸经营活动；其他各类企业自营进出口业务，也要经国家有关主管部门审批后才有权进行。根据加入世界贸易组织与国际贸易规则接轨的需要，我国政府已承诺在入世后的三年内完全实行进出口权自动登记制度。根据我国有关法律规定，我国对外国企业在中国设立常驻代表机构进行管理，即外国贸易商、制造厂商、货运代理商及其经济组织和团体，在我国设立常驻代表机构必须经过我国商务部及其授权单位的批准，在国家工商行政管理局签证后，才能开展业务活动。这些常驻代表机构属于非盈利性的，业务范围主要是代表本企业在中国进行业务联系、产品介绍、市场调查、技术交流、咨询服务等。

4) 进出口商品原产地管理

原产地规则是指任何一国或地区为确定货物原产地而实施的普遍适用的法律、法规及行政决定。由于各国通常依据进口货物原产国的不同，而提供不同的待遇。因此，原产地规则是国际贸易的一项重要规则，是涉及各个国家经济利益，体现各国对外贸易政策的一项重要法规，是各国确定货物生产地或制造地，发放产地证的法律依据。我国于1992年公布了《出口货物原产地规则》《出口货物原产地规则实施办法》及《含有进口成分出口货物原产地证标准制造、加工工序单》，对原产地实行了统一管理。

### 2.2.5 我国成为世界贸易组织成员的承诺

我国于2001年12月11日成为世界贸易组织正式成员，开始行使世界贸易组织正式成员的权利，包括享受最惠国待遇及国民待遇等，同时也将承担起世贸组织正式成员的相关义务，包括按照入世时间表的安排，取消一些限制，开放一些经济领域。我国根据自身国情、经济发展水平、承受能力，在货物贸易、服务贸易和知识产权保护等方面的不同领域做出了不同的具体承诺。作为外贸从业人员应熟知这些承诺，做到心中有数。

1. 在货物贸易方面我国的承诺

1) 外贸经营权

我国逐步放宽贸易权的获得及其范围，三年后，在中国的所有企业在登记后都有权经营除国营贸易产品外的所有产品的进出口，并对外国在华投资或注册的企业给予国民待遇。

(1) 在加入世贸组织后三年内取消对外贸易经营权的审批制。

(2) 在加入时，取消在申请和保留对外贸易经营权时对任何有关出口实绩、贸易平衡、外汇平衡和以往进出口经验的要求。

(3) 全资中资企业获得对外贸易经营权的最低注册资本要求将逐步降低：加入第一年为 500 万元人民币，第二年降至 300 万元人民币，第三年降至 100 万元人民币，以后取消审批制。

(4) 逐步使外商投资企业获得完全的对外贸易经营权，放开计划为：外资占少数股份的合资企业为加入后第二年，外资占多数股份的合资企业为加入后第三年。

2) 国营贸易

我国保留了粮食、棉花、植物油、食糖、原油、成品油、化肥及烟草 8 种关系国计民生的大宗产品的进口和对茶、大米、玉米、大豆、钨及钨制品、煤炭、原油、成品油、丝及棉花等商品的出口实行国营贸易管理的权利，只由政府指定的数量有限的公司专营。同时，参照我国目前实际进口情况，允许个别商品(原油、成品油)一定比例的进口由非国营贸易公司经营。此外，植物油(豆油、菜籽油和棕榈油)的国营贸易管理在 2005 年 1 月 1 日取消。承诺遵守《1994 年关贸总协定》有关国营贸易的规定，国营贸易公司按照商业考虑经营，并履行有关通知义务，提供有关国营贸易企业出口货物定价机制的全部信息。

3) 指定经营

我国加入世贸组织对指定经营的承诺是：

(1) 指定经营货物包括天然橡胶、木材、胶合板、羊毛、腈纶、钢材。

(2) 在加入后三年内，每年调整和扩大指定经营制度下的企业清单，并最后取消指定经营制度。

(3) 取消将贸易量作为获得指定经营产品贸易权的标准；降低最低资本要求，并将指定经营企业的范围扩大到在生产货物过程中使用此类货物的企业，以及经销此类货物的企业。

4) 海关估价、进口关税和其他税费

我国承诺遵守世贸组织的(海关估价协议) ，以成交价作为海关估价的基础，不再采用“最低限价”和“参考价”作为完税价格的做法。我国加入世贸组织议定书有关农产品和工业品关税减让表规定，关税总水平由 2001 年的 14%降低到 2005 年的约 10%，其中工业品由 13%降至约 9.3%，农产品由 19.9%降至约 15.5%。农产品关税减让承诺的实施到 2004 年底结束，98%的工业品已让关税实施到 2005 年底结束，但汽车及汽车零部件的关税将至 2006 年 7 月 1 日分别平均降至 25%和 10%，部分化工品的关税减让则到 2008 年结束。我国承诺国家主管机关或地方各级主管机关实施或管理由海关规费或费用、国内税费包括增值税符合《1994 年关贸总协定》的规定。我国加入《信息技术产品协议》，取消信息技术产品的关税和其他税费。

5) 数量限制(配额、许可证管理)

我国承诺，只有中央政府可以发布关于非关税措施的法规，这些措施只能由中央政府或获得中央政府授权的地方各级主管机关实施或执行，地方各级主管机关无权制定非关税措施。

(1) 配额、许可证管理。我国按照世贸组织的规定，将 400 多项产品(其中实行许可证、进口配额和进口招标产品 377 项，配额产品 15 项，单一许可证产品 47 项) 实施的非关税措施在 2005 年 1 月 1 日之前取消，涉及的产品包括汽车、机电产品、天然橡胶、彩色感光材料等，在此期间，相关产品的配额将享有一定的增长率，对过渡期内配额的分配标准与程序、分配时间、许可证的获得和展期，将严格遵守世贸组织《进口许可程序协议》的规定，实行简单和透明的程序，以保证配额的充分使用。并承诺今后除非符合世贸组织规定，否则不再增加或实施任何新的非关税措施。

(2) 进口许可程序。在官方刊物《国际商报》公布：所有负责授权或批准进口的机构清单；获得进口许可证或其他批准的程序和标准，以及决定是否发放进口许可证或其他批准的条件；实行招标要求管理的全部产品清单、有关信息及变更；限制或禁止进口的所有货物和技术的清单及其变更。进口许可证的有效期至少为 6 个月，无法做到的例外要通知世贸组织进口许可程序委员会。给予在中国投资和注册的外国企业和个人在进口许可证和配额分配方面享受国民待遇。

(3) 出口许可程序与出口限制。我国承诺公布所有负责出口授权或批准的机构，遵守有关非自动出口许可程序和出口限制的世贸组织规则，使《外贸法》符合关贸总协定的要求，在符合关贸总协定的情况下，对部分农产品、资源性产品和化学品实行出口许可证制度。

(4) 关税配额。我国将对小麦、玉米、大米、棉花、食糖、豆油、棕榈油、菜籽油、羊毛等农产品和化肥、毛条等工业品实施关税配额管理，以 1995－1997 年作为计算农产品关税配额量。在对关税配额产品实行国营贸易管理的同时，也留出一部分的关税配额量供非国营贸易企业进口，并对关税配额量、配额内外税率、非国营贸易比例和实施期等做出了具体承诺；在透明、可预测、统一、公平和非歧视的基础上管理关税配额，使用能够提供有效进口机会的明确规定的时限、管理程序和要求；反映消费者喜好和最终用户需求，且不抑制每一和关税配额的足额使用。实行关税配额管理的货物，不需要进口许可证，凭关税配额证明进口。

6) 补贴

我国承诺遵照世贸组织《补贴与反补贴措施协议》的规定，取消协议禁止的补贴(出口补贴，视使用国产货物替代进口货物情况而给予的补贴)，通知协议允许的其他补贴项目。我国保留《补贴与反补贴措施协议》第 27 条第 10、11、12、15 款获益的权利，同时承诺，不寻求援引第 27 条第 8、9、13 款。

7) 纺织品

世贸组织成员在中国加入前一日有效的，对原产于中国的纺织品和服装的进口所维持的数量限制，作为我国适用《纺织品与服装协议》第 2 条和第 3 条的基础水平，并按第 2 条第 13 款和第 14 款规定的增长率增长。加入世贸组织后，中国成为《纺织品与服装协议》成员，具有该协议的权利与义务，并保留了对部分纺织品进口使用过渡性保障措施的权利。在 2005—2008 年，如我国某一类纺织品对世贸组织成员市场造成扰乱，该成员可临时进行限制，但对一种产品只能使用一次，一次只能持续一年，不能重复使用。

8) 原产地规则

我国承诺，根据世贸组织《原产地规则协议》的规定，确定我国产品实质性改变的标准是：在关税税则中 4 位税号的税则归类发生变化，或增值部分所占新产品总值的比例达到或超过 30%，当一进口产品在几个国家(地区)加工和制造时，原产地应为对该产品进行实质性改变的最后一个国家。我国承诺，一旦世贸组织的非优惠原产地规则的国际协调完成，将全面采用和适用国际协调的非优惠原产地规则，不把原产地规则用作直接或间接追求贸易目标的工具。

9) 装运前检验

我国将遵守《装运前检验协议》，管理现有商检机构，允许符合资格的机构按照政府授权或商业合同的约定从事装运前检验；与包括私营实体在内的装运前检验实体进行的装运前检验有关的任何法律、法规将与世贸组织有关的协议一致。

10) 技术性贸易壁垒

我国承诺公布作为技术法规、标准和合格评定程序依据的所有正式的和非正式的标准，公布并使其他世贸组织成员、个人和企业可获得有关各合格评定机构和部门相应职责的全部信息，使所有技术法规、标准和合格评定程序符合《技术性贸易壁垒协议》。我国对进口产品和本国产品适用相同的技术法规、标准和合格评定程序。所有认证、安全许可、质量认可机构和部门，合格评定机构和部门获得既对进口产品又对国产品进行此类活动的授权。对机构和部门的选择由申请人决定。对于进口产品和国产品，所有机构和部门颁发相同的标志，收取相同的费用，提供相同的处理时间和申诉程序。目前，我国采用国际标准作为国内标准的比例为物呢？我国承诺进一步提高使用国际标准作为技术法规基础的比例，在5年内再增加10%。我国将根据《技术性贸易壁垒协议》第五条第四款，使用国际标准化机构发布的相关指南或建议作为新的合格评定程序的基础，并对进口产品和国产品适用相同的合格评定程序。

11) 卫生与植物卫生措施

我国承诺遵守世贸组织《实施卫生与植物卫生措施协议》，使所有与该协议有关的法律、法规、法令、要求和程序符合该协议，向世贸组织通知所有有关卫生与植物卫生措施的法律、法规及其他措施，包括产品范围及相关国际标准、指南和建议。

12) 进出口商品法定检验

世贸组织成员同意我国“法定检验”产品清单，不对所通知的技术法规和标准在《建立世贸组织协定》项下的法律地位做出预先判断，我国保留了对进出口商品进行法定检验的权利；同时，我国承诺将使《进出口商品检验法》及其实施细则以及其他相关法律和法规符合《技术性贸易壁垒协议》的规定。

13) 反倾销、反补贴措施

世贸组织成员承诺，在中国加入世贸组织15年后，完全取消目前在对中国出口产品进行反倾销调查时使用第三国替代价格作为可比价格的做法。议定书规定，在此15年过渡期内世贸组织成员仍可以对中国出口产品使用替代国价格计算倾销幅度，但是，只要中国企业能够证明其出口产品是在市场经济条件下生产的，则世贸组织成员应遵守《反倾销协议》，采取中国的国内生产成本作为依据计算倾销幅度。该规定也适用于反补贴措施。中国承诺修改《中华人民共和国反倾销和反补贴条例》，使之与世贸组织的《反倾销协议》一致，但加入前提出的申请已发起的反倾销调查不应受质疑。

14) 特殊经济区

特殊经济区包括边境贸易区、民族自治地方、经济特区。沿海开放城市、经济技术开发区及已建立关税、税收和法规的特殊制度的其他地区。我国承诺从特殊经济区进入中国关税领土其他部分的进口产品所适用的所得税、进口限制和海关税费同等适用于直接输入中国关税领土其他部分的进口产品；向在特殊经济区设立的外商投资企业提供的任何优惠安排均在非歧视的基础上提供；向世贸组织通知在经济特区实施的特殊的贸易、关税和国内税法律。

15) 征收出口税

我国保留对鲤鱼苗、钨矿砂、铅、锌、锑、锰铁、硅铁、铬铁、铜、镍及部分铝产品等共84个税号的资源性产品征收出口税的权利，其余出口货物应取消全部税费，出口货物的完税价格为货物的FOB价。

16) 与贸易有关的投资措施

我国承诺加入世贸组织后实施《与贸易有关的投资措施加议》，取消贸易和外汇平衡要求、当地含量要求和出口实绩要求等与贸易有关的投资措施；投资许可、进口许可证、配额有关税配额的给予应不考虑是否存在与之竞争的中国国内企业。我国承诺将对中国汽车产业与投资政策进行修改。

(1) 限制汽车生产者生产汽车的类别、类型或车型的所有措施在两年内逐步取消。

(2) 提高只需省一级政府批准的汽车制造商投资比例的限额，从2001年的3000万美元提高到加入后1年的6000万美元，加入后两年的9000万美元，加入后4年的1.5亿美元。

(3) 汽车发动机的制造，加入时取消合资企业外资比例不得超过50%的限制。

17) 政府采购

中国有意成为《政府采购协议》的参加方，自加入世贸组织起成为《政府采购协议》的观察员，并开始加入该协议的谈判。在加入之前，中央和地方各级政府实体，以及从事专门商业活动以外的公共实体，将以透明的方式从事其采购，并按照最惠国待遇的原则，向所有外国供应商提供参与采购的平等机会。

2. *在服务贸易方面我国的承诺*

我国对服务贸易做出了不同程度市场准入承诺，有条件、有步骤地开放服务贸易领域，并进行管理和审批，服务贸易的市场开放在加入后1～6年内逐步实施。开放的服务贸易领域包括商务服务、通信服务、建筑和相关工程服务、分销服务、教育服务、环境服务、金融服务、旅游和与旅游相关的服务、运输服务等9个部门及其70多个分部门和子部门。与健康相关的服务和社会服务、娱乐、文化和体育服务(视听服务除外) 以及其他未包括的服务没有承诺。我国可以维持与《服务贸易总协定》第2条第1款规定不一致的措施，只要这些措施列入议定书所附的《第2条豁免清单》中，并符合《服务贸易总协定关于第2条豁免的附件》中的条件。我国对服务贸易的承诺分为水平承诺与具体承诺两方面。

1) 水平承诺

水平承诺主要有以下两点。

(1) 商业存在。股权式合资企业中的外资比例不得少于该合资企业注册资本的20%。对于外国企业在中国设立分支机构不作承诺，除非在具体分部门中另有规定。允许在中国设立外国企业的代表处，但代表处不得从事任何营利活动，除非在法律服务、会计审计和簿记、管理咨询等特定部门的具体承诺中另有规定。

(2) 自然人流动。除与属下列类别的自然人的入境和临时居住有关的措施外，不作承诺。

① 对于在中国领土内已设立代表处、分公司或子公司的世贸组织成员的公司的经理、高级管理人员和专家等高级雇员，作为公司内部的调任人员临时调动，允许其入境首期停留三年。

② 对于被在中国领土内的外商投资企业雇佣从事商业活动的世贸组织成员的公司的经理、高级管理人员和专家等高级雇员，按有关合同条款规定给予其长期居留许可，或首期居留三年，以时间短者为准。

③ 服务销售人员的入境期限为90天。

2) 具体承诺

我国承诺逐步放开银行、保险、旅游、运输和电信等服务业市场。

(1) 银行保险业。

① 银行服务。加入时取消从事外汇业务的地域限制，允许外资金融机构在华提供外汇服务，没有服务对象限制。逐步开放人民币业务，加入后两年内，允许外资金融机构向中国企业提供服务；加入后5年内，允许外资金融机构向所有中国客户提供服务并取消地域限制。加入后5年内，取消对所有权、经营以及外资金融机构企业设立形式，包括分支机构和许可发放的非审慎性措施。

② 保险服务。允许外国非寿险公司在华设立分公司或合资公司，合资公司外资股比例可以达到51%；外国寿险公司在华设立合资公司，外资股比例不超过50%，外方可以自由选择合资伙伴，合资企业投资方可以自由订立合资条款，只要它们在减让表所做的承诺范围内；外资保险经纪公司方面，合资保险经纪公司外资股比例可以达到50%。外国寿险公司、非寿险公司在上海、广州、大连、深圳、佛山提供服务。外国非寿险公司从事没有地域限制的“统括保单”和大型商业险保险，外国非寿险公司提供境外企业的非寿险服务、在华外商投资企业的财产险、与之相关的责任险和信用险服务；外国(再)保险公司以分公司、合资公司或独资子公司的形式提供寿险和非寿险的再保险业务，且没有地域限制和发放营业许可的数量限制。保险公司营业许可的发放不设经济需求测试(即数量限制)。关于保险“统括保单”经纪业务，将实行国民待遇。外资保险经纪公司地域范围可在上海、广州、大连、深圳、佛山范围内办理业务。

(2) 电信业。

在地域和外资比例上，逐步放宽外国服务提供者设立中外合资企业参与增值电信服务的限制；加入后两年内，取消地域限制，外资比例不超过50%。在地域和外资比例上，逐步放宽外国服务提供者设立中外合资企业从事移动语音和数据服务的限制；加入后3年内外资比例不超过50%；加入后5年内，取消地域限制。在地域和外资比例上，逐步放宽外国服务提供者设立中外合资电信企业从事国内和国际业务的限制；加入后3年内，外资比例不超过25%；加入后5年内，外资比例不超过35%；加入后6年内，取消地域限制，外资比例不超过49%。

(3) 建筑业。

从入世起建筑业将允许外国企业在中国成立合资、合作企业，并在3年内开始享受国民待遇，3年内开始允许外商成立独资企业，房地产开发企业除高档房地产项目如高档宾馆、高档公寓、高尔夫球场等不允许外商独资外，其他项目没有限制。

(4) 零售与批发服务业。

① 零售服务(不包括烟草)允许在指定城市设立规定数量的合资企业；加入后 2 年内，允许外资拥有多数股权。加入后 1 年内，允许合资企业从事书报杂志的零售；加入后 3 年内，允许从事药品、农药、农膜和成品油的零售；加入后 5 年内，允许从事化肥的零售，其他产品没有限制。但销售多个供货商的不同种类和品牌产品的连锁店，如其分店数量超过 30 家，且销售粮食、棉花、植物油、食糖、图书、报纸、杂志、药品、采药、农膜、成品油、化肥、汽车，则不允许外资控股。

② 批发服务(盐和烟草除外) 加入后 1 年内允许设立合营企业，从事进口产品和国产品的佣金代理和批发业务。其中，加入后 3 年内，允许合资企业从事书报杂志、药品、农药和农膜的分销业务；加入后 5 年内，允许从事化肥、成品油和原油的分销业务，其他产品没有限制。加入后 2 年内，允许外资拥有多数股权，取消数量和地域限制。允许外商投资企业分销其在中国生产的产品，允许外国服务提供者对其分销的产品提供规定的相关附属服务，包括售后服务。

(5) 会计业。

通过中国注册会计师资格考试的外国人将获得国民待遇，即可以合伙或合并成立会计师事务所；已有的合资公司不只限于雇佣持有中国注册会计师证的会计师。

(6) 运输服务。

① 海运服务。国际运输(客运和货运，不包括沿海运输和内河运河)在加入时，允许设立注册公司，经营悬挂中国国旗的船队，允许外国服务提供者在华设立合资船运公司，外资比例不超过 49%；海运附属服务(海运装卸货服务、报关服务、集装箱堆场服务)：在加入时，只允许设立合资企业，但允许外资控股；船务代理服务：在加入时，只允许设立合资企业，外资比例不超过 49%。

② 内河运输服务(国际货运服务)。在加入时，只允许在对外轮开放的港口从事国际货物运输，不允许外商在中国境内设立从事内河运输服务。

③ 航空运输服务。航空器的维修和保养，允许设立合资航空器维修企业，但中方必须控股或占主导地位，根据经济需求测试情况，有许可数量限制。计算机订座系统服务中允许外商跨境提供以下服务：通过与中国民航计算机订座系统联网为中国空运企业和销售代理人提供分销服务；为在中国境内有经营销售权的外国空运企业在通航地点设立的售票处或办事处提供服务；但直接使用外国计算机订座系统须经民航总局批准；不允许外商在中国境内设立企业从事计算机订座系统服务。

④ 铁路运输服务(货运服务)。加入时，只允许设立合资企业，外资比例不超过 49%；加入后 3 年内，允许外资拥有多数股份；加入后 6 年内，允许设立独资公司。

⑤ 公路运输服务(卡车和汽车的货运服务)。加入时，只允许设立合资企业，外资比例不超

过49%；加入后1年内，允许外资拥有多数股份；加入后3年内，允许设立外资独资子公司。

⑥ 运输辅助服务。仓储服务在加入时，只允许设立合资企业，外资比例不超过49%；加入后5年内，允许外资拥有多数股份；加入后3年内，允许设立外商独资子公司。货物运输代理服务(不包括货物检验服务)：在加入时，有连续3年以上经验的外国货运代理企业可以在华设立中外合资货代企业，外资比例不超过50%；加入后1年内，允许外资拥有多数股份；加入后4年内，允许设立外商独资子公司。合资企业的最低注册资本不少于100万美元，合资企业的经营期限不超过20年。

## 本章小结

在国际贸易中，国际有两层含义，一是指不同国家的人之间的交换关系，二是指国与国之间的贸易关系，前者是国际贸易实务方面的内容，将在后面的章节中重点讲授，后者是国际贸易理论、政策和制度方面的内容，将是本节重点说明的内容。国际贸易理论是国际贸易实践过程中有关国际贸易规律的总结，其目的在于对国际贸易发展的现状及其趋势做出解释与预测；国际贸易政策着重讨论贸易限制的理由和经济影响，以及这些政策对一国福利的影响；国际贸易的研究范围主要有国家的对外贸易管理和国际贸易体制两方面。在对外贸易管理中，国家需要制定对外贸易政策，确定外贸发展方向；建立对外贸易的各项管理制度，从事外贸的管理和控制；签订对外贸易条约和协定，安排同其他国家的贸易往来。国际贸易体制则包括关贸总协定和世界贸易组织。国际贸易在促进世界经济发展，推动各国国内经济发展和维护世界和平方面都起到了重要作用。

### 关键名词

(1) International Service Trade　国际服务贸易
(2) International Technology Trade　国际技术贸易
(3) Tariff　关税
(4) Revenue Tariff　财政关税
(5) Protective Tariff　保护关税
(6) Import Surtaxes　进口附加税
(7) Variable Levy　差价税
(8) Generalized System Of Preferences　普遍优惠制
(9) Non-Tariff Barriers　非关税壁垒
(10) World Trade Organization　世界贸易组织
(11) Non-Discrimination　非歧视

## 习　题

【思考题】

(1) 简述对外贸易对一个国家经济发展所起的作用。

(2) 当代世界市场发展的主要特征是什么？

(3) 为什么近年来国际服务贸易会得到迅速增长？

(4) 国际技术贸易的内容与方式与一般商品贸易相比有何区别？

(5) 关税在对外贸易中起什么作用？

(6) 非关税壁垒起什么作用？有哪些手段？

(7) WTO 在世界贸易中起什么作用？

(8) 加入 WTO 对一个国家有什么实际意义？

## 案　例

### 案例 1

### 日美汽车贸易案(市场准入案例)

[案情介绍]

日本是美国最大的贸易伙伴，美国对日出口超过美对德、法、意出口的总和，然而，美国对日贸易却存在巨额逆差。1992 年，美国对日本贸易逆差达到 500 亿美元。美国为了改变这一现状，曾做出多种努力，然而对日贸易逆差却继续攀升，1994 年达到 660 亿美元，创历史最高纪录。美日贸易中，汽车贸易难题一向被视为贸易摩擦的象征。在 1995 年，美日签订汽车贸易协定之前，美国和日本在汽车和汽车零部件领域的贸易不平衡曾高达 370 亿美元，占美国对日贸易逆差的 60%以上，日本车占有美国市场 1/4 的份额，美国车仅占有日本市场 1.5%的份额。对这一问题，日本虽然于 1993 年 7 月同意通过谈判解决汽车市场的开放问题，但实际上却拒绝与美国进入实际谈判程序。

1994 年 2 月，日本首相访美，美日举行首脑会晤。在会谈中，日本拒绝了美国关于确定日本从美国进口产品的数值指标的要求，美日谈判破裂。这是战后美日谈判的第一次全面破裂，也是日本政府第一次对美说“不”。这之后，美日两国就日本向美国企业开放汽车及零部件市场问题展开艰苦卓绝的谈判。整个过程扣人心弦，其间美国谈判代表曾威胁，将根据超级 301 条款，不经过世界贸易组织的许可，采用单方面措施对日本出口的豪华小汽车征收 100%的关税。最后，1995 年 6 月，两国政府终于勉强达成协议，要求日本增加美国汽车及零部件的进口。

此后，美国在其他国际贸易领域多次使用超级 301 条款。出于对美国单边报复制度的不满，1998 年 11 月 25 日，欧盟根据《1994 关税与贸易总协定》(1994 GATT)第 22 条第 1 款和《关于争端解决规则与程序的谅解》(DSU)第 4 条，请求与美国就美国贸易法“301 条款”进行磋商。美国同意进行磋商。多米尼加共和国、巴拿马、危地马拉、墨西哥、牙买加、洪都拉斯、日本和厄瓜多尔根据DSU第4条第11款，要求参加磋商。磋商于1998年12月17日在美欧之间进行，但未解决争议。1999年1月26日，欧盟根据DSU第6条请求设立专家组。“争端解决机构”(DSB)同意了这一请求。巴西、喀麦隆、加拿大、哥伦比亚、哥斯达黎加、古巴、多米尼加。多米尼加共和国、厄瓜多尔、中国香港、印度、以色列、牙买加、日本、韩国、圣路西亚和泰国保留作为第三方参加专家组程序的权利。1999年12月22日，专家组将报告散发给所有成员。专家组最终裁决，美国不可以在世贸组织争端解决机构做出决定之前单方面确定制裁措施，但“301条款”并不违反世界贸易组织和关税与贸易总协定的有关规定。这一裁决，使得美国事实上仍然可以运用“301条款”对其他国家实行贸易制裁和威胁，尤其是对非世贸组织成员方进行单方的制裁。2000年1月27日，DSB通过了专家组报告。

[案情分析]

在国际贸易领域，特别是在贸易争端中，美国经常表现出飞扬跋扈、自行其是的一面，常常把自己游离于关贸总协定之外。关于这一点最明显的表现，就是美国1988年的《贸易与竞争综合法》将1974年《贸易法》第301条款纳入其中，从而大大扩展了所谓不公平贸易做法的范围，使之远远超出关贸总协定的原则。1988年的贸易法还授权美国贸易代表，一旦未能通过谈判要求相关国家改变受到指控的不公平贸易做法，可以对这些国家的进口进行报复。

所谓“301条款”，是指1974年《美国贸易法》第3编第1章(第301～310节)的内容，标题为“实施美国依贸易协定所享有的权利和回应外国政府的某些贸易做法”。

“301条款”适用的情况是，“美国贸易代表(USTR)根据第304节确定美国依据任何贸易协定的权利正在受到否定”或“外国政府的法律、政策或做法违反了任何贸易协定的规定，或者否定了美国依该协定所享有的利益，或者是不正当的，并且给美国商业造成了负担或限制”。如果存在这些情况，USTR就应根据总统的具体指令，采取该法授权的行动，以实施美国的权利，或消除外国政府的法律、政策或做法。所采取的行动是为了影响该外国的货物或服务，并在价值上相当于美国商业所受限制的水平。

“301条款”为美国贸易代表扫清了道路，他们可以单方面要求其他国家采取行动，向美国商品开放本国市场，而美国无需提供互惠待遇。一个结果是通过所谓的“自愿扩大进口(voluntary import expansions)”，详细规定了美国商品在外国市场中所占的份额。1986年，就第一项“自愿扩大进口”协定展开谈判，以确保外国生产的半导体(据认为主要是美国产品)在日本市场上占20%的份额；协定还有附加条款，要求日本保持足够高的价格，以保证美国制造商在国内及第三市场上更具有竞争力。

世界贸易组织争端解决机构的裁决，无疑放纵了美国的单边行为，势必对中国也会造成不利影响。事实上，美国曾多次对中国威胁使用“301条款”。例如，2003年6月，美国“健全美元联盟”曾要求政府动用“301条款”对人民币汇率施压；2004年3月，美国劳工联盟及产业工会联合会宣布已经向美国贸易代表提出请求，希望美国政府动用“301条款”“制止中国人为压低劳动力成本”的行为。

中国入世后，虽然我们将来面对的贸易争端可以在世界贸易组织的多边框架下获得相应的解决，但也要注意诸如美国实施“301条款”这样的单边制裁行为对我们的危害。在遇到这样的情况时，应据理力争，联合其他受到损害者共同提出申诉，根据世界贸易组织解决争端的多边机制维护中国的利益。

根据案例思考问题

(1) 美国依据“301条款”进行报复的单边性与世界贸易组织争端解决制度的多边性是否相融？

(2) 美国在世界贸易组织争端解决机构做出决定之前，是否有权单方面做出制裁决定并实施制裁措施？

案例 2

# 韩国酒税案

[案情介绍]

根据韩国酒税法，韩国对国内烧酒征收 35%的税，而其他进口蒸馏酒(威士忌、伏特加、朗姆酒等) 的税率是 100%。欧盟和美国认为韩国违背 GATT1947 的第 3 条第 2 款，即国内税的国民待遇条款，向争端解决机构提出申诉，案件最终以韩国败诉结束。

[案情分析]

本案的关键是确定威士忌、伏特加等蒸馏酒和韩国的传统烧酒是否是相同产品。因为根据 GATT 第 3 条 2 款，只有在对相同产品征税高于国内产品的情况下才可以援引此款。如果不是相同产品，征收不同的税是理所当然的。

韩国认为，威士忌的价格比烧酒要贵 12 倍，由此可以证明烧酒和威士忌等不是相同产品。按照反垄断法的一般规则，存在如此巨大价格差距的两种产品是不构成竞争性和替代性的(进而不是相同产品)。同时，韩国也从各个方面积极准备应诉材料。例如，韩国律师特意向日本咨询，查阅资料了解烧酒和威士忌等酒的不同。此外，韩国注重了每个细节，例如在听证会上，韩国为了克服语言的困难，认真准备了书面材料，所有问题的回答均按书面材料进行。

不过，国民待遇原则要求，一成员承担的一项重要义务是在征收税费时，不应对国内生产提供保护。这里，“国内生产”一词不仅指国内同类产品，也包括与进口产品直接竞争或可替代进口产品的国内产品。在此案中，对于本国产烧酒而言，进口威士忌和伏特加等就是所谓的“竞争产品或可替代产品”。韩国这种征税方法对国内烧酒生产提供了保护，而对进口威士忌等酒类产品造成了歧视。对“同类产品”和“直接竞争或可替代产品”的含义，历来有许多争论。虽然 WTO 争端解决专家组通常的做法是具体情况具体分析，但对这两个术语的本质有一些公认的理解，比如说，产品的物理特征、在特定市场上的最终用途、消费者的偏好和习惯以及产品的性能、性质和质量等。因此，争端解决机构最终认定韩国败诉。

韩国输掉了这次诉讼，但也在此案中积累了大量实战经验，为本国以后处理国际贸易纠纷提供了帮助。同时，韩国在此案中的做法也为中国企业提供了借鉴。中国企业已经遭受许多双边纠纷，但我们实战的经验和能力还是不够的。因此，对于我们来说，学会使用贸易争端解决机制是当务之急。

根据案例思考问题：

(1) 最惠国待遇的主要内容是什么？

(2) 国民待遇的主要内容是什么？

(3) 中国应从上述案例中得到哪些启示？

# 第3章 国际贸易的技术操作规范

## 教学目标

通过本章的学习，充分掌握国际贸易所必需的技术手段，把握进出口业务的核心依据——合同和相关的法律惯例的规定，能够具备解决处理合同的纠纷的能力。

## 教学要求

| 知识要点 | 能力要求 | 相关知识 |
|---|---|---|
| 基本知识 | (1) 理解对外贸易中的当事人及关系人<br>(2) 了解国际货物销售合同的概念、内容与种类<br>(3) 了解国际货物销售合同适用的法律规范<br>(4) 初步熟悉商品进出口交易的一般程序 | (1) 国际货物贸易中的关系人与当事人<br>(2) 国际货物销售合同<br>(3) 国际贸易商品进出口交易程序<br>(4) 国际货物贸易中的相关问题 |
| 业务流程 | (1) 了解国际货物贸易经营者与关系人之间的关系<br>(2) 掌握国际贸易中当事人双方所关注的问题<br>(3) 掌握国际货物销售合同<br>(4) 了解国际货物买卖合同必须符合的法律规范<br>(5) 了解进出口贸易的基本业务程序<br>(6) 掌握从事国际货物贸易应注意的问题 | (1) 国际贸易货物合同基本概念<br>(2) 国际贸易货物合同的法律法规 |
| 分类 | 掌握国际货物贸易业务的基本流程 | 国际贸易货物合同 |
| 风险与防范 | 运用所掌握的国际货物贸易的相关知识分析各种案例 | (1) 国际贸易技术<br>(2) 国际贸易当事人 |

引例

韩国某综合商事株式会社(简称韩商会社) 作为卖方与厦门某集装箱制造有限公司(简称厦门公司)签订了货物买卖合同，约定卖方向买方提供制造集装箱的原材料一批，价格为 CIF 厦门；付款方式为自提单日起 120 天内承兑交单。后来双方又签订类似的两份合同。韩商会社已按合同约定交付货物，厦门公司收到并使用了该批货物，但未付货款。韩商会社为收回货款，诉至福建省高级人民法院，请求判令厦门公司支付货款与利息损失。法院判决厦门公司应偿付韩商会社所欠货款及其逾期付款利息。

厦门公司不服原审判决，向最高人民法院提起上诉，请求撤销一审判决，依法改判。理由是：(1) 本案讼争合同是韩商会社为了规避韩国政府法律而达到向其海外公司提供原材料的目的而订立的。因此一审判决认定本案国际货物买卖合同成立是错误的。(2) 合同采用承兑交单(D/A)付款不符合托收惯例，因为被上诉人对上诉人的资信情况并不了解。(3) 本案被上诉人不具有原告资格，本案讼争合同是韩商会社与韩商会社出口代理协议的细化与执行。在出口代理协议签订之前，本案的上诉人与被上诉人从未有过任何的接触，上诉人在本案讼争合同的签订、履行过程中都不具有当事人的地位。其次，韩商会社与被上诉人签订的《出口代理协议》中，双方已经对讼争合同所涉货物买卖风险的保险问题进行约定，并已经由韩商会社进行投保(该保险包括被上诉人收不到货款的风险)。只是保险公司要求其向上诉人主张该笔货款。在这种情况下，被上诉人的诉权已经发生转移，其诉诸返还货款在主体上是错误的。(本案的原审法院选择适用了我国的法律，双方当事人对此均未提出异议，且在二审期间明确表示同意适用中华人民共和国法律。)

判决结果是驳回上诉，维持原判。二审案件受理费 113 928 元由厦门公司负担。

问题：本案应适用哪几种国际货物买卖合同法律，并根据这些规定判断上诉人的理由是否成立？

国际贸易涉及国与国之间商品与劳务的交换，国际贸易是在特定的环境中进行的，国际上也有一些国际组织在协调国与国之间的经贸关系。和本国市场相比较，他国市场由于环境不同，因而具有不同的特点。在本国能销售的产品，在他国未必能为人们所接受。这就要求出口营销人员必须对目标市场进行周密的调查研究分析该市场的各种特点，排除各种障碍，把握各种技术规范，寻找各种机会，从而决定自己所应采取的方针和对策。

## 3.1 国际货物贸易中的关系人与当事人双方所关注的问题

不论引发贸易的机会是什么，一笔完整的交易都将涉及众多的行业和部门，并构成一幅完整的关系图。约束这个关系图的不仅有国际惯例、有关国内法，还有生活中的常识。但需要提醒大家注意的是，构成交易中优势或劣势的基础是关系背景的比较。

### 3.1.1 国际货物贸易经营者与关系人

1. 国际货物贸易经营者

《中华人民共和国对外贸易法》第 8 条规定，国际货物贸易的经营者，是指依法办理工商登记或者其他执业手续，依照有关法律、行政法规的规定从事对外贸易经营活动的法人、其他组织或者个人。在一项交易中，首先要有买方和卖方，因此在国际货物贸易中的经营者主要是指签订货物买卖合同或履行合同的双方，即买方和卖方，有时我们又称买方为“进口商”，称卖方为“出口商”。

1) 买方(进口商)

国际货物贸易中的买方(Buyer)是指将原材料、零部件、制成品等商品从国外买进来以进一步进行加工制造、装配、转售他人的公司或个人，他们大多是从事生产制造的企业或从事流通业的商家。进口商(Importer)特指从国外购入商品后自定价格、自负盈亏在国内销售或专门经营进口业务的商人。

在自由贸易的一些国家或地区，个人或厂商可以直接进行进口贸易，他们可以不受限制地对外签订合约，办理货物的进口和货款的支付，作为贸易中的买方，如果他们可以自己直接办理各项进口业务，那么这时的买方也就是进口商。但是在一些贸易管理比较严格的国家或地区，没有得到对外贸易经营授权的买方按照规定不能直接办理进出口报关手续。这时如果他们想从国外买进原料或商品，就要委托有进出口经营权的人代理他们办理各项进口业务，这些进口代理商(Import Agent)代表买方签订合同，但实际履行合同责任的还是买方本人。

2) 卖方(出口商)

国际贸易中的卖方(Seller) 是从事制造或销售业务的厂商，他们将原材料、零部件、制成品等商品提供给国外买家，有时人们也把卖方称为供货商(Supplier)。大多数的厂商都喜欢进行直接交易，即直接出口但一些规模不大的厂商从事直接贸易时，就必须有一批具有出口业务常识的从业人员，设置专门处理出口工作的部门；有些规模较大的厂商可能希望进一步扩大销售、开发新市场，也会委托出口代理商作为出口商(Exporter)进行间接出口。

我国有一些专业外贸公司，它们都具有进出口经营权限，可以直接办理各项进口或出口报关手续，这些公司可以作为进出口商直接从事两国之间或多国之间的贸易；它们也可以受托为国内的企业特别是一些中小企业代理各项进出口事宜。代理人只可以根据买方或卖方所定的价格购进或卖出，由买方或卖方给予一定的佣金。

由于国际货物贸易的复杂性，在每项交易中除了有买卖双方的参与以外，还会要求有其他的当事人参加进来，使交易得以进行。

### 2. 国际贸易中的其他关系人

1) 承运人

承运人(Carrier)是指在运输合同中承担或取得铁路、公路、海洋、航空、内河运输或多式联运的任何人，他们负责将货物从一个国家运往另一个国家。包括船运公司、航空公司、铁路或公路运输公司、快递公司、物流公司以及他们的代理人。近些年来，这些机构不仅提供运输的服务与管理，还对包括保险、包装以及单证、检验、报关等提供服务或咨询。国际运输行业已形成完整的体系。进出口商人在进出口业务中必须和运输行协商。与他们的合作是按运输界的习惯和章程办理的。其实，进出口商正在不停地“蚕食”现有的国际运输体制，例如滞期费和速遣费的应用已经背离了原意，旧体制在运行中不断地变革。

2) 保险人

保险人即保险公司(Insure)的职责是根据保险合同使被保险人免受保险范围的风险损失或向被保险人赔偿保险范围内的风险损失。进出口商可以直接向保险公司投保，或通过保险代理人进行投保。既然保险人是将商人担心发生的危险买下，卖出平安，商人就应把保险人看作是恩人，绝不能存欺诈或谋利之念。诚信原则是保险业的第一个要求。

3) 银行

国际货物贸易中的银行是指可以处理与进出口国际支付有关业务，如托收和信用证业务的国际银行。他们的主要职责是办理与交易付款有关的汇款、票据、信用证等业务。银行给进出口商人的最大帮助是融通资金，融资后，银行在企业或公司经营中以多重身份发挥作用。提供信息是银行对商人的又一帮助，不论是商业信用信息还是金融信息，凡能从银行取得便是具有权威性的，另外，银行还十分有效地诱导商人们的行为规范化，即遵循国际惯例。作为补偿，商人把钱放在银行变成银行业务的资本。

4) 检验与公证机构

检验机构(Inspection Bureau)的业务是为进出口商或进出口国的主管部门提供检验服务。目前，为了保护国内人民的健康、环境与物种的安全、经济的正常运行，大多数国家要求对进出口货物或运输工具实施检验，并提供相应的检验证书。公证机构的职责主要是对进出口单证或文件签署人的签字、身份进行识别或认证。

商会或贸易促进机构也可以向国际贸易商人提供原产地证书以及其他证明文件服务。全球最大的贸易商会是国际商会，我国是国际商会的成员之一。

检验机构对于进出口商人来说，像是足球场上的裁判。商品能不能合格就由检验机构裁定。所以，选择对自己有利的检验机构(当然还得被对方认可)一般是件有利可图的事。公正、平等在这里得到了相当理想的实现。检验机构本身也在发展中求发存，因为检验结果也无情地把检验机构的水平暴露在众人面前，一旦失误，就失去了改正的机会。检验的根据是标准，标准中包含的不仅仅有公理，还有国家概念的“含金量”。

5) 领事馆

有些国家规定，在允许货物进口前，要对有关的单据由该进口国驻出口国的领事馆(Consulate)或大使馆官员进行认证。通常要求认证的单据是商业发票、海关发票、领事发票等。

6) 仲裁机构或法院

在国际交易中出现纠纷是不可避免的。交易各方可以通过非正式的方式来解决纠纷，如果无法做到这一点，就应该采取仲裁(Arbitrate)或诉讼(Litigation)措施保护自己的权利。

7) 国家政府机构

大多数的国家都会对进出口贸易进行不同程度的管理，因此会有相应的管理机构对进出口的货物、服务、进出口商进行管理。这些管理部门包括海关(Customs)、进出口许可(Importer Export License)、检验检疫(Inspection and Quarantine)等机构。它们的主要职责是：执行国家有关进出口和其他方面的法律法规，并在实施过程中控制进出口货物的流向；征收进出口货物关税和有关费用；统计进出口数据；对货物进行检查并核实单证；查禁走私以及违反知识产权的行为。政府或多或少、或迟或早左右商务活动，进出口业务是一国对外交往的“急先锋”，也是国家间关系的晴雨表。进出口商随时了解本国政府的新政策、新趋势、政府打算鼓励和支持的行业，既符合本企业的利益也便于政府的管理，同时，进出口商还肩负着帮助政府调整战略、政策、措施的责任。

8) 代理人

我国外贸体制是一种特殊的体制，由专业外贸公司垄断外贸长达40年，直到20世纪90年代提出专业外贸公司向代理人制度的转变。在这个转变过程中，出现的失败和成功都不可能在任何一本书中找到解释。在贸易过程中，商人本身就是一个代理人，又通过各部门的代理人与该部门发生业务关系。代理人的增加，一方面增加了交易成本，一方面则减少了参加者的风险。

### 3.1.2 国际贸易中当事人双方所关注的问题

从贸易中获利是当事人双方的共同目的，因此在贸易中双方必须通力合作才能使这个目的得以实现。从根本上说，当事人双方不论在国内交易还是在国际交易中，所关心的事情都是一样的，即买方希望得到所订购并且已付款的货物，卖方希望在货物发运以后立即收回货款。但由于买卖各方处在交易中的两端，因此他们有着不同的关注点。

1. 买方所关注的问题

1) 保证到货以及到货时效、数量

买方关心的最基本问题就是他肯定能得到所订购的货物，如果买方在订购货物时已预付了货款，但货物永远也到不了怎么办？买方还希望确保他订购的货物能及时装运并按时到达，如果为圣诞节准备的商品推迟到12月中旬才到达港口，由于货物到达太晚而使买方错过了销售旺季怎么办？或是由于零部件没有按时到达，致使生产线不能正常运转怎么办？买方可不希望订购的是1000公吨货物而实际只收到了850公吨。

2) 货物的品质与状况

买方总是希望收到质优的货物，但如果买方订购的是一级品而收到的货物却是残次品该怎么办？又由谁来裁定质优、不合格呢？并且买方还要关心商品到达时能否处于完好状态(可以使用或能够销售)。如果货物运到时已经毁损因而无法使用或销售怎么办？如果因冷藏运输装置失灵而致使易腐烂的货物在运输途中变质又该如何？

3) 运输费用

买方非常关心运输费用和运输条件的详细情况，尤其是在买卖双方相距遥远，货物损失的风险又很大的情形下。由哪方承担运输费用？如果是由买方承担运输责任，那么具体的地点在哪里？是在卖方工厂门口，还是出口装运港或进口目的港？要知道在跨国交易中，商品在售出后从卖方的仓库运至买方仓库可能要历时数月之久，其运输费用可能很高，特别是那种笨重的，体积庞大的，易腐坏的货物，或者是需要特殊处理的高风险货物的运输更是如此。因为运输费用在商品的售价里所占的比例会很高。

4) 保险

买方也很关心保险费用以及保险的详情，特别是合同条款明确由买方负担自卖方仓库或卖方国家的装货港起的保险费用时。另外，买方也关注货物在运输途中的保险费用。那些笨重的，体积庞大的，易腐坏的货物，或者有特殊要求的高风险货物的保险费用也很高。

5) 支付的安全性与费用

在大多数情况下，买方总是希望支付货款的时间越晚越好，特别是当买方没有足够的流动资金买断货物，或是买方没有成功地将货物售出时。在交易中买方都倾向于获得宽松的、长期的、低息或无息的商业信用或银行信用。此外，国际货物销售合同中会规定使用某种货币进行支付，但如果规定的货币在合同订立日到支付日期间升值了的话，将会使买方购买商品所需支出的费用增加，而这种情况在国内贸易中是不会发生的。

2. 卖方所关注的问题

1) 付款的确定性

卖方关心的首要问题是他收回所售货物款项的确定性，特别是当卖方发运了货物而永远得不到付款怎么办？

2) 交货数量以及货物状况

卖方希望他发运的货物与对方收到的相等，如果卖方发运了 1000 件商品而买方却声称仅收到 888 件该怎么办？一定要卖方来补齐这个差额吗？卖方还希望确保货物运达时状况良好(即买方可以使用或能够转售)，如果运达的货物损坏了或由于冷冻装置失灵而使易腐烂的货物在运输途中变质怎么办？如果买方声称他因运到的货物不能使用或再销售给他人而拒绝支付货款怎么办？

3) 运输费用与风险

卖方非常关心运输费用和运输详情，特别是合同条款规定由卖方负责将货物运至买方仓库或买方国家港口的运输时，如果货物在运输途中丢失或损坏怎么办？如果货物在公海上被海盗抢走了怎么办？如果交易的货物是易腐烂的，卖方更要担心如果他在没有得到预付货款或付款担保的情形下就发货，买方知道货物如果不及时提取就会腐坏变质，便以此扣住货物作抵押，要求降低货物售价，这时又该怎么办？

4) 保险

货物在运输途中的保险费用也是卖方关心的问题，特别是合同条款规定由卖方负责保险直至买方收到货物或到达目的港为止。如果货物在保险公司承保责任以外出了问题怎么办？

5) 货币风险

如果合同中规定的货币在合同签订日和付款日之间贬值，这将减少卖方出售商品所获得的收益。

6) 结算风险与费用

当卖方是商品的制造商时，他已经为出口商品的制造垫付了产品的开发、原材料、零部件、劳动力以及其他费用，所以卖方当然希望买方预付货款，或是在他发货后立即就能得到买方的偿付。但是如果卖方的货物不太畅销，或是买方只能在获得信贷后才能购买货物，而且在卖方发货后还需要60天对方才能付款，这中间出现风险怎么办？由谁来支付融资费用？

## 3.2 国际货物销售合同

合同在社会生活中占有重要的地位。从广义上讲，合同是一种表明双方或是多方关系的简单约定。商业合同，简单地说就是一个由双方或多方签订的，以贸易交换为目的的约定。

现代国际商务活动本质上属于一种法律行为，而越来越多的从事国际货物买卖的双方开始认识到书面合同的意义，因为国际销售合同可以从法律上、技术上有效而正确地把合同双方的复杂关系、权利、义务罗列成合同条款。在具体交易中，买卖双方在任何时候都应该认真检查合同中所包括的权利、义务和风险。

国际货物销售合同是国际货物贸易中最基本的合同，签订和履行国际货物销售合同必须遵循法律和国际贸易惯例。在国际货物贸易实务中，一旦签订国际货物销售合同，则所有的商务活动基本上就围绕着国际货物销售合同来进行。国际货物销售合同是一笔交易进行的总的路线图。因此，学习国际货物贸易实务，有必要首先对国际货物销售合同的形式、结构、作用、内容及其法律意义有一定的认识。

### 3.2.1 国际货物销售合同概述

合同是平等主体的自然人、法人、其他组织之间设立、变更、终止民事权利义务关系的协议。与一个遥远而陌生的异国商人签订的贸易合同，比与来自同一国家或文化背景的商人签订的贸易合同，其意义更加重要，且一份国际货物销售合同的格式更为复杂。

在国际贸易中，签约双方通常是不见面的，而且他们处于不同的社会制度中，有着不同的价值观念，遵循着各自政府所制定的相差甚远的法律体系，这些因素通常会造成分歧。因此，贸易合同的签订双方必须按照规范的条款和得体的书面形式来达成共识，同时相互约定。

1. 国际货物销售合同的概念、形式和作用

1) 国际货物销售合同的概念

国际货物销售合同(Contracts for International Sale of Goods)，又称“国际货物买卖合同”，是合同的一种类型。它是指不同国家或地区之间的买卖双方就货物交易条件达成利益一致的结果，即卖方转移标的物的所有权属于买方，买方支付货物价款的合同。国际货物买卖正是以这种合同为中心进行的。我国的企业和其他经济组织与其他国家或地区企业或者个人之间(目前包括对我国港、澳、台地区的企业和个人)订立的销售合同均为国际货物销售合同，它适用于货物的进口和出口。

根据《联合国国际货物销售合同公约》(United Nations Convention on Contracts for International Sale of Goods，CISG，以下简称《公约》)的规定，国际货物销售合同有3个特点。

(1) 国际性，即国际货物销售合同是营业地处于不同国家的当事人之间订立的货物销售合同。

(2) 国际货物买卖的标的物为货物，其中有 6 项标的物(公债、股票等有价证券，为供私人、家属或家庭使用而进行的购买以及电力等)被排除在“货物”之外。

(3) 国际货物销售合同的性质是买卖，卖方要将货物的所有权转移给买方，而买方必须以货币支付货款。

依法成立的国际货物销售合同明确了买卖双方的权利和义务，是联系双方的纽带，对双方当事人具有相同的法律约束力，当事人都应履行合同约定的义务。倘若发生不属于不可抗力或其他免责范围内的不符合合同规定的行为或不行为，就构成违约，违约方就应赔偿对方因此而造成的损失。如违约方不赔偿或不按对方的实际损失进行赔偿，对方有权视不同情况采取合理措施以取得法律保护。所以，对外达成和履行销售合同不仅是一种商业行为，而且是一种与国外客户发生的法律行为，因此，对于国际货物销售合同，必须从法

律角度予以严肃对待。

在国际商务中，国际货物销售合同是一种最重要的、最基本的涉外经济合同，是以逐笔成交、货币结算、单边进口或出口的方式与不同国家和地区的商人达成的货物销售合同。

此外，国际货物买卖的当事人在进行一笔交易时，通常还需要与运输公司、保险公司、银行等签订合同，并且在一般情况下，这些合同又是履行销售合同所必需的，是为履行销售合同服务的。而在其他情况下，虽然这些合同只是某一笔交易的组成部分，是辅助性的合同，但它们的内容是相互联系、彼此有机配合的，都要与货物销售合同条款的规定相一致。总之，国际货物销售合同是涉外经济合同中最基本的合同。

2) 国际货物销售合同的形式

从种类上分，可以将销售合同分为口头形式合同和书面形式合同。关于国际货物销售合同的形式，各国法律有不同的要求。目前，绝大多数国家的法律对货物销售合同采取所谓“不要式原则”，即不规定任何特定的合同形式，当事人不论是采用口头方式还是书面方式，或是以某种行为来订立合同，都被认为是合法和有效的。例如，《英国货物买卖法》规定，销售合同可以以书面方式、口头方式或部分书面、部分口头的方式订立，也可以由当事人以行为来表示订立合同的意愿。在德国法律中，不论货物买卖涉及的金额有多少，一般都不要求以特定的形式订立合同，只有土地的买卖才必须订立书面合同，而且要向土地管理部门登记才能生效。公约也规定，国际货物销售合同无需以书面订立或书面形式来证明，在形式方面不受任何其他条件的限制，销售合同可以用包括人证在内的任何方式来证明。

我国于 1999 年 10 月 1 日起正式实施的新的《中华人民共和国合同法》(以下简称(《合同法》对国际货物销售合同的形式做出了与《公约》相同的规定，即在一般的国际货物买卖中，合同既可以以书面形式，也可以以口头形式或其他形式订立。这种规定与我国过去的《涉外经济合同法》中国际货物销售合同只能以书面形式订立的规定方法有很大的差别，标志着在国际货物销售合同的形式方面，我国最终与国际惯例达成了一致。

尽管我国在《合同法》中已规定，在国际货物买卖中买卖双方可以以书面、口头或其他方式订立合同，但由于国际货物买卖具有经过环节多、过程复杂等基本特点，如果没有一份包括各项交易条件的综合书面合同，对买卖双方各自的权利和义务做出全面、清楚、具体的说明，会给合同的履行带来诸多不便，而且一旦买卖双方在交易中出现了需要提交仲裁或司法诉讼来解决的争议，便会在证明双方当事人之间确实存在合同关系方面出现困难。合同采取口头形式的优点是简便易行，缺点则在于发生纠纷时难以取证，不易分清责任。所以，对于不能即时清结的合同和标的数额较大的合同，为了保证交易的安全，一般不宜采用口头形式。

无论从法律角度上看还是从实际业务操作上看，买卖双方所订立的合同采取书面形式是非常重要的。本书所介绍的合同的形式与内容也主要针对书面形式。

书面形式是当事人以书面文字表达协议内容的方式订立合同时采取的合同形式，它的表现形态可以是合同书以及任何用文字记载当事人要约和承诺、权利和义务内容的文件。随着科学技术的发展及电子、电信、数字技术的广泛应用，书面形式的范围日益广泛，如电报、电传、传真和录像等。《合同法》规定，书面形式是合同书、信件以及数据电文(包括电报、电传、传真、电子数据交换和电子邮件)等可以有形地表现所载内容的形式。

3) 国际货物销售合同的作用

在国际货物贸易中，书面合同的作用是非常重要的，主要表现在以下几个方面。

(1) 证据性。当事人通过书面文字将当事人的权利义务固定下来，在发生争议时，书面合同是证明买卖双方之间存在合同关系最有效的方法，可以作为强制执行的依据。

(2) 合同履行的依据。国际货物买卖涉及的面较广，履行合同的过程也很复杂，经过的中间环节较多，如果不用文字明确规定，“口说无凭”，会加大正确履行合同的难度，而交易双方若以书面形式签订合同，既可明确双方的权利和义务，又可为合同的顺利履行提供依据和保障。

(3) 加强双方当事人的责任感。书面形式是一种较正规的形式，有告诫、提醒当事人行使权利，履行义务的作用，有助于增强当事人的责任感。

(4) 公开性。相对于口头销售合同，书面销售合同更容易使第三人了解合同权利义务的存在，相关人可以检查合同对自己利益的影响，也使得合同管理机关、税务机关便于检查、监督，以保证正常的合同秩序。

(5) 合同生效的条件。在进出口业务中，有时买卖双方约定以书面合同的最终签署作为合同生效的条件。在此之前，即使双方对各项成交条件全部协商一致，而书面合同未签字生效，在法律上仍不能视其为有效合同。另外，凡需经政府机构审核批准的合同，也必须是正式的书面合同。此类合同生效的时间是授权机构批准之日，而不是双方当事人签署合同的日期。

2. 国际货物销售合同的内容

国际货物销售合同的内容一般包括三部分，即约首、正文和约尾。

1) 约首

约首是合同的序言部分，一般包括合同名称、编号、合同签订的时间和地点、双方当事人的全称和地址、通信方式，买卖双方订立合同的意愿和执行合同的保证词句等。这些内容直接关系到合同的效力、当事人的资信、法律适用及法律文书的传达，判决或裁决执行等一系列重要问题。例如，合同中注明了订立合同的时间和地点，在法律上即表明：

(1) 除非合同适用法律或合同对生效时间另有不同的规定，否则应以该日期为合同生效的日期。

(2) 如果合同中对该合同适用的法律没有做出明确规定，则在发生法律冲突时，应按照国际私法的法律冲突规则处理，关于合同的有效性的问题，一般应由合同成立地的法律解决。

2) 正文

正文是合同的主体，它详细列明各项交易条件。在这些条件中，通常分为两部分，一部分为主要交易条件(Terms and Conditions)，另一部分为一般交易条件(General Conditions，又称标准条款)。

主要交易条件和一般交易条件在法律上存在着不同的解释，在实务上存在着不同的理解。从法律上讲，主要交易条件是指重要的、带有根本性的合同条款，合同一方当事人一旦违反这些条款，另一方有权提出索赔并解除合同。多数国家的法律或判例认为，销售合同中的品质条款、数量条款、包装条款、装运条款等均被视为主要交易条件，而价格条款、支付条款等不被视为主要交易条件。而从实际业务上讲，主要交易条件是指买卖双方根据购买意图或销售意图逐项磋商而在书面合同中固定下来的条款，通常在发实盘中包括的条款均为主要交易条件，因此价格条款、支付条款等也被视为主要交易条件。

所谓一般交易条件或标准条款是指对于在该行业中任何一笔交易均可适用的条款，是当事人为了重复使用而预先拟订的，并在磋商交易时并未与对方协商的条款。通常在书面的格式合同中已经印就了的条款，例如合同中的检验检疫条款、索赔条款、罚金条款、不可抗力条款、仲裁条款等。从法律上讲，一方当事人违反一般交易条件，受到损害的一方不可以主张解除合同，但可以提请索赔。由于一般交易条件是一方事先拟订的，因此，在实际操作上为了体现公平合理和诚信和原则，提供一般交易条件的一方当事人在签订合同前有提示和说明的义务，应当提请对方注意免除或限制其责任的条款，并按照对方的要求予以说明。若提供一般交易条件的一方未尽到提示义务或拒绝说明，有的国家法律认为该条款不发生效力。双方若对一般交易条件的理解发生争议，应当做出不利于提供方的解释。假如一般交易条件的规定与主要交易条件的规定不一致时，应当以主要交易条件的规定为准。

合同的正文一般有以下条款。

(1) 标的物条款。又称为商品条款，主要订明货物名称、品质规格、数量、包装等。

① 货物的品质规格条款。货物的品质规格是指商品所具有的内在质量与外观形态。在国际贸易中，商品的品质首先应符合合同的要求，对于某些由国家制定了品质标准的商品，如某些食品、药物的进出口，其品质还必须符合有关国家的规定。品质条款的主要内容是品名、规格或牌名。合同中规定品质规格的方法有两种：凭样品的方法和凭文字与图样的方法。

在凭样品确定商品品质的合同中，无论是凭买方样品还是卖方根据买方样品所制图样成交，卖方都要承担交货品质必须同样品完全一致的责任。为避免发生争议，合同中应注明“品质与样品大致相同”。凭样品成交适用于从外观上即可确定商品品质的交易。凭文字与图样的买卖包括凭规格、等级或标准的买卖，凭说明书的买卖以及凭商标牌号或产地的买卖。如果表示商品质量的主要指标如大小、长短、粗细等可以标准化、规格化，则只需在合同中注明商品的等级标准、规格，不必凭样品成交。对于附有图样、说明书的合同，要注明图纸、说明书的法律效力。合同中仅以商标、牌号或产地表示商品品质的产品，只能是那些品质优良、稳定或具有特色，在国际市场上拥有良好声誉的产品。

② 货物的数量条款。数量是指用一定的度量衡制度表示出的商品的重量、个数、长度、面积、容积等的量。数量条款的主要内容是交货数量、计量单位与计量方法。

制定数量条款时应注意明确计量单位和度量衡制度。如重量要写明是公吨、长吨(英吨)还是短吨(美吨)，毛重还是净重，长度是米还是英尺等。在数量方面，合同通常规定有“约数”，但对“约数”的解释容易发生争议，故应在合同中增订“溢短装条款”，明确规定溢短装幅度，如“东北大豆500公吨、溢短装出”，同时规定溢短装的作价方法。

③ 货物的包装条款。包装是指为了有效地保护商品的数量完整和质量要求，把货物装进适当的容器中。

包装条款的主要内容有：包装方式、规格、包装材料和运输标志。制定包装条款要明确包装的材料、造型和规格。除传统商品其包装已为买卖双方所知晓外，不应使用“适合海运包装”“标准出口包装”等含义不清的词句。当由买方提供包装、包装或运输标志时，应在合同中注明买方提供的时间，以保证备货，及时出运及结汇等。要注意各国有关包装(包括唛头)的法律与禁忌，以及国际上对运输标志的惯常做法、要求及其变化。

(2) 价格条款。价格条款(Price Clause)规定了货物的单价、总价和计价货币等，通常用国际通用的价格术语表达。价格是指每一计量单位的货值。价格条款的主要内容有：每一计量单位的价格金额、计价货币、指定交货地点、贸易术语与商品的作价方法等。

在国际货物买卖中，价格是个十分敏感的问题。在合同中定好价格条款应注意正确表示计价货币的名称，如“元”要写明日元、美元、港元还是人民币元。贸易术语的选择要和合同中的其他条款保持一致，如FOB、CIF、CFR等贸易术语，不但代表了货物的价格构成，而且还确定了买卖双方责任、风险和费用的贸易术语不同，则价格不同，买卖双方承担的责任风险和费用不同。当双方发生争议时，法院通常先以双方选择的贸易术语来定合同的性质，然后确定双方的权利义务，因此，贸易术语选择应和合同内其他条款相一致。在美国及其他国家法院的判例中，都有因在CIF合同中包含了与CIF合同性质相抵触的内容致使合同被宣判无效的情况。

在国际货物买卖中，货物的作价方法主要有以下几种：

① 固定价格。短期交货合同采用固定价格的方法，即由买卖双方商定的在合同有效期内不得变更的价格。

② 滑动价格。长期交货合同，如大型成套设备、机器的买卖，为防止国际市场价格变动带来的不利影响，可采用滑动价格，即买卖双方同意在合同中暂定一个价格，在交货时再根据行情及生产成本增减情况作相应的调整。

③ 后定价格。双方在合同中不规定商品的价格，只规定确定价格的时间和方法。如规定“以2004年12月25日伦敦商品交易所价格计价”。

④ 混合定价。对分批交货的合同，可采用部分固定价格，部分滑动价格的方法。近期交货部分采用固定价格，远期交货部分按交货时行情或另行协议作价。为防止商品价格受汇率波动的影响，在合同中可以增订黄金或外汇保值条款，明确规定在计价货币币值发生变动时，价格应作相应调整。

(3) 装运条款。装运条款(Transportation Clause)应根据价格条件，订明运输方式、装运地(港)与目的地(港)、装卸时间、装卸费用的计算和负担等内容。

装运是指把货物装上运输工具。在一般情况下，装运与交货是两个概念。但在FOB、CIF和CIF合同中，卖方只要按合同规定把货物装上船，取得提单就算履行了交货义务。提单签发的时间和地点即为交货的时间和地点。所以“装运”一词常被“交货”概念代替。装运条件也被称作交货条件。装运港和目的港是贸易术语和合同中不可缺少的部分，决定着买卖双方的责任、费用与风险的划分。所以要按不同贸易术语的要求注明装运港和目的港。合同中如定有选择港，则应定明增加的运费、附加费用应当由谁承担。为避免重名港口，应注明港口所处国家或地区。对于一次成交量大的合同，或装卸、运输条件差的港口，应在合同中订明“允许分批装运”或“允许转船”。

(4) 保险条款。保险条款(Insurance Clause)应订明由哪方负责投保。如为卖方投保，应具体订明险别和保险加成。保险条款的主要内容包括：确定投保人及支付保险费、投保险别和保险金额。

在国际货物买卖中，大部分是FOB、CIF和CFR合同，故保险责任与费用的分担由当事人选择的贸易术语决定。在CFR中，买方自行投保，自付费用；而在CIF合同中是由卖方替买方投保并把支付的保险费加在货价上，因此投保何种险别以及买方有何特殊要求都应在合同中订明，对于买方的特殊要求，卖方还要事先征得保险公司的同意，以免陷入被动。卖方在替买方投保后应把保险单及时转让给买方。转让保险单的行为实质是转让风险的行为，买方日后可凭保险单向保险公司索赔。如果卖方不履行这一义务，则货物遭受损失的风险仍由卖方承担。此外，双方应在合同中定明所采用的保险条款名称。如是采用中国人民保险公司海洋运输货物保险条款，还是伦敦保险业协会的协会货物条款以及其制定或修订日期、投保险别、保险费率等。

(5) 支付条款。支付条款(Payment Clause)应订明付款时间、付款方式、付款所使用的货币或票据。支付条款的主要内容包括支付手段、支付方式、支付时间和地点。

① 支付手段。支付手段有货币和汇票，主要是汇票。在国际货物买卖中，汇票是出口

方(卖方)向进口方(买方)开立的。要求买方在一定时间内向卖方无条件支付一定金额的书面命令。

② 支付方式。支付方式可分为两类三种：一类是双方不由银行提供信用，但通过银行代为办理，如直接付款和托收；另一类是在银行提供信用，从银行得到信用保证和资金周转的便利，如信用证。无论采用以上哪种方式，都应考虑交易地区的贸易法令和习惯。

③ 交付时间与地点。支付时间不但涉及利息问题，而且对买卖双方尽快实现各自的利益有重大关系。通常接交货(交单)与付款先后，可分为预付款、即期付款与延期付款。预付款是在交货或交单前即支付部分或全部货款；即期付款是在交货或交单时付款；延期付款是在交货或交单后的规定时间内付款或分期付款。付款人或其指定银行所在地即为付款地点。

(6) 商检条款。商检条款(Inspection Clause)应订明进出口货物检验的时间、地点、方法、标准及检验机构。声明商检机构签发的品质证明和数量证明是结算货款的重要依据，并在商检条款中写明以买方或卖方的商检证书为最后依据。订约时最好争取以我方的商检证书为准。

(7) 免责条款。免责条款(Exemption Clause)又称不可抗力条款(Force Majeure Clause)。为避免日后发生不必要的纠纷，合同中应订明不可抗力的范围及后果的处理方法。不可抗力条款可分为概括式、列举式或综合式(同时采用概括和列举方式)。我国目前进出口合同的不可抗力条款大多采用后一种方式。

(8) 索赔条款。索赔条款(Claim Clause)在国际贸易中经常发生货物的品质、规格、数量、重量、包装、运输、保险与合同规定不符的情况，从而导致索赔和理赔的问题。因此合同中应订明索赔的依据、期限、赔偿方法和金额等。

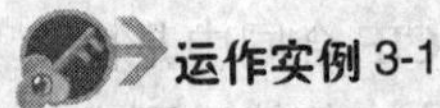


## 废纸进口索赔条款

一、货物问题

1. 水湿。

索赔内容：

A. 水湿水分的价值损失部分。

B. 水分的通关税费损失部分。

C. 水湿造成货物霉烂等变质损失。

(1) 霉烂等变质造成的价值损失部分。

(2) 霉烂等变质造成的通关税费损失部分。

2. 缺吨。

(1) 缺吨造成的价值损失部分。

(2) 缺吨造成的通关税费损失部分。

3. 杂质含量高超标。

(1) 杂质超标部分造成的价值损失部分。

(2) 杂质超标部分造成的通关税费损失部分。

4. 禁止物含量超标。

(1) 禁止物超标部分造成的价值损失部分。

(2) 禁止物超标部分造成的通关税费损失部分。

5. 禁止物超标造成退运。

(1) 卖方应该退还全部货款。

(2) 卖方应该承担退运造成的其他所有损失，包含买方的通关费用、港口费用、银行费用等。

6. 发错了货——货物品种和合同不符。

(1) 作退货处理。

(2) 买卖双方协商解决。

在该种情况下，买方必须让第三方——商检公司出具商检证书。

7. 1～5条的索赔，多项发生，进行累计计算。

8. 水湿、杂质超标、禁止物超标等测算方法。

(1) 港口或工厂开箱后，买方掏箱的时候，应当记录如下：

①提单号/信用证号；② 集装箱号；③ 记录某个集装箱内的水湿包/卷数，每包/卷的水湿程度；④ 记录某个集装箱内的杂质超标包/卷数，每包/卷的杂质超标程度；⑤记录某个集装箱内的禁止物超标包/卷数，每包/卷的禁止物超标程度；⑥对上述集装箱/货物照相记录。

(2) 买方需要索赔的物品，应当按照水湿/杂质超标等分类单独规则码垛，以便于卖方勘察；

(3) 如果买方没有按照上述方法处理，卖方可以拒绝勘察不予理赔。

二、支付问题

9. 开完信用证不发货或少发货。

(1) 卖方应该承担买方开立信用证的损失。

①银行的开证费：按照银行收据计算；②买方买卖外汇的汇率差损失：按照银行收据计算；③开证劳务费损失：每单100美金计算。

(2) 卖方想买方支付3%的合同总额的违约金。

三、船运问题

10. 免箱期。

(1) 不得少于14天。

(2) 如果卖方租船，免箱期少于14天，一旦造成有关船务公司滞箱、港口公司的滞港、海关的滞报等费用，应该由买方承担。

(3) 因为卖方因素造成的免箱期不足，卖方应该协助买方顺延免箱期。

11. 船期和行船周期。

(1) 欧美乱码纸/废塑料运往中国主港的航运时间不得超过45天。

(2) 欧美废纸运往中国主港的航运时间不得超过35天。

否则，卖方应该承担买方因为市场跌价造成的损失的 50%。该跌价幅度计算，按照国际平均行情计算。

四、索赔

12. 买方提出索赔的时间。

买方在货物到达后 45 日必须提出索赔；超过 45 日，卖方可以不接受买方的索赔。

13. 卖方支付买方提出索赔的时间。

在双方议定索赔之日起，卖方应该在 15 日内全部支付买方索赔金。时间计算以买方银行收到卖方的银行电报单据为准；

索赔金不能按时支付，每超过一天，卖方应该追加索赔金总额的 1%。

超过 60 日，卖方依然不支付买方索赔金，买方应该提出仲裁或向法院起诉。

14. 货到目的港后 45 日内，卖方不处理质量等问题引起的纠纷，买方应该提出仲裁或向法院起诉。

15. 仲裁或法院判决采用的法律，应该是买方国的法律；如果买方国的法律无据可依，应该采用当时的通用国际惯例处理。

资料来源：http://www.chinadaily.com.cn。

(9) 法律适用条款。法律适用条款(Applicable Law Clause)也叫准据法条款。根据国际私法通行的“意思自治”原则(Autonomy of Will)，合同双方当事人可以选择合同所适用的法律。我国对外贸易企业在拟订合同时，多采用中国法律。

(10) 仲裁条款。仲裁条款(Arbitration Clause)规定仲裁地点、机构、仲裁程序、裁决的效力以及仲裁费用等方面的内容。一般来说裁决是一次性的、终局的，对双方都有约束力，订有仲裁协议的双方，不得向法院起诉。但在下列情况下，裁决可由法院宣布无效：双方没有达成仲裁协议；不属于提交仲裁的事项；仲裁庭组成不当；仲裁员无资格；仲裁员行为不当；裁决做出后发现了新的事实和证据；裁决是根据伪证做出的等。

以上条款只是国际货物买卖合同的基本内容，条款的多寡繁简，当事人可根据货物的性质，交易量的大小等因素自由协商而定。

3) 约尾

约尾是合同的最后一部分，主要载明合同使用的文字及其效力、合同正本份数、副本效力、买卖双方的签字、订约的时间和地点等项内容。有的国家对签字人还要求必须是法定代表人，这在签约时应注意，以免合同无效。

除上述合同的三个部分外，合同的附件(Appendix)也是合同不可分割的部分，与合同正文具有同等法律效力，这一点须在合同的有关条文中明确规定，否则就不具备构成合同附件的内容。

3. 国际货物销售合同的种类

在国际货物业务中，书面合同一般采用的是合同(Contract)、确认书(Confirmation)、协议(Agreement)、备忘录(Memorandum)等多种形式，有时订购单和委托订单也可作为书面合同使用，在我国进出口业务中，主要采用合同和销售确认书两种形式。

1) 合同

在进出口业务中，我国外贸企业所采用的书面合同的形式主要是合同，其中包括销售合同(Sales Contract)和购货合同(Purchase Contract)。

在进出口业务中，我国外贸企业普遍采用的合同可分为格式化合同和非格式化合同(逐笔交易、逐条条款磋商的合同)。

(1) 格式化合同。由于国际上及国内对销售合同的格式没有特殊的规定和限制，我国一些出口企业大都有自己印就的固定格式的销售合同。业务成交时，由业务人员按照双方谈定的交易条件逐项填写即可，这样既简单又快捷。

虽然合同的形式各异，但各进出口公司的格式化合同一般都印有明确完整的交易条件。经买卖双方签订的这份合同，是法律上的有效文件，对双方都具有法律约束力。格式化合同多用于一般货物的出口，相对而言数量与金额比较小。

(2) 非格式化合同。所谓非格式化合同，就是并无事先印就的固定格式，条款由双方磋商达成一致后，逐条记录，经双方签署后形成的合同，它同样是有效的法律文件，对双方都有约束力。

这种非格式化合同主要用于大宗或履约比较复杂的机械设备等商品的出口。一般而言，由于品种繁多、性能复杂等原因，合同的交易条件也比较详细，在这种情况下，较为简单的格式化合同就难以满足要求，所以由交易双方磋商达成一致后逐条记录，最后形成一个完整的合同。这种逐笔交易的非格式化合同的交易条件因每一笔合同而异。

2) 确认书

确认书有售货确认书(Sales Confirmation )和购货确认书(Purchase Confirmation)两种，也是一种格式化的合同，双方交易条件简单、明确、完整。这种合同形式适用于金额较小、批数较多的商品交易或在已订有代理、包销等长期协议的交易中普遍采用，还多用于客户多、订货多的交易会等场合，填写便利，有利于快速打印合同，促进成交。

3) 协议

“协议”在法律上是合同的同义词。在实际业务中，货物销售合同很少使用货物销售协议的名称。书面合同如果冠以“协议”的名称，若其内容对双方的权利和义务都做了明确、具体的规定，它就与合同一样具有对买卖双方的约束力。

如果买卖双方所洽谈的交易比较复杂，如成套设备、生产线买卖等，经过一个时期的谈判，商定了一部分条件，还有一部分条件等待磋商。在这种情况下，双方可以先签订一个“初步协议”，把双方已经商定的条件确定下来，其余条件以后再谈，或先把大的原则确定下来，具体条件以后再协商。一般在这种协议中应订明“本协议属初步约定，对双方不具有法律约束力，正式合同有待进一步协商后签订”，或做出其他类似意义的声明，以明确该协议不属于正式有效的合同性质，以免引起误解。

在实际业务中，买卖双方就一般交易条件、经销方式和代理方式达成的协议，其内容是双方据以订立个别合同应该遵守的共同条件或原则，通常称为协议，这是具有法律效力的。

4) 备忘录

备忘录有时也可作为书面合同，但在我国外贸业务中几乎不作为合同。如果买卖双方的交易条件明确和具体地在备忘录中做了规定，并经过双方签署，这种备忘录的性质是和合同一样的。

在贸易双方洽谈过程中，对某些事项达成一定程度的理解或谅解，作为以后交易或合作的依据而以备忘录形式确认下来，作为双方今后交易或合作的依据，或作为将来进一步磋商的参考。这种备忘录可冠以“理解备忘录”或“谅解备忘录”的名称，它在法律上具有约束力。

5) 订单和委托订购单

订单是由进口商或实际用户拟制的货物订购单；委托订购单是指代理商或佣金商拟制的代客购买货物的订购单。

一般情况下，在出口业务中，总是由出口商于交易达成后，主动拟制销售合同和确认书一式两份，经签署后寄送外国客户，要求其签署后退回一份，以备存查。但是，国外客户也往往将他们拟制的订单或委托订单寄过来，要求卖方签署后退回一份。

这种磋商成交后寄来的订单或委托订购单，实际上是国外客户的订购合同或购货确认书。即使我方不予签退，也应该仔细审阅其内容是否有与磋商不一致的地方，并且分析情况进行处理。若涉及实质性条件更改，则应该向对方提出异议，以维护己方权益。

另外，国外客户还有不经过双方贸易磋商径自寄来的订单或委托订购单。这类订单其内容相当于发盘或发盘邀请，出口商应认真研究其内容与性质后决定是否与其交易，并及时给对方以答复。

### 3.2.2 达成和履行国际货物买卖合同必须符合法律规范

国际货物买卖合同和其他经济合同一样，体现了当事人之间的经济关系。经济合同是商品经济的产物，随着商品经济的发展而不断地充实完善，并运用法律成为调整经济关系的手段，使经济关系纳入法律规范。凡是符合法律规范的合同都可得到法律的承认，合同当事人的权利受到法律的保护，义务受到法律的监督和约束。这也完全符合国际贸易实际，因为国际贸易是从事跨国贸易，它必然涉及输出国的法律、输入国政策及国际商法与国际惯例。国际贸易中的市场准入是指东道国允许外国厂商参与该国市场的程度，国际贸易只有纳入法律规范才能正常进行。

国际货物销售合同适用的法律规范，概括起来有两大类三种，如表3-1所示。

表3-1 国际货物销售合同适用的法律

| 种类 | | 具体内容 |
|---|---|---|
| 国内法规范 | | 《中华人民共和国合同法》 |
| 国际法规范 | 国际条约 | 《联合国国际货物销售合同公约》 |
| | 国际贸易惯例 | 《国际贸易术语解释通则》《跟单信用证统一惯例》《跟单托收统一规则》《UCP500关于电子交单的附则》(eUCP1.0版)《联合运输单证统一规则》《汉堡规则》 |

1. 国内法规范

国内法是指一个国家制定并在本国主权管辖范围内生效的法律。国际贸易的当事人都必须遵守各自所在国的国内法。由于不同国家法律的立法原则，司法程序以及对权利和义务的界定往往有所不同，因而一旦发生争议提请司法裁决时，就需要明确以何国法律为裁决的依据。我国《合同法》规定："合同当事人可以选择处理合同争议所适用的法律。当事人没有选择的，适用与合同有最密切联系的国家的法律。"在实践中，前一种方式即双方订立仲裁协议明确适用指定仲裁机构所在地的法律。后一种情况多以签订合同所在地的法律为准，也可能以实际履行合同所在地的法律为准。当双方法律利益冲突时，有一定的不确定性。由于国际间并不存在一个公认的法律制度和被广泛接受的法律机构，因而国内法是规范商业行为和解决争议的主要依据，从事对外贸易的人员必须对贸易对象国家的法律有足够的了解。

国内法规范主要指《合同法》。我国在建国后，特别是自党的十一届三中全会以来，根据改革开放不断深入发展的需要，也逐步形成了一套比较明确、完整的有关买卖合同的法律概念、原则和程序，通过条例规定等形式发布或在企业内部贯彻执行。1982年12月13日五届人大四次会议通过的《中华人民共和国经济合同法》，首次明确规定了涉外经济合同参照该法原则和国际惯例办理，1985年3月第六届人大常务委员会第十次会议又通过并正式颁布了《中华人民共和国涉外经济合同法》，从而使有关对外货物买卖合同的法律概念、原则和程序更加明确和具体。所以，对外达成货物买卖合同，不仅是一种经济行为，而且是一种与国外客户之间双方的法律行为。为了与国际接轨，1999年3月15日，第九届人大二次会议通过《中华人民共和国合同法》，并于1999年10月正式实施。

运作实例 3-2

## 最高人民法院关于适用《中华人民共和国合同法》若干问题的解释(一)

法释〔一九九九〕十九号　一九九九年十二月一日

最高人民法院审判委员会第一千零九十次会议通过

最高人民法院公告

最高人民法院关于适用《中华人民共和国合同法》若干问题的解释(一)已于 1999 年 12 月 1 日由最高人民法院审判委员会第 1090 次会议通过，现予公布，自 1999 年 12 月 29 日起施行。

一九九九年十二月十九日

为了正确审理合同纠纷案件，根据《中华人民共和国合同法》(以下简称合同法)的规定，对人民法院适用合同法的有关问题做出如下解释：

一、法律适用范围

第一条　合同法实施以后成立的合同发生纠纷起诉到人民法院的，适用合同法的规定；合同法实施以前成立的合同发生纠纷起诉到人民法院的，除本解释另有规定的以外，适用当时的法律规定，当时没有法律规定的，可以适用合同法的有关规定。

第二条　合同成立于合同法实施之前，但合同约定的履行期限跨越合同法实施之日或者履行期限在合同法实施之后，因履行合同发生的纠纷，适用合同法第四章的有关规定。

第三条　人民法院确认合同效力时，对合同法实施以前成立的合同，适用当时的法律合同无效而适用合同法合同有效的，则适用合同法。

第四条　合同法实施以后，人民法院确认合同无效，应当以全国人大及其常委会制定的法律和国务院制定的行政法规为依据，不得以地方性法规、行政规章为依据。

第五条　人民法院对合同法实施以前已经做出终审裁决的案件进行再审，不适用合同法。

资料来源：http://www.law-lib.com。

1) 国际货物销售合同的基本原则

在国际货物贸易中，订立国际货物销售合同必须符合下列基本原则。

(1) 订立国际货物销售合同应当依据法律的规定。依法订立合同有两层含义：①在我国订立国际货物销售合同必须遵循中华人民共和国法律，不得损害中华人民共和国的社会公共利益，否则无效。②所订立合同应当符合当事人所在国参加的有关双边或多边的国际条约。

特别需要指出的是，公约是调整和规范国际货物买卖关系的一个重要的国际条约，我国为该公约的缔约国。我国的法律明确规定，中华人民共和国缔结或者参加的与合同有关的国际条约同中华人民共和国法律有不同规定的，适用该项国际条约的规定。因此，公约对实际业务影响很大。但是，我国在参加该公约时。对公约的规定提出了两项保留：①不同意扩大(公约)的运用范围。对中国企业来说，(公约)仅适用于公约缔约国的当事人之间订立的合同。②关于合同形式的保留。我国企业对外订立、修改、协商终止合同应采用书面形式，包括信件、电报、电传。但是，1999 年 10 月 1 日起生效的《合同法》中放弃了该项保留，从而确认了口头合同的效力。然而，由于出口合同本身比较复杂，兼之举证方面的困难，建议出口合同仍采用书面形式。

中国从 2001 年加入世界贸易组织后，各项法律、法规都在逐步与国际接轨。一般来讲，在法律适用上，凡是我国缔结或参加的有关国际条约除保留条款外，优先于我国的国内法。

(2) 订立国际货物销售合同应当依照平等互利、协商一致的原则。双方或多方当事人必须通过协商达成意思一致，合同当事人的责任应当平等，权利与义务也应当平等。在国际上，订立合同通行的“诚实信用和公平交易”原则是订立合同的重要原则，各当事人不得通过合同对这一原则加以排除或限制。

(3) 禁止某些限制性的条款。签订国际货物销售合同不能订有约束第三方行为能力的条款，更不能有限制国家主权行为的冻结条款。例如，制定税种税率、实行外汇管制等均为国家主权行为。国家有权立法，合同当事人必须遵守国家法律，而无权在其合同中订立减免税条款、固定税率条款以及允许自由兑换外汇等条款。

2) 国际货物销售合同的适用法律

现代国际商务活动，本质上都属于一种法律行为，国际货物销售合同的签订和履行必须遵循法律和国际贸易惯例。而遵循哪一个国家的法律，适用哪些国际惯例就给合同当事人提出了“法律适用”问题。

所谓“法律适用”是指合同适用哪一个国家的法律，当事人的权利与义务应由哪一方国家的法律来确定，以及一旦合同产生纠纷，究竟以哪一个国家的法律作为判断是非和处理纠纷的依据。达成和履行国际货物销售合同，必须符合法律规范，才能受法律保护并受法律约束。但国际货物销售合同的当事人分别居于不同国家，而不同国家的有关法律规定又往往不一致，一旦发生纠纷或争议，究竟按照哪方国家的法律作为判断是非或处理的依据就成为问题，这就是通常所称的“法律冲突”。为了解决这个问题，各国法律大多对适用哪国法律做了具体规定，可是各国的规定又不尽相同：有适用缔约地法律的，也有适用履约地法律的，较多国家的法律规定适用与合同有最密切联系的国家的法律或允许当事人选择合同适用的法律。正是因为国际货物销售合同的当事人处于不同的国家，因此，其法律适用问题比国内购销合同要复杂得多。

我国《合同法》对法律适用问题做了明确规定，我国企业与国外企业或自然人签订的国际货物销售合同应遵循如下规定(电子商务合同规定不在该《合同法》中)。

(1) 合同当事人可以选择处理合同争议所适用的法律。合同当事人所属国家的相关法律包括了双方当事人各自国内的法律及与合同相关国家的法律，如合同签约地所在国家法律。

不同国家的法律差异较大，各国法律一般都对国际货物销售合同的法律适用原则做出具体规定。我国按照国际通行的法律与惯例在《合同法》第126条原则规定："涉外经济合同的当事人可以选择处理合同争议所适用的法律，但法律另有规定的除外。涉外经济合同的当事人没有选择的，适用与合同有密切联系的国家的法律。"

双方当事人在订立合同时，自主选择处理合同争议所适用的法律，这充分体现了"意思自治"的原则。选择处理意味着当事人可以选择我国法律，也可选择对方所在国法律或者双方同意的第三国法律或有关的国际条约、惯例，作为处理合同争议问题的依据。而何谓"与合同有密切联系的国家"，处理合同争议时则需视交易的具体情况由法院或仲裁机构确定。例如，一家设在上海的中国外贸公司与一家设在东京的日本企业在广交会上签订了一项销售合同，贸易条件是在上海港的船上交货，合同虽未规定处理争议所适用的法律，但由于该合同的缔约地(广州)和履行交货的地点(上海)均在中国，按一般的国际私法规则，可以认为与该合同有最密切联系的国家是中国，因此该合同应当适用中国的法律。也就是说，在一定情况下，国际货物销售合同应当符合合同选择的或根据国际私法规则适用的某一国家的国内法。

虽然合同双方当事人可以自主选择处理合同争议所适用的法律，但《合同法》第126条原则规定，中外合资经营企业合同、中外合作经营企业合同、中外合作勘探开发自然资源合同除外，这些合同只能适用中华人民共和国的法律。

(2) 我国法律未做规定的，可以适用国际贸易惯例。国际贸易惯例(International Trade Practice)或称国际商业惯例(International Commercial Practice)，是指在国际交往中逐渐形成的一些较为明确、固定的贸易习惯和一般做法，其中包括成文的与不成文的原则、准则和规则。在实际业务中，可以采纳的国际惯例很多，有些惯例对合同的订立和履行有着十分重要的影响。

一般构成国际贸易惯例必须具备三个条件：①必须被一定范围内的人们一贯地、经常地、反复地采用。②内容必须明确、肯定。③必须在一定范围内众所周知、公认地具有普遍约束力。这些"规则""惯例"等往往对国际贸易中的某一方面内容做出规定，是国际贸易法的主要渊源之一。

惯例与各国国内法和国际法的区别在于它不具有绝对的法律约束力，而是遵从当事人"意思自治"的原则。如果当事人在合同中明确规定不适用某项惯例，则该惯例对合同就不具有法律约束力。但是，若双方当事人在合同中采用了某项惯例来确定他们之间的权利与义务，或者某些惯例被纳入国内法，或者当事人在合同中未约定也未排除使用某项惯例，而法庭或仲裁庭引用了该惯例作为判决或裁决的依据，那么，这些惯例有普遍的约束力，不可选择。国际惯例的具体内容可由当事人在采用时加以补充或更改。

我国《民法通则》第142条明确规定："中华人民共和国法律、中华人民共和国缔结或参加的国际条约没有具体规定，而涉及民事关系，可以适用国际惯例。"

(3) 电子商务合同的法律规范问题。在国际货物贸易中，电子商务就是应用电子数据交换(EDI)，将商业文件标准化，从而完成信息的瞬间传递和自动化处理。由于电子商务是借助于计算机间进行的信息传递，所以又称“无纸贸易”。这种贸易形式对传统“纸面贸易”的国际贸易法律制度带来了巨大的冲击。

如何科学有效地维护电子商务交易秩序，净化电子商务交易环境，增强电子商务的诚信，解决电子商务纠纷，使电子商务交易双方在网上的交易行为和交易成果受到法律保护，已成为世界各国所面临的问题。

电子商务合同方面所涉及的法律问题包括交易双方的资格认证问题、电子合同商务的有效性问题、电子商务合同程序的合法性问题、电子签名的法律效力问题和电子商务合同的法律适用和管辖权问题等。

为解决电子商务发展所带来的种种法律问题，许多国际组织提出了电子商务立法的许多重大原则问题。近 40 个发达国家和发展中国家制定了本国的电子商务法(电子交易法、数字签名法等)，以促进本国电子商务的发展，将电子商务的发展纳入法制轨道。

联合国贸易法委员会在 1996 年起草制定并在联合国大会上通过的《电子商务示范法》(以下简称《示范法》)，成为当今影响世界最广泛的国际电子商务法律框架。该《示范法》总则的内容集中围绕数据电文的法律效力展开，就数据电文的概念、法律效力、发送与接受及其归属等问题做了基本规定。通过这些规定，《示范法》中所确立的电子商务法律制度的基本原则组成了电子商务法律制度的基石，也成为各国电子商务立法的核心内容，并不断得到各国的补充与完善。

《示范法》对合同的订立和有效性做出如下规定：就合同的订立而言，除非合同当事人各方另有协议，一项要约以及对要约的承诺均可通过数据电文的手段表示。如使用了一项数据电文来订立合同，则不得以仅仅使用了数据电文为理由而否定该合同的有效性或可执行性。据此规定并结合以上关于数据电文符合法律上采用书面的要求，可以认为，通过数据电文交换而订立的合同，符合法律上所要求的书面合同性质。

此外，联合国贸易法委员会于 2000 年在《示范法》的基础上又制定了《电子签字统一规则》，从对使用电子签名进行规范的角度做了一定的完善。

到目前为止，欧盟、美国、日本、澳大利亚、新加坡、韩国、马来西亚等国家和地区分别通过了关于数字签名、电子交易的法律法规。

近年来，我国电子商务的立法工作取得重大进展。中国香港于 2000 年 1 月 1 日通过了《电子交易条例》，中国台湾于 2001 年 11 月出台了《电子签章法》。广东省于 2002 年 12 月 6 日通过了《广东省电子交易条例》。1999 年实施的《合同法》对与电子商务有关的关于数据电文作为合同书面形式的确认，数据电文的到达时间和生效时间以及数据电文订立的合同的成立地等做了相应规定。2000 年 9 月 20 日中国国务院颁布的《中华人民共和国电信条例》和《互联网信息服务管理办法》，成为中国政府下一个阶段管理信息产业，应对国际竞争和处理信息安全问题的基础框架政策。

我国电子商务的立法工作目前还处于一个探索和实验的研究阶段，当今国际上公认的电子商务立法的一些主要原则，如政府对贸易的干预应是有节制的、透明的、前后一致的、可预测的。应致力于创造公平有序的竞争环境，建立用户和消费者的信任，建立数字化市场，充分发挥企业自律和市场推动的作用等，在我国已出台的电子商务相关法规中初步得到了体现，也成为我国今后电子商务立法和结合 WTO 相关规则修订法律时的主要参考。

2. 国际贸易的国际法规范

1) 国际条约与协定的必须遵守原则

国际条约是各国缔结的有关国际商业和贸易的国际公约或条约。国家通过缔结或参加国际双边或多边条约，承认某些国际法准则，是国际法的主要来源。如果这些条约和公约被各国批准和接受，各缔约国的企业必须遵守，即国际法上的“条约必须遵守”原则。

关于国际贸易的国际公约，主要有：

(1)《联合国国际货物销售合同公约》。该公约于 1988 年 1 月 1 日开始生效，它对缔约国企业的国际货物买卖行为作了详尽的规定，是我国对外贸易中最重要的一项国际条约。我国在核准该公约时，提出了两项重要的保留：其一，我国不同意扩大该公约的适用范围，只认为公约适用于营业地分处不同缔约国的当事人之间所订立的货物买卖合同。其二，我国坚持认为，订立、更改或终止国际货物买卖合同必须采取书面形式，公约对合同形式不受限制的规定对中国不适用。

(2) 海牙规则(1924 年)，维斯比规则(1968 年)、汉堡规则(1978 年)。以上均为调整国际海上货物运输关系的公约。

(3)《联合国国际货物多式联运公约》(1980 年)。

(4)《关于承认与执行外国仲裁裁决的公约》(纽约公约，1958 年)。

在法律的适用上，国际法优先于国内法。我国与许多国家签订了关于国际贸易的双边条约，主要类型有：通商航海条约、贸易协定、商品协定、自限协定等。

国际经济协定可分为 3 类。

首先是主权国家间的双边经济协定。

双边经济协定作为单边国内法规的补充，是国际经济制度中不可缺少的组成部分。由于双边经济协定针对性比较强，而且达成这种协定的成本较低，因此，双边经济协定在协调双边经济关系上发挥着重大的作用，是国际经济关系制度化的重要表现之一。世界上主权国家间的双边经济协定为数众多，至 1997 年底仅在直接投资领域就有 169 个国家之间签订了 1513 个双边协定。根据涉及的不同领域，双边经济协定可分为 4 种。

(1) 有关贸易的双边协定，主要涉及关税互惠、贸易摩擦的解决、市场准入、便利航运等方面。

(2) 有关直接投资的双边协定，主要涉及外资的进入、外资的待遇(如国民待遇、最惠国待遇)、外资的保护、争端的解决等问题。

(3) 有关金融的双边协定，主要涉及双边汇率安排、外汇市场的联合干预、银行机构的互设、资金的援助等方面。

(4) 其他相关领域的双边协定，主要涉及双边技术合作、资源的共同开发与利用、边境和海关的管理等方面。双边经济协定虽然在协调两国经济关系上发挥着灵活、务实的作用，但其效力范围却仅限于协议国双方之间。

其次是区域性组织的多边经济协议。

进入20世纪90年代后，区域性经济组织不断增加，据英国《经济学家》杂志公布的统计数字，从1948年到1994年，世界上先后出现过109个区域性经济组织，其中三分之二是90年代后成立的。区域性组织的多边经济协议对国际经济关系的规范起着不可忽视的作用，以致越来越成为国际经济制度的一个非常重要的组成部分。区域性组织的多边经济协议大致可以分为两类：一类是区域经济集团内部在贸易、投资、金融诸领域达成的协议，目前最重要的有根据1993年《马斯特里赫特条约》以及1997年《阿姆斯特丹条约》成立的欧洲经济货币联盟在贸易、投资、金融诸领域形成的法律性制度；根据1993年《北美自由贸易协议》成立的北美自由贸易区在贸易、投资领域达成的多边协议；亚太经合组织达成的《贸易和投资宣言》《贸易宣言》《马尼拉行动计划》等对成员国在贸易、投资领域的制度安排。另一类是区域性经济组织仅在某一经济问题上达成的协议，如伊斯兰会议组织国家在投资问题上签订的《关于促进、保护投资和对投资进行担保的政府间协定》、欧派克组织国家在石油输出问题上达成的《欧派克协议》等。区域性组织的多边经济协议的效力范围仅限于区域组织内部，由于组织内不同成员的经济发展水平不同，其制度安排具有过渡性和协调性的特点，因此，区域性组织的多边经济协议的约束力一般较弱。

最后，全球性组织的多边经济协议。

全球性组织的多边经济协议主要是在联合国、世界银行，国际货币基金组织和世界贸易组织等全球性组织内部达成的，它们对国际经济关系的正常发展影响极大。全球性组织的多边经济协议涉及国际经济关系的诸多领域，是一种全球性的经济制度安排，归纳起来可分为以下8种。

(1) 关于国际货物买卖方面的多边协议，如1980年联合国贸易法委员会制定的《国际货物买卖合同公约》、世界贸易组织制定的《补贴和反补贴措施》《纺织和服装协议》《国际奶制品协议》等。

(2) 关于国际货物运输方面的多边协议，如1955年的《海牙协定书》、1978年的《汉堡规则》等。

(3) 关于国际货物运输保险方面的多边协议，如1987年联合国贸发会制定的《海上货物保险示范条款》、1982年伦敦保险协会修订的《海上货物保险条款》等。

(4) 关于国际贸易支付方面的多边协议，如1988年联合国制定的《国际汇票与本票公约》和1993年国际商会制定的《跟单信用证统一惯例》。

(5) 关于国际投资的多边协议，如1980年联合国通过的有关直接投资的《关于管制限制性商业惯例的公平原则与规则的多边协议》、世界银行于1992年制定的《关于直接投资待遇的指导原则》以及世界贸易组织制定的《关于与贸易有关的投资措施协议》等。

(6) 关于国际知识产权的多边协议，如1996年世界知识产权组织制定的《世界知识产权组织版权条约》等。

(7) 关于国际金融协议的多边条约，如巴塞尔委员会关于银行监督与管理的《巴塞尔协议》等。

(8) 关于国际经济争端解决(民商事诉讼与商事仲裁)方面的多边协议，如世界贸易组织于1994年制定的《关于争端解决的规则与程序的谅解》等。虽然全球性组织的多边经济协议涉及国际经济关系各个领域，但由于参加国多样性的存在以及参加国经济发展水平的差异，这些制度安排中有一部分或是示范性的，或是自愿参加的，或是不可强制执行的，其约束力目前仍然较弱。

2) 国际惯例的制约原则

国际经济法的发展为国际经济贸易关系制度化、法制化的产生和发展提供了实质保障。国际经济法作为一种法律制度安排，随着各国经济联系的加深而不断完善和发展。各种国际经济法规和商业惯例日益得到世界各国的普遍认同和接受，国际经济法规和商业惯例不仅协调各国法律制度之间的差异和冲突，更重要的是协调各国政府对国际经济关系的管理，建立一种稳定的、具有约束力的法律制度体系。由于国际经济法规和商业惯例是不同国家在法律制度相互依存、相互促进、相互包容、相互融合的事实产生了对法律文化相互认同的基础上形成的，所以，这种法律制度安排得到广泛接受，具有较强的约束力。在国际经济关系的制度安排中，国际经济法规和商业惯例属于一种“硬”制度的范畴，因而对国际经济关系制度化的产生和发展提供了有力的实质保障。

国际贸易惯例，简称国际惯例。根据《国际法院规约》的规定，所谓国际惯例是指“作为通例(General Practice)的证明而经接受为法律者”。按此解释，构成国际惯例应当具备两个条件：一是经长期、普遍的实践而已形成通例；二是经接受而发生法律效力的。国际惯例有国际商会制定的《国际贸易术语解释通则》(2000年修订本)、《跟单信用证统一惯例》(1993年修订本)等。

国际惯例不是法律，不具有法律的普遍约束力，但是，许多国家法律也规定，一旦当事人在合同中采用了某项惯例，它对合同的当事人就具有约束力。有些国家的法律还规定，法院有权按照有关的国际惯例来解释各方当事人的合同和行为。改革开放后的中国十分重视国际惯例。我国《涉外经济合同法》第五条规定：在处理涉外经济合同的问题时，我国法律“未作规定的，可以适用国际惯例”。

国际惯例的效力如下。

(1) 在当事人之间，如果事前约定按某个国际惯例办理，那么在双方的合同或协议中必须加以明文规定。例如，在海外开来的信用证中已注明：“除本信用证另有规定外，本信用证按国际商会《跟单信用证统一惯例》(UCP500)办理”。如果受益人对此条文未提出反对，那么这张信用证的各方当事人都必须受其制约。

(2) 当事人之间事先没有上述的约定，事后双方却发生纠纷，如按照双方所订的合同或协议，又不能从合同或协议的内容中推出解决该项纠纷的原则，在此情况下，如果该项纠纷提交诉讼或仲裁处理，那么法官或仲裁员在审理案件时，一般可以参照国际惯例做出判决或裁决。在该项判决或裁决中所援用的国际惯例，将对各方当事人产生法律的约束力。

(3) 某项国际惯例已被吸收进当事人所在国家的法律或者当事人所在国家参加的国际公约之中，或者某项国际惯例在双边或多边条约中反复出现，已成为人们公认的国际准则，那么这些惯例将具有强制力。当然，在这种情况下，这一部分惯例已改变了原来的性质，成为强制性的法律。

在国际贸易中通行的主要惯例均由国际商会制订，主要有如下几点。

(1) “国际贸易术语解释通则”(2000年)。

(2) “跟单信用证统一惯例”(1993年)。

(3) “托收统一规则”(1995年)。

(4) “国际保付代理惯例规则”(1994年国际保理商联合颁布)。

(5) “见索即付保函统一规则”(1992年)。

国际惯例是国际法的又一重要渊源。上述惯例在国际贸易中均得到普遍遵守，是从事国际贸易的人员所必须熟知的重要内容。

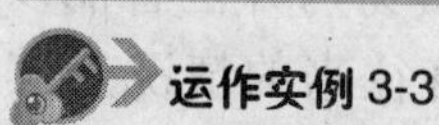
运作实例3-3

## 国际商会(ICC)

ICC是国际商会的英文名称缩写，是为全球商业服务的组织，是世界上重要的民间经贸组织，成立于1919年，总部在巴黎。其宗旨是：在经济和法律领域里，以有效的行动促进国际贸易和投资的发展。其工作方式为：制定国际经贸领域的规则、惯例并向全世界商界推广；与各国政府以及国际组织对话，以求创造一个有利于自由企业、自由贸易、自由竞争的国际环境；促进会员之间的经贸合作，并向全世界商界提供实际的服务等。

ICC 目前在 83 个国家设有国家委员会，拥有来自 140 个国家和地区的 8000 多家会员公司和会员协会。这些会员多是各国和地区从事国际经贸活动的中坚企业和组织。

资料来源：国际商会网站(www.iccwbo.org)。

## 3.3 国际贸易商品进出口交易程序

进出口贸易的业务环节很多，各个环节之间均有密切的、内在的联系。在实际业务中，不同的交易、不同的交易条件，其业务环节也不尽相同。在具体工作方面，各个环节，又常需要先后交叉进行，或者出现齐头并进的情形。但是，无论是出口贸易，还是进口贸易，就它们的基本业务程序而言，均可概括为以下三个阶段：准备阶段、磋商和订立合同阶段；履行合同阶段(参见开篇图示)。下面从出口贸易与进口贸易两个方面，简要介绍各自基本的业务程序和不同阶段的主要工作内容。

### 3.3.1 出口贸易的基本业务程序

1. 出口交易前的准备

出口交易前的准备工作，主要包括对国际市场调查研究、制定商品经营方案、落实货源或制定出口商品生产计划、进行广告宣传、选定客户并与之建立关系等。

1) 做好对国际市场的调查研究

对国际市场的调查研究、分析和对其发展趋势的预测，是开展出口贸易前首先应当做好的工作。因为只有做好这项工作，才能做到知己知彼，掌握主动，做出正确的经营决策。对国际市场的调查研究，可分为对进口国别地区的调查研究、对商品市场的调查研究和对交易对象的调查研究三个方面。

(1) 对进口国别地区的调查研究主要是调查有关国家或地区的经济状况、对外政策、对我国的态度、进出口商品结构、数量、金额、贸易对象国，贸易与外汇管制以及与我国订立或共同参加的双边或多边的国际条约等有关对外经济往来的情况及其特点。

(2) 对商品市场的调查研究主要是调查有关商品及相关商品的品种、花式、质量、包装、原材料、科学技术水平以及生产、消费、贸易、成本、价格、主要供需国别及其发展状况。

(3) 对交易对象的调查研究主要是调查已经或有可能经营我国产品的客户和潜在客户的政治态度、资信情况、经营范围和经营能力等状况，以利于国我外贸企业有区别地选择和利用客户。

2) 制定出口商品经营方案或价格方案

外贸企业在对国际市场调查研究的基础上，一般均应对所经营的出口商品制定经营方案或价格方案。出口商品经营方案是根据国家的方针政策和本企业的经营意图对该出口商品在一定时期内所做出的全面业务安排。一个企业在分析市场、选定自己的目标市场以后，就要针对目标市场的需求，影响市场销售的不可控的宏观因素以及本企业可以控制的销售因素，最有效地利用本身的人力、物力资源，趋利避害，扬长避短，设计企业的销售策略，制定最佳的综合销售方案，即出口商品经营方案，以便达到企业的预期目标。目前，我国外贸企业所制定的出口商品经营方案内容，通常包括国内货源情况、国外市场与目标市场情况、历史经营情况、计划安排和实现计划的措施，如市场安排、物色客户、广告宣传、贸易方式、价格、支付等交易条件的选择、运用和掌握，以及成本和经济效益的核算等。对于某些一时情况难以全面掌握不易制定经营方案的新小商品，可暂订价格方案。价格方案的内容一般比较简单，局限于成本核算与出口定价。

3) 落实货源、制定出口商品生产计划

在制定出口商品经营方案或价格方案的同时或先后，应按不同商品的具体情况和特点，及时根据经营方案，与生产、供货部门落实货源收购、调运或制定出口商品生产计划。

4) 广告宣传

广告宣传工作是出口商品经营方案的重要内容，原则上应按原定的方案部署有计划、有步骤地进行。在作广告宣传前，先应有明确的目标，才能保证做到有的放矢。广告宣传的内容及其采用的方式与手段要针对不同市场和商品的特点，要注意效果并体现我国的社会主义风格。目前，我国外贸企业使用的宣传方式和广告媒体甚多，如报纸、期刊、专业印刷品(商业指南、贸易年鉴、手册)、视听广告(电视、电影、广播)、户外广告(招贴、广告牌、交通车辆、电气广告)、直接邮寄广告(样本、实物样品、商品目录、图片说明书、通告函)、商品陈列展览等。

5) 选定客户和建立业务关系

在上述对交易对象调查的基础上，选定资信情况良好、经营能力较强、对我国友好的客户，通过采取主动发函、发电和参观访问等方式进行初步联系，并与之建立业务关系。这是开展正式交易前的一个重要的业务步骤。在建立业务关系之初，为简化今后实际交易磋商的内容，可先与客户交换可适用于双方日后所有交易的“一般交易条件”并取得协议。

### 2. 出口交易磋商和合同订立

外贸企业在与选定的国外客户建立业务关系以后，即可就出口交易的具体内容与对方进行实质性谈判，即交易磋商。磋商的内容主要是买卖货物的各种交易条件。交易磋商既可通过交换书信、数据电文(包括电报、电传、传真、电子数据交换和电子邮件)等书面形式进行，也可通过电话、当面谈判的口头形式进行。交易磋商一般要经过询盘、发盘、还盘、接受等环节，但是达成交易、订立合同的基本程序是：一方向另一方发盘和另一方对原发盘做出接受。除另有约定外，国际货物买卖合同于对发盘的接受生效时即告订立。然而，在实际业务中，为了明确责任，便于履行，或使口头谈成的合同生效，通常还需当事人双方签署一份有一定格式的书面合同，如出口销售合同或售货确认书。

3. 出口合同的履行

出口合同有效订立以后，买卖双方就应根据合同规定，各自履行自己的义务。若有违反或不履行，致使对方蒙受损失，违约方必须承担赔偿对方损失的法律责任。目前我国出口贸易中使用较多的是按CIF或CIP术语和凭信用证付款方式达成的合同，我国外贸企业履行这类出口合同需要进行的工作主要有以下几项。

1) 准备货物

根据出口合同规定按时、按质、按量准备好货物。在备货过程中，还应按照有关法律和行政法规报请主管机构检验或检疫，或自行安排检验，在取得检验或检疫合格证书，或自行检验符合要求以后，方能对外装运出口。

2) 落实信用证

落实信用证包括催证、审证和修改信用证等工作，如国外客户未能按合同规定及时开来信用证或在其他情况需要时，我外贸企业应向国外客户催开信用证。在收到信用证后，还要根据合同规定和《跟单信用证统一惯例》审查信用证，如发现有与合同不符又不能接受或难以办到的条款，应当立即要求客户通过银行修改信用证，使之符合出口合同规定或我方可以接受为止。

3) 安排装运

收到信用证经审核无误后应即办理发货装运手续。目前，对外装运货物，外贸企业一般均委托货物运输代理机构办理。在办妥托运手续，明确载货工具后，必须及时办理运输保险，然后，向海关办理出口报关手续。经海关查验放行后，将货物交由承运人接管或装上指定的载货工具，并向承运人取得由其签发的运输单据。货物装运后，外贸企业应即将装运情况通知买方，以便买方准备收货和支付价款等事宜。对于由买方自办货物运输保险的交易，发出装运通知的时间，还应适当提前，以便买方有足够时间办理保险手续。

4) 制单结汇

货物装运后，应缮制和备妥各种单据，包括商业发票、运输单据和保险单等主要单据以及其他单据。单据备妥后，即可向有关银行交单，收取货款，最后，按国家外汇管理规定办理结汇取得人民币。事后，还应及时办理出口收汇核销和出口退税手续。

此外，如出口商品属国家配额或许可证管理范围者，出口企业在对外磋商交易前，应根据中华人民共和国货物进出口管理条例规定，向国家外经贸管理部门申请并取得出口配额或出口许可证。

出口贸易基本流程见表 3-2。

**表 3-2　出口贸易基本流程**

| 阶　段 | 业务内容 | 基本当事人 | 可能当事人 |
|---|---|---|---|
| 出口前的准备 | 编制出口计划<br>组织出口货源<br>调研国外市场情况<br>制定出口商品经营方案 | 出口商 | 国内供货商<br>市场调查机构<br>驻外使馆<br>贸促会等 |
| 贸易磋商 | 询盘、发盘、还盘、接受 | 出口商、进口商 | — |
| 签订合同 | 正式签订货物买卖合同或销货确认书 | 出口商、进口商 | — |
| 合同履行(注：采用FOB贸易术语，海上运输，信用证方式支付为例) | 备货、报验 | 供货商、商检局 | — |
| | 审证、改证 | 出口商、进口商、银行 | — |
| | 租船订舱 | 出口商、船公司 | 货运代理人 |
| | 检验、报关后海关放行 | 出口商、商检局、海关 | 代理报关行 |
| | 办理保险，取得保险单 | 出口商、保险公司 | 保险代理人 |
| | 装船，取得海运提单 | 出口商、承运人 | 货运代理人 |
| | 将各种单据交银行，银行审核单据后垫付货款 | 出口商、银行 | — |
| 业务善后 | 正式收汇后，办理出口退税 | 出口商、进口商、银行、税务局 | — |
| | 如国外进口商索赔，办理理赔 | 进口商、出口商、商检局、船公司、保险公司、公证机构、贸促会等 | 相关的代理人 |
| | 如经协商达不成一致解决方案，提前仲裁或诉讼 | 出口商、进口商、仲裁庭、法院 | 律师、公证机构等 |

资料来源：安徽. 国际贸易实务教程. 北京：北京大学出版社，2005。

### 3.3.2 进口贸易的基本业务程序

进口贸易的业务程序也分为：交易前准备、交易磋商和合同订立以及合同履行三个阶段。其具体工作内容不少于出口贸易相同，如市场调研、物色客户、建立业务关系、交易磋商、签订合同等。但是由于所处地位各异，各阶段的某些业务内容有所不同。现将其与出口贸易明显不同之处择要简述如下。

1. 进口交易前的准备

在进口交易前的市场调研中，首先要弄清楚打算采购商品的供应国和主要生产者的供应情况、价格水平，根据商品的不同规格、技术条件，进行分析比较，以便在贯彻国别地区政策的前提下，选择从产品对路、货源充足、技术水平高、价格较低的市场采购。其次，对客户的调研，不仅要充分了解他们的资信情况、经营能力和经营作风、以往与我国企业间业务往来情况，还要了解他们的购销渠道，本身是贸易商还是生产厂，以便正确选择供货对象，减少不必要的中间环节，降低进口成本，节约外汇支出。

根据《中华人民共和国货物进出口管理条例》的规定，凡属限制进口的货物，进口经营者应视不同货物事先向主管部门办理进口配额或进口许可证。

2. 进口交易磋商和合同订立

进口贸易的交易磋商和合同订立的做法与出口贸易基本相同。但特别应做好比价工作，以便在与外商谈判中争取到对我方最有利的条件。

在通过发盘与接受达成交易以后，大都还需签署一份有一定格式的书面合同，如购货合同或购货确认书。

3. 进口合同的履行

我国进口货物时，如按FOB、FCA条件和信用证方式付款订立的合同，其履行程序一般包括向银行申请开立信用证、催装、租船订舱或订立运输合同、通知装货日期、接运货物、办理保险、付款赎单、进口报关、接卸货物、进口报检、拨交等环节。

以上是进出口贸易的一般业务程序的基本环节。倘若在订立合同以后，一方不履行，或在履行中有违反合同规定的情形，势必要使对方蒙受损失。此时，无论是出口贸易还是进口贸易，受损害方均有权按合同规定向违约方提出索赔。倘若双方对是否违约或对损失金额看法不一，就会引起争议。这就产生了索赔与理赔以及处理争议的问题。对此，自应本着实事求是的精神，依据法律和国际惯例，按照买卖合同的规定，认真处理，以维护企业的权益和对外声誉。

进口贸易的基本流程见表3-3。

表 3-3　进口贸易基本流程

| 阶　段 | 业务内容 | 基本当事人 | 可能当事人 |
| --- | --- | --- | --- |
| 进口前的准备 | 编制进口计划<br>选择市场和交易对象<br>制定具体的进口商品交易方案 | 进口商 | 国内用户<br>市场调查机构<br>驻外使馆<br>贸促会等 |
| 贸易磋商 | 询盘、发盘、还盘、接受 | 出口商、进口商 | — |
| 签订合同 | 正式签订货物买卖合同或购货确认书 | 出口商、进口商 | — |
| 合同履行(注：采用FOB贸易术语，海上运输，信用证方式支付为例) | 申请开立信用证 | 进口商、银行 | — |
|  | 租船订舱、接运货物 | 出口商、船公司 | 货运代理人 |
|  | 收到国外装船通知后，向保险公司投保 | 进口商、保险公司 | — |
|  | 银行发出付款通知 | 进口商银行 | — |
|  | 货物到港后，进口报关 | 进口商、海关 | 报关代理 |
|  | 提货、报验 | 进口商、承运人、商检局 | 货运代理人 |
|  | 收货，如为代理进口将货物交用户 | 进口商、船公司 | 海关、仓储部门 |
| 业务善后 | 如货物经检验不合格，进行索赔 | 进口商、出口商、商检局、船公司、保险公司、公证机构、贸促会等 | 相关的代理人 |
|  | 如经协商达不成一致解决方案，提请仲裁或诉讼 | 出口商、进口商、仲裁庭、法院 | 律师、公证机构等 |

资料来源：安徽. 国际贸易实务教程. 北京：北京大学出版社，2005。

## 3.4　从事国际货物贸易应注意的主要问题

**运作实例 3-3**

我国 A 公司向加拿大 B 公司以 CIF 术语出口一批货物，合同规定 4 月份装运。B 公司于 4 月 10 日开来不可撤销信用证。此证规定按《跟单信用证统一惯例》办理。证内规定：装运期不得晚于 4 月

15 日。此时我方已来不及办理租船订舱，于是立即要求 B 公司将装船期延至 5 月 15 日。随后 B 公司来电称：同意展延船期，有效期也顺延一个月。我 A 公司于 5 月 10 日装船，提单签发日为 5 月 15 日，并于 5 月 14 日将全套符合信用证规定的单据交银行办理议付。

试问：我国 A 公司能否顺利结汇？为什么？

在国际贸易中，国际货物买卖合同一旦依法有效成立，双方当事人必须各自履行合同规定的权利和义务。对出口贸易合同的签订和履行，有国际性的章程可循：如根据《联合国国际货物合同销售公约》的规定，卖方必须按合同和公约，交付货物，移交一切与货物有关的单据，并转移货物所有权。制定和履行合同是一项极为严肃的工作，必须谨慎对待，因为任何一方违反了合同中的某一条款，违约方就要承担相应的经济责任和法律责任。与此同时，履行合同还是衡量企业资信状况的一个重要指标。如果依法订立了合同却不履约，势必带来信誉上的损失。此外，在履约过程中，还必须严格地贯彻我国的对外贸易方针政策，在平等互利的基础上，做到“重合同，守信用”，确保我国的对外贸易信誉。由此可见，严格制定和履行合同具有十分重要的意义。

### 3.4.1 从事国际货物贸易应具备的条件

国际货物贸易属于跨国界的交易，其市场环境、交易对象、交易条件、贸易做法以及所涉及的法律、惯例等方面的问题，都有别于国内贸易，因此会表现得更复杂和更困难。

1. 对外贸易与国内贸易的区别

与国内贸易比较，对外贸易毕竟是不同国家之间的贸易，这就使得对外贸易有自己的一些独特之处。

1) 语言、法律、习俗等差异造成难度高

对外贸易的当事方往往在语言、法律和习俗等方面存在一定的差异，有些差异还很大，如同一种颜色或符号，在不同的国家甚至可能有相反的意思。特别是近年来，许多西方发达国家明显针对性地制定了一系列贸易保护主义法规。这样，在对外贸易的各个环节，都要比国内贸易技术性更强，难度更大。

2) 商业、运输以及政治风险大

(1) 对外贸易的当事方分处不同的国家(或地区)，彼此进行资信调查都比较困难，容易给不法经营者造成诈骗的机会。

(2) 由于语言、法律、习俗等的差异，交易双方也容易产生异议，致使交易难以顺利进行。

(3) 由于世界上经济、政治发展的不稳定，商品的价格、货币的汇率、运输路途的遥远以及当事国的政治局势的变动等，都可能使当事方承担比国内贸易更大的风险。

3) 交易技术复杂，接洽不便

(1) 对外贸易虽然有一些一般贸易商所遵循的国际惯例，但不是国际条约，不具备法律的强制力和约束力，一旦交易双方就货物品质、规格、数量、交货期、包装、支付等问题发生异议，虽有交易合同和惯例，要取得圆满解决，也并非易事。

(2) 交易双方相隔山重水远，当面洽商费用大，也未必都能很快谈成。

(3) 在对外贸易中，大量使用函电往来，一笔交易洽商往返几十封电报还未成交的，也不少见，虽有国际电话、电传、卫星通信，但费用很高。

(4) 竞争激烈，变化大。为了争夺国外市场，保护本国的生产和市场，许多国家都采用了关税和非关税壁垒，来阻止外国商品进入本国市场。同时，又对本国出口商品从生产到出口采取了包括资本输出、外汇倾销、出口补贴等支持措施。此外，还千方百计了解竞争对手的情况，力争冲破其他各国的进口限制，进入国外市场，并战胜竞争对手，扩大自有产品在国外市场的占有率。另外，对外贸易中的商品价格变化较快，新技术新产品层出不穷，这都使经济不发达和科技落后的国家在对外贸易中处于劣势。

2. 经营对外贸易必须具备的条件

与国内贸易相比，对外贸易有许多突出的特点，要真正做好是不容易的，这就要求在经营对外贸易时必须具备以下条件。

(1) 要有远见卓识，能基本准确地预测有关形势的发展趋势。

要有较丰富的经济理论知识，了解生产与贸易之间的相互关系，以及各国经济的历史、现状及发展前景，还要具备较高的世界政治、经济方面的知识，知道世界各国政治经济形势的变化动态，并基本准确地预测有关形势的发展趋势。

(2) 要“重合同、守信用”，树立起良好的商业信誉和经营形象。

除非确属合同中所订明的不可抗力所引起的意外突变外，应坚持履约。虽然，这样可能会使经营者受到一定的损失，但“重合同、守信用”所树立起的良好的商业信誉和经营形象却是无价之宝，从而有助于在今后的激烈竞争中，战胜对手，赢得客户，这也是经营者有远见卓识的具体表现。

(3) 要有多方面的专门知识和技能。

如国际贸易理论、国际金融、国际贸易法等专门知识以及对外贸易谈判和国际贸易单证、国际结算等操作技能。

(4) 要有灵通的商业情报。

由于政治、经济以及自然灾害等因素，国际市场变化多端。为了使决策正确而又及时，就必须有灵通的商业情报网，迅速准确地收集各种信息，并及时做出分析研究，提出有价值的结论，以便采取相应的措施。

(5) 应有较雄厚的资金。

国际贸易，多是大宗买卖，拥有雄厚的资金，才有利于及时采取措施、争取时机和良好的效益。此外，当今国际贸易中，有至少 1/3 实质上是跨国公司的内部贸易，这说明竞争对手或交易对手实力雄厚，若无相应的雄厚资金，便难以与之竞争，做成大生意，赚到大钱。另外。拥有雄厚资金也可较好地赢得客户，达成交易。

(6) 应有完善的组织机构。

对外贸易本身是一种复杂的商品交易活动，各种手续繁杂，牵涉面很广，只有组织严密、科学、完善，才能取得显著的经营效果，达到预期的目的。

3. 对外贸工作人员的要求

随着我国的进一步国际化，外向型经济人才越来越显得紧缺，主要是从事外贸工作的人员，有很多素质不高、能力不强的人滥竽充数。那么，做外贸都需要哪些专业知识和技能呢？主要有以下几方面。

(1) 知晓相关的外国语言。这是在对外贸易中从与外商洽谈起直至办理各种贸易单证的基础，也是系统研究各种有关对外贸易的国际惯例的基础。

(2) 掌握市场营销学知识。对外贸易商品品种繁多，对象各异，竞争又十分激烈，掌握了市场营销学知识，就能取得良好的效果。

(3) 熟悉本国对外贸易的法规章程。这就可以做到依法办事，既充分利用了本国政府对对外贸易所实行的各种鼓励措施，又能顺利地办好一系列相关手续。

(4) 了解对方国家关税壁垒与非关税壁垒措施。对此了解后，才能较好地确定我们的相应对策，使产品较为顺利地进入对方市场。

(5) 明了国际金融有关知识。这样才能正确地选择计价货币，并采用相应的措施，防范汇率风险。同时，正确地选择结算方式，以保证出口收汇的安全、按时和如数收款。

(6) 应有涉外保险知识。明确可能的风险，进行相应的保险，懂得发生损失时的索赔，就可以防范不必要的损失。

(7) 懂得商品学知识。唯有这样，才能对有关商品的生产、收购、包装、储存、运输、推销等做出适当的安排。

(8) 要有相关的法律知识。迄今，国际上仍无共同的国际贸易法，各国商人所依据的是各国的商事法规，以及一些国际上通行的规约和惯例。掌握这些知识，争取为我所用。

(9) 要有世界地理和运输知识。选择最适当的运输方式、最直接的运输路线、最低廉的运输费用。

(10) 要具备财会、统计学方面的知识，以求不断提高经济效益。

### 3.4.2 从事国际货物贸易的主要注意事项

为了有效地开展国际货物贸易，凡从事此项业务的人员，都应注意下列主要事项。

1. 加强调查研究和克服盲目从事

在国际货物贸易中，每笔交易都要首先从调查研究入手，事前做好充分的准备。比如：调查市场环境、供求关系、价格动态、生产技术条件、消费水平、购销渠道和贸易习惯做法，据以选择和确定目标市场；对客户的资信情况、经营范围和经营能力与经营作风等进行调查对比，据以选择交易对象；对出口货源情况调查摸底，做到心中有数，对进口商品进行货比三家，择优选购，据以制定对外洽商交易条件和成交价格的方案。在解决履约中的实际问题和贸易纠纷时，也同样要重视调查研究，首先弄清事实和分清责任，才能妥善加以处理。实践表明，凡重视调查研究，事前准备充分的，都能收到良好的效果；反之，忽视调查研究，盲目成交，往往上当受骗，蒙受经济损失，此类失败教训的案例，不胜枚举。

2. 在平等互利的基础上实现双赢

在对外洽商交易条件和订立合同过程中，由于交易双方为了实现各自的经营意图和追求各自的商业目标，往往会存在彼此间的矛盾和利害冲突。在此情况下，买卖双方都应本着求同存异的精神，千方百计化解矛盾，并争取在平等互利的基础上创造双赢的局面，这是国际贸易实践中行之有效的做法。经验表明，在对外洽商交易过程中，若一方或双方各自片面强调“我赢你输”，一味追求单方面取胜的做法，一般很难达成交易，并有可能导致洽谈失败而失去商机。即使这种做法偶然达到了目的，但由于不符合互惠互利的双赢原则，就有可能影响今后彼此贸易关系的持续发展。如果签约后，市场发生不利于对方的变化，则更易导致对方违约或毁约，从而引起贸易纠纷，使已成立的合同得不到实现。由此可见，这种只考虑眼前利益而不顾双赢的做法，缺乏长远观点和可持续发展的战略思想，无异于搞一锤子买卖，因而是不可取的。

3. 增强合同当事人的法律保护意识和法治观念

在我国对外货物贸易中，合同争议案件频繁发生的一个重要原因，就是由于合同当事人缺乏法律保护意识和法治观念，没有订好合同条款和依约行事。例如，引进技术设备和订购进口货物时，在对方技术尚未研制成功，设备也未试制生产或货源未落实的情况下，竟在合同支付条款中规定签约时预付部分或大部分货款，等到交货期到时，对方不能按期交货或无货可供，甚至逃之夭夭，一跑了事。有些出口合同，在并不了解外商资信的情况下，却在支付条款中规定货到若干天后汇付，结果有的长期拖欠货款，有的收到我方发货后连人都找不到，使我方蒙受钱货两空的损失。还有些进出口合同，甚至连检验、索赔和仲裁条款都没有规定，如此等等。这说明有些当事人麻痹大意，缺乏法律保护意识。此外，有时合同订立后，市场发生了不利于合同当事人的变化，这本来是正常的贸易风险。但有些当事人却违反诚信原则，不按约定条件履行交货或付款义务，这是缺乏法制观念的表现。这种违约情况，交易双方都曾出现过。为了维护我国声誉和对外保持企业的良好形象，我们应引以为戒。上述事实表明，加强我国国际经贸人员的法律保护意识和法制观念教育，对改进合同条款、减少合同争议和提高进出口合同履约率，都有着很重要的现实意义。

4. 不断提高国际经贸人员的素质

从我国进出口合同争议案件发生的情况来看，其中有些确系客观原因造成。但如果我国国际经贸人员整体素质高，工作不失误，会做生意，则有些争议是完全可以避免的。通过案件反映出来的成功经验和失败教训，均与国际经贸人员的素质密切相关。凡素质高和经验丰富的国际经贸人员，在订立、履行合同和处理争议过程中，就得心应手，很少失误，并积累了许多行之有效的成功经验。反之，在一些我方败诉的案例中，往往是由于我方人员素质不高、经验不足或工作失误造成的。例如，他们缺乏法律与惯例知识，合同条款规定不当，分不清合同性质和交易双方责任、费用与风险的划分，不了解合同与信用证的相互关系，审证时不能识别其中的“软条款”，履约时违反诚信原则，以及未能妥善处理合同争议等，这表明我国国际经贸人员的素质有待提高。特别是在我国加入世贸组织和正面临新挑战的形势下，国际经贸人才奇缺，故大力培养高素质的具有开拓创新能力、驾驭市场能力和国际商务运作能力的国际经贸人才，是一项重要的战略任务。

## 本 章 小 结

国际贸易技术操作部分包括进口和出口，参与国际贸易的基本当事人是进口商(买方)和出口商(卖方)，并且在贸易中还会有银行、商检、运输、保险等机构的配合，如果出现贸易争端还会有仲裁机构或法院，贸易中可能还会有各种代理。国际贸易实务的特点是风险大、复杂、环节多。国际货物买卖合同是确定买卖双方权利、义务的核心，主要内容包括商品标的、价格、运输、支付、检验、索赔、仲裁等条款。规范买卖双方行为的有法律、公约和贸易惯例。进出口贸易的基本业务程序是包括交易前的准备工作、交易磋商、签订合同以及合同的履行。

**关键名词**

(1) Buyer 买家
(2) Seller 卖家
(3) Customs 关税
(4) Contracts for International Sale of Goods 国际货物销售合同
(5) General Conditions 一般(共同)条件
(6) Confirmation 确认书
(7) Electronic Data Interchange 电子数据交换
(8) International Treaty 国际惯例
(9) Inspection and Quarantine Bureau 检验检疫局
(10) Importor Export License 进出口许可证

## 习　题

**【技能训练题】**

(1) 企业中往往会遇到以下问题：①如何寻找目标客户并和他们联系？大多数的中小型企业都有自己赖以生存的特色产品，如何在网上为产品找到目标客户？如何在数千家国内外商贸网站和搜索引擎中找到他们，并和他们取得联系呢？②哪里有价廉质优的原材料和设备？生产型的中小型企业，原材料的价格和质量往往决定了企业利润的多少，新型原材料和设备的寻找，往往是企业开发新产品的前提条件。如何在网上找到这些原材料的生产厂家呢？③如何让远方的客商找到我的产品并和我联系？

请针对上述情况分别给出解决的办法。

(2) 寻找目标客户练习，对目标客户需要进一步筛选和核实。

① 通过搜索引擎进行目标企业查找。

② 通过行业知名企业名录进行查找。

③ 通过企业名录进行目标客户查找。

④ 通过行业网站进行查找。

**【思考题】**

(1) 为什么说，在进出口贸易中国际货物买卖合同是基本合同？

(2) 订立和履行国际货物买卖合同所涉及的法律有哪些？

(3)《联合国国际货物销售合同公约》的主要内容有哪些？是在何时生效的？目前已有哪些国家成为该公约的缔约国？我国于何时正式核准参加该公约？我国核准参加该公约时有何保留？

(4) 国际货物买卖合同由哪几部分构成？具体包括哪些条款？

(5) 进出口贸易一般要经过哪些程序？

(6) 出口交易前的准备工作主要有哪些内容？进口交易前的准备工作又有哪些主要内容？

(7) 对国际市场调查研究的内容有哪些？

(8) 何谓商品经营方案和价格方案？试简述它们的内容和作用。

(9) 如果国际买卖合同发生纠纷，如何适用有关的法律？

(10) 谈谈电子商务合同的法律规范问题。

# 案　例

 案例 1

## 合同文本是否真实争议案

[案情简介]

1984 年 3～5 月间，交易双方通过传真方式接 100％保兑的不可撤销的即期信用证付款条件，分别签订了 3 份售货确认书。在履约过程中，双方发生争议，经协商未果，申请人遂向中国国际经济贸易仲裁委员会提请仲裁。在双方所提交的 3 份售货确认书文本中，关于违约金的约定存在明显差异，双方都声称对方所提供的售货确认书文本对自己一方没有约束力。申请人按其提供的售货确认书规定，认为被申请人不能交货或拒绝交货，申请人有权按货物总值的 20％索赔。而被申请人根据其提交的售货确认书文本在答辩中声称，3 份确认书中并未约定被申请人不能交货或拒绝交货时应按总价值的 20％向被申请人理赔，这一条款，显然是申请人事后填写的，对被申请人没有约束力。仲裁庭根据开庭审理和双方对对方所提交文本提出的疑点，对文本的真实性进行分析和做出分辨。申请人提出，被申请人所提交的文本中有明显的覆盖痕迹，有些痕迹与申请人所提交的文本中的文字笔画相吻合。对此，被申请人未能做出足以令仲裁庭信服的解释，也未提供进一步的证据支持被申请人的主张。因此，被申请人提出申请人的 3 份售货确认书中索赔条款系申请人自行添加，进而否认该 3 份售货确认书文本的真实性的主张，不能成立。仲裁庭认定，申请人提交的 3 价售货确认书对双方均具有约束力。

但是，仲裁庭考虑到，被申请人未依约交货，确有证据表明与申请人多次更改对标的物的具体要求有直接关系，因此，根据履约实际情况和公平合理原则，仲裁庭裁定，被申请人向申请人支付的赔偿额，按货款总值 15％计算，本案仲裁费由申请人支付 25％，被申请人支付 75％。

[案例评析]

上述事实表明，仲裁庭对本案作出的裁决是公正的。首先，对 3 份“售货确认书”文本的分辨和认定，是有事实依据和说服力的，被申请人对此也提不出任何自圆其说的解释。其次，针对履约过程中的实际情况，仲裁庭将约定的赔偿额适当减少，并确定仲裁费由双方按比例共同分担，以体现公平合理的原则，这样公断是通情达理的。

案例2

## 法律适用问题争议案

[案情简介]

1996年1月2日，交易双方营业地点均在香港的申请人(卖方)与被申请人(买方)在中国签订买卖2万吨锰矿石的合同，合同规定目的港为湛江港，采用信用证付款方式。在履约过程中，双方在交货品质和货款支付问题上产生争议，经彼此协商未果，卖方遂依约向中国国际经济贸易仲裁委员会提请仲裁。

由于交易双方签订合同时，未约定处理合同争议的准据法，故在仲裁过程中，双方对本案合同的法律适用问题存在分歧。申请人认为，本案不适用《联合国国际货物销售合同公约》；而被申请人则主张本案应优先适用该《公约》，其依据在于《民法通则》中规定："中华人民共和国缔结或者参加的国际条约和中华人民共和国民事法律有不同规定的，适用该国际条约规定，但中华人民共和国声明保留的条款除外。"《民事诉讼法》也有类似的规定。最后，仲裁庭裁定适用中国法律。

[案例评析]

本案争议双方争论的适用法律问题，是指如何确定应适用的实体法。《民法通则》所指优先适用的国际条约，显然是指中国及他国当事人所属国均缔结或参加的条约。《联合国国际货物销售合同公约》第五条第五款对该公约的适用范围作了两项规定："本公约适用于营业地在不同国家的当事人之间所订立的货物销售合同：(1)如果这些国家是缔约国；(2)如果国际私法规则导致适用某一缔约国的法律。"中国在核准参加该公约时做出保留，即中国只同意该公约适用于营业地处在不同缔约国的当事人之间订立的货物销售合同。由于本案双方当事人的营业地均在香港，故该公约不能作为本案适用的法律。

鉴于本案合同的签约地、标的物以及仲裁地均在中国，故仲裁庭根据最密切联系的原则，确定解决本案实体争议，依据中国法律，这一裁定是正确的。

# 第2篇　进出口贸易合同实务

# 第4章　合同的标的物及其品质、数量与包装

## 教学目标

通过本章的学习，能够熟练掌握国际贸易合同中贸易标的、品质、数量、包装、价格、支付、保险、运输、检验、报关仲裁及索赔等主要贸易条件。详细掌握每个环节的需要注意的问题，并能独立核算每笔国际交易的盈亏。

## 教学要求

| 知识要点 | 能力要求 | 相关知识 |
|---|---|---|
| 基本知识 | (1) 熟悉国际贸易合同条款的主要内容<br>(2) 能够在实践中根据具体情况运用适合的明确的有利的贸易条款 | (1) 在国际贸易合同中的主要贸易条件<br>(2) 在国际贸易合同中的货物命名的方法 |
| 业务流程 | (1) 能够了解进出口商品的品名、品质概念<br>(2) 能够熟悉合同中的品名与品质条款<br>(3) 能够读懂进出口商品的数量条款<br>(4) 能够读懂进出口合同中的包装条款 | 国际贸易合同条款中的合同的标的物及其品质数量与包装 |
| 分类 | 能够熟练掌握国际贸易合同中的品质、数量、包装条款 | 国际贸易合同 |
| 风险与防范 | 能够运用所掌握的国际贸易合同的知识分析各种案例 | 国际贸易合同数量、品质、包装条款 |

引例

1995年8月，山东济南的一家出口公司与日本大阪的客户签约，向日方出口当年产鲜姜80吨。供货前，该公司向日方提供了前一年的货样，日方表示满意。但当年货物收获时，因收成不好，姜的规格普遍偏小，使得当年同规格的货品比前一年价格上扬30%左右。结果导致中方货源吃紧，收购成本上升，形成了出口价格偏低的局面，出口公司为了自身利益，没有完全按照合同规定的规格发货，将部分不服规格的货物混杂其中交货，导致日方拒收并向中方索赔，使得中方蒙受重大损失。

请思考：我方出口公司的做法有什么不当？应吸取什么样的教训？

## 4.1 进出口商品贸易的标的

在国际贸易中，看货成交，一手交钱，一手交货的情况极少，并且国际贸易从签订合同到交付货物往往需要相隔一段较长的时间，而且从贸易谈判到签订合同，一般很少见到具体的商品，只是对将要交易的内容即标的作必要的描述。因此，在国际贸易合同中，非常有必要列明合同的标的。

作为标的物，一般须具备以下3个条件。

(1) 必须是卖方所拥有的。

(2) 必须是合法的。

(3) 必须是当事人同意买卖的。

### 4.1.1 进出口商品的品名

商品的名称(Name of Commodity)或称“品名”，是指能使某种商品区别于其他商品的一种称呼，在国际贸易中表明买卖双方交易的是何种物品。对交易标的物的描述，是构成商品说明(Description of Goods)的一个重要组成部分，是买卖双方交接货物的一项基本依据，它关系到买卖双方的权利和义务。若卖方交付的货物不符合约定的品名或说明，买方有权提出赔偿要求，直至拒收货物或撤销合同。

商品品名代表了商品通常应具有的品质。品名条款是合同中的主要条件，虽然简单，但也要给予重视，否则也会产生贸易纠纷。在规定品名条款时，应注意下列问题。

(1) 在规定商品名称时，应尽量具体、明确，必须能确切反映交易商品的特点。商品的名称在一定程度上体现了商品的自然属性、用途以及主要的性能特征。加工程度低的商品，其名称一般较多地反映商品所具有的自然属性；加工程度越高的商品的名称也越多地体现出该商品的性能特征。

(2) 品名的选用要遵循易使双方明白并能接受的原则。对国际市场上已有的商品，应尽可能使用国际上通用的名称，而不宜别出心裁地去发明一个。对于打算出口的新产品，取名也应考虑对方的理解。若是用地方性的名称，交易双方应事先就其含义取得共识。在采用外来名称时，应译名准确，尽量避免含糊不清的商品品名。目前，国际上大多数国家对进出口商品的海关统计、普惠制待遇等都是按照海关合作理事会的《协调商品名称及编码制度》(The Harmonized Commodity Description and Coding System，简称 H.S.)对商品进行分类的。我国于 1992 年 1 月 1 日起采用该制度。所以，我国在采用商品名称时，应与 H.S. 规定的品名一致。

(3) 如果一种商品有不同的名称，则在确定名称时，必须注意有关国家的海关关税和进出口闲置的有关规定，在不违反国家有关政策的前提下，从中选择有利于降低关税或方便进口的名称作为合同的品名。同时，还应注意品名与运费、仓储费的关系。目前一些仓库和班轮运输是按商品等级规定收费标准的。由于商品名称不统一，存在着同一商品因名称不同而收取的费率不同的现象。因此应注意选择合适的品名，以利降低关税，方便进出口和节省运费开支。

有时只简单列明商品的名称不够具体明确，还需增加商品的品种、型号、产地和等级，即增加部分品质条款的内容。如 2002 年我国的进口税率中，机坪客车的最惠国税率为 4.0%，30 座及以上大型客车为 37.5%，其他为 47.5%。如果进口机坪客车而仅以“客车”的品名报关，就没有适用税率，结果有可能增加税负。

商品取名的方法很多，主要有以下几种：

(1) 以商品的主要用途取名，如旅游鞋、运动服、自行车、洗衣机、杀虫剂等。

(2) 以商品的主要原材料取名，如羊毛衫、皮鞋、棉布、铝锅、玻璃杯等。

(3) 以商品的主要成分取名，如人参蜂王浆、巧克力奶糖等。

(4) 以商品的外观特点取名，如蝙蝠衫、高跟鞋、喇叭裤等。

(5) 以商品的制作工艺取名，如精制油、蒸馏水等。

(6) 以人物、名字、地名取名，如孔府家酒等。

### 4.1.2 进出口商品的品质

商品的品质(Quality of Goods)是指商品的内在素质和外在形态的综合。前者指商品的物理性能、机械性能、化学成分、生物特征、技术指标等。后者指商品的大小、长短、结构、色泽、款式、透明度、嗅觉、味觉等。

品质是商品买卖最主要的因素。因为品质的优劣直接影响商品的使用价值和价值，它是决定商品使用效能和影响商品价格的重要因素，在当前国际竞争空前激烈的条件下许多国家都把提高商品的品质、力争以质取胜，作为非价格竞争的一个主要组成部分，成为加强对外竞销的重要手段之一。

国际贸易的商品种类繁多，即使是同一种商品，在品质方面也可能因自然条件，技术和工艺水平以及原材料的使用等因素的影响而存在着种种差别。明确商品的品质，对于避免以后可能发生的关于品质的纠纷具有很重要的意义。《联合国国际货物销售合同公约》规定卖方交货必须符合约定的质量，如卖方交货不符约定的品质条件，买方有权要求损害赔偿，也可要求修理或交付替货物，甚至拒收货物和撤销合同。

交易磋商中明确商品的品质关键在于选用表示品质的方法。表示品质的方法可以分为两大类。

1. 以实物表示商品品质

以实物表示商品品质，包括凭成交商品的实际品质(Actual Quality)和凭样品(Sample)两种表示方法，前者即指看货买卖；后者即指凭样品买卖。

1) 看货买卖(Sale by Actual Quality)

当买卖双方采用看货成交时，买方或代理人通常先在卖方存放货物的场所验看货物，一旦达成交易，卖方就应按对方验看过的商品交货，只要卖方交付的是验看过的货物，买方就不得对品质提出异议。

在国际贸易中，由于交易双方分处不同的国家和地区，买方到卖方所在地验看货物诸多不便，即使卖方有现货在手，买方也是由代理人代为验看货物，但看货时也无法逐件查验，所以采用看货成交使用的有限。这种做法，通常适用于一些有独特性质的商品，他们既没有相同的样品，也无法用文字说明来表示品质，如特定的古玩、工艺品、珠宝首饰、书画等。此外，寄售、拍卖和展卖业务中也多采用这种方式。

2) 凭样品买卖(Sale by Sample)

样品通常是从一批商品中抽出来的或由生产、使用部门设计、加工出来的，足以反映和代表整批商品品质的少量实物。凡以样品表示商品品质并以此作为交货依据的，称为凭样品买卖。在国际贸易中，按样品提供者的不同，可分为以下几种。

(1) 凭卖方样品买卖(Sale by Seller's Sample)。样品由卖方提供，由买方加以确认，以卖方样品作为交货的品质依据，称为凭卖方样品买卖。在此情况下，在买卖合同中应订明："品质以卖方样品为准"(Quality as Seller's Sample)。日后，卖方所交正货(Buld)的品质，必须与提供的样品相同。在采用凭卖方样品成交时应注意以下几点。

① 卖方在选择提交给买方确认的样品时，应选择有代表性的样品。提交样品品质过高，日后大批量生产达不到样品的品质水平，就要承担违约责任；提交样品品质过低，不宜成交，即使成交，价格也会被买方压低。

② 在提交给买方样品时(该样品称作原样 Original Sample 或标准样品 Type Sample)的同时，卖方应保留一个与原样品质完全一致的样品(称作复样 Duplicate Sample，或留样 Keep Sample)，以备日后组织生产、处理交货品质纠纷时作核对用。卖方应在原样和复样上编织相同的号码，注明样品提交买方的具体日期，以便日后联系，或在洽谈交易时参考。对复样一定要妥善保管，以防日后交货发生品质纠纷时拿不出复样，而使卖方处于被动地位。凭样品交易买卖时，一般均留存复样 1～2 份，一份自存，一份送商检局备查，作为将来交

货或处理品质纠纷时核对之用。

在本章引例中，中方就是因为提交样品品质过高，而由于之后不能按质交货，不得不承担违约责任。从中应吸取以下教训：

第一，以去年的样品作货样与对方成交的做法不恰当。一般来说，由于农产品在生长过程中易受自然条件变化的影响，因而质量每年都会有一定的波动。如大姜，收成好时货源充足，尤其上等货源充足，价格就会适中，若收成不好，就会出现案例中的情况，尤其是上等货源吃紧，价格也升高。对于这种情况，我们要正确选用样品的使用方法，也可以在合同中规定，以样品作为参考，同时规定价格可以根据市场行情允许有一定的浮动等一些灵活性的条款，来消除或减少出口面临的风险。第二，中方公司明知货物品质不符，还运出货物，这种处理方法严重错误，不仅承担违约责任，还面临遭索赔的风险。当我们发现当年收成不好，货物质量普遍偏低，货源紧张后，不妨实事求是地告知对方详情，与对方协商请求降低出货标准。这时，最坏的结果无非是对方坚持按原标准交货，若中方公司确实做不到，就可以提出取消合同。即使对方坚持索赔，中方的损失也要比本案中出口公司所采取的做法造成的损失小得多。

(2) 凭买方样品买卖(Sale by Buyer's Sample)。买方为了使其订购的商品符合自身要求，有时提供样品交由卖方依样承制，如卖方同意按买方提供的样品成交，称为“凭买方样品买卖”。在我国也称作“来样成交”或“来样制作”。此时，买卖合同中应订明：“品质以买方样品为准”。日后，卖方所交正货的品质，必须与买方样品相符。在采用买方样品买卖应考虑和注意以下问题。

① 卖方在对买方的来样确认前要充分考虑按来样制作特定产品所需的原材料、市场价格、技术设备和条件以及生产安排等方面，以确保日后得以正确履约。在国际贸易中，谨慎的卖方往往不愿意承接凭买方样品交货的交易，以免因交货品质与买方样品不符而招致买方索赔甚至退货的危险。在此情况下，卖方可根据买方提供的样品，加工复制出一个类似的样品交买方确认，这种经确认后的样品，称为对等样品(Counter Sample)或回样，也称确认样品(Confirming Sample)。当对等样品被买方确认后，日后，卖方所交货物的品质，必须以对等样品为准。凭对等样品买卖的实质是将“凭买方样品买卖”转化为“凭卖方样品买卖”。

② 买卖双方为了发展贸易关系和增进彼此对方商品的了解，往往采用互相寄送样品的做法，这种以介绍商品为目的而寄出的样品，最好标明仅供参考(for Reference Only)字样，以免与标准样品混淆。为了促成交易，样品的质量常常会比一般情况下生产的产品好，但要注意把握好度，应实事求是地备样。当卖方对品质无绝对把握，或对于一些不完全适合凭样成交的货物，应声明“品质与样品大致相同”或“品质与样品近似”。为了保证样品能尽快到达客户手中，多半采用邮递快件的方式将样品寄送出去。

③ 要考虑来样是否涉及第三者的商标、专利权益等问题。为避免工业产权纠纷，应声

明：如来样引起侵犯第三者商标、专利等工业产权问题，概由买方负责。

④ 为避免双方在履约过程中产生品质争议，必要时还可使用封样(Sealed Sample)，即由第三方或公证机关(如商品检验机构)在卖方寄发样品或发运商品前从货物中抽出部分样品，对样品采用铅封、火漆等各种方式加封，由第三方或公证机关留存一份备案，其余供当事人使用。有时，封样也可由出样人自封或买卖双方会同加封。

**运作实例 4-1**

我国某单位向英国出口一批大豆，合同规定水分最高含量为14%，杂质不超过2.5%。成交前我方曾向买方寄过样品，订约后又电告对方：成交货物与样品相似。当货物抵达英国后，买方提出货物与样品不符，并出具相应证书证明货物的质量比样品低10%，以此要求我方赔偿15 000英镑的损失。

请问：我方能否以该项交易并非凭样品买卖而不予理赔？为什么？

2. 用文字说明表示商品品质

用文字说明表示商品品质，指用文字、图表、照片等方式来说明成交商品的品质。具体方法有以下几种：

1) 凭规格买卖(Sale by Specification)

商品规格是指一些反映商品品质的主要指标，如化学成分、含量、纯度、性能、容量、长短、粗细、重量、色泽等。商品不同，表示品质的指标亦不相同。例如，出口圆钢按粗细表示；猪鬃按长短计算；冻对虾以每磅若干只表示。商品用途不同，要求的品质指标也会有所不同，比如大豆用作榨油时就要求高含油量，而用作榨豆浆时就要求高蛋白质含量。这种表示品质的方法明确具体，简单易行，故在国际贸易中被广泛的运用。例如：

White Rice
Long-shaped
Broken Grains(max.) 20%
Moisture(max.) 0.02%
Admixture/Impurities(max.) 0.15%

2) 凭等级买卖(Sale by Grade)

商品的等级是指同一类商品，按规格上的差异，用文字、数字或符号来表示商品品质上差异的程度，如甲级、乙级、丙级；A级、B级、C级等。例如，我国出口的钨砂，根据其三氧化钨和锡的含量的不同，分为特级、一级和二级；鲜鸡蛋按照每只净重分为AA级、A级、B级、C级、D级、E级；我国出口的核桃仁就其规格的大小不同，分为头路、二路、三路等。

凭等级买卖时，由于不同等级的商品具有不同的规格，为了便于履行合同和避免争议，在品质条款列明等级的同时，最好一并规定每一等级的具体规格。这种表示品质的方法，对简化手续，促进成交和体现按质论价等方面，都有一定的作用。

3) 凭标准买卖(Sale by Standard)

商品的标准是指将商品的规格和等级予以标准化，商品的标准，有的由国家或有关政府主管部门规定，也有由同业公会，交易所或国际性的工商组织规定，有些商品习惯于凭标准买卖，人们往往使用某种标准作为说明和评定商品品质的依据。公布了的标准经常不断被修改或变动，所以，当采用标准说明商品品质时，应注明采用标准的版本名称及年份。

世界各国都有自己的国家标准，如美国的 ANSI 标准，德国的 DIN 标准，日本的 JIS 标准，法国的 NF 标准，英国的 BS 标准等。还有国际标准如国际标准化组织的 ISO 标准，民间组织的标准如美国担保人实验室的 UL 标准。我国有国家标准、专业标准、地方标准、和企业标准等。国际贸易采用的各种标准，有些具有法律上的约束力，凡品质不合标准要求的商品，不许进口或出口。但也有些标准不具有法律上的约束力，仅供交易双方参考使用，买卖双方洽商交易时，可另行商定对品质的具体要求。例如：

Rifampin in conformity with B.P. 1993

利福平，符合 1993 年版英国药典

在国际贸易中，对于某些品质变化较大而难以规定统一标准的农副产品，往往采用“良好平均品质(Fair Average Quality，FAQ)”或“上好可销品质 (Good Merchantable Quality，GMQ)”来表示其品质。

所谓“良好平均品质”一般是指一定时期内某地出口货物的平均品质水平，一般是指中等货或大路货。其确定方法有二：一种是有生产国在农产品收获后，通过对产品进行广泛抽样，从中产生该年度的 FAQ 标准；另一种是在某一季度或某一装船月份在装运地从各批出运的货物中抽样，然后综合起来，取其中者作为 FAQ 标准。

“上好可销品质”是指卖方只要保证货物品质良好，适合销售即可。

在我国的农产品出口业务中，常采用 FAQ 标准来标明商品品质，但在合约中除标明大路货之外，还须订明具体规格。例如，“木薯干，1992 年产，大路货，水分最高 10%。在交货时，以合同规定的具体规格作为依据。”①

4) 凭说明书和图样买卖(Sale by Descriptions and Illustration)

在国际贸易中，有些机器、电器和仪表等技术密集型产品，因结构和性能复杂，很难用几个简单的指标来表明品质的全貌，而且有些产品，即使其名称相同，但由于所使用的材料，设计和制造技术的某些差别，也可能导致功能上的差异。因此，对这类商品的品质，

① 石玉川. 国际贸易理论与实务. 台北：台北淑馨出版社，2002.

通常以说明书并附以图样、照片、设计图纸、分析表及各种数据来说明具体性能和结构特点。按此方式进行交易，称为凭说明书和图样买卖。按这种表示品质的方法成交，卖方所交货物必须符合说明书和图样的要求，但由于对这类产品的技术要求较高，有时同说明书和图样相符的产品，在使用时不一定能发挥设计所要求的性能，买方为了维护自身的利益，往往要求在买卖合同中加订卖方品质保证条款和技术服务条款。

5) 商标或品牌买卖(Sale by Trade Mark or Brand)

商标(Trade Mard)是指生产者或商号用来识别所生产或出售的商品的标志，它可由一个或几个具有特色的单词、字母、数字、图形或图片等组成。品牌(Brand Name)是指工商企业给制造或销售的商品所冠的名称，以便与其他企业的同类产品区别开来，一个品牌可用于一种产品，也可用于一个企业的所有产品。

在国际市场上行销已久，品质稳定并为消费者所熟悉的产品，其商标品牌已代表了一定的品质，可凭商标和品牌进行交易，毋需对品质提出详细要求，如可口可乐、大白兔奶糖等。但应注意许多著名品牌由于其产品品种多样性和复杂性，是不可能单凭商标品牌成交的，比如 IBM、SONY 等。它们的产品必须具有完整确切的品质指标或技术说明。

6) 凭产地名称买卖(Sale by Name of Origin)

在国际货物买卖中，有些产品，因产区的自然条件，传统加工工艺等因素的，在品质具有其他产区的产品所不具有的独特性和特色，对于这类产品，一般也可用产地名称来表示品质，烟台苹果、涪陵榨菜、东北大豆、龙口粉丝、北京烤鸭、长白山人参、西湖龙井、莱阳梨等。

### 4.1.3 合同中的品名与品质条款

合同中的品名与品质条款，一般要写明商品的名称、货号、规格或等级、标准、商标、产地名称等，或说明样品的编号和日期。由于商品品种不同，表示品质的方法不一，品质条款的内容及繁简，应视商品特性而定。例如：

Sample NT018 Plush Toy Bear 22inches.(样品号 NT018 长毛绒玩具 22 英寸。)

Gold Star Color Television Set Model SC374，PAL/BG System，220V，50Hz，2 Round Pin Plug，with Remote Control.(金星牌彩色电视机，型号 SC374，制式 PAL/BG，220 伏，50 赫兹，双圆头插座，带遥控器。)

Multi-shuttle Box Loom Model 1515A，detailed specification as per attached description and illustration.(1515A 型多梭箱织机，详细规格如所附文字说明和图样。)

在规定品名和品质条款时，需要注意下列事项。

1. 合同中的品质规定应尽量明确具体，不要笼统含糊

不能用“大约”“左右”“近似”等用语，以免日后交货时由于双方对这些用语理解不一致而产生纠纷。但某些商品如农副产品、手工艺品等的品质规定如果过细、过死，日后很难做到交货品质与合同规定相符，这又会造成卖方违约。对这类商品可规定一定的品质公差和品质机动幅度。

**运作实例 4-2**

1988 年广州秋交会期间，我某公司同日本 D 产业株式会社签订了一份出口羊绒衫的合同。根据合同条款的规定，由我公司按 CFR 横滨每件 10 美元卖给日本 D 产业株式会社羊绒衫一批，数量为 10 000 件，羊绒含量为 100%。付款条件为即期信用证，以卖方出具的发票、提单、品质检验证书作为付款的依据。买方有权在货物抵达目的港后予以复验，检验费由买方自理。

该批货物于 1989 年 4 月 2 日运出，4 月 6 日抵达横滨港。日方根据合同的规定，请日本某检验机构开箱检验。经检验，羊绒含量为 70%，于是日方即以货物成分含量不符合同要求为由，向我方公司提出异议。我方公司对日方的异议表示不予受理，理由是该笔交易是在广交会上经买方当面看样成文的，并且是在买方同意的情况下签约的，而实际交货又与样品一致，因此应认为货物品质已符合双方约定。

1989 年 9 月，日方在争议不能得到协商解决的情况下，备函向中国国际经济贸易仲裁委员会提请仲裁。在仲裁申请书中，要求赔偿其损失 2 万美元，以及公证费 0.1 万美元，两项合计 2.1 万美元。

最后，中国国际经济贸易仲裁委员会从中协调，提出了解决问题的建议。在双方相互谅解的情况下，我公司表示在品质表示法上处理不当，该合同确实存在不妥之处，但货物质量没有问题；D 产业株式会社也表示愿意放弃原来的赔偿金，从而使争议得以解决。

请分析材料并从中找到我们应该吸取的教训。

1) 品质公差(Quality Tolerance)

品质公差是工业制成品在加工过程中所允许的误差，这种误差的存在是绝对的，其大小由科技发展程度所决定，是国际上公认的产品品质的误差。这种公认的误差，即使合同没有规定，只要卖方交货的品质在公差范围内，买方就无权拒收货物或要求调整价格。但为了避免买卖双方对品质公差理解不一致产生纠纷，还是应在合同中订明一定幅度的公差。例如，手表允许每 48 小时误差 1 秒，棉布每匹可以有 0.1 米的误差。

2) 品质机动幅度(Quality Latitude)

品质机动幅度是指允许卖方交货的品质指标在一定的幅度范围内的差异。只要卖方所交货物品质没有超出机动幅度的范围，不视作违约。品质机动幅度有下列 3 种订法。

(1) 规定范围。即对品质指标的规定允许有一定的差异范围，卖方交货，只要在此范围内都算合格。例如：

moisture 5%～10%　湿度 5%到 10%

B606 Tomato 28/30 concentration　B606 番茄酱 28/30 浓缩度

(2) 规定极限。指对所交货物的品质规格，规定上下极限，常用最大、最高、最多、最少、最小、最低等，卖方交货只要没有超过规定的极限，买方就无权拒收。如：

Wool 98% Min　羊毛最少 98%

Moisture 10% max　湿度最大 10%

Rice，long shaped

Broken grains，35% max

Moisture，15% max

Admixtures，1% max

大米，长形，碎粒最高 35%，水分最多 15%，杂质最多 1%

(3) 规定上下差异。如：

Gray Duck Down 18%，allowing 1% more or less

灰鸭毛，含绒量 18%，允许上下浮动 1%

为了体现按质论价，在使用品质机动幅度时，有些货物也可根据交货情况调整价格。在品质机动幅度范围内的货物，一般不另行计算增减价，即按照合同价格计收价款。但有些货物，经买卖双方同意，可以在合同中按交货的品质情况加价或减价，即规定所谓品质增减价条款。例如：

东北大豆

| | | | | | |
|---|---|---|---|---|---|
| 水分(最高) | 14% | 每 | −1% | 价格 | +1% |
| 含油量(最低) | 18% | 每 | +1% | 价格 | +1% |
| 杂质(最高) | 1% | 每 | −1% | 价格 | +1% |
| 不完善粒(最高) | 7% | 每 | −1% | 价格 | +1% |

增减幅度不到 1%的，按比例计算。

### 2. 正确运用各种表示品质的方法

采用何种表示品质的方法，应视商品特征而定。一般来说，凡能用科学的指标说明其质量的商品，则适于规格、等级或标准买卖。有些难以规格化和标准化的商品，如工艺品、古玩、土特产等则适于凭样品买卖。某些性能复杂的机器、电器和仪表，则适于凭说明书和图样买卖。某些质量好且具有一定特色的名优产品，适合凭商标或品牌买卖。凡具有地方风味和特色的产品，则可凭产地名称买卖。

上述这些表示品质的方法，不能随意滥用，而应当合理选择，凡能用一种方法表示品质的，一般不宜同时用两种或两种以上的方法来表示，订得过于繁琐只会增加生产和交货的困难。例如运作实例 4-1 中，双方争议的焦点就在于究竟是凭规格还是凭样品买卖，还是既凭规格又凭样品。从合同规定来看并非凭样品买卖，但是我方约前所寄样品并未声明是参考样品，约后又通知对方货物与样品相似。这就致使对方完全可以认为此笔交易是既凭规格又凭样品买卖。因为买卖双方对凭样品买卖的约定，既可以是明示的，如在合同中明确规定，也可以是默示的，即根据交易的情况推定当事人凭样品交货的意思。根据《联合国货物销售合同公约》规定，凡属凭样品买卖，卖方所交货物必须与样品一致，否则买方有权拒收并提出索赔。在此案例里，我方很难以仅凭规格买卖为由推脱责任。但若我方能以留存的复样为根据，证明所交货物与样品并无不符，则又另当别论。

3. 条款内容要注意各质量指标之间的内在联系和相互关系

例如，在荞麦品质条件中规定："水分不超过 17%，不完善粒不超过 6%，杂质不超过 3%，矿物质不超过 0.15%"。此项规定不合理，因为对矿物质的要求过高，与其他指标不相称。为了使矿物质符合约定的指标，就需反复加工，其结果必然大大减少杂质和不完善粒的含量，从而造成不应有的损失[①]。

**运作实例 4-3**

中国 A 公司同新加坡 B 公司签订合同，出口一批童装。洽谈中，B 看过 A 提供的样品，同意以此作为交货的品质标准。而出口合同的品质说明中只简单写明了规格、质料、颜色。商检条款为"货到港 30 天后外商有复检权"。货到新加坡后，买家提出"颜色不正、缝制工艺粗糙"，并且提交了新加坡一家检验机构的检验证书作为依据要求退货和赔偿。

A 公司辩解货物是凭样品成交，样品经新加坡 B 公司确认过。B 指出合同中并没有写明"凭样品成交"字样，也没有写明样品编号。况且，A 公司没有封存样品作为证物。A 公司解释纺织品按常识会存在色差问题，B 公司回应合同中品质说明中没有注明所交货物会有色差。

A 公司又表示不接受 B 公司的检验证书，认为 B 公司所找的检验机构不具权威性，没有征得 A 公司的同意。B 公司辩解合同上只承诺 B 有复检权，并没有指明检验机构的名称或者必须经由 A 公司同意。A 意识到即使提交仲裁机构，自己也无法提交有力证据，所以，只好在价格上答应新加坡公司做出的降价要求，才使争议得以解决。

出口合同中品质和商检两个条款往往引发争议。如上述案例，由于合同中品质和商检两条款的措辞不严谨，规定有漏洞，因此，B 公司利用了其中的缺陷。他介绍，合同中品质的表达方法有凭说明和凭样品表示两种，两种方式的陈述都要求既准确又保持必要的灵活性。

案例中 A 与 B 公司是凭样品成交，那么，在合同的品质条款中，除列明商品的名称、商标牌号、规格、型号等必要项目外，还要明确是凭卖方和买方的样品、样品的编号、寄送样品的日期及有关寄送样品的函电，不能简单地只作一般描述。而且，服装类产品应该标明"允许有色差"。A 公司如果在合同中列明了这些内容，就不至于在 B 公司提出质量问题时有理说不清了。

① 王明明. 国际贸易理论与实务. 北京：机械工业出版社，2005。

## 4.2 进出口商品的数量条款及应用

**运作实例 4-4**

案例一：买方向卖方订购50吨货物，合同规定A、B、C、D、E五种规格按同等数量搭配，卖方按合同开立发票，买方凭发票和其他单据付了款。货到后发现所有50吨货物均为A规格，买方只同意接受其中的五分之一，拒收其余的五分之四，并要求退回五分之四的货款。卖方争辩说，不同规格搭配不符合同，只能给予适当经济赔偿，不能拒收，更不能退款。于是诉诸法院。最后，法官判决卖方违约。为什么？

案例二：我国某出口公司在某次交易会上与外商当面谈妥出口大米10 000公吨，每公吨USD275 FOB中国口岸。但我方公司在签约时，合同上只笼统地写10 000吨(Ton)。我方当事人主观上认为合同上的"吨"就是公吨(Metric Ton)。后来，外商来证要求按长吨(Long Ton)供货。如果我方照证办理则要多交大米160.5公吨，折合美元为44 137.5美元。于是，双方发生争议。请思考，此案例中我方应吸取什么教训？

案例三：我国某出口公司向日本出口驴肉一批，合同规定：每箱净重16.6千克，共1500箱，合24.9吨。但货抵国外后，经日本海关查验，每箱净重并非16.6千克而是20千克，计1500箱，合30吨。海关认为单货不符，进口商以多报少。

### 4.2.1 进出口商品的数量概述

商品的数量是国际货物买卖合同中不可缺少的主要条件之一。按照某些国家的法律规定。卖方交货数量必须与合同规定相符，否则，买方有权提出索赔，甚至拒收货物。《联合国国际货物销售合同公约》也规定，按约定的数量交付货物是卖方的一项基本义务，如卖方交货数大于约定的数量，买方可以拒收多交的部分，也可收取多交部分中的一部分或全部，但应按合同价格付款；如卖方交货数少于约定的数量，卖方应在规定的交货期届满前补交，但不得使买方遭受不合理的不便或承担不合理的开支，即使如此，买方也有保留要求损害赔偿的权利。

由于交易双方约定的数量是交接货物的依据，因此，正确掌握成交数量和订好合同中的数量条款，具有十分重要的意义。买卖合同中的成交数量的确定，不仅关系到进出口任务的完成，而且还涉及对外政策和经营意图的贯彻，正确掌握成交数量，对促进交易的达成和争取有利的价格，也具有一定的作用。

1. 计量单位

由于各国度量衡制度有所不同，在国际贸易中使用的计量单位存在着差异。我们先来介绍常用的度量衡制度。

(1) 公制(the Metric System)。基本单位有千克和米。欧洲大陆及世界大多数国家多采用公制。其常用的派生单位为公吨(Metric Ton，M/T)、升(Liter，L)等。

(2) 国际单位制(the International System of Units)。由国际标准计量组织在公制基础上制定公布。其基本单位包括千克、米、秒、摩尔、坎德拉、安培、卡等 7 种，是我国的法定计量单位。

(3) 英制(the British System)。基本单位为磅和码。英联邦国家多采用英制，英国加入欧盟后已宣布放弃英制，采用国际单位制。

(4) 美制(the U.S. System)。基本单位和英制相同，为磅和码。但有个别派生单位不一致。如英制为长吨(L/T)，美制为短吨(S/T)。此外容积单位加仑和蒲式耳，英美制名称相同，大小不同。

国际贸易中的不同商品，需要采用不同的计量单位，通常使用的有下列几种：

(1) 重量(Weight)单位：公吨、长吨(Long Ton，L.T.)、短吨(Short Ton，S.T.)，公斤或千克(Kilogram，kg.)、克(Gram)、磅(Pound，Lb)、盎司(Ounce)、克拉(Carat)等。按重量计算是当今国际贸易中广为使用的一种，许多农副产品、矿产品和工业制成品，如羊毛、棉花、矿产品、油类、药品、钢铁、化肥、水泥等，贵重商品如黄金、白银、钻石等也都按重量计量。

1 磅＝0.4536 千克＝16 盎司　　1 盎司＝28.3495 克　　1 克拉＝0.2 克

1 长吨＝1016 千克　　1 短吨＝907 千克

(2) 数量(Number)单位：件(Pkg)、双(Pair)、台、套、架(Set)，打(Dozen)、卷(Roll)、令(Ream)、萝(Gross)、以及个(Piece)、组(Group)、张(Plate)、袋(Bag)、箱(Case)、桶(Drum)、包(Bale)等。大多数工业制成品，尤其是日用消费品、轻工业品、机械产品以及一部土特产品，如机器、车辆、服装、玩具、纸张、活牲畜等均习惯于按数量进行买卖。

(3) 长度(Length)单位：米(Meter，M.)、英尺(Foot，Ft.)、英寸(Inch)、码(Yard，Yd.)等。在金属绳索、丝绸、布匹、钢管、电线电缆等类商品的交易中，通常采用长度计量。

1 码=3 英尺=0.9144 米

1 英尺=12 英寸=0.3048 米

(4) 面积(Area)单位：平方米(Square Meter)、平方英尺(Square Foot)、平方码(Square Yard)等。在玻璃板、地毯、皮革、木板等商品的交易中，一般习惯于以面积作为计量单位。

(5) 体积(Volume)单位：立方米、立方尺、立方码等。按体积成交的商品仅限于木材、天然气和化学气体等。

(6) 容积(Capacity)单位：公升(Litre，L)、加仑(Gallom，Gal)、蒲式耳(Bushel，Bu.)。各类谷物和液体货物如煤油、汽油、酒精等，往往按容积计量，其中，美国以蒲式耳作为各种谷物的计量单位。但蒲式耳所代表的重量则因谷物不同而有差异，例如，每蒲式耳亚麻籽为56磅，燕麦为32磅，大豆和小麦为60磅。公升、加仑则用于酒类、油类商品的计量。

1公升＝0.22加仑　　　　1蒲式耳＝36.369公升

2. 计算重量的方法

不同的商品有不同的计量方法。一般根据商品的性质、包装的方式、运输方式、市场习惯等决定计量方法。在国际贸易中，按重量计量的商品很多。根据一般商业习惯，计算重量的方法有以下几种。

1) 按毛重(Gross Weight，G.W.)计算

毛重是指商品本身的重量加包装物的重量。这种计量方法一般适用于粮食、饲料等低价值商品。

2) 按净重(Net Weight，N.W.)计算

净重是指商品本身的重量，按照国际惯例，如合同中对重量的计算没有其他规定，则应以净重计算。

对价值较低的商品，可以在合同中规定以毛重计量，即所谓“以毛作净”(Gross for Net)。如果需以净重计算，则必须从毛重中减去包装物的重量，即皮重(Tare Weight)。计算皮重主要有下列几种做法。

(1) 实际皮重(Actual/Real Tare)。即指每件包装物的实际重量，它是对商品的包装逐件衡量后所得的总和。

(2) 平均皮重(Average Tare)。在包装物比较划一、重量相差不大的情况下，可从全部商品中抽取一定件数的包装物，加以称量，求出平均每件包装物的重量。然后再乘以总件数，即可求得全部货物的皮重。近年来，随着技术的发展和包装材料及规格的标准化，采用平均皮重的情况已较普遍，故平均皮重被称为标准皮重(Standard Tare)。

(3) 习惯皮重(Customary Tare)。有些材料和规格比较定型的商品包装，其重量为市场所公认，在计算其皮重时，就无需对包装逐件过秤，而按公认的皮重乘以总件数即可。这种公认的皮重称为习惯皮重。

(4) 约定皮重(Computed Tare)。即按双方事先约定的包装重量作为计算的基础。

3) 按公量(Conditioned Weight)计算

公量是指用科学的方法抽去商品中的水分，再加上标准水分所求得的重量。对于吸湿性比较强的商品，如羊毛、生丝、棉花等，其所含的水分受客观环境的影响较大，故其重量很不稳定，国际上通常采用按公量计算的方法。计算公式如下：

$$\text{公量}=\frac{\text{商品实际重量}}{1+\text{实际回潮率}}\times(1+\text{标准回潮率})$$

$$=\text{商品干净重}\times(1+\text{标准回潮率})$$

$$实际回潮率=\frac{实际含水量}{商品干净重}$$

例如：内蒙古某出口公司向韩国出口 10 公吨羊毛。在合同中规定按公量计算，标准回潮率定为 11%。经抽样证明，10 千克纯羊毛用科学方法去掉水分净剩羊毛 8 千克，即该批货物的实际回潮率为 25%。试计算公量。

4) 按理论重量(Theoretical Weight)计算

对一些具有固定规格尺寸的商品如钢板等，每件重量基本一致，一般可从件数推算出总重量。这种根据理论数据算出的重量，被称为理论重量。在实际业务中，理论重量常作为计算实际重量的参考，以方便买卖双方交接货物。

5) 按法定重量(Legal Weight)计算

按照一些国家海关法的规定，在征收从量税的时候，商品的重量是以法定重量计算的。所谓法定重量是指商品的净重加上直接接触商品的包装材料，如销售包装等的重量。而除去这部分重量所表示出来的纯商品的重量，则称为实物净重(Net Weight)。例如，香烟盒、罐头等这种装饰包装材料的重量习惯上并不剔除，而视为商品的一部分。

### 4.2.2 进出口合同中的数量条款

买卖合同中的数量条款，主要包括成交商品的数量和计量单位，以重量计算的，还须明确计算重量的方法。

例 1：100MT gross for net.

例 2：800MT，3% more or less at seller's option.

例 3：10 000MT，with 2% more or less，at buyer's option and at contract price.

有些商品如粮食、化肥、食糖、工矿产品等，由于其自身的特性、货源的变化，或因自然条件的影响或受包装和运输工具的限制，往往很难准确地按合同规定的数量交货。为了便于履行合同，买卖双方可在合同中规定数量机动幅度，即数量增减条款或溢短装条款，就是允许交货时可多交或少交一定比例的数量，只要卖方交货数量在约定的增减幅度范围内，就算按合同规定数量交货，买方就不得以交货数量不符为由而拒收货物或提出索赔。例如合同规定“数量 1000MT，卖方可溢装或短装 5%”，则卖方在 950MT～1050MT 的范围内交货均可以。

**运作实例 4-5**

甲方与乙方订立了一份 CIF 合同，甲方出售 200 箱番茄酱罐头给乙方。合同规定“每箱装 24 罐 × 100 克”，即每箱装 24 罐，每罐 100 克。但卖方在出货时，却装了 200 箱，每箱 24 罐，每罐 200 克，货物重量比合同多了 1 倍，但买方拒绝收货，并主张撤销合同。

买方有这种权利吗?为什么?

制定数量条款时应该注意以下问题。

1. 正确掌握进出口商品的数量

在交易磋商时，应正确掌握进出口商品的数量，防止心中无数、盲目成交。对于出口商品数量的掌握，应考虑以下4点。

(1) 国外市场的供求情况。要正确运用市场供求变化规律，按照国外市场实际需要合理确定成交量，以保证我国出口商品卖得适当的价钱，对于我国主销市场和常年稳定供货的地区与客商，应经常保持一定的成交量，防止因成交量过小，或供应不及时，使国外竞争者乘虚而入，使我们失去原来的市场和客户。

(2) 国内货源情况。在有生产能力和货源充足的情况下，可适当扩大成交量。反之，则不应盲目成交，以免给生产企业和履行合同带来困难。

(3) 国际市场的价格动态。当价格看跌时，应多成交，快脱手；价格看涨时，不宜急于大量成交，应争取在有利时机出售。

(4) 国外客户的资信状况和经营能力。对资信情况不了解和资信欠佳客户，不宜轻易签订成交数量较大的合同，对小客户也要适当控制成交数量，而大客户成交数量过小，将缺少吸引力。总之要根据客户的具体情况确定适当的成交数量。

对进口商品数量掌握，要考虑以下3个因素。

(1) 国内的实际需要。应根据实际需要确定成交量，以免盲目成交。

(2) 国内的支付能力。当外汇充裕而国内又有需要时，可适当扩大进口商品数量。如外汇短缺，应控制进口，以免浪费外汇和出现不合理的贸易逆差。

(3) 市场行情的变化。当行情对我方有利时，可适当扩大成交数量，反之应适当控制成交数量。

2. 数量条款的内容应订得明确具体

(1) 首先商品数量一般不宜采用“大约”“左右”“近似”等有伸缩性字眼来说明。目前各国和各行业，对于这类词语尚无统一的解释，容易引起争议。如果合同规定采用信用证结算方式，则根据《跟单信用证统一惯例》的规定：这个约数可解释为交货数量有不超过10%的增减幅度。另规定，在金额不超过信用证规定时，货物数量允许有5%的增减幅度。但是，当信用证规定数量以包装单位或个数计数时，此项增减幅度则不适用。如果数量条款中未明确规定机动幅度，原则上卖方应按合同规定的数量交货。

鉴于国际上对约数有不同解释，为了明确责任和便于履行合同，对某些难以准确地按约定数量交货的商品，特别是大宗商品，可在买卖合同中具体规定数量机动幅度。

例4：合同中的数量条款为“1000MT with 5% more or less at seller’s option”，则卖方交货数量是多少呢？

答：可以是 950 MT～1050MT 之间任意数量。

例 5：某公司出口纸箱装电扇 1000 台，合同和信用证都规定不准分批转运。装船时有 40 台包装破裂，风罩变形，不能出口，根据《跟单信用证统一惯例》的规定，只要货款不超过信用证总金额，交货数量允许有 5%的增减。据此，发货人该发多少货呢？

答：只可以装运 1000 台。因为当信用证规定数量以包装单位或个数计数时，此项增减幅度则不适用。

**运作实例 4-6**

案例一：国内某公司出口至俄罗斯一批黄豆，合同的数量条款规定：每袋净重 100 千克，共 1000 袋，合计 100 公吨。货抵俄罗斯后，经检验，黄豆每袋仅重 96 千克，1000 袋合计 96 公吨。适值黄豆价格下跌，俄罗斯客户以单货不符为由提出降价 5%的要求，否则拒收。请问买方的要求是否合理？为什么？

案例二：出口彩电 4000 台，装运时发现仅存 3900 台，请问卖方能援引 5%的增减幅度以 3900 台彩电交货？为什么？

(2) 计量单位的使用要完整。如以“吨”计量时，要订明是长吨、短吨还是公吨；以萝为单位时，要注明每“萝”的打数。力求避免使用含糊不清和笼统的字句，以免引起争议。因为不同的度量衡制度导致同一计量单位所表示的数量有差异。例如，就表示重量的吨而言，实行公制的国家一般采用公吨，每公吨为 1000 千克，实行英制的国家一般采用长吨，每长吨为 1016 千克，实行美制的国家一般采用短吨，每短吨 907 千克。此外，有些国家对某些商品还规定有自己习惯使用的或法定的计量单位。比如许多国家都习惯于以包作为棉花的计量单位，但每包的含量各国解释也不一，如美国棉花每包净重为 218 千克，巴西棉花每包净重为 180 千克，埃及棉花每包为 331 千克，又如巴西每袋糖为 60 千克，古巴则为 133 千克。所以，签订合同时对于计量单位的使用一定要谨慎。开篇案例二就是因为计量单位的使用不完整导致双方理解歧义，产生争议，也在于我们对与各国习惯解释的不了解。

根据《中华人民共和国计量法》规定：“国家采用国际单位制。国际单位制计量单位和国家选定的计量单位为国家法定计量单位”。目前除了个别特殊领域外，一般不许再使用非法计量单位。我国出口商品，除照顾对方国家贸易习惯约定采用公制、英制或美制计量单位外，应使用我国法定计量单位。我国进口的机器设备和仪器等应要求使用我国法定的计量单位，否则，一般不许进口，如确有特殊需要，也必须经有关标准计量管理部批准。为了解决由于各国度量衡不一带来的弊端，国际标准计量组织在各国广为通用的公制的基础上采用国际单位制(SI)。国际单位制的实施和推广，标志着计量的日趋国际化和标准化。现在已有越来越多的国家采用国际单位制。

(3) 对按重量计算的商品，还应规定计算重量的具体方法。如“以毛作净”，还是法定重量计量，或是其他。

3. 合理规定数量机动幅度条款

实际业务中，对于大宗散装商品，如农副产品和工矿产品，由于商品特点和运输装载的缘故，难以严格控制装船数量。此外，某些商品由于货源变化、加工条件限制等，往往在最后出货时，实际数量与合同规定数量有所上下。对于这类交易，为了便于卖方履行合同，通常可在合同中规定溢短装条款(More or Less Clause)，即规定交货数量可在一定幅度内增减。

数量机动幅度条款主要包括数量机动幅度的大小、机动幅度的选择权以及溢短装数量的计价方法等。数量机动幅度通常都以百分比表示，其大小应根据商品特性、行业惯例和运输方式来确定。机动幅度的选择权可以根据不同情况，由买方行使或由卖方货船方行使。一般来说，机动幅度由负责安排运输的一方选择，也可由运输方来决定。但为避免争议，宜在合同中明确。

对机动幅度范围内超出或低于合同数量的多装或少装部分，一般是按合同价格计算。但是，为了防止有权选择多装或少装的一方利用行情的变化，有意多装或少装以获取额外的利益，可以在合同中规定，多装或少装的部分，按装船时或到货时的市价结算，以体现合理公平的原则。如果双方未能就装船日或到货日的市场价格达成协议，交由仲裁机构解决。

## 4.3 进出口商品的包装条款及应用

**运作实例 4-7**

案例一：在荷兰某一超级市场上有黄色竹制罐装的茶叶一批，罐的一面刻有中文“中国茶叶”四字，另一面刻有我国古装仕女图，看上去精致美观，颇具民族特色，但国外消费者少有问津。原因何在呢？

案例二：某公司出口一批化工原料，合同规定用麻袋包装。出口方在装货时大部分货物使用单层麻袋装，有一少部分是用吸塑新麻袋装。可是，买方以包装不符合同规定为由拒收整批货物，而卖方则坚持买方应接受全部货物。于是引起诉讼。

### 4.3.1 进出口商品的包装概述

国际贸易中的商品，除少数不必包装，可直接装入运输工具中的散装货(Bulk Cargo, Cargo in Bulk)和在形态上自成件数、无需包装或略加捆扎即可成件的裸装货(Nude Cargo)以外，绝大多数商品都需要有适当的包装。商品的包装是保护商品在流通过程中的品质完好和数量完整的重要条件，是实现商品的使用价值和增加价值的重要手段之一。经过适当包装的商品，不仅便于运输、装卸、储存、保管、清点、陈列和携带，而且对于美化、宣传商品以及吸引顾客、提高身价、扩大销路都起着重要作用，尤其是包装的好坏直接影响到商品售价的高低。因此，交易双方在磋商时，一般要对包装做出具体、详细的规定。

包装条款也是合同的重要条款之一。按照《联合国国际销售合同公约》的规定，卖方交付的货物须按合同所规定的方式装箱或包装。如果合同中没有相关约定，则“货物按照同类货物通用的方式装箱或包装”。否则，货物即为与合同不符，卖方要根据实际情况承担相应的违约责任。

根据包装在流通过程中所起的作用不同，可分为运输包装和销售包装。后者除起保护作用外，还有促销的功能。

1. 运输包装

运输包装(Packing For Transportation)又称外包装(Outer Packing)或大包装。其作用主要是保护商品，并使其便于运输、装卸、储存和清点等。

1) 运输包装的分类

运输包装的方式和造型多种多样，用料和质地各不相同，包装程度也合差异。运输包装的种类可以按以下几种划分。

(1) 包装方式。可分为单件运输包装和集合运输包装。前者是指每件货物单件包装，如箱(Case，Box，Carton)、包(Bale)、桶(Drun，Barrel)、捆(Bundle)、袋(Bag)、罐(Can)、坛(Carboy)等；后者是指将若干单件运输包装组合成一件大包装，以利更有效地保护商品，提高装卸效率和节省运输费用。在国际贸易中，常见的集合包装有集装袋(Flexible Container)、集装箱(Container)、托盘(Pallet)等。

(2) 包装材料。可分为纸制包装、金属制包装、木制包装、塑料包装、草制品、陶包装麻制品等如纸箱(Wooden Case)、布袋((Cloth Bay)、铁桶(Iron Drun)等。

(3) 包装质地。可分为软件包装、半软性包装和硬性包装等。

(4) 包装程度。可分为全部包装和部分包装。

在国际贸易中，买卖双方究竟选择何种运输包装应根据商品的特性、形状、贸易习惯、货物运输路线的自然条件、运输方式要求及相关国家的法律，在保证包装牢固的前提下尽可能节省各种费用开支。

2) 对运输包装的要求

出口商品的运输包装，应体现下列要求。

(1) 必须适应商品的特性。比如，水泥的包装应具有防潮功能；玻璃制品、陶瓷、灯具的包装应具有防震功能；液体货物的包装应具有防漏功能。

(2) 必须适应各种不同运输方式的要求。比如海运货物的包装应牢固、防挤压、防碰撞；空运货物的包装应轻便。

(3) 必须考虑有关国家的法律规定和客户的要求。比如德国和法国禁止进口外形尺寸与本国不同的食品罐头；美国和新西兰禁止利用干草、稻草、谷糠等作为包装或填充材料，怕带进病虫害；1998 年，美、加、英、欧盟等相继以天牛虫问题为由，禁止我国所有未经熏蒸处理的木制包装进入其境内。

(4) 要便于各环节有关人员进行操作。

(5) 要在保证包装牢固的前提下节省费用。

3) 运输包装的标志

运输包装的标志是指为了便于在运输过程中快速、准确地识别货物，防止错发错运、损坏货物或发生伤害事故，而在包装上刷制的标志。运输包装上的标志按其用途可分为运输标志、指示性标志和警告性标志 3 种。

(1) 运输标志(Shipping Mark)，俗称“唛头”，是指印刷在运输包装上，便于有关人员运输和交接货物，防止错发、错运的一种标志。联合国欧洲经济委员会简化国际贸易程序工作组在国际标准化组织和国际货物装卸协调协会的支持下，制定了标准化的运输标志向各国推荐使用。运输标志应由以下 4 个部分按顺序排列组成。

① 收货人或买方名称的英文缩写或简称；

② 参考号，如合同导、订单号、发票号、运单号、信用证号等；

③ 目的地；

④ 件数号。一般用 m/n 表示，n 为总件数，m 为整批货物中每件的顺序号。

例 6：ABC

例 7：SUNTEX<br>
SC1234　99GST082<br>
SAN FRANCISCO SHANGHAI<br>
2/20 NO.1-20

运输标志在国际贸易中还有其特殊的作用。按照《联合国国际销售合同公约的规定》，在商品特定化以前，风险不能转移到买方承担。而商品特定化最常见的有效方式，就是在商品外包装上标明运输标志。商品以集装箱方式运输时，运输标志可被集装箱号码和封口号码取代。

(2) 指示性标志(Indicative Mark)，又称注意标志。根据商品的性能特性，在包装外部用简单醒目的图形或文字对一些容易破碎、残损、变质的商品作出指示标志，以引起有关人员在装卸、搬运、存放和保管过程中注意。例如：小心轻放(Handle With Care)、保持干燥(Keep Dry)、此端向上(This Way Up)、禁钩(Use No Hook)、防热(Keep Away From Heat)、此处用链(Sling Here)等。

常用的指示性标志如图 4.1 所示。

图 4.1 指示性标志

(3) 警告性标志(Warning Mark)，又称危险性标志。凡在运输包装内装有爆炸品、易燃物品、有毒物品、腐蚀物品、氧化剂、反射性物资等危险货物时，为了在运输、保管和装卸过程中使有关人员加强防护措施，以保护物资和人身的安全而加在外包装上的危险货物标志。

我国已经颁布了危险品《包装储运指示标志》和《危险货物包装标志》，联合国海事协商组织也颁布了《国际海运危险品标志》。我们在出口危险品时，既应在运输包装上刷写我国规定的危险品包装标志，又要刷写国际海运危险品标志，以免货到国外口岸后，不准靠岸卸货，造成不必要的损失。

常见的警告性标志如图 4.2 所示。

图 4.2 警告性标志

(4) 重量尺码标志(Weight and Measurement Mark)。指为表示该货物的毛、净重及体积(长×宽×高)的文字说明，以方便储运过程中安排装卸作业和舱位。

例 8：Gross Weight(G.W.)55kg

Net Weight(N.W.) 51kg

Measurement 162cm ×40cm ×30cm

(5) 产地标志(Place of Origin Mark)。一般在内外包装上都注明产地。

以上各种包装标志一般刷在货物外包装的一侧或两侧，以同时刷在两侧为好。

2. 销售包装

销售包装(Selling Packing)又称内包装(Inner Packing)、小包装(Small Packing)，是直接接触商品并随商品进入零售网点和消费者直接见面的包装。设计新颖、美观、适用的销售包装，不仅能有效地保护商品，还可以起到美化商品、提高商品价格、宣传商品、吸引顾客、扩大销路等作用。

对销售包装的造型结构、装潢画面和文字说明等方面，都有较高的要求。

1) 销售包装的种类

销售包装可采用不同的包装材料和不同的造型结构与式样，常见的销售包装有下列几种。

(1) 挂式包装。采用挂钩、吊袋、挂空等装置的包装，便于商品的悬挂、陈列、展销。

(2) 堆叠式包装。指包装的顶部和底部能吻合的造型设计(如罐、盒等)以便商品摆设陈列。

(3) 便携式包装。包装上有提手装置设计或附有携带包装，方便顾客携带。

(4) 喷雾包装。包装上带有自助喷出和关闭装置，适用于液体商品(如香水、空气清新剂等)，使用便利。

(5) 易开包装。指带有手拉盖等设计的易开罐、易开瓶和易开盒等。

(6) 配套包装。指把有关联的不同规格品种的商品搭配成套的包装，如成套餐具、包装盒等。

(7) 复用包装。除用作商品包装外，还可提供消费者观赏、再使用等其他用途的包装。

(8) 礼品包装。要求外观精美、大方、名贵，专为送礼的包装。

此外，还有便于选购和识别的透明或窗式包装，不同用途的真空、收缩包装和适用于药品、调味品等一次性使用的包装。

2) 销售包装的标志和说明

在销售包装上，一般都附有装潢画面、文字说明及条形码标志等。

(1) 装潢画面。销售包装上的装潢画面要美观大方，富有艺术吸引力，并突出商品特点。其图案与色彩应适应有关国家的民族习惯和爱好。如：日本人喜欢鸭子而忌讳荷花，伊斯兰国家忌用猪形图案，意大利人喜欢绿色，法国和比利时反感墨绿色，因为它是纳粹军服的颜色，埃及人禁忌蓝色，德国和瑞典不喜欢红色，泰国和印度认为大象是吉祥的动物，而英国则认为它是蠢笨的象征等。

(2) 文字说明．销售包装上应有必要的文字说明如商标、品牌、品名、产地、数量、规格、成分、用途和使用方法等。文字说明要同装潢画面紧密结合，互相衬托，彼此补充，以达到宣传和促销的目的。使用的文字需简明扼要，可以中外文同时并用，同时要符合进口国的有关规定。例如：加拿大政府规定销往该国的商品必须用英、法两种文字加以说明；美国食品药物管理局(FDA)要求大部分食品必须标明至少 14 种营养成分的含量。运作实例 4-7 案例一中，虽然包装上的装潢画面美观大方，富有艺术吸引力，但是缺乏必要的文字说明，包括产地、品名等内容。

(3) 条形码标志。条形码是有一组带有数字的黑白色粗细间隔不等的垂直平行条纹所组成的印在销售包装上的标志，如图 4.3 所示。

图 4.3 条形码标志

条形码的作用在于通过光电扫描对其阅读，并输入到计算机内，计算机即可判断出该商品的生产国别或地区、生产厂家、生产日期、品种规格和销售价格等一系列信息。使用条形码有效提高了货款结算和销售统计的效率，也方便了顾客，同时使贸易中的双方及时了解产品有关资料，并提高国际市场的物流配送效率。许多国家的超市都使用条形码技术进行自动扫描结算，如商品包装上没有条形码，即使是名优产品，也不能进入超市，而只能当作低档商品进入廉价商店销售，有些国家对包装上没有条形码的商品，则不予进口。目前我国的出口商品及其包装上均标明条形码。

目前国际上通用的条形码有两种：一种是由美国统一编码委员会(Universal Code Council，UCC)编制的 UPC 码(Universal Product Code)，另一种是由欧洲 12 国组成的欧洲物品编码协会(Europe Article Nuumber Association，后更名为国际物品编码协会——International Article Nmbering Association)编制的 EAN 码(European Article Number)。EAN 最前面三位数字都是前额码，即商品生产国(地区)的代码。目前 EAN 系统已成为国际公认的物品编码标识系统。

我国 1988 年 12 月成立的中国物品编码中心于 1991 年 4 月代表中国加入 EAN，负责统一组织、协调和管理我国的条形码工作。EAN 分配给我国的的前缀码即国别号分别为 690、691 和 692(不包括港、澳、台地区)，凡标有 690、691 和 692 条码的商品，即表示中国出产的商品。此外，我国的书籍代码是 978，杂志代码是 977。

总之，究竟采用何种销售包装，主要根据商品特性和形状而定。为了使销售包装适应国际市场的需要，在设计和制作销售包装时考虑到销售包装。

(1) 便于陈列展销。

(2) 便于识别商品。

(3) 便于携带和使用。

(4) 销售包装要有艺术吸引。

另外，制作销售包装时应注意进口国家的规定、风俗习惯等。

**运作实例 4-8**

中国台湾的一家公司往中东运输玻璃杯，用木箱作为包装箱，用干草作为填充物。然而，等货物运到目的地时，大部分玻璃杯都碎了。因为，中东地区的天气比较干燥，当木箱运抵中东地区时，木箱里作为填充物的干草里的潮气全散发掉后体积变小了，结果在箱子里就有了多余的空隙，船的来回颠簸使得玻璃杯相互碰撞而破碎。这就说明在不同的地点对包装的要求是不一样的，同样的包装方法，一个地方有效，另一个地方可能是无效的。在不同的气候条件下，对商品的包装要进行专门设计。

3. 中性包装和定牌生产

采用中性包装(Neutral Packing)和定牌生产，是国际贸易中常用的习惯做法。

1) 中性包装

中性包装是指在商品上的内外包装上不注明生产国别和生产厂名包装。中性包装分两种：无牌中性包装和定牌中性包装。前者指包装上既无生产地名和厂商名称，又无商标、牌号；后者指包装上仅有买方指定的商标或牌号，但无生产地名和出口厂商的名称。采用中性包装，是为了打破某些进口国家或地区的关税和非关税壁垒以及适应交易的特殊需要(如转口销售等)，它是出口商加强对外销售和扩大出口的一种手段，在外贸业务中可酌情采用，但在实际业务中必须注意避免触犯某些国家的法律或发生侵犯第三方工业产权行为。对于受配额限制的商品和享受普惠制待遇的商品不能接受中性包装的要求。

2) 定牌生产

定牌是指卖方按买方要求在其出售的商品或其包装上标明买方指定的商标和牌号，这种做法叫定牌生产。其目的是利用买方的经营能力、商业信誉或名牌声誉，以提高售价和扩大销路。在国际或国内贸易中，许多大百货商店、超级市场和专业商店，在其经营的商品中，有一部分商品使用该店专有的商标和品牌，这部分商品即是由商店要求有关厂商定牌生产的。

定牌生产在我国出口产品中占有相当大的比重。在国家贸易中，定牌商品有的在其定牌商标下标明产地，有的则不标明产地和生产厂商，后一种做法称为定牌中性。出口企业在接受客户定牌的同时，更应强化争创自己品牌的名牌意识。我国目前接受外商定牌的出口产品中，大部分均注明“中国制造”。

由于品牌商标在体现商品品质和档次中的作用越来越大，品牌附加值已成为商品利润的主要来源。一些拥有世界知名品牌商标的企业，为了降低劳动力成本，允许国外制造商按照原厂设计并使用其品牌进行生产。制造商在其制造商品上被允许使用国外知名品牌，称为贴牌生产(OEM)。贴牌生产和定牌生产，做法非常相似，实际上并无明确的分界线。

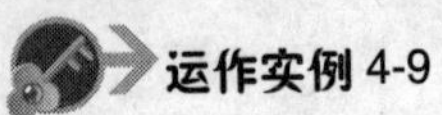
**运作实例 4-9**

## “SANTAK”商标事件

1990 年 5 月 15 日起，中国国家工商行政管理局商标局连续三天公开答辩，就两家外国公司谁有权在我国享有“SANTAK”商标专用权一案进行听证会。申诉方是美国加州的××有限公司(以下简称 A 公司)和香港××公司(以下简称 B 公司)。被诉方是香港的××国际有限公司(以下简称 C 公司)。它们争执的商标的产品是不间断电源，它可以保证在一段时间内计算机不会因为突然断电而丢失数据、资料。因而，在我国计算机正在广泛普及应用的今天有着宽广的市场。

“SANTAK”商标是 C 公司首先在 1988 年 3 月向国家工商行政管理局商标局申请注册的，并于 1989 年 1 月获得中国商标权。1989 年 7 月，A 公司和 B 公司向商标评审委员会提出 C 公司抢先注册，要求撤销其商标权的申诉。申诉方和被诉方双方以前有着紧密的联系。

1984 年 12 月，何某在美国加利福尼亚州成立 A 公司，1986 年 1 月 8 日，何某与他人合股在香港成立了 C 公司，何某任董事兼总经理，1986 年 8 月，何某辞去该职务，又在香港成立 B 公司。C 公司认为，该公司最先在中国使用“SANTAK”商标。根据是 1986 年 4 月 5 日，该公司与广东省某公司佛山分公司签订了买卖“SANTAK”牌不间断电源的合同。A 公司则认为，该公司最先在中国使用“SANTAK”商标，根据是 1986 年 11 月 7 日在《羊城晚报》上刊登了“SANTAK”商标广告。A 公司反驳 C 公司以签订协议作为最早在中国使用该商标的说法，认为不是公开使用，不能作为证据。

后来，C 公司又就 A 公司对该商标的权利能力提出质疑。C 公司出示了一份美国加利福尼亚州的文件，指出在 1988 年 7 月 25 日至 1989 年 10 月 29 日这一年多的时间内，加州当局依据有关法律中止了该公司的共同权利和特权(包括物质的和精神财富的权利)，该公司是在 1989 年 10 月 30 日才“恢复营业活动”的，因此，A 公司在被中止权利期间没有任何权利向中国政府主张自己的商标权。

经过三天的答辩和充分的调查研究后，国家工商总局商标评审委员会认为：①A 公司是“SANTAK”商标在中国大陆的最早使用者。1986 年 11 月 7 日在《羊城晚报》上的广告应被认定是“SANTAK”商标在大陆最早使用的证据。C 公司提供的以 1986 年 4 月 5 日的协议书作为“SANTAK”商标最早使用的证据不能成立。②1988 年 7 月 25 日至 1989 年 10 月 30 日期间，A 公司依美国加州公司法的规定被中止营业，但仍有能力主张自己的商标权利。因此，评审委员会于 5 月 28 日裁定：A 公司和 B 公司提出的 C 公司“SANTAK”商标注册不当的理由成立，C 公司注册的“SANTAK”商标应予撤销。

[案例分析]

此案涉及的是涉外商标权如何取得的问题。

根据我国商标法的规定，外国当事人申请商标专用权与我国当事人的条件和程序基本相同。一般都要经过 6 项程序：①申请商标注册。即商标注册申请人按法律规定的条件向商标局请求确认商标权。②初步审定。指商标局对申请注册的商标是否符合商标法规定的注册条件加以审查。③公告。指经过初步审定的商标在商标局编印的定期刊物《商标公告》上进行公告，征询社会各方面的意见，协助商标局进行审查。

我国对申请注册的商标在初步审定并公告时采用申请在先的原利，即先申请者获得商标权。本案中C公司先行获得“SANTAK”商标权就是由于注册申请在先的缘故。④驳回申请。指在初步审定程序中，凡不符合商标法的规定或者同他人在同一种商品或者类似商品上已经注册的或者初步审定的商标相同或者近似，由商标局驳回申请，不予公告。⑤异议。指申请人以外的任何人对于商标局初步审定公告的商标提出不应予以核准的意见，要求撤销初审公告的提议。异议应在初步审定的商标公告之日起 3 个月内提出，当事人对商标局做出的异议成立，不予核准注册或者异议不能成立。予以核准注册的裁定不服，可以向商标评审委员会申请复审，商标评审委员会做出的裁定为终局决定。⑥核准注册。指对初步审定的商标，自公告之日起 3 个月内无人提出异议，或者经裁定异议不能成立，商标局即予以核准注册，向申请人颁发商标注册证，并予以公告。

至此，商标注册人取得商标权。本案中，C公司已履行完以上全部手续，取得了商标权。A公司提出的异议属于对C公司侵权行为的申诉，属于商标权保护措施之一。

本案中的焦点之一是强调谁在中国大陆最先使用该商标，这属于特例。一般说来，我国采取注册在先原则，只有在特殊情况下才考虑使用在先的因素。本案中的双方均为外资企业，其各自的商标虽然是同一的，但分别在美国和香港注册，由于商标权的地域性质，即只在注册国内受该国法律保护，因而，虽然A公司在美国注册要比C公司在香港注册早，但毫无法律意义，这就是《保护工业产权巴黎公约》中所阐明的“同一商标在不同的国家取得的权利相互独立”的原则。即指同一商标在一国取得商标专用权，并不意味着在其他国家也一定可以取得商标专用权；商标专用权在一国被撤销，也不意味着在其他国家一定需要被撤销。本案中双方都已在各自公司所在地注册“SANTAK”商标，因而谁能在我国大陆取得商标权，谁先使用就是一个重要的因素了。所谓“使用”，原则上说应该是公开的、众所周知的，而不是属于私人间的，或是秘密的。C公司提出的以协议书作为证明的根据显然是不充分的，而A公司在《羊城晚报》上的广告则符合这一要求。

此外，法人中止营业是否丧失商标权呢?法人商标权的丧失可以有三种情况，一是法人自动放弃，如期满不再续展；二是法人将商标权转让给他人；三是法人死亡。而法人中止营业并不意味着法人死亡。因此，C公司认为“A公司在中止营业期间没有商标权”的说法是不能成立的。

### 4.3.2 进出口合同中的包装条款

包装条款一般包括包装方式、包装材料、包装规格、包装标志、包装费用以及单件包装的数量等内容。以下是包装条款的一些实例。

例 9：麻袋装，每袋 50 公斤，以毛作净(In gunny bags of 50kgs each，gross for net)。

例 10：纸箱装，每箱 60 听，每听 1000 片(In cartons containing 60 tins of 1000 tab. each)。

例 11：国际标准纸箱装，20 纸箱装一托盘，10 托盘装一集装箱。(In international standard tea boxes，20 boxed on a pallet，10 pallets in one container.)

例 12：每件装塑料袋，1 打一盒，10 盒一纸箱，4 箱装一木箱。(Each pc packed in a polybag，1 doz. to a box，10 boxes to a carton，4 cartons to a wooden case)

例 13：包装于新木箱内，适合长途海运，能有效防湿、防潮、防震、防锈和耐受粗暴搬运。凡由于卖方包装不善而给买方带来的一切损失和费用或由于保护措施不当或不周导致货物生锈而给买方造成的一切损失和费用均由卖方承担。(To be packed in new wooden cases，suitable for long distance ocean transportation and well protected against dampness，moisture，shock，rust and rough handling. The sellers shall be liable for any damage to the goods on account of improper packing and for any rust damage attributable to inadequate or improper protective measures taken by the sellers，and in such case or cases any and all losses and/or expenses incurred(suffered)in consequence ther of shall be boren by the sellers.)

制定包装条款时，应注意以下事项。

(1) 要考虑商品特点和不同运输方式的要求。对不同的商品和不同的运输方式，在约定包装材料、包装方式、包装规格和包装标志时，必须从商品在储运和销售过程中的实际需要出发，使约定的包装科学、合理、安全、适用、适销。比如海运包装要求牢固，并具有防止积压和碰撞的功能，水泥包装要求防潮，玻璃制品包装要求防碎等。

(2) 对包装的规定要明确具体。不宜采用“适合海运包装”(Seaworthy Packing)、“习惯包装”(Customary Packing)、“卖方惯用包装”(Seller’S Usual Packing)之类笼统模糊的术语，以免引起争议。开篇案例二中，就是因为买卖双方对与运用何种麻袋装规定的不明确，导致双方出现争议。

(3) 明确包装标志和包装费用负担问题。包装标志一般有卖方决定，或有买方提供。如果由卖方决定，可不订立合同，或只订明“卖方标志”，由卖方设计后通知买方。如有买方提供，一般规定买方提供的时间，以免耽误包装和按时出运。包装费用一般包括在货价内，无需另行订明。但如果买方要求采用特殊包装，则采用特殊包装的费用一般应由买方承担，并应在合同中具体订明相关的费用和费用支付方法。对于包装费用较高或包装技术性要求较强的商品，通常要在单价条款的后面注明“包括包装费用在内”(Packing Charges Included)，以免在最后结算时发生争议。

(4) 要考虑进口国家对包装的有关法令规定。国际上不少国家对与销售包装都与独特的规定，凡包装不符合其规定的均不准进口或进口后不准投入市场销售。

### 阅读资料 4-1

一个好的产品要打入市场首先要有好的包装，而这种包装又必须能切合消费者的消费心理，这样才能使产品与消费者产生一种潜在的互动，从而为产品成功占有市场打好基础。因此包装成了众商家开拓及占领市场的必须手段，许多商家也争相为自己的产品精心打造适合消费者心理的包装，进而来占据有利的市场地位。好的包装必须是以人为本，以生活为本的，这样才能赋予市场新的活力。我们看两个品牌的成功包装案例。

1. “时代之风”

当今世界上最为畅销的法国高级香水之一，它是东方花香调的代表作，有难得的清香，独树一帜。最为著名的是“和平鸽”造型的水晶瓶子，它想阐述的是经过大战后，和谐与平安已降临，人类对平安的渴望以及给人心灵的抚慰。水晶制成的一对正在展翅飞翔的和平鸽，晶莹剔透，栩栩如生，象征飞翔的时代与时间，爱和温柔与香水的浪漫自然风格相映照。和平、青青永恒、忘却战争的阴影、无忧无虑、轻松的生活，是这个浪漫品牌最完美的诠释。同时，它在每一瓶香水的瓶盖上，都用手工将羊肠线牢牢绑住，为第一个打开香水瓶的主人带来好运。

2. “酒鬼酒”

在酒的包装设计中，除了文字、色彩、图案的构图摆布以外，更重要的是要传达一种情感。包装设计不能只表达商品性而没有人情味，这样的设计只是一个标签符号。许多畅销商品都是借助于具有极强情感特色的品牌来占领市场。给商品注入“情感”，这是包装设计要把握的重点，只有极富个性的并能引起人们共鸣的优秀设计，才能在浩如烟海的商品中脱颖而出，抓住消费者，达到促销的目的。

酒类市场竞争激烈，一个无知名度的新品牌怎样才能在较短时间内争得一席之地？“酒鬼”酒的包装设计可以说在全国众多的酒品中脱颖而出，除了产品自身的品质外，品牌以及包装设计的创新是重要因素。“酒鬼”酒在传达品牌的传统文化、历史特点、商品性、民族情感、价格规律上都具有典型性。“酒鬼酒”为典型的异类包装：瓶体采用湘西土陶工艺制成，质朴、典雅、瓶形是扎口的麻袋造型。一侧是看上去充满东方式幽默的酒鬼背酒鬼的写意画，另一侧为收藏印章一样打着“无上妙品”四个大字。这与瓶标上红底黑字狂草体的“酒鬼”二字里外呼应，动静结合。酒鬼酒之名，拜著名画家黄永玉先生所赐，并题曰：“酒鬼”背“酒鬼”千斤不嫌赘，“酒鬼”喝“酒鬼”，千斤不会醉，“酒鬼”产湘西，涓涓传千里。

## 本章小结

在国际贸易合同中贸易标的、品质、数量、包装、是合同中的主要贸易条件。本章主要介绍了货物命名的方法以实物和文字说明表示货物品质的两种方法。数量是买卖双方交接货物的依据，要注意不同货物所选用的各种计量单位和计量方法。注意其在实际中的应用。包装是货物说明的组成部分。合同的包装条款主要包括包装材料、包装规格、包装标志、包装费用的负担等基本内容。

### 关键名词

(1) counter sample　回样
(2) duplicate sample　复样，存样
(3) quality tolerance　数量机动幅度
(4) F.A.Q.　良好平均品质
(5) conditioned weight　公量
(6) legal weight　法定重量
(7) tare weight　皮重
(8) gross weight　毛重
(9) net weight　净重
(10) packing for transportation　运输包装

(11) inner packing　销售包装
(12) neutral packing　中性包装
(13) indicative mark　指示性标志
(14) warning mark　危险性标志

## 习　题

### 简答题

(1) 简述如何正确运用表示商品品质的方法。
(2) 什么是溢短装条款？
(3) 对溢短装部分商品的价格应如何确定？
(4) 什么是中性包装？它有哪些做法？

## 案　例

### 案例 1

有一年我国外贸公司向德国出口一批大麻，合同规定水分最高 15%，杂质不超过 3%。但在成交前，我方曾向对方寄过样品，合同订立后我方又电告对方“成交货物与样品相似”。货到德国后，买方出具了货物品质比样品低 7%的检验证明，并要求赔偿 600 英镑的损失。我方拒绝赔偿，并陈述理由说：我方商品在交货时是经过挑选的，因为是农产品，不可能做到与样品完全相符。但也不至于比样品低 7%。

问题：我方失误在哪里？是否可以该商品并非凭样成交为由而不予理赔？

### 案例 2

1997 年 10 月，香港某商行向内地一企业按 FOB 条件订购 5000 吨铸铁井盖，合同总金额为 305 万美元(约人民币 2534.5 万元人民币)。货物由买方提供图样进行生产。该合同品质条款规定：铸件表面应光洁，不得有裂纹、气孔、砂眼、缩孔、夹渣和其他铸造缺陷。

合同规定：(1) 订约后 10 天内卖方须向买方预付约人民币 25 万元的“反保证金”，交第一批货物后 5 天内退还保证金。(2) 货物装运前，卖方应通知买方前往产地抽样检验，并签署质量合格确认书；若质量不符合合同要求，买方有权拒收货物。不经双方一致同意，任何一方不得单方面终止合同，否则由终止合同的一方承担全部经济损失。

请分析此合同条款的合理性。

### 案例3

我国某公司A向孟加拉国某公司B出口一批货物，合同价值约为USD20 000.00，货物为汽车配件，共有10个型号，其中有四个型号要求根据客户样品制作。付款方式为，客户先支付定金1000美金，剩余部分30%和70%分别以L/C和T/T支付(在货物生产完毕通知客户支付)。客人随即开来信用证，A公司按合同和L/C要求开始生产货物，但发现其中按客人样品要求订做的货物不能完成，由于客人订货的数量比较少，开发该产品十分不合算。因此打算从其他厂家购进该产品，但遗憾的是，却一直无法找到生产该产品的厂商。而此时已接近装船期，其他货物亦相继生产完毕。A公司只好告诉B公司上述问题。B公司要求取消所有的货物并退还定金和样品，他的理由是，他要求订做的货物是十分重要的，不能缺少，因A公司没有按时交付货物，错过他的商业机会。A公司也感到无可奈何，确实理亏，只好答应客户的要求，承担一切货物积压的损失。

请分析A公司的失误之处。

### 案例4

我出口公司与美商凭样成交一批高级瓷器，复验期为60天，货到国外经美商复验后，未提出任何异议，但事隔一年，买方来电称：瓷器全部出现“釉裂”，只能削价处理销售，因此要求我方按成交价赔偿60%，我方接电话后立即查看留存的复样，发现其釉下也有裂纹。

问题：我方该如何处理?

### 案例5

买方向卖方订购50吨货物，合同规定A、B、C、D、E五种规格按同等数量搭配，卖方按合同开立发票，买方凭发票和其他单据付了款。货到后发现所有50吨货物均为A规格，买方只同意接受其中的五分之一，拒收其余的五分之四，并要求退回五分之四的货款。卖方争辩说，不同规格搭配不符合同，只能给予适当经济赔偿，不能拒收，更不能退款。于是诉诸法院。最后，法官判决卖方违约。

试分析。

# 第5章 价格条款及应用

## 教学目标

通过本章的学习，对进出口商品的价格条款有一定的了解和认识，能够区别不同贸易术语的异同，根据具体贸易背景选择适当的贸易术语；能够对进出口商品价格进行初步核算，初步分析具体进出口业务的效益情况；能够拟定和审核合同中的价格条款。

## 教学要求

| 知识要点 | 能力要求 | 相关知识 |
|---|---|---|
| 基本知识 | (1) 掌握国际贸易术语的含义和作用<br>(2) 了解《2000 通则》中对常用贸易术语的解释<br>(3) 掌握进出口商品成本、效益核算<br>(4) 熟悉进出口商品价格作价原则、方法<br>(5) 能够了解实务中常用的其他有关国际贸易术语的惯例 | (1) 国际贸易术语的含义<br>(2) 国际贸易术语的作用<br>(3) 国际贸易术语选用的原则<br>(4) 进出口商品单价构成因素<br>(5) 主要贸易术语的价格换算 |
| 业务流程 | (1) 了解各种国际贸易术语<br>(2) 根据具体事件选用适合的贸易术语<br>(3) 对进出口商品进行准确的定价<br>(4) 对进出口商品进行准确的成本、效益核算 | (1) 不同贸易术语中的买卖双方权利与义务<br>(2) 进出口商品在不同术语价格中的互换 |
| 分类 | 能够掌握主要贸易术语的价格换算 | 国际贸易术语的种类 |
| 风险与防范 | 能够运用所掌握的国际贸易术语中的风险分析各种案例 | 不同贸易术语中的风险分析 |

引例

中国A公司与美国B公司签定出口合同一份，贸易术语CFR NEWYORK，A公司按合同规定在2003年5月20日将货物运至码头装船，在运输过程中车辆遇险翻覆，货物受损，A公司电告B公司事故，由于CFR系买方投保，A提出按保险惯例，承保范围为仓至仓，所以要求B公司向保险公司索赔，A可以得到赔偿吗?

价格是进出口买卖双方洽商的一个重要内容。在国际贸易中，商品的价格通常是指商品的单价(Unit Price)，即商品的每一计量单位以某一种货币表示的价格。在国际贸易实务中，商品的价格除了要表明每一计量单位的价格金额外，还要表明买卖双方在货物交接过程中有关费用、风险和责任的划分。

贸易术语是对外磋商和订立合同中不可缺少的专门用语，它表明了进出口商品价格的构成，确定了买卖双方在交接货物过程中应尽的责任和义务，涵盖了价格、运输、保险、通关手续、单证提交等内容，它的使用影响着合同的性质及风险的划分界限。在世界步入千禧年之际，国际商会制定的《2000年国际贸易术语解释通则》(即INCOTERMS2000)正式生效，取代了在国际货物贸易领域实施了10年之久的《1990年国际贸易术语解释通则》。

以上导读案例均涉及了国际货物贸易实务中常用的贸易术语，而不同贸易术语的选用直接关系到买卖双方不同的责任、风险和费用，从而影响着进出口商品的价格及贸易可能产生的经济效益。本章将就以下问题展开讨论:

(1) 有关贸易术语的国际惯例。

(2) 各种贸易术语的选用。

(3) 进出口商品价格。

(4) 进出口合同中的价格条款。

## 5.1 国际贸易术语概述

贸易术语(Trade Terms)是用一个简短的概念或3个字母的缩写来说明价格的构成及买卖双方有关责任、费用和风险的划分，以确定买卖双方在交接货物过程中应尽的责任和义务。例如“装运港船上交货”或用英文字母表示的“FOB”，就具有特定的责任、费用和风险的归属要求。

“责任”是指因交货地点不同而产生的租船订舱、装货、卸货、投保、申请进出口许可、报关等项事宜，在不同的贸易术语下，应由哪方负责办理和提供;“费用”是指因货物的移动而产生的运杂费、保险费、仓储费、码头捐等，在不同的术语下，哪些费用应该包含在货价中由卖方承担，哪些费用不包含在售价中由买方承担，贸易术语可以说明货物价格的构成;“风险”是指由于各种原因导致货物被盗、串味、锈蚀、水渍及灭失等危险，在不同的术语下，风险应在何地何时转移，贸易术语可以划分具体风险转移的界限，从而明确风险和由此产生的损失的归属。

不同贸易术语对于买卖双方责任、费用和风险的规定反映在成交商品的价格上。一般而言，卖方承担的责任、费用和风险小，商品售价就低；反之售价就高。贸易术语中责任、费用和风险的划分与商品价格成正比例关系。因此，贸易术语又被称为价格术语(Price Terms)。

国际贸易术语是国际贸易发展到一定阶段的产物，具体来讲，贸易术语的作用主要表现为。

(1) 简化了买卖双方交易磋商的内容和交易手续，缩短了谈判时间，节省了业务费用，促成交易尽快达成。

(2) 反映了商品的价格构成，有利于买卖双方对进出口商品进行成本核算与比价。

(3) 明确了买卖双方的权利和义务，有利于解决履行合同过程中发生的贸易争议。

### 5.1.1 与国际贸易术语相关的国际贸易惯例

国际贸易惯例是在国际贸易长期实践中逐渐形成和不断完善的一些具有普遍意义的习惯做法和解释。国际贸易惯例涵盖的范围比较广，主要包括国际上一些组织、团体就国际贸易某一方面，如支付、运输、价格等的解释或订立的规则，国际上一些主要港口的传统惯例或行业惯例，各国司法机关或仲裁机构的典型案例或裁定等。

国际贸易惯例在贸易实务中的地位主要体现在以下方面。

(1) 国际贸易惯例具有非强制性，可被各国超越。一般情况下，国际贸易惯例对买卖双方没有必然的法律约束力，它既不是各国的共同立法，也不是某一个国家的法律，因此贸易的双方均不具有法律的强制约束力，可被各国法律所超越。

(2) 国际贸易惯例具有应用强制性。即如果买卖双方在合同中明确表示适用某一国际贸易惯例，则这一惯例将对双方均有法律约束力。

(3) 国际贸易惯例是判决、裁决之依据。如果买卖双方在合同中没有明确说明适用何时何地的法律，双方在履行合同中一旦发生争议，法庭或仲裁庭往往会援引一些国际上公认的和影响较大的惯例来解决争议。

**阅读资料 5-1**

我国某内陆出口公司于2000年2月向日本出口30吨甘草膏，每吨40箱，共1200箱，每吨售价1800美元，FOB新港，共54 000美元，装运期为2月25日之前，货物必须装集装箱。该出口公司在天津设有办事处，于是在2月上旬便将货物运到天津，由天津办事处负责订箱装船。

不料货物在天津存仓后的第二天，仓库午夜着火，抢救不及，1200箱甘草膏全部被焚。办事处立即通知内地公司总部并要求尽快补发30吨。否则无法按期装船。结果该出口公司因货源不济，只好要求日商将装运期延长15天，日商同意但提出价格下降5%，经双方协商，最终降价3%。

1) 有关贸易术语的国际惯例

早在19世纪初，国际贸易中已开始使用贸易术语。最早出现的是装运港船上交货术语，即Free On Board(FOB)。19世纪中叶，随着科学技术的进步，运输和通信工具的发展，国际贸易的条件发生了很大变化。为贸易服务的轮船公司、保险公司纷纷成立，银行也参与了国际贸易结算业务，CIF术语得以产生，并逐渐形成了以单据买卖为核心的国际贸易常用做法。但是，这些最初产生的贸易术语在国际上缺乏统一的解释，在实践中往往产生争议和纠纷，阻碍了贸易术语的推广和使用。一些商业团体、国际组织为了解决这一问题，试图对贸易术语做统一的解释，于是，陆续出现了一些有关贸易术语的解释规则，这些规则在实践中被越来越多的国家和地区所接受和使用，逐渐形成了有关贸易术语的国际惯例。国际贸易实务中影响较大的贸易术语解释规则主要有3种。

(1)《1932年华沙—牛津规则》(Warsaw-Oxford Rules 1932)。该规则是国际法协会专门为解释CIF买卖合同而制定的。1928年国际法协会在波兰首都华沙开会，制定了关于CIF买卖合同的统一规则，称为《1928华沙规则》。此后，在1930年的纽约会议、1931年的巴黎会议和1932年的牛津会议上，对该规则进行了修订，并更名为《1932年华沙—牛津规则》。该规则的内容包括序言和21条正文，对CIF合同的性质和特点，买卖双方责任、费用、风险的划分及所有权转移的方式等作了比较详尽的解释，在国际贸易中有一定的影响力。

(2)《1941年美国对外贸易定义修订本》(Revised American Foreign Trade Definitions 1941)。该定义由美国商会、美国进口商全国协会和全国对外贸易协会等九家商业团体于1919年在纽约制定，原称为《美国出口报价及其缩写条例》。1941年在美国第27届全国对外贸易会议上对该条例作了修改，更名为《1941年美国对外贸易定义修订本》。该规则对六种贸易术语下了定义：Expoint of origin，产地交货；Free On Board，运输工具上交货；Free Alongside，船边交货；Cost & Freight，成本加运费；Cost Insurance and Freight，成本加保险费、运费；Ex Dock，目的港码头交货。该定义修订本在美洲影响较大，其中有些贸易术语的规定与INCOTERMS2000差异较大，因此在与美洲商人进行贸易时应特别予以注意。

(3)《国际贸易术语解释通则》(International Rules for the Interpretation of Trade Terms，INCOTERMS)。该通则是国际商会(International Chamber of Commerce，ICC)对各种贸易术语解释的正式规则。1936年，国际商会首次制定了INCOTERMS，对9种贸易术语做了解释。其后，分别于1953年、1967年、1976年、1980年和1990年对INCOTERMS进行了不同程度的修订和补充，使其适应不断变化的国际商务实践。1999年国际商会对INCOTERMS进行了第六次修订，新文本于2000年1月1日起正式生效，这就是目前在国际贸易中得到普遍承认和最广泛应用的《2000年国际贸易术语解释通则》(INCOTERMS2000)。

2) 国际贸易术语解释通则简介

INCOTERMS2000与INCOTERMS1990相比变化不大，仍对13种术语做了解释，并沿袭了90通则对贸易术语的分类方法，归纳不同术语的基本特征将13种贸易术语分为E组、F组、C组、D组4个基本类型。E组(EXW)属于启运术语(departure)，卖方仅在自已的地点为买方备妥货物；F、C组属于装运术语(Shipment)，其中F组(FCA、FAS、FOB)规定卖方须将货物交至买方指定的承运人，C组(CFR、CIF、CPT、CIP)规定卖方须订立运输合同，但对货物灭失或损坏的风险以及装船和启运后发生意外所产生的额外费用不承担责任；D组(DAF、DES、DEQ、DDU、DDP)属于到达术语(Dispatched)，卖方须承担把货物交至目的地国所需的全部费用和风险。分类方法见表5-1。

表5-1 INCOTERMS2000分类表

| | | |
|---|---|---|
| E组<br>(启运术语) | EXW Ex Works…named place | 工厂交货……指定地点 |
| F组<br>(主要运费未付术语) | FCA Free Carrier…named place<br>FAS Free Alongside Ship…named port of shipment<br>FOB Free On Board…named port of shipment | 货交承运人……指定地点<br>装运港船边交货……指定装运港<br>装运港船上交货……指定装运港 |
| C组<br>(主要运费已付术语) | CFR Cost and Freight…named port of destination<br>CIF Cost Insurance and Freight … named port of destination<br>CPT Carriage Paid To…named place of destination<br>CIP Carriage and Insurance Paid To…named place of destination | 成本加运费……指定目的港<br>成本加保险费加运费……指定目的港<br>运费付至……指定目的地<br>保险费运费付至……指定目的地 |
| D组<br>(到达术语) | DAF Delivered At Frontier…named place<br>DES Delivered Ex Ship…named port of destination<br>DEQ Delivered Ex Quay…named port of destination<br>DDU Delivered Duty Unpaid…named place of destination<br>DDP Delivered Duty Paid…named place of destination | 边境交货……指定地点<br>目的港船上交货……指定目的港<br>目的港码头交货……指定目的港<br>未完税交货……指定目的地<br>完税交货……指定目的地 |

资料来源：根据INCOTERMS2000整理。

INCOTERMS2000将买卖双方的责任义务依次用10个项目列出，相互对应，标准、规范，便于比较、检查，见表5-2。

表 5-2 买卖双方的责任义务

| 卖方责任 | | 买方责任 | |
| --- | --- | --- | --- |
| A1 | 提供符合合同的货物 | B1 | 支付货款 |
| A2 | 许可证、海关手续 | B2 | 许可证、海关手续 |
| A3 | 运输和保险合同 | B3 | 运输合同 |
| A4 | 交货 | B4 | 受领货物 |
| A5 | 风险转移 | B5 | 风险转移 |
| A6 | 费用划分 | B6 | 费用划分 |
| A7 | 通知买方 | B7 | 通知卖方 |
| A8 | 交货证明、运输单证和电子单证 | B8 | 交货证明、运输单证和电子单证 |
| A9 | 检查、包装和标志 | B9 | 货物检验 |
| A10 | 其他义务 | B10 | 其他义务 |

资料来源：根据 INCOTERMS2000 整理。

国际贸易惯例的使用是以当事人的意思自治为基础的，不具有法律的强制约束性，因此买卖双方有权在合同中做出与某项惯例不符的规定。只要合同有效成立，双方均要遵照合同的规定履行。因此，在进出口贸易中如果希望使用 INCOTERMS2000，应在合同中明确规定该合同受 INCOTERMS2000 的约束。

以下将对 INCOTERMS2000 规范之下的 13 种贸易术语进行详略不同的介绍。

### 5.1.2 常用的六种国际贸易术语

#### 1. FOB 术语

FOB (Free On Board … named part of shipment)——装运港船上交货……指定装运港，是指卖方必须在合同规定的装运期内，在指定的装运港将货物交至买方指定的船上。货物越过船舷，卖方即完成交货，这意味着买方必须从该点起承担货物灭失或损坏的一切风险。该术语仅适用于海运和内河运输。采用此术语时，FOB 后面须注明装运港的名称，如 FOB Qingdao China。

根据 INCOTERMS2000，FOB 术语下，买卖双方的主要义务及其注意事项如下。

1) 卖方基本责任

(1) 约定期限内，在指定装运港，按照该港习惯方式，将符合合同规定的货物交至买方指定的船只上，并向买方发出交货通知。

(2) 自担风险和费用，取得出口许可证或其他官方许可，承办出口的海关手续。

(3) 负担货物越过船舷之前的一切费用和风险。

(4) 提供符合合同规定的商业发票和证明货物已经交到船上的通常单据或电子信息。

2) 买方基本责任

(1) 按照销售合同规定支付价款。

(2) 租船或订舱，支付运费，并及时将船名、装船地点和交货时间通知卖方。

(3) 自担风险和费用，取得进口许可证或其他官方许可，承办进口的海关手续，在必要时承办从他国过境的一切海关手续。

(4) 负担货物越过船舷后的一切费用和风险。

(5) 收取货物，接受与合同相符的单据。

3) 使用 FOB 术语需要注意的问题

在国际贸易实务中使用 FOB 术语，还需要注意以下一些问题。

(1) FOB 术语仅适用于包括海运和内河航运在内的水上运输。随着国际贸易运输技术的不断革新，尤其是集装箱运输及多式联运的发展，交货地点常常不再局限于船上，更多的是内陆的某一地点。为适应这种变化，1980 年国际商会在 INCOTERMS1980 中增加了 FCA、CPT、CIP 术语。INCOTERMS2000 也有规定：如当事各方无意越过船舷交货，应使用 FCA 术语。

(2) 风险划分界限问题。INCOTERMS2000 明确规定买卖双方风险的划分的界限在装运港货物有效越过船舷(have effectively passed the ship's rail)，在此之前一切的费用和风险由卖方承担，在此之后一切的费用和风险由买方承担。但 90 通则规定风险的转移可以被买卖合同的具体规定或买卖双方确立的习惯做法所超越或改变。在实际业务中，若货越船舷后出险，通常来讲承运人不会出具清洁提单给托运人，从而延误出口方收汇，因此也可根据双方的习惯在合同中具体规定。《美国对外贸易定义 1941 修订本》规定风险的转移直至货物装到船上(Until goods have been placed on board the vessel)。虽然从实际的装船作业来看，货物从岸上起吊、越过船舷到装入船舱是一个连续的过程，很难截然分开，但是从法律后果看，这不仅涉及买卖双方风险界限的划分，也涉及双方费用的分担问题。为此，在使用 FOB 术语时，应对上述不同的规定有所了解，并在合同中予以明确。

(3) 装船费用的负担问题。INCOTERMS2000 规定 FOB 术语下，买卖双方风险转移点及交货点在装运港船舷，但在实际业务中，由于装船是一个连续的过程，很难实现在船舷处办理货物的交接，这就涉及装船费用的划分问题，主要是理舱费、平舱费如何划分的问题。所谓理仓费是指为了使装船货物按照舱图放置妥善和装载合理，货物装入船舱舱底后，需要进行垫舱和整理的费用。所谓平舱费是指为了保持航行时船身平稳和不损害船身结构，对成堆装入船舱的散装大宗货物，如矿砂、煤炭、粮谷等，需要进行整理、填平补齐所需要的费用。这些费用由何方承担。各国的贸易惯例解释不一，各个港口的规定也不相同，因此买卖双方应就这一问题加以明确。在班轮运输的情况下，由承运人负责装卸，费用不存在划分的问题，通常包含在运费中由买方承担。但是在租船的情况下，交货是在船舷，那么从船舷到船舱、理货平仓的费用应由谁承担？为了明确费用的划分，因此国际贸易实践中有了 FOB 术语的变形。

① FOB 班轮条件(FOB Liner Terms)：这一变形是指装船费用按照班轮条件办理，卖方不负担有关装船的费用。

② FOB 吊钩下交货( FOB Under Tackle)：指卖方仅负责将货物交到买方指定船只的吊钩所及之处，有关装船的各项费用一概由买方负担。

③ FOB 船上交货并理舱(FOB Stowed)：指卖方负责将货物装入船舱并支付包括理舱费在内的装船费用。

④ FOB 船上交货并平舱(FOB Trimmed)：指卖方负责将货物装入船舱并支付包括平舱费在内的装船费用。

⑤ FOB 船上交货并平舱、理舱(FOB Stowed and Trimmed)：指卖方负责将货物装入船舱并支付包括理舱费、平舱费在内的装船费用。

(4) 船货衔接问题。FOB 合同中，买方负责租船订舱，卖方负责交货，船货衔接是一个重要的问题。船按时到、货迟到会造成空舱，卖方要承担责任；船提前到造成空舱，买方要承担责任；船后到会增加货物仓储费，买方要承担责任。因此必须对船货问题做明确规定，并在定约后加强联系、密切合作，防止船货脱节。

实务中，买方有时指定卖方为租船订舱的代理，但即使这样，风险和费用仍由买方承担，如卖方租不到舱位，买方无权撤销合同，也无权向卖方索赔。

(5)《1941 年美国对外贸易定义修订本》对 FOB 术语的特殊解释。《1941 美国对外贸易定义修订本》将 FOB (运输工具上交货)分为六种类型，其中仅“指定装运港船上交货”(FOB vessel … named port of shipment)与 INCOTERMS2000 规范的 FOB 术语相近。两者的主要区别主要是：

① 交货地点不同。根据《1941 年美国对外贸易定义修订本》，FOB New York 视为在纽约城内某地交货。FOB Vessel New York 视为在装运港纽约船上交货。为了避免因概念不同而引起的贸易纠纷，在同美洲地区国家作贸易时，应在 FOB 和港名之间加上“Vessel”字样，即 FOB Vessel New York 以示区别。

② 风险划分不同。INCOTERMS2000 项下 FOB 术语买卖双方风险划分界线为装运港船舷，而《1941 年美国对外贸易定义修订本》项下 FOB Vessel 术语风险的划分界线在装运港船上。

③ 责任划分不同。INCOTERMS2000 项下 FOB 术语由卖方负责办理出口手续，承担相关费用。而《1941 年美国对外贸易定义修订本》项下 FOB Vessel 术语规定由买方办理出口手续并支付税捐和费用，而不是由卖方办理。

在同美国、加拿大和一些拉丁美洲国家进行贸易时，如采用 FOB 术语，应充分考虑以上不同，并在合同中做明确规定。

**运作实例 5-1**

美方 A 从英方 B 进口一批货物，合同采用贸易术语“FOB 里斯本”，后因葡萄牙政府拒绝签发出口许可证而未能交货，请问根据 INCOTERMS2000，责任应由谁承担？

假如英方 B 从美方 A 进口一批货物，合同使用“FOB Vessel 里斯本”，因葡萄牙政府不签发出口许可证而未能交货，请问责任由谁承担？

[案例分析]

案例中前种情况，根据 INCOTERMS2000，FOB 合同应由卖方自担风险和费用申领出口许可证办理出口清关手续，由于英方 B 未能成功申领出口许可证致使不能按时交货，责任应由卖方英方 B 承担；案例中后种情况，“FOB Vessel 里斯本”，是《1941 美国对外贸易定义修订本》规范的术语之一，而根据该定义修订本，出口许可证应由买方办理，因此，卖方因买方未能及时申领出口许可证而未能交货，责任应由买方英方 B 承担。

2. CIF 术语

CIF(Cost Insurance and Freight … named port of destination)——成本、保险费加运费……指定目的港，是指卖方负责租船订舱，按期在装运港将合同规定的货物装上运往目的港的船只，并支付货物运至目的港的主要运费和保险费，货物在装运港越过船舷时卖方即完成交货，交货后货物的风险及由于各种事件造成的任何额外费用由买方承担。CIF 术语仅适用于海运和内河运输，采用此术语，应在 CIF 后注明指定目的港名称，例如 CIF Longbeach，America。

根据 INCOTERMS2000，CIF 术语下，买卖双方的主要义务及其注意事项如下。

1) 卖方基本责任

(1) 在合同约定期限内，在装运港将货物装上船，并向买方发出通知。

(2) 自担风险和费用取得出口许可证或其他官方许可，承办货物出口海关手续。

(3) 租船或订舱，支付主运费。

(4) 办理运输保险，支付保险费。

(5) 负担货物在装运港越过船舷之前的一切费用和风险。

(6) 提供商业发票、保险单和运输单据或电子讯息。

2) 买方基本责任

(1) 按照销售合同规定支付价款。

(2) 自担费用和风险办理进口许可证或其他官方许可，承办货物进口和从他国过境的一切海关手续。

(3) 负担货物在装运港越过船舷后的一切费用和风险。

(4) 收取货物，接受与合同相符的单据。

3) 使用CIF术语需要注意的问题

(1) CIF合同属于“装运合同”。CIF术语下由卖方负责租船订舱、办理保险、支付运保费，因此在我国进出口贸易实务中，很多业务人员称CIF价格术语为“到岸价”，这是不准确的。CIF合同属于装运合同，卖方自货越装运港船舷就完成其交货义务，货物灭失和受损的风险也随之转移给买方，因此，在CIF合同中货物的风险是不到岸的。

**运作实例 5-2**

1. 我国内一出口企业2000年3月向美国出口一批货物，合同规定采用CIF New York术语，投保平安险，我方收到美方开立的信用证之后，按期装船，但货物在装船越过船舷后不慎跌落在甲板上，致使包装破裂。根据INCOTERMS2000，请问上述损失应由何方承担？

2. 某出口合同选用CIF贸易术语规定，卖方必须将货物于×年×月×日之前送达目的港，是否合理？

[案例分析]

在案例1中，很显然，根据INCOTERMS2000，货越船舷后风险已转移给买方，因此该损失应由买方美方承担。(该损失不属于平安险承保范围，因此美方也不能从保险公司得到赔偿，关于海洋货物运输保险的知识将在后面章节中介绍。)

在案例2中，出口合同中作这样的规定是不合理的，根据INCOTERMS2000，在CIF合同中，卖方仅能保证在合同约定的时间将符合合同规定的货物装上驶往目的港的船只，而不能也无需保证在指定时间将货物送达目的港。

(2) 租船或订舱的问题。根据INCOTERMS2000，卖方必须自付费用，按照通常条件订立运输合同，经由惯常航线，将货物用通常可供运输合同所指货物类型的海轮(或依情况适合内河航运的船只)装运至指定目的港，并支付正常运费。除非买卖合同另外规定，对于买方提出的关于限制载运船舶的国籍、船型、船龄、船级以及指定装载某班轮公会船只等项要求，卖方均有权拒绝接受。但在出口实务中，为了拓展业务，考虑到某些国家的具体规定，如买方提出上述要求，在不增加出口成本或由买方自付费用的情况下，也可考虑接受。

**运作实例 5-3**

中方A与英方B签订“CIF利物浦”合同。后由于两伊战争爆发苏伊士运河不能通航，船必须绕道非洲好望角。由于绕道多支付的运费由谁承担？

[案例分析]

很显然，根据INCOTERMS2000，货物风险及费用自卖方交货后即转移给买方，由买方支付交货时起的一切费用。案例中，轮船由于战争绕道的额外费用应由买方承担。

(3) 保险险别的问题。CIF合同是由卖方办理保险，支付保费，但是必须明确卖方是为

了买方利益办理保险。保险合同应与信誉良好的保险人或保险公司订立，合同中若无相关明文规定，卖方只需按保险条款中最低责任的保险险别投保，最低保险金额是合同价款加成10%，按合同计价货币投保。

(4) 有关费用的负担问题。CIF合同中有关费用的负担问题是指除正常运费之外的运费和卸货费用的负担问题。根据INCOTERMS2000，CIF合同项下卖方负责租船订舱，支付运费，这里所说的运费是正常运费。而在运输途中船只可能会遭遇到恶劣天气或船上机器出现故障，需要避风或修理，因此产生的运费为非正常运费。除此之外，还有货物运至目的港卸货的费用应由何方承担的问题，各港口有不同的惯例。有的港口规定卸货费由船方负担，有的港口规定船方不仅需要支付卸货费，而且应支付货物在码头入库的搬运费和从码头仓库出库装上接运车辆的装车费，有的港口规定卸货费用全部由收货人负担。如果使用班轮运输，则由船方管装管卸，卸货费已包括在运费内，但是在大宗商品租船运输的情况下，就可能因为当事人各自引用不同的惯例解释而发生纠纷。

因此在国际贸易中，有了CIF术语的变形，以明确费用的负担的问题。CIF术语的变形主要有4种。

① CIF班轮条件(CIF Liner Terms)，指卸货费用按班轮条件处理，由支付运费的一方(卖方)负担。

② CIF舱底交货(CIF Ex Ship's Hold)，指货物到达目的港后，买方负担将货物从舱底起吊卸到码头的费用。

③ CIF吊钩交货(CIF Ex-Tackle)，指货物到达目的港后，卖方负担将货物从舱底吊至船边卸离吊钩为止的费用。如果船舶靠不上码头，驳船费和码头捐由买方承担。

④ CIF卸到岸上(CIF Landed)，指货物到达目的港后，卖方负担将货物卸到目的港岸上的费用，包括驳船费和码头费。

与FOB术语的变形一样，以上CIF术语的变形主要是为了明确费用的划分问题，不改变原贸易术语责任和风险的划分界限。

(5) 象征性交货。CIF合同项下的交货是一种典型的象征性交货，即卖方凭单交货、买方凭单付款。只要卖方按照合同规定将货物装船并提交齐全、正确的单据，即使货物在运输途中灭失，买方也不能拒收单据和拒付货款。货物在途中损失或者货到后发现质量不符合要求，买方可根据情况可分别向船方、保险公司或卖方提出索赔。另一方面，卖方提交的单据必须是齐全的、正确的。所谓“齐全的”是指单据要包括提单、保险单、发票以及双方事前约定的其他单据。所谓“正确的”是指单据的内容必须严格符合双方事前的各项约定。否则，买方有权拒收单据并拒付货款，即使卖方所交的货物完全符合合同规定，买方仍可行使此项权利。因此，CIF合同项下买卖双方交割的并非是实际货物，而是代表货物所有权的装运单据，属于“单据的买卖”，典型的象征性交货。了解CIF合同的这一特点，对于我们正确使用有关的权利和处理有关的贸易纠纷是有一定帮助的。

3. CFR 术语

CFR (Cost Freight … named port of destination)——成本加运费……指定目的港，也称运费在内价，是指卖方负责租船或订舱，在合同规定的装运日期或期间内将货物装上运往指定目的港的船只，承担货物越过船舷前的一切风险和费用，并支付货物运至目的港的正常运费。卖方交货后货物灭失或损坏的风险以及由于各种事件造成的额外费用，则转移到买方。CFR 术语仅适用于海运或内河运输，采用此术语，CFR 后应注明目的港名称，例如：CFR Hongkong。

根据 INCOTERMS2000，CFR 术语下，买卖双方的主要义务及其注意事项如下。

1) 卖方基本责任

(1) 在合同规定的日期或期限内将符合合同规定的货物交至装运港船上。

(2) 负责租船或订舱，支付货物运至目的港的主运费，并及时向买方发出装船通知。

(3) 承担货物在装运港越过船舷前的一切风险和费用。

(4) 办理货物出口清关手续。

(5) 按合同规定向买方提供运输单据等有关单证或同等作用的电子信息。

2) 买方基本责任

(1) 承担货物在装运港越过船舷后一切风险和额外费用。

(2) 办理货物进口清关手续。

(3) 接受卖方提供的各项单证，按合同规定支付货款。

3) 使用 CFR 术语需要注意的问题

(1) 关于租船或订舱。根据 INCOTERMS2000 规定，CFR 合同的卖方只负责按照通常条件租船或订舱，经由惯常航线，使用通常类型的海轮(或内河航运的船只)装运货物至指定目的港，并支付正常运费。除非买卖合同另外规定，对于买方提出的关于限制载运船舶的国籍、船型、船龄、船级以及指定装载某班轮公会船只等项要求，卖方均有权拒绝接受。但在出口实务中，如买方提出上述要求，在不增加出口成本或由买方自付费用的情况下，也可考虑接受。

(2) 关于已装船通知。CFR 合同项下由卖方安排运输，而由买方办理货运保险。所以，卖方装船后应毫不延迟地通知买方，以便买及时方购买货物运输保险。如果卖方没有及时向买方发出装船通知，致使买方未能及时投保，由此产生的损失均由卖方承担。

**运作实例 5-4**

我方从泰国进口一批香米，签订 CFR 上海合同。货物离港后不久沉没，因泰国出口方未及时向我方发出装船通知，我方未办理投保，故无法向保险公司索赔。请问谁应承担责任？

[案例分析]

根据 INCOTERMS2000，卖方应在货物装船后立即通知买方，以便买方及时办理货运保险及接货事宜。案例中由于泰国出口商未能及时发出货物已装船通知，致使我方漏保，卖方应当承担责任。

(3) 关于卸货费用的负担。与 CIF 合同相同，合同中采用 CFR 术语，也存在着目的港卸货费用由谁承担的问题。国际贸易实务中，仍然有 CFR 术语的变形以明确目的港卸货费的负担，主要有 4 种。

① CFR 班轮条件(CFR Liner Terms)，指卸货费用按班轮条件处理，由支付运费的一方(卖方)负担。

② CFR 舱底交货(CFR ExShip's Hold)，指货物到达目的港后，买方负担将货物从舱底起吊卸到码头的费用。

③ CFR 吊钩交货(CFR Ex-Tackle)，指货物到达目的港后，卖方负担将货物从舱底吊至船边卸离吊钩为止的费用。

④ CFR 卸到岸上(CFR Landed)，指货物到达目的港后，卖方负担将货物卸到目的港岸上的费用。

以上 CFR 术语的变形和 CIF 术语变形无论是在内容上还是在作用上都是一致的，主要是为了明确目的港卸货费用的划分问题，不改变原贸易术语责任和风险的划分界限。CFR 术语项下，买卖双方风险的划分界限与 CIF 术语完全一致，都是在装运港货越船舷时。

**运作实例 5-5**

中国 A 公司与美国 B 公司签定出口合同一份，贸易术语 CFR New York，A 公司按合同规定在 2003 年 5 月 20 日将货物运至码头装船，在运输过程中车辆遇险翻覆，货物受损，A 公司电告 B 公司事故，由于 CFR 系买方投保，A 提出按保险惯例，承保范围为仓至仓，所以要求 B 公司向保险公司索赔，A 可以得到赔偿吗？

[案例分析]

答案是否定的，A 公司不能得到赔偿。因为货物运输保险有一个基本原则是被保险人对货物应拥有可保利益。而在案例中，货物出险是在装运港装船之前，由于卖方尚未完成交货义务，风险尚未转移到买方，此时买方对货物尚不具有可保利益，因此，保险公司可拒赔。

以上介绍的三种贸易术语是在国际贸易实务中最常用的，都属于装运港交货术语，适用于海运或内河航运，买卖双方风险的划分都是以装运港货物越过船舷时为界，主要的区别是买卖双方应办理的手续和承担的费用不同(见表 5-3)，因此三种术语相关的价格构成也不同，关于价格构成的不同及换算将在第 5.2 节中详细介绍。

表 5-3 FOB、CFR、CIF 术语比较

| 贸易术语 | 风险转移界限 | 手续 | | 费用 | |
|---|---|---|---|---|---|
| | 交货点 | 租船订舱 | 保险 | 运费 | 保险费 |
| FOB | 装运港船舷 | 买方 | 买方 | 买方 | 买方 |
| CFR | 装运港船舷 | 卖方 | 买方 | 卖方 | 买方 |
| CIF | 装运港船舷 | 卖方 | 卖方 | 卖方 | 卖方 |

随着国际贸易实践的发展，仅适用于水运的 FOB、CIF、CFR 贸易术语已不能满足集装箱运输、多式联运等现代化运输方式下国际贸易的要求。国际商会在 1980 年 INCOTERMS 修订中补充了适用于各种运输方式的货交承运人贸易术语，包括 FCA、CPT 和 CIP 三种。

4. FCA 术语

FCA (Free Carrier…named place)——货交承运人，指定地点，是指卖方在规定的时间、地点将货物交给买方指定的承运人，并办理出口清关手续，即完成交货义务。该术语可用于各种运输方式，包括多式联运。采用此术语，FCA 后面应注明交货地点，可以是港口也可以是内陆城市，例如：FCA Lanzhou，China。

1) 卖方基本责任

(1) 在约定交货日期或期间内，在指定的交货地点将货物交给买方指定的承运人或其他人接管，并及时通知买方。

(2) 承担货交承运人或其他人接管前的一切风险和费用。

(3) 自担风险和费用，取得出口许可证或其他官方核准文件，办理出口清关手续。

(4) 提供符合合同规定的货物和相应单据或具有同等效力的电子讯息。

2) 买方基本责任

(1) 安排自交货指定地点起的运输，承担运费并及时通知卖方。

(2) 承担货交承运人或其他人接管后的一切风险和费用。

(3) 自担风险和费用，取得进口许可证或其他官方核准文件，办理进口清关手续。

(4) 按合同规定支付货款。

3) 使用 FCA 术语需要注意的问题

(1) 关于交货责任与地点。INCOTERMS2000 删掉了 INCOTERMS1990 按照列明铁路、公路、内河、海洋、航空、多式联运等各种运输方式下以及未指明运输方式的情况下完成交货义务的规定，对各种运输方式做了归纳，以指定的交货地点作为确定交货义务完成时间的标准，区分了两种情况：卖方所在地和其他交货地点，内容表述简明，容易在实践中操作，减少争议和纠纷。

若卖方在其所在地交货，则卖方应负责装载货物，并支付相应的装货费用，其交货义

务才算完成；若卖方在任何其他地点交货，卖方有义务提供运输工具，负责将货物运送到指定交货地点使货物置于买方指定的承运人或其代理人支配之下，卖方即完成交货义务，卖方无义务卸货，货物运到指定地点后卸货前其交货义务即已完成。

(2) 关于风险转移。FCA 术语风险的转移点以货交承运人为界，这对于卖方尽早转移风险和费用是非常有利的，尤其是对位于内陆地区的出口商。

(3) 关于货与运输工具衔接。在 FCA 合同中，由买方指定承运人和订立运输合同，卖方负责交货，货与运输工具衔接是否顺利是一个非常重要的问题。衔接不好会出现货物等运输工具或运输工具等货物的情况，这都会造成额外的费用损失，从而因费用损失的承担产生纠纷。因此，采用 FCA 术语，应在合同中对货物与运输工具的衔接作明确的规定，并在履约时加强联系、密切合作，防止脱节，产生不必要的费用。

**运作实例 5-6**

国内某出口公司向韩国出口 1 万吨水泥，价值 40 万美元，FOB 术语成交，由韩国买方租用越南籍货轮将整船货物从青岛港运至韩国某港口，支付方式为即期信用证。后因我国国内货源紧张，请求韩国买方延迟派船，买方同意，但信用证不展期，付款方式按随证托收办理，我方对此并未表示反对。在信用证过期后，买方船到，我方装货后取得船方签发的提单并随附其他所要求的单据送中国银行某分行向韩国进口商办理随证托收，但待单据寄至韩国开证行后，因提单日期晚于信用证规定日期，单证不符，信用证已失去银行保证作用，韩国银行只能向进口商按 D/P 方式代收货款。但此时，韩国进口商借故拒不付款赎单，并声称货已失踪。经我方调查，韩国进口商在无提单情况下早已从船方手中提走了货物，而该船从此再也未到中国港口来，我方也不能据以申请法院采取扣船拍卖等补救措施，造成我方货款两空的重大损失。

5. CPT 术语

CPT (Carriage Paid To … named place of destination)——运费付至……指定目的地，是由卖方向其指定的承运人交货，并支付运费、办理出口清关手续。买方承担卖方交货之后的一切风险和其他费用。该术语可用于各种运输方式。

1) 卖方基本责任

(1) 自负费用按通常条件订立运输合同，经惯常路线、按习惯方式将货物运至指定目的地的约定地点或其他合适的具体地点。

(2) 在约定日期或期间内将符合合同规定的货物交承运人或其他人接管，或者有后续承运人时，交给第一承运人，并及时通知买方。

(3) 承担货交承运人或其他人接管前的一切风险和费用。

(4) 自负风险和费用取得出口许可证和其他官方核准文件，办理出口清关手续。

(5) 提供相应单据或具有同等效力的电子数据。

2) 买方基本责任

(1) 承担货交承运人或其他人接管后的一切风险和费用。

(2) 自担风险和费用，取得进口许可证或其他官方核准文件，办理进口清关手续。

(3) 按合同规定支付货款。

3) 使用 CPT 术语需要注意的问题

(1) 关于风险划分界限。CPT 术语可用于各种运输方式，买卖双方风险的划分以在指定地点货交承运人为界，承运人控制货物之前一切风险由卖方承担，之后转移至买方。

(2) 关于装运通知。根据 INCOTERMS2000，卖方必须在货物交给承运人或其他人接管后，向买方发出交货的详尽通知，即装运通知(Shipping Advice)，其作用在于便于买方及时办理货物运输保险和办理进口手续、报关和接货。如果卖方未按惯例规定发出或未及时发出装运通知，使买方投保无依据或造成漏报，货物在运输过程中一旦发生灭失或损坏，应由卖方承担赔偿责任。

6. CIP 术语

CIP(Carriage Insurance Paid To … named place of destination)——运费、保险费付至……指定目的地，是由卖方向其指定的承运人交货，支付货到目的地的运费，办理货物在途中的保险并支付保险费，承办出口清关手续。买方承担卖方交货之后的一切风险和额外费用。该术语适用于各种运输方式，因此有人称之为“复合运输 CIF 条件”。

1) 卖方基本责任

(1) 自负费用按通常条件订立运输合同，经惯常路线、按习惯方式将货物运至指定目的地的约定地点或其他合适的具体地点。

(2) 自负费用，按照合同约定办理货物保险，并使买方或任何其他对货物有可保利益的人直接向保险人索赔。

(3) 在约定日期或期间内将符合合同规定的货物交承运人或其他人接管，或者有后续承运人时，交给第一承运人，并及时通知买方。

(4) 承担货交承运人或其他人接管前的一切风险和费用。

(5) 自负风险和费用取得出口许可证和其他官方核准文件，办理出口清关手续。

(6) 提供相应单据或具有同等效力的电子数据。

2) 买方基本责任

(1) 承担货交承运人或其他人接管后的一切风险和费用。

(2) 自担风险和费用，取得进口许可证或其他官方核准文件，办理进口清关手续和货物从他国过境所需要的一切海关手续。

(3) 按合同规定支付货款。

3) 使用 CIP 术语需要注意的问题

(1) 关于保险。

在 CIP 合同中，由卖方负责办理货物保险，与保险人签订保险合同，

支付保险费。但是卖方投保的性质与 CIF 合同是一样的，都是为买方利益保险，是卖方代替买方投保的性质。

关于投保险别的选择，通常由买卖双方根据货物性质和运输方式的不同在买卖合同中做明确规定。若合同中无相关规定，卖方可按照不同运输方式货物保险条款投保最低承保范围的险别。但不包括投保战争、罢工、暴动等特殊附加险，若买方提出要求，可在买方承担费用的情况下办理。

保险金额通常也由买卖双方商定，在买卖合同中明确规定保险加成率。若合同中未规定，卖方可按最低加成 110%，并以买卖合同使用货币的币种投保。

关于保险期限，即保险责任的起讫，根据惯例，保险人承担的保险责任起讫通常是“仓至仓”，但是“仓至仓条款”有两个可保利益阶段，即在货物交给承运人或其他人接管为止的卖方可保利益阶段和货物交给承运人或其他人接管时起直至目的地指定收货地点的买方可保利益阶段。在 CIP 条件下，卖方是为买方利益办理保险，因此，保险人保险责任的起讫从买卖双方交货起至货物到达目的地指定收货地点止。

关于保险权利转让，INCOTERMS2000 规定，CIP 条件下，卖方办理保险后必须使买方或任何其他对货物有可保利益的当事人有权直接向保险人索赔。因此，卖方在投保后，必须在保险单据上背书，以实现保险权利转让。买方合法取得保险单据后，一旦货物在运输途中遭受承保范围内的风险，造成货物灭失或损失，买方或其他任何对货物有可保利益的当事人有权持保险单据直接向保险人索赔。

(2) 关于运输合同。

CIP 术语适合各种运输方式，包括空运、陆运、铁路运输和多式联运等。卖方订立运输合同是有条件的，只限“按照通常方式经惯常路线”，而风险在交货后即转移给买方，也就是说，如果卖方按照惯常路线通常方式订立了运输合同，支付了运输合同中规定应由卖方支付的费用，货物在运输途中发生损失或造成货物晚到或不到，卖方不承担责任。

(3) 关于装卸货费和过境海关费用。

根据 INCOTERMS2000，在 CIP 术语项下，卖方承担交货之前与货物有关的一切风险和费用。其中费用包括货物运至目的地的主要运费、装船费和根据运输合同应由卖方支付的在目的地的卸货费。而买方必须支付货物自交货之时起与货物有关的一切费用，及货物在运输途中直至到达约定目的地为止的一切费用，除非这些费用根据运输合同应由卖方支付。因此，采用 CIP 术语时，买卖双方在签订合同时应就装卸货费的承担做详尽的规定，以免引起纠纷。

此外，在多式联运、大陆桥运输、国际铁路联运等运输方式下，货物在交货后可能要经过若干个第三国，对于过境海关费用及相关费用的负担也应在合同中做明确规定。

FCA、CPT与CIP术语是从FOB、CFR、CIF 3种传统术语发展起来的，前者和后者在买卖双方责任划分上基本原则是相同的，但也有区别，主要表现有4点。

(1) 适用的运输方式不同。FOB、CFR、CIF仅适用于海运和内河航运，承运人主要是船公司；FCA、CPT、CIP适用于各种运输方式，海运、内河、铁路、空运及多式联运，其承运人可以是船公司、航空公司、铁路、公路部门也可以是多式联运经营人，适用范围更广泛。

(2) 货物运输区间不同。FOB、CFR、CIF术语适用于海运或内河航运，所以运输期间是港口到港口，只能实现"港至港"交货；而FCA、CPT、CIP术语适用于各种运输方式，货物运输区间可以卖方内陆任何地点到买方内陆任何地点，可以实现"门到门"交货，更便捷高效。

(3) 交货地点和风险转移地点不同。FOB、CFR、CIF术语交货地点是装运港，风险转移以装运港船舷为界；而FCA、CPT、CIP术语的交货地点需视不同运输方式作不同的约定，可以在卖方所在地点，也可以在铁路、公路、航空、内河、海运承运人或多式联运经营人的收货地点，风险转移则是以卖方将货物交给承运人或其他人接管时为界。

(4) 运输单据不同。FOB、CFR、CIF术语项下，卖方一般应向买方提交已装船海运提单，它是物权凭证可以质押和背书转让，凭以提货；FCA、CPT、CIP术语项下，卖方提交的运输单据视运输方式而定，除海运外，其他运输方式下单据，如铁路运单、公路运单、航空运单、多式联运单据等都不是物权凭证，不能用以提货。

**运作实例5-7**

我方拟出口一批滑石粉，于2000年2月向香港客商报价USD80/MT CIF HK。香港客商回电同意我方价格，但要求我方贸易术语改为FOB HK，即要求USD80/MT FOB HK。请问根据INCOTERMS2000，我方可否接受？

### 5.1.3 其他七种国际贸易术语简介

#### 1. EXW术语

EXW(Ex Works … named place)——工厂交货……指定地点，是指卖方在其所在地或其他指定的地点(工厂、仓库等)将货物交给买方处置时即完成交货。卖方不办理出口清关手续或将货物装上任何运输工具。

该术语是卖方承担责任最小的术语。如果买方不能直接或间接办理出口手续，不应使用该术语，而应使用FCA术语。

#### 2. FAS术语

FAS(Free Alongside Ship … named port of shipment)——船边交货……指定装运港，是

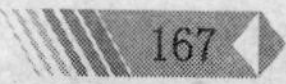

指卖方在指定的装运港将货物交到船边，即完成交货。买方必须承担自交货起货物灭失或损坏的一切风险。

需要注意的是 INCOTERMS2000 规定 FAS 术语项下，由卖方办理出口清关手续，这一点与 INCOTERMS1990 不同，在 1990 版中要求由买方办理出口手续。该术语仅适用于海运和内河航运。

3. DAF 术语

DAF(Delivered At Frontier … named place)——边境交货……指定地点，是指卖方在边境的指定交货地点，将尚未卸下的货物交给买方处置，办妥货物出口清关手续，但不承办进口清关手续，即完成交货。使用该术语，应注意在合同中明确界定所指边境，明确规定具体交货地点。该术语可用于陆地边界交货的各种运输方式，当在目的港船上或码头交货时，应使用 DES 或 DEQ 术语。

4. DES 术语

DES(Delivered Ex Ship … named port of destination)——目的港船上交货……指定目的港，是指卖方在指定目的港船上将货物交给买方处置，不办理进口清关手续，即完成交货。卖方必须承担货物运至指定的目的港卸货前的一切风险和费用，如果当事人各方希望卖方负担卸货的风险和费用，应使用 DEQ 术语。该术语适用于经由海运或内河运输或多式联运在目的港船上交货的运输。

5. DEQ 术语

DEQ(Delivered Ex Quay…Named Port of Destination)——目的港码头交货……指定目的港，是指卖方在指定目的港码头将货物交给买方处置，不办理进口清关手续，即完成交货。卖方承担货物卸至目的港码头的一切风险和费用。

INCOTERMS2000 规定，使用 DEQ 术语由买方办理进口清关手续并支付一切税费。这和 INCOTERMS1990 是不同的，90 版规定由卖方办理进口清关手续。

只有当货物经由海运或内河运输或多式联运在目的港码头卸货时，才能使用该术语。如果买方希望卖方负担将货物从码头运至港口以内或其他点(仓库、运输站等)的义务时，应使用 DDU 或 DDP 术语。

6. DDU 术语

DDU(Delivered Duty Unpaid … named place of destination)——未完税交货……指定目的地，是指卖方在指定目的地将货物交给买方，不办理进口手续，也不从交货的运输工具上将货卸下，即完成交货。该术语适用于各种运输方式。

7. DDP 术语

DDP(Delivered Duty Paid … named place of destination)——完税后交货……指定目的地，是指卖方在指定目的地的约定地点将在运输工具上尚未卸下的货物交与买方，办理完进口清关手续，即完成交货。该术语适用于各种运输方式，卖方承担责任最大，若卖方不能直接或间接取得进口许可证，不应使用此术语。

表 5-4 根据 INCOTERMS2000 规定，依买方风险、责任、费用由大到小对 13 种贸易术语进行了排序。EXW 术语买方责任最大，相反，DDP 术语卖方责任最大；从交货地点来看，E 组、F 组、C 组交货地点均在出口国内地或港口，DAF 在出口国边境，D 组其余四个均在进口国内地或港口；从出口清关手续来看，由买方承担的仅有 EXW 一种，其他的均由卖方承担；相反，从进口清关手续来看，仅有 DDP 一种由卖方承担，其他的均由买方承担；从适用运输方式来看，仅适用于水运的有 FAS、FOB、CFR、CIF、DES 和 DEQ，其余可适用于任何一种运输方式。

表 5-4　贸易术语比较

| 贸易术语 | 交货地点 | 风险转移界限 | 出口清关及费用 | 进口清关及费用 | 适用的运输方式 |
|---|---|---|---|---|---|
| EXW | 卖方所在地或其指定地点 | 货交买方处置时 | 买方 | 买方 | 各种运输方式 |
| FCA | 出口国内地或港口 | 货交承运人处置时 | 卖方 | 买方 | 各种运输方式 |
| FAS | 装运港 | 货交装运港船边 | 卖方 | 买方 | 水上运输 |
| FOB | 装运港 | 货物越过装运港船舷 | 卖方 | 买方 | 水上运输 |
| CFR | 装运港 | 货物越过装运港船舷 | 卖方 | 买方 | 水上运输 |
| CIF | 装运港 | 货物越过装运港船舷 | 卖方 | 买方 | 水上运输 |
| CPT | 出口国内地或港口 | 货交承运人处置时 | 卖方 | 买方 | 各种运输方式 |
| CIP | 出口国内地或港口 | 货交承运人处置时 | 卖方 | 买方 | 各种运输方式 |
| DAF | 两国边境指定地点 | 货交买方处置时 | 卖方 | 买方 | 各种运输方式 |
| DES | 目的港 | 目的港船上将货物交买方处置时 | 卖方 | 买方 | 水上运输 |
| DEQ | 目的港 | 目的港船上将货物交买方处置时 | 卖方 | 买方 | 水上运输 |
| DDU | 进口国内地 | 指定目的地将货物交买方处置时 | 卖方 | 买方 | 各种运输方式 |
| DDP | 进口国内地 | 指定目的地将货物交买方处置时 | 卖方 | 卖方 | 各种运输方式 |

资料来源：根据《INCOTERMS2000》整理。

### 5.1.4 正确运用国际贸易术语

1.《国际贸易术语解释通则》协调的范围

1) 贸易术语涵盖的范围仅限于销售合同

完成一笔国际贸易不仅需要销售合同，而且需要运输合同、保险合同、融资合同等，而INCOTERMS仅涉及其中的一项合同，即销售合同，而且涵盖的范围也只限于销售合同当事人的权利义务中与已售货物交货有关的事项，例如买卖双方交接货物的地点，风险、费用的转移，买卖双方的基本义务。尽管这样，当买卖双方同意使用某一具体贸易术语时，将不可避免地对其他合同产生影响。例如，合同规定使用CFR式CIF术语，卖方就只能以海运方式履行合同，因为在这两个术语下卖方必须向买方提供提单或其他海运单据，而如果是用其他运输方式这些要求是无法满足的。

2) 贸易术语与销售合同其他条款的关系

贸易术语的使用，一方面表示了价格，两一方面也确定了合同的性质。一旦确定了贸易术语，那么买卖双方有关责任的划分通常就依据惯例对术语的解释。但是，实务中也有这样的情况，合同价格条款中使用了一种贸易术语，在合同中的其他条款中却规定了与这种贸易术语解释相抵触的内容或不肯定的条款，那么有关这种贸易术语在这些条款方面的惯例解释不一定适用该合同，在有些国家甚至认为该合同无效。例如，一笔交易是按照CIF贸易术语达成，但在合同的其他条款中却规定货物从装运港至目的港的一切费用和风险均由卖方承担的条款。这一规定，就可能导致该合同不属于 CIF 合同性质。因此关于一份合同的性质，不能单纯看他所使用的贸易术语，还要看该合同的全部内容是否符合该项贸易术语的主要含义。关于这个问题在一些国际贸易统一规则及判例中都有反映。例如在《1941美国对外贸易定义修订本》中叙述CIF术语时指出："卖方与买方最好不要把与本定义所规定的CIF合同义务不符的任何不肯定的条款包括在CIF合同之内。"在美国和其他国家的许多法院判决中，都曾经由于 CIF 合同中包括了不肯定的条款，而把合同宣布无效。

此外，尽管INCOTERMS对于销售合同的执行有着极为重要的意义，但销售合同中可能引起纠纷的许多问题却并未涉及，如货物所有权和其他产权的转移、违约、违约行为的后果以及某些情况下的免责等，这些问题必须通过销售合同中的其他条款和适用的法律来解决。

3) 贸易术语与货物所有权的转移问题

所有权是一种财产权，是对财产享有占有、使用和处理的权利。在国际贸易中，货物所有权的转移指从何时起对货物占有、使用和处理的权利由卖方转移给买方。货交承运人和到达术语(D组)项下都属实际交货，随着货物的实际交付和买方付款，所有权随即转移，因此风险的转移和所有权的转移一般也是在同一时间。但在FOB、CFR、CIF术语下，所有权的转移就比较复杂了。这三种术语属于象征性交货，“卖方交单即交货，买方见单即付款”，卖方通常不愿意在收到货款前就将货物所有权转移给买方，在实务中，卖方往往通过掌握代表所有权的提单等货运单据这种办法来保留所有权。在这种情况下，货物所有权的转移一般分为两个阶段进行：首先，货物的所有权有限制地转移给银行；其次，当买方向银行付清货款，银行向买方释放单据，买方才能取得货物所有权。如果买方不付款，卖方可通过其所掌握的提单等货运单据保留对货物的所有权，在这种情况下，风险的转移和所有权的转移在时间上并不是一致的。

2. 贸易术语选用的原则

在第5.1节中介绍的有关国际贸易术语的惯例中，目前INCOTERMS在国际贸易界的影响最大，已被世界上大多数国家和地区的贸易商所接受和使用。由于海洋运输在国际贸易中仍占70%以上，加上许多国家集装箱多式联运业以及整个物流业发展的滞后，目前实务中应用最多的仍为FOB、CFR、CIF三种术语。但是随着各国经济发展水平的不断提高，特别是交通运输业的发展，与FOB、CFR、CIF相对应的适合各种运输方式的FCA、CPT、CIP三个贸易术语被越来越多地在实务中应用。

不同的贸易术语对买卖双方承担的风险和责任的划分不同，要求的运输方式也不同，另外由于各国与货物买卖相关的行业的发展水平、贸易习惯的不同、买卖双方本身的要求各异，因此实践中贸易术语的选用具有很大的灵活性。但是，通常来讲，仍有一些选用的原则。

(1) 出口合同中选用CIF或CFR术语要比选用FOB更有利于卖方。因为，在CIF术语下，国际货物买卖所涉及的三个合同——买卖合同、运输合同、保险合同均由卖方作为当事人，这样卖方可以根据具体情况统筹安排备货、装运、投保等事项，保证整个作业流程的相互衔接，同时有利于发展本国的航运业和保险业。另外，还可以防范FOB合同下，买方与船方勾结合伙诈骗的风险。

在运作实例5-6中，由于合同采用FOB术语，由买方韩国公司负责租船，韩国公司租用了越南籍的货轮，而我国内某公司对该承运人的资信情况一无所知，使得卖方在装运港交货后，实际上完全失去了对货物的控制，货物所有权过早转移，从而导致我方最后货款两空。由此可见，在出口贸易中应尽量减少FOB术语的使用。如果使用FOB术语，不仅应注意买方资信，而且还应在合同中规定买方必须租用信用良好的船公司的轮船，以该船公司在我国内有办事处或长年代理机构为宜。

(2) 进口合同中应选用FOB术语，慎用CIF术语，特别是大宗货物的买卖。CIF条件通常适用于零星货物进口，尤其是国外装运港为偏远港口，我方无班轮停靠，或者国外运费水平比较低的情况下。而且，为保证进口货物的安全，应该在买卖合同中规定“卖方租用信誉好的船运公司承运买方的进口货物”，以防止船运公司以补充燃料或其他理由为借口，单方面决定停靠低价燃料港或途中拉拢其他客户，从而耽误船舶到港的时间，给进口商带来额外的风险和损失。在 CIF 合同中，由于卖方掌握着租船、订舱的主动权，若卖方委托资信很差的人租船订舱，甚至与船东勾结，必将给买方造成重大损失。

(3) 内陆地区的出口贸易，应选用 FCA、CPT、CIP 术语。目前，集装箱船、多式联运被广泛采用，有必要扩大选用 FCA、CPT、CIP 术语，以替代仅适用于水上运输的 FOB、CFR、CIF 术语，否则，带来的不仅是费用的增加、风险转移的滞后，还有结汇时间的延迟。对于位于内陆地区的出口企业，如果选用 FOB、CFR、CIF 术语，首先要将货物运输至装运港，在约定的船期将货物装船后，承运人出具海运提单，然后需将全套提单邮寄至卖方所在地，由其制单后才能交银行结汇。而在 FCA、CPT、CIP 术语项下，卖方只需将货物交付给承运人接管，就可从承运人处取得运输单据并凭以向买方或其指定的银行收取货款，根据不同情况能缩短收汇时间 5～25 天不等。同时，使用 FCA、CPT、CIP 术语，以货交承运人为买卖双方风险的划分界限，将会提前转移风险，减少出口货物装卸、倒运、仓储的环节和时间，减少货物在运输中的损耗。此外，使用 FCA、CPT、CIP 术语，可以实现当地报关、当地出单、当地结汇，给出口企业业务操作带来了极大的便利。这些都有助于降低企业的贸易成本和加速资金周转，提高出口商品的市场竞争力。例如，从甘肃出口的货物，可以使用“FCA 兰州”，在兰州当地清关后通过火车整车或整箱运至青岛港，然后经青岛海关办理中转手续后，即可装箱或原箱装船出口。

我国进出口企业长期以来不管采用何种运输方式，对外洽谈业务或报盘仍习惯用 FOB、CFR 和 CIF 三种贸易术语。但在滚装、滚卸、集装箱运输的情况下，船舷无实际意义时应提倡尽量改用 FCA、CPT 及 CIP 三种贸易术语，特别是内陆地区的出口。

上例中出口公司所在地正处在铁路交通的干线上，外运公司在该市有集装箱中转站，既可接受拼箱托运也可接受整箱托运。假如当初采用 FCA(该市名称)对外成交，出口公司在当地将 1200 箱交中转站或自装自集后将整箱(集装箱)交中转站，不仅风险转移给买方，而且当地承运人(即中转站)签发的货运单据即可在当地银行办理议付结汇。该公司自担风险将货物运往天津，再集装箱出口，不仅加大了自身风险，而且推迟了结汇。

(4) 贸易术语选择应同其他合同条款相配合。例如，在托收结算方式下的出口，若选择 FOB 术语，对出口方来讲风险很大，应尽量避免 FOB、CFR 术语，因为，在这两种术语下，办理保险不是卖方的义务，而由卖方根据实际情况代理买方办理或由买方自行办理。如果履约时市场行情对买方不利，买方会找种种借口拒收货物，并且有可能不为货物办理保险，这样一旦运输途中遭遇风险有可能使卖方货款两空。更有甚者，买方和船方勾结，诈骗卖方。运作实例 5-6 就很能说明问题：除了前面的分析，如果卖方坚持采用信用证结算，要求买方对信用证延期，在银行信用的保证下，卖方履行了交货义务，至少可以得到银行的付款，不会货款两空。

## 5.2 进出口商品的价格

### 5.2.1 进出口商品价格概述

商品价格可分为单价和总价。单价(Unit Price)通常是指单位商品的价格；总价(Total Amount)是指全部商品的价格，由商品数量乘单价得出。进出口商品单价包括四项内容：货币名称、单价金额、计量单位、贸易术语。例：USD1000/doz CIF London。即 USD(货币名称)、1000 (单价金额)、doz (计量单位)、CIF London (贸易术语)。

进出口商品价格金额的高低与贸易术语有关。就同一笔商品交易而言，使用 CIF 术语价格要比使用 FOB 术语价格高。因为，CIF 价格包含出口方需支付的运费和保险费，扣除这两项费用后的金额就是 FOB 价格。不管以哪一种贸易术语价格成交，出口方的商品销售收入是不变的。关于不同贸易术语价格的换算将在 5.2.4 节中进行介绍。

1. 进出口商品定价原则

商品的定价不仅是一个简单的价格问题，而且是促销和竞争不可缺少的工具。在定价时，企业首先应进行市场细分，在此基础上选择目标市场，结合企业的经营目标(例如利润额、销售额、市场占有率等具体指标)、产品成本、竞争者的产品及价格、市场需求等进行综合考虑。

1) 影响商品定价的主要因素

出口商品定价和国内销售商品的定价是不同的。在进出口贸易中影响商品价格的因素主要有如下几种。

(1) 品质因素。根据产品的质量和档次，按质论价、优质优价、商品的品质不仅包括诸如含量指标、功能、性能等内在品质，还包括商品的包装、装潢、品牌的差异等，包装精致、驰名品牌的商品通常定价较高。

(2) 成交数量。通常来讲，成交数量越大，价格越低；成交数量越小，价格越高。这种差别除了在于提高客商经营我商品的积极性，实现薄利多销之外，费用也是很重要的因素。例如，通常海运中对拼箱货(Less than Container Load，LCL)有最低运价和最低体积的要求和规定，如对体积的最低要求是 2CBM 运费为 USD50/$m^3$，即最低运费为 USD100。因此即使货物只有 1CBM，运费仍为 USD100，而如果成交数量加大，分摊在单位商品上的费用就大大降低了。

(3) 季节因素。有些出口商品销售的季节性特征很强，例如圣诞礼品，应抢先上市，在适销季节适当定高价，淡季时，价格可略低。

(4) 地区因素。同一类商品销售到不同的国家和地区，由于运输距离、交货地点的差异，商品价格中所包含的相应费用不同。通常，离产地较远、运距长的商品的卖价可以相应提高。另外，由于不同地区文化、习惯不同，可能导致对同一类商品不同的偏好和偏见，这都会影响到定价。

(5) 支付条件因素。如果合同中规定较好的支付方式，例如预付货款、即期信用证方式付款等，通常定价会比采用托收或货到汇款支付要低。因为，前者可使卖方尽早收汇融通资金，而且有银行信用作保证收汇有保障，风险较小。

(6) 售后服务因素。在机械设备和耐用消费品的贸易中，售后服务的好坏对价格的影响较大。

(7) 软硬币因素。出口应争取选用汇率保持上浮趋势的硬币；进口应当选择有下浮趋势的软币支付。如果争取不到，则可通过适当加价或要求降价的方式，或采用订立“保值条款”的办法来避免汇率变动可能产生的风险或损失。

还有很多影响进出口商品定价的因素，例如新老客户、新老产品、主要竞争者的价格等，这也是在进出口业务中制定价格策略需要考虑的。

2) 进出口商品定价策略和定价方法

常用的定价策略有市场渗透(Marketing Penetration)、撇脂价格(Skimming)和市场控制(Holding)。市场渗透通过低价达到大量销售的目的，这一策略适用于市场容量大、消费者对价格敏感、规模经济效应较明显的商品。撇脂定价是高价销售独特的、研发成本较高和相对来讲需求价格弹性较小的产品，这一策略持续时间的长短取决于竞争者对此做出反应的能力。市场控制的目的是控制市场份额。

常用的定价方法有：成本导向定价法(Cost Oriented)、市场导向定价法(Market Oriented)、竞争导向定价法( Competition Oriented)。

(1) 成本导向法是以成本为基础的定价方法。按照是以总成本还是以变动成本为基础的标准可分为完全成本定价法和变动成本定价法，这两种方法在实践中均有应用。使用完全成本定价，企业的产品无论是出口外销还是国内市场销售均分摊总的固定成本和变动成本。使用变动成本定价，企业在出口定价中仅考虑出口商品价格是否能够弥补出口产品的边际成本。只要这一点得到了满足，那么出口单位产品对企业的贡献利润就为正，企业可以用超过变动成本的收入来分摊一部分的固定成本。这种定价方法适用于生产能力过剩以及固定成本高的企业，而这种定价法会造成出口价格低于国内市场销售价格，因此可能受到进口国反倾销措施的制裁。成本导向定价法没有考虑到进口市场竞争者和市场需求因素对定价的影响。

(2) 市场导向定价法主要根据市场供求来决定价格。

(3) 竞争导向定价主要根据市场上存在的竞争者的价格来确定出口产品的价格。

3. 进出口商品作价方法

国际贸易实务中，常用的作价方法有以下几种。

1) 固定价格

固定价格是指在合同的价格条款中明确规定商品的单价和总价，合同一旦生效，任何一方不得擅自改动这个价格。例如合同中明确规定：

USD100 permetric ton CIF Long Beach. No price adjustment shall be allowed after conclusion of this contract，unless both party of this contract agreed.(100美元/公吨 CIF 长滩，合同订立后，未经合同买卖双方同意不得调整价格。)

固定价格作价方法有利于结算，但是市场价格变化可能会给某一方造成损失，从而有可能使履约发生困难。因此，采用这种方法作价，特别是大宗货物的交易，一般应加订保值条款。

2) 暂不固定价格

暂不固定价格，是指买卖双方在签订合同时没有确定具体的价格，仅约定未来确定价格的依据和方法。例如双方对价格趋势难以把握，仅约定成交商品的品质、数量和交货期以及最后作价的时间和方法。例：

Buyer has the right to price all or part of the payable metal on the LME unknown future market，the quotational period for copper shall be the first calendar month after the month of shipment. (买方有权按照伦敦金属交易所未知的期货市场价格对部分或全部计价金属进行选价，铜的选价期为装运后第一个日历月。)

3) 暂定价格

暂定价格，是指买卖双方在合同中预先订立一个初步价格，作为开证和初步付款的依据，双方确定最后价格之后再进行清算，多退少补。例：Provisional price (临时价格)。某些商品的价格瞬息万变，买卖双方在合同中的注明的价格仅为临时参考价格，作为开证或批汇的依据。但是这种作价方法常常由于合同中缺乏明确的定价依据，双方可能在最后定价时不能达成一致，导致合同无法履行，有较大的不稳定性。

4) 滑动价格

滑动价格是指先在合同中规定一个基础价格(Basic Price)，交货时或交货前一定时间按照原料价格和工资变动来计算和确定合同的最后价格。如最后价格与初步价格之间的差额不超过约定的范围(如5%)，初步价格可不作调整。这种作价方法主要适用于某些生产周期长的机械设备和原料性商品的贸易，双方为了避免承担价格变动的风险往往采用。例：

Seller reserves the right to adjust the contracted price，if prior to delivery，there is any variation in the cost of labor or raw material or component parts.(在交货前，若劳动力成本或原材料或零部件价格有波动，卖方保留调整合同价格的权利。)

3. 进出口商品计价货币的选择

计价货币是合同双方当事人用来清偿债权债务的货币，在买卖合同中即用来计算商品价格的货币。

1) 计价货币的选择

计价货币的选择通常要遵循以下原则。

(1) 如果双方国家订有贸易协定和支付协定，而交易本身又属于上述协定范围内的交易，必须按协定所规定的货币计价和结算。

(2) 如果无其他规定，计价货币可以是出口国或进口国的货币，也可以是第三国的货币但必须是自由兑换货币(表 5-5)。出口贸易中，计价和结汇争取使用硬币(Hard Currency)(即币值稳定或具有一定上浮趋势的货币)；进口贸易中，计价和付汇争取使用软币(Soft Currency)(即币值不够稳定且具有下浮趋势的货币)。

表 5-5　出口交易中常用的计价货币

| 货币名称 | 货币符号 | 简　写 |
|---|---|---|
| 英镑 | £ | GBP |
| 美元 | US$ | USD |
| 港元 | HK$ | HKD |
| 瑞士法郎 | SF | CHF |
| 德国马克 | DM | DEM |
| 法国法郎 | FF | FRF |
| 日元 | J¥ | JPY |
| 欧元 | € | EURO |

2) 计价货币的汇率折算

汇率是用一个国家的货币折算成另一个国家的货币的比率。汇率的折算有直接标价与间接标价两种方法，我国采用直接标价法，即用本国货币来表示外国货币的价格(外币是常数，本币是变量)。例：

100美元＝782.35元人民币。

出口结汇是银行付出本国货币，买入外汇，因此在出口核算中用买入价；进口付汇是银行买入本国货币，卖出外汇，因此在进口核算中要用卖出价。

4. 佣金和折扣

佣金(Commission)是进出口贸易中卖方或买方付给中间商作为其代买代卖的酬金。折扣(Discount)是卖方按照原价给予买方一定百分比的减让。佣金和折扣的运用，可以起到调整价格、增强竞争力、促进客商经营积极性、扩大贸易的作用。

佣金在实务中又分为明佣、暗佣。明佣是指在贸易合同的价格条款中明确规定佣金的比例；暗佣是指佣金问题没有在贸易合同中体现出来，而由当事人事先另行约定另行支付。

折扣又分为明扣、暗扣，价格折扣、数量折扣以及其他特殊目的的折扣。

1) 佣金和折扣的表示方法

含有佣金的价格为含佣价，不含佣金的价格即为净价。在国际贸易实务中，含佣价的表示方如下。

(1) 采用文字说明，例如：

USD206 PER CASE CIF DALIAN INCLUDING 3% COMMISSION。

(2) 采用缩写，例如：

USD206 PER CASE CIFC3 DALIAN。

(3) 采用绝对数，例如：

COMMISSION USD6 PER CASE。

折扣的表示方法和佣金相似，主要有：

(1) 文字说明，例如：

USD206 PER CASE CIF DALIAN LESS 1% DISCOUNT。

(2) 缩写，例如：

USD206 PER CASE CIFD1 DALIAN。

(3) 绝对数，例如：

DISCOUNT USD2 PER CASE。

2) 佣金和折扣的计算

在我国进出口贸易中，一般是以发票金额(即含佣价)为基数计算佣金的，即发票金额乘以佣金率，实务中也有按 FOB 净价为基数计算佣金的。如合同不属于 FOB 合同性质，双方洽商确定以 FOB 净价为基数计算佣金，须将合同价格换算成 FOB 价再计算应付的佣金。

根据佣金的定义和计算方法，可知含佣价和净价之间有如下的换算关系：

$$佣金=含佣价\times佣金率$$

$$净价=含佣价\times(1-佣金率)$$

$$含佣价=\frac{净价}{1-佣金率}$$

折扣一般按发票金额乘以约定的折扣百分率，即得到应减除的折扣金额。

3) 佣金和折扣的支付办法

佣金往往是在出口商收到全部货款后，再另行支付给中间商，但也有在发票货款中直接扣除的。折扣一般由买方在支付货款时扣除。

### 5.2.2 进出口商品成本核算

#### 1. 出口商品成本核算

出口成本包括出口商品进价和出口流通费用两部分。

出口商品进价是指购进用于出口商品的价格，又称为进货成本。在我国，商品流通实行增值税制度，购买商品除了要支付商品本身价格外，还要缴纳增值税，增值税税率因不同的商品而不同，绝大部分商品的增值税税率为17%。因此，出口商品进价的计算方法是：

$$进货成本 = 购货合同价格 \times (1+增值税税率)$$

出口流通费用在出口业务中又被称为定额费用，它是指出口企业就某一商品的出口，从与国外进口商进行交易磋商起，一直到商品出口、收取货款为止，除出口商品进价外所发生的一切费用开支。主要包括：银行费用、银行利息、邮电通信费、工资支出、交通费、仓储费、国内运输费、码头费用、差旅费、招待费、单证认证费、商品检验费及捐税等。出口流通费用由于名目繁多，计算方法各异，因此逐项计算非常繁杂。通常，企业在业务中根据以往核算按不同商品自行确定一个费率(例如5%～15%)，从而使计算简便、易于操作。

我国为了鼓励出口，对出口商品实行退税制度。即在商品出口后，对商品在国内各流通环节征收的增值税给予一定比例的退还。退税率以国家税务总局规定的不同类别商品出口退税率为准。退税金额的计算如下：

$$退税金额=\frac{进货成本}{1+增值税税率} \times 退税率$$

出口退税是被世界贸易组织认可的一种国家补贴出口、鼓励出口的措施，可以降低企业出口成本，提高企业出口商品竞争力。核算成本时，应将出口退税计入出口成本，出口成本就有一定程度的下降。实际的出口成本如下：

$$出口成本 = 进货成本 + 出口流通费用 - 退税金额$$

#### 2. 进口商品成本核算

进口成本也由两部分组成：进口合同价和进口流通费用。进口合同价是进出口双方通过交易磋商而确定的价格，它是进口成本中的主要部分。进口流通费用是指就某一商品的进口，从与国外出口商交易磋商起，一直到商品进口后转售给国内用户或其他企业止，除了进口合同价以外所发生的一切费用开支。主要包括：卸货费、驳船费、码头建设费、码头仓租费等港口费用，进口货物关税、增值税、营业税及消费税等捐税，进口商品的检验费、公证费，银行费用、利息，提货报关费，国内运输费，仓租费等，名目也很繁杂。在进出口公司的企业管理中，有些费用能明显区别是在哪笔进口项下发生的，则计入该笔进口业务成本，有些进口流通费用与其他业务活动的费用混合在一起，难以区别，常按照每笔业务金额的大小进行分摊。

### 5.2.3 进出口商品效益核算

#### 1. 出口效益核算

出口效益核算是对出口销售净收入和出口成本进行比较。如果出口销售收入大于成本，意味着出口业务有盈利；相反，则意味着出口业务有亏损。出口销售净收入分为：出口销售外汇净收入和出口销售人民币净收入。出口销售外汇净收入是指出口销售的FOB净价，如果出口销售收入中含有国际运输费和保险费，在进行效益分析时应将这两项费用剔除；出口销售人民币净收入是将出口销售外汇净收入换算成人民币，即用该种货币银行汇率买入价乘以出口销售外汇净收入。

分析出口效益的指标主要有换汇成本、出口盈亏额和出口盈亏率。

1) 换汇成本

换汇成本是出口商品获得每一单位外币的成本，即出口净收入1单位外币所耗费的人民币数额。换汇成本高于外汇牌价，出口为亏损；反之则为盈利。

$$换汇成本=\frac{出口成本(人民币)}{出口销售外汇净收入(美元)}$$

核算出口商品换汇成本的意义在于：

(1) 比较不同种类出口商品的换汇成本，以便调整出口商品的结构，即多出口换汇成本低的商品；

(2) 对同类商品比较出口到不同国家或地区的换汇成本，作为选择销售市场的一个依据；

(3) 对同类商品比较不同时期的换汇成本，以便对出口措施进行分析。

2) 出口盈亏额及出口盈亏率

出口盈亏额指标在于比较分析出口销售人民币净收入与出口成本的差额，净收入大于出口成本为盈利；反之，则为亏损。

$$出口盈亏额=出口销售人民币净收入-出口成本$$

$$出口盈亏率=\frac{出口盈亏额}{出口成本}\times 100\%$$

#### 2. 进口效益核算

进口经济效益核算是对进口商品国内销售收入和进口成本进行比较。如果进口商品的销售收入大于进口成本，意味着进口业务有盈利；如果进口商品的销售收入小于进口成本，则意味着进口业务有亏损。核算的指标主要有以下两种。

1) 进口商品盈亏率

进口商品盈亏率指标用来反映经营进口商品的盈亏程度，计算公式是

$$进口商品盈亏率=\frac{国内销售收入(人民币)-进口成本(人民币)}{进口成本(人民币)}\times 100\%$$

2) 进口每美元赔赚额

该指标用来反映企业每进口 1 美元商品的获利能力，计算公式是

$$进口每美元赔赚额=\frac{国内销售收入(人民币)-进口成本(人民币)}{商品进口价格(美元)}$$

在进行以上两个指标的核算时需要注意，在进口业务中，国际运输费和货物国际运输保险费总是由进口方支付的，无论是否包含在进口商品价格中，都要计入进口成本。

### 5.2.4 不同贸易术语的价格换算

在进出口贸易价格磋商过程中，当一方报价后，另一方可能要求改报成其他贸易术语价格，例如 FOB 价改报为 CIF 价，或 FCA 价改报为 CIP 价等。因此，应掌握不同贸易术语的价格换算。

(1) FOB 价换算成 CFR 价或 CIF 价

$$CFR = FOB + F(运费)$$

$$CIF=\frac{FOB+F(运费)}{1-保险费率\times(1+投保加成率)}$$

(2) CIF 价换算成 FOB 价或 CFR 价

$$FOB = CIF - I(保险费) - F(运费)$$

$$CFR = CIF - I(保险费)$$

CFR 价换算成 FOB 价或 CIF 价可由上述公式推导出来。

(3) FCA 价换算成 CPT 价或 CIP 价

$$CPT = FCA + F(运费)$$

$$CIP=\frac{FCA+F(运费)}{1-保险费率\times(1+投保加成率)}$$

(4) CIP 价换算成 FCA 价或 CPT 价

$$FCA = CIP - I(保险费) - F(运费)$$

$$CPT = CIP - I(保险费)$$

(5) CPT 价换算成 FCA 价或 CIP 价可由上述公式推导出来。

### 5.2.5 合同中的价格条款

#### 1. 合同中价格条款的主要内容

国际贸易买卖合同中的价格条款一般包括两项内容：一是货物单价(Unit Price)，二是货物总价(Total Amount)。单价由货币名称、单位商品金额、计量单位和贸易术语组成。

例：USD200 per Metric Ton CIF London (每公吨200美元CIF伦敦)

单价各个部分必须表达明确、具体，并且应注意4个部分在中、外文书写上的先后顺序，不能任意颠倒。

2. 合同中常见的价格条款实例

(1) USD2130.00/mt FOB Dalian Including 5% Commission. The commission shall be payable only after seller has received the full amount of all payment due to seller.

每公吨30美元含5%佣金FOB大连，佣金支付以卖方收付全部货款为条件。

(2) Seller reserves the right to adjust the contracted price，if prior to delivery，there is any variation in the cost of labor or raw material or component parts.

如果在交货前劳动力、原材料成本或其零部件价格发生任何变化，卖方有权调整合同价格。

(3) Exchange risks，if any，for buyer's account .

如有任何汇率风险，则由买方承担。

## 本章小结

价格是进出口商品贸易合同中买卖双方洽商的一个重要内容，而价格的确定离不开贸易术语的选用。本章从国际贸易术语入手，介绍了贸易术语的概念和作用，同时介绍了有关国际贸易术语的国际惯例及INCOTERMS2000规范下的十三种贸易术语的含义、买卖双方责任的划分及应用。进出口商品价格部分主要介绍了进出口商品价格的表述、定价原则、作价方法、计价货币的选择、佣金折扣的计算、进出口商品成本核算、效益核算、不同贸易术语之间的价格核算以及合同中常见的价格条款实例。

关键名词

(1) Unit Price　单价
(2) Total Amount　总价
(3) Provisional Price　临时价格
(4) INCOTERMS2000　2000年国际贸易术语解释通则
(5) Trade Terms　商业期限
(6) EXW　工厂交货
(7) FOB　船上交货
(8) CIF　到岸价格
(9) CFR　成本加运费
(10) FCA　货交承运人
(11) CPT　运费付至

(12) CIP 运费、保险费付至

(13) DAF 边境交货

(14) DES 目的港船上交货

(15) DEQ 目的港码头交货(关税已付)

(16) DDU 未完税交货

(17) DDP 完税后交货

(18) FAS 船边交货

(19) Commission 佣金

(20) Discount 贴现

## 习 题

1. 什么是贸易术语？贸易术语有什么作用？
2. 什么是 INCOTERMS2000，它有哪些特点？
3. 如何正确使用贸易术语？
4. FOB、CIF、CFR 三种术语的基本内容是什么？三者有什么异同？
5. 为什么要在国际贸易中推广 FCA、CPT、CIP 三种术语的应用？
6. 进出口商品的作价通常受哪些因素的影响？
7. 价格条款的基本内容是什么？
8. 判断下列我方出口单价的写法是否正确，如有误，请更正并说明理由。

(1) 每箱 35 美元 CIF 美国。

(2) 每吨 7500 日元 CIF3％大阪。

(3) 每打 75 元 FOB 伦敦。

(4) 每吨 600 英镑 CFRC 上海。

(5) 785 元 FCA 鹿特丹。

9. 出口麻底鞋(Espadrilles)36 000 双，出口价每双 0.60 美元 CIF London，CIF 总价 21 600 美元，其中海运费 3400 美元，保险费 160 美元。进货成本每双人民币 4 元，共计人民币 144000 元(含 17％增值税)，出口退税率 14％，国内流通费用定额率 12％。银行美元买入价为 1 美元=7. 8 元人民币。

请计算：麻底鞋换汇成本、盈亏额及出口盈亏率。

10. 我国某公司进口某种商品，外商报价 USD16 000 per Metric Ton CFRC2 Shanghai。试计算 CFR 净价和佣金各是多少？如我方要求改报 CIFC2 价，外商应如何报价？ (投保金额为 CIFC 加一成，保险费率为 0.5％)。

## 案 例

**案例 1**

我国某公司按 CIF 条件向欧洲某国进口商出口一批草编制品，向中国人民保险公司投保了一切险，并规定了用信用证方式支付。我出口公司在规定的期限、指定的我国某港口装船完毕，船公司签发了提单，然后去中国银行议付款项。第二天，出口公司接到客户来电，称装货的海轮在海上失火，草编制品全部烧毁，客户要求我公司出面向中国人民保险公司提出索赔，否则要求我公司退回全部货款。

问：对客户的要求我公司该如何处理？为什么？

### 案例 2

我某进出口公司向新加坡某贸易公司出口香料，对外报价为每公吨 2500 美元 FOB 湛江，装运期为 10 月份，集装箱装运。我方 10 月 12 日收到买方的装运通知，为及时装船，公司业务员于 10 月 17 日将货物存于湛江码头仓库，不料货物因当夜仓库发生火灾而全部灭失，以致货物损失由我方承担。

问：该笔业务中，我方的做法有何不当之处？

### 案例 3

我国某进出口公司以 CIP 条件进口货物一批，合同中的保险条款规定：“由卖方按发票金额的 130%投保一切险。”卖方在货物装运完毕以后，以凭结汇单据向买方收取了货款。而货物在运输途中遇险导致全部灭失。当买方凭保险单向保险公司要求赔付时，卖方却提出，超出发票金额的赔付部分，应该是买卖双方各得一半。问：卖方的要求是否合理？为什么？

### 案例 4

上海某公司与法国某公司订立了一份进口 300 台电子计算机的合同，每台 CIF 上海 1000 美元，不可撤销的信用证支付，12 月马赛港装船。中国银行上海分行(开证行)向卖方开出不可撤销信用证。12 月 20 日，卖方将 300 台计算机装船，并获得信用证要求的提单、保险单、发票等票据后，即到议付行议付。经审查，单证相符，银行即将 30 万美元支付给卖方。与此同时，载货船离开马赛港 10 天后，由于在航行途中遇上特大暴雨和暗礁，货船及货物全部沉入大海。此时开证行已收到议付行寄来的全套单据，买方也已得知货物全部灭失的消息。中国银行上海分行拒付议付行已议付的 30 万美元货款，理由是其客户不能得到所期持货物。

问：

(1) 这批货物的风险自何时起由卖方转移给买方？

(2) 开证行能否由于这批货物全部灭失而免除其所承担的付款义务？

(3) 买方的损失如何得到补偿？

# 第6章 进出口商品贸易的货运保险条款及应用

## 教学目标

通过本章学习，使学生熟悉进出口商品货物货运保险条款及其主要内容与特点，能够在实践中根据具体情况选择适用的货运条款。

## 教学要求

| 知识要点 | 能力要求 | 相关知识 |
|---|---|---|
| 基本知识 | (1) 能够掌握国际货物运输中所面临的损失和费用<br>(2) 能够掌握海洋货物运输方式下风险、损失和费用的含义及费用的计算<br>(3) 重点掌握我国海运货物保险条款中的基本险别<br>(4) 重点掌握海洋货物运输方式下货物保险责任起讫条款<br>(5) 掌握保险费的计算及保险单证的填制方法 | (1) 国际货物运输保险的概念、基本术语、基本原则和意义<br>(2) 国际海洋货物运输中共同海损、单独海损的判定<br>(3) 国际海洋货物运输保险条款与险别<br>(4) 货物运输保险的保险责任起讫期限 |
| 业务流程 | (1) 明确按什么保险条款投保<br>(2) 明确投保险别，如需另加某一种或某几种附加险，也应当写明<br>(3) 明确由何方负责投保<br>(4) 明确投保加成率<br>(5) 根据不同商品的性质和特点，选择加保有关附加险<br>(6) 注意合同的贸易术语与船舶的船龄和适航性相适应 | (1) 我国海运货物保险条款中的基本险别<br>(2) 保险单的分类<br>(3) 保险险别的选择 |
| 分类 | 能够比较分析各种保险种类 | 保险及保险单的分类 |
| 风险与防范 | 能够运用所掌握的风险与防范知识分析投保哪种保险 | (1) 货物运输方式下货物保险的基本险别<br>(2) 投保保险下风险的防范 |

引例

“明西奥”轮装载着散装亚麻子，驶向美国的纽约港。不幸，在南美飓风的冷风区内搁浅被迫抛锚。当时，船长发现船板有断裂危险，一旦船体裂缝漏水，亚麻子受潮膨胀有可能把船板胀裂，所以船长决定迅速脱浅，于是，该船先后4次动用主机，超负荷全速开车船退，终于脱浅成功。抵达纽约港后，对船体进行全面检修，发现主机和舵机受损严重，经过理算，要求货方承担6451英镑的费用。货主对该项费用发生异议，拒绝付款。试分析本案。

【案全分析】

根据共同海损的含义，货主无权拒付。从案例陈述的过程中可得知共同海损成立；为了船、货共同安全而采取的合理措施而引起的损失，应由获救的各方和船方共同承担。

## 6.1 国际货物运输保险的概述

国际货物运输保险是指被保险人(买方或卖方)向保险人(保险公司)按一定的金额投保一定的险别，并根据一定的保险费率交纳保险费，保险人承保后，对于被保险货物在运输途中发生的承保范围内的损失按约定数额给予经济赔偿的一种经济行为。

1. 国际货物运输保险的基本术语

1) 保险人、被保险人、投保人

他们都是保险关系中的当事人。保险人也称承保人，是指收取保险费并在保险事故发生后向他方支付约定赔偿(保险金额)的人，一般为保险公司。

被保险人是指保险事故发生时遭受损害并有权接受赔偿的人。在国际货物运输中，通常是进出口商。

投保人或称要保人，是指向保险人申请保险，同保险人订立保险合同并按照保险合同负有交付保险费义务的人。投保人可以是被保险人，也可以不是被保险人。例如，在FOB、CFR贸易合同条件下，卖方可代买方办理投保手续，这时卖方是投保人，买方是被保险人。

2) 保险对象、保险利益、保险风险、保险事故

保险对象，即保险标的，在国际货物运输保险中是指国际货物运输中的货物。

保险利益，是指投保人或被保险人对于保险对象所享有的经济利益。

保险风险，是指尚未发生的、能使保险对象遭受损害的危险和事故。保险人责任范围的界限，保险合同中应确定保险风险的类别。

保险事故，是指已经发生的保险风险，它是保险人支付赔偿的依据。

3) 保险金额、保险费、保险期限

保险金额是指保险人在保险事故发生时应向被保险人支付赔偿的最高金额，其大小与

货物的实际价值有直接联系。

保险费是被保险人或投保人向保险人缴纳的费用，是对保险人将来可能支付赔偿的预付报酬，保险费=保险金额×保险费率。保险费率依据运输方式、商品、同险的不同险别而有所不同。

保险期限即保险合同的有效期限。只有在保险期限内发生的保险事故，保险人才承担赔偿损失的责任。

2. 国际货物运输保险的意义

(1) 是转嫁货物运输风险损失的一种经济措施。货物在国际运输过程中，可能因遇到自然灾害和意外事故而遭受损失，为了转嫁货物在运输过程中的风险损失，就需要办理货物运输保险。这是同自然灾害和意外事故做斗争的一种经济措施。

(2) 能够在货物遭受损失时，将不定的损失变为固定的费用。投保货物运输险，在货物遭到承保范围内的损失时，可以从保险公司及时得到经济上的补偿，将不定的损失变为固定的费用。

3. 国际货物运输保险的种类

国际贸易中货物的运输有海运、陆运、空运以及通过邮政递送等多种途径。国际货物运输保险的种类也以其保险标的的运输工具种类相应分为四类：海洋运输货物保险、陆上运输货物保险、航空运输货物保险、邮包运输国际贸易货物运输保险以及其他种类。

有时一批货物的运输全过程使用两种或两种以上的运输工具，这时往往以货运全过程中主要的运输工具来确定投保的保险种类。

国际货物保险适用于各种运输方式，但由于海洋运输历史悠久，并在国际货物运输所占比重较大，而且由于商船在海洋航行中的风险大，海运事故频繁，因此海运保险在各类保险中发展最早，最为成熟且应用最为广泛。

4. 国际货物运输的基本原则

在国际货物运输中，投保人和保险人均须订立保险合同，并共同遵守保险的基本原则。保险的基本主要包括如下原则。

(1) 保险利益原则。保险利益(Insurable Interest)又称可保权益，是指投保人对保险标的具有法律上承认的利益。保险利益原则是指：投保人对保险标的应当具有保险利益，如果投保人对保险标的不具有保险利益，则保险合同无效。在国际货物运输保险中，保险利益主要表现为货物本身的价值，也包括与货物本身价值相关联的运费、保险费、关税和预期利润等。

(2) 近因原则。近因原则(Principle of Proximate Cause)是指保险人只对承保风险与保险标的损失之间有直接因果关系的损失负赔偿责任，而对保险责任范围外的风险造成的风险标的的损失，不承担赔偿责任。

(3) 最大诚信原则。最大诚信原则(Utmost Good Faith)是指投保人和保险人在签订保险合同时，以及在合同有效期内，必须保持最大限度的诚意。买卖双方互不欺骗隐瞒，保险人应当向投保人说明保险合同的条款内容，投保人在投保时则应将自己知道的或通常业务中应当知道的有关保险标的的重要事实如实告知保险人，以便保险人判断是否同意承保，或决定承保的条件，被保险人还必须在保险合同中保证要做或不做某种事情，保证某种情况的存在或不存在，或保证履行某一条件。例如，被保险人保证不用15年以上船龄的旧船装运货物等。我国《海商法》有下列规定：如果被保险人故意未将重要情况如实告知保险人，保险人有权解除合同，并且不退还保险费。

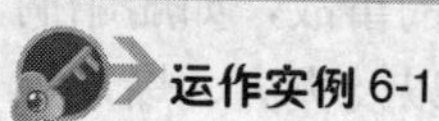
运作实例 6-1

### “拉博利亚”号沉船案

1908年玻利维亚政府镇压暴乱，为供应其部队给养，用“拉博利亚”号轮运输一批物资。玻利维亚政府委托其代理商A公司为这批给养物资投保，A公司的一名成员与支持暴乱的卡凡尔霍有联系，得知卡凡尔霍将派部队截击这艘船。但A公司投保时未将此事告知保险公司——英国赔偿互助海上保险公司，保险人同意承包。后该船在海上被卡凡而霍的部队击沉。保险公司查明真相后，未给与赔偿。

[案例分析]

该案的关键是投保人违背了最大诚信原则，在投保时未将重要情况告知保险公司。

选自郑光贵. 国际贸易理论与实务. 大连：东北大学出版社，2004年，第122页。

(4) 补偿原则。补偿原则(The Principle of Indemnity)又称损失赔偿原则，是指当保险标的遭受保险责任范围内的损失时，保险人应当按照保险合同的约定履行赔偿义务。但保险人的赔偿金额不得超过保险单上的保险金额或被保险人遭受的实际损失。

(5) 代位追偿原则。代位追偿原则(The Principle of Subrogation)是指当保险标的物发生了保险责任范围内的、由第三者责任造成的损失，保险人向被保险人履行了损失赔偿责任后，有权在其已赔付的金额限度内取得被保险人在该项损失中向第三者责任方要求索赔的权利。

## 6.2 国际海洋货物运输承保的风险与损失

海洋运输货物保险的承保范围包括海上风险和海上风险以外的其他风险造成的损失及费用。正确理解海洋运输保险的承保范围，对于了解保险条款、选择保险险别，以及如何进行保险索赔，是有重要意义的。

### 6.2.1 风险

风险是造成货物损失或发生费用的原因。海洋运输货物保险承保的风险分为海上风险和外来风险两类。

1. 海上风险

海上风险(Perils of Sea)又称海难，在保险业务中有其特定的内容。它一般是指货物在海洋运输中发生的风险，包括自然灾害和意外事故两类。

自然灾害(Natural Calamity)是指某些自然现象所引起的灾害，如恶劣气候、雷电、海啸、地震、洪水、火山爆发及浪击落海等。这些自然灾害在保险业务中都有其特定的含义。

意外事故(Fortuitous Accidents)是指由于偶然的、非预料的原因造成的事故，如船舶搁浅、触礁、沉没、焚毁、互撞、遇流冰或其他固体物，或者与码头碰撞以及失火、爆炸等原因造成的事故。

2. 外来风险

外来风险(Extraneous Risks)是指由于海上风险以外的其他外来原因引起的风险。外来风险又可分为一般外来风险和特殊外来风险两种。一般外来风险有雨淋、短量、偷窃、沾污、渗漏、破碎、受潮、受热、串味、锈损和钩损等。特殊外来风险有战争、罢工和交货不到及拒收等。

### 6.2.2 损失和费用

1. 海上损失

海上损失是指被保险人因被保险货物在运输途中遭遇海上风险而造成的损失。按各国保险业习惯，海上损失也包括与海运相连接的陆上或内河运输中所发生的损失。运输途中被保险货物遭到的损失，按其损失程度可分为全部损失和部分损失。

1) 全部损失

全部损失(Total Loss)简称全损，是指整批或不可分割的一批被保险货物在运输途中全部遭受损失。全部损失又分为实际全损和推定全损。

(1) 实际全损(Actual Total Loss)是指被保险货物在运输途中完全灭失，或者受到严重损坏，完全失去原有的使用价值。例如，载货船舶失踪，经过一定时间(例如两个月)后仍没有获知其消息的，视为实际全损。被保险货物在遭到实际全损时，被保险人可按其投保金额获得保险公司全部损失的赔偿。

(2) 推定全损(Constructive Total Loss)是指被保险货物在运输途中受损后，实际全损已经不可避免；或者为了避免发生实际全损所需支付的费用与继续将货物运抵目的地的费用之和超过保险价值，也就是恢复、修复受损货物并将其运送到原目的地的费用将超过该货物价值的全部损失。被保险货物发生推定全损时，被保险人可以要求保险人按实际全损赔偿。在要求按全部损失赔偿时，被保险人必须向保险人发出委付通知(Notice of Abandonment)。所谓“委付”，就是被保险人表示愿意将保险标的的一切权利和义务转移给保险人，并要求保险人按全部损失赔偿的一种行为。委付必须经保险人同意后方能生效，但是，保险人应当在合理的时间内将接受委付或不接受委付的决定通知被保险人。委付一经保险人接受，不得撤回。

2) 部分损失

部分损失(Partial Loss)是指没有达到全部损失程度的损失。在保险业务中，按照造成损失原因的不同，部分损失又分为共同海损与单独海损两种。

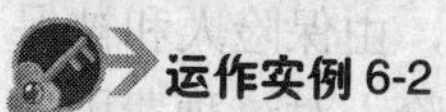

**运作实例 6-2**

## 海损案

有一载货海轮，在舱面上载有1000台拖拉机，在航行中遇到恶劣气候，海浪已将450台拖拉机卷入海中，从而使海轮在巨浪中出现严重倾斜，如不立即采取措施，海轮随时有翻船的危险。船长在危急关头，下令将其余的550台拖拉机全部抛入海中，从而避免了翻船。请问在上述情况下，前450台拖拉机和后550台拖拉机的损失，在海损中否都属于共同海损？

[分析提示]

前450台拖拉机的损失数单独海损，后550台拖拉机的损失数共同海损。

资料来源：韩玉珍. 现代国际贸易实务. 北京：首都经济贸易大学出版社，2000，218页。

(1) 共同海损(General Loss)是指在海洋运输中，船舶、货物和其他财产遭遇风险，为了共同安全，有意地、合理地采取措施所直接造成的特殊牺牲，支付的特殊费用。构成共同海损，必须具备四个条件：(1)危及船、货共同安全的危险是实际存在的；(2)所采取的措施是有意的，而且是合理的；(3)所做的牺牲具有特殊性，支出的费用是额外的，是为了解除危险，而不是由危险直接造成的；(4)牺牲和费用的支出最终必须是有效的，也就是说，经过采取某种措施后，船舶和货物的全部或一部分最后安全抵达航程的终点港或目的港，从而避免了船、货同归于尽的局面。

根据惯例，共同海损的牺牲和费用，应由船舶、货物和运费三方按最后获救的价值多寡，按比例进行分摊，这种分摊称为共同海损分摊(General Average Contribution)。

(2) 单独海损(Particular Average)是指除共同海损以外的部分损失，即被保险货物遭遇海上风险受损后，其损失未达到全损程度，而且该损失应当由受损方单独承担的部分损失。

共同海损和单独海损的不同在于：(1)造成海损的原因不同。单独海损是承保风险所直接导致的船舶和货物的损失，共同海损则不是承保风险所直接导致的损失，而是为了解除船舶和货物面临的共同危险有意采取合理措施而造成的损失。(2)损失的承担责任不同。单独海损由受损方自行承担，共同海损则由各受益方按照受益大小的比例共同分摊。

2. 海上费用

海上费用是指海上运输货物遇险后，为营救被保险货物所支出的施救费用。主要有：

(1) 施救费用。施救费用(Sue and Labor Expense)是指保险标的在遭遇风险时，被保险人或其代理人、被雇用人员和保险单受让人对保险标的所采取的各种抢救、防止或减少货损的措施而支出的合理费用。保险人对这种施救费用负责赔偿。

(2) 救助费用。救助费用(Salvage Charges)是指保险标的遭遇风险时，由保险人和被保险人以外的第三者采取了救助措施，并获得成功而向其支付的报酬。保险人对这种费用也负责赔偿。

3. 外来风险的损失

外来风险的损失是指除海上风险以外的其他外来风险所造成的损失。按照不同的原因，外来风险的损失又可分为一般外来风险的损失和特殊外来风险的损失。前者是指在运输途中由于偷窃、短量、钩损、碰损、雨淋及沾污等一般外来风险所导致的损失；后者是指由于军事、政治、国家政策法令以及行政措施，如由于战争、罢工、交货不到、拒收等特殊外来风险所造成的损失。

### 6.2.3 其他运输方式下货运保险的承保范围

货物运输除了海洋运输外，还有陆路运输、航空运输、邮政运输等。在这些运输方式下，也存在着运输风险，同样也可进行投保。陆运保险一般限于火车和汽车，空运保险限于飞机，邮运保险限于邮包。

陆路、航空、邮政运输保险的承保范围包括自然灾害、意外事故和外来原因造成的全部损失、部分损失和费用。

## 6.3 国际海洋货物运输保险条款与险别

在货物运输中，可能会遇到不同的风险，造成不同的损失。保险人为了方便被保险人依据其货物及运输的特点进行投保，在保险人对货物运输的风险和损失的可承保范围内，划分了各种承保责任大小不同的保险险别。因此，保险险别是保险人对风险和损失的承保责任范围。被保险人要求保险人承保的责任范围越大，向保险人缴纳的保险费也就越多；

反之，所要缴纳的保险费就越低。

### 6.3.1 我国海洋货物运输保险

中国人民保险公司制定的保险条款规定，海洋货物运输保险险别分为基本险和附加险两类。另外，针对某些特殊货物或具有特殊要求的货物，分别制定了专门的保险险别。

1. 基本险

基本险也称为主险。海洋运输货物保险的基本险分为平安险、水渍险和一切险三种。

1) 平安险

平安险(Free From Particular Average，FPA)的承担责任范围如下。

(1) 货物在运输途中由于自然灾害造成整批货物的实际全损或推定全损。被保险货物用驳船运往或运离海轮的，每一驳船所装的货物可视为一个整批。

(2) 由于运输工具发生意外事故而造成的货物全部损失或部分损失。

(3) 在运输工具发生搁浅、触礁、沉没、焚毁等意外事故之前或之后，又在海上遭受恶劣气候、雷电、海啸等自然灾害而使货物造成的部分损失。

(4) 在装卸或转运过程中，一件或数件货物落海所造成的全损或部分损失。

(5) 由于共同海损所造成的牺牲、分摊和救助费用。

(6) 发生承保责任范围内的危险，被保险人对货物采取抢救、防止或减少货损的措施而支付的合理费用，但以不超过该批货物的保险金额为限。

(7) 运输工具遭受海难后，在避难港由于卸货所引起的损失以及在中途港、避难港由于卸货、存仓以及运送货物而产生的特别费用。

(8) 运输契约中订有船舶互撞责任条款，根据该条款的规定应由货方偿还的船方损失。

2) 水渍险

水渍险(With Particular Average，WPA/WA)的承保责任范围除包括平安险的各项责任外，还负责被保险货物由于恶劣气候、雷电、海啸、地震、洪水等自然灾害所造成的部分损失。

平安险对由于自然灾害造成的全部损失负责赔偿，而水渍险不仅对自然灾害所造成的全部损失负责赔偿，而且对其所造成的部分损失也负责赔偿。

3) 一切险

一切险(All Risks，AR)的承保责任范围除包括平安险和水渍险的各项责任外，还对被保险货物在海运途中由于外来原因造成的全部损失或部分损失负赔偿责任。这里所说的“外来原因”，是指一般附加险的内容，也就是说，一切险包括一般附加险，不包括特别附加险。

2. 附加险

附加险是基本险的补充和扩大，因此，附加险是只能在投保某一种基本险的基础上才可投保的险别。附加险分为一般附加险和特别附加险两类。

1) 一般附加险

一般附加险(General Additional Risk)共有11种，既可对其全部投保，也可选择其中某几个一般附加险投保。一般附加险的承保责任范围包括一般外来原因造成的全部损失和部分损失。

(1) 偷窃、提货不着险(Theft，Piferage and Non-Delivery)。保险公司对偷窃行为所致的损失和整件提货不着等损失，负责按保险价值赔偿。

(2) 淡水雨淋险(Fresh Water and or Rain Damage，FWRD)。对直接遭受雨淋或其他原因的淡水所致的损失负责赔偿。淡水包括船上水管漏水、冰雹融化和舱汗等。

(3) 短量险(Risk of Shortage)。负责保险货物数量和重量的短少损失。通常指袋装或散装货的数量和重量的短少，但不包括正常的途耗。保险公司必须查清外包装是否发生异常现象，如破口、破袋、扯缝等。如属散装货物，往往以装船重量和卸船重量之间的差额作为计算短量的依据。

(4) 混杂、沾污险(Risk of Intermixture and Contamination)。承保货物在运输过程中，因混进杂质和被沾污所造成的损失。

(5) 渗漏险(Risk of Leakage)。流质、半流质的液体物质和油类物质，在运输过程中因为容器损坏而引起的渗漏损失。

(6) 碰损、破碎险(Risk of Clash and Breakage)。承保被保险货物在运输过程中因震动、碰撞、受压所造成的破碎和碰撞损失。

(7) 串味险(Taint of Odor)。同舱装载的货物，例如，茶叶、香料、药材等，在运输过程中受到一起堆放的毛皮、樟脑等异味的影响使品质变化而受到损失。

(8) 受热、受潮险(Damage Caused by Heading and Sweating)。船舶在航行途中由于气温骤变，或者由于船上通风设备失灵等，使船内水汽凝结，导致发潮、发热引起的货物损失。

(9) 钩损险(Hook Damage)。保险标的在装卸过程中因为使用吊钩等工具所造成的损失，以及对包装进行修补或掉换所支付的费用。

(10) 包装破裂险(Loss or Damage Caused by Breakage of Packing)。承保因为包装破裂造成物资的短少、沾污等损失。

(11) 锈损险(Risk of Rust)。保险公司负责保险货物在运输过程中因为生锈造成的损失。

2) 特别附加险

特别附加险(Special Additional Risk)承保由于特殊外来风险所造成的全部或部分损失。中国人民保险公司承保的特别附加险如下。

(1) 战争险(War Risk)。战争险负责赔偿由于战争、类似战争行为和敌对行为、武装冲突或海盗行为所引致的损失，以及由此而引起的捕获、拘留、扣留、扣押所造成的损失，还负责各种常规武器(包括水雷、鱼雷、炸弹)所导致的损失，以及由于上述责任范围而引起的共同海损的牺牲、分摊和救助费；但是，对使用原子或热核武器所造成的损失和费用不负赔偿责任。

(2) 罢工险(Strike Risk)。罢工险对被保险货物由于罢工者、被迫停工工人，或参加工会、暴动和民众斗争的人员的行动或任何人的恶意行为所造成的直接损失，以及上述行动或行为所引起的共同海损的牺牲、分摊和救助费用负责赔偿。但是，对在罢工期间由于劳动力短缺或不能使用劳动力所造成的被保险货物的损失，包括因罢工而引起的动力或燃料缺乏使冷藏机停止工作所导致的冷藏货物的损失，以及无劳动力搬运货物，使货物堆积在码头淋湿受损，不负赔偿责任。

(3) 黄曲霉素险(Aflatoxin)。对被保险货物因所含黄曲霉素超过进口国的限制标准被拒绝进口、没收或强制改变用途而遭受的损失负责赔偿。

(4) 交货不到险(Failure to Deliver)。对任何原因造成的，从被保险货物装上船舶时开始，不能在预定抵达目的地的日期起 6 个月内交货的，负责按全损赔偿。

(5) 舱面险(On Deck)。被保险货物存放在舱面时，除按保险单所载条款负责赔偿外，还包括被抛弃和被风浪冲击落水在内的损失。

(6) 进口关税险(Import Duty)。当被保险货物遭受保险责任范围以内的损失，而被保险人仍须按完好货物价值完税时，保险公司对损失部分货物的进口关税负责赔偿。

(7) 拒收险(Rejection)。对被保险货物在进口港被进口国的政府或有关当局拒绝进口或没收，按货物的保险价值负责赔偿。

(8) 货物出口到香港(包括九龙)或澳门存仓火险责任扩展条款(Fire Risk Extension Clause(FREC)，For Storage of Cargo at Destination Hongkong，including Kowloon，or Marco)。被保险货物运抵目的地香港(包括九龙在内)或我国澳门，卸离运输工具后，如直接存放于保单载明的过户银行所指定的仓库，承保对存仓火灾的责任至银行收回押款、解除货物的权益为止，或自运输险责任中止时起满 30 日为止。这一保险是为了保障过户银行的利益。货物通过银行办理押汇业务，在货主未向银行归还贷款前，货物的权益属于银行。因此，保险单上必须注明过户给放款银行。在此阶段，货物即使到达目的港，收货人也无权提货，货物一般存放在过户银行指定的仓库中。如在存仓期间发生了火灾，保险人负责赔偿。

### 3. 海洋运输货物专门保险险别

在我国海洋运输货物保险中，还有两种专门保险险别：海洋运输冷藏货物保险和海洋运输散装桐油保险。这两种险别均属于基本险的性质。

(1) 海洋运输冷藏货物保险。根据中国人民保险公司1981年1月1日修订的《海洋运输冷藏货物保险条款》的规定，海洋运输冷藏货物保险(Ocean Marine Insurance Frozen Products)的险别分为冷藏险(Risks For Frozen Products) 和冷藏一切险(All Risks For Frozen Products)两种。

冷藏险的责任范围除负责水渍险承保的责任外，还负责赔偿由于冷藏机器停止工作连续达24小时以上造成的被保险货物的腐败或损失。

冷藏一切险的责任范围除包括冷藏险的各项责任外，还负责赔偿被保险货物在运输途中由于一般外来原因所造成的腐败或损失。

(2) 海洋运输散装桐油保险。根据中国人民保险公司1981年1月1日修订的《海洋运输散装桐油保险条款》的规定，海洋运输散装桐油保险(Ocean Marine Insurance Wood Oil Bulk)是保险公司承保不论任何原因造成的被保险散装桐油的短少、渗漏、沾污或变质的损失。

4. 海洋运输货物保险的除外责任

(1) 我国海洋运输货物保险条款中对基本险规定了下列除外责任：

① 被保险人的故意行为或过失所造成的损失；

② 属于发货人责任所引起的损失；

③ 在保险责任开始前，由于被保险货物已存在的品质不良或数量短差所造成的损失；

④ 被保险货物的自然损耗、本质缺陷、特性以及市价跌落、运输延迟所引起的损失或费用；

⑤ 属于海洋运输货物战争险条款和货物运输罢工险条款规定的责任范围和除外责任。

(2) 我国海洋运输货物战争险条款中规定的除外责任有：

① 由于敌对行为使用原子或热核制造的武器所导致的损失和费用；

② 根据执政者、当权者或其他武装集团的扣押、拘留引起的承保航程的丧失和挫折而提出的任何索赔。

海洋运输冷藏货物保险的除外责任，除包括上述海洋运输货物保险的除外责任外，对被保险货物在运输过程中的任何阶段因未存放在有冷藏设备的仓库或运输工具中，或辅助运输工具没有隔湿设备所造成腐烂的损失，以及在保险责任开始时被保险货物因未保持良好状态，包括整理加工和包装不妥、冷冻上的不合规定及食品变质引起的腐败和损失，均不负责任。

5. 海洋运输货物保险的责任期限

我国海洋运输货物保险条款规定的保险责任期限，采用仓至仓条款(Warehouse To Warehouse Clause，W/W Clause)，即保险公司的保险责任自被保险货物运离保险单所载明的起运地仓库或储存处所开始运输时生效，包括正常运输过程中的海上、陆上、内河和驳船运输在内，直至该项货物到达保险单所载明目的地收货人的最后仓库或储存处所或被保险人用作分配、分派或非正常运输的其他储存处所为止。如果未抵达上述仓库或储存处所，则以被保险货物在最后卸载港全部卸离海轮后满 60 日为止。如在上述 60 日内被保险货物需转运至非保险单所载明的目的地，则以该项货物开始转运时终止。

海运战争险的责任期限以水面为限，即自保险单所载明的启运港装上海轮或驳船时生效，直至到达保险单所载明的目的港卸离海轮或驳船时为止。如果货物不卸离海轮或驳船，则保险责任最长延至货物到达目的港当日起 15 日为止；如果在中途转船，则不论货物在当地卸载与否，保险责任以到达该港或卸货地点的当日起算满 15 日为止；再装上续运海轮时，保险责任恢复有效。

海洋运输冷藏货物保险的责任起讫与海洋运输货物三种基本险的责任期限基本相同。但是，以货物到达保险单所载明的最后目的港，卸离海轮并存入冷藏仓库后 10 日为限。

海洋运输散装桐油保险的责任起讫也按仓至仓条款负责。但是，如果被保险散装桐油运抵目的港不及时卸载，则自海轮抵达目的港起满 15 日，保险责任即终止。

### 6.3.2 英国海运货物保险的险别和条款

英国伦敦保险协会的《协会货物条款》最早制定于 1912 年。为了适应不同时期国际贸易、航运、法律等方面的变化和发展，该条款已先后多次补充和修改。最近一次修订于 1982 年 1 月 1 日完成，并于 1983 年 4 月 1 日起正式实行。同时，新的保险单格式也代替了原来的 SG 保险单格式的使用。现行的伦敦保险协会的海运货物保险条款共有 6 种险别如下。

(1) 协会货物(A)险条款[Institute Cargo Clause A，ICC(A)]；
(2) 协会货物(B)险条款[Institute Cargo Clause B，ICC(B)]；
(3) 协会货物(C)险条款[Institute Cargo Clause C，ICC(C)]；
(4) 协会战争险条款(货物)(Institute War Clause- Cargo)；
(5) 协会罢工险条款(货物)(Institute Strike Clause- Cargo)
(6) 恶意损害险条款(Malicious Damage Clauses)。

在上述 6 种险别的条款中，除恶意损害险外，其余五种险别均按条文的性质统一划分为八个部分：即承保范围(Risks Covered)、除外责任(Exclusions)、保险期限(Duration)、索赔(Claims)、保险利益(Benefits of Insurance)、减少损失(Minimizing Losses)、防止延迟(Avoidance of Delay)和法律惯例(Law and Practice)。各个险别条款的结构统一，体系完整。因此，除协会货物(A)(B)(C)三种险别可以单独投保外，战争险和罢工险在需要时也可作为独立的险别进行投保。这里主要介绍协会货物(A)(B)(C)三种险别。

1. 协会货物(A)险条款

协会货物(A)险的承保责任范围较广，此外不便把全部承保的风险一一列出，因此，对承保风险的规定采用“一切风险减除外责任”的方式，即除了在除外责任项下所列风险所导致的损失不予负责外，其他风险所导致的损失均予以负责。协会货物(A)险条款的除外责任有下列 4 类。

1) 一般除外责任

一般除外责任是指被保险人故意的不法行为所造成的损失或费用，保险标的自然渗漏、重量或容量的自然损耗或自然磨损，由于包装或准备的不足或不当所造成的损失或费用，因保险标的内在缺陷或特征所造成的损失或费用，直接由于延迟所引起的损失或费用，因船舶所有人、经理人、租船人经营破产或不履行债务所造成的损失或费用，因使用任何原子或热核武器所造成的损失或费用。

2) 不适航、不适货除外责任

不适航、不适货除外责任主要是指被保险人在保险标的装船时已知船舶不适航，以及船舶、运输工具、集装箱等不适货。

3) 战争除外责任

战争除外责任是指由于战争、内战、敌对行为等所造成的损失和费用，由于捕获、拘留、扣留等(海盗除外)所造成的损失，由于漂流水雷、鱼雷等所造成的损失或费用。

4) 罢工除外责任

罢工除外责任是指由于罢工、被迫停工所造成的损失或费用，由于罢工者、被迫停工工人等所造成的损失或费用，以及任何恐怖主义者或出于政治动机而行动的人所导致的损失或费用。

2. 协会货物(B)险条款

协会货物(B)险对承保风险的规定采用“列明风险”的方式，即把所承保的风险一一列举。凡属承保责任范围内的损失，无论是全部损失还是部分损失，保险人按照损失程度，均负责赔偿。该条款承保的风险是：

(1) 火灾、爆炸；

(2) 船舶或驳船触礁、搁浅、沉没或者倾覆；

(3) 陆上运输工具倾覆或出轨；

(4) 船舶、驳船或运输工具同除水以外的任何外界物体碰撞；

(5) 在避难港卸货；

(6) 地震、火山爆发；

(7) 共同海损牺牲；

(8) 抛货；

(9) 浪击落海；

(10) 海水、湖水或河水进入船舶、驳船、运输工具、集装箱、大型海运箱或贮存处所；

(11) 货物在装卸时落海或跌落，造成整件的全损。

协会货物(B)险条款在除外责任方面，除对海盗行为和恶意损害险的责任不负责外，其余均与协会货物(A)险条款的除外责任相同。

3. 协会货物(C)险条款

协会货物(C)险的风险责任规定和协会货物(B)险条款一样，采用“列明风险”的方式，可是，仅对“重大意外事故”(Major Casualties)所导致的损失负责，对非重大意外事故和自然灾害所导致的损失均不负责。协会货物(C)险条款承保的风险是：

(1) 火灾、爆炸；

(2) 船舶或驳船触礁、搁浅、沉没或倾覆；

(3) 陆上运输工具倾覆或出轨；

(4) 船舶、驳船或运输工具同除水以外的任何外界物体碰撞；

(5) 在避难港卸货；

(6) 共同海损牺牲；

(7) 抛货。

协会货物(C)险条款的除外责任与协会货物(B)险条款完全相同。

恶意损害险是新增加的附加险别，承保被保险人以外的其他人(如船长、船员等)的故意破坏行动所导致的被保险货物灭失或损害。但是，如果恶意损害出于具有政治动机的人的行动，则不属于恶意损害险的承保范围，而应属于罢工险的承保范围。

协会货物(A)(B)(C)三种险别的承保风险，主要规定在各险第一部分承保范围中所列的风险条款(Risks Clause)、共同海损条款(General Average Clause)和船舶互有过失碰撞责任条款(Both to Blame Collision Clause)之中。三种险别的区别主要反映在风险条款中。

## 6.4 货物运输保险实务

### 6.4.1 货物运输保险的投保

由谁向保险公司办理保险和缴付保险费，是在买卖双方之间经过磋商而定的，一般用贸易术语来表示。贸易术语规定了由哪一方承担投保责任。例如，FOB 规定由买方承担保险责任，CIF 规定由卖方承担保险责任等。负责投保的一方必须按照合同的规定，如果合同中没有做出具体规定，则按有关惯例办理保险；否则，货物运输中遭遇风险而带来的货损就要由负责投保的一方来承担。

1. 保险险别的选择

一般保险公司都制定了多种保险险别供投保人选择投保。不同的险别意味着货物运输中受损后得到保险公司赔偿的结果是不同的。也就是说，保险公司承保的风险范围是不同的。如果选择保险公司承保风险范围大的险别，投保人所要缴纳的保险费就多；反之，所缴纳的保险费就少。卖方投保或买方投保，各自对保险险别的选择或要求是不一样的。所以，保险险别的选择最好是在合同中加以明确规定，以免日后产生争议。

选择保险险别的原则是：既要使货物的运输风险有保障，又要使保险费用的支出最少。因此，要根据货物及其包装的特点、运输工具及方式、运输地区及港口等不同情况来选择保险险别。例如，粮食谷类商品易受水分的影响。经过长途运输，水分可能会蒸发，容易导致此类商品短量；此类产品也会吸收空气中的水分，吸收过度或被海水浸入、淡水渗入，引起霉烂。这类商品在选择险别时，一般在水渍险的基础上，加保短量险和受潮受热险。再如，液体化工商品，如果用散舱运输，容易发生短量和沾污，应投保短量险和沾污险；如果用铁桶、铁听、塑料桶等做包装，容易发生渗漏，可在平安险的基础上加保渗漏险。

2. 投保金额和保险费的计算

投保金额(Insured Amount)是投保人对保险标的的实际投保金额，也是保险人承担的最高赔偿金额及计算投保人所要缴纳保险费的基础。投保金额不等于货物价值，而且可以超出货物价值。根据国际保险市场的习惯，投保金额的计算公式为

投保金额=CIF×(1+投保加成率)

从上述计算方法中可以看出，参加投保的不仅仅是货物本身的价值，运费和保险费也参加了投保。另外，还有一个投保加成。投保加成是买方为此笔交易支付的交易费及预期利润，业务中一般确定10%的加成率。保险公司一般都接受这种超值投保。

在实务中，如果贸易双方以CIF (或CIP)成交，在办理投保时，确定投保金额就用上述公式；如果以FOB或CFR(或FCA、CPT)成交，在办理投保时，可把FOB或CFR(或FCA、CPT)换算成CIF(或CIP)，然后加上投保加成即可。

保险费(Insurance Premiums)是投保人向保险人缴纳并由此获得保险人承保货物运输风险的费用，是投保人取得损失赔偿权的对价。

保险费的计算公式为

保险费=投保金额×保险费率

保险费率是建立在货物损失率和赔偿率的基础上，由保险人按照不同的商品、不同的运输路程、不同的运输工具和不同的保险险别分别制定的。中国人民保险公司的出口货物保险费率分为一般货物费率和指明货物费率两大类。一般货物费率按不同运输方式、不同险别和不同地区制定，但不分商品。指明货物费率则是对一些指定的商品投保时采用的。凡是未列入指明货物费率中的货物，均属一般货物费率的范围。此外，还有战争险费率和

其他规定。其他规定用来解决上述三项费率中不能解决的问题。

进口货物保险费率有特约费率和进口货物保险费率。特约费率是针对与保险公司订有预约保险合同的外贸企业给予的优惠费率。

3. 保险单据的领取

交付保险费后，投保人即可填写保险单据。保险单据实际上已构成保险人与被保险人之间的保险契约，它反映了保险人与投保人之间的权利和义务关系，是保险人对被保险人的承保证明。在发生保险范围内的损失或灭失时，投保人可向保险人要求赔偿，它是保险索赔和理赔的主要依据。

保险单据是投保人向保险人提出投保的书面申请，其主要内容包括被保险人的姓名、发票号码和合同号码、被保险货物的品名、标记、包装数量、保险金额、运输工具名称、航次、航班、开航日期、运输路线、赔款地点、投保险别、投保日期及投保人签章、企业名称、电话及地址等。

在国际贸易业务中，常用的保险单据主要有保险单、保险凭证和联合凭证等。

保险单(Insurance Policy)俗称大保单，它是保险人和被保险人之间确立保险合同关系的正式凭证。根据不同的险别和形式，因险别的内容和形式有所不同，海上保险常用的形式有船舶保险单、货物保险单、运费保险单、船舶所有人责任保险单等。其内容除载明被保险人、保险标的、运输工具、险别、起讫地点、保险期限、保险价值及保险金额等项目外，还附有有关保险人责任范围以及保险人和被保险人的权利和义务等方面的详细条款。保险单是被保险人向保险人索赔或对保险人上诉的正式文件，也是保险人理赔的主要依据。保险单可转让，通常是被保险人向银行进行押汇的单证之一。在CIF合同中，保险单是卖方必须向买方提供的单据。

保险单按不同的方法可以分为以下几种类型。

(1) 定值保险单和不定值保险单。定值保险单是载明经双方约定的保险标的价值的保险单，不定值保险单则是不载明保险标的价值的保险单。定值保险单上所载明的货物价值，是以货物在启运地的价格加上运杂费和保险费，再加上一定比例的预期利润进行计算而得到的。采用不定值保险单时，买方的预期利润则未包含在保险价值之内。

(2) 航程保险单与定期保险单。航程保险单是规定保险标的物从一个地方到另一个地方的特定航程为保险期限的保险单，一张保险单可以包括多个航程的保险，但每次航行都必须对保险的起讫时间作出规定。航程保险单主要适用于不定期航行的船舶保险或货物运输保险。定期保险单则是规定对保险标的物实行固定的一段时期的保险的保险单，通常定期为一年。定期保险单多适用于船舶和运费保险。

(3) 预约保险单与流动保险单。预约保险单又称开口保险单，具有如下特点。

① 保险期限是长期的，在任何一方取消保险之前，在保险单载明的保险期限内长

期有效。

② 保险单中不规定保险金额，每批货物装船后，以被保险人申报的货物价值作为保险金额。

③ 保险人在被保险人申报每批出运的货物后，均签发保险凭证，作为办理结汇和要求赔偿的依据。

流动保险单是对一定期限内陆续装船出运的货物进行总保险的合同文件。流动保险单只载明保险的风险范围、保险级率、保险期限和保险标的物的总价值等，而将船名和其他细节留待被保险人以后申报。流动保险单的期限通常为一年。保险期满，或累计申报的价值已达到保险总价值，该流动保险单自动失效。

保险凭证(Insurance Certificate)俗称小保单，它是保险人签发给被保险人，证明货物已经投保和保险合同已经生效的文件。证上无保险条款，表明按照本保险人的正式保险单上所载的条款办理。保险凭证具有与保险单同等的效力，但在信用证规定提交保险单时，一般不能以保险单的简化形式代替。

联合凭证是一种简化的保险凭证，仅将险别和保险金额加注在对外贸易进出口公司的发票上，其他项目以发票所列为准。联合凭证虽然内容比较简单，但其具有与保险凭证同样的效用。货物在保险期间内发生的损失，按该保险类别的有关条款办理。目前，联合凭证仅适用于对中国香港、中国澳门、新加坡和马来西亚地区的海上货物运输的保险。

(4) 批单(Endorsement)。保险单出立后，如果内容有补充或修改，则需出批单，粘贴在原保险单上，成为保险合同不可分割的部分。保险单一经修改，保险公司即按修改的内容承担责任。

### 6.4.2 货物运输保险索赔和理赔

保险索赔(Claim)是指进出口货物在保险责任有效期内发生属于保险责任范围的损失，投保人按保险单的有关规定向保险人提出赔偿损失的要求。保险人受理投保人的索赔要求，称为保险理赔。

#### 1. 索赔的提出

向保险人提出保险索赔，要做好下列工作。

1) 损失通知

当投保人获知被保险货物已遭受损失后，应立即通知保险人或保险单上所载明的保险公司在当地的检验及理赔代理人。因为一经通知，表示索赔已经开始，就不再受索赔时效的限制。保险公司应当立即采取相应的措施，如检验损失，提出施救意见，确定保险责任，查核发货人或承运方的责任。

2) 采取合理的施救、整理措施

保险货物受损后，投保人应该对受损货物采取施救、整理措施，以防止损失进一步扩大。如果保险公司对施救、整理提出要求，则投保人要按保险公司的要求去做。因施救、整理而发生的费用，可由保险公司承担，但以不超过该批被施救、整理货物的保险金额为限。

3) 索取货损和货差证明

投保人或其代理人在提货时发现货物受损后，除了要向保险公司发出损失通知外，还要向承运人或有关方面，如海关、港务局等，索取货损、货差证明。如果货损、货差涉及承运人、码头、装卸公司等方面的责任，还应及时以书面形式向有关责任方提出索赔，并保留追偿的权力。

4) 备齐索赔单证

投保人向保险人提出索赔，除了要做上述几项工作外，还应向保险人提交有关单证。这些单证通常包括：保险单或保险凭证正本、运输单据、发票、装箱单、检验报告、向第三责任方追偿的有关文件、货损和货差证明、海事报告摘录或海事声明及索赔清单等。

2. 理赔的审定

保险人接到投保人的索赔要求后，不是立即按投保人提供的索赔清单给予赔偿，而是要对货损加以审定。

1) 确定损失情况

保险人一般要求货损的检验要向保险单上注明的检验代理人申请。如果投保人没有向保险单上注明的检验代理人申请检验，而是向其他检验机构申请检验的，保险人有权拒绝赔偿。此外，保险人还要求申请检验应立即提出。“立即”的含义是收货人在获知货物受损后，在力所能及的情况下，无延迟地申请检验。不然，过了保险责任期限，保险人也可拒绝理赔。保险公司收到检验报告后，会严格审核检验报告，并根据检验报告，会同其他有关单证，确定损失情况。因此，检验报告是保险公司确定损失情况和应赔数额的重要依据。

2) 确定损失原因

损失原因对保险公司核定责任来说至关重要。损失发生后，只从损失现象看，还无法确定责任的归属。例如，棉布受水污损失，尽管投保了水渍险，但保险公司不一定理赔。在这种情况下，要看水污是由海水引起的，还是由淡水或舱汗造成的，是在运输途中发生的，还是在装船以前原有的。保险人对原因的分析主要应掌握以下几个原则。

(1) 只有一个单独的损失原因。这一原因如果属于保险责任范围的，则予以赔偿，反之，则不予理赔。例如，货物在运输途中遭受雨淋损失，对加保淡水雨淋险的商品，保险公司应予以负责；对只投保水渍险的商品，保险公司就不应负责。

(2) 造成损失的原因同时有几个。几个原因都是承保责任范围的，应予以赔偿；反之，则不赔偿。例如，货物在运输途中同时遭受到雨淋和海水损失，投保了一切险的商品，保险公司应予负责；遭到串味和沾污的损失，只保平安险的商品，保险公司就不负责。几个原因中有的属于承保责任，有的不属于承保责任。如果损失能划分则保险公司只负责承保责任那部分损失；如果损失无法划分，则保险公司可以完全不负责。例如，棉布在运输途中遭受海水水渍斑损和钩损，投保的是水渍险，海水损失和钩损的损害后果可以从价值上加以划分，保险公司只赔水渍部分的损失，对钩损部分的损失不予理赔；反之棉布遭受钩损比较严重，水渍斑损相对比较轻微，定损时只能从钩损估计出理赔值，保险公司对此不予赔付。

(3) 损失原因前后是自然联系的。如果前后的损失原因都在保险责任内，则保险公司应当予以负责。例如，五金商品保了一切险，先受雨淋浸损，后又碰到海水泡湿，结果发生锈蚀。因为先后损因都属于承保范围，所以保险公司应当予以赔偿。如果前面的损因属于保险责任，后面的损因不属于保险责任，但后面的损因是前面损因导致的必然后果，则保险公司应负责前面损因造成的损失。例如，包装食品投保了水渍险，先遭受海水浸湿，外包装受潮，尔后发生霉变损失。霉变是海水打湿外包装、导致水汽侵入造成的结果，保险公司应予负责。反之，如果前面的损因不属于保险责任，后而的损因属于保险责任，但后面的损因是前面损因导致的必然后果，则保险公司对损失不予负责。例如，花生含水量过高是引起花生变质的因素，在运输途中放在船舱内发霉，虽然保的是一切险，霉烂属于保险责任，但这是前面的非保险损因导致的，故不予负责。

3) 确定责任

在明确了货损情况和货损原因后，保险公司应对货损是否在其保险责任范围内进行审定。这要视投保人投保的是什么险别，不同险别规定了不同的保险责任范围。如果货损情况和货损原因是在投保的险别范围内，保险公司就要予以赔偿；如果不在投保的险别范围内，保险公司就可以拒赔。确定责任还包括保险期限的审定，即审定货损是否发生在保险有效期内。

4) 赔款的计算

(1) 全部损失。按定值保险承保的货物，如果发生保险责任范围内的实际全损或推定全损，则不论损失当时的实际价值是否高于或低于约定价值，只要保险金额与约定价值相等，被保险人就可以得到足额的补偿。也就是说，保险公司均按保险金额全数赔付，如有损余，应归保险公司所有。例如，服装 50 箱，保额为 20 000 元，因火灾被焚，则保险公司全数赔付，残余服装出售，得款 500 元，归保险公司所有。

按不定值保险承保货物，如果发生保险责任范围内的实际全损或推定全损，必须按实际价值作为赔款计算的依据。如果出险时货物的实际价值高于保险金额，则保险公司可按保险金额赔付；如果实际价值低于保险金额，则按实际价值赔付。

货物运输保险单一般都是定值的。

(2) 部分损失。数量损失的计算公式：

$$\frac{\text{保险金额}\times\text{货损件数(或重量)}}{\text{承保货物总件数(或总重量)}}=\text{赔款}$$

例如，棉纱 10 包，每包 200 千克，保额为人民 10 000 元，承保短量险，短少 700 千克。赔款应为：

$$\frac{1000\times 700}{200\times 10}=3500(\text{元})$$

计算受损货物的质量损失时，应当先确定货物完好的价值和受损的价值，即得出贬值率，以此乘保额，为应付赔款。

完好的价值和受损后的价值一般均以货物运抵目的地检验时的市价为准，如果受损货物在中途处理，不再运往目的地，则可按处理地的市价为准。质量损失的计算公式为：

$$\frac{\text{保险金额}\times(\text{货物完好价值}-\text{受陨价值})}{\text{货物完好价值}}=\text{赔款}$$

例如，一批丝绸承保水渍险，保额为人民币 10 000 元，在运输途中遭受风浪袭击，导致水损，目的地完好价值为人民币 15 000 元，受损后的价值为人民币 7500 元。赔款应为：

$$\frac{10000\times(15000-7500)}{15000}=5000(\text{元})$$

(3) 免赔率。在国际贸易实务中，要注意保险公司对易碎和易短量货物的索赔是否有免赔率的规定。一种是没有免赔率规定，即不论损失程度(Irrespective of Percentage，IOP)，均予赔偿。另一种是规定了免赔率。免赔率是指保险公司对于保险货物在运输途中发生的货损、货差，在一定比率内不予赔偿，只有高于这个比率时，才予以赔偿。这是因为有些货物由于其自身特点或在装运作业过程中，经常会发生损失，并非偶然事故，所以，保险公司规定这种损失在一定比率内不予赔偿。

免赔率又可分为相对免赔率和绝对免赔率两种。

相对免赔率是指如果货损、货差的程度超过免赔率，保险公司在赔偿时不扣除免赔率，全部予以赔偿。

绝对免赔率是指如果货损、货差超过免赔率，保险公司在赔偿时要扣除免赔率，只负责赔偿超过免赔率的部分。

(4) 代位追偿和委付。在保险业务中，为了防止投保人双重获益，保险人在履行全部损失赔偿或部分损失赔偿时，要求投保人转让其对造成损失的第三者责任方要求全部赔偿和相应部分赔偿的权利。这种权利称为代位追偿权(Right of Subrogation)，或称代位权。投保人签署一份权益转让书，作为保险人取得代位权的证明，保险人便可凭此向第三者责任方进行追偿。

委付(Abandonment)是在推定全损的条件下，保险人和投保人办理赔偿的一种方法。委付是指货物受损后，投保人把保险标的物残余部分的所有权转移给保险人，保险人向投保人支付全部保险金额的赔偿。

3. 注意事项

在订立保险条款时，应注意以下几个问题。

(1) 明确按什么保险条款投保，是按 CIC 条款投保，还是按 ICC 条款投保；此外，对于美国保险条款，也可以接受。

(2) 明确投保险别，是平安险，还是水渍险或一切险。如果需要另加某一种或某几种附加险，也应当写明。

(3) 明确由何方负责投保，如系 FOB 或 CFR 合同，应明确由买方负责投保，但卖方为了避免工厂、仓库至码头的运输风险，可加保仓至船险(Before Loading Risk)；如系 CIF 合同，应明确由卖方负责投保。

(4) 明确投保加成率，如超过 10%，由此而产生的超额保险费应由买方负担。

(5) 保险单的签订日期不能迟于装运日期，如果货物在装运以后才签订保险合同，则货物从装运到签订保险合同的一段时间没有被保险。

(6) 根据不同商品的性质和特点，选择加保有关附加险。

(7) 注意合同的贸易术语与船舶的船龄和适航性相适应。

以 CFR 或 CIF 贸易术语成交的进口合同，是由出口方负责租船的。发货人关心的是运输费的高低，而不重视船舶的船龄和适航性。对于进口方来说，不能因为投保了运输保险而不关心货运的安全系数。发货人与承运人互相勾结，以破旧船不装或少量装货后，在途中故意沉没的情况，也不是绝对没有的。即使不存在欺诈行为，收货方也应注意船龄和适航性。按照国际惯例，保险公司对超过 15 年船龄的船舶所载货物的货运保险，要加收保险费。为了使进口方避免负担增加的保险费，在以 CFR 或 CIF 成交的合同中，应注明老船加费的条款。

保险条款的具体订法举例如下：

Insurance to be effected by the Seller for ××% of invoice value against F.P.A.

由卖方按发票金额××%投保平安险。

Insurance to be covered by the Seller for ××% of total invoice value against W.P.A. including shortage in weight in excess of 0.5%， as per and subject to the relevant ocean marine cargo clauses of the People Republic of China dated Jan.1，1981.

卖方按发票总金额××%投保水渍险，加保短量险，绝对免赔率为 0.5%，以中国人民保险公司 1981 年 1 月 1 日颁布的有关海洋运输货物保险条款为准。

## 6.5 我国其他货物运输保险

### 6.5.1 陆运货物保险

除海洋货物运输保险外，陆运货物保险、空运货物保险和邮政运输货物保险也是常见的货物运输保险形式。

1. 陆运货物保险险别

根据中国人民保险公司 1981 年 1 月 1 日修订的《陆上运输货物保险条款》(Overland Transportation Cargo Insurance Clause)的规定，陆上运输货物保险的基本险别分为陆运险与陆运一切险两种。适用于陆运冷藏货物的专门保险，即陆上运输冷藏货物险，其性质也属于基本险。此外，还有附加险、陆上运输货物战争险(火车)等。

(1) 陆运险(Overland Transportation Risks)。陆运险的承保责任范围与海洋运输货物保险条款中的“水渍险”相似。保险公司负责赔偿被保险货物在运输途中遭受暴风、雷电、洪水、地震等自然灾害，或由于运输工具遭受碰撞、倾覆、出轨，在驳运过程中因驳运工具遭受搁浅、触礁、沉没、碰撞，或由于遭受隧道坍塌、崖崩，失火、爆炸等意外事故所造成的全部或部分损失。此外，被保险人对遭受承保责任内危险的货物采取抢救、防止或减少货损的措施而支付的合理费用，保险公司也负责赔偿，但以不超过该批被救货物的保险金额为限。

(2) 陆运一切险(Overland Transportation all Risks)。陆运一切险的承保责任范围与海上运输货物保险条款中的“一切险”相似。保险公司除承担上述陆运险的赔偿责任外，还负责被保险货物在运输途中由于一般外来原因所造成的全部或部分损失的赔偿责任。以上责任范围均适用于火车和汽车运输，并以此为限。

(3) 陆上运输冷藏货物险(Overland Transportation Insurance Frozen Products)。它是陆上运输货物保险中的一种专门保险，其主要责任范围是，保险公司除负责陆运险所列举的各项损失外，还负责赔偿在运输途中由于冷藏机器或隔温设备的损坏或者车厢内贮存冰块的融化所造成的被保险货物解冻融化以致腐败的损失。

(4) 陆上运输货物战争险(火车)(Overland Transportation Cargo War Risks-by Train)。陆上运输货物战争险是陆上运输货物保险的特殊附加险，只有在投保了陆运险或陆运一切险的基础上，经过投保人与保险公司协商，才可加保。对于陆运战争险，国外私营保险公司大多不予承保。为了适应外贸业务的需要，我国的保险公司一般均接受加保，但目前仅限于火车运输。加保陆上运输货物战争险后，保险公司负责赔偿在火车运输途中由于战争、类似战争行为和敌对行为、武装冲突所致的损失，以及由于各种常规武器包括地雷、炸弹所导致的损失。

2. 陆运货物保险的除外责任

陆运险和陆运一切险的除外责任与海洋运输货物险的除外责任相同。

陆上运输冷藏货物险对由于战争、罢工或运输延迟而造成的被保险冷藏货物的腐败或损失，以及被保险冷藏货物在保险责任开始时未能保持良好状态，包括整理加工和包扎不妥，或冷冻上的不合规定及物品变质所造成的腐败和损失不负责任。

陆上运输货物战争险对由于敌对行为使用原子或热核武器所导致的损失和费用，以及根据执政者、当权者或其他武装集团的扣押、拘留引起的承保运程的丧失和挫折而造成的损失不负责任。

3. 陆运货物保险的责任期限

陆运货物保险的责任期限也采用仓至仓责任条款。保险人的责任期限从被保险货物运离保险单所载明的起运地仓库或储存处所开始运输时生效，包括正常运输过程中的陆上和与其有关的水上联运在内，直至该项货物运达保险单所载目的地收货人的最后仓库或储存处所或被保险人用作分配、分派的其他储存处所为止。如果未运抵上述仓库或储存处所，则以被保险货物运抵最后卸载的车站满 60 日为止。

陆上运输冷藏货物险的责任期限自被保险货物运离保险单所载起运地点的冷藏仓库装入运送工具开始运输时生效，包括正常的陆运和与其有关的水上驳运在内，直至货物到达保险单所载明的目的地收货入仓库为止。但是，最长保险责任的有效期限以被保险货物到达目的地车站后 10 日为限(中国人民保险公司的该项保险条款还规定，装货的任何运输工具，必须有相应的冷藏设备或隔离温度的设备；或供应和贮存足够的冰块，使车厢内始终保持适当的温度，以保证被保险冷藏货物不致因融化而腐败，直至目的地收货人仓库为止)。

陆上运输货物战争险的责任期限与海运战争险相似，以货物置于运输工具时为限。即自被保险货物装上保险单所载起运地的火车时开始，到保险单所载目的地卸离火车时为止。如果被保险货物不卸离火车，则以火车到达目的地的当日午夜起计算，满 48 小时为止，如在运输中途转车，不论货物在当地卸载与否，保险责任以火车到达该中途站的当日午夜起计算，满 10 日为止。如果货物在此期限内重新装车续运，仍恢复有效。但需指出，如运输契约在保险单所载目的地以外的地点终止时，该地即视作本保险单所载目的地，以货物卸离该地火车时为止，如果不卸离火车，则保险责任以火车到达该地当日午夜起计算满 48 小时为止。

### 6.5.2 空运货物保险

1. 空运货物保险的险别

根据中国人民保险公司 1981 年 1 月 1 日修订的《航空运输货物保险条款》(Air Transportation Cargo Insurance Clauses)的规定，航空运输货物保险的基本险别分为航空运输险和航空运输一切险两种。此外，还有航空运输货物战争险。

(1) 航空运输险(Air Transportation Risks)。航空运输险的承保责任范围与海洋运输货物保险条款中的水渍险大致相同。保险公司负责赔偿被保险货物在运输途中遭受雷电、火灾、爆炸或由于飞机遭受恶劣气候或其他危难事故而被抛弃，或由于飞机遭受碰撞、倾覆、坠落或失踪等自然灾害和意外事故所造成的全部或部分损失。

(2) 航空运输一切险(Air Transportation All Risks)。航空运输一切险的承保责任范围除包括上述航空运输险的全部责任外，保险公司还负责赔偿被保险货物由于一般外来原因所造成的全部或部分损失。

(3) 航空运输货战争险(Air Transportation Cargo War Risks)。航空运输货物战争险是航空运输货物险的一种附加险，只有在投保了航空运输险或航空运输一切险的基础上，经过投保人与保险公司协商，才可加保。加保航空运输货物战争险后，保险公司负责赔偿在航空运输途中由于战争、类似战争行为和敌对行为、武装冲突以及各种常规武器和炸弹所造成的货物损失。

2. 空运货物保险的除外责任

航空运输险和航空运输一切险的除外责任与海洋运输货物险的除外责任基本相同。

航空运输货物战争险不包括因使用原子或热核武器所造成的损失。

3. 空运货物保险的责任期限

航空运输货物险的两种基本险的保险责任也采用仓至仓责任条款，但与海洋运输险的仓至仓责任条款不同的是：如货物运达保险单所载明目的地而未运抵保险单所载明的收货人仓库或存储处所，则以被保险货物在最后卸载地卸离飞机后满 30 日保险责任即告终止；如在上述 30 日内被保险货物需转送到非保险单所载明的目的地时，则以该项货物开始转运时终止。

航空运输货物战争险的保险责任是自被保险货物装上保险单所载明的启运地的飞机时开始，直到卸离保险单所载明的目的地的飞机时为止。如果被保险货物不卸离飞机，则以载货飞机到达目的地的当日午夜起计算，满 15 日为止。如果被保险货物在中途转运，则保险责任以飞机到达转运地的当日午夜起算，满 15 日为止；等装上续运的飞机，保险责任再恢复有效。

### 6.5.3 邮政运输货物保险

1. 邮政运输货物保险的险别

根据中国人民保险公司 1981 年 1 月 1 日修订的《邮包保险条款》(Parcel Post

Insurance Clauses)的规定，邮包保险基本险别分为邮包险和邮包一切险两种。此外，还有邮包战争险。

(1) 邮包险(Parcel Post Risks)。保险公司邮包险的承保责任范围是负责赔偿被保险邮包在运输途中由于恶劣气候、雷电、海啸、地震、洪水等自然灾害或由于运输工具搁浅、触礁、沉没、碰撞、出轨、倾覆、坠落、失踪，或由于失火、爆炸、意外事故所造成的全部或部分损失；另外，还负责被保险人对遭受承保责任内危险的货物采取抢救、防止或减少货损的措施而付的合理费用，但以不超过该批被救货物的保险金额为限。

(2) 邮包一切险(Parcel Post all Risks)。邮包一切险的承保责任范围除包括上述邮包险的全部责任外，还负责被保险邮包在运输途中由于一般外来原因所导致的全部或部分损失。

(3) 邮包战争险(Parcel Post War Risk)。邮包战争险是邮政包裹保险的一种附加险，只有在投保了邮包险或邮包一切险的基础上，经过投保人与保险公司协商，才可加保。加保邮包战争险后，保险公司负责赔偿被保险邮包在运输过程中由于战争、类似战争行为和敌对行为、武装冲突或海盗行为以及各种常规武器包括水雷、鱼雷、炸弹所造成的损失。此外，保险公司还负责赔偿在遭受上述承保责任范围内所引起的共同海损的牺牲、分摊和救助费用。

2. 邮政运输货物保险的除外责任

对邮包险和邮包一切险这两种险别，保险公司对因战争、敌对行为、武装冲突或罢工所造成的损失，直接由于运输延迟或被保险物品本质上的缺点或自然损耗所造成的损失，以及属于寄件人责任和被保险邮包在保险责任开始前已存在的品质不良或数量短差所造成的损失，以及被保险人的故意行为或过失所造成的损失，不负赔偿责任。

对邮包战争险，保险公司不承担因使用原子或热核武器所造成的损失和费用的赔偿责任。

3. 邮包运输货物保险的责任期限

邮包险和邮包一切险的保险责任期限是自被保险邮包离开保险单所载起运地点寄件人的处所运往邮局时开始生效，直至被保险邮包运达保险单所载明的目的地邮局，自邮局签发到货通知书当日午夜起算，满 15 日终止；但是，在此期限内，邮包一经递交至收件人的处所，保险责任即行终止。

邮包战争险的保险责任期限是自被保险邮包经邮政机构收讫后自存储处所开始运送时生效，直至该项邮包运达保险单所载明的目的地邮政机构送交收件人为止。

# 6.6 合同常见的价格条款实例

保险单是保险人接受被保险人的申请，并交纳保险费后而订立的保险契约，是保险人和被保险人之间权利义务的说明，是当事人处理理赔和索赔的重要依据，是出口商在 CIF 条件下向银行办理结汇所必须提交的单据。

保险单就是一份保险合同，在保险单的正面，是特定的一笔保险交易，同时，该笔保险交易的当事人，保险标的物、保险金额险别、费率等应一一列出。在单据的背面，详细地列出了投保人、保险人、保险受益人的权利、义务以及各自的免责条款。

## 6.6.1 通用保险单据的格式与说明

(1) 保险单：由签订运输保险合同的双方确定使用哪一种保险单。

(2) 被保险人：一般填写信用证的受益人，也就是出口合同的出口商名称与地址。

(3) 标记与件数：又称唛头，可按发票或提单上的唛头填写，如果信用证没有特别规定可简写为详见/按××号发票(Detail per Invoice No.××)或提单。

(4) 包装及数量：一般按实际投保数量填货物外包装件数和包装种类。并且注意与发票和信用证有关内容保持一致。

(5) 保险货物项目：此栏填写投保货物名称，内容应与发票一致。如果名称繁多根据《跟单信用证统一惯例》规定填写统称即可，并注意与提单及其他单证保持一致。

(6) 保险金额：根据国际惯例保险金额应为 CIF 价格的 110%，小数点后尾数一律记为整数，并且所用的币制必须与信用证的货币一致。

(7) 总保险金额：这里填写投保后的大写金额，币别与金额应该与上述小写金额保持一致，为防止涂改，可在此结尾处填写 ONLY 字样。

(8) 保费：保险费一般由保险公司填写。若信用证规定要具体列出保费等情况，则应明确填上。

(9) 费率：一般保险公司已印好，按约定办理即 ORDER 的字样无须填写。

(10) 装载运输工具：海运且为直达船填写船名、航次；若中途转船，则应填上第一程船名，后再加填第二程船名，“With Trans-shipment at”；若为其他运输方式，则相应填制“By Railway”或“By Train，wagon No. **…”(陆运)、“By S.S. … and there by Overland Transportation to …”(海陆联运)、“By Train/Air/Truck”(TAT 联运)。

(11) 开行日期：填写运输单据签发日期或“As Per B/L”(符合提单)。

(12) 起止地点：这是保单的重要内容，与提单密切相关，在不违背信用证的前提下，力求与提单保持一致。首先填写装运港(地)名称，再写目的港(地)名称。如果需要转运，加注转运港(地)名称。

### 6.6.2 保险条款及单据示例

【例 1】

通财保险有限公司

海运货物保险单

保单编号：

投保人：

赔款支付人：

保险金额：

运输工具及名称：

发货港：____________ 所经港口/目的港：____________

**承保内容：**

**条件：** 根据 1982 年 1 月 1 日修订的协会货物条款(A)

根据 1982 年 1 月 1 日修订的协会货物条款(B)

根据 1982 年 1 月 1 日修订的协会货物条款(C)

根据 1982 年 1 月 1 日修订的协会货物条款(战争险)

根据 1982 年 1 月 1 日修订的协会货物条款(罢工险)

(一般条件和条款)

**保险单签署地点日期：**

**投保地点：**

*通财保险有限公司代表*

授权签名

【例 2】

**中国人民保险公司**

**THE PEOPLE'S INSURANCE COMPANY OF CHINA**

**总公司于北京　　一九四九年成立**

**HEAD OFFICE:BEIJING　　ESTABLISHED IN 1949**

**发票号码　　保险单　　保险单号**

**INTERIES NO.　　INSURANCE　　POLICYPOLICY NO.:**

中国人民保险公司(以下简称本公司)

This policy of Insurance witnesses(that The People's Insurance Company of China (here in after called "The Company")

根据__________(以下简称被保险人)的要求，由被保险人向本公司缴付约定的保险费，按照本保险单承保险别和背面所载条款与下列特款承保下述货物运输保险，特立本保险单。

At the request of _________ (Here in first called the "insured") and in consideration of the agreed premium paying to the company by the insured, undertakes to insure the under mentioned goods in transportation subject to the conditions of the policy as per the Clauses printed overleaf and other special clauses attached hereon.

| 标记<br>Marks & notes | 包装及数量<br>Quantity | 保险货物项目<br>Description of goods | 保险金额<br>Amount insured |
|---|---|---|---|
| | | | |

总保险金额______________________

(Total Amount Insured)______________________

保费__________费率__________装载运输工具__________

Premium__________Rate__________Per conveyance S.S__________

开行日期__________从__________至__________

SLG. On of ABT. __________From __________ to __________

承保险别

Conditions.

所保货物，如遇出险，本公司凭本保险单及其他有关证件给付赔款。所保货物，如发生本保险单项下负责赔偿的损失或事故，应立即通知本公司下述代理人查勘。

Claims, if any, payable on surrender of this Policy together with other relevant documents. In the event of accident where by loss or damage may result in a claim under this Policy immediate notice applying for Survey must be given to the company's Agent as mentioned hereunder.

赔款偿付地点

Claim payable at __________________

日期

DATE __________________

地址：

Address: __________________

【例 3】

March 23，1993

Gidad Crown(Nigeria)Company，

P.O. Box 57186，

Lagos，Nigeria

Dear Sirs，

Your Order No.101

In reply to your letter of March 7 inquiring about the insurance on your order，we wish to inform you that for goods sold on CIF basis，insurance is to cover All Risks & War Risk for 110% of the invoice value. If broader coverage is required，the extra premium involved will be for buyers' account. The insurance shall terminate when the goods are delivered to the consignee's warehouse at the destination named in the policy. The cover，however，is limited to 60 days upon discharge of the insured goods from the sea-going vessel at the final port of discharge before the insured goods reach the consignee's warehouse. Our underwriter-the People's insurance Company of China has agents in practically all the big cities in the world to handle claims. Should any damage to the goods occur a claim may be filed with the insurance agent at your end，who will undertake to compensate you for the loss sustained.

In presenting a claim to the Insurance Company or agent，the insured is usually required to submit the following documents:

1. Original Policy or Certificate of Insurance ， original or copy of Bill of Lading，Invoice， Packing；

2. Certificate of Loss or Damage and/or Shortlanded Memo，Survey Report；

3. Statement of Claim.

An insurance claim should be submitted to the insurance Company or its agent as promptly as possible so as to provide the latter with ample time to pursue recovery from the relative party in fault. Claim against the ocean carriers will usually become time barred one year after discharge or the cargo from the sea－going vessel.

The People's Insurance Company of China enjoys high prestige in settling claims promptly and equitably. The principal perils which the basic marine policy of The People's Insurance Company of China Insures against under its Ocean Marine

Cargo Clauses are：Free From Particular Average (F.P.A.)，With Average(W.A.)and All Risks. For further particulars，please contact the People's Insurance Company of China or its agent at your end.

Yours faithfully，

China Shenzhen Foreign Trade Group Corp.

【例4】

**海洋运输货物保险合同**

一、责任范围

本保险分为平安险、水渍险及一切险三种。被保险货物遭受损失时，本保险按照保险单上订明承保险别的条款规定，负赔偿责任。

(一) 平安险

本保险负责赔偿：

1. 被保险货物在运输途中由于恶劣气候、雷电、海啸、地震、洪水自然灾害造成整批货物的全部损失或推定全损。当被保险人要求赔付推定全损时，须将受损货物及其权利委付给保险公司。被保险货物用驳船运往或运离海轮的，每一驳船所装的货物可视作一个整批。

推定全损是指被保险货物的实际全损已经不可避免，或者恢复、修复受损货物以及运送货物到原订目的地的费用超过该目的地的货物价值。

2. 由于运输工具遭受搁浅、触礁、沉没、互撞、与流冰或其他物体碰撞以及失火、爆炸意外事故造成货物的全部或部分损失。

3. 在运输工具已经发生搁浅、触礁、沉没、焚毁意外事故的情况下，货物在此之后又在海上遭受恶劣气候、雷电、海啸等自然灾害所造成的部分损失。

4. 在装卸或转运时由于一件或数件整件货物落海造成的全部或部分损失。

5. 被保险人对遭受承保责任内危险的货物采取抢救、防止或减少货损的措施而支付的合理费用，但以不超过该批被救货物的保险金额为限。

6. 运输工具遭遇海难后，在避难港由于卸货所引起的损失以及在中途港、避难港由于卸货、存仓以及运送货物所产生的特别费用。

7. 共同海损的牺牲、分摊和救助费用。

8. 运输契约订有“船舶互撞责任”条款，根据该条款规定应由货方偿还船方的损失。

(二) 水渍险

除包括上列平安险的各项责任外，本保险还负责被保险货物由于恶劣气候、雷电、海啸、地震、洪水自然灾害所造成的部分损失。

(三) 一切险

除包括上列平安险和水渍险的各项责任外，本保险还负责被保险货物在运输途中由于外来原因所致的全部或部分损失。

二、除外责任

本保险对下列损失，不负赔偿责任：

(一) 被保险人的故意行为或过失所造成的损失。

(二) 属于发货人责任所引起的损失。

(三) 在保险责任开始前，被保险货物已存在的品质不良或数量短差所造成的损失。

(四) 由被保险货物的自然损耗、本质缺陷、特性以及市价跌落、运输延迟所引起的损失或费用。

(五) 本公司海洋运输货物战争险条款和货物运输罢工险条款规定的责任范围和除外责任。

三、责任起讫

(一) 本保险负“仓至仓”责任，自被保险货物运离保险单所载明的起运地仓库或储存处所开始运输时生效，包括正常运输过程中的海上、陆上、内河和驳船运输在内，直至该项货物到达保险单所载明目的地收货人的最后仓库或储存处所或被保险人用作分配、分派或非正常运输的其他储存处所为止。如未抵达上述仓库或储存处所，则以被保险货物在最后卸载港全部卸离海轮后满60天为止。如在上述60天内被保险货物需转运到非保险单所载明的目的地时，则以该项货物开始转运时终止。

(二) 由于被保险人无法控制的运输延迟、绕道、被迫卸货、重行装载、转载或承运人运用运输契约赋予的权限所做的任何航海上的变更或终止运输契约，致使被保险货物运到非保险单所载明目的地时，在被保险人及时将获知的情况通知保险人，并在必要时加缴保险费的情况下，本保险仍继续有效。保险责任按下列规定终止：

1. 被保险货物如在非保险单所载明的目的地出售，保险责任至交货时为止，但不论任何情况，均以被保险货物在卸载港全部卸离海轮后满60天为止。

2. 被保险货物如在上述60十天期限内继续运往保险单所载原目的地或其他目的地时，保险责任仍按上述第(一)款的规定终止。

四、被保险人的义务

被保险人应按照以下规定的应尽义务办理有关事项，如因未履行规定的义务而影响保险人利益时，本公司对有关损失，有权拒绝赔偿。

(一) 当被保险货物运抵保险单所载明的目的港(地)以后，被保险人应及时提货，当发现被保险货物遭受任何损失，应立即向保险单上所载明的检验、理赔代理人申请检验，如发现被保险货物整件短少或有明显残损痕迹应立即向承运人、受托人或有关当局(海关、港务当局等)索取货损货差证明。如果货损货差是由于承运人、受托人或其他有关方面的责任所造成，应以书面方式向他们提出索赔，必要时还须取得延长时效的认证。

(二) 对遭受承保责任内危险的货物，被保险人和本公司都可迅速采取合理的抢救措施，防止或减少货物的损失。被保险人采取此项措施，不应视为放弃委付的表示，本公司采取此项措施，也不得视为接受委付的表示。

(三) 如遇航程变更或发现保险单所载明的货物、船名或航程有遗漏或错误时，被保险人应在获悉后立即通知保险人，并在必要时加缴保险费，本保险才继续有效。

(四) 在向保险人索赔时，必须提供下列单证：

保险单正本、提单、发票、装箱单、磅码单、货损货差证明、检验报告及索赔清单。如涉及第三者责任，还须提供向责任方追偿的有关函电及其他必要单证或文件。

(五) 在获悉有关运输契约中“船舶互撞责任”条款的实际责任后，应及时通知保险人。

五、索赔期限

本保险索赔时效，从被保险货物在最后卸载港全部卸离海轮后起算，最多不超过两年。

【例 5】

**海洋货物运输保险单**

发票号码＿＿＿＿＿＿＿＿

保险单号次＿＿＿＿＿＿＿＿

保险公司(以下简称本公司)根据＿＿＿＿＿＿＿＿＿＿ (以下简称为被保险人)的要求由被保险人向本公司缴付约定的保险费，按照本保险单承保险别和背后所载条款与下列特款承保下述货物运输保险，特立本保险单。

标记

包装及数量

保险货物项目

保险金额

总保险金额：＿＿＿＿＿＿＿＿

保　　费：＿＿＿＿＿＿＿＿ 费率＿＿＿＿＿＿＿＿ 装载工具＿＿＿＿＿＿＿＿

开航日期：＿＿＿＿＿＿＿＿ 自＿＿＿＿＿＿＿＿ 至＿＿＿＿＿＿＿＿

承保险别：＿＿＿＿＿＿＿＿

所保货物，如遇风险，本公司凭本保险单及其有关证件给付赔款。

所保货物，如发生保险单项下负责赔偿的损失或事故，应立即通知本公司下述代理人查勘。

＿＿＿＿＿＿＿＿保险公司

赔款偿付地点＿＿＿＿＿＿＿＿

出单公司地址＿＿＿＿＿＿＿＿

营业部＿＿＿＿＿＿＿＿

# 本 章 小 结

保险公司承保的内容包括风险、损失和费用。风险是可能导致损失和费用产生的意外事件，而损失和费用是风险发生的结果。保险公司根据不同的风险导致的不同损失和费用，划分出各种大小的保险范围，即保险险别。中国的保险险别包括基本险和附加险两大类。基本险分为平安险、水渍险和一切险三种；附加险分为一般附加险和特别附加险两种。中国的保险公司对这些险别规定了除外责任和责任期限。

英国的保险险别有 A 险、B 险、C 险、战争险、罢工险和恶意损害险六种。A 险相当于中国的一切险，但比一切险的承保范围大一些；B 险相当于中国的水渍险；C 险相当于中国的平安险，但比平安险的承保范围小些。

在国际贸易实务中，办理货物运输保险要掌握保险险别的选择、投保金额和保险费的计算、保险单据和保险索赔的有关知识等。

关键名词

(1) Subject Matter Insured　保险标的
(2) Perils of Sea　海上风险
(3) Extraneous Risk　外来风险
(4) Actual Total Loss　实际全损
(5) General Average　共同海损
(6) Particular Average　单独海损
(7) F.P.A.　平安险
(8) W.P.A.　水渍险
(9) All Risks　一切险

# 习　　题

【思考题】

1. 推定全损和实际全损有什么不同?
2. 我国海运保险有哪几种基本险别?
3. 我国海运保险有哪些附加险?
4. 什么是共同海损?
5. 何谓仓至仓条款?
6. 如何选择保险险别?

7. 订立保险条款要注意哪些问题？

8. 我国某出口公司以 CIF 为条件进行对外贸易。如以下列保险条款投保，是否妥当？

(1) 一切险、淡水雨淋险、战争险；

(2) 平安险、一切险、战争险；

(3) 水渍险、偷窃险、串味险、战争险；

(4) 偷窃险、罢工险、战争险。

9. 我国某出口公司按发票金额 100 000 美元，投保一切险、战争险。前者费率为 0.6%，后者费率为 0.03%，投保加成率为 10%。问：应付多少保险费？

# 案　　例

**案例 1**

我国某出口公司以 CFR 贸易术语出口一批货物，在从出口公司仓库运到码头的途中货物灭失，应由何方负责？如果买方已经向保险公司投保，则可否通过买方向保险公司索赔？

**案例 2**

某一货轮在航行中有一船舱发生火灾，危及船、货的共同安全。经船长下令灌水灭火后，原装在该船舱内的 500 包棉花，除烧毁部分外，剩下部分有严重水渍，只能作为纸浆出售给造纸厂，获得的价值为原货价值的 30%；原装在该舱内的 500 包大米经检查后发现只有水渍损失，而无烧毁或热薰的损失，经晒干后，作为次米出售，可得价值为原价的 50%。按照上述情况，棉花的损失价值占原价的 70%，大米的损失价值占原价的 50%。试分析在保险业务中，这两种损失属于何种性质的损失？

# 第 7 章 进出口商品贸易的结算条款及应用

## 教学目标

通过本章的学习，对进出口商品贸易的结算条款有一定的了解和认识，能够区别不同结算方式的异同、特点，能够根据具体贸易背景选择适当的结算方式，能够拟定和审核合同中的结算条款，初步具备办理国际贸易结算业务的技能。

## 教学要求

| 知识要点 | 能力要求 | 相关知识 |
|---|---|---|
| 基本知识 | (1) 掌握结算工具和结算方式的种类、业务流程及应用<br>(2) 了解常用的有关贸易结算的国际惯例<br>(3) 掌握支付条款的内容及单证的填制方法<br>(4) 重点掌握正确选用合适的结算方式的方法<br>(5) 掌握进出口贸易结算中常用的结算工具 | (1) 票据的作用与种类<br>(2) 汇票的种类及使用<br>(3) 托收的种类及使用程序<br>(4) 信用证的含义、特点及使用 |
| 业务流程 | (1) 出口商按合同规定装运货物，船公司签发提单给出口商<br>(2) 缮制跟单汇票，填写托收申请书<br>(3) 制作并航寄托收委托书及跟单汇票<br>(4) 提示单据要求付款(承兑)<br>(5) 付款(承兑)与交单<br>(6) 进口商凭单据要求提货<br>(7) 船公司释放货物给进口商<br>(到期日提示汇票要求付款和付款)<br>(8) 汇回收妥的货款<br>(9) 款项记入委托人账户 | (1) 托收方式及其当事人<br>(2) 托收方式种类<br>(3) 有关托收的国际惯例 |
| 分类 | 能够比较分析各种结算工具和结算方式 | (1) 汇票与票汇的区别<br>(2) 信用证的种类与区别 |
| 风险与防范 | 能够运用所掌握的风险与防范知识分析使用哪种结算工具与结算方式 | (1) 各国票据法中规定的内容<br>(2) 使用结算方式风险的防范 |

1997年11月底，我方A公司与我国台湾B公司签订一份出口各式打火机合同，总价值10 118.00美元，数量为111 000只(装入1×20'集装箱)，规定从上海运往基隆港，到港时间不得晚于12月17日，支付方式为B公司收到目的港代理的接货通知书后48小时内将全部货款电汇(T/T)给A公司。由于装运期较为迫切，我方立即准备货物，并预定了12月10日船期(预计整个航程共需7天)。货物如期装船后，正本提单寄给B公司。但因货物途经高雄时多停靠了2天，于12月19日才抵达目的港，客户于次日提货后，提出暂时拒付全部货款，待货物销完后再付，原因是货物未能如期到港，致使这批货物无法赶上当地圣诞节的销售高潮，其部分客户已纷纷取消订单，造成此批货物大量积压，给其带来巨大的经济损失。A公司多次电告B公司，告知货物未能如期到港(延误2天)，我方是无法预料与控制的，再者，因备货时间短，我方已尽力将货物装上最早船期。A公司多次要求B公司办理付款，B公司均不予以理睬。2个月后，A公司只好请我国台湾某一友好客户C与B公司协商，B公司才开始有所松口，条件是要求我方降价30％后才同意付款(客户称约有价值30％货物积压仓库)。经我方一再努力与之协商，最终才以我方降价15％告终，此案中我方直接损失1500多美元。

国际货款结算涉及信用和使用何种货币、票据，以及在什么时间、以何种方式收付等问题。货款顺利收回是一笔交易圆满结束的重要标志，采用什么样的结算方式能够及时、安全收回货款，是业务员应当知道的基本常识。在进出口贸易实务中，买卖双方都极力争取有利于自身的结算方式，以便买方融通资金和卖方安全收汇，因此成为合同的重要交易条款。

导读案例涉及实务中的结算方式，为了准确地选用合适的结算方式，按照惯例正确履行合同中有关义务，维护自身利益，避免不必要的贸易争端和收汇风险，本章将就下列问题展开讨论：

(1) 进出口贸易结算中常用的结算工具；

(2) 不同结算方式及其操作程序；

(3) 正确选用合适的结算方式；

(4) 买卖合同中支付条款的主要内容。

## 7.1 国际贸易的结算工具

### 7.1.1 票据简介

国际贸易结算一般采用非现金支付，使用以支付现金为目的并且可以流通转让的债权凭证——票据。

1. 票据的概念

票据的概念有广义和狭义之分。从广义来讲，票据是指所有可以作为权利凭证的单据，包括商业单据(提单、发票、保险单等)和资金票据(包括汇票、本票、支票)；从狭义来讲，票据即资金票据，是以支付一定金额为目的，可以流通转让的证券。

我国《票据法》规定：票据是指出票人约定自己或委托付款人见票时并在指定的日期向收款人或持有人无条件支付一定金额的并可以流通转让的有价证券。

因此，本章所提及票据均指狭义的票据。

2. 票据的基本性质

票据在非现金结算中担任着支付工具和信用工具的角色，主要因为票据具有的如下基本性质。

1) 有价性

票据是一种以支付金钱为目的的证券，票据上的权利记载必须以金钱表示，并以支付一定的货币金额为最终目的，不能以给付现货、股票为标的。但是票据本身不是货币，而是建立在信用基础上的货币支付凭证。

2) 要式性

所谓要式性，是指票据在形式上需要记载的必要项目必须齐全，并符合《票据法》的规定，才能使票据产生法律效力。各国票据法都对票据的必要项目作了详细规定。要式性也是为了便于票据的流通转让。

3) 无因性

"因"是指产生票据权利义务关系的原因，票据是一种无需过问原因的证券。票据的有效性不受其产生原因的影响，只要票据记载合格、符合法定要式，持票人就取得了票据文义载明的权利。

4) 流通性

可以流通转让是票据的基本特性。一般来讲，除非票据上记载"不得转让"(not negotiable/not transferable)字样或其他形式的记载，表明了不可转让的意旨，票据权利可以通过交付或背书交付进行转让，不必通知债务人。并且善意的、付了对价的受让人可以取得优于前手的权利，不受其前手权利缺陷的影响。由于票据的这个特点，使票据的受让人能得到十足的票据文义所载明的权利，使得票据能让人接受从而得以流通。

3. 票据的基本作用

在国际商务实践中，票据具有以下基本作用。

1) 结算作用

票据是非现金结算中基本的支付工具，这是票据的首要功能。

2) 信用作用

票据之所以能够顺利实现货币或债权债务的结算，是因为票据是建立在信用基础上的书面支付凭证，出票人在票据上立下书面的支付信用保证，付款人或承兑人允诺按照票面规定履行付款义务。票据的信用功能使得票据在实务中可以充当融资信贷工具，例如用票据贴现、押汇等，从而使资金融通业务不断扩大，促进了国际贸易的发展。

3) 流通作用

票据大多具有流通转让性，可以作为代替现金的流通工具在市场上流通，有着扩大市场流通手段和减少使用现金、加快商品交换的速度及推进规模化交易的作用。

4) 抵消债务作用

由于多种经济交易而引起的国际债权债务关系，都可以用票据来抵消。比如，甲国 A 商向乙国 B 商购买了 1 万美元商品，同时乙国 B 商又向甲国 C 商购买了 1 万美元的商品，这时就可以用汇票来作为抵消债务的工具。由乙国 B 商出具一张以甲国 A 商为付款人，乙国 B 商为收款人的汇票，然后背书转让给甲国 C 商，C 商持汇票直接向本国 A 商索偿即可。从而避免了先由中国 A 商向乙国 B 商支付 1 万美元，然后乙国 B 商再向甲国 C 商支付的双重麻烦。

由此可见，如果能够恰当地利用票据作为支付和抵消债务的工具，还可以有效地降低国际结算的成本和减少结算上的麻烦。

4. 票据的法系

由于票据是商业流通的重要信用工具和支付手段，为了保证票据正常的使用和流通，保护票据当事人的合法权益，各国都十分重视对票据的法律保障和管理。目前，世界各国票据法大体可分为两大法系。

1) 大陆法系

大陆法系，是以 1930 年国际联盟理事会在日内瓦召开会议通过的《日内瓦统一汇票、本票法公约》(Convention Providing a Uniform law for bills of exchange and promissory notes signed at Geneva)和《日内瓦统一支票法公约》(Convention Providing a Uniform Law for Cheques signed at Geneva)为基础的。当时参加会议的 32 个国家签订公约之后，都以两个公约为基础，对本国的票据法进行了修订，从而形成了受法、德两国影响较深的欧洲大陆法系，或日内瓦统一法系。使用的国家主要是法、德、日、意、瑞、比、荷、西等参加会议的及欧洲大陆国家。

2) 英美法系

英美法系是以 1882 年《英国票据法》(Bills of Exchange Act，1882)为基础的，使用的国家主要是美国、加拿大、澳大利亚、印度、南非等英联邦国家。

以上两大法系，在法条规定和实践中均有所不同，有的方面甚至存在矛盾。联合国在考虑英美法系与大陆法系之间差异的基础上制定了《国际汇票和本票公约草案》(Draft Convention on International Bills of Exchange and International Promissory Notes)及《国际支票公约草案》(Draft Convention on International Cheques)，并于1987年8月在第20届贸发会议上正式通过，目的在于解决国际贸易中汇票和本票使用上由于前两大法系的分歧带来的不便。但是由于参与国家太少，以上两个公约仍为草案，迄今为止，世界上仍没有一部统一的票据法。

《中华人民共和国票据法》由第八届全国人民代表大会常务委员会第十三次会议于1995年5月10日通过，1996年1月1日起实施，标志着我国票据活动已进入法制轨道。我国票据法虽受《日内瓦统一法》的影响，但我国并未参加该公约，因而不属日内瓦统一法系。

### 7.1.2 汇票

汇票(Bill of Exchange/Draft)是一种最典型的票据，最能集中地体现票据的基本功能，在实务中应用的也最广泛。

#### 1. 汇票的概念

《日内瓦统一法》未给汇票下明确的定义，只规定了票据的必要项目，世界各国均广泛引用或参照1882年《英国票据法》对汇票的定义。

《英国票据法》规定：A bill of exchange is an unconditional order in writing，addressed by one person to another，signed by the person giving it，requiring the person to whom it is addressed to pay on demand or at a fixed or determinable future time a sum certain in money to or to the order of specified person or bearer.(汇票是由一人向另一人签发的，要求他立即或在定期或在可以确定的将来时间，将一定金额的货币，支付给某人或其指定人或持票人的无条件支付命令。)

《中华人民共和国票据法》规定：汇票是出票人签发的，委托付款人在见票时或者在票据指定日期无条件支付确定的金额给收款人或持票人的票据。

#### 2. 汇票的当事人

汇票有三个基本当事人，即出票人、付款人和收款人。

1) 出票人(Drawer)

出票人是开立和签发汇票并向其他人交付汇票的人。

2) 付款人(Payer)或受票人(Drawee)

付款人/受票人是接受支付命令的人。

3) 收款人(Payee)

收款人是收取票款之人，即汇票的受益人。

汇票进入流通领域后，又会出现以下流通当事人(Remote Party)。

4) 背书人(Endorser)

收款人不拟凭票取款，而在汇票背面签章并交付给受让人转让票据权利的情况下，收款人成为第一背书人，以后若汇票继续转让，会出现第二、第三……背书人。

5) 被背书人(Endorsee)

被背书人是接受背书的人，当他接受背书的汇票再将汇票转让时，就成为另一背书人。被背书人若不转让汇票，就成为持票人。

6) 持票人(Holder)

持票人是拥有票据的人，包括收款人、被背书人。

3. 汇票的主要内容

汇票是一种要式证券，必须具备法定的形式、载明必要的法定事项，才能成为完整的汇票，具有票据的效力。各国票据法对汇票内容的规定不尽相同，但汇票一般应包括以下基本内容。

(1) 注明“汇票”字样。例如：Exchange for USD1000.00 或 Draft for USD1000.00。注明“汇票”字样的目的在于与其他票据如本票、支票加以区别。

(2) 无条件支付命令(Unconditional Order to Pay)。即汇票的支付命令不加任何限制，不带任何附加条件，否则汇票无效，这有利于保障汇票付款的切实可靠，有利于保护票据权利人的票据权利。

(3) 出票地点和出票日期(Place and Date of Issue)。出票地点对于国际汇票具有重要意义，因为国际惯例遵循行为地法律原则，出票行为在某地发生，就以所在地国的法律为依据，并以此来判断汇票必要项目是否齐全，汇票是否成立和有效。

(4) 付款时间和付款期限(Time of Payment/Tenor/Term/Maturity)。付款时间和期限是付款人履行付款义务的日期。

(5) 一定金额的货币(Certain in Money)。汇票是以支付一定金额货币为目的的金钱证券，因此确定的金额在各国票据法中都视为绝对必要项目。

(6) 收款人(Payee)名称。收款人是指出票人在汇票上记载的受领汇票金额的最初票据权利人，汇票上收款人的记载通常称为“抬头”，根据“抬头”的不同写法，可确定汇票的可流通性或不可流通性。

(7) 付款人名称和付款地点(Drawee)。

(8) 出票人签章(Signature of the Drawer)。

**阅读资料 7-1**

汇票示例

BILL OF EXCHANGE

No. ______________

For ______________ (amount in figure) ______________ (place and date of issue)

At ______________ sight of this FIRST Bill of exchange(SECOND being unpaid)

pay to ______________ or order the sum of

______________ (amount in words)

Value received for ______________ (quantity) of ______________ (name of commodity)

Drawn under ______________

L/C No. ______________ dated ______________

To: For and on behalf of

______________ (Signature)

4. 汇票的票据行为

1) 出票(To Draw)

出票是指出票人签发汇票并将其交给收款人的行为。一张汇票一旦出票，出票人就要承担债务责任，并对完全的票据债务负责，担保汇票被承兑和付款；对于付款人而言，则得到了付款权/承兑和付款权，同时又有拒绝付款和承兑权(无必须付款/承兑的责任，可根据其与出票人的资金关系决定是否付款或承兑；对于收款人，则取得了债权，成为持票人，有向付款人请求付款/承兑及付款的权利，汇票遭拒付时，有向出票人的追索的权利有依法转让汇票的权利。

2) 提示(Presentation)

提示是持票人向付款人出示汇票要求承兑或付款的行为。提示分为两种。

(1) 承兑提示：持远期汇票要求付款人承诺到期付款的提示。

(2) 付款提示：持即期汇票或到期的远期汇票要求付款人付款的提示。

3) 承兑(Acceptance)

承兑是远期汇票付款人在持票人作承兑提示时，明确表示同意按出票人的指示付款的行为。

4) 付款(Payment)

付款是即期汇票的付款人和远期汇票的承兑人接到付款提示时，履行付款义务的行为。

5) 背书(Endorsement)

背书是转让票据权利的一种法定手续，即持票人在汇票背面签上自己的名字或再加上受让人的名字，并把汇票交给受让人的行为。背书的方式主要有三种。

(1) 限制性背书：即不可转让背书。

(2) 空白背书：也称不记名背书，票据背面只有背书人签名而无受让人签名。此类背书只凭交付即可转让。

(3) 记名背书：指汇票背面既有背书人签名，又有被背书人签名。这种背书受让人可继续背书将汇票转让。

6) 拒付与追索(Dishonor & Recourse)

拒付是持票人提示汇票要求承兑或付款时遭到拒绝承兑或付款的行为，又称退票。

追索是指汇票遭到拒付，持票人要求其前手背书人、出票人或其他票据债务人偿还汇票金额及费用的行为。

5. 汇票的种类

汇票可以从不同的角度进行分类。

(1) 按出票人的不同，可分为银行汇票(Bank's Draft)和商业汇票(Commercial Draft)。

出票人为工商企业或个人的汇票为商业汇票(Commercial Draft)，国际贸易结算中，商业汇票通常是由出口商开立的，委托当地银行向国外进口商或银行收取货款时所使用的汇票；出票人为银行的汇票为银行汇票(Bank's Draft)，银行汇票的付款人一般也是银行。

(2) 按是否附有包括运输单据在内的商业单据，分为光票(Clean Draft)和跟单汇票(Documentary Draft)。

光票是出票人出具的不附带任何货运单据的汇票，银行汇票一般为光票。跟单汇票是随附货运单据的汇票，商业汇票一般为跟单汇票。

(3) 按付款日期的不同，可分为即期汇票(Sight Bill)和远期汇票(Time Bill)。

即期汇票是见票即付的汇票。远期汇票是采用定日付款、出票/见票/说明日后若干天付款的汇票。

(4) 按承兑人的不同，可分为商业承兑汇票(Commercial Acceptance Draft)和银行承兑汇票(Bank's Acceptance Draft)。

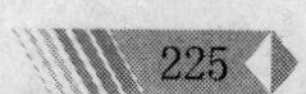

由企业或个人承兑的远期汇票即为商业承兑汇票，其建立在商业信用基础之上。由银行承兑的汇票即为银行承兑汇票，银行承兑汇票以银行信用为基础，便于在市场上贴现流通。

(5) 按适用地区不同，可分为国内汇票(Inland Draft)和国外汇票(Foreign Draft)。

国内汇票的出票地和付款地在同一国境内，汇票的流通也在国内。国外汇票指汇票出票地和付款地的一方或双方均在国外，汇票的流通涉及两国以上。根据我国《票据法》，国外汇票的票据行为既有发生在我国境内的，又有发生在我国境外的。

### 7.1.3 本票和支票

#### 1. 本票

1) 本票(Promissory Note)的概念及必要项目

《日内瓦统一法》未给本票下定义，目前各国广泛引用或参照1882年《英国票据法》对本票所下的定义。

《英国票据法》规定：A promissory note is an unconditional promise in writing made by one person to another signed by the maker engaging to pay on demand or at a fixed or determinable future time a sum certain in money to or to the order of a specified person or to bearer.(本票是一人向另一人签发的，保证即期或定期或在可以确定的将来时间，对某人或其指定人或持票人支付一定金额的无条件的书面承诺。)

《中华人民共和国票据法》对本票的定义是：本票是出票人签发的，承诺自己在见票时无条件支付确定的金额给收款人或持票人的票据。

各国票据法对本票内容的规定并不完全一致，但基本包括以下内容。

(1) 有“本票”(Promissory Note)字样。

(2) 无条件支付承诺。

(3) 收款人名称或其指定人或来人。

(4) 付款期限。

(5) 付款地点。

(6) 出票日期和地点。

(7) 一定金额。

(8) 出票人签字。

2) 本票和汇票的异同

(1) 本票是无条件支付承诺，汇票是无条件支付命令。本票的出票人自己出票自己付款，是承诺式的票据。汇票是出票人要求付款人无条件地支付给收款人的书面支付命令，付款人没有必须支付票款的义务，除非他承兑了汇票，所以汇票是命令式或委托式的票据。

(2) 当事人不同。本票只有两个基本当事人，即出票人和收款人；汇票有三个基本当事人，即出票人、付款人和收款人。

(3) 本票的出票人就是付款人，所以远期本票无需提示承兑；而远期汇票需由持票人提示承兑。

(4) 本票的出票人自始至终是主债务人，汇票在承兑、背书之前是主债务人，之后是从债务人。

(5) 本票只能开出一张，而汇票可成套数份签发。

(6) 汇票票据行为的规定均适用于本票。

2. 支票(Check/Cheque)

1) 支票(Check/Cheque)的概念及必要项目

《日内瓦统一法》未给支票下定义，目前各国广泛引用或参照1882年《英国票据法》对支票所下的定义。

《英国票据法》规定：A cheque is a bill of exchange drawn on a bank payable on demand.A cheque is an unconditional order in writing addressed by the customer to a bank signed by that customer authorizing the bank to pay on demand a sum certain in money to or to the order of a specified person or to bearer.(支票是以银行为付款人的即期汇票。支票是银行存款户向该银行签发的，授权其即期支付一定金额给某人或其指定人或持票人的无条件书面支付命令。)

《中华人民共和国票据法》对支票的定义是：支票是出票人签发的，委托办理支票存款业务的银行或者其他金融机构在见票时无条件支付确定金额给收款人或持票人的票据。

支票有三个基本当事人，即出票人、付款人和收款人。

2) 支票的种类

(1) 一般支票(Uncrossed Check/Open Check/Cash Check)。收款时可通过银行转账，也可由持票人自行提现。风险在于万一支票遗失很容易被人冒领。

(2) 划线支票。是在支票正面划两道平行横线的支票。划线支票只能用于银行转账，不能提现。目的在于防止支票遗失时被人冒领，即使被冒领，也有可能通过银行收款线索追回款项。根据是否注明收款银行名称又可分为一般划线支票(General Crossing)和特殊划线支票(Special Crossing)。支票的划线人可以是出票人、持票人、代收银行。

(3) 记名支票(Check payable To Order)。是在收款人一栏中记载收款人的具体名称，取款时，须由载明的收款人在背面签章的支票。

(4) 不记名支票(Check Payable To Bearer)。又称来人或空白抬头支票，只写明“付来人”。

支款时无需收款人签章，持票人可仅凭交付转让支票权利。

(5) 保付支票(Certified Check)。是由付款银行在支票上加盖“保付”戳记并签字的支票，目的在于避免出票人开出空头支票。经银行保付的支票有利于流通。

(6) 银行支票(Bank's Check)。也称银行即期汇票，是由一家银行签发的，命令另一银行向某人或其指定人或来人付款的书面命令。

3) 支票与汇票的区别

(1) 支票必须是即期付款，无到期日记载；汇票既可见票即付，也可在将来时间支付。

(2) 支票没有承兑、保证等票据行为，而此类票据行为都适用于汇票。

(3) 支票的付款人仅限于银行；汇票的付款人既可是银行，也可是企业或个人。

(4) 支票的出票人和付款人之间必须先有资金关系，而汇票则不一定。

(5) 支票只能做结算；汇票可做结算工具，也可做信贷工具。

(6) 支票只有一张，汇票可有一式数份。

## 7.2 国际贸易的结算方式

国际结算方式有很多，如汇款、托收、信用证、银行保函、备用信用证等。根据资金转移方向和结算工具的传递方向不同，这些结算方式可分为两大类：顺汇(Remittance)和逆汇(Honor of Draft)。顺汇中，资金与结算工具的传递方向相同，都是由债务人转移给债权人。逆汇是指由债权人主动出具票据，委托银行向债务人收取一定金额的款项的方式。在逆汇中，资金与结算工具的传递方向相反，结算工具是由债权人转移给债务人，资金是由债务人转移给债权人。国际结算方式中，汇款是典型的顺汇法，而托收和信用证方式是典型的逆汇。

### 7.2.1 汇款结算方式

#### 1. 汇款方式及其当事人

汇款(Remittance)，又称汇付，是债务人或付款人主动通过银行将款项汇交(电汇、信汇、票汇)收款人的一种商业信用结算方式。

在国际结算中，汇款结算方式出现最早，使用起来也最方便，它是基于商业信用的一种支付方式。银行应付款人要求以一定的方式通过国外联行或代理行把款项付给收款人，银行只负责提供账户间划拨款项的服务而不涉及信用问题。

汇款结算方式有四个当事人，分别是：

(1) 汇款人(Remitter)，或称债务人，即付款人，通常是国际贸易中的进口商；

(2) 收款人(Payee/ Beneficiary)，或称债权人，在国际贸易中通常为出口商；

(3) 汇出行(Remitting Bank)，是受汇款人委托汇出汇款的银行，在国际贸易中通常是进口方所在地银行；

(4) 汇入行(Receiving Bank)，又称解付行(Paying Bank)，是受汇出行委托，解付汇款的银行，在国际贸易中，汇入行通常为出口地银行。

2. 汇款结算方式种类及其业务程序

根据汇款过程中所使用的支付工具的不同，汇款结算方式可以分为电汇、信汇、票汇三种。

1) 电汇(Telegraphic Transfer，T/T)

电汇是汇款人委托银行以加押电报(Tested Cable)、电传(Telex)等电讯工具指示出口地某银行作为汇入行，解付一定金额给收款人的汇款方式。电汇业务流程如图 7.1 所示。

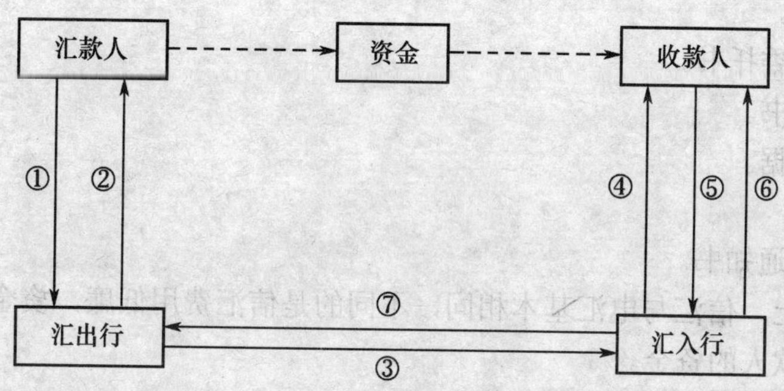


**图 7.1　电汇业务流程图**

图例说明：

① 填写电汇申请书，交款付费。

② 电汇回执。

③ 加押电报电传。

④ 电汇通知书。

⑤ 收款人收据。

⑥ 解付。

⑦ 付讫借记通知书。

电汇结算方式交款迅速，安全性大，有利于资金的充分利用，但费用较信汇、票汇高。

2) 信汇(Mail Transfer，M/T)

信汇是汇出行应汇款人申请，将信汇委托书或支付委托书邮寄给汇入行，授权其解付一定金额给收款人的一种汇款方式。信汇业务流程图如图 7.2 所示。

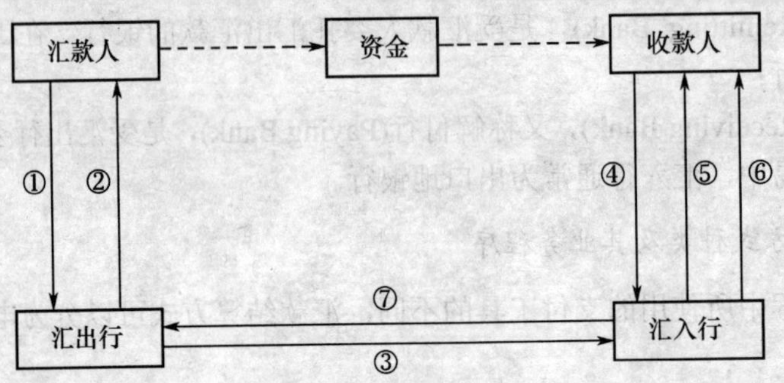


图 7.2 信汇业务流程图

图例说明：

① 填写信汇申请书，交款付费。

② 信汇回执。

③ 邮寄信汇委托书。

④ 信汇通知书。

⑤ 收款人收据。

⑥ 解付。

⑦ 付讫借记通知书。

在业务处理上，信汇与电汇基本相同，不同的是信汇费用低廉，资金在途时间长，银行可短期占用汇款人的资金。

3) 票汇(Remittance by bank’s Demand Draft，D/D)

票汇是汇出行应汇款人申请，代汇款人开立以其分行或代理行为解付行的银行即期汇票(Bank’s Demand Draft)，支付一定金额给收款人的汇款方式。票汇业务流程如图 7.3 所示。

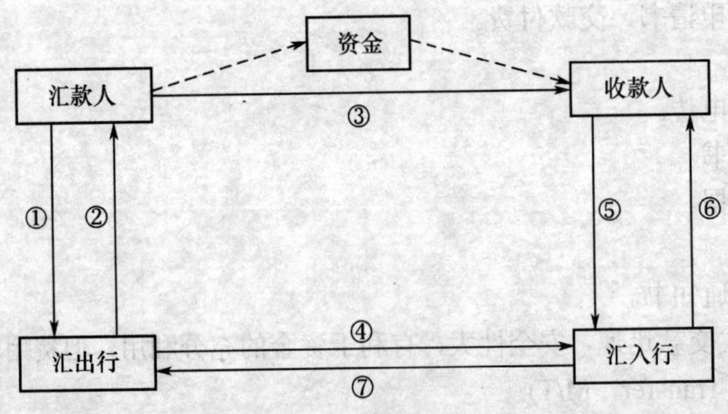


图 7.3 票汇业务流程图

图例说明：

① 填写票汇申请书，交款付费。

② 银行出具即期汇票。

③ 银行即期汇票。

④ 汇款通知书(票根)。

⑤ 收款人持银行即期汇票取款。

⑥ 解付。

⑦ 付讫借记通知书。

票汇取款方便，手续简单，而且收款人可背书转让银行即期汇票，具有流通性。但是，汇票在到达付款行时，若经过多次转让，银行可无偿占用资金的时间可能更长。

3. 汇款结算方式在国际贸易中的应用

在国际贸易中，汇款方式主要用于两种特殊形式的货款结算，即预付货款和货到付款的支付，也常用在贸易从属费用的结算。

1) 预付货款(Payment in Advance)

预付货款是进口商(付款人)在出口商(收款人)将货物或货运单据交付以前将货款的全部或者一部分通过银行付给出口商，出口商收到货款后，再根据约定发运货物。

在这种方式下，出口商具有较大的主动权，且没有风险，而对进口商却很不利。一般预付货款主要出现在以下几种情况。

(1) 双方交易的是紧俏的买方急需的商品。

(2) 进出口双方关系十分密切。

(3) 双方是长期合作的伙伴关系，互相信赖，信用可靠。

(4) 出口商是国际上信誉极好，信用级别较高的大公司。

(5) 进出口商同属于一家公司的两家分公司，或是母公司与子公司的关系。

(6) 进口商信誉不佳。

(7) 出口商资金匮乏。

(8) 定金的支付。

2) 货到付款(Payment After Arrival of Goods)

货到付款与预付货款相反，它是进口商在收到货物以后，立即或一定时期以后再付款给出口商的一种结算方式，又称交货付现(Cash On Delivery，COD)，也被称为延期付款(Deferred Payment)或赊销(Open Account Transaction)。在这种结算方式下，进口商掌握了依货付款的主动权，并且可以不用收货后立即付款，但对出口方十分不利。包括售定和寄售两种。

(1) 售定，是进出口商达成协议，规定出口商先发货，再由进口商按合同规定的货物售价和付款时间进行汇款的一种结算方式。售定方式结算通常用在鲜活商品的贸易中。

(2) 寄售(Consignment)，是一种委托售货的交易方式。出口方按约定将货物运往国外，委托国外商人在当地市场上代为销售(价格未定，有时也规定最低价格)，待货物售出以后，国外商人将扣除佣金和有关费用的货款再汇给出口商的结算方法。对出口商来讲这是一种最差的收款条件，除了要承担进口商的信用风险，还要承担价格风险。通常使用在滞销商品的促销、新产品开拓海外市场、剩余货物的处理。

3) 凭单付汇

凭单付汇是进口商通过银行将款项汇给出口商所在地银行(汇入行)，并指示该行凭出口商提供的某些商业单据或某种装运证明即可付款给出口商的一种结算方式。

4. 汇款方式的运用特点

(1) 风险大。预付货款或货到付款依据的都是商业信用。对于预付货款的买方及货到付款的卖方来说，一旦付了款或发了货就失去了制约对方的手段，他们能否收货或收款，完全依赖对方的信用，如果对方信用不好，很可能钱货两空。因而汇款只在国际贸易结算的一些特殊场合和情况下使用。例如，在导读案例中，由于贸易双方选用了电汇货到后付款的结算方式，我方 A 公司在签订合同时又未仔细推敲条款，导致不得不承担贸易履行过程中所有的风险，在整个业务中处于很被动的位置，最终造成损失。

(2) 资金负担不平衡。对于预付货款的买方及货到付款的卖方来说，资金负担较重，整个交易过程中需要的资金几乎全部由他们来提供。对于出口商来说，货到付款弄不好还会出现钱货两空的情况。

(3) 手续简便，费用少。汇款支付方式的手续是最简单的，银行的手续费也最少，只有一笔数额很少的汇款手续费。因此在交易双方相互信任的情况下，或者在跨国公司的不同子公司之间，用汇款支付方式是最理想的。因此，汇款方式尽管有不足之处，但在国际贸易结算中还时有运用。

### 7.2.2 托收结算方式

托收(Collection)，是出口方委托本地银行根据其要求通过进口地银行向进口方提示单据，收取货款的结算方式。

托收属于一种逆汇结算方式，并且是建立在商业信用基础之上的一种结算方式。其最大特点就是“收托付汇、实收实付”。出口商与出口地银行之间、出口地银行与进口地银行之间只是一种代理关系。在贸易托收方式中，银行只是对进出口货物的安全性、收汇的及时性负有道义上的责任，至于进口商能否按照规定的交单条件付款赎单，完全取决于其付款的能力和付款的愿望，银行不承担付款的责任。

1. 托收方式的当事人

1) 委托人(Principal/Drawer)

委托银行向国外付款方收款的人就是托收委托人，因为是由他开具托收汇票的，所以也称出票人，一般是贸易合同中的出口商。

2) 托收行(Remitting Bank)

托收行是接受委托人的委托，负责办理托收业务的银行，也称寄单行，一般是位于出口商所在地的出口商开户银行。

3) 代收行(Collecting Bank)

代收行是接受托收行的委托代为提示汇票、收取货款的银行。通常代收行是位于进口商(付款人)所在地的托收行的代理行或海外联行。

4) 付款人(Drawee)

代收行根据托收行的指示向其提示汇票、收取票款的一方就是付款人，也是汇票的受票人。托收业务中的付款人通常是贸易合同中的进口商。

2. 托收方式种类及其业务程序

根据托收是否附带货运单据，托收可分为光票托收和跟单托收。

1) 光票托收(Clean Collection)

光票托收是指出口商仅开具汇票而不附商业单据(主要指货运单据)的托收。在光票托收中，委托人委托银行向付款人收款时，只是将金融单据交给银行，由银行向付款人提示，而其他单据则由委托人直接寄给收款人。光票托收中，委托人由于在付款人付款之前就已丧失了对商业单据，尤其是提单的控制权，因此这种托收方式对委托人来说风险较大，现在在国际贸易货款的收付中使用较少，通常仅用于各类小额的贸易从属费用，以及出口货款尾数、佣金等。

光票托收的汇票，在期限上也有即期和远期两种。但在实际业务中，由于一般金额都不太大，即期付款的汇票较多。

2) 跟单托收(Documentary Collection)

跟单托收是指附有商业物权凭证单据的托收。卖方开具托收汇票，连同商业单据(主要指货物装运单据)一起委托给托收行。跟单托收又可分为付款交单和承兑交单两种。

(1) 付款交单(Documents against Payment，D/P)

付款交单是代收行以进口商的付款为条件向进口商交单。根据付款时间的不同又可分为：即期付款交单(D/P at sight)和远期付款交单(D/P at…days after sight)。

即期付款交单就是凭即期汇票付款或者简单地凭付款(无汇票的情况下)而交出单据。

远期付款交单就是凭远期汇票付款而交出单据。出口商出具远期汇票及单据通过托收

行一并寄代收行，代收行收到跟单汇票后，立即向进口商提示，进口商随即予以签字承兑，代收行收回已承兑的汇票，待汇票到期时再向进口商提示付款，要求进口商付款，在收到货款后将单据交进口商。在这种方式下，即使付款人承兑了汇票也不能取得单据，出口商仍可通过代收行对货物保留控制权。

以下以跟单托收即期付款交单为例，说明跟单托收付款交单的业务流程，如图 7.4 所示。

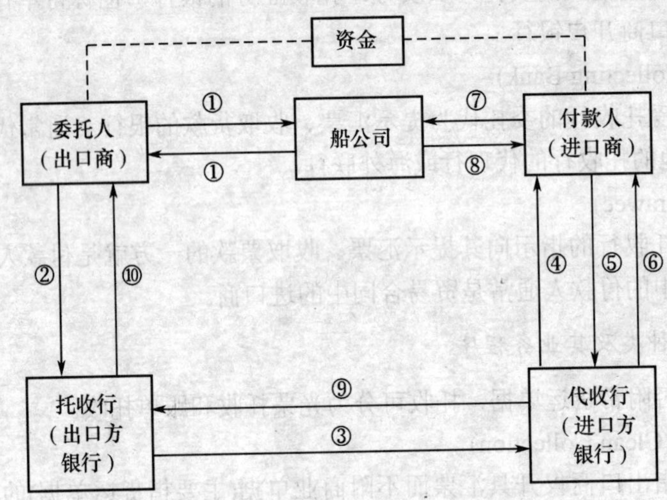


**图 7.4　跟单托收即期付款交单业务流程图**

图例说明：

① 出口商按合同规定装运货物，船公司签发提单给出口商。

② 缮制跟单汇票，填写托收申请书。

③ 制作并航寄托收委托书及跟单汇票。

④ 提示单据要求付款。

⑤ 付款。

⑥ 交单。

⑦ 进口商凭单据要求提货。

⑧ 船公司释放货物给进口商。

⑨ 汇回收妥的货款。

⑩ 款项记入委托人账户。

(2) 承兑交单(Documents against Acceptance，D/A)

承兑交单是银行凭付款人对远期汇票的承兑而交出单据。被委托的代收行，在付款人承兑远期汇票之后，将货运单据交给付款人，付款人在汇票到期日履行付款义务。承兑交单只用于远期汇票的托收业务。跟单托收承兑交单的业务流程如图 7.5 所示。

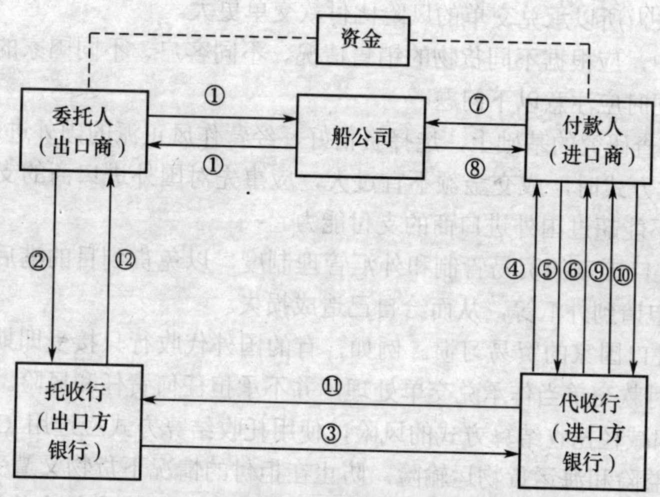


图 7.5　跟单托收承兑交单业务流程图

图例说明：

① 出口商按合同规定装运货物，船公司签发提单给出口商。
② 缮制跟单汇票，填写托收申请书。
③ 制作并航寄托收委托书及跟单汇票。
④ 提示单据要求承兑。
⑤ 承兑。
⑥ 交单。
⑦ 进口商凭单据要求提货。
⑧ 船公司释放货物给进口商。
⑨ 到期日提示汇票要求付款。
⑩ 付款。
⑪ 汇回收妥的货款。
⑫ 款项记入委托人账户。

3. 使用托收结算方式应注意的问题

从信用角度看，托收是出口商凭进口商的信用收款，属于商业信用。不同的托收种类其风险和损失的程度是不同的。在付款交单的情况下，进口人在没有付清货款之前，货物的所有权仍属于出口人。如果进口人拒付，出口人有权另行转卖货物，但出口人须承担仓储保管费用、损耗、手续费和风险等。而在承兑交单的情况下，进口人只要在汇票上履行承兑手续，即可取得装运单据，凭以提货。出口人收款的保障就是进口人的信用，一旦进口人拒付，虽然可以起诉，往往进口人已陷于无力付款的境地甚至破产倒闭，出口人便遭受货款两空的损失，所以承兑交单的风险比付款交单更大。

在出口业务中，应根据不同货物的销售情况、不同客户、不同国家的贸易习惯，适当使用托收方式，同时应注意以下问题。

(1) 应该在调查研究的基础上，选择资信好、经营作风正派的国外进口商。

(2) 采用托收方式时，成交金额不宜过大，应事先对国外进口商的支付能力进行科学调查，成交金额不能超过国外进口商的支付能力。

(3) 要了解进口国家的贸易管制和外汇管理制度，以免货到目的港后，进口人未领到进口许可证或未申请到外汇等，从而给自己造成损失。

(4) 要了解进口国家的贸易习惯。例如，有的国外代收行只接受即期付款交单的托收委托，而把远期付款交单当作承兑交单处理，并不承担任何责任和风险。

(5) 为避免和减轻托收结算方式的风险，使用托收结算方式应选用 CIF 贸易术语，装运前投保卖方利益险和海运货物运输险，防止在拒付的情况下货物又遭受损失。而选用托收结算方式不宜同时选用 FOB 术语，这样可以防范买方和船方勾结合伙诈骗，同时可以防止买方不投保，货物出险后卖方无从索赔的风险，也可防止货物若出险，保险单在买方手中，卖方很被动，索赔困难的风险。

(6) 采用托收方式成交，提单不应以进口人为收货人，最好采用“空白抬头、空白背书”提单。

总之，使用托收方式，对出口方来说，承担了较大的风险，而对进口方来说，则较为有利。

4. 有关托收的国际惯例

为给办理托收业务的有关各方提供一套可遵循的共同规则，国际商会于 1958 年首次草拟了《商业单据托收统一规则》(Uniform Rules for the Collection of Commercial Paper)建议各银行采用，以期成为托收各方共同遵守的惯例。随后，国际商会又于 1967 年修订了该规则。为适应国际贸易发展的需要，特别是考虑到实际业务中，不仅有跟单托收也有光票托收，国际商会于 1978 年再次对上述规则进行了修订，并更名为《托收统一规则》(Uniform Rules for Collection)，即国际商会第 322 号出版物，该修订本自 1979 年 1 月 1 日起生效。

为确保国际商会规则符合不断变化的国际贸易做法，遵循和听取国际贸易实际业务人员及其他人士的意见的原则，国际商会银行委员会于 1993 年开始着手对原有《托收统一规则》进行修订。最终修订稿于 1995 年 5 月由国际商会银行委员会一致通过，并定名为国际商会第 522 号出版物(简称 URC522)，于 1996 年 1 月 1 日起在国际上实行。URC522 已成为各国银行处理托收业务时普遍遵循的国际惯例。

### 7.2.3 信用证结算方式

信用证结算方式是随着国际贸易实践的发展，在银行参与国际结算的过程中逐步形成的。信用证自 19 世纪初出现以来，在实践中日益被广泛应用，已成为国际贸易中最常用的一种支付方式。

信用证(Letter of Credit，L/C)是银行应买方要求和指示向卖方开立的、在一定期限内凭规定的单据，即期或在一个可以确定的将来日期，兑付一定金额款项的书面承诺。

简言之，信用证是一种银行开立的有条件付款的书面承诺。“条件”就是必须提交符合信用证规定的单据。

1. 信用证的当事人

在信用证业务中，有三个基本当事人，即开证申请人、受益人、开证行。根据不同的业务情况，又会产生通知行、保兑行、议付行、付款行、承兑行、偿付行等其他当事人。

1) 开证申请人(Applicant)

在国际贸易中，信用证的开证申请人是进口商或买方，通常他还是运输单据的收货人。进口商根据贸易合同的规定到与其有业务往来的银行申请开立信用证。

2) 开证行(Issuing Bank)

开证行是接受开证申请人委托开立信用证的银行。开证行也被称作开证人、授予人。

开证行是以自己的名义对信用证下的义务负责的。虽然开证行同时受到开证申请书和信用证本身两个契约约束，但是根据国际惯例，开证行依信用证所承担的付款、承兑汇票或议付或履行信用证项下的其他义务的责任，不受开证行与申请人或申请人与受益人之间产生纠纷的约束。

开证行在验单付款之后无权向受益人或其他前手追索。

3) 受益人(Beneficiary)

国际贸易中，信用证的受益人是出口商或卖方。

受益人与开证申请人之间存在一份贸易合同，而与开证行之间存在一份信用证。受益人有权依照信用证条款和条件提交汇票及/或单据要求取得信用证的款项。受益人交单后，如遇开证行倒闭，信用证无法兑现，则受益人有权向进口商提出付款要求，进口商仍应负责付款。这时，受益人应将符合原信用证要求的单据通过银行寄交进口商进行托收索款。如果开证行并未倒闭，却无理拒收，受益人或议付行可以诉讼，也有权向进口商提出付款要求。

4) 通知行(Advising Bank)

通知行是开证行在出口国的代理人。通知行的责任是及时通知或转递信用证，证明信用证的真实性并及时澄清疑点。如通知行不能确定信用证的表面真实性，则应毫不延误地告知从其收到指示的银行，说明其不能确定信用证的真实性。如通知行仍决定通知该信用证，则必须告知受益人它不能核对信用证的真实性。

通知行对信用证内容不承担责任。

5) 保兑行(Confirming Bank)

保兑行是应开证行的要求在不可撤销信用证上加具保兑的银行。通常由通知行做保兑行。但是，保兑行有权做出是否加保的选择。保兑行承担与开证行相同的责任。保兑行一旦对该信用证加具了保兑，就对信用证负独立的确定的付款责任。如遇开证行无法履行付款时，保兑行负履行验单付款的责任。保兑行付款后只能向开证行索偿，因为它是为开证行加保兑的。

保兑行付款后无权向受益人或其他前手追索票款。

6) 付款行(Paying Bank)

付款行是开证行的付款代理人。开证行在信用证中指定另一家银行为信用证项下汇票上的付款人，这个银行就是付款行。它可以是通知行或其他银行。

如果开证行资信不佳，付款行有权拒绝代为付款。但是，付款行一旦付款，即不得向受益人追索，而只能向开证行索偿。

7) 承兑行(Accepting Bank)

远期信用证如要求受益人出具远期汇票，会指定一家银行作为受票行，由它对远期汇票做出承兑，这就是承兑行。

如果承兑行不是开证行，承兑后又最后不能履行付款，开证行应负最后付款的责任。若单证相符，而承兑行不承兑汇票，开证行可指示受益人另开具以开证行为受票人的远期汇票，由开证行承兑并到期付款。承兑行付款后向开证行要求偿付。

8) 议付行(Negotiating Bank)

议付是信用证的一种使用方法。它是指由一家信用证允许的银行买入该信用证项下的汇票和单据，向受益人提供资金融通。议付又被称作“买单”或“押汇”。买入单据的银行就是议付银行。具体做法是，议付行审单相符后买入单据垫付货款，即按票面金额扣除从议付日到汇票到期之日的利息，将净款付给出口商。

在信用证业务中，议付行是接受开证行在信用证中的邀请，并且信任信用证中的付款担保，凭出口商提交的包括有代表货权的提单在内的全套出口单证的抵押，而买下单据的。议付行议付后，向开证行寄单索偿。如果开证行发现单据有不符信用证要求的情况存在，拒绝偿付，则议付行有向受益人或其他前手进行追索的权利。

9) 偿付行(Reimbursing Bank)

偿付行是开证行指定的对议付行或付款行、承兑行进行偿付的代理人。为了方便结算，开证行有时委托另一家有账户关系的银行代其向议付行、付款行或承兑行偿付，偿付行只有在开证行在偿付行存有足够款项并受到开证行的偿付指示时才付款。偿付行偿付后再向开证行索偿。

2. 信用证的特点

1) 信用证是一项独立文件

信用证以贸易合同为依据而开立，但是一经开立就不再受到贸易合同的牵制，两者是相互独立的交易。银行履行信用证付款责任仅以受益人提交了满足信用证规定条件的单据为前提，不受到贸易合同争议的影响。

2) 信用证结算方式仅以单据为处理对象

信用证业务中，银行对于受益人履行契约的审查仅针对受益人交到银行的单据进行，单据所代表的实物的好坏则不是银行关心的问题。即便实物的确有问题，进口商对出口商提出索赔要求，只要单据没问题，对于信用证而言，受益人只要满足了信用证规定的条件，银行就可以付款。

3) 开证行负第一性的付款责任

信用证是由银行承担第一性付款责任的书面保证文件。在信用证中，银行是以自己的信用做出付款保证的，所以，一旦受益人满足了信用证的条件，就直接向银行要求付款，而无须向开证申请人(进口商)要求付款。开证银行是主债务人，其对受益人负有不可推卸的、独立的付款责任。信用证是用银行信用代替商业信用，这就是开证行负第一性付款责任的含义所在。

3. 信用证的内容

信用证的内容通常主要包括以下几个方面。

1) 关于信用证本身

信用证的内容主要包括：

① 信用证的类型(Form of Credit)；

② 信用证号码(L/C Number)；

③ 开证日期(Date of Issue)；信用证金额(L/C Amount)；

④ 有效期和到期地点(Expiry Date and Place)；

⑤ 开证银行(Issuing/Opening Bank)；

⑥ 通知银行(Advising/Notifying Bank)；

⑦ 开证申请人(Applicant)；

⑧ 受益人(Beneficiary)；

⑨ 单据提交期限(Documents Presentation Period)。

2) 关于汇票

凡需要提交汇票的信用证，通常都在信用证中规定了出票人(Drawer)、付款人(Drawee)、付款期限(Tenor)和出票条款(Drawn Clause)。

3) 关于单据

信用证中均应规定须提交哪些单据，各种单据的份数、内容及要求。常见的单据包括：

商业发票(Commercial Invoice)、提单(Bill of Lading)、保险单(Insurance Policy)、产地证明书(Certificate of Origin)、品质证明书(Certificate of Quality)、重量证明书(Certificate of Quantity)和其他单据(Other Documents)。

4) 关于货物

主要包括货物的品名、货号和规格(Commodity Name，Article Number and Specification)、数量和包装(Quantity and Packing)及单价(Unit Price)。

5) 关于运输

信用证中关于运输的规定主要包括：装货港(Port of Loading / Shipment)、卸货港或目的地(Port of Discharge or Destination)、装运期限(Latest Date of Shipment)、可否分批装运(Partial Shipment Allowed/Not Allowed)、可否转船运输(Transshipment Allowed / Not Allowed)。

6) 其他

信用证中其他规定，通常包括：

① 特别条款(Special Condition)；

② 开证行对议付行的指示(Instructions To Negotiating Bank)；

③ 背书议付金额条款(Endorsement Clause)；

④ 索汇方法(Method of Reimbursement)和寄单方法(Method of Dispatching Documents)；

⑤ 开证行付款保证(Engagement /Undertaking Clause)；

⑥ 惯例适用条款(Subject To UCP Clause)；

⑦ 开证行签字(Signature)。

**阅读资料 7-2**

**信用证示例 1**

2001MAR22 09:18:11　　LOGICAL

TERMINAL　　E102

MT S700 ISSUE OF A DOCUMENTARY CREDIT

MSGACK　DWS765I AUTH OK，KEY B198081689580FC5，BKCHCNBJ RJHISARI RECORO

| | | | |
|---|---|---|---|
| 2001MAR22 09:18:11 | | | LOGICAL |
| TERMINAL | | | E102 |
| MT S700 ISSUE OF A DOCUMENTARY CREDIT | | | |
| MSGACK | | DWS765I AUTH OK, KEY B198081689580FC5, BKCHCNBJ RJHISARI RECORO | |
| BASIC HEADER | | F 01 BKCHCNBJA940 0588 550628 | |
| APPLICATION HEADER | | 0 700 1057 010320 RJHISARIAXXX 7277 977367 020213 1557 N<br>*ALRAJHI BANKING AND INVESTMENT<br>*CORPORATION<br>*RIYADH<br>*(HEAD OFFICE) | |
| USER HEADER | | SERVICE CODE103:(银行盖信用证通知专用章)<br>BANK. PRIORITY 113:<br>MSG USER REF. 108:<br>INFO. FROM CI 115: | |
| SEQUENCE OF TOTAL | * 27 | 1 / 1 | |
| FORM OF DOC. CREDIT | * 40 A | IRREVOCABLE | |
| DOC. CREDIT NUMBER | * 20 | 0011LC123756 | |
| DATE OF ISSUE | 31 C | 010320 | |
| DATE/PLACE EXP. | * 31 D | DATE 010505 PLACE CHINA | |
| APPLICANT | * 50 | NEO GENERAL TRADING CO.<br>P.O. BOX 99552, RIYADH 22766, KSA<br>TEL: 00966-1-4659220 FAX: 00966-1-4659213 | |
| BENEFICIARY | * 59 | DESUN TRADING CO., LTD.<br>HUARONG MANSION RM2901 NO.85 GUANJIAQIAO, NANJING 210005, CHINA<br>TEL: 0086-25-4715004 FAX: 0086-25-4711363 | |
| AMOUNT | * 32 B | CURRENCY USD AMOUNT 13260, | |
| AVAILABLE WITH/BY | * 41 D | ANY BANK IN CHINA, | |

| | | LOGICAL |
|---|---|---|
| 2001MAR22 09:18:11 | | E102 |
| TERMINAL | | |
| MT S700 ISSUE OF A DOCUMENTARY CREDIT | | |
| MSGACK | DWS765I AUTH OK，KEY B198081689580FC5，BKCHCNBJ RJHISARI RECORO | |
| | BY NEGOTIATION | |
| DRAFTS AT ... | 42 C SIGHT | |
| DRAWEE | 42 A RJHISARI | |
| | *ALRAJHI BANKING AND INVESTMENT | |
| | *CORPORATION | |
| | *RIYADH | |
| | *(HEAD OFFICE) | |
| PARTIAL SHIPMTS | 43 P NOT ALLOWED | |
| TRANSSHIPMENT | 43 T NOT ALLOWED | |
| LOADING ON BRD | 44 A | |
| | CHINA MAIN FORT，CHINA | |
| | 44 B | |
| | DAMMAM PORT，SAUDI ARABIA | |
| LATEST SHIPMENT | 44 C 010430 | |
| GOODS DESCRIPT. | 45 A | |
| | ABOUT 1700 CARTONS CANNED MUSRHOOM PIECES & STEMS 24 TINS X 425 GRAMS NET WEIGHT(D.W. 227 GRAMS)AT USD7. 80 PER CARTON.<br>ROSE BRAND. | |
| DOCS REQUIRED | 46 A | |
| | DOCUMENTS REQUIRED:<br>+ SIGNED COMMERCIAL INVOICE IN TRIPLICATE ORIGINAL AND MUST SHOW BREAK DOWN OF THE AMOUNT AS FOLLOWS: FOB VALUE，FREIGHT CHARGES AND TOTAL AMOUNT C AND F. | |

2001MAR22 09:18:11 LOGICAL

TERMINAL E102

MT S700 ISSUE OF A DOCUMENTARY CREDIT

MSGACK DWS765I AUTH OK，KEY B198081689580FC5，BKCHCNBJ RJHISARI RECORO

+ FULL SET CLEAN ON BOARD BILL OF LADING MADE OUT TO THE ORDER OF AL RAJHI BANKING AND INVESTMENT CORP, MARKED FREIGHT PREPAID AND NOTIFY APPLICANT , INDICATING THE FULL NAME，ADDRESS AND TEL NO. OF THE CARRYING VESSEL'S AGENT AT THE PORT OF DISCHARGE.

+ PACKING LIST IN ONE ORIGINAL PLUS 5 COPIES，ALL OF WHICH MUST

BE MANUALLY SIGNED.

+ INSPECTION(HEALTH)CERTIFICATE FROM C.I.Q. (ENTRY-EXIT

INSPECTION AND QUARANTINE OF THE PEOOPLES REP. OF CHINA)STATING

GOODS ARE FIT FOR HUMAN BEING.

+ CERTIFICATE OF ORIGIN

DULY CERTIFIED BY C.C.P.I.T.

STATING THE NAME OF THE MANUFACTURERS OF PRODUCERS

AND THAT GOODS EXPORTED ARE WHOLLY OF CHINESE ORIGIN.

+ THE PRODUCTION DATE OF THE GOODS NOT TO BE EARLIER THAN HALF MONTH AT TIME OF SHIPMENT. BENEFICIARY MUST CERTIFY THE SAME.

+ SHIPMENT TO BE EFFECTED BY CONTAINER AND BY REGULARE LINE. SHIPMENT COMPANY'S CERTIFICATE TO THIS EFFECT SHOULD ACCOMPANY THE DOCUMENTS.

+ INSURANCE POLICY OR CERTIFICATE IN 1 ORIGINAL AND 1 COPY ISSUED OR ENDORSED TO THE ORDER OF AL RAJHI

2001MAR22 09:18:11 LOGICAL

TERMINAL E102

MT S700 ISSUE OF A DOCUMENTARY CREDIT

MSGACK DWS765I AUTH OK，KEY B198081689580FC5，BKCHCNBJ RJHISARI RECORO

BANKING

AND INVESTMENT CORP FOR THE INVOICE PLUS 10 PERCENT

COVERING

ALL RISKS，INSTITUTE CARGO CLAUSES，INSTITUTE STRIKES.

DD. CONDITIONS 47 A

ADDITIONAL CONDITION:

A DISCREPANCY FEE OF USD50.00 WILL BE IMPOSED ON EACH

SET OF DOCUMENTS PRESENTED FOR NEGOTIATION UNDER

THIS L/C WITH DISCREPANCY. THE FEE WILL BE DEDUCTED

FROM THE BILL AMOUNT.

PAYMENT UNDER THE GOODS WERE APPROVED BY SAUDI

GOVERNMENT LAB.

CHARGES 71 B

ALL CHARGES AND COMMISSIONS OUTSIDE

KSA ON BENEFICIARIES' ACCOUNT INCLUDING

REIMBURSING,

BANK COMMISSION，DISCREPANCY FEE(IF ANY)AND COURIER

CHARGES.

CONFIRMAT INSTR * 49 WITHOUT

REIMBURS. BANK 53 D //

AL RAJHI BANKING AND INVESTMENT CORP

RIYADH(HEAD OFFICE)

| | | |
|---|---|---|
| 2001MAR22 09:18:11 | | LOGICAL |
| TERMINAL | | E102 |
| MT S700 ISSUE OF A DOCUMENTARY CREDIT | | |
| MSGACK DWS765I AUTH OK，KEY B198081689580FC5，BKCHCNBJ RJHISARI RECORO | | |
| INS PAYING BANK | 78 | DOCUMENTS TO BE DESPATCHED IN ONE LOT BY COURIER.<br><br>ALL CORRESPONDENCE TO BE SENT TO ALRAJHI BANKING AND INVESTMENT<br><br>COPRORATION RIYADH(HEAD OFFICE) |
| SEND REC INFO | 72 | REIMBURSEMENT IS SUBJECT TO<br>ICC URR 525 |
| TRAILER | | ORDER IS <MAC:> <PAC:> <ENC:> <CHK:> <TNG:> <PDE:><br>MAC:E55927A4<br>CHK:7B505952829A<br>HOB |

信用证示例 2

# THE ROYAL BANK OF CANADA

**BRITISH COLUMBIA INTERNATION CENTRE**

**1055 WEST GEORGIA STREET，VANCOUVER，B.C. V6E 3P3**

**CANADA**

□CONFIRMATION OF TELEX/CABLE PER-ADVISED
TELEX NO. 4720688 CA

DATE: APR 8，2001
PLACE: VANCOUVER

| IRREVOCABLE DOCUMENTARY CREDIT | CREDIT NUMBER: 01/0501-FCT | ADVISING BANK'S REF. NO. |
|---|---|---|
| **ADVISING BANK:**<br>SHANGHAI A J FINANCE CORPORATION<br>59 HONGKONG ROAD<br>SHANGHAI 200002，CHINA | **APPLICANT:**<br>NEO GENERAL TRADING CO.<br>#362 JALAN STREET，TORONTO，CANADA | |

| **BENEFICIARY:**<br>DESUN TRADING CO., LTD.<br>29TH FLOOR KINGSTAR MANSION,<br>623JINLIN RD., SHANGHAI CHINA | **AMOUNT:**<br>USD46, 980.00<br>(US DOLLARS FORTY SIX THOUSAND NINE HUNDRED AND EIGHTEEN ONLY) |
|---|---|

**EXPIRY DATE: MAY 15, 2003** FOR NEGOTIATION IN APPLICANTS COUNTRY

GENTLEMEN:

WE HEREBY OPEN OUR IRREVOCABLE LETTER OF CREDIT IN YOUR FAVOR WHICH IS AVAILABLE BY YOUR DRAFTS AT SIGHT FOR FULL INVOICE VALUE ON US ACCOMPANIED BY THE FOLLOWING DOCUMENTS:

+ SIGNED COMMERCIAL INVOICE AND 3 COPIED.
+ PACKING LIST AND 3 COPIES, SHOWING THE INDIVIDUAL WEIGHT AND MEASUREMENT OF EACH ITEM.
+ ORIGINAL CERTIFICATE OF ORIGIN AND 3 COPIES ISSUED BY THE CHAMBER OF COMMERCE.
+ FULL SET CLEAN ON BOARD OCEAN BILLS OF LADING SHOWING FREIGHT PREPAID CONSIGNED TO ORDER OF THE ROYAL BANK OF CANADA INDICATING THE ACTUAL DATE OF THE GOODS ON BOARD AND NOTIFY THE APPLICANT WITH FULL ADDRESS AND PHONE NO. 77009910.
+ INSURANCE POLICY OR CERTIFICATE FOR 130 PERCENT OF INVOICE VALUE COVERING: INSURANCE CARGO CLAUSES(A)AS PER I.C.C. DATED 1/1/1982.
+ BENEFICIARY'S CERTIFICATE CERTIFYING THAT EACH COPY OF SHIPPING DOCUMENTS HAS BEEN FAXED TO THE APPLICANT WITHIN 48 HOURS AFTER SHIPMENT.

COVERING SHIPMENT PF:

4 ITEMS TERMS OF CHINESE CERAMIC DINNERWARE INCLUDING:

DS1511 30-PIECE DINNERWARE AND TEA SET, 544SETS
DS2201 20-PIECE DINNERWARE SET, 800SETS,
DS4504 45-PIECE DINNERWARE SET, 443SETS
DS5120 95-PIECE DINNERWARE SET, 245SETS

DETAILS IN ACCORDANCE WITH SALES CONTRACT HSDS03027 DATED APR. 3, 2003.

[ ]FOB / [ ]CFR / [X] CIF/ [ ]FAX TORONTO CANADA.

| **SHIPMENT FROM** SHANGHAI | TO VANCOUVER | LATEST APRIL 30, 2003 | PARTIAL SHIPMENTS PROHIBITED | TRANSSHIPMENT PROHIBITED |
|---|---|---|---|---|

DRAFTS TO BE PRESENTED FOR NEGOTIATION WITHIN 15 DAYS AFTER SHIPMENT, BUT WITHIN THE VALIDITY OF CREDIT. ALL DOCUMENTS TO BE FORWARDED IN ONE COVER, BY AIRMAIL, UNLESS OTHERWISE STATED UNDER SPECIAL INSTRUCTION.

SPECIAL INSTRUCTION: ALL BANKING CHARGES OUTSIDE CANADA ARE FOR ACCOUNT OF BENEFICIARY.

+ ALL GOODS MUST BE SHIPPED IN ONE 20'CY TO CY CONTAINER AND B/L SHOWING THE SAME.
+ THE VALUE OF FREIGHT PREP AID HAS TO BE SHOWN ON BILLS OF LADING.
+ DOCUMENTS WHICH FAIL TO COMPLY WITH THE TERMS AND CONDITIONS IN THE LETTER OF CREDIT SUBJECT TO A SPECIAL DISCREPANCY HANDLING FEE OF US$35. 00 TO BE DEDUCTED FROM ANY PROCEEDS.

DRAFT MUST BE MARKED AS BEING DRAWN UNDER THIS CREDIT AND BEAR ITS NUMBER; THE AMOUNTS ARE TO BE ENDORSED ON THE REVERSE HERE OF BY NEG. BANK. WE HEREBY AGREE WITH THE DRAWERS，ENDORSERS AND FIDE HOLDER THAT ALL DRAFTS DRAWN UNDER AND IN COMPLIANCE WITH THE TERMS OF THIS CREDIT SHALL BE DULY HONORED UPON PRESENTATION.

THIS CREDIT IS SUBJECT TO THE UNIFORM CUSTOMS AND PRACTICE FOR DOCUMENTARY CREDITS(1993 REVISION)BY THE INTERNATIONAL CHAMBER OF COMMERCE PUBLICATION NO. 500.

Yours Very Truly,

David Jone　　　　Joanne Hsan

AUTHORIZED SIGNATURE　　　　AUTHORIZED SIGNATURE

4. 信用证结算方式业务程序

1) 一般业务程序

使用信用证方式支付货款，从开证申请人向银行申请开立信用证到开证行付清货款，需要经过很多环节，办理各种手续。由于信用证的种类不同，信用证条款的规定不同，其业务环节和手续也不尽相同。但是从信用证支付方式一般程序来看，主要有以下基本环节。

(1) 开证、通知。

① 买卖双方订立合同。

② 进口商申请开立信用证。

③ 开证行开立信用证。

④ 通知行通知信用证。

(2)交单、付款。

① 出口商审证、发货、交单。

② 议付行议付、索偿。

③ 偿付。

④ 开证申请人付款赎单、提货。开证行偿付后，通知买方付款赎单。

跟单信用证流程如图 7.6 所示。

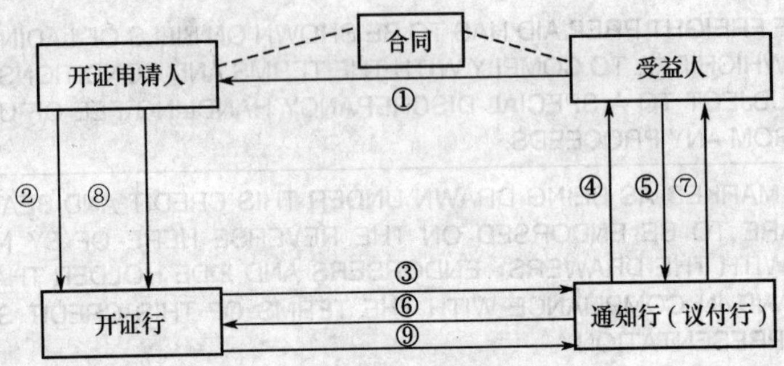


图 7.6 跟单信用证业务流程图

图例说明：

① 买卖双方订立合同。

② 进口商申请开立信用证。

③ 开证行开立信用证。

④ 通知行通知信用证。

⑤ 出口商审证、发货、交单。

⑥ 议付行议付、索偿。

⑦ 偿付。

⑧ 开证申请人付款赎单、提货。

⑨ 开证行向议付行清偿。

2) 信用证的修改

如果受益人和/或银行在审证中发现信用证条款不能接受和/或其中有与买卖合同不一致之处和/或含有不完整的条款等，受益人通常会要求修改信用证。有时，进口人也可能由于形势的变化而要求修改信用证。

但是无论在何种情况下，不可撤销信用证修改的原则是修改应由开证申请人提出，由开证行修改，并经开证行、保兑行(如已保兑)和受益人的同意，才能生效。

5. 信用证的种类

根据每种信用证的不同特点，从不同的角度，可将信用证分为不同的种类。

1) 可撤销信用证与不可撤销信用证

根据开证行对所开出的信用证所负的责任来区分，信用证分为可撤销信用证和不可撤销信用证。

可撤销信用证(Revocable Credit)，是指在开证之后，开证行无需事先征得受益人同意就有权修改其条款或者撤销的信用证。这种信用证对于受益人来说是缺乏保障的。

不可撤销信用证(Irrevocable Credit)，是指未经开证行、保兑行(如有)以及受益人同意，既不能修改也不能撤销的信用证。这种信用证对于受益人来说是比较可靠的。

在征得开证行、保兑行和信用证受益人同意的情况下，即使是不可撤销信用证也是可以撤销和修改的。

2) 保兑信用证与不保兑信用证(Confirmed Credit)

根据信用证是否有另一家银行对之加以保兑，不可撤销信用证又可分为保兑的和不保兑的信用证两种。

一份信用证上除了有开证银行确定的付款保证外，还有另一家银行确定的付款保证，这样的信用证就是保兑信用证。保兑行对信用证所负担的责任与信用证开证行所负担的责任相当。即当信用证规定的单据提交到保兑行或任何一家指定银行时，在完全符合信用证规定的情况下，则构成保兑行在开证行之外的确定承诺。

不保兑信用证是未经另一家银行加保的信用证。即便开证行要求另一家银行加保，如果该银行不愿意在信用证上加具保兑，则被通知的信用证仍然只是一份未加保的不可撤销信用证。不保兑信用证的特点是，只有开证行独家承担确定的付款责任。

3) 即期付款信用证(Sight Payment Credit)

即期付款信用证是规定受益人开立即期汇票、或不需即期汇票仅凭单据即可向指定银行提示请求付款的信用证。付款行付款后对受益人无追索权。

4) 承兑信用证(Acceptance Credit)

承兑信用证是规定开证行对于受益人开立的以开证行自己为付款人或以其他银行为付款人的远期汇票，在审单无误后，应承担承兑汇票并于到期日付款责任的信用证。

具体做法是：受益人开出以开证行或指定银行为受票人的远期汇票，连同商业单据一起交到信用证指定银行；银行收到汇票和单据后，先验单，如单据符合信用证条款，则在汇票正面写上“承兑”字样并签章，然后将汇票交还受益人(出口商)，收进单据：待信用证到期时，受益人再向银行提示汇票要求付款，这时银行才付款。银行付款后无追索权。

5) 延期付款信用证(Deferred Payment Credit)

延期付款信用证是不需汇票，仅凭受益人交来单据，审核相符确定银行承担延期付款责任起，延长一段时间，及至到期日付款的信用证。

在业务处理上，延期付款信用证与承兑信用证类似，所不同的是受益人不需要出具汇票，只需将符合信用证规定的单据交到指定银行，指定银行在验单无误后收入单据，待信用证到期再行付款。

延期付款信用证由于没有汇票，也就没有银行承兑，对于受益人来说明显的不利之处在于无法像承兑信用证那样去贴现汇票。如果受益人急需资金而向银行贷款，银行贷款利率比贴现率高，可见不利于企业对资金的利用。

6) 议付信用证(Negotiation Credit)

议付行议付或购买受益人在信用证项下交来的汇票、单据，只要这些汇票、单据与信用证条款相符，就将被开证行正当付款，这种信用证即为议付信用证。

信用证议付的具体操作方法是：受益人开具汇票，连同单据一起向信用证允许的银行进行议付；议付银行则在审单后扣除垫付资金的利息，将余款付给受益人；然后议付行将汇票与单据按信用证规定的方法交与开证行索偿。

议付行是票据的买入者和后手，如果因单据有问题，遭开证行拒付，其有权向受益人追索票款。这是议付行与付款行的本质区别。

7) 可转让信用证(Transferable Credit)

可转让信用证是指信用证的受益人(第一受益人)可以要求信用证中特别授权的转让银行，将该信用证全部或部分转让给一个或数个受益人(第二受益人)使用的信用证。

可转让信用证适用于中间贸易。即以卖方作为中间商人，向买方成交的交易，卖方再去寻找供货人将已成交的货物发给买方，这里，卖方是第一受益人，供货人是第二受益人。

8) 背对背信用证(Back to Back Credit)

背对背信用证是指一个信用证的受益人以这个信用证为保证要求一家银行开立以该银行为开证行、以这个受益人为申请人的一份新的信用证，也称转开信用证。其中的原始信用证又称为主要信用证，而背对背信用证是第二信用证。通常背对背信用证也主要用于有中间商参与的贸易活动。

9) 对开信用证(Reciprocal Credit)

对开信用证是以交易双方互为开证申请人和受益人、金额大致相等的信用证。对开信用证中，第一份信用证的开证申请人就是第二份信用证的受益人；反之，第二份信用证的开证申请人就是第一份信用证的受益人。第二份信用证也被称作回头证。第一份信用证的通知行一般就是第二份信用证的开证行。对开信用证广泛用于易货贸易、来料加工贸易、补偿贸易等。

10) 预支信用证(Anticipatory Credit/Red Clause Credit)

预支信用证是在信用证中列入特别条款授权保兑行或其他指定银行在交单前预先垫款付给受益人的一种信用证。

预支信用证主要用于出口商组织货源而资金紧张的情况，所以这种信用证的预支是凭受益人光票和按时发货交单的保证进行的，有些信用证则规定受益人要提交货物仓单作抵押。

11) 循环信用证(Revolving Credit)

循环信用证是规定该信用证的使用方法是带有条款和条件，使其不需修改信用证，而能够更新或复活，循环使用。

在进出口买卖双方订立长期合同，分批交货，而且货物比较大宗单一的情况下，进口方为了节省开证手续和费用，可选择开立循环信用证。

循环信用证又可分为按时间循环使用的循环信用证和按金额循环使用的循环信用证两种。

6. 信用证在国际贸易中的应用

信用证是由银行以自身的信誉向卖方出具的保证付款的凭证，只要卖方提供符合信用证要求的各种单据，银行将作为第一付款人承担付款义务，从而把原来应由进口方履行的付款责任转为由银行来履行。这在一定程度上解决了进出口双方在付款和交易问题上互不信任的矛盾，从而促进了国际贸易的发展。在国际贸易实务中，信用证结算方式是最常见、最主要的支付方式之一。

银行信用在安全可靠性上优于一般商业信用，但是，银行信用不是完全没有风险的，信用证结算并不能够解决贸易活动中的全部信用问题，在使用的过程中也会出现各种风险。例如，出口商可能会面临开证行故意挑剔单据拒不付款的风险，进口商可能会遇到出口商不交货、交货以次充好，或者伪造单据、诈骗的风险，开证行可能会遇到进口商破产无力赎单的风险等。

因此，在出口业务中使用信用证结算方式，应加强对国外进口商和开证银行的资信及偿付能力的调查，以保障安全及时收汇；在进口业务中，要警惕国外不法商人以假单据进行诈骗。

7. 有关信用证的国际惯例

在信用证结算业务中，被各国普遍认可和广泛采用的国际惯例是国际商会的《跟单信用证统一惯例》(Uniform Customs and Practice for Documentary Credit，UCP)。UCP 也是国际银行界、律师界、学术界自觉遵守的“法律”，是全世界公认的、到目前为止最为成功的一套非官方规定。

《跟单信用证统一惯例》(国际商会第 290 号出版物)自 1975 年 10 月 1 日实施以来，国际上银行界、贸易界、运输界出现了许多新做法和新技术，为了能够更好地服务于不断变化发展的国际贸易实践，国际商会银行技术与惯例委员会在征求各国、各方意见的基础上对《跟单信用证统一惯例》进行了数次修订，分别是：于 1984 年 10 月 1 日起实行的《跟单信用证统一惯例》(国际商会第 400 号出版物，简称 UCP400)；于 1994 年 1 月 1 日起实行的《跟单信用证统一惯例》(国际商会 500 号出版物，简称 UCP500)；预期于 2007 年 7 月 1 日起实行的《跟单信用证统一惯例》(国际商会第 600 号出版物，简称 UCP600)。

目前大家比较熟悉的 UCP500 已在国际上使用了 13 年。UCP500 共有 49 条，分别列入以下 7 大部分：

A. 总则与定义

B. 信用证的形式与通知

C. 责任与义务

D. 单据

E. 杂项规定

F. 可转让信用证

G. 款项让渡

UCP500 即将退出历史舞台。取而代之的是顺应时代变迁、顺应科技发展的 UCP600。这是 UCP 自 1933 年问世后的第 6 次修订。

2003 年 5 月，ICC 银行技术与惯例委员会批准对 UCP 进行修改。2006 年 10 月 25 日，在巴黎举行的 ICC 银行技术与惯例委员会 2006 年秋季例会上，UCP600 最终得以通过。

UCP600 的条文编排参照了 ISP98 的格式，对 UCP500 的 49 个条款进行了大幅度的调整及增删，变成现在的 39 条。具体如下。

第 1～5 条为总则部分，包括 UCP 的适用范围、定义条款、解释规则、信用证的独立性等；

第 6～13 条明确了有关信用证的开立、修改、各当事人的关系与责任等问题；

第 14～16 条是关于单据的审核标准、单证相符或不符的处理的规定；

第 17～28 条属单据条款，包括商业发票、运输单据、保险单据等；

第 29～32 条规定了有关款项支取的问题；

第 33～37 条属银行的免责条款；

第 38 条是关于可转让信用证的规定；

第 39 条是关于款项让渡的规定。

其中第 2 条(定义条款)和第 15 条(相符交单)为新增条款；删除了原 UCP500 中 7 个不必要或过时的条款：第 5 条(开立信用证的指示)、第 6 条(可撤销与不可撤销信用证)、第 8 条(信用证的撤销)、第 12 条(不完整与不清楚的指示)、第 30 条(运输行出具的运输单据)、第 33 条(运费到付/预付运输单据)、第 38 条(其他单据)。

**运作实例 7-1**

某贸易开发进出口公司向哈尔顿贸易有限公司出口一批货物，开来的信用证中有关部分条款规定：

"…Inspection certificate of quality in duplicate, inspected at the time of shipment, issued by C. C. I. B.(……中国进出口商品检验局出具于装运时检验的品质检验证书一式二份。)

Insurance policy in duplicate for 110% of the invoice value covering PICC Ocean Marine Cargo Clauses(W.A.)and War Risks dated 1/1/1981. Loss if any, pay to Halton Trading Co., Ltd.(保险单一式二份，按发票价值的 110%投保，依据中国人民保险公司 1981 年 1 月 1 日修订的海洋运输货物保险条款包括水渍险及战争险。保险如发生赔偿，请付给哈尔顿贸易有限公司。)

…The Shipping Mark to be 'H.L.T./263/AND 692/LIEPAJA' only."(……运输标志仅为："H.L.T./263 AND 692/LIEPAJA"。)

贸易开发进出口公司根据买方所开来的信用证规定条款，于3月15日装运完毕。3月17日向开证行寄单。但开证行于3月28日来电提出：

“你第××××号单据经审核发现单证不符：

(1) 我信用证对品质检验证书规定‘在装运时检验’(Inspected at the time of shipment)，根据你方提单日期说明你货物于3月15日装运，而检验证书的日期为3月13日，说明你货物并非在装运时检验，不符合信用证要求。

(2) 我信用证规定‘保险如发生赔偿，请付给哈尔顿贸易有限公司’。从你所提供的保险单上寻找不到有类似文句的表示。

(3) 我信用证规定运输标志为‘H.L.T./263 AND 692/LIEPAJA’，而你所有单据均表示为‘H.L.T./263 & 692/LIEPAJA’。

上述不符点经研究无法接受，单据暂代保管，听候你方处理意见。3月28日”

贸易开发进出口公司接到上述开证行拒付电，认为其不符点是不成立的，完全是对方挑剔，即反驳如下：

“你行28日电悉，你行所谓不符点是不成立的：

(1) 对于‘装运时检验’的问题，本批货物实际于3月13日开始装船。所以在装运日的当天进行检验，检验证书签发日期所以也是3月13日。提单上的装运日期3月15日系该船货物全部装完的日期。如果我品质检验证书日期如你所想象与提单上的装运日期同一天，则变成装运完毕后才检验，这是不可能的，因为货装上船后是无法检验的。我实际情况是3月13日货物开始装运时由中国进出口商品检验局进行检验，认为合格才开始装运，所以我检验证书于3月13日签发。3月13日开始装运，13日进行检验，这符合‘在装运时检验’的要求。

(2) 信用证规定‘保险如发生赔偿，请付给哈尔顿贸易有限公司’，我保险单就是因为根据上述信用证条款规定，所以在保险单上以哈尔顿贸易有限公司作为该保险的被保险人(The insured)。其意即该保险单的权益人就是哈尔顿贸易有限公司，如果保险发生赔偿时，当然是付给被保险人——哈尔顿贸易有限公司。所以这已经符合你信用证规定‘保险如发生赔偿，请付给哈尔顿贸易有限公司’的要求。

(3) 你信用证规定运输标志为‘H.L.T./263 AND 692/LIEPAJA’而我单据运输标志为‘H.T./263 & 692/LIEPAJA’，所不同者就是‘AND’与‘&’，因为‘&’就是等于‘AND’，所以不能算为单证不符。

根据以上所述，所有不符点不成立，你行应按时付款。3月30日”

开证行仍然不同意，4月1日又复电如下：

“你30日电悉。虽然你方作了不少解释，但却不能改变其不符点存在：

(1) 根据你方解释此批货物于3月13日开始装运，所以品质检验证书出具日期为3月13日。但我行只能从运输单据上来确定装运时间。根据UCP500第23条a款第II项规定：已装船或已装具名船只，可由提单上印就的‘货物已装上具名船只’或‘货物已装运具名船只’的词语来表示，在此情况下，提单的出具日期即为装船日期与装运日期。所以按上述规定，你方所提交的已装船提单，其出单日为3月15日，则3月15日应被视为本批货物的装运日期。3月15日装运，3月13日进行检验，所以单据明显不符合‘于装运时检验’的要求，故单证不符。

(2) 你30日电解释，以哈尔顿贸易有限公司作为保险单上的被保险人，其效果就是使保险发生赔偿可以付给哈尔顿贸易有限公司。但我银行不管其业务上的效果如何，我银行只管单据表面上与信用证条款是否相符。根据UCP500第4条规定：在信用证业务中，各有关当事人所处理的只是单据，而不是单据所涉及的货物、服务及/或其他行为。所以我银行不管保险发生赔偿时其结果如何，只要保险单上没有表示信用证所要求的词句，就是单证不符的现象。

(3) 关于运输标志问题，你方认为 'AND' 与 '&' 是相等的。但请你方注意，我信用证规定: The shipping mark to be 'H.L.T./263 AND 682/LIEPAJA' only.(注意 'only' 词)其意即只有如此的标志才能接受，你方将 'AND' 改为 '&'，其表面上不一致，就是单证不符。

根据以上所述，单证不符是明显存在的，速告你方单据处理的意见。4月1日"

贸易开发进出口公司经有关人员与议付行探讨，虽然开证行对我单据有些挑剔，但严格说我单据确实有一定的缺陷，也无法再反驳对方。贸易开发进出口公司只好又同买方商洽，最后以降价20%而结案。

从此案例中我们应吸取哪些教训?

资料来源：中国出口精英网 http://www.cnexp.net/waimao_anli_hetong/Index.html。

### 7.2.4 其他支付方式

随着国际经济交往的全球化、交易种类的增多、交易金额的增大，信用证作为一种仅适用于货物贸易的结算方式已经不能满足国际经贸对结算的需求。保函和备用信用证因其使用的灵活便利，被引入国际结算领域，广泛应用于国际借贷、项目融资、工程承包、招投标、租赁、劳务输出、技术合作、赊购赊销等领域。

1. 银行保函

1) 银行保函的概念

银行保函(Bank Letter of Gurantee，L/G)，又称银行保证书，是商业银行根据申请人的要求向受益人开出的担保申请人正常履行合同义务的书面证明。它是银行有条件承担一定经济责任的契约文件。当申请人未能履行其所承诺的义务时，银行负有向受益人赔偿经济损失的责任。

2) 银行保函的作用

银行保函从本质上来说有两大基本作用。

(1) 作为合同价款和费用的支付保证。用来保证合同项下的付款责任方按期向另一方支付一定的合同价款，保证合同价款与所交易的货物、劳务、技术等的交换，保证借贷资金及利息的清偿，用银行信用弥补商业信用的不足，使受益人能得到来自银行的信用凭证，以消除他对申请人是否履行某种合同义务的能力和决心的疑惑和担忧，从而促使交易顺利进行。体现这一职能的如买卖合同及劳务承包合同项下的付款保函，延期付款保函，补偿贸易合同项下的补偿贸易保函，租赁合同项下租金保付保函，借贷合同项下贷款归还保函，以及其他诸如费用、佣金、关税等的保付保函，票据保付保函等。这是保函的一个重要职能，也是保函之所以能成为国际结算方式的一个基本原因。

(2) 作为合同违约时对受害方补偿的工具或对违约方惩罚的手段。体现这一职能的有履约保函、投标保函、预付款保函、预留金保函、保释金保函等。

保函的以上两大基本作用，使得保函的使用范围远远大于一般的商业信用证，在某些场合保函比信用证更加灵活方便，而在信用证不能企及的诸如服务贸易、资金借贷等领域，保函更是如鱼得水。正因为如此，保函的使用频率之高，几乎遍及任何一种交易和商务活动。

3) 银行保函的当事人

保函的基本当事人包括申请人、受益人和担保行。

(1) 申请人(Applicant)。申请人又称委托人(Principal)，是向银行提出申请，要求银行出具保函的一方当事人。他是与受益人签订货物买卖、劳务合作、资金借贷、租赁、加工或其他商务合同的当事人。申请人的主要责任是：向银行提交书面申请，申请银行开立保函；严格履行商务合同项下的有关义务，避免保函项下发生索偿和赔偿；一旦发生索赔，在担保行按照保函规定向受益人做出赔付后立即偿还担保行所作的全部支付；承担保函项下的一切费用和利息；在担保行认为必要时，预支担保保证金，提供反担保。

(2) 受益人(Beneficiary)。受益人是接受保函，并有权按保函规定出具索款通知或连同其他单据，向担保行索取款项的人。是与申请人签订商务合同的人，职责是履行其在合同中的责任和义务，并在保函规定的索赔条件具备时，凭保函索赔。

(3) 担保人(Guarantor)。担保人又叫保证人，是接受了申请人委托向受益人出具保函的银行。担保人的责任和权利是：在受益人提出合理索偿时，必须按保函规定的条件支付款项；在向受益人做出赔付后有权向申请人或反担保人索偿，如果申请人不能立即偿还担保人已支付的款项，担保人有权处置保证金或抵押品；如果处置后仍不足抵偿，担保人有权向申请人追索不足部分；有权根据付款金额大小和风险责任大小向申请人收取手续费。

银行保函除了上述三个主要当事人外，根据不同的业务情况，还可能涉及其他几个当事人。

(4) 通知行(Advising Bank)。通知行也称转递行(Transmitting bank)，即受担保人委托，将保函通知和转递给受益人的银行。通常通知行是受益人所在地的银行。

(5) 转开行(Reissuing Bank)。转开行是应担保人的请求，凭反担保函中担保人的反担保指示，向受益人开出保函的银行。转开行通常是受益人所在地的银行。转开保函通常是在受益人要求下而进行的，其目的是将境外担保变为国内担保，一旦产生争议和纠纷，受益人可在国内要求索赔，不仅使索赔迅速，而且还可利用本国法律进行仲裁。担保人请求转开行转开保函时，必须提供反担保(即担保人开出的以转开行为受益人的保函)，转开行通过审查担保人的资信状况和反担保内容等以决定是否转开保函，并有权拒绝担保人要求转开保函的请求。但在这一情况下，必须及时通知担保人，以便担保人另择其他银行转开保函；一旦接受转开请求，就必须按担保人的要求及时开出保函，并有权向担保人收取转开手续费；保函一经开出，转开行即变成担保人，此时若发生索偿，受益人凭保函只能向转开行索偿，转开行必须承担担保人的责任义务，而原担保人则变成反担保人。转开行赔付后，有权凭反担保向原担保人索偿。

(6) 保兑行(Confirming Bank)。保兑行是根据担保人的要求在保函上加具保兑的银行，或称第二担保人。通常是受益人所在地的一家大银行。对保函加具担保通常是基于受益人的要求，一般只有在担保人的信誉、资力较差或属外汇紧缺国家的银行时，受益人才要求在担保人的保函上由一家国际公认的大银行加具保兑。这样，一旦担保人未能按保函规定赔付，保兑行就必须代其履行付款义务，从而使受益人得到双重担保。当保兑行履行保函义务代担保人付款后，有权凭担保函及担保人要求加具保兑的书面指示向担保人进行索赔，所以保兑行在通常情况下并不承担实际风险，因而在收到国外担保人要求对保函加具保兑的书面指示时，如担保人资信可靠或互为代理行，一般均可接受其保兑要求。保兑行加具保兑后，有权向担保人收取保兑手续费。

(7) 反担保人(Counter Guarantor)。反担保人也称指示人(Instructing Party)，是为申请人向担保人开出书面反担保的人。反担保人通常是申请人的上级主管单位或其他银行、金融机构等。反担保人的责任是：保证申请人履行合同义务。同时，向担保人做出承诺，当担保人在保函项下做出付款以后，担保人可以从反担保人处得到及时、足额的补偿，并在申请人不能向担保人做出补偿时，负责向担保人赔偿损失。

各当事人之间的关系如图 7.7 所示。

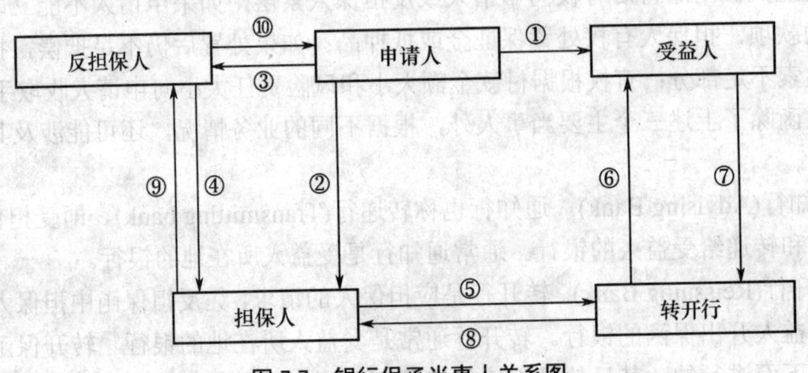


图 7.7 银行保函当事人关系图

图例说明：

① 申请人与受益人签订交易合同；

② 申请人向担保人提出开立保函的申请；

③ 申请人应担保应要求寻找反担保人，以提供银行可以接受的反担保。

④ 反担保人向担保人出具不可撤销的反担保；

⑤ 担保人出具保函并寄给转开行，请求转开以受益人为抬头的保函；

⑥ 转开行转开保函给受益人；

⑦ 受益人在发现申请人违约时，向转开行索偿。

⑧ 转开行赔付后，向担保人索偿；

⑨ 担保人赔付后，向反担保人索偿；

⑩ 反担保人赔付后，向申请人索偿，由申请人赔付。

4) 银行保函的基本内容

保函的内容即保函的文字条款，体现着保函项下担保人的责任和义务以及责任范围的大小。在日常业务中，由于保函的应用范围很广，种类繁多，每一类保函会有许许多多阐述各异的文字规定和条款安排，而且由于各国不同的习惯做法和不同的法律规定，不同的国家可以有不同的保函格式，不同的客户可以拟订不同的格式条文，即使在同一个国家不同的银行之间、不同商业合约的当事人之间对保函文本的要求也不尽相同。因此，在实践中保函的格式内容林林总总，各不相同，往往根据交易的具体要求、具体规定，区别不同的情况、不同的国家、不同的客户来拟定。

保函的内容格式各不相同，但是开立保函的原则是一致的．根据交易合同的规定来开立，内容必须完整、严谨、公正和明确，且避免过多的细节。

通常，银行保函的基本内容主要有以下几个方面。

(1) 保函的编号和开立日期。保函编号的作用是为了便于银行内部业务管理，保函的开立日期在许多情况下即为保函的生效日期。

(2) 保函当事人(受益人、申请人、担保行、通知行或转开行)的完整名称和详细地址。其中担保行的地址涉及保函的法律适用性问题以及受益人的交单地点和保函本身的到期地点。受益人的名称和地址不得有误，否则，通知行或转开行无法及时通知或转开。

(3) 保函所依据的基础交易合同的内容。因为交易双方的责任义务是根据交易合同来确定的，而交易合同是保函担保的标的物，即担保人的责任范围。保函中必须说明交易合同的基本内容、合同编号、开立日期，签约双方、有无修改等。

(4) 保函的性质。保函的性质即保函与基础交易合同的关系，从属性保函和独立保函的法律性质不同，担保行所承担的责任和对受益人的赔付条件是不同的，在保函中应明确。

(5) 保函金额和所使用的货币。保函金额是银行的担保限额，必须明确，大小写应保持一致。担保金额的大小根据保函种类的不同而不同。

(6) 保函的有效期和终止到期日。保函的有效期限是受益人索偿要求送达担保行的最后期限。保函的终止到期日是担保行解除其担保责任的最后期限。

(7) 保函当事人的责任和义务、索赔条件、仲裁等各种条款。

(8) 索款方法。受益人向担保行提出索偿的方式和路线。

(9) 其他。如保函金额随申请人履约进度递减的规定等。

5) 银行保函的种类

银行保函根据用途的不同，可分为以下几类。

(1) 借款保函(Loan Guarantee)。借款保函是担保人根据借款人申请向贷款人出具的还款保证，保证借款人到期不还款或者无力还款，担保人履行本息还款义务。借款保函根据担保期限的长短不同，可分为中长期(借款期限一年以上)借款担保和短期(借款期限一年以下)融资担保。对担保人来说，借款担保是风险较大的一种担保。

(2) 透支保函(Overdraft Guarantee)。透支保函是借款保函的外延，是为以账户透支形式来达到融资目的的资金借贷方式提供的担保。通常是对外承包公司或其他驻外机构在国外施工或开展业务，向当地银行申请开立透支账户时，由他们的担保人向当地银行出具保证，保证申请人将按透支合同的规定按时补足所透支的金额，如发生不能偿付的情况，由担保人代申请人补足透支之款项并支付相应的利息和有关银行费用。透支是发达国家商业银行普遍开展的一种放款业务。透支担保的金额通常为主合同(透支申请人与银行的透支合同)所规定的透支限额，透支担保的有效期一般规定为透支账户开立之日起至透支合同中规定的关闭透支账户之日再加 15天。

(3) 延期付款保函(Deferred Payment Guarantee)。延期付款保函是指担保人根据进口商请求向出口商出具的对延期支付或远期支付的货款以及相应的利息所做出的一种付款保证。保证在出口商发货后，进口商将按照合同规定的延付进度表中的到期时间支付本金及利息，否则，担保人将代为付款。延期付款保函多用于大型机电产品、成套设备、船舶和飞机等进口贸易中，是对向买方提供出口信贷的卖方的正当权益的一种保护，使其不致因买方违约或经营状况及财力的变化而受到损害。在某些交易中，如分批发货等情况下，延期付款担保比另一种结算方式——延期付款信用证更为灵活方便。这是因为在信用证项下，汇票金额必须与每批发货金额相等，从而使付款成为多次多期，使远期货款结算变得过于繁琐。而在延期付款担保项下，货运单据可以由卖方直接寄交给买方而不必向担保人提交，即便经由担保人转交，担保人也不必审单，因此卖方可以不受根据每批发货金额分别制作汇票的限制，而可以在卖方发货完成后或在发货的某个阶段一次出具代表全部延付金额的汇票交由买方或担保人予以承兑。这样，买方可以不管发货的实际进度以及每批发货的数量和金额，而根据自身的资金状况做出整个合同的延付安排。当然这种整体安排须在交易合同和延期付款担保中体现，以得到出口商的合作。延期付款保函金额或为交易合同金额，或为合同金额减去预付款部分。

(4) 融资租赁保函(Leasing Guarantee)。租赁是指出租人根据租赁合同，将租赁财产出租给承租人使用，承租人以支付租金为代价得以在租赁期间使用租赁财产的一种交易方式。租赁保函是银行应承租人的申请，向出租人开具的书面担保，保证承租人一定按租赁合同规定交付租金，否则担保人代为交付。

(5) 投标保函(Tender Guarantee)。招投标是国际工程建设、资本性商品交易中常用的贸易方式。投标保函是银行根据投标人(保函申请人)的要求向招标方(保函受益人)开立的一种书面保证文件，以保证投标人在投标有限期内不撤回投标或修改原报价，中标后保证与招标方签订合同，在招标方规定的日期内提交履约保函。否则，担保行按保函的金额向招标方赔偿。通常投标保函的担保金额为合同金额的1%～5%。目前在国际承包工程、政府采购以及国际政府贷款项目和世界银行的贷款项目中，多采用招标方式。

(6) 履约保函(Performance Guarantee)。履约保函是银行应申请人的请求，向受益人开立的保证申请人履行某项合同项下义务的书面保证文件。在所有类型的银行保函中，履约保函的应用最为频繁，不仅用于一般的进出口贸易，而且还用于国际租赁、技术贸易、加工贸易、补偿贸易、招投标业务等。与跟单信用证保证卖方通过提交信用证中规定的相符单据来表明其严格履约而获得付款相反，履约保函确保的是在出口商或投保人未能、未及时、未完全或未适当履行基础合同项下的义务时，进口商或招标人能够获得偿付。履约保函金额一般为合同金额的 5%～10%。在实务中，很多销售合同同时规定一份以卖方为受益人的信用证和一份以买方为受益人的履约保函。

(7) 付款保函(Payment Guarantee)。付款保函是担保人应进口商要求，向出口商出具的保函。保证当进口商收到与贸易合同规定相符的进口商品、技术、专利或劳务时，进口商一定履行付款义务。否则，将由担保人代为支付或承担赔偿责任。付款保函与信用证一样，是以银行信用介入商业交易，作为商业信用结算方式的一种补充和额外保证，从而增强交易双方的信任。付款保函通常用于那些信用证不便处理的、交易比较复杂的、各项条件不便以单据体现的进口业务，如技术引进等。在信用证项下，银行根据受益人提供的符合信用证所要求的单据而付款，而在付款保函项下，银行根据受益人提供的索赔通知书、违约证明等给予付款。付款保函金额或为交易合同金额，或为合同金额减去预付款部分。付款保函在实务中还常常与汇款、托收等国际结算方式联用。

(8) 维修/质量保函(Maintenance/Warranty Guarantee)。质量或维修保函是担保人应卖方或投标人(承包商)的要求，就主合同标的物的质量向买方或招标人(业主)出具的保证，保证卖方所提供的货物品质或投标人所承建的工程质量符合合同要求，如果在质量保证期或维修期内，买方或业主发现质量不合要求，而卖方或承包商又无法更换、维修或补偿损失，则由担保人赔偿。保函金额一般为合同总额的 5%～10%。但有时由于当事人双方对货物或工程质量检测的手段、方式等不同，可能会导致双方完全不同的检验结果，进而引起纠纷和争议，从而使担保人处于左右为难的境地。因此，为了避免受益人无理索偿，担保人应在担保合同中明确规定，受益人索赔时必须同时提交有关的证明文件，如买卖双方接受的第三方检验机构出具的质量证明及双方认可的仲裁机构出具的仲裁书等。

(9) 还款保函(Repayment Guarantee)。还款保函是指担保人为收款方向付款方出具的担保。主要应用在大宗货物贸易和国际工程承包项目中。在大宗货物贸易中，如果卖方要求买方预付定金，买方这时可能要求卖方提供一份担保，担保人承诺在卖方日后未按合同履约或未能全部履约，卖方或担保人将退还全部定金或部分定金及相应利息。而在国际承包工程中，一般在中标签约后，业主需给承包人一定比例的预付款(一般为合同金额的10%～20%)，作为合同启动资金。反过来，业主在预付款时会要求承包商提供一份银行保函，确保承包商在收到预付款后履约，否则能足额退回这部分预付款。

(10) 留置金保函(Retention Guarantee)。在大型机械设备进出口贸易和国际承包工程项下，如电站、大型钢铁厂、核电站、桥梁、船舶和成套设备等项目，往往规定在合同金额大部分付清时，再留一小部分(5%～10%)待设备安装运转良好经进口方验收或等工程保用期满而又无缺陷时再付，这笔款项被称为留置金。如果供货方或承包方要求对方将留置金随同大部分货款先付，进口方或业主为缓解出口方或承包商的资金压力，通常会同意，同时可要求供货方或承包方提供一份银行保函，这种保函称为留置金保函。以银行信用确保如果卖方提供的货物或承包工程达不到合同规定的质量标准，卖方或承包商应将这部分提前收回的留置金退回给买方或业主，否则，银行负责偿付。留置金保函的金额一般为合同总价的5%～10%，有效期是合同规定的索赔期满再加3天至15天索偿期。

(11) 保释金保函(Bail Bond)。保释金保函又称海事担保，是指担保人应船方要求向法院出具的担保。当载运货物船只或其他运输工具在运输途中，由于船方或承运人责任造成货物短缺、残损以致货主受损，或因海上事故(如撞损海港码头设施或其他船只、海难事件、海洋污染、涉嫌走私或其他违法事件等)或因某种纠纷以致货主或他人受损，而被当地法院在确定赔偿责任前下令扣留，船方为避免船只被长期扣留而造成更大损失，常常委托银行向有关法院出具担保，保证船方一定按法院判决支付赔偿金额，否则由担保人代为支付。这种担保可以替代保释金，法院凭此担保将船只放行，保函金额通常为估计的赔偿金额。

(12) 关税保函(Customs Guarantee)。关税保函是指由担保人向外国海关出具的保证。当出口商在其他国家展销商品或在对外承包工程中，承包公司将施工机械设备运入工程所在国时，为避免该国海关对展销商品或临时施工机械征收关税，出口商或承包商通常向他们的银行申请开立一份以商品展销目的国或工程所在国海关当局为受益人的保函，保证承包公司或出国参展单位在工程完毕或展览结束后一定将施工设备或有关展品撤离该国，否则由保证人支付应交的税款。

(13) 反担保函(Counter Guarantee)。反担保是指申请人在请求担保人出具担保前向担保人提供的保函。在商品贸易、工程承包和资金借贷等业务中，有时为了换取担保人出具保函，常需要请另一个担保人出具一份以担保人为受益人的保函，这份保函相对于原担保称之反担保。反担保函对担保人的作用是：当保函项下发生赔付时，担保人可凭申请人向其提供的反担保函及时地从另一担保人那里获得相应的补偿。例如，根据国际惯例，投标担保、关税保付担保、保释金担保等，招标人或海关法院等往往只接受由他们当地的银行出具的保函，因此投标人或关税保付保函、保释金保函等原始申请人通过自己银行所开立的保函就成为换取招标人或海关法院等当地银行出具担保的反担保函。

2. 备用信用证

1) 备用信用证的概念

备用信用证(Standby Letter of Credit)或称担保信用证(Guarantee L/C)是美国银行开发的一种金融工具，最早产生于19世纪中叶。由于世界各国银行一般均可开立保函，而当时美国法律明令禁止其国内商业银行开立保函，只允许担保公司承做担保业务。为与外国银行竞争，美国银行于二次大战后开始广泛开立实际上属于保函性质的支付承诺——备用信用证。

美国联邦储备银行委员会对备用信用证曾做过这样的定义：任何信用证或类似的协议，不论其如何命名或怎样叙述，只要开证行对受益人承担如下义务即为备用信用证：

(1) 偿还开证申请人的借款或预收款。

(2) 支付由开证申请人承担的任何债务。

(3) 赔偿因开证申请人在履行合同中的违约所造成的任何损失。

UCP500第2条规定，“备用信用证”(Standby Letter of Credit)和“跟单信用证”一样适用于本惯例，只要受益人提交了与信用证规定相符的单据，即可取得开证行的偿付。这里所指的单据是指信用证规定的任何单据，一般跟单信用证中规定的单据是发票、提单等商业单据，而备用信用证规定的单据是指汇票、开证申请人未履约的声明或证明文件等。如果到时开证申请人履约无误，则备用信用证就成为“备而不用”的结算方式，故称为“备用信用证”。

2) 备用信用证的内容

备用信用证的内容和跟单信用证相似，通常具备以下基本要素。

(1) 备用证的完整编号。

(2) 各方当事人的名称，包括开证行、申请人、受益人、受证行。

(3) 基础合同(进出口双方的贸易合同)签订的日期、编号及主要内容。

(4) 备用证担保的范围(责任)、币种、金额。

(5) 索偿时所需要提供的文件或单证及提示方式。

(6) 备用证的效期，包括生效日期、失效日期。

3) 备用信用证和银行保函、跟单信用证的区别

备用信用证、跟单信用证和银行保函都是国际贸易中的常用的结算工具，在贸易结算和融资担保中扮演重要的角色。三者无论是在理论上还是实践中，既有相同之处，又存在明显差异。

(1) 备用证信用证与跟单信用证的比较。备用信用证和跟单信用证一样，都具有独立性，都是不依附于交易合同而独立存在的保证付款凭证，即使它们包含有关交易合同的任何援引，也不受交易合同条款的约束，其当事人只受本证自身条款的约束；在业务处理上

都是以单据为凭而不是以合同或货物为凭。开证人作为中介，没有义务证实和担保单据的真实性和有效性，也不关心受益人与申请人之间的争端和纠纷。

但是，备用信用证与跟单信用证又有着明显的不同。

① 两者所要求的单据不同。备用信用证一般仅以受益人所出具的关于开证申请人不履行合同的书面声明或证明文件为付款依据；而跟单信用证一般是以严格符合信用证要求的货运单据作为付款的依据。

② 跟单信用证是第一性付款责任的银行保付凭证，而备用信用证则为第二性的付款承诺文件。跟单信用证是受益人履行交货义务后银行付款，而备用信用证则是在申请人未能履约时由开证人赔款。可见，尽管备用信用证的开证人形式上承担着见索即付的第一性付款责任，但其开立意图实质上是第二性。

③ 两者的作用和用途不同。备用信用证有多种多样的用途，广泛适用于各种形式的融资或履约交易，如用于借款、投标、履约及赊购、赊销等业务，或用于赔偿金的支付，还可用于为发行商业票据作保等。跟单信用证一般只用于进出口货物贸易中。所以备用信用证的适用范围更广更宽。在欧洲，跟单信用证已处于被淘汰的地步，而在世界范围内，备用信用证的业务量却日益增加。

④ 两者的操作过程和业务处理有所不同。备用信用证往往是备而不用的凭证，一般只在债务人违约时才使用；而跟单信用证是相应的进出口交易中必用的结算工具。在其他一些具体的业务处理上，备用信用证中有许多细节的规定，也是与 UCP500 不同的。

(2) 备用信用证与银行保函的比较。备用信用证与银行保函的性质和作用是相同的，都是为了担保申请人的履约能力和资信，给受益人提供银行信用以弥补商业信用的不足；两者对单据的处理原则也相同，都只对单据表面真实性负责，而对单据的伪造、遗失、延误概不负责。且只处理单据不处理货物，不受申请人与受益人之间的商务合同的制约。两者由于都没有货物保证基础，因此一般都不可以作为融资的抵押品，也不由第三家银行办理议付。

备用信用证与银行保函的不同有主要 3 点。

① 付款依据不同。备用信用证一般要求受益人在索赔时提交即期汇票及申请人未能履约的书面声明。而保函则并不要求受益人提交汇票，通常，担保行仅凭受益人提交的书面索偿及证明申请人违约的声明付款。

② 可撤销性质不同。备用信用证一般是不可撤销的，但也不排除特别声明可撤销的情况。但保函都是不可撤销的，因为可撤销的保函是不能起到担保作用的。

③ 银行付款责任不同。备用信用证的开证行承担第一性付款责任，但为次债务人；而保函的担保银行既可承担第一性付款责任，也可承担第二性付款责任。

3. 国际保理

随着国际贸易买方市场的普遍形成，贸易竞争已发展到了付款条件方面，贸易实务中，对买方有利的托收承兑交单和汇款货到付款结算方式使用逐渐增多，这就大大增加了出口商的贸易风险和资金负担。为了帮助出口商减少风险和获得资金融通的便利，增强竞争力，一种新的融合了结算、融资、服务功能的支付方式——国际保理业务应运而生。

1) 国际保理的概念和内容

国际保理(Factoring)是国际保付代理的简称，又称保理、保付代收或承购应收账款业务等。国际保理是在国际贸易中，在以托收、赊账等商业信用方式结算货款的情况下，保理商(Factor)向出口商提供的一项包括进口商资信调查、百分之百的风险担保、催收帐款、财务管理以及贸易融资等在内的综合性财务服务。

国际保理业务主要包括以下几方面内容。

(1) 对海外进口商进行商业资信调查和信用评估，并根据出口商的要求确定进口商的信用额度.

(2) 为出口商承担百分之百的头家信用风险。

(3) 负责应收账款的追收，负责账务管理。

(4) 提供出口商所需要的资金融通。

2) 国际保理的当事人及业务程序

国际保理的当事人通常有出口商、进口商、出口保理商和进口保理商。出口保理商是接受出口商委托收款的保理公司；进口保理商是出口保理商在进口商所在地的保理代理人，负责进口商的资信调查，与出口保理商有契约关系。

国际保理业务程序如图 7.8 所示。

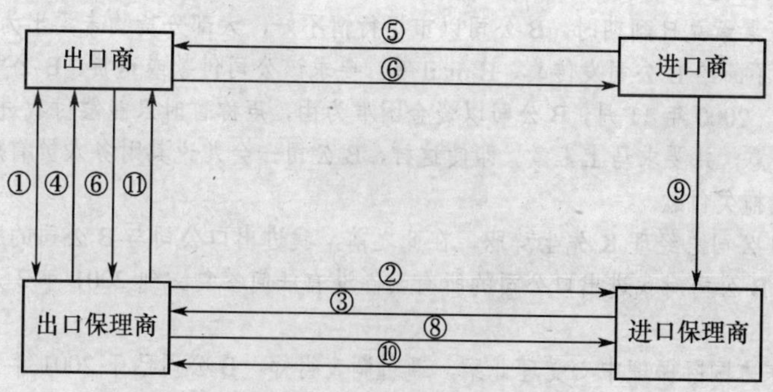


图 7.8 国际保理业务流程图

图例说明：

① 出口商与出口保理商签订保理协议，出口商将进口商的有关情况及交易资料提交给出口保理商。

② 出口商将资料转送给进口商所在国的保理商。

③ 进口保理商对进口商的资信进行调查和评估，并将调查结果及可提供信用额度的建议通知出口保理商。

④ 出口保理商转通知出口商。

⑤ 进出口双方签订以国际保理方式结算的贸易合同。

⑥ 出口商备货装运后，将发票及有关货运单据送交进口商，同时将一份发票副本交出口保理商。

⑦ 出口保理商按照出口商的要求给予出口商资金融通。

⑧ 出口保理商将发票副本转寄进口保理商，后者将发票入账，并负责催收账款。

⑨ 进口商在付款到期日向进口保理商交付发票金额，并支付保理费。

⑩ 进口保理商将发票金额拨交给出口保理商。

⑪ 出口保理商扣除相关费用后，将余款交给出口商。

**阅读资料 7-3**

我国沿海一家进出口集团公司与澳大利亚B公司有3年多的合作历史，双方一直保持着良好的贸易关系。合作初期，B公司的订单数量不大，但是该公司的订货很稳定，且付款情况较好。后来，随着双方之间贸易关系的进一步深入，我进出口公司为B公司提供了优惠付款条件，由最初的即期信用证、D/P即期、D/A60天到D/A90天，而双方的贸易额也由每年的六七十万美元增加到七八十万美元。

1999年9月，B公司又给我进出口公司下了一批订单，货物总值25万美元，价格条件为CIF墨尔本，而我进出口公司在未对该客户进行严格信用审核的情况下，同意给予对方D/A180天的信用条件。1999年11月，全部货物如期出运，我进出口公司也及时向银行议付了单据。

2000年5月，汇票承兑日到期时，B公司以市场行情不好，大部分货物未卖出为由，要求延迟付款。之后，我进出口公司不断给B公司发传真、E-mail等，要求该公司付款或退货。B公司对延迟付款表示抱歉，并答应尽快偿付。2000年11月，B公司以资金困难为由，声称暂时只能偿付我进出口公司3万美元。我进出口公司表示同意，并要求马上汇款。即使这样，B公司一会儿说其财务人员有病，一会儿又称其主要负责人休假，继续拖欠付款。

2001年1月，B公司总经理K先生辞职，在此之前，我进出口公司与B公司的所有交易都是经由K先生达成的。以后，B公司对我进出口公司的所有函件没有任何答复。到2001年3月，我进出口公司与B公司失去联系。

2001年5月，东方国际保理中心受理此案，通过调查得知，B公司已于2001年3月申请破产。东方国际保理中心为我进出口公司及时申请了债权，尽力争取把其损失降到最低。但是，根据当地清算委员会的最初报告，保理中心了解到B公司债务总额为其资产总额的三倍，且该公司90%以上的资产已经抵押给银行。不言而喻，我进出口公司将蒙受巨大的坏账损失。

资料来源：中国出口精英网 http://www.cnexp.net/waimao_anli_hetong/Index.html。

## 7.3 国际贸易合同中的结算条款

### 7.3.1 结算方式的选用

以上介绍了国际贸易结算实务中常用的结算方式，但各种结算方式都有其利弊。为了加速资金周转，避开贸易风险，各种结算方式结合使用，已成为一种新的发展趋势。

1) 信用证与汇款结合

信用证与汇款结合是指大部分货款采用信用证方式结算，余额使用汇款方式。

2) 信用证与托收结合

指部分货款用信用证支付，余数用托收方式结算。

3) 跟单托收与预付定金结合

进口人预付部分货款或一定比率的定金后，卖方发运货物，并从货款中扣除已收款项，将余额委托银行托收。如果进口人不付款，出口人可将货物运回，并从已收款中扣除运费等损失费用。

4) 备用信用证与跟单托收结合

出口人采用托收方式收款，同时要求进口人开立以卖方为受益人的备用信用证作为付款担保。一旦进口方拒付货款，出口方可凭进口方违约证明向开证行要求偿付。

5) D/A 与即期 D/P 相结合

在加工装配业务中，有时来料、来件与成品分别作价，这时加工方进口料件，采用 D/A 付款；成品出口，采用即期 D/P 收款。

6) 远期 L/C 和即期 L/C 相结合

在加工贸易中，加工方进口料件，采用远期信用证付款；成品出口，采用即期信用证收款，这种方法也称“对开信用证”。

7) 预支信用证与即期付款信用证相结合

在加工贸易中，加工方进口料件，采用即期付款信用证支付；出口成品采用预支信用证收款。这样可以由委托方向加工方融通资金，躲避外汇管制，还可简化结算手续。

8) 汇付、保函、信用证三者相结合

这种方式可用于分期付款(Progression Payment)。买方预付部分定金，其余货款根据商品制造或交货进度分若干期支付，在交付完毕时付清货款。在分期付款中，产品投产前，买方可采用汇付方式，先交部分货款作为定金，付出定金之前，买方往往要求卖方提供银行保函以保证按时交货，否则退回定金。其余货款分期支付，买方开立不可撤销的信用证，即期付款。

### 7.3.2 合同中常见的结算条款实例

1. 汇款支付条款

(1) 买方应不迟于6月25日将100%的货款用票汇预付至卖方。

The buyer shall pay 100% of the sales proceeds in advance by Demand Draft to reach the seller not later than June 25.

(2) 买方应于4月20日前将30%货款电汇至卖方，其余货款收到正本提单传真后5日内支付。

The buyer shall pay 30% of the sales proceeds by Telegraphic Transfer. The remaining part will be paid to the seller within 5 days after receipt of the fax concerning original B/L by the buyers.

2. 托收支付条款

(1) 买方根据卖方开具的即期跟单汇票，于见票时立即付款，付款后交单。

Upon first presentation the buyer shall pay against Documentary Draft Drawn by the sellers at sight. The shipping documents are to be delivered against payment only.

(2) 买方根据卖方开具的跟单汇票，于见票后60天付款，付款后交单。

The buyer shall pay against Documentary Draft Drawn by the seller at 60 days'sight，the shipping documents are to be delivered against payment only.

3. 信用证支付条款

开立100%保兑的、不可撤销的即期信用证，该证须于5月20日前开出。

By confirmed irrevocable L/C for 100% invoice value available by sight draft，the L/C shall be reach seller not later than May，20.

4. 不同结算方式结合使用的支付条款

买方通过卖方接受的银行，于装船月份前20天开立并送达卖方不可撤销即期信用证，规定50%发票金额凭即期光票支付，其余50%金额用即期跟单托收方式付款交单。全套货运单据附于托收项下，在买方付清发票的全部金额后交单。如买方不能付清全部发票金额，则货运单据须由开证行掌握，凭卖方指示处理。

The buyer shall open through a bank acceptable to the seller an irrevocable sight Letter of Credit to reach the seller 20 days before the month of shipment，stipulating that 50% of the invoice value available against Clean Draft at sight while the remaining 50% on documents against payment at sight on Collection Basis. The full set of shipping documents shall accompany the collection draft and shall only be released after full payment of the full invoice value，the shipping documents shall be held by the issuing bank at the seller's disposal.

## 本章小结

任何一笔成功的交易都离不开成功的结算。在现代国际贸易中，货款的支付是以银行为中介，以票据为工具进行的。在支付过程中买卖双方承担的费用、风险和资金压力，由双方所选择的结算方式决定。

本章首先介绍了国际贸易结算工具——票据，实务中使用的票据包括汇票、本票和支票三种，其中汇票最为重要；结算方式主要介绍了汇款、托收、信用证、银行保函、备用信用证和国际保理；最后本章对各种结算方式的结合选用及合同中支付条款实例进行了说明。

### 关键名词

(1) Endorsement　背书
(2) Acceptance　承兑，认付
(3) Presentation　交单
(4) Protest　拒付证书
(5) Remittance　汇款
(6) Telegraphic Transfer　电汇
(7) Mail Transfer　信汇
(8) Banker's Demand Draft　银行即期汇票
(9) Collection　托收
(10) Remitting Bank　汇出行
(11) Collecting Bank　代收行
(12) Presenting Bank　提示行
(13) Drawee　付款人
(14) Documentary Collection　跟单托收
(15) Documents Against Payment　付款后交付单据
(16) Documents Against Acceptance　承兑交单
(17) Documentary Credit　跟单信用证
(18) Confirming Bank　保兑行
(19) Advising Bank　通知行
(20) Letter of Credit　信用证
(21) Accepting Bank　承兑行
(22) Standby Letter of　Credit　备用信用证
(23) International Factoring　国际保理

# 习　题

【思考题】

(1) 简单说明汇票的主要票据行为有哪些。
(2) 汇款结算方式有哪几种？在国际贸易的应用中有何优缺点？
(3) 托收结算方式分为哪几种？简述跟单托收的业务程序。
(4) 什么是信用证？简述信用证结算的特点。
(5) 简要说明实务中常用的信用证种类。
(6) 根据信用证的特点，中间商从事转口贸易应使用何种信用证？如何使用？
(7) 何谓银行保函？简述银行保函的主要作用。
(8) 简要说明银行保函当事人及其关系。
(9) 简述备用信用证的含义，并比较它与银行保函、跟单信用证的不同。
(10) 简述国际保理的含义及一般做法。

# 案　例

**案例 1**

我某外贸进出口公司与比利时某贸易公司洽商某商品的出口交易，我方提出付款条件为 30%定金，货物装运后凭提单传真 T/T 付款，比利时商人要求降价，否则付款条件应修改为 D/P90 天，并通过其指定的代收行代收方可接受。问：比利时商人提出修改付款条件的意图是什么？

**案例 2**

我某外贸进出口公司与德国某贸易公司签订一份出口冷扎钢板的销售合同，6 月份交货，合同金额为 18 万多美元，付款条件为 D/P 见票后 45 天付款。卖方 6 月 15 日装运出口，随即将一整套结汇单据和以买方为付款人的 45 天远期汇票向银行托收货款。当汇票及所附单据通过托收行寄抵进口地代收行后，德商及时在汇票上履行了承兑手续。货抵目的港时，行情看好，由于用货心切而付款期未到，德商经代收行同意，出具信托收据向托收行借得单据，先行提货转售。汇票到期时，德商因经营不善，失去偿付能力，无力付款赎单。问：这种情况下，我出口公司应如何处理？为什么？

**案例3**

我A公司从外国B公司进口某种商品。合同规定分两次交货，分批开证，买方应于货到目的港后60天内进行复验，若与合同规定不符，A公司凭所在国的商检证书向B公司索赔。A公司按照合同规定，申请银行开出首批货物的信用证。B公司履行装船并凭合格单据向议付行议付，开证行也在单证相符的情况下，对议讨行偿付了货款。在第一批货物尚未到达目的港之前，第二批的开证日期临近，A公司又申请银行开出信用证。此时，首批货物抵达目的港，经检验发现货物与合同规定不符，A公司当即通知开证行："拒付第二份信用证项下的货款，并请听候指示。"但开证行收到议付行寄来的第二批单据后审核无误，再次偿付议付行。当开证行要求A公司付款赎单时，该公司拒绝付款赎单。试分析：①开证行和A公司的处理是否合理？②A公司应该如何处理此事？

# 第8章 进出口商品贸易的出入境检验与检疫条款及应用

## 教学目标

通过本章的学习，要求学生认识进出口商品检验的重要性，明白其中的主要环节，了解相关条款的订立方法，并掌握各条款的相应内容及涉及的法律与惯例。

## 教学要求

| 知识要点 | 能力要求 | 相关知识 |
| --- | --- | --- |
| 基本知识 | (1) 掌握出入境检验检疫程序及检验时间和地点的规定的方法<br>(2) 了解我国及世界各国的商检机构及模式<br>(3) 熟练掌握进出口商品贸易的出入境检验与检疫条款中的内容<br>(4) 能运用相关规定解决实际案例 | (1) 在出口国和进口国检验的方法<br>(2) 进出口商品检验与检疫的主要种类及检验方法<br>(3) 货物检验条款的主要内容 |
| 业务流程 | (1) 申请检验<br>(2) 实施检验<br>(3) 签发证书 | (1) 商品检验的种类<br>(2) 商品检验的机构 |
| 分类 | 能够比较分析不同国家不同检验机构的不同职责 | 各地区检验机构的商检模式 |
| 风险与防范 | 能够运用所掌握的风险与防范知识分析各国检疫机构的鉴定范围及职能 | 各国的检疫机构的鉴定业务 |

引例

我国某公司从美国某公司进口一批美国东部黄松，计6942 立方英尺，价值数百万美元，目的港上海。原合同规定：“按美国西部标准检验。”但是在开信用证前，美国提出另一个标准即美国东部标准也可作为验收标准。最后，我某公司同意修改合同检验条款，将“按美国西部标准检验”改为“按美国西部标准或东部标准检验”，开出了信用证。货抵上海港后，上海进出口商品检验局按我国进口美松通用的美国西部标准检验，检验结果共短少材积3948立方英尺，短少率达57％，价值100多万美元。进口美松大量短少的主要原因是美国西部标准与美国东部标准计算材积的方法是完全不同的，两种标准计算材积之差达40％以上。美商正是钻了这个空子，使我国某公司遭受重大损失。

本案例充分证明了检验标准对交易的成败起着关键的作用。我方人员不清楚外商提出修改合同条款的原因，却盲目而轻率地同意修改，说明在对外交往中缺乏警惕性和责任感。在合同正式签订前，该公司曾向商检部门请教标准问题，商检部门明确告知，进口美松要按美国西部标准检验，这个标准我国比较熟悉，而且目前通用这一标准检验美松，东部标准我们不清楚，不能用东部标准。因此正式签订合同时订了按西部标准检验。但是当外商提出修改合同条款时，我方却失去警惕，在不了解东部与西部标准有什么不同的情况下，同意修改合同条款，造成重大经济损失。事实上，美国东部标准是按美松装船时所占船舱容积计算数量的，美国西部标准是按美松实际体积计算数量的，两者差距之大是可想而知的。我方交易人员在外贸活动中缺乏警惕性和责任感，只能自行承担损失。

资料来源：张建辉，张汝根．国际贸易理论与实务．北京：中国矿业大学出版社，2004．

有关商品检验权的规定与买卖双方切身利益紧密相关。因此交易双方应在买卖合同中对于商检有关的问题做出明确具体的规定。国际货物买卖合同中的检验检疫条款通常包括检验的时间、地点、机构、环节、种类等内容。下面将一一做出介绍。

## 8.1 出口商品检验与检疫的作用

### 8.1.1 进出口商品检验与检疫的定义

进出口商品检验检疫(Commodity Inspection)是指在国际货物买卖中，对卖方所交付货物的质量、数(重)量和包装进行检验和鉴定，以确定其是否符合合同规定；有时还对装载技术条件、卫生、疫情、运输途中发生的残损、短损以及安全等方面进行检验和鉴定，以明确事故起因及责任归属；商检还包括根据一国的法律或行政法规对某些进出口货物进行质量、数量、包装、卫生、安全等方面的强制性检验或检疫。

### 8.1.2 进出口商品检验检疫的意义

进出口商品检验检疫具有两方面的重要意义。

一方面是为了维护国家的信誉、利益以及防止国外不卫生、不健康的物品流入，国家必须对进出口货物进行法定检验。未经检验或检验不合格的商品不准进口或出口。我国《中华人民共和国进出口商品检验法》(以下简称《商检法》)规定，列入《商检机构实施检验的进出口商品种类表》(以下简称《种类表》)的进出口商品和其他法律、行政法规规定须经商检机构检验的进出口商品，必须经过商检机构或国家商检部门、商检机构指定的检验部门检验。凡列入《种类表》的进出口商品，除非经国家商检部门审查批准免于检验的，进口商品未经检验或经检验不合格的，不准销售、使用；出口商品未经检验或经检验不合格的，不准出口。

另一方面是为了履行合同程序，取得交付货物符合合同规定或不符合合同规定的证明，进出口方必须向商检机构申请对货物进行检验或鉴定，并出具检验证书。商品检验证书是买卖双方交接货物，结算货款或向有关方面进行索赔和理赔的主要依据。在国际贸易中，买卖双方交接货物一般要经过交货、检验或查看、接受或拒收三个环节。买方在有合理机会察看或检验之前，保有卖方交货后拒收货物的权利。也就是说，买方“收到”货物并不等于“接受”货物。《联合国国际货物销售合同公约》和一些国家的法律都认为，除非买卖双方另有约定，买方收到货物后，有权对货物进行检验，如发现所收货物不符合合同规定，而且确属卖方责任范围的，有权采取要求卖方予以损害赔偿等补救措施，直至拒收货物。因此，货物的检验已成为进出口业务中的一个重要环节。

出入境检验检疫的工作成果主要表现为检验检疫机构出具的各种证书、证明，一般称为商验证书或检验证书。检验检疫工作的作用通过检验证书的实际效能体现出来，在国际贸易活动中进出口商品的检验检疫主要表现为经济效用，具体有以下 7 个方面。

(1) 作为报关验放的有效证件。许多国家的政府为了维护本国的政治经济利益，对某些进出口商品的品质、数量、包装、卫生、安全、检疫制定了严格的法律法规，在有关货物进出口时，必须由当事人提交检验机构符合规定的检验证书和有关证明手续，海关当局才准予进出口。

(2) 买卖双方结算货款的依据。检验部门出具的品质证书、重量或数量证书是买卖双方最终结算货款的重要依据，凭检验证书中确定的货物等级、规格、重量及数量计算货款，这是为买卖双方都接受的合理公正的结算方式。

(3) 计算运输、仓储等费用的依据。检验中货载衡量工作所确定的货物重量或体积(尺、码、吨)，是托运人和承运人间计算运费的有效证件，也是港口仓储运输部门计算栈租、装卸、理货等费用的有效文件。

(4) 办理索赔的依据。检验机构在检验中发现货物品质不良，或数量、重量不符，违反合同有关规定，或者货物发生残损、海事等意外情况时，检验后签发的有关品质、数量、重量、残损的证书是收货人向各有关责任人提出索赔的重要依据。

(5) 计算关税的依据。检验检疫机构出具的重量、数量证书，具有公正、准确的特点，是海关核查征收进出口货物关税的重要依据之一。残损证书所标明的残损、缺少的货物可以作为向海关申请退税的有效凭证。

(6) 作为证明情况、明确责任的证件。检验检疫机构应申请人申请委托，经检验鉴定后出具的货物积载状况证明、监装证明、监卸证明，集装箱的验箱、拆箱证明，对船舱检验提供的验舱证明、封舱证明、舱口检视证明，对散装液体货物提供的冷藏箱或舱的冷藏温度证明、取样和封样证明等，都是为证明货物在装运和流通过程中的状态和某些环节而提供的，以便证明事实状态，明确有关方面的责任，也是船方和有关方面免责的证明文件。

(7) 作为仲裁、诉讼举证的有效文件。在国际贸易中发生争议和纠纷，买卖双方或有关方面协商解决时，商检证书是有效的证明文件。当自行协商不能解决，提交仲裁或进行司法诉讼时，商检证书是向仲裁庭或法院举证的有效文件。

**运作实例 8-1**

某公司从国外采购一批特殊器材，该器材指定由国外某检验机构负责检验合格后才能收货。后接到此检验机构的报告，报告称质量合格，但在其报告附注内说明，此项报告的部分检验记录由制造商提供。这种情况下，买方能否以质量合格而接受货物?

[案情分析]

买方不能接受货物。理由是：买方之所以要卖方出具某检验机构签发的商检证书，目的在于让商品检验机构检验货物，避免因卖方自己出具发货单而可能出现不真实问题。而且商检机构对其签发的商检证书负有保证其真实性的责任。而本例中商检部门所出具的证书，尽管说明质量合格，但又言明部分记录由制造商提供，这说明商检机构未尽到自己的责任。对买方来说，接受这样的商检证书风险很大。因此，买方不能接受商检证书，也不能凭此证书接受货物。

## 8.2 进出口商品检验与检疫的时间与地点的规定方法

### 8.2.1 法律规定的检验时间和地点

一些国家的法律，在肯定买方检验权的同时，对检验时间和地点的规定比较笼统。英国的《货物买卖法》规定：“除非另有约定，当卖方向买方交货时，根据买主请求，卖方应向其提供一个检验货物的合理机会，以便能确定其是否符合合同的规定。”美国《统一商法典》规定了买方应有“合理机会”对货物进行检验。

《联合国国际货物销售合同公约》(以下简称《公约》)规定，除另有约定外，买方有权对所购买的货物进行检验，并具体规定了检验的时间和地点。

(1) 买方必须在按实际可行的最短时间内，由自己或他人检验货物。

(2) 如果合同涉及货物的运输，检验可推迟到货物到达目的地后进行。

(3) 如果货物在运输途中改运或买方需再发运货物，且没有合理机会进行检验，而卖方在订立合同时知道或理应知道这种改运或再发运的可能性，检验可推迟到货物到达新目的地后进行。

### 8.2.2 合同中约定的检验时间和地点

《公约》等规定的买方检验权，是一种具有随意性的法定的检验权，它服从于合同的约定。买卖双方通常都在合同中对如何行使检验权的问题作出规定，即规定检验的时间和地点。主要做法如下。

#### 1. 在出口国检验

1) 产地(工厂)检验

产地(工厂)检验是指货物离开生产地点(如工厂、矿山等)之前由买卖合同中规定的检验机构对货物进行检验或验收，该机构出具的检验证书作为卖方交货的品质、数量或重量等项内容的最后依据。

2) 装运港(地)检验

装运港(地)检验又称“离岸品质、离岸重量”(Shipping Quality and Weight)，是指货物在装运港或装运地装运前或装运时由双方所约定的检验机构对货物进行检验，并由该机构出具检验证书作为卖方交货的品质、数量或重量等项内容的最后依据。货抵目的港或目的地后，买方如在对货物进行复验，即使发现问题，也无权再表示拒收或提出异议和索赔。

上述两种规定办法从根本上否定了买方的复验权，对买方极为不利。

#### 2. 在进口国检验

1) 目的港(地)检验

目的港(地)检验又称“到岸品质、到岸重量”(Landed Quality and Weight)，是指货抵目的港或目的地时，由双方约定的检验机构在规定的时间内，就地对商品进行检验，该机构出具的检验证书作为卖方交货的品质、数量或重量等项内容的最后依据。如检验证书证明货物与合同规定不符，系属卖方责任，卖方应予负责。

2) 买方营业处所(最终用户所在地)检验

该做法是将检验延伸和推迟至货物运抵买方营业所或最终用户的所在地后的一定时间内进行，由双方约定的检验机构所出具的检验证书作为卖方交货的品质、数量或重量等项内容的最后依据。主要适用于需要安装调试进行检验的成套设备、机电仪表产品以及在口岸开件检验后难以恢复原包装的商品。

采用上述两种做法时，卖方须承担到岸货物的品质、数量或重量的责任，这对卖方极为不利。

3. 出口国检验、进口国复验

出口国检验、进口国复验是指货物须于装运前由双方约定的装运港或装运地的检验机构进行检验，其检验证书作为卖方要求买方支付货款或要求银行支付、承兑或议付时提交的单据之一；货抵目的港或目的地后的一定时间内，买方有权复验，以双方约定的目的港或目的地的检验机构出具的检验证书作为买方向有关当事人对货损、货差提出异议、索赔的依据。

上述各种做法，各有特点，应视具体的商品交易性质而定。但对大多数商品交易来说，"出口国检验，进口国复验"的做法最为方便而且合理，因为这种做法一方面肯定了卖方的检验证书是有效的交接货物和结算凭证，同时又确认买方在收到货物后有复验权，这符合各国法律和国际公约的规定。

**运作实例 8-2**

某合同商品检验条款中规定以装船地商检报告为准。但在目的港交付货物时却发现商品品质与约定规格不符。买方经当地商检机构检验并凭其出具的检验证书向卖方索赔，卖方却对上述商检条款拒赔。问：卖方拒赔是否合理？

[案例分析]

卖方拒赔是有道理的。原因是：合同中规定商品检验以装船地商检报告为准，这就决定了卖方交货品质的最后依据是装船地商检报告书。在这种情况下，买方在目的港收到货物后，虽然可以委托当地商检机构对货物再次进行检验，但原则上无权提出异议。因此，本例中卖方拒赔是有理由的。

## 8.3 进出口商品检验与检疫的主要种类及检验方法

### 8.3.1 进出口商品检验与检疫的内容

进出口商品检验的种类从内容来讲一般包括包装检验、品质检验、卫生检验、安全性能检验以及残损检验等，有时还包括船舱检验、监视装载、签封样品、签发产地证书和价值证书、委托检验等项内容。

1. 包装检验

是根据外贸合同、标准和其他有关规定，对进出口商品的外包装和内包装以及包装标志进行检验。

包装检验首先核对外包装上的商品包装标志(标记、号码等)是否与进出口贸易合同相符。对进口商品主要检验外包装是否完好无损，包装材料、包装方式和衬垫物等是否符合合同规定要求。对外包装破损的商品，要另外进行验残，查明货损责任方以及货损程度。对发生残损的商品要检查其是否由于包装不良所引起。对出口商品的包装检验，除包装材料和包装方法必须符合外贸合同、标准规定外，还应检验商品内外包装是否牢固、完整、干燥、清洁，是否适于长途运输和保护商品质量、数量的习惯要求。

商检机构对进出口商品的包装检验，一般抽样或在当场检验，或进行衡器计重的同时结合进行。

2. 品质检验

品质检验亦称质量检验。运用各种检验手段，包括感官检验、化学检验、仪器分析、物理测试、微生物学检验等，进出口商品的品质、规格、等级等进行检验，确定其是否符合外贸合同(包括成交样品)、标准等规定。

品质检验的范围很广，大体上包括外观质量检验与内在质量检验两个方面：外观质量检验主要是对商品的外形、结构、花样、色泽、气味、触感、疵点、表面加工质量、表面缺陷等的检验；内在质量检验一般指对有效成分的种类含量、有害物质的限量、商品的化学成分、物理性能、机械性能、工艺质量、使用效果等的检验。同一种商品根据不同的外形、尺寸、大小、造型、式样、定量、密度及包装类型等而有各种不同的规格。

3. 卫生检验

主要是检验进出口食品是否符合人类食用卫生条件，以保障人民健康和维护国家信誉，如对肉类罐头食品、奶制品、禽蛋及蛋制品、水果等货物进行检验。

根据《中华人民共和国食品卫生法(试行)》规定："进口的食品、食品添加剂、食品容器、包装材料和食品使用工具及设备，必须符合国家卫生标准和卫生管理办法的规定。进口上款所列产品，由国境食品卫生监督检验机构进行卫生监督检验。进口单位在申报检验时，应当提供输出国(地区)所使用的农药、添加剂、熏蒸剂等有关资料和检验报告。海关凭国家卫生监督检验机构的证书放行。"

又规定："出口食品由国家进出口商品检验部门进行卫生监督、检验。海关凭国家进出口商品检验部门的证书放行。"

4. 安全性能检验

是根据国家规定和外贸合同、标准以及进口国的法令要求，对进出口商品有关安全性能方面的项目进行的检验，如易燃、易爆、易触电、易受毒害及易受伤害等，以保证生产使用和生命财产的安全。

目前，除进出口船舶及主要船用设备材料和锅炉及压力容器的安全监督检验，根据国家规定分别由船舶检验机构和劳动部门的锅炉、压力容器安全监察机构负责监督检查外，其他进出口商品涉及安全性能方面的项目，由商检机构根据外贸合同规定和国内外的有关规定及要求进行检验，以维护人身安全，确保经济财产免遭侵害。

### 8.3.2 进出口商品检验与检疫的分类

进出口商品检验的种类从性质来讲分为法定检验和非法定检验两部分。法律法规规定有强制性标准或者其他必须执行的检验标准的进出口商品，依照法律、法规有关的检验标准实施法定检验；法律、法规未规定有强制性标准或者其他必须执行的检验标准的进出口商品，依照对外贸易合同约定的检验标准进行公证鉴定。

#### 1. 进出口商品的法定检验

法定检验是指国家以立法形式，通过强制手段，对重要的进出口商品指定由商检机构统一执行强制性检验。属于法定检验的出口商品，未经检验合格者不得出口；属于法定检验的进口商品，未向商检机构报验或检验不合格的不能获海关验放，即使进口也不准销售与使用。法定检验商品主要包括以下几方面。

(1) 列入《出入境检验检疫机构实施检验检疫的进出境商品目录》的进出口商品。

(2) 国家食品卫生法规定的出口食品的卫生检验。

(3) 出口危险货物包装容器的性能鉴定和使用鉴定。

(4) 装运出口易腐烂变质食品，冷冻品的船舱，集装箱等运输工具的适载检验。

(5) 有关国际条约规定须经商检机构检验的进出口商品。

(6) 其他法律，法规规定须经商检机构检验的进出口商品。

#### 2. 进出口商品的非法定检验

非法定检验是指商检机构根据对外贸易关系人的申请，对进出口商品实施公证、鉴定的业务。非法定检验的商品主要指法定检验以外的进出口商品。商检机构在对进出口商品进行检验鉴定后，做出公证结论，并签发有关证书。

在国际贸易中，若合同的检验条款规定凭中国商检机构的检验结果和出具的商检证书作为双方交接结算和计价结汇的依据，则卖方在出运前必须申请商检机构检验出证，才能报运出口。

非法定检验进口商品报验的程序如下。

(1) 到货后由收、用货单位自行检验，若发现问题需凭商检证书索赔的，应向所在地商检机构申请检验出证。

(2) 商检机构经检验不符合合同约定的，出具商检证书，订货单位凭此证书对外提出索赔。

(3) 申请人及时领取商检证书。

买卖双方在对外贸易合同中约定凭中国商检机构的检验结果和签发的商检证书进行交接结算的进口货物，有关收、用货部门在进口货物入境时，应依合同约定的卸货口岸或者到达地向商检机构申请检验。

非法定检验出口商品报验的程序如下。

(1) 合同、信用证的规定或申请人的要求，需商检机构检验出具商检证书的，可向商检机构报验。

(2) 填写“出口检验申请单”，并提供有关单据资料。

(3) 商检机构根据申请人的申请对出口商品实施检验，合格的出具商检证书，不合格的则出具“出口商品检验不合格通知单”。

(4) 领取商检单证。

## 8.4 进出口商品检验与检疫的主要环节

出入境检验检疫机构对进出口商品实施检验检疫的工作程序，以我国为例，主要有以下3个环节。

### 8.4.1 申请检验

若申请对出口商品进行检验，出口商一般应在货物发运前7天～10天(鲜货为3天～7天)，而如果商检机构不在出口商所在地，则要在货物发运前10天～15天，填写“出口检验申请单”，写明申请检验或鉴定的内容，并要提供合同、信用证、往来函电等相关文件。

若申请对进口商品进行检验，进口商应于最迟不少于三分之一的对外索赔期的时间内，填写“进口检验申请单”，说明申请检验或鉴定的内容，并要提交合同、商业发票、货运单据、品质证书、装箱单、外运通知单、接用货部门的验收记录等资料。如果已发现货物残损、缺少现象，还要附上理货公司与轮船大副共同签署的货物残损报告单及其他相关证明材料。

商检机构收到进出口商品的报验申请后，要对申请单中所填内容逐项审核，与各种附带文件相核对。一旦审核通过，便对报验申请单登记、编号，并将全套单证交检验部门安排检验。

### 8.4.2 实施检验

实施检验是指商检机构采取随机抽样的方法，在整批商品中抽取一定数量的有代表性的样品，按国家规定或合同规定的技术标准，对样品的有关特性进行检查、试验、测量或计量的过程。

进出口商品的实施检验包括商检自检与共同检验两种方式。商检自检指商检机构在受理了进出口商品的检验申请后，自行派出检验技术人员对商品进行抽样、检验、出具检验证书。共同检验则是指商检机构在受理了进出口商品的检验申请后，与有关单位商定，由双方各派人员共同检验，并出具检验证书；或商检机构与有关单位就检验内容进行分工，各承担某一部分的检查项目，最后共同出具检验证书。

### 8.4.3 签发证书

出口商品通过检验后，商检机构可按合同、信用证或进口方的要求，签发检验证书；若合同、信用证、进口方未要求正式的商检证书，商检机构签“商检放行单”或在“出口货物报关单”上加盖放行章即可。

进口商品通过检验后，商品机构可根据需要签发“检验情况通知单”或相关检验证书。但若是收、用货单位验收进口商品时发现问题，向商检机构申请复验，而复验不合格时，商检机构必须签发正式的检验证书，作为进口方对外索赔的依据。

## 8.5 我国进出口商品检验与检疫的模式

本节从我国进出口商品检验与检疫的发展历程、免验、普惠制原产地证明书与中国原产地证的办理来分析我国进出口商品检验与检疫的模式。

### 8.5.1 中国进出口商检的发展历程

在国际贸易中，进出口商品检验是必不可少的。在旧中国，虽然在上海、广州、汉口、重庆、天津等地建有检验机构，但实际上，进出口商品检验工作和签证权被国外的公证行代理所垄断。

新中国成立后，中国政府十分重视进出口商品检验工作。1952 年，中央人民政府在对外贸易部内设立了进出口商品检验总局，统一管理全国商检机构和检验工作。1954 年 1 月，政务院颁布了《输出输入进出口商品检验暂行条例》，此条例一直沿用至 1984 年国务院发布《中华人民共和国进出口商品检验条例》。1989 年 2 月 21 日，第七届全国人大常委会第六次会议通过了我国第一部有关进出口商品检验的法律——《中华人民共和国进出口商品检验法》。并于当年 8 月 1 日起实施。

在过去的四十多年里，我国的进出口商品检验工作得到了稳步发展，检验机构逐步完善，检验技术逐步现代化。在国家商检局统一管理下，全国所有的省、自治区、主要港口和主要进出口商品集散地都成立了商检局及其分支机构。

现在，全国商检机构有近两万名技术人员和专家，其中大多数受过高等教育，在从事专业检验和科研工作方面有丰富的实践经验。商检机构配备有精密的检验仪器设备，能胜

任食品、土畜产品、化工产品、五金矿产、轻工、纺织、机械、电器及仪器仪表等商品检验和化学分析、物理实验和微生物检验。

目前，中国商检机构与世界上二百多家商品检验机构建立了广泛的业务与合作关系，在国际检验领域中的声誉越来越高。

### 8.5.2 进出口商品免验

根据国家商检局《进出口商品免验办法》规定，凡列入《商检机构实施检验的进出口商品种类表》和其他法律、行政法规规定须经商检机构检验的进出口商品，经收货人、发货人(以下简称“申请人”)申请，国家商检部门审查批准，可以免予检验。

具体来说，凡具备下列情况之一者，申请人可以申请免验：

(1) 在国际上获质量奖(未超过三年时间)的商品。

(2) 经国家商检部门认可的国际有关组织实施质量认证，并经商检机构检验质量长期稳定的商品。

(3) 连续三年出厂合格率及商检机构检验合格率百分之百，并且没有质量异议的出口商品。

(4) 连续三年商检机构检验合格率及用户验收合格率百分之百，并且获得用户良好评价的出口商品。

此外，对进出口一定数量限额内的非贸易性物品和对进出口展品、礼品及样品，申请人凭有关主管部门批件、证明及有关材料，也可申请免验和办理放行手续。

办理申请进出口商品免验、放行的基本程序。

(1) 提出申请。凡要求免验符合上述四项条件的进出口商品，由申请人向国家商检部门提出书面申请。申请时，须提交下列材料：

① 申请书；

② 经填写的免验申请表(表式由国家商检部门提供)；

③ 有关证件，包括获奖证书、认证证书、合格率证明、用户反映、生产工艺、内控质量标准、检测方法及对产品最终质量有影响的有关文件资料；

④ 所在地及产地商检机构的初审意见(限免验的出口商品)。

(2) 专家审查。国家商检部门受理申请后，组织专家审查组对申请免验的商品以及制造工厂的生产条件和有关资料进行审查，并对产品进行抽样测试。

(3) 批准发证。专家审查组在审查及对产品检验的基础上，提出书面审查报告，经国家商检部门批准，发给申请人免验证书，并予公布。

(4) 办理放行。获准免验进出口商品的申请人，凭有效的免验证书、合同、信用证及该批产品的厂检合格单和原始检验记录等，到当地商检机构办理放行手续，并交纳放行手续费。

对需要出具商检证书的免检商品，商检机构可凭申请人的检验结果，核发商检证书。

对进出口一定数量限额内的非贸易性物品(注：指一定数量限额内的无偿援助物品；国际合作、对外交流和对外承包工程所需的自用物品；外交人员自用物品；主要以出境旅客为销售对象的免税店商品；进出口展品、礼品和样品)，申请人可凭省、自治区、直辖市人民政府有关主管部门或者国务院有关主管部门的批件、证明及有关材料，直接向国家商检部门申请核发免验批件，并按上述规定到商检机构办理放行手续。其中，对进出口展品、礼品和样品，可由当地商检机构凭申请人提供的有关证明批准免验，并办理放行手续。

### 8.5.3 普惠制原产地证书与中国原产地证书

#### 1. 普惠制原产地证明书

普惠制，即普遍优惠制，简称 GSP，是一种关税制度，是发达国家(给惠国)对从发展中国家(受惠国)进口某些适合的产品时给予减免或免税的优惠待遇。我国是发展中国家，目前已有英国、法国、德国、意大利、荷兰、卢森堡、比利时、爱尔兰、丹麦、希腊、葡萄牙、西班牙、日本、挪威、新西兰、澳大利亚、瑞士、瑞典、芬兰、奥地利、加拿大和波兰等22个国家对我国实行普惠制。我国政府指定各地出口商品检验机构签发普惠制原产地证书。

根据大多数给惠国的规定，享受普惠制必须持凭受惠国政府指定的机构签署的普惠制原产地证书。

享受普惠制待遇商品必须符合下列条件。

(1) 原产地标准。一切商品均可分为两类，一类为“完全原产地”，即商品完全是受惠国出产或制造，没有使用任何进口原料或零部件；另一类为全部或部分使用了进口原料或零部件(包括来源不明的原料和零部件)生产的产品。从普惠制的角度来说，受惠国出口的商品要获得享受普惠制关税的待遇，该出口商品必须在受惠国进行生产和制造，其中所使用的进口原料或零部件必经过充分的加工，使这些进口原料或零部件有了实质性的改变，或者符合给惠国提出的其他条件。

(2) 商品要符合直接运输的原则。就是说出口商品不但要在受惠国生产或制造，而且必须直接从受惠国家运往给惠国。通过过境国的，必须在过境国海关监管之下，没有投入当地市场销售或交付当地使用，更不能在那里进行其他再加工。

(3) 必须提供有效的证明文件。即普惠制原产地证明书(申报和证明联合)格式A，简称GSP FORM A，及其他有关的单证。FORM A产地证书是受惠国的原产品出口到给惠国时享受减、免关税优惠待遇的法律凭证。FORM A产地证书不同于一般产地证书，简称C/O。一般产地证是享受最惠国待遇的有效证件，普惠制FOMA A产地证，则是享受普惠制减、免税待遇的有效证件。

根据国家商检局制定的普惠制签证管理办法及其实施细则规定，有进出口经营权的国内企业，中外合资、中外合作和外商独资企业，国外企业、商社常驻中国代表机构，对外承接来料加工、来图来样加工、来件装配和补偿贸易业务的企业，经营旅游商品的销售部门，参加国际经济、文化交流及拍卖等活动需出售展品、样品等的有关单位，均可向当地商检机构申请办理普惠制原产地证书的签证。

办理普惠制原产地证书签证的基本程序如下。

(1) 注册登记。由申请签发普惠制产地证书的企业(公司)事先向当地商检机构办理注册登记手续。

(2) 申请出证。申报手签人在本批货物出运前五日到商检机构办理申请事宜。

(3) 签发证书。商检机构在调查或抽查的基础上，逐一审核申请单位提交的有关单证，无误后签发《普惠制原产地证书》，交申请单位。

2. 中国原产地证

中国原产地证是证明我国出口货物在中国生产和制造的证明文件，是出口产品进入国际贸易领域的“经济国籍”和“护照”。我国目前所签发的原产地证已成为国际贸易中的一个重要环节，货物进口国据此对进口货物给予不同的关税待遇和决定限制与否。商检出具中国原产地证是依据我国《原产地规则》规定而出具的。出口企业申请办理此证同普惠制产地证的申办程序相同，首先要在当地办理企业注册登记，然后才有资格申请签证。

## 8.6 进出口商品检验与检疫的机构及 CISS 业务的办理

### 8.6.1 进出口商品检验与检疫的机构

商品检验机构是指依据法律、法规对进出口商品进行强制性检验、检疫或接受委托进行商品检验和公证鉴定的专门机构。凡是开展进出口贸易的国家或地区，一般都设有商品检验机构。

1. 国际进出口商品检验与检疫机构

在国际贸易中从事商品检验的机构有官方的，也有民间私人或社团经营的，各自担负着国际贸易货物的检验和鉴定工作。官方的检验机构只对特定商品(粮食、药物等)进行检验，如美国食品药物管理局(FDA)。民间商检机构具有公证机构的法律地位，国际贸易中的商品检验主要由民间机构承担。由于民间商品检验机构承担的民事责任有别于官方商品检验机构承担的行政责任，所以，在国际贸易中更易被买卖双方所接受。民间商品检验机构根据委托人的要求，凭自己的技术、信誉及对国际贸易的熟悉，为贸易当事人提供灵活、及时、公正的检验鉴定服务，受到对外贸易关系人的共同信任。

目前在国际上比较有名望、有权威的民间商品检验机构如下。

(1) 瑞士通用公证行(SGS)。

(2) 英国英之杰检验集团(IITS)。

(3) 日本海事检定协会(NKKK)。

(4) 新日本检定协会(SK)。

(5) 日本海外货物检查株式会社(OMIC)。

(6) 美国安全试验所(UL)。

(7) 美国材料与试验学会(ASTM)。

(8) 加拿大标准协会(CSA)。

(9) 国际羊毛局(IWS)。

(10) 中国商品检验公司(CCIC)。

2. 中国进出口商品检验检疫机构

1) 国家出入境检验检疫局

在我国，中华人民共和国出入境检验检疫局(CIQ)是代表政府进行技术执法的官方机构，在全国各省、市、自治区，特别是进出口商品口岸，设立了分支机构，是一个综合性的检验机构。它在1988年由原国家进出口商品检验局、原卫生部卫生检疫局和原农业部动植物检疫局共同组建国家出入境检验检疫局，归国家海关总署领导，这标志着我国出入境检验检疫事业进入了一个新的发展时期。该机构除了根据法律、法规对出入境商品进行法定检验和实施监督管理外，也向国内外厂商提供技术服务，接受委托，对商品进行检验，并出具相关的检验证书，即办理进出口商品的公证鉴定。

其主要职责如下。

(1) 研究拟定有关出入境卫生检疫、动植物检疫及进出口商品检验法律、法规和政策规定的实施细则、办法及工作规程，督促出入境检验检疫机构贯彻执行。

(2) 组织实施出入境检验检疫、鉴定和监督管理；负责实行国家进出口许可制度的民用商品出入境验证管理；组织进出口商品检验检疫的前期监督和后续管理。

(3) 组织实施出入境卫生检疫、传染病监测和卫生监督；组织实施出入境动植物检疫和监督管理；负责进出口食品卫生、质量的检验、监督和管理工作。

(4) 组织实施进出口商品法定检验；组织管理进出口商品鉴定和外商投资财产鉴定；审查批准法定检验商品的免验和组织办理复验。

(5) 组织对进出口食品及其生产单位的卫生注册登记和对外注册管理；管理出入境检验检疫标志、进口安全质量许可、出口质量许可并负责监督检查；管理和组织实施与进出口有关的质量认证认可工作。

(6) 负责涉外检验检疫和鉴定机构(含中外全资、合作的检验和鉴定机构)的审核认可并依法进行监督。

(7) 负责商品普惠制原产地证和一般原产地证的签证管理。

(8) 负责管理出入境检验检疫业务的统计工作和国外疫情的收集、分析、整理，提供信息指导和咨询服务。

(9) 拟定出入境检验检疫科技发展规划；组织有关科研和技术引进工作；收集和提供检验检疫技术情报。

(10) 垂直管理出入境检验检疫机构。

(11) 开展有关国际合作与技术交流，按照规定承担技术性贸易壁垒和检疫协议的实施工作，执行有关协议。

(12) 承办国务院及海关总署交办的其他事项。

国家出入境检验检疫局在出入境检验检疫工作中目前执行的基本法律包括：《中华人民共和国进出口商品检验法》(以下简称《商检法》)、《中华人民共和国进出口商品检验法实施条例》(以下简称《商检法实施条例》)、《中华人民共和国进出境动植物检疫法》《中华人民共和国进出境动植物检疫法实施条例》《中华人民共和国国境卫生检疫法》和《中华人民共和国国境卫生检疫法实施细则》。

2) 国家技术监督局

进出口计量器具的量值检定由国家技术监督局下属的计量器具检定部门负责。我国《计量法》规定："制造、修理计量器具的企业、事业单位，必须具备与制造、修理计量器具相适应的设施、人员和检定仪器设备，经县级以上人民政府计量行政部门考核合格，取得《制造计量器具许可证》或者《修理计量器具许可证》。制造计量器具的企业、事业单位生产本单位未生产过的计量器具新产品，必须经省级以上人民政府计量行政部门对其样品的计量性能考核合格，方可投入生产。"

"进口计量器具，必须经省级以上人民政府计量行政部门检定合格后，方准销售。"检验不合格，需向国外提出索赔的，由省、市、自治区以上计量行政部门对外出证。如需凭商检证书对外索赔的，商检机构凭省级以上计量行政部门出具的检验证明换发证书，有关计量检定的技术问题，由出具检验证明的计量行政部门负责。

3) 药品检验机构

药品检验机构由卫生部归口管理。按照国家《药政管理条例》和卫生部发布的《进口药品质量管理办法》的规定，凡进出口药品(包括原料药、制剂和药材)，一律列为法定检验，由各地药检机构实施检验。

4) 船舶检验局

船舶检验局是国家船舶技术监督机构，成立于1956年，总部设在北京，负责对船舶执行法定的监督检验，同时办理船级业务。其主要任务是：制订船舶检验的规章制度和船舶规范；在全国主要港口设立办事机构，执行监督检验；对船舶、海上设施及其材料、机械设备实施监督检验和试验，使船舶和海上设施具备正常的技术条件，以保障海上船舶、设施和人身的安全以及海洋环境不受污染；根据我国参加的有关国际公约，代表政府签发公约要求的船舶证书；办理船舶入级业务；担任公证检验。

5) 香港特别行政区的商品检验机构

香港特别行政区政府指定的检验机构是标准及检定中心。该中心按政府颁布的商品目录，对进口商品实施强制性检验。目录所列商品，未经标准及检定中心检验合格的，一律不得销售和使用。香港是自由港，对出口商品不实施强制性检验。

对商品检验管理的方式，主要有强制性检验、自愿申请标志检验、国际认证检验、委托检验和消费选择指导性检验等。

除指定的检验机构外，香港还有私人公证行(如天祥公证行)和外国检验机构(如SGS)。

在实际交易中，选用哪类哪国的检验机构检验商品，取决于各国的规章制度、商品性质以及交易条件等。检验机构的选定一般是与检验时间、地点联系在一起的。按照以“离岸品质、数量”为准进行检验的，一般由出口国的检验机构进行检验；以“到岸品质、数量”为准进行检验的，一般由进口国的检验机构检验。当然，根据成交商品的不同，双方也可以约定由买方派人到出口地检验，或由双方派人实施联合检验。

### 8.6.2 CISS业务的办理

#### 1. CISS业务的背景介绍

履行出口合同时，还可能遇到CISS业务的问题。CISS (Comprehensive Import Supervision Scheme)进口全面监管安排，习惯上又称为装运前检验(Preshipment Inspection)。它是指一些发展中国家政府与世界上一些较大的公证鉴定机构签订委托协议，委托这些公证鉴定机构对其进口商品的品质、数量和价格等进行检验鉴定，出具清洁报告书(Clean Report of Fidings，CRF)，凭此向银行结汇和办理海关放行手续。

CISS业务是20世纪60年代中期发展起来的一种非关税性贸易壁垒。这一监管制度规定，未经指定的公证鉴定机构检验出证的进口商品，进口国海关将不予通关，该国家中央银行将拒付汇货款。

1) CISS业务的作用

由于公证鉴定机构接受的是有关国家的政府委托，且这种对进口商品的检验具有一定的强制性，所以有人又将这种业务称为一种特殊的法定检验。由于装运前的检验CISS业务是一个较一般商品检验更广的概念，公正鉴定机构实际上要对进口货物的品质、数量、包装、价格进行全面检验、核实；又由于这种检验、核实又是在装运前进行，这样它至少涉及两个以上国家的法律、法规，其情况就较为复杂。为此，乌拉圭回合谈判专列项目进

行了磋商，最终达成了“装运前检验协议”。该协议不仅肯定了发展中国家关于装运前检验的合理性，而且为这种做法所涉及的有关政府应承担的义务、检验机构、检验的程序和依据规定了一套具体的规则，为在国际贸易中进一步搞好装运前检验提供了统一的规定和保障。

2) 实施 CISS 的国家及机构

CISS 业务实行 30 多年来，已被越来越多的发展中国家政府所认识、重视和采纳。世界上实行 CISS 的国家约有 50 个，主要有：赞比亚、利比里亚、牙买加、加纳、马里、象牙海岸、卢旺达、布隆迪、塞内加尔、墨西哥、乌拉圭、坦桑尼亚、海地、厄瓜多尔、危地马拉、多哥、玻利维亚、秘鲁、委内瑞拉、阿联酋、菲律宾、沙特阿拉伯、哥伦比亚、莫桑比克、塞拉利昂、孟加拉、贝宁、尼日利亚、阿根廷、尼日尔、布几那法索、柬埔寨、肯尼亚、马拉维、刚果民主共和国、白俄罗斯、伊朗等。综上所述，这些实行 CISS 的国家主要是分布在亚非拉的一些经济不发达国家或发展中国家。

目前 CISS 业务的具体执行由少数几个跨国公证行垄断着，这些跨国公证行主要有 ITS(Intertek Testing Services Foreign Trade Supervision)、BV(Bureau Veritas)、SGS(瑞士通用公证行)、COTECNA 集团和 OMIC(日本海外货物检查株式会社)等。BV 将 CISS 业务称为 CDG 业务，ITS 将 CISS 业务称为 FTS 业务，以示与其他检验机构有所区别。实行“全面进口监管计划”的国家有选择地与上述跨国公证行签订合约。

2. CISS 业务内容

国际上现行的 CISS 业务内容主要包括七个方面：品质检验、数量/重量检验、包装和标志鉴定、监视装载、价格比较、海关税则分类与税率、合法性审查。

1) 品质检验

对出口货物进行物理测试、化学分析或外观检查，抵制伪劣和不合格产品，保证货物品质符合进口许可证和合同要求及有关国际标准。对药品、化学品要查验有效期；若剩余有效期少于百分之五十，则不予接受。对二手货、翻修品，若许可证上无记载，则要求提供买方书面确认才能放行。

2) 数量/重量检验

按国际贸易中常用的方法，或按有关行业的惯用方法，或根据合同要求确定。

3) 包装检验

按合同要求，在正常情况下，包装必须保证货物能完好无损地抵达目的港收货人手中。

4) 监视卸载

对货物进行监装，保证所运货物就是经检验合格的产品；对以集装箱运输的货物，要进行集装箱装箱监视和铅封。

5) 价格比较

通过对合同、形式发票上所载货物进行价格上的审核，就其外汇支出或完税价格做出独立的判断，证实最后发票的总价和单价符合该货物在原产地供应国的合理价格范围之内。

价格比较通常按两个阶段进行：初步价格比较和最终价格比较。初步价格比较是根据合同、形式发票、信用证与进口许可证进行比较；最终价格比较是在出口商提供最终单据(比如最终商业发票、提单、装箱单等单证)后，对照进口许可证进行价格比较。价格比较后，若符合进口国的要求，则签署清洁报告书；若不符，则通知出口商进行更改。

6) 海关税则分类与税率

有些国家，除了要求对进口货物的价格进行核查外，还要求核定税则号，确定税率和完税价值，以避免高价低报货物进入当地市场，确保海关税收和贸易统计的精确性。我们确定完税价值是根据进口国公布的税则规定进行。

7) 合法性审查

通过对贸易方式、贸易合同以及交货条件等的审查，确保进口贸易符合进口国的有关法律、法令和法规的规定要求。

### 3. 办理CISS业务的手续

(1) 进口商凭形式发票向进口国当局申请办理进口手续。

(2) 进口国有关当局批准并签发进口许可证。

(3) 进口商将进口许可证连同形式发票交有关公证行驻进口国联络处办理检验手续。

(4) 联络处审核进口许可证并进行登记，同时将其中的一套作为检验委托寄交出口地有关的检验机构。

(5) 检验机构接到检验委托进行审核并进行登记，然后向出口商寄交检验通知书，要求出口商提供商务单据。

(6) 出口方在货物备妥后，立即填妥检验通知书回折联并连同信用证、合同、商业发票、装箱单、厂检报告成厂检测试报告、出口货物明细单等有关单据及时向所在地的检验机构申报检验，预约检验时间与地点。

(7) 有关检验机构派出检验人员按预约时间赴约定地点执行检验。

(8) 检验合格后，出口方办理出运手续，并在提单签发后立即向有关检验机构补交正本提单复印件、最终商业发票等。

(9) 有关检验机构对所有商业单据的各项内容进行全面审核并作价格比较、核定。

(10) 有关检验机构向出口方签发清洁报告书，或其他相应的证书，如在检验和审核单据过程中发现问题，检验机构将可能签发不可议付报告书。

### 4. CISS业务在中国的开展情况

为了使中国出口商品顺利进入实行CISS的国家，配合外贸公司出口，及时结汇和货到进口国通关，中国进出口商品检验总公司(China Commodities Inspection Corporation，CCIC)分别与瑞士日内瓦通用公证行(Societe Generale de Surveillances，SGS)、日本海外货物检查株式会社(Overseas Merchandise Inspection Co. Ltd，OMIC)、法国船级社(BUREAU Veritas，B.V.)、日本海外货物检查株式会社(Japan Overseas Merchandise Inspection Company，简称OMIC）和英国加碧公证行(Calab Brett，C.B.)等签署了委托代理协议，成为CISS业务在中国的总代理。由此，对于中国向实施CISS的国家出口商品，可由CCIC代理进行装船前检验、价格比较、税则号审核等，并代上述检验鉴定机构签发清洁报告书。

我国有关出口企业在履行出口合同装运货物前对CISS业务应做好以下工作。

(1) 首先应了解哪些发展中国家对我国出口至该国的货物实施 CISS 业务，因为实施CISS业务的国家不是固定不变的，总的趋势是在不断增加。

(2) 应熟悉和掌握这种CISS业务的要求和程序。

(3) 由于我国出口货物的目的地国别不同，CCIC具体的检验程序现时也还不统一。因此，我国有关出口企业申请此项业务时，要与当地的中国进出口商品检验公司或与 CCIC及时联系，以免耽误检验出证，不能按时履行出口合同。

(4) 我国出口至菲律宾等国的货物，经香港转运时，也要在装运前检验，因为这些国家对香港实行CISS业务。如果货物出运后，才发现应作装运前检验，有关出口企业应尽快与当地的中国进出口商品检验公司联系。有关检验公司可通知进口国的SGS等机构作到货检验，以免耽误报关和结汇。在这种情况下，中国有关出口企业需将货物的进口许可证号、进口商品名称及地址、中国卖方名称、货物名称、数量或重量以及运输情况通知SGS等机构。SGS等机构对货物在进口国检验合格后签发清洁报告书一式两份：一份给进口商通关、提货；一份给中国出口企业结汇。

由此可见，我国出口企业在履行向发展中国家的出口合同时，对CISS业务必须予以重视，否则需要作装运前检验的货物而未作，将会带来一系列的麻烦，影响到通关和结汇。

5. CISS业务中最常见的英文信用证条款

1) 直接贸易

(1) ORIGINAL AND COPY CLEAN REPORT OF FINDINGS AS TO QUALITY AND QUANTITY INSPECTION AND PRICE COMPARISON ISSUED BY ×××× OR ITS AFFILIATE SUBSIDIARY OR AGENT.

(2) CLEAN REPORT OF FINDINGS ISSUED BY ×××× OR ITS AUTHORIZED AFFILIATES AND REPRESENTATIVES.

(3) CLEAN REPORT OF FINDINGS ISSUED BY ×××× OR ITS AFFILIATES AFTER A COMPREHENSIVE INSPECTION INVOLVING QUANTITY，QUALITY AND PRICE COMPARISON.

2) 间接贸易

(1) COPY OF APPLICANTS TELEX TO BENEFICIARY AUTHORIZING SHIPMENT OR COPY OF SATISFACTORY INSPECTION REPORT ISSUED BY CCIC.

(2) INSPECTION CERTIFICATE ISSUED BY CCIC.

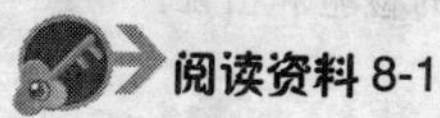


# 各国的商检模式

1. 美国的商检模式

在美国，习惯上很少说“商品检验”，而称“产品检验”。除产品检验外，还有“服务项目”检验。联邦政府设立的产品检验机构基本上都是进口、出口、内销产品检验三位一体的主管机关。

1) 检验机构设置

在美国，官方检验机构检验进出口商品的权限实行专业化分工，分别由 14 个部、委、局的有关主管部门负责。

(1) 卫生和人类服务部。

食品和药品管理局(FDA)主管：食品、药品(包括兽药)、医疗器械、陶瓷餐具、化妆品以及电子产品的监督检验；产品在使用或消费过程中产生的离子、非离子辐射影响人类健康和安全基础上的测试、检验和出证。

根据规定，上述产品必须经过 FDA 检验证明安全后，才可以在市场销售。FDA 有权对生产厂家进行视察，有权对违法者提出起诉。

(2) 农业部。

动植物检疫局(APHIS)主管：动物、植物的检疫。

食品安全检验局(FSIS)主管：猪、牛、羊、兔和禽类屠宰产品加工、卫生检验和出证。

农业销售司(AMS/USDA)主管：肉、禽、蛋、奶、棉花、烟叶、新鲜蔬菜水果、加工过的蔬菜水果、松香、松脂等产品的质量分级检验和出证。

联合谷物检验局(FGIS)主管：小麦、大麦、燕麦、黑麦、玉米、高粱、亚麻籽、大豆、混合谷物等产品的质量、重量检验和出证。

(3) 商务部。

国家海洋大气管理局(NOAA)主管：加工的鱼类、贝类产品的检验和出证。

国家标准局(NBS)主管：衡器、计量器具的校正检验和出证。

(4) 消费品安全委员会(CPSC)。

主管：家庭、学校、娱乐场所、个人使用的消费性产品(如儿童玩具)中含有毒性、腐蚀性、易燃性、刺激性、易产生压力的有公害物质的测定，服装面料和内衬纤维耐燃性能的测试、检验和出证。

(5) 环境保护署(CRA)。

主管：空气、水处理设备、饮用水、农药、零售汽车部件、引擎、汽油、柴油等的检验和出证。

(6) 核管理委员会(NRC)。

主管：放射性材料的包装设计审核、测试、鉴定和出证。

(7) 运输部。

国家公路效能安全管理局(NHTSA/DOT)主管：司机酒精摄入量测定仪校正检验、机动车辆安全性能检验和出证。

联邦航空管理局(FAA)主管：民用飞机、引擎、螺旋桨、部件及其他民用航空器材的检验和出证。

研究与特殊基础上管理局危险品管理办公室(OHMR/RSPA)主管：运输有毒、有害、有放射性、易燃、易腐蚀等各种液态、气态、固态危险品的包装容器、管道、钢瓶及火车糟车等产品的检验和出证。

联邦铁路局(FRA)主管：火车尾部碰撞标志、打印机的检测和出证。

海岸警卫队(USCG)主管：救生器材、防火器材、游艇防污染设备、船舷航行救护设备、海运集装箱等检验和出证。

(8) 联邦通讯委员会(FCC)。

主管：无线电器材检验和出证。

(9) 房屋和城市发展部(DHUD)。

主管：建筑材料检验和出证。

(10) 劳动部。

矿井安全健康管理局(MSHA)主管：矿井用电子设备、柴油动力机械设备的检验和出证。

职业安全健康管理局(OSHA)主管：海运货物装卸搬运设备，通风、消防、劳动保护材料、设备及焊接工具等产品的检验和出证。

(11) 内务部。

矿产管理局(MMS)主管：矿井工作面及井下工作面安全阀门装置的检验和出证。

(12) 财政部。

主管：电子资金调拨验证仪的检验和出证。

(13) 国防部。

主管：军用产品检验。

(14) 部务管理局(GSA)。

主管：《联邦统一规格产品目录》列明产品(约80种)的检验和出证。

2) 严格立法，各项检验有章可循

美国政府将产品和服务基础上检验、出证的法律、条例和规定均载入《联邦法规汇编》(CFR)，每年修订补充，重新出版供政府主管部门依照执行。《联邦法规汇编》由政府书店统一经销。每一主管机关实施的法律、条例和规定都有一个特定的卷号，查阅极为方便。

3) 分类管理，强制性检验与监督检验相结合

美国联邦法规规定，政府主管检验、出证的产品有200多种，实施检验出证的项目，概括起来分为三大类。

(1) 完全实施强制性检验(即法定检验)。如对食品、药品、医疗器械、电视机和路灯辐射，陶瓷餐具和茶具的铅、镉限量，民用飞机、航空器材、船用设备的安全性和可靠性，危险品包装检验等，都实施强制性检验。

(2) 部分实施强制性检验。为避免每次采购都进行重复的检验或试验，政府允许经销商或生产厂可以不持有政府签发的检验证书而在市场上公开销售其产品，但是，如果这类产品系政府部门采购或以政府提供资金担保采购的，仍须实施强制性检验。如美国国防部主管的《合格产品目录》列明的产品即属此类。

(3) 基本为非强制性检验。这类产品由政府主管机关制订统一分级标准，在政府实验室或其认可实验

室内，由政府检验人员或经其培训发给执照的检验人员进行产品测试、检验及办理生产厂(场)的设计审核、批准及注册。允许生产厂或经销商参与部分检验、出证工作，但必须接受政府主管机关检验人员的监督。

2. 欧盟的商检模式

欧盟为监控所有的技术法规而建立了一个官方及私人机构联合体系。官方机构负责制定法规，并按产品类别定义其标准及样品审查制度。私人或半官方机构负责制订强制性及非强制性标准，并执行大部分测试、检验、管理任务。

法定范围的活动主要有测试、检验、认证及认可。

1) 制订标准

欧盟层次的技术协调及标准制订有两种方法：

(1) 制订某类产品所有的有关规定，即“完全强制协调”，该方法主要涉及与安全、健康有关的产品，如药品、食品及车辆；

(2) 只制订某类产品的关于安全、健康项目的基本要求，然后由欧洲三个标准制订机构(欧洲标准化协会(CEN)、欧洲电工标准化委员会(CENELEC)、欧洲通讯标准化委员会(ETSI)制订自愿性技术规范，再将此技术规范定为欧洲标准或协调文件。

欧盟各成员国都有自己的制订标准机构，如法国的AFNOR，德国的DIN，意大利的UNI，西班牙的AENOR，英国的BSI等。这些机构同时也参与上述欧洲三个标准化机构工作。

欧盟各成员国约定，新制订的国家标准在生效前应通知欧盟主管标准管理的单位。

2) 认可检验认证机构

欧盟在测试及认证领域的权威组织是CEOC。这个组织的成员大部分属于非营利性质，服务项目涵盖许多设备的检测和认证。例如：

英国：AOTC，检验可运送的瓦斯容器；Lloyds' Register；National House Building Council。

德国：TUV，为公共机构及私人提供不同的管制服务，自成体系。

法国：Groupement des Apave(负责蒸汽压力设备、电气设备、建筑物等的强制管理)，Bureau Veritas，CEP，Socotec。

比利时：AIB-Vincotte等公司。

丹麦：Arbejdstilsynet等。

荷兰：Directoraat General van de Arbeid等。

葡萄牙：Direccao-Geralde Energia，负责强制性检验工作。

意大利：ISPESL，测试及检验压力容器和升降设备。

卢森堡：Luxcontrol，为国家检验机构。

西班牙：ATISAE，配合工业部执行相关强制性管制；Instituto Tecnico De Materialesy Constructiones，负责检验建筑产品。

欧盟认可下列机构的技术能力及其公正性，赋予其进行认证活动的权力。

英国：NACCB。

荷兰：RVC。

德国：TGA。

法国：AFAQ。

ISO 9000系列标准制订以后，欧盟国将其纳为欧洲标准EN29000，并以此为依据，指定各国上述认证机构对厂家进行质量体系认证，以保证产品质量。

3) 办理其他检验鉴定业务

对工厂、铁路、电信网络的设计及建设的技术管制辅导，二手设备的品质检验，对环境、安全、卫生的评估。

3. 日本的商检模式

根据日本国家行政体制，政府各部门在自己分工权限范围内，对有关进出口商品检验工作实行分工管理。通商产业省(分管全国所有工业生产和商业、外贸等事务)，负责进出口工业品的检验管理；农林水产省(分管全国农林牧渔和食品等的生产)，负责全国进出口农林水产品和食品的检验和检疫管理；厚生省(分管全国医疗卫生事务)，负责进出口食品、医药品等卫生方面的检验管理；运输省(分管海、陆、空客货运输事务)，负责进出口商品运载计量和安全方面的检验管理。

日本政府对进出口商品检验管理主要有三个方面。

1) 通过国家立法进行管理

日本政府十分重视发挥法律对社会经济发展的促进作用，陆续颁布一系列法律法规，如《出口检查法》《食品卫生法》《工业标准化法》《出口设计法》《产品责任法》等，通过立法形式建立加强进出口商品检验管理的依据。这些法律明确规定进出口生产、加工、经营、销售单位以及商品检验、海关等执法部门的法律义务和责任，对违法者进行法律制裁。

2) 重点进出口商品实行强制性检验

根据《出口检查法》等有关法律的规定，日本政府有关部门根据需要，规定了若干必须由政府或政府指定的民间检验机构检验的商品种类，亦称法定检验商品种类。凡被列为法定检验范围的商品，有关生产经营企业必须向政府或政府指定的检验机构申报检验，经这些检验机构检验合格后，发给检验合格证书，并对商品加附 BESST 标志，经海关审核验证后予以通关放行。如发现违反检验法律的行为，海关即将情况通知政府有关部门，由政府的检验机构负责复验、调查核实，提交地方法院，由法院视情况对违反法律的当事人进行处罚。

3) 对民间检验机构实行监督管理

为了使有关进出口商品检验法律顺利实施，日本政府十分重视组织和利用社会检验力量。日本国内的一些民间检验机构由政府主管当局根据《出口检验法》的规定批准营业，代表政府对出口商品进行检验，承担着“法定检验”的任务。为了保证检验工作的公正准确，这些民间机构在政府的严格控制下进行工作，日本政府对有关民间检验机构的检验技术水平、检验设备手段、检验范围和能力以及组织结构进行考核认证。对具备条件的授权代表政府执行有关进出口商品的法定检验。政府部门对所指定的民间检验机构的检验业务和检验结果进行监督管理，不定期进行抽查，如发现问题可撤销授权。政府有关部门还对指定检验机构的领导人实行任命，如委派刚退出现职的农林省次长或粮食厅长担任日本谷物检定协会的会长或理事长；由运输省大臣确认日本海事检定协会的理事以上干部，并发给确认书等；对其他一般官员和雇员的聘用、解雇和处罚，都有严格的规定，所有工作人员都必须注册。

日本政府委托官方和民间检验机构对指定的出口商品进行检验。所谓“指定商品”，是指由日本“出口商品检验和设计促进委员会”提出指定出口商品目录建议，由内阁发布命令加以指定。日本《出口检验法》规定，每一种指定的出口商品都由行政法规规定其检验标准，一旦出口商品质量达不到这些标准规定，不管出口商或进口商担保与否，都不准出口。指定的商品未经法定检验而出口的，将对出口人签发制止令，并处以罚款。伪造或涂改检验机构证书的，将被视为特别严重的“伪造公文罪”，其受到的处罚远远重于一般的伪造公文罪。

资料来源：中西部纺织网。

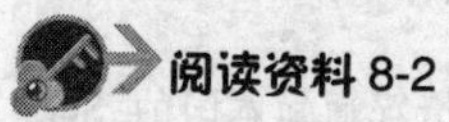
阅读资料 8-2

# 国际上著名的检验检疫机构

1. 瑞士通用公证行(Societe Generale De Serveillance，SGS)

它创建于 1887 年，是目前世界上最大、资格最老的民间第三方从事产品质量控制和技术鉴定的跨国公司。总部设在日内瓦，在世界各地设有 251 家分支机构，256 个专业实验室和 27000 名专业技术人员，在 142 个国家开展产品质检、监控和保证活动。

目前世界上有 24 个国家(主要是发展中国家)的政府实施 SGS 检验包括：安哥拉、阿根廷、玻利维亚、布基那法索、布隆迪、柬埔寨、喀麦隆、中非、刚果共和国、象牙海岸、厄瓜多尔、几内亚、肯尼亚、马拉维、马里、毛里塔尼亚、墨西哥、巴拉圭、秘鲁、菲律宾、卢旺达、塞内加尔、刚果民主共和国、赞比亚。这些国家基于对 SGS 的公正性、科学性、权威性和技术能力的充分信任，委托 SGS 对进品货物实施装船前全面监管计划(Comprehensive Import Super-vision Scheme，CISS)，并抑制非法的进出口活动。

SGS 关务作业是指货物进口国政府或政府授权海关当局与 SGS 签署协议，由 SGS 在货物出口国办理货物装船前的验货、核定完税价格(或结汇价格)、税则归类(在进口国实行 HS 制度的前提下)，执行进口管制规定(如是否已事先申领进口许可证件等)等原系由进口国海关在货物运抵进品国后所执行的进口验关作业由 SGS 确认真实、合理后，出具公证报告，即“清洁报告书”(Clean Report of Finding，CRF)，作为货物进口后向海关申报时必须交验的单证，进口国海关凭此简化或免除多道通关手续，直接征税后放行，既加快了验放(一般不复检)，又严密了监管。反之，则签发不可兑现报告书(Non-Negotiable Report of Findings)，这样，即使货物运抵目的港，进口国海关不予通关，出口商也不能结汇。SGS 关务作业一般包括以下内容。

(1) 检查(验)货物规格、数(重)量和包装。包括对商品进行物理测试、化学分析和外观检查，对数(重)量按照国际贸易中惯用方法进行鉴定；包装则要求货物能完好无损地运抵目的港收货人手中。对药品和化学品要查检有效期限等。

(2) 对大宗货物要求进行监视装载。一是保证所载货物是经过 SGS 检查(验)过的，二是保证合同项下货物完全、牢固地装在指定的运输船舶上。对集装箱货物要求进行监视装箱作业和施封。

(3) 核定价格。即对成交价格进行审核，这是实施 CISS 的最重要内容，也是吸引许多国家的原因之一，目的是防止进口商低价高报，避免资金外流，或防止高价低报，偷逃关税。SGS 利用电脑网络收集储存各个渠道的商情，并要求出口商提供价格构成细目表，如出厂价、成品包装费、仓储费、运往码头运费、装船费、海运或空运费、佣金以及商业上可接受的附加费等。以便把货价同出口价或当地消费价格进行比较，查证卖方最后商业发票的总价及价格要素是否符合该商品在原产地供应国的正常出口价，保证完税价格和进口国外汇支出的合理性。

(4) 海关税则归类。审核进口商在进口许可证中所填报的税号与该国现行的海关税则规定是否相符，或依据验货时所见的实物提出合理的税号和税率，确保关税的足额征收和海关统计的准确性。

(5) 审核进口商品是否符合进口国外贸、海关法令，进口必需的许可手续是否齐备与合法，以有效杜绝无证到货和违禁品、管制商品的非法进口。

SGS关务作业流程大致如下。

(1) 出口成交。

出口商按正常的贸易程序与进口商达成出口交易，进口商再把有关这笔交易的情况通知本国的 SGS 联络办公室，同时通知出口商需请 SGS-CSTC 验货。SGS-CSTC 收到进口国 SGS 联络办公室的通知(检验编号)后，传真(邮寄)给出口商一份注明"SGS 检验编号"(I.O.NO.)和 SGS-CSTC"ICN"编号的空白验货申请表(RFI)，通知出口商提交单据，安排验货。

(2) 申请验货。

为安排检验，出口商或报关行须在出口货物备妥前 7 天填写带有 SGS 检验编号的验货申请表(RFI)，连同下列单据一起传真(寄)给离验货地点最近的 SGS-CSTC 分公司。

这些单据包括形式发票、形式装箱单及零备件清单、产品技术规格资料、样本、信用证、制造商测试报告(机器/设备)、制造商分析报告(化工/医药/石油/染料产品)、卫生证书(食品)、植物检疫证书(全部农产品)、厂检分析单(全部钢铁材料及其初级产品)。所有提交给 SGS-CSTC 的单据均要注明 SGS 检验编号(此编号见验货申请表)。

在验货申请表上应列明供货商的详细资料，如联系人及联系电话、验货时间、验货地点等，以便 SGS-CSTC 与之联系，安排检验。

(3) 接受验货。

由 CISS 国家法规要求的装船前检验，SGS-CSTC 不向出口商收取任何费用。出口商有义务把货物备妥并提供必要的(搬运)劳力和设备，以便检验顺利完成。出口商如果委托供货商或代理安排验货时，出口商有义务使供货商或代理清楚检验要求。如果货物没有按要求准备好或不具备检验条件，SGS-CSTC 保留中止检验的权利。每一批在全面进口监管计划(CISS)下的货物都须由 SGS-CSTC 进行实物检验。SGS-CSTC 的检验员将对照出口商的形式文件，检验货物的规格、名称、数量、外观质量，必要时要抽取样品。

(4) 申请核发公证报告。

出口货物经向海关报关装船后，出口商需备妥正本提单、发票装箱单等，向 SGS 申请核发公证报告。SGS-CSTC 完成检验后，出口商须按国别把最终文件分别传真(寄)给 SGS-CSTC 上海经济事务部(EAD)。所有提交给 SGS-CSTC 的文件都应注明 SGS 检验编号(此编号见验货申请表)。如果 SGS-CSTC 的检验结果同出口商的最终文件有差异或文件不齐全，SGS 会同出口商联系，要求修改文件、补充文件或通知进口国 SGS 联络办公室，以取得进口商的确认。

(5) 向 SGS 领取公证报告。

如果出口商收到的信用证上要求在出口商的发票上贴 SGS 安全标签(Security lable)，出口商可提交一份最终出口发票给最近的 SGS-CSTC 分公司，并领取安全标签，或要求 SGS-CSTC 将安全标签邮寄给出口商。请注意，只有在完成以上(1)—(4)程序后，SGS-CSTC 才会签发安全标签。

此外，SGS 还要求厂商在结关日前，电话通知有关船名、码头、装运单(S/D)、号码等，以便 SGS 认为有必要时再派员复验。SGS 现已与我国政府官方机构——国家商检局合作，由国家商检局指定中国进出口商品检验总公司(CCIC)代理他们办理从中国出口输往实施 CISS 国家商品的装船前检验，核定价格及税则号列，并代理 SGS 签发清洁报告书。目前有权签发的有辽宁、北京、天津、河北、山东、湖北、上海、广东等 10 个进出口商品检验公司。

2. 美国安全试验所(Underwriters Labora Tories Inc，UL)

美国安全试验所始建于 1894 年，总部设在伊利诺斯州的诺斯布鲁克，在纽约长岛、佛罗里达州的坦帕、加利福尼亚州的桑塔克莱拉等地设有分支机构。UL 公司是美国最有权威的、也是世界上最大的对各类电器产品进行检验、测试和鉴定的民间检验机构。美国许多州的法律明文规定，没有UL标志的家电产品不准在市场上销售。在美国，无论个人、家庭、学校、机关，在市场上选购电风扇、电熨斗、电褥子、电吹风、电烤箱、微波炉、电热水器、电按摩器等家用电器时，只要看到贴有UL标志，便觉得放心，用起来有一种安全感，这是由于UL公司90多年来长期从事机电产品安全性能鉴定树立起良好信誉的结果。

UL工程检验分为六个部门：防盗和信号，灾害和化学危害，电气，防火，供暖、空调和冷冻，船舶用品。UL公司的业务主要是按照UL标准提供对建筑材料、防火设备、机械电器设备、海事设备、石油天然气设备等产品设计的安全性能审核、测试、鉴定和对工厂生产过程中跟踪测试检验，并加贴UL标志。

UL产品标准自成体系。测试鉴定重点在于产品安全性能，如对大小电器的开关、变压器、导线等产品都要作多项试验，经鉴定符合UL标准规定的，方予认可，准许列名、投产和加贴UL标志。UL人员可在事先不作通知的情况下到工厂进行检查，以确定使用UL标志的产品是否真正符合UL的安全标准。

UL公司除在美国本土设有分支机构外，还与加拿大、德国、瑞典、英国、日本、中国、中国香港等国家和地区的检验机构建立了业务关系。UL在中国的业务由中国进出口商品检验总公司(CCIC)及其下属分公司承担。

3. 美国材料与试验学会(Amercan Society for Testing And Materials，ASTM)

美国材料与试验学会成立于1896年，总部设在费城，是美国资格最老、规模最大的学术团体之一，是从事工业原材料标准化的一个非官方组织。ASTM从事的业务范围十分广泛，涉及冶金、机械、化工、纺织、建筑、交通、动力等领域所生产或所使用的原材料及半成品。ASTM所制订的标准范围广、影响大、数量多，其中大部分被美国国家标准学会(ANSI)直接纳入国家标准。美国的一些专业学会，如钢铁、纺织、机械工程等，都与ASTM有合作关系。ASTM在国际上也很有影响，它所制订的标准被国际上很多贸易双方采用为供货合同的品质条款，我国进口的原材料检验也常用ASTM标准。ASTM制订的分析、测试方法，被世界各国许多实验室用来作为方法标准。

4. 美国食品和药物管理局(Food and Drag Administration，FDA)

FDA成立于1927年，是美国最重要的食品和药物管理官方机构，隶属于卫生和人类服务部。FDA的管理范围包括食品安全与卫生；药物(包括兽药)、生物制品和医疗器械的安全和有效；化妆品安全；放射性设备和产品的安全及上述各类产品的标签管理等。

FDA进行上述管理依据的主要美国法律、法规有：食品、药物和化妆品法(The Federal Food/Drug and Cosmetic Act，F.D&C)、公共卫生服务法(The Public Health Service Act，PHS)、公平包装和标签法(The Fair Packaging and Labeling Act)、进口茶叶、婴儿食品法及一些专用技术标准等。FDA对进口食品、药品(含兽药)、医疗器材、陶瓷餐具、化妆品等实行严格的审查、抽样检验、跟踪检查、决定是否允许进口等管理程序。FDA对美国国内相关的产品及企业也实行严格的管制措施。

5. 日本海事检定协会(Nippon Kaiji Kentei Kyokai，NKKK)

日本海事检定协会 (Japan Marine Surveyors & Sworn Measurer's Association)，为日本最大的综合性商品检验鉴定机构。NKKK成立于1913年，总部在日本东京，在大阪、神户、名古屋、横滨、九州等国内港口及货物集散地设有分支机构，形成了完整的检验服务网。除在日本本土外，在亚洲的泰国、新加坡、马来西亚、菲律宾、印度尼西亚、中国香港等地都设有办事机构。近年来开始将业务范围扩大到亚洲之外，1991年以来，先后在法兰克福、鹿特丹设立了办事处。现在NKKK的海内外机构有70多个，雇员2500多人。

日本海事检定协会依照申请，可办理与进出口贸易及海运有关的商品品质检验；数量、重量、包装、残损检验；货载衡量、积载鉴定、集装箱检验等检验鉴定业务。NKKK还依据日本政府的授权，按照日本船舶安全法的规定，对危险品、谷物、微粉精矿、集装箱及其他特殊货物的包装和积载状况等实施强制性检验，以确保船舶运输安全。NKKK 与中国商检多年来有着密切的合作关系与业务往来，并共同组建了日中商品检查株式会社，从事检验鉴定业务。

6. 日本海外货物检验株式会社(Japan Overseas Merchandise Inspection Company，OMIC)

日本海外货物检验株式会社成立于 1954 年，是经日本运输省、农林省、厚生省认可、注册登记的第三者检验公司。OMIC 为股份有限公司，实行董事会领导下的总经理负责制，总公司设在东京。在日本大阪、广岛、福山、名古屋，在海外的加拿大、泰国、菲律宾、马来西亚、印度、波兰等国家设有分公司或办事处。

OMIC 可以承担农产品、化工产品、矿产品、工业产品以及化肥、燃料、医药品的检验业务，OMIC 接受日本农林省、厚生省的指定，对从加拿大、美国、韩国、越南、泰国、印度尼西亚、缅甸等国进口的粮谷、豆类等在装货港进行品质检验和熏蒸，以确保进口粮谷的质量。

7. 日本油料检验鉴定协会

日本油料检验鉴定协会成立于 1941 年，总部在东京，在横滨、九州、名古屋等地设有分支机构，在横滨设有化学研究所，在神户设有综合分析中心。日本油料检验鉴定协会是日本政府农林省、运输省、厚生省承认的食品卫生检验机关，负责对日本国内进口的油脂原料、油脂、油粕及其制品和副产品，在国内交接和进出口时进行品质检验、重量鉴定并签发证书。

我国出口到日本的植物油就由该会属下的检验机构检验。日本油料检验鉴定协会与我国商检机构有着多年业务合作关系。

8. 劳氏船级社(Lloyd's Register of Shipping)

劳氏船级社为世界上规模最大、历史最久的船舶入级和海事鉴定权威公证机构，1760 年成立于英国伦敦，在全球 100 多个国家设有 230 多个办事机构，有专职及兼职验船师 3 000 人，劳氏船级社从事船舶定级检验，对船舶载重线、设备安全、无线电讯、客船安全性等施行法定检验，其船舶载重线标志为"LR"。劳氏船级社还从事吨位丈量、载重条件审查、防火及灭火设施审查、海事鉴定、残损鉴定等业务活动。劳氏船级社在办理国际船级业务方面占有垄断地位，在海运、保险业界信誉卓著。

劳氏船级社与我国船舶检验局、商检机构均建立了检验合作关系。

9. 英之杰检验集团(Inchcape Inspection And Testing Service，IITS)

英之杰检验集团为一国际性的民营商品检验组织，总部设在英国伦敦，在全球组建了各自独立经营的多个检验机构，如英国嘉碧集团、中国香港天祥公证行、英特泰克国际服务有限公司、英之杰劳埃德代理公司等，拥有专职及兼职雇员 1 万多人。英之杰集团与中国商检机构建有业务合作关系。

10. 加拿大标准协会(CSA)

加拿大标准协会(Canadian Standards Association)成立于 1919 年，其目的是在工业界建立规则，负责制订电气领域里自愿采用的标准。加拿大标准协会实验室负责设备标准试验和认证。

CSA 制订的用于安全认证的标准，适用于各种各样的电气设备，从工业用设备到商业用设备。

欧洲联盟国家的官方检验机构，其组织形式与美国类似，也是按商品类别，由政府各部门分管，按有关法律授权或政府认可实施检验和监督管理。如德国技术检验代理机构网(TUV)获得官方承认并主管市场的商品质量；英国标准协会(BSI)负责制订标准和实施检验、认证等工作；荷兰卫生部主管药品和食品，经济部主管电器和计量器具，农渔部主管水产品和农产品，环保部主管建材、化工品和危险品，运输部主管车辆和飞机，社会安全部主管核能的检验和监督管理，各部下设相应的检验机构，如卫生部下设食品检验局、肉品检验局，农渔部下设农产品检验局等。

## 8.7 进出口商品贸易合同中的检验与检疫的条款

### 8.7.1 货物检验条款的主要内容

货物检验条款的主要内容主要有检验的时间与地点、检验机构、检验的内容、检验标准、复验的期限、地点和机构、检验证书等，前三项在前面已做过介绍。下面将对后三项内容做说明。

1. 检验依据

在进行商品检验时主要是以买卖合同中约定的检验标准和国家的法律、法规所规定的强制性的检验标准为依据。在具有不同的检验标准情况下，按照我国《商检法实施条例》的规定，商检机构对进出口商品的检验标准采用“从严检验”的原则。具体规定如下。

(1) 法律、法规规定有强制性检验标准，或其他必须执行的检验标准的，按规定的标准实施检验。

(2) 法律、法规没有规定的，按对外贸易合同约定的检验标准检验；凭样品成交的，应当按照样品检验。

(3) 法律、法规规定的强制性检验标准，低于合同约定的标准，按约定的检验标准实施检验。

(4) 法律、法规未规定有强制性检验标准，对外贸易合同也没有约定检验标准或约定不明确的，按照生产国标准、有关国际标准或者国家商检机构指定的标准检验。

应当指出，世界各国为了保护国内市场，在贸易自由化的背景下，出台了一系列严格的技术、卫生和商品包装的标准，不符合这些标准的商品，将不被允许进入该国市场。所以，对于从事国际商品贸易的企业来说，掌握国际标准和各国的国内标准，并使商品符合这些标准，已成为进入国际市场的基本条件之一。

2. 复验的期限、地点和机构

要明确规定复验的期限和地点。复验期限，实际上就是索赔期限，复验期一过，买方就失去了索赔权。为此，应结合商品的性质和港口等因素综合考虑，明确规定复验期限。

3. 检验证书的种类

商检证书，是各种进出口商品检验证书、鉴定证书和其他证明书的统称，是对外贸易有关各方履行契约义务、处理索赔争议和仲裁、诉讼举证具有法律依据的有效证件，也是海关验放、征收关税和优惠减免关税的必要证明。商检证书的种类和用途主要有以下几个方面。

(1) 品质检验证书，是出口商品交货结汇和进口商品结算索赔的有效凭证；法定检验商品的证书，是进出口商品报关、输出/输入的合法凭证。商检机构签发的放行单和在报关单上加盖的放行章有与商检证书同等通关效力；签发的检验情况通知单同为商检证书性质。

(2) 重量或数量检验证书，是出口商品交货结汇、签发提单和进口商品结算索赔的有效凭证；出口商品的重量证书，也是国外报关征税和计算运费、装卸费用的证件。

(3) 兽医检验证书，是证明出口动物产品或食品经过检疫合格的证件。适用于冻畜肉、冻禽、禽畜罐头、冻兔、皮张、毛类、绒类、猪鬃及肠衣等出口商品，是对外交货、银行结汇和进口国通关输入的重要证件。

(4) 卫生/健康证书，是证明可供人类食用的出口动物产品、食品等经过卫生检验或检疫合格的证件。适用于肠衣、罐头、冻鱼、冻虾、食品、蛋品、乳制品及蜂蜜等，是对外交货、银行结汇和通关验放的有效证件。

(5) 消毒检验证书，是证明出口动物产品经过消毒处理，保证安全卫生的证件。适用于猪鬃、马尾、皮张、山羊毛、 羽毛、人发等商品，是对外交货、银行结汇和国外通关验放的有效凭证。

(6) 熏蒸证书，是用于证明出口粮谷、油籽、豆类、皮张等商品，以及包装用木材与植物性填充物等，已经过熏蒸灭虫的证书。

(7) 残损检验证书，是证明进口商品残损情况的证件。适用于进口商品发生残、短、渍、毁等情况；可作为受货人向发货人、承运人或保险人等有关责任方索赔的有效证件。

(8) 积载鉴定证书，是证明船方和集装箱装货部门正确配载积载货物，作为证明履行运输契约义务的证件。可供货物交接或发生货损时处理争议之用。

(9) 财产价值鉴定证书，是作为对外贸易关系人和司法、仲裁、验资等有关部门索赔、理赔、评估或裁判的重要依据。

(10) 船舱检验证书，证明承运出口商品的船舱清洁、密固、冷藏效能及其他技术条件是否符合保护承载商品的质量和数量完整与安全的要求。可作为承运人履行租船契约适载义务，对外贸易关系方进行货物交接和处理货损事故的依据。

(11) 生丝品级及公量检验证书，是出口生丝的专用证书。其作用相当于品质检验证书和重量/数量检验证书。

(12) 产地证明书，是出口商品在进口国通关输入和享受减免关税优惠待遇和证明商品产地的凭证。

(13) 舱口检视证书、监视装/卸载证书、舱口封识证书、油温空距证书、集装箱监装/拆证书，作为证明承运人履行契约义务，明确责任界限，便于处理货损货差责任事故的证明。

(14) 价值证明书，作为进口国管理外汇和征收关税的凭证。在发票上签盖商检机构的价值证明章与价值证明书具有同等效力。

(15) 货载衡量检验证书，是证明进出口商品的重量、体积吨位的证件。可作为计算运费和制订配载计划的依据。

**运作实例 8-3**

深圳龙岗区某纺织企业从非洲马里进口的棉花中发现一吨为水渍棉，而且已发霉变质，经深圳检疫部门协助，该企业目前已向厂方索回损失人民币 28 000 元。

该纺织企业一个多月前从非洲马里进口棉花约千吨，货值一百二十余万美元。经深圳检验检疫局工作人员开箱检验，检出其中 29 包、重约 3 吨的棉花存在较严重的发霉腐烂情况，并判定为水渍棉。

为了替企业挽回损失，深圳检验检疫局工作人员当即要求企业与供应商联系，双方达成一致协议：以 CIQ 出具的残损鉴定证书为索赔依据。经现场逐件开包抽样送国家质检总局华南片区棉花检测中心检测，结果表明：严重霉变，受潮变黄、品级和强力下降，不能用于纺纱织布的棉花有近 1 吨，商品总值达 28 000 元人民币。

检验检疫机构随即在一周内出具了 CIQ 残损鉴定证书。拿着这份证书，该企业及时向进口商进行索赔，并成功获得索赔金额。

### 8.7.2 订立商品检验条款时应注意的问题

(1) 商品检验条款应与其他条款相互衔接，不能产生矛盾。

如出口合同采用 CIF 价格术语成交，检验条款就不能订为以“到岸品质与数量”为依据，买方验货后付款。

(2) 要明确规定检验标准和方法。

商品检验必须依据一定的标准，而不同国家和不同等级的标准是有差别的，且不同年份颁布的标准也有不同，因此，为避免争议，应在合同中明确采取哪一国、哪一级、哪一年颁布的标准。同时，商品检验的方法也应明确，因为同一商品采用不同的方法去检验，会有不同的结果。

(3) 要明确规定复验的期限和地点。

复验期一过，买方就失去了索赔权。为此，应结合商品的性质和港口等因素综合考虑，明确规定复验期限。一般说来，较易变质和损坏的货物，可订得短一些；不易变质和损坏的货物，可订得长一些。需要安装、调试的机械设备，可长至安装、调试所需要的合理期限。

复验地点的选择与时间也有密切关系，地点选择不恰当，实际检验的时间就得不到保证。考虑复验地点的选择，商检条款一般订为以货到目的港卸货后或货物运抵目的地收货人的最后仓库之日起××天内向卖方提出索赔。一般不要把条款订成“从进口之日起计算”或“到岸之日起计算”。

**运作实例 8-4**

1999 年 11 月，我国某公司与香港一家公司签订了一个进口香烟生产线合同，设备是二手货，共 18 套生产线，由 A 国某公司出售，总值 100 万美元以上。合同规定，出售商保证设备在拆卸之前均在正常运转，虽然未经翻修，但能符合生产正常运转的要求，否则更换或退货。合同同时规定，如有几件损坏，货到用货现场后 14 天内出具商检证明，办理更换或退货。问：该合同条款有无不妥之处？

[案情分析]

本案例问题出在合同中的检验索赔的有效期规定的不合理上。合同签订者把引进设备仅仅看作是订合同、交货、收货几个简单环节，完全忽略了检验、索赔这两个重要环节。特别是索赔有效期问题，合同条款订得再好，索赔有效期订得不合理，质量条款就成为一句空话。大量事实说明，外商在索赔有效期上提出不合理意见，往往表明其质量上存在问题，需要设法掩盖。如果只满足于合同中形容质量的漂亮词藻，不注意索赔条款，就很可能发生本案例的事故。本案例索赔有效期订得太短，机器设备有效期应分为数量和质量两部分，数量问题，索赔有效期一般为货物到达目的港(进口时最好订为到达用户所在地)60 天左右，质量问题索赔有效期应在一年或一年以上。

### 8.7.3 进出口合同条款的相关规定举例

例：在交货前制造商应就订货的质量、规格、数量、性能作出准确全面的检验，并出具货物与本合同相符的检验证书。该证书为议付货款时向银行提交单据的一部分，但不得作为货物质量、规格、数量、性能的最后依据，制造商应将记载检验细节的书面报告附在品质检验书内。

Before delivery the manufacturer should make a precise and overall inspection of the goods regarding quality，quantity，specification and performance and issue the certificate indicating the goods in conformity with the stipulation of the contract. The certificates are one part of the documents presented to the bank for negotiation of the payment and should not be considered as final regarding quality, quantity, specification and performance. The manufacturer should include the inspection written report in the Inspection Certificate of Quality，stating the inspection particulars.

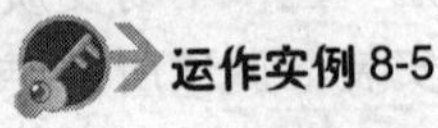
**运作实例 8-5**

## 商检证书的填制

商检证书(Inspection Certificate)是商检机构对进出口货物、包装容器或运输工具进行指定项目的检验与鉴定后出具的证明书。

根据不同的检验、鉴定项目和使用范围，我国商检机构出具的用于出口报关和结汇的检验证书主要有：品质检验证书、重量检验证书、数量检验证书、兽医检验证书、卫生检验证书等。尽管名称和检验项目不同，但证书格式基本相同。进出口商品检验局检验证书的格式，如附表所示。

检验证书一般由以下几部分组成。

1. 局名头

局名头包括××检验局名称、局标志、地址和电报挂号等，一般这些内容都事先印好。

2. 证书种类名称

证书种类名称包括证书副本字样，并附有证书号码和签证日期，注意该日期应早于提单的签发日，同时提单日期应在检验证书的有效期内。

3. 商品识别部分

填写该批商品的收发货人、商品名称、报验重量或数量、标记、号码、运输工具、启运地(港)和目的地(港)等。其中，发货人即商检申请人，信用证支付方式下应是受益人。受货人除非信用证另有规定，一般不用填。品名、数量、包装、唛头等内容应与发票一致。

4. 证明内容

证明内容即检验鉴定结果的证明文句，它是商检证书的主要内容。

5. 签署部分

签署部分包括检验日期和地点，签证机构印章和签署人的签字。出口商品检验证书，一般用英文签发，除非合同或信用证允许使用中文或其他文字签发。

SHANGHAI IMPORT & EXPORT COMMODITY INSPECTION BUREAU
OF THE PEOPLE'S REPUBLIC OF CHINA

副本
COPY

地址：上海市中山东一路13号
Address: 13. Zhongshan Road
(E.1).Shanghai
电报：上海2914
Cable: 2914 SHANGHAI
电话：63211285 HEALTH
Tel

检验证书 No.

INSPECTION CERTIFICATE

日期
Date

发货人：
Consignor ____________

受货人：
Consignee ____________

品 名：
Commodity ____________

标记及号码：
Mark & NO.

报验数量/重量
Quantity/Weight
Declared

检验结果.
Results Of Inspection

主任检验员：
Chief Inspector

# 中华人民共和国出入境检验检疫
# 入境货物报检单

报检单位(加盖公章):　　　　　　　　　　　　　　　　　　编号 ________

报检单位登记号:　　　　　联系人:　　　电话:　　　报检日期: ___年__月__日

<table>
<tr><td rowspan="2">发 货 人</td><td colspan="5">(中文)</td></tr>
<tr><td colspan="5">(外文)</td></tr>
<tr><td rowspan="2">收 货 人</td><td colspan="5">(中文)</td></tr>
<tr><td colspan="5">(外文)</td></tr>
<tr><td>货物名称(中/外文)</td><td>H. S. 编码</td><td>产地</td><td>数/重量</td><td>货物总值</td><td>包装种类及数量</td></tr>
<tr><td></td><td></td><td></td><td></td><td></td><td></td></tr>
<tr><td>运输工具名称号码</td><td></td><td>贸易方式</td><td></td><td>货物存放地点</td><td></td></tr>
<tr><td>合同号</td><td></td><td>信用证号</td><td></td><td>用 途</td><td></td></tr>
<tr><td>到货日期</td><td></td><td></td><td></td><td></td><td></td></tr>
<tr><td>启运地</td><td></td><td></td><td></td><td></td><td></td></tr>
<tr><td colspan="2">集装箱规格、数量及号码</td><td colspan="4"></td></tr>
<tr><td colspan="2">合同、信用证订立的<br>检验检疫条款或特殊要求</td><td colspan="2">标记及号码</td><td colspan="2">随附单据(划“√”或补填)</td></tr>
<tr><td colspan="2"></td><td colspan="2"></td><td colspan="2"></td></tr>
<tr><td colspan="4">需要证单名称(划“√”或补填)</td><td colspan="2">检验检疫费</td></tr>
<tr><td colspan="2" rowspan="3">品质证书<br>重量证书<br>兽医卫生证书<br>健康证书<br>卫生证书<br>动物卫生证书</td><td colspan="2" rowspan="3">植物检疫证书</td><td>总金额<br>(人民币元)</td><td></td></tr>
<tr><td>计费人</td><td></td></tr>
<tr><td>收费人</td><td></td></tr>
<tr><td colspan="4" rowspan="3">报检人郑重声明:<br>1 本人被授权报检。<br>2 上列填写内容正确属实，货物无伪造或冒用他人的厂名、标志、认证标志，并承担货物质量责任。<br>签名: ________</td><td colspan="2">领取证单</td></tr>
<tr><td>日期</td><td></td></tr>
<tr><td>签名</td><td></td></tr>
</table>

## 本章小结

商品检验是确定卖方交货是否符合合同规定和法律要求的必不可少的环节，同时也是确定造成货损责任承担者的途径。本章重点介绍了国际货物买卖合同中的检验条款所包括的进出口商品检验与检疫的时间与地点、检验机构、检验证书、检验标准及检验方法等内容，以及拟订检验条款应注意事项。其中也涉及了CISS业务的相关内容。掌握这些知识，对正确订立合同条款是必不可少的。

### 关键名词

(1) Commodity Inspection　商品检验

(2) Shipping Quality and Weight　装运质量

(3) Landed Quality and Weight　到岸质量

(4) Inspection Certificate　检验证明

(5) CISS　全面进口监管计划

(6) SGS　一家认证机构，它可以做管理体系认证诸如验厂，也可以做产品认证(可以发CE和GS证书)，再则是化学测试

(7) CCIC　装运前检疫证书

(8) CIQ　中国检验检疫标志

(9) FAD　一种贷款的简称，本贷款是由西班牙政府向发展中国家的共同性机构及其常驻企业提供的特许性的经济援助

## 习　题

### 1. 不定项选择题

(1) 在买卖合同的检验条款中，关于检验地点的规定，使用最多的是(　)。

A. 在出口国检验　B. 在进口国检验　C. 在出口国检验，在进口国复检

(2) 在国际贸易中，下列哪项属于从事商品检验的机构：(　)

A. 生产制造厂商　B. 国家设立的检验机构

C. 公正行附近的检验机构　D. 使用单位

(3) 为了协调买卖双方在商品检验上的矛盾，目前国际上通常采用的关于商品检验的折中方法是：(　)

A. 离岸品质 离岸重量　B、到岸品质 到岸重量

C. 离岸品质　D、到岸重量

(4) 合同的商品检验一般规定买方在接受货物之前享有对所购买的货物进行检验的权利。但在一定条

件下，买方对货物的检验权丧失。这些条件是：( )

A. 买卖双方另有约定　　B、买方没有利用合理的机会检验货物

C. 合同规定以卖方的检验为准　　D、卖方已经检验了货物

(5) 商检证书的作用有：( )

A、证明卖方所交货物符合合同规定的依据　　B、是海关放行的依据

C、卖方办理货款结算的依据　　D、是办理索赔和理赔的依据

(6) 若使买方在目的港对所收货物无权提出异议，商品检验应( )。

A. 以离岸品质、离岸重量为准

B. 以到岸品质、到岸重量为准

C. 以离岸品质、到岸数量为准

D. 以到岸品质、离岸数量为准

2. 思考题

(1) 国际贸易中商品检验条款包括哪些内容?

(2) 商品检验的作用有哪些?

(3) 在进出口业务中，商品的商检证书有哪些?

# 案　　例

## 案例 1

我方某公司 A 与新加坡某公司 B 以 CIF Singapore 的条件出口一批土特产品。货到新加坡后，B 公司发现货物的质量有问题，但 B 仍将原货转船至马来西亚。其后，B 公司在合同规定的索赔期限内凭马来西亚商检机构签发的检验证书，向 A 公司提出退货要求或打六折处理。

试问:

(1) A 公司应如何处理？为什么?

(2) 若 A、B 公司有多年业务往来，A 公司事先已知 B 公司拟将货物转卖给马来西亚某客户，在此情况下，A 公司又应如何处理?

[案例分析]

(1) A 公司可以不接受 B 公司的要求。因为 B 公司检验的地点应在新加坡。

(2) A 公司应该接受 B 公司的索赔要求。

## 案例 2

A 公司委托 B 公司进口机器一台，合同规定索赔期限为货到目的港后 30 天。货到目的港卸船后，B 公司立即将货物转给 A 公司，因 A 公司厂房尚未建好，机器无法安装试车。半年后厂房完工，机器安装完毕进行试车，A 公司发现机器不能正常运转。经过商检机构检验证明，该机器是旧货。于是，A 公司

要求 B 公司对外索赔，但外商拒绝赔偿，A 公司遭到了巨大经济损失。

问：我们应从中吸取什么教训？

[案例分析]

应吸取的主要教训有如下几点。

(1) 进口方应及时对进口商品进行检验、鉴定，若货物与合同不符应该在索赔期限内提出。

(2) 机器设备的进口，索赔期限的规定应该合理，不能太短，以保证进口方能对设备进行充分的检验。

(3) 此类合同一般应明确质量保证期限。

(4) 要加强企业管理及企业相互间的协调工作，使进口的货物能得到及时、充分地检验、鉴定。

**案例3**

国内某进口厂从日本进口一批货物，货到后发现“货品品质不佳”，并请公证处出证，证明报告内所检的样品是已用过的货物，在此情况下，日方能否以货物已用过，不能确定品质为由给予拒赔？

以到岸价(CIF)条款进口的货物，提货后发现有破损等问题。进口厂家在经检验获得有关文件后，应向船公司还是向国外保险公司索赔？

[案例分析]

假如进口商发现进口货物品质不佳，买方有权依约向卖方索赔；而此处公证行所出具的货物为已用过的，属较严重的问题，可拟请公证行另行检验，同时要求日方派人或其代理共同验货，取得一致公认的检验证明，以此索赔。既是卖方货物品质问题，与合约内容规定不一，买方自然有权索赔，而卖方没有理由以货品用过为由断然拒绝。

国际贸易运输中货物发生破损，其责任可能归于出口商、船公司或国外保险公司三者中的全部或一部分。如果该项破损在保单所保范围以内而出口商也应负责任时，可径向保险公司索赔或同时向船公司和保险公司索赔。如果该项破损在承保范围内而出口商无责任时，可先向船公司发出索赔通知，然后径向保险公司索赔。如果该项破损不在承保范围内，在出口商无责任时可向船公司索赔；而在出口商有责任时，同时向出口商和船公司索赔。

**案例4**

一批货物出口到国外，接到买方来信并附有商检局资料，说明货品中短装 6 件而外包装完整，因此保险公司拒付赔偿金，然而该货品经出口厂确认并非短装，而且也不可能短装，否则外包装无法完整。现在买方要求补运，是否合理？应如何处理？(注：该批货物另有多箱未启)

[案例分析]

该批货物外包装完整，没有被拆开痕迹，因而保险公司提出拒绝理赔是合理的。问题的关键是如何证明卖方短装。因此买方在开启部分货物包装而发现短装，又遭卖方否认短装后，可要求出口商另行指定公证行会同买方检查其他尚未开箱的货物。

# 第9章　进出口商品贸易合同的违约处理及其救济条款及应用

## 教学目标

通过本章的学习，要求学生掌握违约及其法律后果、索赔、不可抗力、仲裁的基础知识及相关条款的订立方法，为订立好合同和圆满履行合同奠定基础。

## 教学要求

| 知识要点 | 能力要求 | 相关知识 |
| --- | --- | --- |
| 基本知识 | (1) 能够理解索赔条款的概念与特点<br>(2) 能够了解索赔条款的应用<br>(3) 不可抗力的含义及法律后果<br>(4) 仲裁协议的主要内容、形势及作用 | (1) 索赔条款的概念<br>(2) 索赔条款的特点<br>(3) 不可抗力的应用<br>(4) 仲裁协议的内容 |
| 业务流程 | (1) 掌握索赔条款的制订规则<br>(2) 了解不可抗力事件的认定<br>(3) 不可抗力的法律后果<br>(4) 掌握仲裁协议的作用和仲裁裁决的效力<br>(5) 了解国际商务争议解决的惯例 | (1) 不可抗力条款的应用<br>(2) 仲裁协议的效力 |
| 风险与防范 | 能够运用所掌握的不可抗力条款和仲裁协议的知识分析各种案例 | (1) 不可抗力条款的处理方法<br>(2) 拟订仲裁条款应注意的事项 |

引例

上海一进出口公司与香港某机械公司达成30万美元的设备买卖后产生质量纠纷，双方根据协议，向瑞典斯德哥尔摩商会仲裁院申请仲裁。仲裁院开庭时，上海的这家企业既未出具答辩书，也不出庭。结果，仲裁院裁决上海的这家企业败诉，并通知上海市中级人民法院执行赔偿费、仲裁费共600万美元(30万美元设备贸易标的的20倍)。原来，瑞典斯德哥尔摩商会仲裁院的仲裁费就高达240万美元。经了解，这宗仲裁若选择国内仲裁，赔偿费和仲裁费不超过32万美元，其中仲裁费不超过6000美元。

上海另一家装潢公司为某外商企业装潢后，50万元工程余款成为“坏账”。原来，双方产生歧义后，外商选择斯德哥尔摩商会仲裁院仲裁，上海的装潢公司听说必须缴纳80万元人民币的仲裁费用保证金，若提出反诉和抵消请求，还得向仲裁院缴纳巨额保证金，觉得无胜诉绝对把握，自认倒霉，放弃仲裁。

近年外商利用涉外仲裁行骗的案件呈上升趋势，但并未引起我国企业的足够重视。究其原因，是因为我国企业在涉外贸易中，法律意识淡薄，对涉外仲裁机构的公正性及国际仲裁规则不了解，往往只认订单，在仲裁所在地选择上抱无所谓态度，结果损失巨大。有关方面的不完全统计表明，我国每年在这方面的损失高达100亿元人民币以上。

买卖双方在履约过程中很可能由于种种原因造成不能完成合同的义务，受害一方可以提出索赔。如系不可抗力造成，当事人可以援引不可抗力条款免除其违约责任。履行过程中的争议问题，可采取仲裁等方式解决。下面将对相关内容做介绍。

## 9.1 国际商务争议解决的惯例

### 9.1.1 违约及其法律后果

买卖合同是对缔约双方具有约束力的法律文件。任何一方违反了合同义务，就应承担违约的法律后果，受损方有权提出损害补偿要求。不同国家的法律或一些国际条约对于违约的性质和违约应承担的法律责任有不同的规定，为拟定好进出口合同中的索赔条款，熟悉相关国家的法律和国际公约关于违约的规定是十分必要的。

英国的《货物买卖法》将违约分为违反要件和违反担保两种。

违反要件(Breach of Condition)是指违反合同的主要条款，即违反与商品有关的品质、数量、交货期等要件。在合同的一方当事人违反要件的情况下，另一方当事人即受损方有权解除合同，并有权提出损害赔偿，违反担保(Breach of Warranty)是指违反合同的次要条款。在违反担保的情况下，受损方只能提出损害赔偿，而不能解除合同。至于在每份具体合同中，哪个属于要件，哪个属于担保，该法并无明确具体的解释，只是根据“合同所作的解释进行判断”。这样，在解释和处理违约案件时，难免带有不确定性和随意性。一般把与合同标的有关的如商品数量、交货期、付款等视为“要件”，把与合同标的不直接联系的视为“担保”。

美国法律把违约程度按其造成的后果分成“严重违约”和“轻微违约”。对于“严重违约”，受损害方不但有权要求赔偿损害，而且有权宣告合同无效。对于“轻微违约”，则只能要求赔偿而不能解除合同。

《联合国国际货物销售合同公约》则对违约的后果及其严重性进行判断，将违约分为根本性违约和非根本性违约。根本性违约(Fundamental Breach)是指违约方的故意行为造成的违约，如卖方完全不交货，买方无理拒收货物、拒付货款，其结果给受损方造成实质损害(Substial Detriment)。如果一方当事人根本违约，另一方当事人可以宣告合同无效，并可要求损害赔偿。非根本性违约(Nonfundamental Breach)是指违约的状况尚未达到根本违反合同的程度，受损方只能要求损害赔偿，而不能宣告合同无效。

我国新颁布的《中华人民共和国合同法》(简称《合同法》)第 107 条规定，违约是“当事人一方不履行合同义务或者履行合同义务不符合约定的，违约在法律上要承担违约责任，受害方有权根据合同或有关法律规定提出损害补偿要求”。根据《合同法》的规定，另一方违反合同，以致严重影响订立合同所期望的经济利益，当事人方有权通知另一方解除合同。该法还规定，合同的变更、解除或终止，不影响当事人要求赔偿损失的权利。

**运作实例 9-1**

2004 年 4 月，中国 A 公司(买方)与某外国 B 公司签订冷轧卷板购销合同，该批冷轧卷板将用于生产电冰箱、空调器等夏季适销产品。合同约定：B 公司应在 2004 年 6 月底前交货，付款方式为信用证方式。合同签订后，A 公司依合同规定开立了受益人为 B 公司的信用证。B 公司也多次书面承诺按期交货，但直到 2004 年 6 月 30 日，A 公司仍未收到 B 公司的任何关于货物已装船或延期装船的通知。7 月 3 日，B 公司向 A 公司发来传真，称因原订货轮因故延至 7 月 15 日才能开航，无法保证按规定的时间交货，要求 A 公司将信用证装船期延至 7 月 15 日，有效期延至 7 月 31 日，并要求 A 公司须于 7 月 4 日回复其传真。A 公司于 7 月 4 日答复 B 公司，告知 B 公司修改信用证的条件是 B 公司将价格下调 10%，否则将宣告撤销合同，但 B 公司没同意 A 公司的要求，并要求 A 公司答复接受其延缓信用证期限的请求，否则将货物出售给别的客户，A 公司遂于 7 月 5 日正式函告 B 公司，终止合同并提出索赔。试回答：

(1) A 公司是否可以采取宣告撤销合同的方式？为什么？

(2) A 公司是否可以提出索赔？为什么？

[案情分析]

(1) A 公司可以采取宣告撤销合同的救济方式，因为根据公约的规定，如果一方的违约行为构成了根本性违约，另一方可以提出撤销合同。本案中，B 公司没有根据合同约定按期交付货物，就构成了根本性违约，A公司因此可以提出撤销合同。

(2) A公司可以提出索赔，因为根据公约的规定，如果一方违反合同，另一方宣告解除合同的，可以向违约一方提出损害赔偿要求，本案中B已经违约，A公司解除合同后，可以据此向B公司要求包括利润在内的所有损失的损害赔偿。

### 9.1.2 争议及解决惯例

争议(Disputes)是指交易的一方认为另一方未能全部或部分履行合同规定的责任而引起的业务纠纷。在国际贸易业务中，这种纠纷屡见不鲜，究其原因主要是：

(1) 卖方不交货，或未按合同规定的时间、品质、数量、包装条款交货，或单证不符等；

(2) 买方不开或缓开信用证，不付款或不按时付款赎单，无理拒收货物，在FOB条件下不按时派船接货等；

(3) 合同条款的规定欠明确，买卖双方国家的法律或对国际贸易惯例的解释不一致，甚至对合同是否成立有不同的看法；

(4) 在履行合同过程中遇到了买卖双方不能预见或无法控制的情况，如某种不可抗力，双方有不一致的解释等。

由上述原因引起的争议，集中起来讲就是：是否构成违约，双方对违约的事实有分歧，对违约的责任及其后果的认识相悖。

对此，双方应本着友好协商、互谅互认精神，妥善解决。由于双方之间的关系是一种平等互利的合作关系，所以一旦发生争议，首先应通过友好协商的方式解决，以利于保护商业秘密和企业声誉。如果协商不成，则当事人可按照合同约定或争议的情况采用调解、仲裁或诉讼方式解决争议。争议的解决方式由经济活动中的当事人在相关合同或协议中协商确定，以下介绍的五种是常用的国际经济争议解决方式：协商、调解、国际经济仲裁、国际经济诉讼、ADR(Alternative Dispute Resolution)方式。

1. 协商

1) 协商的定义

协商是争议当事人在争议发生后最先选择采用的争议解决方法。它是指国际经济活动的当事人在发生争议后，以双方的自愿为基础，针对所发生的争议进行口头或书面的磋商或谈判，自行达成和解协议，解决纠纷的方式。

2) 协商的优点及缺点

由于协商方式不需第三人介入，而且程序简单、灵活，因而大多数当事人同意在争议发生之初先行协商解决，很少有当事人在发生争议后不与对方当事人协商而直接提起仲裁或诉讼。达成和解协议后，各方可以继续根据互谅互让的合作原则进行合作和发展。这样可以有效节省当事人的时间及人力、财力。

协商解决的结果往往取决于各方讨价还价的能力及其所处的经济状况和经济实力，协商所达成的和解协议可能对处于弱势的一方利益保护不够。此外，当各方分歧严重时，难以自己协商解决，只能求助第三方帮助解决。

2. 调解

1) 调解的定义

调解是在当事人之外的中立第三方的主持下，由第三方以中间人的身份在分清是非和责任的基础上，根据法律、合同、国际惯例，帮助和促使当事人在互谅互让的基础上达成协议，解决争端的程序。

2) 调解的优点及缺点

调解的优点有以下几点。

(1) 能较快解决争端。

(2) 有利于保持当事人的友好关系。

(3) 给双方当事人带来相互信任感和节省费用。

调解人有促使双方当事人达成协议的职责，无权不顾当事人的意愿，自行作出具有法律拘束力的裁决。如果一方当事人因某种理由在调解过程中不予合作，调解即告失败。因此其在解决国际经济争端中所起的作用比仲裁方式小。

3) 调解的分类

依调解人的不同，可将调解分为以下 5 种。

(1) 民间调解。民间调解是指由仲裁机构、法院或国家指定负责调解的机构以外的第三方主持进行的调解。该调解人称“民间调解人”。

(2) 专门机构调解。专门机构调解是指由设在商会或仲裁协会内部的专门调解机构主持的调解。

(3) 联合调解。联合调解也称共同调解(Joint Conciliation)，它是我国贸易促进委员会与美国仲裁协会于 1977 年共同开创的解决国际商事争议的新方式。联合调解是指由中外争议当事人中的一方向另一方发出书面通知，邀请他按照两调解中心的联合调解规则调解解决争议，如另一方当事人接受了调解邀请，调解程序开始，当事人可以协商选定两调解中心秘书处中的任何一个作为案件的行政管理机构，如未选定，由被申请人所在国家的秘书处进行管理。

(4) 仲裁机构调解。仲裁机构调解是指由仲裁机构主持进行的调解。即将调解纳入仲裁程序，由仲裁机构在开始仲裁前或仲裁中征得当事人意见，当事人同意调解的，则进行调解，调解成功则制作调解书，并撤销案件。

(5) 法庭调解。法庭调解也称法院调解或司法调解。它是指由法院主持进行的调解。

3. 国际经济仲裁

1) 国际经济仲裁的概念

国际经济仲裁是含有国际因素或涉外因素的仲裁，是解决国际、跨国或涉外的商事争议的仲裁，有时也称为国际商事仲裁、涉外仲裁、国际仲裁或跨国仲裁(Transnational Arbitration)。

2) 仲裁协议

在国际商事仲裁实践中，仲裁协议被认为是仲裁的基石。仲裁协议是指双方当事人愿意将他们之间将来可能发生的争议或者已经发生的争议交付仲裁解决的一种协议。

3) 仲裁协议的类型

(1) 仲裁条款(Arbitration Clause)。它是当事人双方在签订合同时，在合同中订阅的约定将可能发生的合同争议提交仲裁解决的条款，是现代商事合同中经常采用的解决合同争议的条款，目前是仲裁协议最重要的表现形式。对于这种在主合同中订立的仲裁条款，各国一般承认其具有相对的独立性，即仲裁条款不因主合同的变更、解除、终止或无效而失去效力。这种主张被称为仲裁条款自治说。我国《仲裁法》第十九条也明确承认了仲裁条款具有相对的独立性，规定仲裁协议独立存在，合同的变更、解除、终止或者无效，不影响仲裁协议的效力。

(2) 仲裁书(Submission to Arbitration Agreement)。它是争议发生后当事人之间订立的将其争议提交仲裁解决的一种专门协议。

4) 仲裁协议的独立性

仲裁条款是主合同的一个条款时，如果主合同为无效合同，是否该合同中仲裁条款也无效？我国《仲裁法》和《合同法》确立了仲裁条款独立性的原则。我国《仲裁法》第十九条规定：“仲裁协议独立存在，合同的变更、解除、终止或者无效，不影响仲裁协议的效力。”

5) 外国仲裁裁决在我国的承认与执行

1958 年的《纽约公约》成为目前国际上关于承认与执行外国仲裁裁决的最主要的公约。我国于 1986 年加入了该公约，该公约已于 1987 年 4 月 22 日在我国生效。1958 年《纽约公约》主要有如下规定：缔约国相互承认仲裁裁决具有约束力，并应依照承认与执行地的程序规则予以执行，执行时不应在实质上比承认与执行本国的仲裁裁决规定更繁琐的条件或更高昂的费用。

在适用公约的规定时，应注意我国作了两项保留：

(1) 互惠保留，即我国只对在另一缔约国领土内作出的裁决适用该公约。我国民诉法与公约有不同规定的，按公约的规定办理。

(2) 商事保留，即我国仅对那些按照我国法律属于契约性或非契约性商事法律关系所引起的争议所作的裁决适用公约的规定。

在我国执行的外国仲裁裁决，可分为《纽约公约》项下的裁决和非纽约公约裁决，前者按纽约公约规定的条件承认和执行；后者按我国的《民事诉讼法》规定的条件执行。

4. 国际经济诉讼

国际经济诉讼也称国际民事诉讼，它是指国际经济争议当事人将其争议提交法院予以审理并作出判决的争议解决方法。确定国际民事案件管辖权的原则如下。

(1) 属地管辖原则，又称为领土管辖原则或地域管辖原则，是指采用一些与地域有关的标志来确定法院对国际民事案件的管权，如以当事人的住所、居所、营业所、被告财产所在地、诉讼原因发生地、诉讼标的物所在地等，在本国境内为行使管辖的依据。

(2) 属人管辖原则，是指根据当事人的国籍来确定管辖权，例如有些国家规定，只要当事人一方具有本国国籍，本国法院就具有管辖权。

(3) 协议管辖原则，又称为合意管辖原则，是指根据当事人共同选择管辖法院的协议来确定管辖权，即当事人合意选择处理其争议的法院对案件享有管辖权。

(4) 专属管辖原则，是指一国主张其法院对某些国际民事案件具有独占的或排他的管辖权，不承认其他国家法院对这些案件的管辖权。

(5) 平行管辖原则，又称为选择管辖原则，是指一国在主张自己对某些案件有管辖权的同时，并不否认其他国家法院对这些案件行使管辖权。

1) 国际诉讼的解决方式

国际司法解决方式是指将国际经济争端提交国际法院解决的方式。国际法院是联合国的主要法定组织之一。《国际法院规约》有关国际法院诉讼管辖权的规定是：

(1) 国际法院的诉讼当事人限于国家，任何组织、团体或个人均不得成为诉讼当事人。

(2) 国际法院管辖的案件主要包括：

① 各当事国提交的一切案件；

②《联合国宪章》或现行条约及协定中所特定的一切事件；

③ 关于条约的解释、国际法的任何问题、任何事实的存在如经确定即属违反国际义务者；

④ 因违反国际义务而应予赔偿的争端。对于这些，以当事国声明接受强制管辖为前提。

2) 国内诉讼的解决方式

国内司法解决方式是指将国际经济争端提交各国法院解决的方式。各国法院主要受理不同国籍私人之间的经济争端。国际上主要的涉外经济管辖权制度包括如下几点。

(1) 属地管辖权制度，即以当事人(主要是被告)的住所地、居所地或事物的存在地、事情的发生地等地域因素为行使管辖权依据的制度。

(2) 属人管辖权制度，即以当事人的国籍为行使管辖权依据的制度。

(3) 普通法管辖权制度，即以“实际控制”为行使管辖权依据的制度。

鉴于确定司法管辖权是受理特定案件、进行诉讼的前提，并往往同法律适用密切相关，从而直接影响案件的审理结果，一些国家的有关法律还明确规定了本国法院对此类争端的司法管辖权。由于目前尚无各国普遍接受的调整各国法院管辖此类争端的规则，此类争端不可避免地属于若干国家国内法院的管辖权范围，即产生了国内法院管辖权冲突问题。

5. ADR 方式

1) 概述

ADR 起源于美国的争议解决的新方式，意为“解决争议的替代方式”，或者翻译为“非诉讼纠纷解决程序”。对 ADR 方式目前有两种理解。

(1) 除了诉讼，其他方式(包括仲裁在内)均属于 ADR 方式。

(2) 除了仲裁和诉讼，其他方式均属于 ADR 方式。

通过 ADR 方式达成的协议并不具有法律约束力，因此如果一方当事人不履行达成的协议，仍然需要以仲裁或诉讼方式解决。因此，ADR 方式并不是适用于一切争议的解决方式。

2) 法律特征

(1) 当事人之间达成的自愿解决争议的方法。此与仲裁有相似之处，但 ADR 与仲裁有本质的区别，表现在：一旦达成仲裁协议，任何一方当事人都不能单独撤回，同时也排除了法院的管辖权。

(2) 通过 ADR 达成的解决争议的方案没有法律上强制执行的效力。这是 ADR 与仲裁和诉讼之间的主要差异，因为仲裁裁决和法院判决对当事人具有法律上的拘束力，一方不履行，另一方可以申请强制执行。

(3) ADR 既可单独适用，也可适用于诉讼程序和仲裁程序中。但需注意的是，在诉讼或仲裁程序中达成的和解协议与在这两种程序之外达成的和解协议的效力不同。前者具有法律上的拘束力。

3) ADR 的主要表现形式

(1) 双方当事人协商谈判。

双方当事人协商谈判是争议双方自行解决其间争议的主要方法，特点是没有第三者的介入。

(2) 由双方当事人共同选择的第三者调解。

特点是由与争议双方无利害关系的第三者参与争议的解决。但调解员提出的解决争议的方案对争议双方均无法律上的拘束力，双方可以接受，也可以不接受。调解不成，争议双方可以寻求其他的解决方式，如仲裁或诉讼等。

(3) 模拟法庭。

## 9.2 进出口合同中的索赔条款及应用

### 9.2.1 索赔条款的定义及分类

索赔(Claim)是指在贸易过程中，因一方当事人违反合同规定造成另一方直接或间接的损失，受损方向违约方提出赔偿的要求，以弥补其所受损失。

索赔条款是买卖合同中处理违约责任的规定。索赔条款是事先约定一方当事人违约时，另一方当事人提出索赔的索赔期限、索赔依据、索赔方法和索赔金额等事项。

进出口贸易合同中的索赔条款，大致有两种：一种是异议和索赔条款，另一种是罚金条款。在一般商品的买卖合同中，多数只订异议和索赔条款，同检验条款合并订在一起。

### 9.2.2 索赔条款的内容

1. 索赔期限

索赔期限规定受损方在什么有效时间内可提出索赔，包括索赔有效期和品质保证期(或称质量保证期)，以便在规定的期限内做好检验验收工作，分清买卖双方的责任期限。

1) 索赔有效期

索赔有效期是指买方对卖方未按合同约定要求提供商品时，买方向卖方提出赔偿要求的时间期限。

索赔有效期的约定应根据进口商品的特点、运输、检验条件等情况而定，一般商品订为45天、60天或90天，有些机电设备、技术设备和成套设备等商品，进口数量较多，技术条件较复杂，检验测试费时较长的，索赔有效期应适当延长，可订为120天、150天或180天。

签订索赔有效期条款很重要的问题是索赔期开始计算的时间。根据国际贸易习惯，开始计算的时间可分为：装货日期开始，即从签发提单日期起算；进口日期开始，即承运船舶抵达到货地港口锚地起算；抵岸日期开始，即承运船舶抵达到货口岸的码头或浮筒时起算；卸毕日期开始，即全船货物卸毕之日起算。

上述四种起算时间，以卸毕日期开始最为合理，对收、用货部门也最为有利。

2) 质量保证期

质量保证期是指买方在接受卖方提交货物后，在保存或使用中发现进口商品质量问题而向卖方提赔的时间期限。对于在开箱检验中不易发现和测定到货的内在质量，不经一段时间的保存或使用，无法考查其质量性能的进口商品，在对外签订合同时，应订明质量保证期。具体时间期限，应根据商品特点和贸易条件，一般情况订为1年，或18个月，起算日期最好订为“从买方收货后检验、验收、启用之日起计算”或“安装调试完毕之日起计算”。

例如，可在合同中规定：

品质异议须于货物到达目的港30天内提出，数量异议须于货物到达目的港15天内提出，但均须提供相关检验机构的证明，如属卖方责任，卖方应予以收到异议20天内答复，并提出处理意见。

Any discrepancy about quality should be presented within 30 days after the arrival of the goods at the port of destination. Any discrepancy about quantity should be presented within 15 days after the arrival of the goods at the port of destination, both of which cases should be on the strength of the certificates issued by the related surveyor. If the Seller is liable, he should send the reply together with the proposal for settlement within 20 days after receiving the said discrepancy.

2. 索赔依据

索赔依据规定一方当事人在提出索赔时，需要提交什么证据，出具何种机构的证明文件。索赔依据包括法律依据和事实依据两个方面。前者是指买卖合同和适用的法律规定；后者则指违约的事实、情节及其书面证明。如果索赔时证据不全、证据不足或出证机构不符合要求等，都可能遭到对方拒赔。

所以索赔条款中应明确规定索赔依据，并与检验条款中的有关条款一致。在实践中，如向轮船公司索赔时须另附理货报告、短卸或残损证明；如向保险公司索赔须另附联合检验报告等。

例如，可在合同中规定：

买方对于装运货物的任何异议必须与装运货物的船只到达目的港后30天内提出，并须提供经卖方同意的公正机关出具的检验报告，如果货物已经加工，买方即丧失索赔权利。属于保险公司或轮船公司责任范围的索赔，卖方不予受理。

Any discrepancy on the shipped goods should be put forward within 30 days after the arrival of the vessel carrying the goods at the port of destination and the Buyer should present the Survey Report issued by the Surveyor agreed by the Seller. If the goods have been processed the Buyer will loss the right to claim. The Seller shall not settle the claim within the responsibility of the Insurance Company or Ship Company.

**运作实例 9-2**

某公司以 CFR 条件对德国出口一批小五金工具。合同规定货到目的港后 30 天内检验，买方有权凭检验结果提出索赔。该公司按期发货，德国客户也按期凭单支付了货款。可半年后，该公司收到德国客户的索赔文件，称上述小五金工具有 70% 已锈损，并附有德国某内地一检验机构出具的检验证书。对德国客户的索赔要求，该公司应如何处理?

[案情分析]

(1) 该公司可以拒绝，因为早已超过了索赔期限。双方在合同中规定货到目的港后 30 天内检验。尽管这是一个买方复验的期限，但实质上是索赔的期限。而德国客户却在半年后方向该公司提出索赔，显然该索赔是超过索赔期限的，因此，按照有关法律，德国客户也就丧失了向该公司索赔的权利。

(2) 德国客户索赔理由不尽合理。尽管索赔文件中声称有 70% 的货物已锈损，但他无法证明这些锈损是装船前已经存在的，还是装船后才发生的。按照 CFR 条件成交，买卖双方风险划分界限是以装运港船舷为界。因此，卖方只承担货物装船前锈损的风险，而装上船后发生的锈损风险只能由买方自己承担。在本案例中，买方已按期凭单付了货款，这说明卖方提交的交货单据是齐全合格的，间接地说明了卖方装上船的货物是符合合同要求的。故此，货物发生的 70% 的锈损可能是装上船后的风险所至。在这种情况下，买方除非能证明这种锈损是由货物本身固有的瑕疵所致，否则卖方将不承担任何责任。

(3) 德国客户提供的索赔依据不符合要求。一般情况下，双方规定在货到目的港后 30 天内检验时，买方提供的检验证书应由目的港的检验机构出具。而就本案例而言，买方提供的检验证书却是德国内地的检验机构出具的，这显然是不合格的。这也容易使人产生联想，认为这批货物的锈损，可能是买方自己在接受货物后和上市销售前因保管不善所致。因此，这份索赔文件的依据是不充分的，卖方是有理由拒赔的。

3. 索赔金额

索赔金额通常不做详细规定。在确定损害赔偿金额时，其原则是违约方的赔偿应使受损害一方恢复到合同得到履行时本应得到的经济利益。违约方承担的违约赔偿包括受害方的成本、费用和利润 3 个方面。

索赔金额的计算有以下几种方法。

(1) 索赔金额为合同价格与替代货物的交易价格或转卖价格之间的差额。这是在合同被宣告无效的合理时间内，买方已以合理方式购买替代货物，或者卖方已以合理方式将货物转卖，所以，这时的索赔金额应为合同金额与二者当中的某一项的差额。

例如，某公司按某条件出口一批货物，价值为 60 万美元，合同规定买方必须在当年 4 月 20 日到 28 日之间派船接货。4 月末卖方两次催促买方接货，但至 5 月 4 日买方仍未提货，也无处理货物的指示，于是卖方在 6 月 3 日降价 20% 转卖给另一买主。由于买方的违约给卖方造成 12 万美元以上的损失，那这 12 万美元基本上就是合理的索赔金额。当然，如果卖方违约，买方也有等同的权利。但转售、他购都必须在合理时间之内以合理的方式进行。

(2) 如果合同被宣告无效，而货物又有时价，索赔金额则是合同规定的价格与宣告合同无效时的时价之间的差额，而不是合理时间之外转售或他购时的价格。

例如，我某外贸公司同日本商人 A 签订了贸易合同，购买一批机器，总值 40 万美元，年底交货。合同签订后，日商 A 认为交货时，该机器的价格一定会上涨，便宣告合同无效。我方公司当即提出保留索赔权。同时我方公司询价日商 B，各种交易条件同前。日商 B 要价 46 万美元，但我公司未及时成交补进，至年底以 56 万美元购进。那么，我公司只能向日商 A 索赔 6 万美元而不是 16 万美元。

(3) 如果卖方延迟交货，而恰值该货市价下跌，则合同规定交货时的交货地价格与实际交货时的交货地价格之差，连同由此给买方造成的实际损失，即为索赔金额。

(4) 如果卖方交付的品质、包装不符合合同规定，那么，实际交付的货物价格与符合合同规定的货物时价之间的差额为索赔金额。

(5) 如果买方延迟派船接货，卖方同意保留合同，那么卖方因买方延迟派船而增加的仓租、利息、保险费就是合理的索赔金额。

(6) 如果买方在接收货物之后宣告合同无效，则以接收日的时价与合同价格之间的差额为索赔金额，而不是以宣告日的时价为准。需强调的是，买卖双方都有保全货物的责任，如果对方违约在先，自己又不采取措施保全货物，则索赔金额必须扣除由此造成的损失。

例如，可在合同中规定：

买方对于装运货物的任何索赔，必须于货物到达提单或运输单据所定目的港之日起 30 天内提出。

Any claim by the buyer regarding the goods shipped should be filed within 30 days after the arrival of the goods at the port of destination specified in the relative bill of lading or transport document.

**运作实例 9-3**

我向某国出口一批冷冻食品，到货后买方在合同规定的索赔有效期内向我提出品质索赔，索赔额达数 10 万元人民币(约占合同总金额的半数以上)。买方附来的证件有：商品检验证，注明该项商品有变质现象(表面呈乌黑色)，但未注明货物的详细批号，也未注明变质货物的数量或比例。官方化验机构根据当地某食品零售商店送验的食品而做出的变质证明书。我方未经详细研究就函复对方，既未承认也未否认品质问题，只是含糊其辞地要求对方减少索赔金额，对方不应允，双方函电往来 1 年没有结果，对方遂派代表来京当面交涉，并称如得不到解决，将提交仲裁。对此索赔我应不应受理？试问双方各有什么漏洞？我方应如何处理此案？(注：此批冷冻食品中我方误装了一小部分乌皮鸡，价值是千余元。)

[案情分析]

(1) 我方的漏洞和处理失当是：没有及时发现对方证据存在问题，既未直接提出拒赔，也未提出复验，第一次复函就同对方讨价还价，说明我方已默认理亏，授人以柄，实际上等于已接受了对方的索赔，只是对索赔金额有争议，所以虽时隔一年，也不能以时隔已久为由，推脱不管。

(2) 对方的漏洞是：①商检证不完整，缺乏证据效力。乌皮鸡呈黑色，黑色不能说明变质。商检证书没有变质货物的批号，没有注明商品变质究竟有多少，既无实际数，又无比例数，说明对方提出的索赔金额是无根据的。②对方所提供的商品变质化验证书是根据零售商店的送检商品做出的。这个证书不合法，不能作为索赔的依据。易腐商品的检验一般应在海关仓库内进行。由零售商送检商品，说明此批货物买方已接受并发售给各零售店，出口的一方当然对其品质不能负责，食品变质既可能在当地运输途中造成，也可能由零售商的储存而引起。

(3) 一年后，对方派代表来京交涉时，我方应向其表示愿意合理解决此案，因为我方不能否认一年前与对方讨价还价的信函内容。同时，我方也应实事求是地将混装乌皮鸡的事实告诉对方，并说明此鸡是特殊品种，色黑并非变质。由于我方事前未征得对方同意而装了少量乌皮鸡，对此我方是有责任的，我方可承担乌皮鸡引起的损失。

(4) 因时隔一年，食品已不存在，对方无法重新补出证件，我方可抓住对方证件的漏洞，摆事实，讲道理，使之无言而退，这样既能减少我经济损失，又能保全我企业信誉。

### 9.2.3 罚金条款

罚金(Penalty)条款是指合同中规定如果由于一方当事人未履行或未完全履行义务，应向对方支付约定一赔偿金额或赔偿的幅度。此条款适用于对双方当事人延期履行义务的惩罚。罚金数额的多少视延迟期限长短而定，并规定最高罚金。

罚金条款一般用于买卖大宗商品或机械设备的合同中，内容主要规定：一方如未履行合同所规定的义务时，应向对方支付一定数额的约定罚金，以补偿对方的损失。这种条款一般适用于卖方延期交货等，双方还根据延误时间长短预先约定赔偿的金额，同时规定最高罚款金额。

罚金条款主要针对当事人不按期履约而订立。如卖方未按期交货或买方未按期派船、开证。罚金的支付并不解除违约方继续履行的义务，因此，违约方支付罚金外，仍应履行合同义务，如因故不能履约，则另一方在收受罚金之外，仍有权索赔。

英美法系国家的法律，只承认损害赔偿，不承认对于带有惩罚性的罚金。所以在与英、美、澳、新等国贸易时，应注意约定的罚金额的合法性。

例如可在合同中规定：

如卖方不能按合同规定的时间交货，在卖方同意由付款银行在议付货款中扣除罚金或由买方于支付货款时直接扣除罚金的条件下，买方应同意延期交货。罚金率按每七天收取延期交货部分总值的0.5%，不足七天者以七天计算。但罚金不得超过延期交货部分总金额的 5%。如卖方延期交货超过合同规定期限十周时，买方有权撤销合同，但卖方仍应不延迟地按上述规定向买方支付罚金。

Should the Sellers fail to make delivery on time as stipulated in the contract, the Buyers shall agree to postpone the delivery on the condition that the Sellers agree to pay a penalty, which shall be deducted by the paying bank from the payment under negotiation，or by the Buyers direct at the time of payment. The rate of penalty is charged at 0.5% of the total value of the goods whose delivery has been delayed for every seven days; odd days less than seven days should be counted as seven days. But the total amount of penalty，however，shall not exceed 5% of the total value of the goods involved in the late delivery. Incase the Sellers fail to make delivery ten weeks later than the time of shipment stipulated in the contract，the Buyers shall have the right to cancel the contract and the Sellers，in spite of the cancellation，shall still pay the aforecited penalty to the Buyers without delay.

## 9.3 进出口合同中的不可抗力条款及应用

买卖双方签订合同后，有时会出现一些意外事故而影响合同的履行，为避免产生不必要的矛盾，双方当事人应在合同中订立不可抗力条款。

### 9.3.1 不可抗力的含义

何谓不可抗力(Force Majeure)，各国解释不尽一致。在我国《民法通则》上是指“不能预见、不能避免和不能克服的客观情况”。按《联合国国际货物销售合同公约》(简称《公约》)解释，是指非当事人所能控制，而且没有理由预期其在订立合同时所能考虑到、或能避免、或克服它、或它的后果而使其不能履行合同义务的障碍。据此，不可抗力是指在合同成立以后所发生的，不是由于当事人一方的故意或过失所造成的，对其发生以及造成的后果是当事人不能预见、不能控制、不能避免且不能克服的。

引起不可抗力的原因有两种：一是自然原因，如洪水、暴风、地震、干旱、暴风雪等人类无法控制的大自然力量所引起的灾害事故；二是社会原因，如战争、罢工、政府禁止令等。在实践中，对不可抗力的认定是很严格的，要与商品价格波动、汇率变化等正常的贸易风险区别开来。

### 9.3.2 国际货物买卖合同中的不可抗力条款

不可抗力条款是指买卖合同中订明当事人一方因不可抗力不能履行合同的全部或部分义务的，免除其全部或部分的履约责任，另一方当事人不得对此要求损害赔偿。因此，不可抗力条款是一种免责条款。

国际货物买卖合同中的不可抗力条款主要规定：不可抗力的范围、不可抗力的处理原则和方法、不可抗力发生后通知对方的期限和方法，以及出具证明文件的机构等。

1. 不可抗力的范围

关于不可抗力的范围，国际上并无统一的解释，当事人在合同订立时可自行商定。一般有列举式、概括式和综合式三种规定方法。

1) 列举式

列举式即以列举的方式，详细列明不可抗力事件的范围。这种方式虽然具有明确的优点，但灵活性较差，很容易造成遗漏。一旦发生了规定范围以外的意外事件，就无法援引。

例如，合同中可以这样规定：

由于战争、地震、水灾、火灾、暴风雨、雪灾的原因，致使卖方不能全部或部分装运或延迟装运合同货物，卖方对于这种不能装运或延缓装运本合同货物的行为不负责任。但卖方须用电报或电传方式通知买方，并须在 15 天内以航空挂号信件向买方提交由中国国际贸易促进委员会出具的此类事故的证明书。

If the shipment of the contracted goods is prevented or delayed in whole or in part by reason of war，earthquake，flood，fire，storm，heavy snow，the Seller shall not be liable for non-shipment or late shipment of the goods of this contract. However，the Seller shall notify the Buyer by cable or telex and furnish the latter within 15 days by registered airmail with a certificate issued by the China Council for the Promotion of International Trade attesting such event or events.

2) 概括式

概括式即对不可抗力事件的范围只做笼统规定，而不具体规定哪些事件属于不可抗力事件的范围。这种规定方法过于含糊，买卖双方容易因解释上的差异而产生纠纷。

例如，合同中可以这样规定：

由于不可抗力的原因，致使卖方不能全部或部分装运或延迟装运合同货物，卖方对于这种不能装运或延缓装运本合同货物的行为不负责任。但卖方须用电报或电传方式通知买方，并须在 15 天内以航空挂号信件向买方提交由中国国际贸易促进委员会出具的此类事故的证明书。

If the shipment of the contracted goods is prevented or delayed in whole or in part due to Force Majeure，the Seller shall not be liable for non-shipment or late shipment of the goods of this contract. However，the Seller shall notify the Buyer by cable or telex and furnish the latter within 15 days by registered airmail with a certificate issued by the China Council for the Promotion of International Trade attesting such event or events.

3) 综合式

这种规定方式一方面列出比较常见的不可抗力事件；另一方面还要再加上“以及双方同意的其他不可抗力事”一类的补充说明。这种规定方法比较明确具体，又考虑到履行合同中可能发生的一些意想不到的事件，具有一定的灵活性。在我国进出口业务中，多采用这种规定方法。

例如，合同中可以这样规定：

由于战争、地震、水灾、火灾、暴风雨、雪灾或双方同意的其他不可抗力的原因，致使卖方不能全部或部分装运或延迟装运合同货物，卖方对于这种不能装运或延缓装运本合同货物的行为不负责任。但卖方须用电报或电传方式通知买方，并须在15天内以航空挂号信件向买方提交由中国国际贸易促进委员会出具的此类事故的证明书。

If the shipment of the contracted goods is prevented or delayed in whole or in part by reason of war，earthquake，flood，fire，storm，heavy snow or other causes of Force Majeure，the Seller shall not be liable for non-shipment or late shipment of the goods of this contract. However，the Seller shall notify the Buyer by cable or telex and furnish the latter within 15 days by registered airmail with a certificate issued by the China Council for the Promotion of International Trade attesting such event or events.

2. 不可抗力的处理方法

《联合国国际货物销售合同公约》规定，一方当事人享受的免责权利只对履约障碍存在期间有效，如果合同未经双方同意宣告无效，则合同关系继续存在，一国履行障碍消除，双方当事人仍须继续履行合同义务。

所以不可抗力事件所引起的后果、可能是解除合同也可能是延迟履行合同，应由双方按公约规定结合具体情势商定。

《公约》还规定在不可抗力事件发生后，违约方必须及时通知另一方，并提供必要的证明文件，而且在通知中应提出处理意见。如果因未及时通知而使另一方受到损害，则应负赔偿责任。

我国《合同法》也规定："……应及时通知另一方，以减轻可能给另一方造成的损失……"。

**运作实例 9-4**

1976年7月我国唐山发生地震，在此之前某外贸企业与日商订有三份煤炭出口合同，合同的商品名称分别为："开滦煤"而且没有存货、"在某堆场存放的开滦煤"、"中国煤"。试就以上情况分别说明我如何向日方提出免责要求。

[案情分析]

由于不可抗力事件影响履行合同，根据具体情势，按惯例可免除一定的责任。

第一个合同，开滦煤矿区被毁，无煤可产，可要求解约，免除全部交货义务；第二个合同，存放在某堆场的开滦煤，未受地震破坏，但交通受阻，可要求推迟交货时间；第三个合同，因未指定产地，应以其他产地的煤交付，原则上不能要求免责。

不可抗力事件的处理，关键是对不可抗力事件的认定，尽管在合同的不可抗力条款中作了一定的说明，但在具体问题上，双方会对不可抗力事件是否成立出现分歧。通常应注意下列事项：

(1) 区分商业风险和不可抗力事件。

商业风险往往也是无法预见和不可避免的，但是它和不可抗力事件的根本区别在于一方当事人承担了风险损失后，有能力履行合同义务。比较典型的情况是对“种类货”的处理，此类货物可以从市场中购得，因而卖方通常不能免除其交货责任。

**运作实例 9-5**

我向西欧某贸易公司以较低价格达成一个合同，进口符合国际通用规格的化肥 20 万吨，7 月起分批装运。合同签署后国际市场化肥价格上升，6 月间的市价较合同价高出 20%。6 月 25 日接该商来电称，其所属的一家化肥厂在生产过程中发生爆炸事故，工厂全部被毁，要求援引合同中的不可抗力条款解除合同。我方应如何处理？

[案情分析]

不可抗力事故，指因当事人不能预见、无法避免和无法控制的意外事故，致使当事人不可能履行合同或在某种程度上了阻碍了合同的履行。其法律后果视事故的严重程度和对履行合同的影响程度确定，或解除合同或延迟履行合同。根据本案情况，供方要求解除合同的理由是不充分的，因为合同的对方当事人是贸易公司而非化肥厂，合同规定的商品并没有指定其所属被炸工厂的特定产品，而是国际通用规格的化肥。该商完全可以到市场上去采购后履行交货义务。但考虑到其实际情况，必要时也可同意对方适当延期履行交货义务。

**运作实例 9-6**

日本商人在某年广交会上向我天津某公司以 CIF 价格条件出口仪器一批，中方于 5 月开出信用证后被日方告知，该仪器无法获取出口许可证。要求解除合同，按不可抗力免责。中方应该如何处理？

[案情分析]

日方不能领取出口许可证不能作为不可抗力，日方不能免责，必须向中方承担违约责任。一个国家对进出口贸易的管理制度和法律规定都是公开的，日方在出口之前应该知道或有责任了解其出口的货物是否需要领取出口许可证。如需要领取出口许可证，则必须在订立出口合同之前取得出口许可证，方可签订出口合同。因此，日方不能领取出口许可证是日方在订立合同前或合同时完全能够预料到的，根据《联合国国际货物销售合同公约》第七十九条规定，日方不能领取出口许可证不能作为不可抗力，日方不能免责，必须向中方承担违约责任。

(2) 重视合同中不可抗力条款的作用。

在国际贸易中，如果由于发生当事人无法预料和预防的意外事故，导致一方当事人无法履行合同义务，究竟是否可以确认该事故为不可抗力，各国法律的规定都比较笼统，故而会导致双方当事人产生争议。为了尽可能避免这种不确定性，双方当事人在签订合同时，应充分考虑可能产生的意外事故及其后果，并在不可抗力条款中予以说明。

**运作实例 9-7**

1956 年埃及战争爆发后，苏伊士运河停止通航的案件。双方当事人在 1956 年 10 月 4 日订立买卖合同，卖方出售 300 公吨苏丹花生，价格条件是汉堡到岸价(CIF Hamburg)，每公吨单价是 50 英镑。卖方应于 1956 年 11 月 12 日装船。1956 年 11 月 2 日战争爆发，苏伊士运河被封闭，不能通航。尽管卖方仍能取道好望角把货物运到汉堡，但因绕道好望角，航程要比经由苏伊士运河长得多，运费每吨 15 英镑，如经由苏伊士运河每吨只需 7 英镑。因此，卖方拒绝装船，宣告合同终止。买方提起仲裁，仲裁裁决认为卖方应负违约责任，须赔偿买方损失 5600 英镑。在上诉中，英国上诉法院维持原仲裁裁决。法院认为，卖方承担了这样一项义务，即当习惯的航线(指经由苏伊士运河)不能使用时，应当采取合理和切实可行的航线来运送货物，而好望角就是这样一条航线。

(3) 重视“特定标的物”的作用。

对于包装后刷上唛头或通过运输单据等已将货物确定为某项合同的标的物，称为“特定标的物”。此类货物由于意外事件而灭失，卖方可以确认为不可抗力事件。如果货物并未特定化，则会造成免责的依据不足、比如三万米棉布在储存中由于不可抗力损失了一万米，若棉布分别售于两个货主，而未对棉布作特定化处理，则卖方对两个买主都无法引用不可抗力条款免责。

(4) 应避免把罢工算作不可抗力。

一般来说，罢工多是由于工人工资、福利等问题引起的。在资本主义国家，罢工是经常发生的，并不一定不可避免、不可克服，如不分情况，笼统将罢工算作不可抗力事件，就将给资本主义国家的当事人以可乘之机，以罢工为由，援引不可抗力条款，来推卸对合同应履行的责任。

3. 不可抗力的通知和证明

不可抗力事件发生后，当事人一方的处理原则是对不可抗力事件的通知和证明。当事人一方因不可抗力的原因而不能履行合同，必须及时通知对方，采取合理的措施，减轻损失，以及向对方提供不可抗力证明。

当事人应将对他履行义务能力的影响通知另一方。如果该项通知在不履行义务的一方已知道或理应知道此障碍后一段合理时间内，仍未被另一方收到，则他对由于另一方未受到通知而导致的损害负赔偿责任。《中华人民共和国合同法》第一百一十八条也规定："当事人一方因不可抗力不能履行合同时，应及时通知对方，以减轻可能给对方造成的损失，并应当在合理期限内提供证明。"

在我国，关于不可抗力的出证机构，一般由中国国际贸易促进委员会或中国国际商会出具，如由对方提供时，则大多数由当地的商会或登记注册的公证机构出具。另一方当事人收到不可抗力的通知及证明文件后，无论同意与否，都应及时回复。

## 9.4 纠纷的仲裁解决条款及应用

在国际贸易中，买卖双方在合同履行过程中因种种原因发生争议是难以避免的。当争议发生时，一般均首先采用友好协商方式解决。如协商得不到解决，则视情况采取第三者调节(Conciliation)、提交仲裁(Arbitration)或进行司法诉讼(Litigation)等方式进行处理。

### 9.4.1 仲裁的含义及特点

仲裁(Arbitration)，是指由买卖双方当事人在有争议发生之前，或争议发生之后，达到书面协议，自愿将他们之间友好协商不能解决的争议交给双方同意的第三者进行裁决，而这个裁决是终局的，对双方都有约束力，双方必须遵照执行。仲裁具有以下优点。

(1). 采用仲裁是以双方自愿为基础，且仲裁机构及仲裁人是由买卖双方选定的。

(2) 仲裁程序简单，仲裁员一般是熟悉业务的专家，处理问题快。

(3) 仲裁费用低。

(4) 仲裁对争议双方继续发展贸易关系的影响小。

(5) 仲裁是终局裁决，败诉方不得上诉，必须执行裁决。

### 9.4.2 仲裁协议

仲裁协议是指当事人在合同中订明的仲裁条款或者以其他方式达成的提交仲裁的书面协议。

仲裁协议必须是书面的，它有两种形式：一种是合同中的仲裁条款；另一种是以其他方式达成的提交仲裁协议。两种形式的仲裁协议具有同等的法律效力。

按照我国和多数国家的仲裁法的规定，仲裁协议的作用主要表现在以下三个方面。

(1) 约束双方当事人只能以仲裁方式解决争议，不得向法院起诉。

(2) 排除法院对有关案件的管辖权，大多数国家的法律规定法院不受理争议双方定有仲裁协议的争议案件。

(3) 使仲裁机构取得对争议案件的管辖权。任何仲裁机构都无权受理没有仲裁协议的案件。

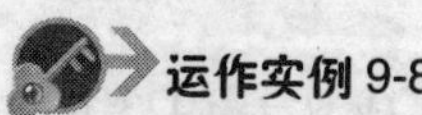


我国某公司与外商订立一项出口合同，在合同中明确规定了仲裁条款，约定在履约过程中如发生争议，在中国仲裁。后来，双方对商品品质发生争议，对方在其所在地法院起诉我公司，法院发来传票，传我公司出庭应诉。对此，你认为我公司该如何处理？简述理由。

[案情分析]

仲裁是指买卖双方按照在争议发生之前或之后签订的协议，自愿把它们之间的争议交给仲裁机构进行裁决，并约定裁决是终局的，具有法律的强制性，对双方均有约束力。若对方不执行裁决，另一方有权向法院起诉，要求予以强制执行。在我国。解决国际贸易争议的仲裁协议必须是书面的。书面形式的仲裁协议，既包括当事人双方为解决争议而特意签订的协议，也包括当事人之间以书面达成的其他形式的协议。仲裁协议的三方面作用是互相联系的，其中，排除法院对有关争议案的管辖权是很关键的。就是说，只要双方订立了仲裁条款或其他形式的仲裁协议，就不能把有关争议案件提交法院审埋，如果任何一方违反协议，自行向法院提起诉讼，对方可根据仲裁协议要求法院停止司法诉讼程序，把有关争议案发还仲裁庭审理。在本案中，由于买卖双方在合同中已经明确规定了仲裁条款，因此，外商在其所在地法院起诉我公司是不成立的。

### 9.4.3 合同中的仲裁条款

一般来说，买卖合同中的仲裁条款应具体包括仲裁地点、仲裁机构、仲裁程序规则、仲裁裁决的效力以及仲裁费的担负等内容。

1. 仲裁地点

在什么地方进行仲裁，是买卖双方在磋商仲裁时的一个重点。这主要是因为，仲裁地点与仲裁所适用的程序法，以及合同适用的实体法关系至为密切。我国进出口贸易合同中的仲裁地点，视贸易对象和情况的不同，一般采用下述三种规定方法之一。

(1) 规定在本国仲裁。

(2) 规定在被告所在国仲裁。采用在被告国仲裁较客观、公平。

(3) 规定在双方同意的第三国仲裁。一定要选择在政治上对我友好的国家。

2. 仲裁机构

仲裁机构是国际商事关系中的双方当事人自主选择出来用以解决其争议的民间性机构，其审理案件的管辖权限完全取决于当事人的选择和授权。

国际商事仲裁机构可分为临时仲裁机构和常设仲裁机构。临时仲裁机构是指根据当事人的仲裁条款或仲裁协议，在争议发生后由双方当事人推荐的仲裁员临时组成的，负责裁断当事人的争议，并在裁决后即行解散的临时性仲裁机构。常设仲裁机构是指依据国际条约或国内法成立的具有固定组织和地点、固定的仲裁程序规则的永久性仲裁机构。近年来，国际商事仲裁绝大部分采用机构仲裁，因此，仲裁条款中应当明确在哪个仲裁机构进行仲裁。

目前国际上影响较大的几个常设商事仲裁机构是：国际商会仲裁院，成立于1923年，总部设在巴黎；瑞典斯德哥尔摩商会仲裁院，成立于1917年；伦敦国际仲裁院，成立于1892年；美国仲裁协会，成立于1926年，总部设在纽约；瑞士苏黎世商会仲裁院，成立于1911年。我国的国际商事仲裁机构主要是：中国国际经济贸易仲裁委员会，成立于1956年，1980年、1988年两次调整，总部设在北京，在深圳、上海设有分会；中国海事仲裁委员会，成立于1959年，1988年调整，总部设在北京。

3. 仲裁规则

按国际仲裁的一般做法，原则上采用仲裁所在地的规则，但在法律上也允许根据双方的约定采用仲裁地点以外的它国仲裁机构的仲裁规则。因此，仲裁条款中应做出明确规定。

4. 仲裁裁决的效力

仲裁裁决的效力主要是指由仲裁庭作出的裁决，对双方当事人是否具有约束力，是否为决定性的，能否向法院起诉要求变更裁决。在订立仲裁条款时，通常都明确规定它的终局性及约束力。

5. 仲裁费用的负担

合同中应明确规定仲裁费用由谁负担。通常由败诉方承担，也可另作规定。仲裁的费用，一般按争议价值的0.1%～1%收取。

### 9.4.4 仲裁条款的规定方式

1. 规定在我国仲裁的条款

凡因执行本合同所发生的或与本合同有关的一切争议，双方应通过友好协商解决；如果协商不能解决，应提交中国国际经济贸易仲裁委员会(北京)，根据该会的仲裁规则进行仲裁。仲裁裁决是终局的，对双方都有约束力。仲裁费用除仲裁庭另有规定外，均由败诉方负担。

All disputes in connection with this contract or arising from the execution of there, shall be amicably settled through negotiation in case no settlement can be reached between the two parties, the case under disputes shall be submitted to China International Economic and Trade Arbitration Commission, Beijing, for arbitration in accordance with its Rules of Arbitration. The arbitral award is final and binding upon both parties. The arbitration fee shall be borne by the losing party unless otherwise awarded by the arbitration court.

2. 规定在被告国仲裁的条款

凡因执行本合同所发生的或与本合同有关的一切争议，双方应通过友好协商解决。如果协商不能解决，应提交仲裁。仲裁在被诉人所在国进行。在中国，由中国国际经济贸易仲裁委员会根据该会仲裁规则进行仲裁。在×××(被诉人所在国名称)由××××(被诉人所在国仲裁机构名称) 根据该会的仲裁规则进行仲裁。仲裁裁决是终局的，对双方都有约束力。仲裁费用除仲裁庭另有规定外，均由败诉方负担。

All disputes arising from the execution of, or in connection with this contract shall be settled amicably through friendly negotiation. In case no settlement can be reached through negotiation, the case shall be submitted for arbitration. The location of arbitration shall be in the country of the domicile of the defendant. If in China, the arbitration shall be conducted by the China International Economic and Trade Arbitration Commission, Beijing in accordance with its Rules of Arbitration. If in … the arbitration shall be conducted by … in accordance with its arbitral rules. The arbitral award is final and binding upon both parties. The arbitration fee shall be borne by the losing party unless otherwise awarded by the arbitration court.

3. 规定在第三国仲裁的条款

凡因执行本合同所发生的或与本合同有关的一切争议，双方应通过友好协商解决。如果协商不能解决，应提交×××(第三国及其仲裁机构名称)，根据该会的仲裁规则进行仲裁。仲裁裁决是终局的，对双方都有约束力。仲裁费用除仲裁庭另有规定外，均由败诉方负担。

All disputes arising from the execution or in connection with this contract, shall be settled amicably through friendly negotiation. In case no settlement can be reached through negotiation, the case shall then be submitted to … for arbitration in accordance with its arbitral rules of procedure. The arbitral award is final and binding upon both parties. The arbitration fee shall be borne by the losing party unless otherwise awarded by the arbitration court.

**阅读资料**

## 国外、境外著名仲裁机构

1. 国际商会仲裁院(The ICC International Court of Arbitration)

国际商会是非政府性质的国际商会组织，成立于1923年，总部设在法国巴黎。国际商会仲裁院是附设于国际商会的最具代表性、最有影响的国际仲裁机构。

目前，国际商会仲裁院是国际化程度最高的仲裁机构，在受案数量上是仅次于中国国际经济贸易仲裁委员会的国际商事仲裁机构。

2. 斯德哥尔摩商会仲裁院(Arbitration Institute of the Stockholm Chamber of Commerce)

斯德哥尔摩商会仲裁院建立于1917年，是附设在斯德哥尔摩商会内的独立的常设仲裁机构，初期主要从事国内仲裁，后逐步扩大到国际领域，而目前，该仲裁院已成为世界上重要的国际仲裁机构。

3. 伦敦国际仲裁院(London Court of International Arbitration，LCIA)

其前身是成立于1892年11月23日的伦敦仲裁会(London Chamber Of Arbitration)。1903年4月2日改名为伦敦仲裁院(London Arbitration Court)，自1981年起始采用现名。

1975年伦敦仲裁院与英国皇家特许仲裁员协会(Charted Institute of Arbitrators)合并，伦敦国际仲裁院由伦敦市政府、伦敦商会和英国皇家特许仲裁。

4. 伦敦谷物及饲料贸易协会(Grain And Feeding Trade Association，GAFTA)

该协会成立于1971年，会址设在英国伦敦。协会的宗旨是促进谷物、动物饲料、豆类和大米等方面的国际贸易。该协会是由建立于1878年的伦敦谷物贸易协会和建立于1906年的动物饲料贸易协会合并而成。现有来自世界70多个国家的70余名协会会员。其成员为来自世界各地的进口商、出口商、生产商、经销商、原料加工商、货运代理、经纪人、仲裁员、律师和金融方面人士等。

该协会的主要工作是：制定谷物和动物饲料的标准合同、制定仲裁规则、管理仲裁程序，并希望建立一个以其标准合同为依据，按照其仲裁规则进行仲裁的世界性的行业体系。协会制定的80多个FOB、CIF标准合同，为世界上近80%的谷物贸易及占有相当比例的动物饲料贸易所采用。

5. 美国仲裁协会(American Arbitration Association，AAA)

美国仲裁协会成立于1926年，总部设在纽约。AAA早期由两个组织，即美国仲裁社团和仲裁基金会组成，后来，其他有关组织也并入美国仲裁协会，如美国贸易协会。该机构系独立的、非政府的和非赢利性的。其领导机构称董事局，由有关行业和社团组织中的知名人士组成，并由从事法律和仲裁的专业人士负责管理工作。

AAA现行的规则是2000年9月1日生效的美国仲裁协会国际仲裁规则，其全称为商事争议解决程序(Commercial Dispute Resolution Procedures)，包括仲裁与调解规则。

6. 日本商事仲裁协会(Japanese Commerce Arbitration Association)

该仲裁协会成立于1950年3月14日，是根据日本民法典第三十四条而成立的社团法人。协会总部设在东京，在其他城市如大阪、神户、横滨和名古屋等设有分会。

2002年3月7日，日本商事仲裁协会与中国国际经济贸易仲裁委员会(CIETAC)在北京签署了仲裁合作协议。双方认为，同处于亚洲的两个仲裁机构在文化背景上、解决争议的习惯上都有相似之处，而且，同为亚洲人，在亚洲本土仲裁可以降低成本。

7. 韩国商事仲裁院(Korean Commercial Arbitration Bureau)

该仲裁院成立于1966年。仲裁院现有仲裁员845人，其中有100多名外籍仲裁员。韩国商事仲裁院现行的仲裁规则为1986年11月16日由韩国最高法院修正后生效的规则。 早在1992年12月15日，中国国际经济贸易仲裁委员会与韩国商事仲裁院 签订了合作协议。

8. 中国香港国际仲裁中心(Hong Kong International Arbitration Center)

该仲裁中心成立于1985年，是按照中国香港公司法注册的民间机构。早在1991年6月25日，中国国际经济贸易仲裁委员会即与中国香港国际仲裁中心签订了合作协议。

9. 世界知识产权组织仲裁中心(WIPO Arbitration Center)

世界知识产权组织(World Intellectual Property Organization，WIPO)成立于1970年4月26日，它是根据1967年7月14日在瑞典的斯德哥尔摩签订的“成立世界知识产权组织公约”而设立。1974年，该组织正式成为联合国17个专门组织之一。

资料来源：引自董瑾主编.国际贸易理论与实务. 北京理工大学出版社，2005，第356~358页。

## 本章小结

国际货物买卖合同一经成立，双方当事人就要受合同的约束，完成合同规定的义务。然而在履约过程中，买卖双方很可能由于种种原因，未能履行自己的义务，从而发生纠纷。如何在订立合同时最大限度地规避这些问题，保障自己的权益，非常重要。本章阐述了合同一方当事人违约以及另一方当事人可以采取的各种法律上的救济问题，介绍了主要国家公约的法律规定，详细说明了如何规定异议和索赔条款以及违约金条款、不可抗力的含义及不可抗力条款、仲裁的意义和作用、仲裁条款等内容。

### 关键名词

(1) Disputes 纠纷

(2) Fundamental Breach 根本违约

(3) Claim 索赔

(4) Penalty 惩罚

(5) Force Majeure 不可抗力

(6) Arbitration 仲裁

## 习 题

### 【思考题】

(1) 产生违约的原因有哪些?

(2) 对索赔期限的起算时间有哪些具体规定?

(3) 不可抗力条款包括哪些内容?

(4) 仲裁的特点有哪些?

(5) 仲裁协议的作用有哪些?

(6) 仲裁地点的规定有哪些方式?

【选择题】

(1) 争议当事人最先采用的争议解决方式通常是( )。

A. 协商 B. 调解 C. 仲裁 D. 诉讼

(2) 无第三者介入的争议解决方式是( )。

A. 协商 B. 调解 C. 仲裁 D. 诉讼

(3) 在买卖合同的检验条款中，关于检验地点的规定，使用最多的是( )。

A. 在出口国检验 B. 在进口国检验

C. 在出口国检验，在进口国复检

(4) 某公司某年 10 月与外商签订一份农产品出口合同，交货期为当年 10 月～12 月。签约后派人去产区收货，但由于该年 7 月～8 月间产区遭受旱灾，产品无收，出口人能否以不可抗力为由撤销合同( )。

A. 能够撤销合同 B. 不能撤销合同

C. 需对灾情进行调查，根据情况而定

(5) 从各国法律上看，其法律规定的基本救济方法可分为( )。

A. 实际履行 B. 转售货物 C. 损害赔偿 D. 解除合同

(6) 买卖双方都可以采取的违约救济办法可分为( )。

A. 实际履行 B. 转售货物

C. 宣告合同无效 D. 损害赔偿 E. 转移货物

# 案 例

## 案例 1

中国某省 A 外贸公司与法国 B 商签订一份销售布鞋的合同，合同规定交货期为 1997 年 7 月 1 日。交货期到后，A 公司称工厂仓库无货，不能按期交货。理由如下。

(1) 本年 3 月份工厂因资金周转困难，未购买制鞋原料;

(2) 本年 7 月份，因洪水影响生产。

试问：A 公司不能按期交货是否应承担责任?

[案例分析]

A 公司应承担责任，A 公司提出的理由：(1) 属于其自身的原因、(2) 与本案没有因果关系，不能作为抗辩的理由。

## 案例 2

中国从阿根廷进口普通豆饼2万吨，交货期为8月底，拟转售欧洲。然而，4月份阿方原定的收购地点发生百年未遇洪水，收购计划落空。阿方要求按不可抗力免除交货责任。中方应如何处理？

[案例分析]

阿方发生的事件不构成不可抗力。

《联合国国际货物买卖合同公约》第七十九条规定："当事人对于不履行义务，不负责任，如果他能证明此种不履行义务是由于某种非他所能控制的障碍所致，而且，对于这种障碍，没有理由预期他在订立合同时能考虑到或能避免或克服它或它的后果。"本案中，虽然4月份阿方原定的收购地点发生百年未遇洪水，但收购计划并未落空，因为中国从阿根廷进口的是普通豆饼，而并非一定是阿方原定的收购地点的豆饼。因此，阿方原定的收购地点发生百年未遇洪水对该合同而言，并不是不可抗力。况且，发生洪水到交货期还有4个月，阿方完全有时间购进替代物并向我方交货。因此，我方有权要求阿方按时交货。

## 案例 3

中国A公司与意大利B公司签订了一份由A向B出售100桶盐渍蘑菇的合同，分两批交货，总价金10万美元，价格条件为CIF热那亚。合同规定：索赔期为到货后一个星期，合同成立后买方应在一个月内交付1万美元定金，卖方发货后，定金作为货款，卖方不交货应双倍返还定金。

第一批货物50桶，卖方按期装运了货物，但是，货物延期一个星期到港，买方收到卖方寄来的清洁提单提货，经买方自已检验发现，50桶货物有5桶缺重共80千克(每桶应为50千克)。

第二批货物到港后，经详细开箱检验发现因盐度不够每桶蘑菇都有腐烂变质现象，买方出具了由检验机构签发的商检证明。双方因索赔不成请求仲裁，买方要求卖方：

(1) 赔偿第一批货物短重的损失1000美元；

(2) 赔偿第一批货物因延迟到港的罚金500美元；

(3) 第二批货物退回，赔偿买方因此遭受的利润损失2000美元，同时应双倍返还这批货物定金20 000美元。

该案应如何处理？

[案例分析]

(1) 第一批货物卖方按时装运，并取得清洁提单，应初步认定卖方已履行合同，买方收到货物后，由自身对货物进行检验，而不是由独立检验机构参与检验，其货物短量主张和索赔要求不应支持。

(2) 卖方按时装运货物，货物延迟到港的原因不在卖方，根据CIF条件，货物风险自越过船舷时转移卖方，因延迟到港的罚金主张，不应予以支持。

(3) 第二批货物已经丧失任何使用价值，卖方构成根本违约。应该支持卖方退回，解除这一部分合同，赔偿利润损失的主张。

(4) 买方要求双倍返还违约金的要求不予支持，因为合同规定，只有在卖方不交货时才这样做，卖方是交货不符，不是不交货。

## 案例4

某年某月中国某地粮油进出口公司A与欧洲某国一商业机构B签订出口大米若干吨的合同。该合同规定：规格为水分最高20%，杂质最高为1%，以中国商品检验局的检验证明为最后依据：单价为每公吨××美元，FOB中国某港口，麻袋装，每袋净重××公斤，买方须于×年×月派船只接运货物。

B并没有按期派船前来接运，其一直延误了数月才派船来华接货，当大米运到目的地后，买方B发现大米生虫。于是委托当地检验机构进行了检验，并签发了虫害证明，买方B据此向卖方A提出索赔20%货款的损失赔偿。当A接到对方的索赔后，不仅拒赔，而且要求对方B支付延误时期A方支付的大米仓储保管费及其他费用。

另外，保存在中国商品检验局的检验货样至争议发生后仍然完好，未生虫害。

请简要回答下列问题：

(1) A要求B支付延误时期的大米仓储保管费及其他费用能否成立？为什么？

(2) B的索赔要求能否成立？为什么？

[案情分析]

(1) 能够成立，因为按FOB条件，由买方指定船只并订立运输合同，如果买方指定的船只不能在规定日期到达，则应由买方负担一切由此而产生的额外费用。在本案中，B并没有按期派船前来接运，造成逾期提货，违反了双方之间的合同约定，应当对延误时期A方支付的大米仓储保管费及其他费用负责。

(2) 不能成立，因为按FOB条件，买方承担货物自装运港越过船舷以后的一切风险。买方A只能保证大米在交货时的品质，对运输途中所引起的大米品质变化不属卖方责任，而且合同规定：以中国商检局的检验证明为最后依据，而保存在中国商品检验局的检验货样至争议发生后仍然完好，未发生虫害，因此可以肯定卖方A交货时的品质是完好的。

## 案例5

甲公司向乙公司订购一批食糖，合同规定："如发生政府干预行为，合同应予延长，以至撤销。"签约后，因乙公司所在国连遭干旱，甘蔗严重歉收，政府则颁布禁令，不准食糖出口，致使乙公司在约定的装运期内不能履行合同，乙公司便以发生不可抗力事件为由要求延长履约期限或解除合同，甲公司拒不同意乙公司的要求，并就此提出索赔，你认为，甲公司的索赔请求是否合理？试具体说明。

[案情分析]

甲公司拒不同意乙公司的合理要求，反而向B公司索赔是不合适的，其理由如下：

(1) 买卖合同明确规定："发生政府干预行为，合同应予延长，以至撤销"，乙公司依约提出的要求有理、有据，甲公司不应拒绝其合法要求。

(2) 按国际惯例，政府颁布禁令属不可抗力，发生不可抗力事件的一方当事人即乙公司本来可以免除履约责任，而甲公司却对国际上公认的法规和惯例熟视无睹，向乙公司提出索赔，这是毫无道理的。

# 第3篇 进出口商品贸易操作实务

# 第10章 进出口商品交易磋商的准备工作

## 教学目标

通过本章的学习，能够完成进出口商品交易的基本准备工作，能够进行进出口成本核算与报价，制定简单的进出口经营方案。

## 教学要求

| 知识要点 | 能力要求 | 相关知识 |
|---|---|---|
| 基本知识 | (1) 交易磋商的基本步骤<br>(2) 进出口商品交易的准备工作<br>(3) 进出口商品的报价<br>(4) 出口商品交易的经济效益核算 | (1) 如何选择目标市场<br>(2) 出口报价的基本要点<br>(3) 进出口商品经营方案<br>(4) 出口商品盈亏率<br>(5) 出口换汇成本 |
| 业务流程 | (1) 能够宏观的选择目标市场<br>(2) 合理的制定进出口商品经营方案<br>(3) 了解我国进出口商品的报价原则<br>(4) 能够熟练的核算出出口商品报价<br>(5) 作为外贸谈判的主谈人员，需要具备的能力和素质 | (1) 出口商品价格的构成<br>(2) 出口成本计算<br>(3) 国内费用计算 |
| 风险与防范 | 能够运用所掌握各种知识合理的调研国内外市场 | 影响进出口商品的具体因素 |

引例

1994 年我国北方 W 进出口公司急于扩展海外业务，在没有做充分的买方资信调查的情况下，与加拿大 J 进出口公司签订价值 90 万加元、D/P 方式付款的货物出口合同。我 W 公司按照合同约定的条件发货后，迟迟收不到货款，后经查得知 J 公司根本没有付款赎单，而是在船代方以保函放货，J 公司经理提货后转卖他人并携款潜逃菲律宾。由于加菲两国没有司法协议，致使诈骗者逍遥法外。本案例说明进出口交易前对交易对手资信调查的重要意义。

## 10.1 进出口商品交易的准备工作

在国际贸易中，交易对手多为外国公司或商人，国际市场情况复杂多变，无论是进口商还是出口商，只有在交易之前做好充分的准备工作，才能更好地保证交易磋商和合同签订的顺利进行，提高交易的成功率和经济效益，为后期的合同履行奠定良好的基础。进出口商品交易的准备工作主要包括选择目标市场、选择交易客户、选配贸易谈判人员、制定进出口商品经营方案。

### 10.1.1 选择目标市场

在进出口商品交易前，必须从国际市场的调研工作入手，通过全面、深入、准确的调查研究，选择适当的目标市场，并合理地确定市场布局。对于出口商来说这意味着选择销售市场，对进口商来说则是选择采购市场。

1. 市场调研的主要内容

1) 国外市场环境信息

国外市场环境信息包括目标市场国的经济、政治、自然、人口、技术、法律、文化等宏观因素。在这几方面的信息中，应当详细调查一个国家的政局持续稳定性、对外贸易政策、参加的国际公约和协定、对外贸易法律法规、金融管制等政治法律环境，文化背景、风俗习惯、价值观念、宗教信仰、伦理道德、语言文化、教育水平等社会文化环境，人口规模、人口分布、经济发展水平、人均收入和消费、产业结构、市场规模、技术水平等经济人口环境，地理位置、气候条件、自然资源、土地等自然环境。

2) 国外市场商品信息

商品信息包括某一类或某一种商品的国际市场、目标国市场的价格、性能、质量、生产技术及工艺的先进程度，市场上的供求关系以及影响供求关系变动的各种因素等具体的微观信息。对于出口商来说，除了调查商品在该市场是否适销，还必须侧重调研目标市场是否存在竞争产品或替代品以及其竞争力如何，自身产品是否具有价格、性能、质量或服务上的独特优势，了解目标市场的产品销售周期等。对于进口商来说，应认真比较各个不同市场上商品的品质、规格、性能、花色品种、生产技术及工艺的先进程度等，从而选择最需要的、价格最合理的商品。

**运作实例 10-1**

一法国商人于某日上午走访我国外贸企业洽购某商品。我方口头发盘后，对方未置可否，当日下午法商再次来访表示无条件接受我方上午的发盘，那时，我方已获知该项商品的国际市场价格有趋涨的迹象。对此，你认为我方应如何处理为好，为什么？

[案情分析]

中国与法国均系《联合国国际货物销售合同公约》（简称《公约》）缔约国，洽谈过程中，双方对《公约》均未排除或做出任何保留。因此，双方当事人均应受该《公约》约束。按《公约》规定："对口头要约，须立即接受方能成立合同"。上午我方发盘后，法商未置可否，也未提出任何要求，则合同没有成立。据此，我方鉴于市场有趋涨迹象，可以予以拒绝或提高售价继续洽谈。

但是，如果根据该项发价或依照当事人之间确立的习惯做法或惯例，被发价人可以做出某种行为，例如与发运货物或支付价款有关的行为来表示同意，而无须向发价人发出通知，则接受于该项行为做出时生效，但该项行为必须在上一条所规定的期间内做出。

2. 市场调研信息的收集

国外市场调研信息可以直接和间接获取。

直接获取第一手的资料信息的方法有如下3种。

(1) 参加对外贸易使团或贸易博览会、展览会、交流会。

(2) 到国外实地考察。

(3) 同国外客户直接接触，索要样品或询问相关信息。

间接利用第二手资料信息的方法有如下4种

(1) 查阅既有公共信息，如商会发布的信息文件、政府及贸易协会的纪录、贸易及商业杂志等。

(2) 通过外交部派驻各国的大使馆、领事馆的商务机构查询。

(3) 外贸公司和企业在国外的经销商、代理商提供的商业信息。

(4) 委托专业的咨询调查公司开展调查或购买专业信息服务商提供的信息。

### 10.1.2 选择交易客户

外贸公司和企业可以选择的交易客户很多，包括进出口商、经销商、代理商、批发商、零售商甚至可能是最终用户。交易客户的身份可以是政府、公司、企业、组织和个人。但无论情况如何，在交易之前，都应对客户的情况进行全面调查，尤其是对客户的资信调查是最为重要的。

对交易客户的调查主要从以下方面进行。

(1) 客户背景。主要是指客户的经济政治背景，通常包括公司、商号企业的组织性质、创建历史、主要负责人员、分支机构、往来银行名称，企业负责人的政治背景，与政界的关系以及对我国的政治态度等。交易双方应该本着平等互利、相互尊重的原则下，进行商务的友好磋商和交易。

(2) 资信情况。主要是了解客户的资本运行和信用情况，其中包括注册资本、资本负债和借贷能力、融资渠道、营业额的大小、商业信誉、经营作风等。在国际贸易中，贸易双方发生索赔纠纷、履约发生阻碍或收回货款方面发生阻碍，而使一方遭受风险及损失，都同不了解贸易对方的资信情况有直接关系。进行客户资信调查，选定信用良好的客户有助于国际贸易的顺利进行。即使在与对方缔结了交易关系后，也应定期作资信调查，以便能经常了解对方的资信情况，抵制交易风险。如在 D/P、D/A 及寄售条件的交易中，资信调查可以作为测定给予赊账的限额与现存契约限额的安全评价。

(3) 经营范围。主要指公司、企业经营的品种、经营的性质(是代理商、生产商，还是零售批发商)、经营业务的范围(合作还是独资经营、贸易经验)。

(4) 经营能力。主要是指客户每年的营业额、销售渠道、经营方式以及在当地和国际市场上的贸易关系等。

此外，对客户资信进行调查后，应建立档案卡备查，分类建立客户档案。在以上调查的基础上，进出口商应尽量选择政治上友好、资信状况良好、经营能力较强的客户作为交易对象，并与之建立稳定的贸易关系。

市场调研的各种途径可同样适用于客户调研，另外还可以通过国内往来银行向对外的往来银行调查。例如，中国银行在世界上许多国家和地区设有分行、办事处等机构，与当地的银行之间可进行业务往来、信息沟通，企业向其发出资信调查函，可得到其帮助。客户调研还可在实际的业务接触和交往活动中进行，也就是对老客户进行评估。对于信誉良好的老客户，进出口商应不断巩固合作关系。

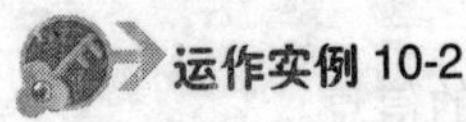

**运作实例 10-2**

## 资信调查揭骗局，成功避免损失

某省某企业准备斥资 247 万元人民币与美国某公司设立合资公司，并约定将该投资用于向外方指定的某设备商购买设备，该美国公司提供了盖有“俄亥俄州政府印章”的营业执照正本和美国某知名银行提供的“AAA 级”资信证明以及公证书。在审查外方提供的各种文件时，主办人员发现其中两份文件在外方公司名称上存在一个字母的差异，这引起了主办方的注意，经综合考虑当事人提供的有关资料和情况介绍，感觉到外方资信状况存在不实之处，于是建议合资中方对外方资信状况进行全面调查，中方当事人同意了律师的建议，并委托某资信调查处进行调查。

调查处通过我国贸促会驻外机构、协作律师事务所和协作调查机构等渠道，对外商在当地注册情况、实际办公情况、通信情况及银行信用情况进行了全方位的调查，调查结果表明该外方公司提供的营业执照是虚假的，在美国该州根本没有这样一个公司存在，其指定的设备销售商更不像其所说的那样是德国某集团在我国设立的独资公司，而是一个投资根本尚未到位、甚至拖欠办公场所租金，由某外籍华人个人在国内设立的独资公司。

很明显，外方与设备商具有合谋诈骗的嫌疑。调查处立即根据各个渠道反馈回来的信息出具了资信调查报告，建议中方在取得足够的保证之前，不要汇款给外方指定的设备销售商。

当事人在收到报告后，立即通过当地银行止付了准备付款的票据并向当地公安部门报案，迅速抓获一名诈骗嫌疑犯，该犯供认他们确实是一个通过伪造国外企业注册证明而进行诈骗活动的团伙，曾三次诈骗国内其他企业得逞，同时还供认出该团伙其他人员的情况。由于资信调查处认真、细致的全面调查，不但使此次诈骗活动露出了马脚，使中方避免了 247 万元人民币的损失，受到了中方企业的好评，而且打击了利用国际投资和国际贸易进行诈骗的犯罪活动。

资料来源：http:// www.s135. com　2003-8-25　商资网。

### 10.1.3　选配贸易谈判人员

高素质的贸易谈判人员是确保交易磋商成功的关键，为保证磋商顺利进行，应事先选配优秀的谈判人员。在大宗交易或其他内容复杂的交易中，由于单一的洽谈人员不可能精通所有相关知识，还要组织一个有力的谈判团队，共同完成一项商务洽谈。

1. 谈判人员的素质要求

1) 基本的人文素质

人文素质一般体现在人的语言、思维、情感、意志、仪态、文艺技能等方面，是构成人的气质、风度和人格的内在因素。国际贸易的商务谈判人员必须具备的人文素质包括以下几点。

(1) 责任感强、忠于职守、道德高尚。谈判人员肩负企业、公司甚至国家的经济利益，具有较强的责任心、苛尽职守、道德高尚是谈判人员的首要条件。

(2) 逻辑清晰、思维敏捷、思路开阔。在商务谈判中，情况多变，很多信息在谈判过程中才逐渐显现出来，良好的观察能力、思考能力、判断能力能够保证在谈判中随机应变，决策准确。

(3) 良好的沟通能力和团队精神。商务谈判磋商的过程离不开沟通和协作，具备良好的沟通能力和团队精神才能顺利地表达自己的意愿，了解他人的想法，是谈判者的必备素质。

(4) 言谈举止文明、良好的修养。善于着装，举止有度，气质高雅，尊重别人能够充分赢得谈判对手的尊重。也只有在尊重的基础上，谈判才能进行下去。

(5) 良好的心理素质。国际贸易的开展并不是一帆风顺的，可能会遇到许多挫折，需要及时地调整自己的心态。只有保持乐观的心态，坚持不懈才能取得最终的胜利。

2) 基本的专业素质

(1) 优秀的外语运用能力。国际商务谈判人员在开展国际贸易工作中，需要外贸人员介绍企业和产品，并说服客户接受你的产品，没有优秀的外语表达能力是无法胜任工作的。

(2) 熟悉我国对外经济贸易方面的相关的管理制度和政策。

(3) 掌握在进出口交易中涉及的国际贸易惯例、国际技术转让、国际贸易运输、国际金融、国际结算等方面的各种商务知识。

(4) 丰富的商品知识。熟悉交易商品的性能、特点、用途、质量标准、生产工艺、制作流程、包装等方面的知识。

(5) 懂得国际市场营销的一般方法和规律，掌握商务谈判的技能和经验。

(6) 熟悉常用的法律知识。尤其是《合同法》《买卖法》《票据法》《知识产权法》等专门的法律法规。

### 2. 谈判团队的组成和分工

在国际货物买卖中，程序、参与方、市场和文化背景以及所涉及的法律、法规都十分复杂，所以，参加交易洽谈的人员通常由谈判团构成，在该团队中，应当包括熟悉商务、技术、法律和财务的人员，他们不仅要掌握谈判技巧，善于应变，还要具有良好的团队精神，能在谈判过程中精诚合作，在知识上互相补充、谋求一致。

1) 谈判团队的组成

一般谈判团队可以由熟悉商务、金融的专业人员组成商务小组，由负责商品、技术资料的专业人员组成技术小组，由精通法律、法规的专业人员组成法律小组。具体人员如下。

(1) 商务人员。由熟悉国际商务知识、交易惯例、价格谈判条件、交易行情的外贸业务人员担任，对谈判的总体和全局进行掌控。

(2) 技术人员。熟悉生产技术、产品性能和技术发展动态的工程师，在谈判中负责有关产品的性能、技术质量标准、生产工艺、产品验收、技术服务、技术咨询等问题，还要与商务人员紧密配合，为价格决策做技术参谋。

(3) 法律人员。由律师、企业法律顾问或熟知经济、法律专业知识的人员担任，负责交易中涉及的法律问题，为商务人员提供专业的法律支持。

(4) 财务人员。由熟悉成本情况、支付方式及金融知识的财务会计人员担任，负责有关的财务风险评估、财务核算等工作。

(5) 翻译人员。由熟练运用外语、有较强纪律观念的人员担任。

(6) 记录人员。由具备一定速记能力的人担任。

2) 谈判团队的分工

谈判人员的分工一般包括三个层次。

(1) 第一层次的主谈人。主谈人是谈判团队的领导者或首席代表，富有谈判经验，兼备领导才能。主谈人要掌控谈判进程，听取并协调团队成员意见，决定重大交易条件，汇报谈判工作，代表己方签约。

(2) 第二层次的专业人员。第二层次的专业人员根据自己的业务专长，分别负责某一具体的专项工作，同对方就专业细节方面内容进行磋商，向主谈人提出专业问题的参考意见或专业论证，配合主谈人运用谈判技巧等。

(3) 第三层次的辅助人员。第三层次人员通常不作为谈判的正式代表，但也是谈判工作必须的工作人员，如速记员或打字员。

### 10.1.4 制定进出口商品经营方案

进出口经营方案是进出口公司、企业或个人在国家的有关政策和规定的允许范围下，对其所经营的进出口商品所作的一种业务计划。在不同的背景条件下，不同商品或同一商品的经营方案是不同的，其内容也繁简不一。

#### 1. 出口商品经营方案

出口商品经营方案是在一定时期内对外推销商品和安排出口业务的具体安排，是对外洽商交易的依据。一般情况下，一份详细的出口商品经营方案应列明。

(1) 商品及国内货源情况。主要包括商品的特点、品质、规格、包装等，国内生产能力，可供出口的数量，当前的库存情况及国内需要量等。

(2) 国外市场情况。主要包括国外市场需求情况、供求和价格变动情况，今后发展变化的趋势，国外主要市场经营该商品或该类商品的基本做法、销售渠道等。

(3) 经营历史情况。包括我国进出口商品在国际市场上所占的地位，主要进出口地区及销售情况，国内外客户的具体反映，经营该商品的经验、教训等。

(4) 出口经济效益。包括出口成本、出口盈亏率和出口换汇成本等。通过核算同类商品在不同时期的出口经济效益，有助于出口商改进经营管理，而对同类商品出口到不同国家和地区的经济效益的比较，则可以为选择市场提供依据。

(5) 销售计划和措施。包括目标国国别和地区、按品种数量与金额列明销售的计划进度，以及按销售计划采取的措施，如对客户信息的利用，贸易方式、收汇方式的应用，对价格佣金和折扣的掌握。

进出口企业一般只在经营大宗或重点进出口商品时才逐个制订商品出口方案；对其他商品可只按商品大类制订；对中小商品可制订内容简单的价格方案或出口成本预算表，仅对市场和价格提出分析意见规定对各个地区的出口价格以及掌握出口价格的原则和幅度。特别要说明的是，完成出口商品经营方案的制订只是做好进出口贸易的第一步，要把它变成现实还要经过许多努力，在执行方案的过程中，我们应注意经常检查方案的执行情况、定期总结经验，及时修订方案中不再适用的内容。

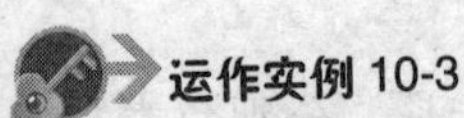
运作实例 10-3

## ××公司 20××年绿茶出口经营方案

### (一) 商品及国内货源情况

绿茶是我国传统出口商品之一。出口额每年达到××吨，目标市场主要是西欧。我公司××茶厂、××茶厂和××茶厂等年产绿茶达×××公吨，可供出口额达到×××公吨，我绿茶出口的货源是充足的。

### (二) 国外市场情况

英国、德国、荷兰、爱尔兰等国是世界绿茶的主要进口、转口和消费国；其中英国每年进口绿茶约××公吨，占世界绿茶销售量的×%；德国每年进口绿茶××公吨，荷兰每年进口绿茶和转口绿茶约××公吨，爱尔兰每年进口绿茶约××公吨。

### (三) 经营历史情况

经过多年的努力工作，我国绿茶在英国、德国和荷兰市场虽然已具有一定的客户基础，出口业务有所发展。但由于我国绿茶品质与外国绿茶相比而言仍然是较低档次，不能适应市场的需要，交易量在上述国家年进口量中所占比重仍然很小，仅占×%，我国在爱尔兰基本上无客户基础。绿茶市场尚在开发阶段。

### (四) 出口经济效益

由于去年世界绿茶生产国继续保持高产，今年西欧市场供货充实，市场需求相对疲软，买主观望，交易不旺，低档次绿茶生意尤其清淡。故我国绿茶成交缓慢，目前市场上有相当数量低档绿茶库存待销售。

我国绿茶目前出口总成本××元人民币；结合国际市场价格，拟订 FOB 价××欧元/公吨，FCR 价××欧元/公吨，CIF 价××欧元/公吨；出口盈亏率为×%，换汇成本××元/欧元。

### (五) 销售计划和措施

#### 1. 出口指标

20××我公司计划出口绿茶××公吨，比上一年增加××%

#### 2. 经营措施

(1) 要充分挖掘现有货源潜力，尽可能生产品质较高的绿茶，特别是我国××厂和××厂生产的××

牌和××牌绿茶要在原有品质的基础上争取进一步提高，以便在国际市场上具有更大的竞争能力。

(2) 统一报盘和成交。为了统一步调，避免多头发盘，各分公司、各口岸及各绿茶厂家如遇客户询盘都统一交由总公司报盘。

(3) 付款条件一般维持现状，继续使用××付款方式如果遇特殊情况特殊要求另外酌情处理。

(4) 佣金掌握基本维持现状。一般不超过×%。但英国A公司等几家主要老客户，在今年也可采取按成交量累金佣金率，以鼓励扩大成交。

(5) 交货期要将目前跨三个月的交货期改成为一个月的交货期，以提高客户购买我国绿茶的兴趣，进一步扩大贸易。

(6) 贸易方式继续使用原来××和××交易方式，但根据今年的推销任务，国际市场情况和客户具体问题，也可以采取其他灵活贸易方式。

(7) 视今年上半年绿茶外销成交情况，必要时可派一茶叶小组出访西欧，目的是扩大绿茶出口量。

(8) 客户挖掘。对于英国客户A公司，增强其经营中国绿茶的信心，发挥其推销中国绿茶的积极性，同时继续充分利用B公司的推销能力。

对德国客户仍以F公司等几家老客户为基础多做工作，如条件许可，也可以在专业茶商中发展一些新客户。

对荷兰客户，对茶叶专销户Y和绿茶代理商W继续巩固和发展关系。对爱尔兰，目前基本上尚无客户基础，要通过各种渠道和一切机会尽可能接触客户，在专业茶商中物色对象，建立关系，为我国绿茶直接进入当地市场提供条件。

3. 进口商品经营方案

进口商品经营方案是为了完成进口任务而确定的各项具体安排，是进口商对外洽商交易，采购商品和安排进口业务的主要依据。凡涉及大宗或重要商品的进口，一般都要在交易前制定进口经营方案；对中小商品可制订内容简单的价格方案或进口成本预算表。一般情况下，一份详细的进口经营方案的主要内容大致包括以下几个方面。

(1) 订货数量与预计时间。根据国内需要的轻重缓急和国外市场的具体情况，适当安排订货数量和时间。在保证满足国内需要的情况下，争取在有利的时机成交。

(2) 采购市场。根据国别/地区政策和国外市场条件，合理安排进口供货国别/地区，既要注意货源的充足、品质符合需要、价格合理，又要防止过分集中在某一市场，力争使采购市场的布局合理。

(3) 交易对象。要选择资信好、经营能力强并对我们政治态度友好的客户作为交易对象。为了减少中间环节和节约外汇，一般应向厂家直接采购。

(4) 交易价格。根据国际市场近期价格，并结合采购意图，拟定出价格掌握的幅度，以作为谈判交易的依据。同时，在初步确定交易价格时，还要充分考虑融资成本以及汇率变动的因素，尽量计算出不同报价实际的本币价格。

(5) 贸易方式。贸易方式有很多种，我们可以采用招标方式采购，也可以按补偿贸易方式，同时可采用一般的单边进口方式订购。具体如何选择，应根据采购的数量、品种、贸易习惯做法等酌情制定。

(6) 交易条件的掌握。交易条件应当根据商品的特点、品质、来源、进口目的等具体情况酌情确定。

应当注意的是，有些商品是受国家进口管制的，进口商必须先从有关国家机构办理进口许可证方能办理进口手续。另外，如果进口商还没有自营进口的权利，则必须先与有进口经营权的企业签订代理进口的合同，由后者代理进口其所需商品。

## 10.2 进出口商品的报价

在对外贸易中，我国进出口商品的作价原则是，在贯彻平等互利的原则基础上，根据国际市场价格水平，结合国别(地区) 政策，并按照我们的经营意图确定适当的价格。由于价格构成因素不同，影响价格变化的因素也是多种多样的。本节将选取出口业务，对出口成本预算和出口报价加以详细介绍。

**运作实例 10-4**

S 公司 8 月 12 日向其客户 A 公司寄出一份商品目录，介绍了 S 公司经营的各式男女手套，并附有精美的图片。8 月 20 日 A 公司回电表示对其中的货号为 308A、309B、311B 的女式手套很感兴趣，每个货号订购 100 打，并要求大、中号各半，10 月份交货，请 S 公司报价。

8 月 22 日 S 公司发盘如下：报青字牌女式羊毛手套 300 打，货号 308A、309B、311B 各 100 打，大、中号各半，每双 CIF 旧金山 12 美元，纸箱装，10 月份装运，即期不可撤销信用证支付，8 月 30 日复到有效。

8 月 28 日 A 公司回电：你 8 月 22 日电悉。价格过高，每双 CIFI 旧金山 10 美元可接受。

次日 S 公司去电：你 28 日电悉。最低价每双 CIF 旧金山 11 美元，9 月 5 日复到有效。

9 月 3 日 S 公司收到 A 公司的电开信用证，其中单价为每双 11 美元，包装条款中注明纸箱装，每箱 15 打，其他与发盘相符。

S 公司审证时发现了 A 公司对包装条款所做的添加。S 公司的习惯包装是每箱 10 打，考虑到交货期临近，若提请修改，恐怕难以按时交货，另外，即使按信用证要求包装，也不会增加费用。但到 9 月 20 日，储运部门通报，公司库存中没有可装 15 打手套的纸箱，现有纸箱一种为可装 10 打的习惯包装，另一种可装 20 打。S 公司随即与纸箱厂联系，纸箱很少见，该厂不能供应。附近的几个纸箱厂也如此答复。在此情况下，S 公司一面四处落买箱源，一面于 9 月 10 日去电 A 公司，表示包装条款不能接受，要求改为每箱装 10 打或 20 打。

请依据分析上述纸箱装，每箱 15 打的包装条款是否达成？

[案情分析]

根据《联合国国际货物销售合同公约》的规定，上述对发价中包装条款的修改属非实质性修改，由于

S公司未在不过迟延的时间内向被发价人通知反对意见，则接受有效，据此成立的合同就应以发价内容及附有非实质性修改内容的接受为准，所以纸箱装，每箱15打的包装条款已达成。

### 10.2.1 出口报价的基本要点

在出口贸易中，如果想做到高质量的报价，要注重一些基本要点，综合各种信息才能提高报价的成功率。避免报价过低，利润低下或者报价过高，丧失交易机会。

1. 报价前要充分准备

首先，在进口方询价后到正式报价前这段时间，要认真分析进口方真正的购买意愿和意图，进行初步的判断分析，看买方最主要关心的是价格、质量还是交货时间。针对买方的意图，拟就有的放矢的报价。其次，做好市场跟踪调研，清楚市场的最新动态。由于市场信息透明度高，市场价格变化更加迅速，因此，出口商必须依据最新的行情报出价格——随行就市，买卖才有成交的可能。例如，根据销售淡、旺季之分，一种产品在销售淡季，为了抢得先机，就不妨直接报出最低价。

2. 选择合适的价格术语

在一份报价中，价格术语是核心部分之一。因为采用哪一种价格术语实际上就决定了买卖双方的风险、责任和费用的划分，不同的价格术语会导致买卖双方利润的变化。所以，出口商在拟就一份报价前，除要尽量满足进口商的要求外，也要充分了解各种价格术语的真正内涵并认真选择，然后根据已选择的价格术语进行报价。例如，一般情况下，选择以FOB价成交，在运费和保险费波动不稳的市场条件下于出口方有利。但也有许多被动的方面，比如，在运输单据使用非海运提单时，由于是进口商与承运人联系运输，货物一旦运出，出口商在运输途中或目的地对货物失去控制力，承担很大的风险。

3. 充分利用合同其他要件

合同其他要件主要包括：付款方式、交货期、装运条款、保险条款等。在影响成交的因素中，价格只是其中之一，如果能结合其他要件和进口方商谈，价格的灵活性就要大一些。例如，对于外汇管制较严的进口国的买方，给对方远期付款的信用证的条件，对其具有很大的吸引力。对于服装等季节性很强的商品，在报价中给进口方承诺快速而又准时的交货期无疑也可以让进口方更加关注。

4. 适当展示综合实力

报价前，一方面要考虑进口方的信誉，另一方面在对新的买方进行报价时，要让对方了解清楚公司实力和业务运作模式。良好的公司形象能够帮助吸引和留住对方，只有对合作伙伴具有充分的信心时，对方才有真正考虑合作的可能。

### 10.2.2 出口商品报价的核算

在我国的外贸进出口业务中，常常采用 FOB、CFR、CIF 三种贸易术语，但是在实际外贸业务中，三种贸易术语价格的构成变化不仅仅是运费和保险费，还要结合业务涉及的现实条件来全面核算。下面将重点讲述这三种贸易术语的价格构成与报价核算。

1. 出口商品价格的构成

在外贸实际业务中，通常情况下出口商品价格的基本构成包括成本、费用和利润三大要素。了解出口价格的构成要素，掌握成本、利润和出口交易中各种费用的含义和计算方法，对于准确地核算出口价格是十分重要的。

1) 成本(Cost)

出口商品的成本指的是出口企业或外贸公司对出口商品进行生产、加工或采购而产生的生产成本、加工成本或采购成本，我们可以统一称为购货成本或含税成本。它可以包括生产成本、加工成本和采购成本三种类型。

(1) 生产成本：制造商生产某一产品所需的投入。

(2) 加工成本：加工商对成品或半成品进行加工所需的成本。

(3) 采购成本：贸易商向供应商采购商品的价格，亦称进货成本。

在出口价格中，成本占的比重最大，因而成为价格中的主要组成部分。但是，很多国家为了降低出口商品的成本，增强其商品在国际市场的竞争能力，往往对出口商品采取增值税全部或部分退返的做法。在实施出口退税制度的情况下，在核算出口商品价格时，就应该将含税的采购成本中的税收部分根据出口退税比率予以扣除，从而得出实际采购成本。

2) 费用(Expenses/Charges)

由于进出口交易通常为跨越国界的买卖，其间所要发生的费用远比一国内所进行的交易复杂。在出口商品价格中，费用所占的比重虽然不大，但因其内容繁多，且计算方法又不尽相同，因而成为价格核算中较为杂乱的一个方面。出口报价中的费用主要有国内费用和国外费用两部分。其中国内费用主要包括：包装整理费、仓储费、国内运费、证书办理费、港杂费、报关报检费、经营业务费、捐税、银行利息、银行费用等；国外费用包括出口运费、出口保险费、佣金等。

(1) 包装整理费(Packing Charges)。包装整理费用通常包括在采购成本之中，但如果买方对货物的包装有特殊的要求，由此产生的费用就要作为包装整理费另外计算。

(2) 仓储费(Warehousing Charges)。出口货物需要提前采购或另外存仓时，往往会发生仓储费用。

(3) 国内运费(In1and Transport Charges)。出口货物在装运前所发生的内陆运输费用，通常有卡车运输费、内河运输费、路桥费、过境费及装卸费等。

(4) 证书办理费(Certification Charges)。出口商在办理出口许可证、出口配额、原产地证明、领事签证等其他证明所支付的费用。

(5) 港杂费(Port Charges)。出口货物在港区、码头作业所需支付的装船、起吊、驳船等各种费用。

(6) 报关报检费(Customs and Inspection Charges)。在办理出口商品的报检、通关手续时，海关和检验机构对货物所收取的费用。

(7) 经营业务费用(Operating Charges)。出口商在经营中发生的有关费用，如通信费、交通费、交际费等。

(8) 捐税(Duties and Taxes)。国家对出口商品征收、代收或退还的有关税费，通常有出口关税、增值税等。

(9) 银行利息(Interest)。出口商在货物出口前，从银行贷款购货所发生的利息。

(10) 银行费用(Banking Charges)。出口商委托银行向国外客户收取货款、进行资信调查等所支出的费用。

(11) 出口运费(Freight Charges)。货物出口时支付的从出口国到进口国的海运、陆运或空运费用。

(12) 保险费(Insurance Premium)。出口商向保险公司购买货运保险或信用保险所支付的费用。

(13) 佣金(Commission)。出口商向中间商支付的报酬。

特别应注意的是一般而言，在出口方即期收款条件下，银行利息的计息本金可以按照采购成本来计算；在远期收款条件下，银行利息的计息本金则可以按照出口价格来计算。通常，银行是根据出口方委托的金额的一定百分比收取的，计算时基数应按照出口价格计算。

3) 预期利润(Expected Profit)

预期利润是出口价格三要素之一，在出口交易中，利润对于贸易商无疑是最重要的部分。通常情况下，预期利润往往根据商品、行业、市场供求、企业经营策略等具体因素来确定不同的数额。利润在价格中的构成可以是具体的某一固定的数额，也可以采用价格的一定百分比的形式。需要特别强调的是，当利润采用一定利润率的方式构成时，要注意利润计算的基数。计算基数不同，利润额的多少及价格高低都会不同。

### 2. 出口成本计算

与外贸生产企业不同，对于出口商而言，含税成本即为采购成本，也就是贸易商向供货商购买货物的支出。一般来讲，供货商所报的出售价格就是采购成本。然而，供货商报出的价一般会包含税收，即增值税。所以，在实施出口退税制度的情况下，出口商在核算价格时，就应该将含税的采购成本中的税收部分扣除，从而得出实际成本。

出口成本计算公式

$$实际成本=含税成本-出口退税额$$

$$出口退税额=含税成本\times\frac{出口退税率}{1+增值税率}$$

故

$$实际成本=含税成本\times\left(1-\frac{出口退税率}{1+增值税率}\right)$$

【例 10.1】 某产品每单位的购货成本是 28 元人民币，其中包括 17%的增值税，若该产品出口有 13%的退税，那么该产品每单位的实际成本是多少元人民币？

**解**：$实际成本=含税成本\times\left(1-\frac{出口退税率}{1+增值税率}\right)=28\times\left(1-\frac{13\%}{1+17\%}\right)=24.89(元)$

3. 国内费用计算

在出口商品价格中，国内费用项目繁多，有些项目的费用可以直接在相应的环节中产生，有些项目的费用则需要按照特定计算方法来计算求得，如银行利息。就总体的国内费用计算而言比较简单，只要将各项费用的金额求和即可。在业务实践中，也存在出口方将各种国内费用初步测算后直接规定成“定额费用率”的作法，“定额费用率”的计算基数通常是含税成本。

出口国内费用=包装整理费+仓储费+国内运费+证书办理费+港杂费+报关报检费

+经营业务费用+捐税+银行利息+银行费用

或者

$$出口国内费用=含税成本\times定额费用率$$

需注意的是，通常，出口总成本就是实际成本与出口费用的总和。

4. 出口运费计算

出口运费计算主要涉及海运班轮散货运费计算、集装箱运费计算和航空运费的计算。在计算报价时，可根据采取的运输方式，分别计算相应的出口运费。

【例 10.2】 某公司出口到汉堡港一批水果罐头 100 箱，每箱体积 40cm×30cm×20cm，毛重 30 千克，求该批货物的运价。

**解**：计算班轮散货运费的步骤。

(1) 选择相关的运价本。

(2) 根据货物名称，在货物分级表中查到运费计算标准(BASIS)和等级(CLASS)。

(3) 在等级费率表的基本费率部分，找到相应的航线，启运港，目的港，按等级查到基本运价。

(4) 再从附加费部分查出所有应收(付)的附加费项目和数额(或百分比)及货币种类。

(5) 根据基本运价和附加费算出实际运价。

按照上述步骤分别查得，计费标准 W/M、基本运费 222 元，附加运费率 10%，则可以计算出货物运费。

该批货物运费 = 基本运费×运费吨×(1+附加运费率) =222×3×(1 + 10%) = 732(元)

5. 出口保险费计算

在出口交易中，通常只在 CIF 或 CIP 贸易术语成交下，出口报价需要计算出口保险费。保险费计算用公式表示为：

$$\text{保险费}=\text{保险金额}\times\text{保险费率}$$

$$\text{保险金额}=\text{CIF 货价}\times(1+\text{保险加成率})$$

$$\text{CIF}=\frac{\text{CFR}}{1-(1+\text{保险加成率})\times\text{保险费率}}$$

【例 10.3】 某公司计划出口到美国一批纺织品，原定单价为 CFR 纽约每打 105 美元，现在准备改报 CIF 价格，加一成投保。从保险公司查得，平安险保险费率 0.76%，淡水雨淋险保险费率 0.04%。求保险金额和保险费。

**解**：计算 CIF 价格：

$$\text{CIF}=\frac{\text{CFR}}{1-(1+\text{保险加成率})\times\text{保险费率}}=\frac{105}{1-(1+10\%)\times(0.76\%+0.04\%)}=105.93\,(\text{美元})$$

保险金额 = CIF 货价×(1+保险加成率) = 105. 93×(1+10%) = 116.52(美元)

保险费 = 保险金额×保险费率 = 116. 52×(0.76% + 0.04%) = 0.93(美元)

6. 佣金和折扣的计算

在出口报价中，如果对方要求包括佣金或给予买方一定比例的折扣，则必须在报价中准确计算出佣金或折扣。两者在计算原理上基本相同。

(1) 含佣价和净价的换算公式：

$$\text{净价}=\text{含佣价}-\text{佣金}$$

$$\text{佣金}=\text{含佣价}\times\text{佣金率}$$

$$\text{含佣价}=\frac{\text{净价}}{1-\text{佣金率}}$$

(2) 含折扣价和净价的换算公式：

$$\text{净价}=\text{含折扣价}-\text{折扣}$$

$$\text{折扣}=\text{含折扣价}\times\text{折扣率}$$

$$含折扣价=\frac{净价}{1-折扣率}$$

【例 10.4】 某公司出口一批纺织品，原定单价为 CFR1000 美元，现在准备改报 CFRC3，如果保持我方净受益不变。求含佣价。

解：$含佣价=\frac{净价}{1-佣金率}=\frac{1000}{1-3\%}=1030.93(美元)$

7. 预期利润的计算

预期利润为出口商预想在进出口交易中获取的收入，其核算的方法由出口商自行决定，可以某一固定的数额作为单位商品利润，也可以用一定的百分比作为经营的利润率来核算利润额。在用利润率来核算利润额时，应当注意计算的基数，可以用某一成本(生产成本、购货成本或出口总成本) 作为计算利润的基数，也可以用销售价格作为计算利润的基数。

【例 10.5】 某产品的生产成本为 75 元，出口费用为 25 元，利润率为 20%。如果分别按生产成本、出口成本和 FOB 出口价格来计算，利润额各是多少？

解：① 按生产成本为基数计算

$$利润=生产成本\times利润率=75\times20\%=15(元)$$

② 按出口成本为基数计算

$$利润=(生产成本+出口费用)\times利润率=(75+25)\times20\%=20(元)$$

③ 按 FOB 出口价格为基数计算

$$价格=\frac{(75+25)}{1-20\%}=125(元)$$

$$利润=价格\times利润率=125\times20\%=25（元）$$

由此可见，因为计算利润的依据不同，获取的利润额和最终的出口价格都不一样。因此，在进行报价核算时必须特别注意计算利润的依据，以避免报价失误，造成损失。

8. FOB、CFR、CIF 出口报价的构成和计算

(1) 关于 FOB 术语的出口报价的构成和计算。

$$FOB=实际成本+出口国内费用+预期利润$$

$$FOBC=实际成本+出口国内费用+佣金+预期利润$$

如果预期利润是以出口 FOB 价格为基数计算，则有

$$FOB=\frac{实际成本+出口国内费用}{1-利润率}$$

$$FOBC=\frac{实际成本+出口国内费用}{1-佣金率-利润率}$$

(2) 关于 CFR 术语的出口报价的构成和计算。

$$CFR=实际成本+出口国内费用+出口运费+预期利润$$

$$CFRC=实际成本+出口国内费用+出口运费+佣金+预期利润$$

如果预期利润是以出口 CFR 价格为基数计算，则有

$$CFR=\frac{实际成本+出口国内费用+出口运费}{1-利润率}$$

$$CFRC=\frac{实际成本+出口国内费用+出口运费}{1-佣金率-利润率}$$

(3) 关于 CIF 术语的出口报价的构成和计算。

$$CIF=实际成本+出口国内费用+出口运费+出口保险费+预期利润$$

$$CIFC=实际成本+出口国内费用+出口运费+出口保险费+佣金+预期利润$$

如果预期利润是以出口 CIF 价格为基数计算，则有

$$CIF=\frac{实际成本+出口国内费用+出口运费}{1-利润率-(1+投保加成率)\times 保险费率}$$

$$CIFC=\frac{实际成本+出口国内费用+出口运费}{1-佣金率-利润率-(1+投保加成率)\times 保险费率}$$

注意：在报价中含有佣金时，含佣价的计算直接利用公式求得，不用求净价后再换算。

**【例 10.6】** 大腾贸易公司受到日本冈岛株式会社求购 17 吨冷冻水产(计一个 20 英尺集装箱)的询盘，经了解该级别水产每吨的国内进货价格为人民币 5600 元(含增值税 17%)；出口包装费每吨 500 元，该批货物国内运费共计 1200 元，出口的商检费 300 元，报关费 100 元，港区港杂费 950 元，其他各种费用共计 1500 元；大腾公司向银行贷款购买该货物用于出口，贷款的年利率为 8%，预计垫款时间 2 个月；银行手续费率为 0.5%(按成交价格计)；出口冷冻水产的退税率为 3%；海洋运费从装运港青岛至日本神户一个 20 英尺冷冻集装箱的包箱运费是 2200 美元；客户要求按成交价格的 110%投保，保险费率 0.85%；冈岛会社要求在报价中包括其 3%的佣金；若大腾贸易公司的预期利润是 10%(以成交金额计)；人民币对美元汇率为 8.25:1。试报出每吨水产出口的 FOBC、CFRC 和 CIFC 价格。

**解**：由于采购价格中包含 17%的增值税，所以在报价时应首先求出扣除出口退税收入后的实际成本，即：

$$实际成本=含税成本\times(1-\frac{出口退税率}{1+增值税率})=5600\times(1-\frac{3\%}{1+17\%})$$

$$=5456.4103(人民币元/吨)$$

$$出口国内费用=500+\frac{1200+300+100+950+1500}{17}+5600\times 8\%\times\frac{1}{6}$$

=812.902(人民币元/吨)(不含银行手续费)

佣金=报价×3%

银行手续费=报价×0.5%

出口运费=2200÷17=129.4118(美元/吨)

=129. 4118×8.25=1067.6473(人民币元/吨)

出口保费=CIF 报价×110%×0.85%

利润=报价×10%

① FOBC 报价

FOBC=实际成本+出口国内费用+佣金+银行手续费+预期利润

=5456. 4103+812.902+ FOBC×3%+ FOBC×0.5%+FOBC×10%

所以有： $FOBC=\frac{5456.4103+812.902}{1-3\%-0.5\%-10\%}$=7247.7598(人民币元/吨)

=7247. 7598÷8. 25=878.52(美元/吨)

② CFRC 报价

CFRC=实际成本+出口国内费用+出口运费+佣金+银行手续费+预期利润

=5456. 4103+812.902+1067. 6473+ CFRC×3%+ CFRC×0.5%+ CFRC×10%

所以有：$CFRC=\frac{5456.4103+812.902+1067.6473}{1-3\%-0.5\%-10\%}$=8482.0342(人民币元/吨)

=8482. 0342÷8. 25=1028.13(美元/吨)

③ CIFC 报价

CIFC=实际成本+出口国内费用+出口运费+出口保险费+佣金+银行手续费+预期利润

=5456.4103+812.902+1067.6473+CIFC×3%+CIFC×0.5%+CIFC×110%×0.85%+CIFC×10%

所以有：$CFRC=\frac{5456.4103+812.902+1067.6473}{1-3\%-0.5\%-10\%-110\%\times 0.85}$=8574.7205(人民币元/吨)

=8574.7205÷8.25=1039.36(美元/吨)

由以上报价我们不难看出，出口报价核算并不深奥，其中的关键是掌握各项内容的计算方法并细心地加以汇总，只要按照成本、费用和利润三大要素考虑和计算，就能够很准确的完成出口报价的核算。

报价核算有总价核算和单价核算两种方法。总价法比较精确，但要将核算结果折算成单价后才能对外报价；单价法可以直接算出报价，但计算过程需保留多位小数，以保证报价准确，上述实例采用的就是单价核算法。此外，出口报价核算出来之后或者当进口方还价后，可以采用逆算方法验算，即用收入减去支出等于成本的原理来核算对外报价是否正确或者进口方还价后利润的变化。

计算时应注意：

(1) 要关注各项费用的计量单位以及集装箱的数量，这些因素直接影响单位商品的国内费用和运价的多少。

(2) 在使用外汇汇率时，要考虑买入价和卖出价的适用，还要结合付款时间和付款货币汇率走势适当选用即期汇率或远期汇率。

## 10.3 出口商品交易的经济效益核算

衡量一笔出口贸易的盈亏及盈亏的幅度，即出口商品交易的经济效益核算，主要体现在出口商品盈亏率、出口换汇成本、外汇增值率三个经济效益指标上。计算这三个指标，涉及出口总成本(指出口商品的进货成本加上出口前的一切费用和税金)、出口销售外汇净收入(指出口商品按 FOB 价出售所得的外汇净收入)、出口销售人民币净收入(指出口商品的 FOB 价按当时的外汇牌价折成人民币的数额)、原料外汇成本(国产原料按原料 FOB 出口价计算，进口原料按原料 CIF 价计算)、成品出口外汇净收入(原料加工后，成品 FOB 出口价) 五个专业名词。

### 10.3.1 出口商品盈亏率

出口商品盈亏率是指出口商品盈亏额与出口总成本的比率。出口商品盈亏额是指出口销售人民币净收入与出口总成本的差额，前者大于后者为盈利；反之为亏损。

$$\text{出口商品盈亏率}=\frac{\text{出口销售人民币净收入}-\text{出口总成本}}{\text{出口总成本}}\times 100\%$$

### 10.3.2 出口换汇成本

出口换汇成本是指以某种商品的出口总成本与出口所得的外汇净收入之比，反映商品出口净收入每美元所需要的人民币总成本，即用多少人民币换回一美元。换汇成本是考察出口企业有无经济效益的重要指标，其衡量的标准是：人民币对美元的汇价。如果换汇成本高于人民币对美元汇价，则该商品的出口为亏损，虽然有创汇，但出口本身却无经济效益，换汇成本越高，亏损越大。反之，如果换汇成本低于人民币对美元汇价，则该商品的出口为盈利。

$$\text{出口换汇成本}=\frac{\text{出口总成本}}{\text{出口销售外汇净收入}}$$

**【例 10.7】** 某出口商品每公吨进货成本(含税)人民币 7000 元，商品国内总费用人民币 2000 元，成交价为 CIFC3 每公吨 1200 美元，其中含出口运费 42 美元，保险费 8.5

美元。佣金 36 美元。(已知美元对人民币的比价为 1∶8.1) 求该笔交易的换汇成本和出口盈亏率。

**解**：出口总成本=7000+2000=9000(人民币元)

出口销售外汇净收入=FOB=CIFC－C－I－F=1200－36－8.5－42=1113.5(美元)

出口销售人民币净收入=1113.5×8.1=9019.35(元人民币)

$$所以，出口换汇成本=\frac{出口总成本}{出口销售外汇净收入}=\frac{9000}{1113.5}=8.08(元/美元)$$

$$出口商品盈亏率=\frac{出口销售人民币净收入-出口总成本}{出口总成本}\times 100\%$$

$$=\frac{9019.35-9000}{9000}\times 100\%=0.215\%$$

### 10.3.3 外汇增值率

外汇增值率又叫出口创汇率，它主要指加工后成品出口的外汇净收入与原料外汇成本的比率。在进料加工的情况下，核算这个指标意义更大。

$$外汇增值率=\frac{成品出口外汇净收入-原料外汇成本}{原料外汇成本}\times 100\%$$

在实际进出口业务中，正确掌握进出口报价(尤其是出口报价)的方法，充分考虑影响价格的种种因素，加强成本和盈亏核算，对交易磋商的成败和双方经济利益的实现都具有十分重要的现实意义。

注意：非正常银行费用的支出、装运环节额外费用支出等在合同实际履行时出现的一些意外支出常常导致实际出口商品交易的经济效益核算与预期的不一致。如在信用证结算中产生的不符点交单引起的电报费，托盘、集装箱的装运方式额外装运费用。

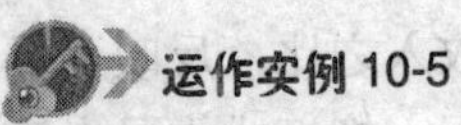

**运作实例 10-5**

## 出口成本预算表

编号:

日期:

商品名称及规格:

供货单位:

出口国家/地区:

买方:

出口报价:
成交数量:
当日汇率:
装卸口岸/地点：从　　至　　经由

<table>
<tr><td>货号<br>有关项目</td><td></td></tr>
<tr><td>成本栏</td><td>收购价(含税进货价款)<br>含增值税率：　%<br>消费税率：　%<br>扣除出口退税收入:<br>退税率：　%<br>A．实际采购成本(本币/外币)：</td></tr>
<tr><td>费用栏</td><td>进货费用1:<br>运保费:<br>仓储费:<br>其他:<br>商品流通费:<br>国内运杂费2:<br>包装费3:<br>商品损耗费4:<br>仓储费5:</td></tr>
<tr><td rowspan="3">费用栏</td><td>认证费:<br>商检报关费:<br>港杂费:<br>捐税:<br>经营管理费6:<br>购货利息:<br>银行费用:<br>其他:<br>或：按商品流通费率7：%/费用定额率8：%<br>B．国内费用(本币/外币)</td></tr>
<tr><td>出口总成本C(FOB成本)(本币/外币)：<br>C=A+B</td></tr>
<tr><td>出口运费F(外币/本币):<br>包装:<br>毛重:<br>尺码:<br>计算标准和费率:</td></tr>
</table>

续表

<table>
<tr><td>有关项目 \ 货号</td><td></td></tr>
<tr><td rowspan="6">费<br>用<br>栏</td><td>C&F 成本(外币/本币) (C+F):</td></tr>
<tr><td>出口保费 I:(外币/本币)<br>投保险别及相应保费率:<br>总保费率:<br>加成投保金额:</td></tr>
<tr><td>CIF 成本(外币/本币) (=C+F+I):</td></tr>
<tr><td>佣金 C:(外币/本币)<br>佣金率: %<br>计佣基数:</td></tr>
<tr><td>CIFC 成本(外币/本币) (=C+F+I+C):</td></tr>
<tr><td>其他按报价一定比例的费用计算:<br>如:银行手续费率</td></tr>
<tr><td rowspan="3">备<br>注</td><td>(预期) 盈利额或亏损额:<br>预期盈亏率: %<br>远期收汇天数: 天</td></tr>
<tr><td>对外报价(即期):<br>银行放款利率: %<br>即期收汇天数: 天<br>对外报价(远期):</td></tr>
<tr><td>换汇成本:</td></tr>
</table>

主管部门意见: 财务部门意见: 批示: 复核:

# 本章小结

出口成本核算与报价,制定进出口经营方案,是出口贸易中最基本的技能。如果不能准确完成出口成本核算和合适的出口报价,就无法保证出口贸易的顺利进行,甚至导致经济效益的损失。出口成本核算和报价,要考虑全面,计算仔细,结合出口商品的国际市场的供求关系,灵活处理,争取更好的经济效益。

交易磋商前的准备工作内容繁杂,不同的交易商品或交易环境,涉及的具体准备工作难易程度也有很大差别。在实际业务中,应该结合实际情况去完成,避免生搬硬套的教条主义。

**关键名词**

(1) Export Cost 出口换汇成本
(2) Tax Refund 出口退税
(3) Export Quotation 出口报价
(4) the Actual Purchase Cost 实际采购成本
(5) Purchase Cost Including VAT 含税采购成本
(6) Money of Payment 支付货币

## 习 题

**【思考题】**

(1) 调研一国文化环境主要考虑哪些方面的因素？

(2) 如何甄别市场调研中获取的第二手资料和信息的真伪和准确性？

(3) 作为一个优秀的外贸谈判的主谈人员，需要具备哪些能力和素质？在学校学习期间应该如何有意识地培养自己这些能力和素质？

(4) 影响进出口商品价格的具体因素主要有哪些？

(5) 不同的贸易术语报价除了在价格的金额方面有差异外，还有哪些责任和权利的不同？实际业务中报价术语的选择还要考虑与哪些其他因素相配合？例如，货款支付方式和运输方式等。

(6) 本章介绍的出口报价操作如何与国际市场营销策略相互配合运用？

**【练习题】**

(1) 我国某外贸企业向欧洲销售一批货物，出口总价为 10 万美元，装于一个 40 英尺的集装箱内，贸易术语采用 CIF Rotterdam，已知从青岛至鹿特丹的海洋运输费用是每个 40 英尺的集装箱 3000 美元，海洋运输投保一切险(费率为 1%) 和海洋运输战争险(费率为 0.5%)，投保加成率为 10%，另知该批货物的国内购入价为人民币 702 000 元(含增值税 17%)，该外贸企业的定额费用率为 5%，退税率为 9%，结汇时银行的外汇买入价为 1 美元，折合人民币 8. 30 元。试计算这笔出口交易的盈亏率和换汇成本。

(2) 某工厂进口一批钢材，支出外汇 400 万美元，加工成品出口，外汇净收入 500 万美元，求创汇率？

(3) 我国某外贸企业向美国销售一批男式衬衫，共计 10 000 件，装于一个 40 英尺的集装箱内，原报价为 USD20.00/pc FOB Qingdao，已知从青岛至纽约的海洋运输费用是每个 40 英尺的集装箱 5000 美元，海洋运输投保一切险(费率为 1%) 和海洋运输战争险(费率为 0.5%)，投保加成率为 10%，现美方要求我方改报 CIFC3%，我方表示接受。请问我方应该报出的单价是多少？

(4) 某公司向新加坡出口一批货物，已知该货物国内含税供货价是每公吨 3500 元人民币，公司出口定额费率为收购成本的 3%，该商品增值税率 17%，出口退税率为 5%；公司进行此项交易时先从银行贷款用来备货，为进口方垫款 90 天，银行年利率为 5%，公司预期利润率是报价的 15%，人民币对美元汇率是 7.9650：1；进口方要求报价含佣 3%。该公司 FOBC3%应该报价每公吨多少美元？

(5) 某公司出口陶瓷茶具到日本，每单件纸箱包装体积 400×320×360mm，每单件包装内装有 200

套；陶瓷茶具含税成本150元/套，该商品增值税率17%，出口退税率为9%；出口一个20英尺标准集装箱的费用有，运杂费700元、商检费120元、报关费80元、业务费1200元、港区仓储费600元、其他费用300元；陶瓷茶具从青岛运往日本一个20英尺标准集装箱包箱费率1200美元；海运保险投保水渍险、碰损破碎险，费率分别是0.5%和0.2%；进口方要求含有5%佣金；该公司预期利润是报价的10%。在美元兑人民币汇率是1∶7.9840～7.9850的情况下，分别计算该套茶具的FOB、CFR、CIF的美元单价。

# 案　例

## 罗马尼亚纺织服装市场调研报告

纺织服装业是罗马尼亚的传统支柱产业，在罗国民经济和对外贸易中占有重要地位。罗马尼亚也是我国纺织服装出口的重要市场和东欧地区集散地。始于今年的全球纺织品贸易一体化以及罗马尼亚2007年加入欧盟，给中罗两国纺织服装业的发展带来机遇和挑战。研究和分析罗马尼亚纺织服装市场的现状和发展趋势，对于中国纺织服装企业更好地开拓东欧乃至欧盟市场具有主要意义。

一、罗马尼亚纺织服装业现状

(一) 总体情况

罗马尼亚是东欧国家中传统的纺织服装业强国，在社会主义时期就有很好的基础，曾经是前经互会成员国的主要纺织服装供应国。1989年以后，随着外资的涌入和国外商品的冲击，罗纺织服装业的传统优势大大削弱，生产方式以CM/CMT (委外加工贸易，客人提供材料、设计等) 为主，基本没有自主品牌。

罗现有纺织服装生产和经营公司7200家，员工数量超过45万人。罗纺织工业已基本完成私有化，生产和出口的97%是由私营公司实现的。2004年，罗纺织服装业实现增加值约33亿美元，占当年GDP的5.5%；产值占工业总产值的9.9%；出口57亿美元，占出口总额的29.7%(含皮革、鞋)；出口85%依赖欧盟市场。

罗纺织服装业劳动力成本较低。据Seco Sector Consulting组织2003年公布的世界31个主要服装生产地的调查结果显示，罗马尼亚服装生产商每分钟平均分包价为0.09美元，高于保加利亚的0.08美元、摩尔多瓦的0.07美元、乌克兰的0.06美元和中国的0.05美元，远低于波兰的0.16美元、捷克的0.18美元、匈牙利的0.18美元及中国香港的0.32美元。

按产品大类划分，罗纺织工业中服装占62%，纺织占22%，皮革制品占15%。

(二) 服装业情况

罗服装加工业基础较好，技术水平较发达，80%的裁剪、整理和包装等依靠引进技术进行了改造。但本国的纺织原料匮乏，只有30%的羊毛、亚麻纱、人造合成纤维纺织原材料可以自给，70%的原材料依赖进口。罗主要鼓励发展服装和织布，但麻纤、纺纱、印染、纱线和人造合成纤维原料生产加工能力比较薄弱，远不能满足服装厂和纱厂生产能力的要求。因此，绝大多数服装生产企业以做服装来料加工为主，每年为欧盟国家生产、加工的纺织品和品牌服装占 85%。主要加工产品有衬衣、罩衣、裤子、夹克、袜子、男女西服、裙子、睡衣、内衣等。由于来料加工占的比重过大，阻碍了罗纺织服装业的技术研发和创新能力的提高，罗纺织品和服装的自主品牌很少。

罗服装生产和贸易公司约4800家。其中，250人以上的大型企业不到4%，10~250人的中小型企业占38%，1~9人的小型企业占58%。大型企业中，97%实现了私有化，国有企业只剩下5家。

服装生产企业主要分布在首都布加勒斯特以及普洛耶什蒂、阿拉德、萨图马雷、巴克乌、雅西、阿尔巴·尤利亚等市县。

1989年—2003年，服装行业投资额为9.3亿欧元，其中本国投资7亿欧元，外资2.3亿欧元。同期服装生产能力提高了2.8倍，出口提高了5.6倍。

(三) 纺织业情况

罗马尼亚是世界上唯一没有发达基础工业的纺织品出口大国，在麻纤、纺纱、印染、纱线和纤维生产方面比较落后，麻和亚麻已不再种植，所有的原材料都需要进口。即使有一些本地供应，产品质量也较低。纺织工业严重依赖进口。

纺织设备除了印染和最终处理部分较先进(主要从美国和德国进口) 外，其余的织布和纺纱企业拥有大量20世纪70至80年代的技术设备，设备陈旧，自动化程度低，生产能力已远远不能适应市场需求。由于原材料匮乏，许多纺织设备已闲置，目前罗纺织业正处于转型、改造、重组过程中。

罗纺织生产和贸易公司约有2300家。其中，超过250人的大型企业占5%，10~250人的中小企业占27%，1~9人的企业占68%。大型企业中，83%实现了私有化，国有企业尚有30家。这些企业主要生产的产品有棉和棉纱线、亚麻线、大麻线、毛制品、亚麻制品、大麻制品、人造合成纤维及工业用的织品、聚脂纱、精纺线和少量丝绸制品等。每年来料加工，原材料进口约90%，服装敷料进口约85%。

纺织企业主要分布在布加勒斯特以及皮亚特拉·尼亚姆茨、布泽乌、巴克乌、博多沙尼、雅西、锡比乌等市县。

(四) 对外贸易情况

罗马尼亚是东欧国家中最大的纺织服装出口国，从德国、意大利、荷兰等西欧发达国家来料加工的国际品牌产品约占其出口的80%，这不仅提高了行业的技术水平，也提高了产品的国际竞争力。2004年，罗纺织品和服装进出口总额102亿美元。其中，出口57亿美元；进口45亿美元。纺织品服装排罗出口商品的第二位。

1. 主要出口品种。纺织品：人造合成纤维、挂毯、棉布、羊毛、皮革制品、花边服饰等。服装：主要是针织服装及成衣。

2. 主要进口品种。用于生产服装的来料加工料，包括纺织化纤布料、棉布料、棉纱线、毛衣编制品、人造合成纤维、羊毛织布、服装和服装敷料等。

3. 主要进出口国别。出口国别主要有意大利、德国、英国、法国；进口国别主要有意大利、德国、英国、法国、中国和土耳其。

罗马尼亚是在中国和土耳其之后的欧盟第三大服装进口来源国，在中东欧国家中，是欧盟第一大服装进口来源国。2004年，罗纺织服装出口95%输往欧盟，82.6%从欧盟进口。

(五) 主要大型纺织、服装生产企业

1. BRAICONF公司。私营大型服装生产及贸易企业，雇员3500人，来料加工各类服装,年产44万件,其产品主要销往国内市场和出口到欧盟国家。

2. ORADINUM S.A 公司。私营大型服装生产企业，雇员 1600 人，来料加工男女西服和套装。年产 48 万件，其产品 85%出口到欧盟国家。

3. MODCONF 公司。私营大型服装生产企业，雇员 1560 人，来料加工成衣和儿童服装，如衬衫、制服、裙子、大衣等。其产品 90%出口到欧盟和美国。

4. CISEROM S.A.公司。私营袜子生产企业，雇员 1050 人，主要进口原料，生产各类袜子，年产 2136 万双，产品 35%出口欧洲国家。

5. COZAMIN 公司。私营大型服装来料加工生产企业，雇员 1000 人，来料加工各类服装，如 T 恤衫、运动衫、夹克、针织服装、游泳衣、儿童服装等。年产 120 万件，其产品 100%出口到欧盟国家。

6. CONFEX 公司。来料加工服装生产企业，雇员 900 人，主要生产各类服装，产品 90%出口美国和欧盟国家。

7. ARTA MODEI S.A.公司。私营服装生产企业，雇员 700 多人，主要生产和出口女士、男士及儿童的各类服装，如：运动服、夹克、背心、大衣、裤子、西服、裙子等。年产 120 万件，出口欧盟和美国。年出口额 300 万美元。

8. CALYPSO S.A.公司。私营服装生产企业，雇员 580 人，主要生产运动服、夹克、马夹、大衣、裤子、西服、裙子、衬衫、制服、牛仔、女士无袖衬衣等产品，年产 80 万件～100 万件，产品 100%出口欧盟国家。

二、罗纺织服装业外资企业情况

(一) 投资基本情况

截止到 2005 年上半年，在罗投资的外国纺织服装生产和贸易公司共 868 家。其中，中国 166 家贸易公司，1 家生产企业。投资方式主要是合资和独资。

1. 主要投资国家和地区：意大利、英国、法国、比利时、土耳其、波兰、西班牙、瑞士、奥地利、爱尔兰、保加利亚、美国、加拿大、德国、希腊和中国香港等。

2. 主要产品：男女西服、棉纱、羊毛线、亚麻织品、真丝、人造真丝、合成纱、缝纫机线、精纺纱、地毯和挂毯、人造合成纤维及工业制品、聚脂纱、聚脂网和各类绳、内衣纺织品、针织服装品、长短袜子、套头衫和女式背心等。

(二) 主要外资企业情况

1. AKROM AKAL TEXTILE ROMANIA S.R.L 公司。土耳其独资的纺织原料生产企业，总投资 2000 万美元，年产 8400 吨纺织原材料，主要生产丙烯酸与羊毛、棉纱等混纺原材料和合成纤维，雇员人数 1000 人。产品出口欧盟、美国和中东等国。

2. FRESHTEX TEXTILE FINISHING S.R.L 公司。德国投资的合资私营服装生产企业，罗方占 5%，德方占 95%，年产 6000 万件，主要生产牛仔系列服，雇员 980 人，具有国际质量标准。年均出口 8.5 亿欧元，产品出口意大利和英国。

3. MARTELLI EUROPE S.R.L 公司。意大利独资纺织品生产企业，主要进口原料，生产加工化纤纺织品再出口到欧盟国家，雇员 650 人，年均出口 4.3 亿欧元。

4. SMART S.R.L 公司。英国独资服装生产企业，年产 384 万件，主要生产系列女装，雇员 1300 人，产品 100%出口到欧盟国家。

(三) 罗市场主要世界服装品牌

罗市场约有 50 多个世界服装品牌，主要在专卖店及百货、综合超市、MALL 等渠道销售。主要品牌有：美国的 NIKE、ADDIDAS、LEE COOPER；法国的 Pierre Cardine；意大利的 MAX MAEA、VEESACE、ARMANY、CAKVINKLEIN、D&G、ANDNEWS、TIES、LOTTO；德国的 NAF；英国 TERANOUA、JUNDER；荷兰的 H&M；希腊的 ZARA BASIC、Naf-Naf、Bennetton、Stefanel、Steilmann、Kookaiand Mango 等品牌。这些品牌服装在世界各地生产加工、贴牌，都贴有原产地国，除有在罗马尼亚生产的外，还有在法国、德国、意大利、西班牙、中国、印度、泰国、土耳其、以色列及越南等国生产的产品。

三、罗纺织品服装购买力情况

(一) 工资水平和消费结构

罗马尼亚纺织品和服装出口强劲，但国内市场却一直萎靡不振，所生产的产品只有 20%在国内市场销售。主要原因是当地职工工资水平低，购买力不强。

根据欧洲 48 个国家的雇员工资分类调查，罗马尼亚雇员工资在排行第 41 位，最低收入为每小时 0.68 欧元，最高收入每小时 23 欧元。

2004 年统计，罗总人口 2170 万，雇员月均工资收入为：金融业 675 ~ 700 欧元，政府机关 600 欧元，一般职员和工人 200 欧元，农民 170 欧元。罗贫困人口约占总人口的 1/4，最低保障月工资为 69 欧元。高收入者占 5%，中等收入者占 35%，低收入者占 60%。

从每户家庭月收入现金支出来看，2003 年罗每个家庭消费开支占 75.4%，其中购买食品约占 39.65%，购买非食品约占 32.4%，而纺织品服装和鞋类消费只占 5%。

(二) 纺织品和服装消费特点

目前，罗马尼亚人只有 3%～4%的人购买高档价位的名牌服装，绝大多数人购买中低档价位的服装。在政府部门、中介组织及公司工作的男职员主要穿西装，女士主要穿质量好，款式新颖，颜色鲜艳的西装套裙。在普通岗位工作的员工中，约 80%的年轻人喜欢穿西方流行款式和针织休闲服，其布料质地为涤棉和合成纤维。老年妇女喜欢穿颜色鲜艳的服装。在罗纺织服装市场较畅销的有：款式新颖的西服套装、休闲针织运动装和牛仔服装等；经济条件好的人比较喜欢棉制品和麻制品。

四、罗纺织服装业投资环境

(一) 吸引外资有关法律法规和税收政策

罗鼓励外资投资纺织服装业，但没有特殊政策。外商在罗投资享受国民待遇。

对纺织服装企业征收的主要税种和税率有：增值税 19%、利润税 16%、所得税 16%、红利税 10%、养老税 24.5%、失业保险 3.5%、健康保险 7%、出口税 5%。

关税及税率：对于各种面料、原材料一律为 25%(丝线、棉花、人造合成纤维等)；各种成衣一律为 30%。目前，罗海关实行估税法，对每一个标准集装箱限定最低货值 1.2 万美元。

(二) 罗马尼亚和欧盟纺织服装关税比较

欧盟和罗马尼亚纺织服装进口关税一栏表

| 海关税号 | 商品名 | 欧盟平均(%) | 罗马尼亚(%) |
|---|---|---|---|
| 57 | 地毯、纺织原材料 | 10.3 | 35 ~ 40 |
| 60 | 针织品 | 11.8 | 25 |
| 61 | 服装和成衣 | 13.2 | 30 |
| 62 | 成衣 | 10.5 | 30 |
| 60 | 其他纺织品 | 10.3 | 30 |

从上述表中可以看出，罗纺织品服装关税比欧盟要高出2~3倍。罗入盟后，将采用欧盟统一关税，平均税率与现在相比将下降 20%。纺织品和服装关税下调幅度更大。此外，罗对与欧盟签订自由贸易协定的国家进口纺织品不增收关税。罗加入欧盟为罗纺织品和服装提供了更大的出口机遇。

(三) 逐步采用欧盟法律和标准

1. 罗入盟后，将采用欧盟统一法律和标准。但在2007年1月1日之前，罗仍然使用本国的法律、贸易政策和进出口关税。

2. 罗入盟后，纺织品和服装采用欧盟和国际标准，如ISO系列标准、EN、ASTM、ANSI、BS、DIN、SN、NF、AATCC、GTS 等共有 160 个标准，以替代罗马尼亚标准(SR)， 所有纺织品服装出口到欧盟市场必须要有质量证书，以保证产品质量和生产环境符合欧盟标准。

(四) 罗建立生产企业可享受的有关条件

1. 货物以零关税进口，出口没有退税。

2. 从罗出口到欧盟和美国的纺织品服装不需要配额。

3. 中罗两国政府间签署了投资保护协定和避免双重征税协定，相互给予最惠国待遇。

五、罗纺织服装业的优势、劣势及发展趋势

(一) 罗纺织服装业的优势

罗政府重视发展纺织服装行业，鼓励吸引外国投资；临近欧盟的优越的地理位置、相对低廉的土地价格、黑海第一大港——康斯坦察港及便捷的水路运输；劳动力具有较高技能和素质，与欧盟国家相比成本较低；纺织服装产业的外向型特征使其与国际市场联系紧密；欧盟纺织品和服装传统的进口来源国，在欧盟市场一直占有较大的份额；产品进入欧盟市场和与欧盟有自由贸易协定的国家免关税和配额；拥有较发达的化工业，经改造后可生产并满足罗大部分纺织业的原材料需要。

(二) 罗纺织服装业的劣势

罗纺织服装原材料匮乏；基础工业设备与现有技术水平的生产能力不能满足纺织服装产业要求； 85%的企业以来料加工方式生产服装，制约了本国纺织品和服装品牌的开发； 多数企业缺乏发展总体规划；官僚主义和腐败较为严重；纺织生产企业污染严重，多数未能达到国际环保质量标准的要求；缺乏技术熟练的纺织工人。

(三) 入盟前罗拟采取的有关措施及产业发展趋势

罗马尼亚是中东欧国家第一大纺织品服装对欧盟出口国，由于罗本国纺织原料生产比较薄弱，罗政府要求罗纺织企业在今后几年里要加大发展对纺织品原料的生产力度，把服装来料加工转向自主设计和生产制作，创本国品牌，提高国际竞争力，力争使来料加工所占的比重降到25%～30%。罗在2007年1月加入欧盟后，对罗纺织业既有机遇也有挑战。罗政府将采取措施鼓励外国投资者加大对罗纺织业的投资，促使罗纺织业尽快走上快速发展的轨道。

1. 鼓励发展纺织服装业出口的主要措施

(1) 保证宏观经济稳定，加快发展纺织服装业，创造一个良好的投资环境(降低通胀率、稳定本币汇率、降低贷款利率、降低税收、鼓励外资流入、打击腐败和官僚主义) ；消除垄断，采取自由竞争价格，建立健全相关法律法规；采用欧盟海关法和反倾销法；利用欧盟提供的优惠贷款支持纺织业的技术改造；采用信息技术(设计、生产和销售) 管理企业；加大对纺织服装业的研发、设计和创立品牌的投资，开发附加值高的新产品；逐步减少来料加工，扩大本国品牌产品出口；通过进出口银行的优惠贷款、政府财政支持，鼓励企业出口本国品牌产品和附加值高的产品。

(2) 加大投资改造纺织原材料生产企业，鼓励本国企业生产原材料(羊毛、亚麻和麻)； 改造相关企业生产辅料(拉链、锁扣、缝纫线等)；用本国品牌替代来料加工产品，把来料加工业务转到比在罗加工成本更低的国家生产，以保持国际市场竞争力；鼓励在罗进行来料加工的外国纺织服装企业使用罗本地原材料加工。

(3) 加强国外市场的调研，开拓多元化的营销网络市场，拓展本国产品出口渠道，除目前向欧盟国家出口外，重新开辟独联体、北美等海外市场。

(4) 罗政府制定了《2005年—2009年纺织业发展规划》，计划使纺织行业产值年增长率达3.4%。优先发展原材料的生产，支持中小服装企业；巩固和建立加工基地，其一在摩尔多瓦，另一个设在汇集纺织行业的区域；为避免全球非关税壁垒，要求纺织品和服装企业按照国际标准生产，特别是达到ISO14001环境管理标准要求。

2. 限制外来纺织服装进口的主要措施

罗将建立跟踪纺织品服装进口动态监控系统，如有大量外来廉价纺织服装品进入本国市场，出现不公平竞争现象并扰乱本国市场，损害影响本国民族产业利益，将与出口国共同协商并达成双方可解决的办法。如果双方经过协商未达成可接受的办法，罗将按照WTO规定的有关条款，采取贸易救济措施合法保护本国的纺织品产业。

(1) 针对目前罗市场主要来自包括中国在内的亚洲国家的低档、走私和假冒纺织服装产品泛滥，将对这些国家的进口产品加强监督和检查。

(2) 海关将严厉打击低值报关行为。对进口时未能按实际价值缴纳海关关税，从而以超低价格在罗市场进行不公平竞争，采取罚款直至没收等严厉措施。

讨论：

(1) 全面的进口国市场调研应该包括哪些方面的内容？

(2) 国外市场调研的方法有哪些

(3) 在此调研报告基础上，如何进一步考虑出口经营方案？

资料来源：商务部研究院网站　作者：罗马尼亚使馆经商参处。

# 第11章 出口合同的履行

## 教学目标

通过本章的学习，熟悉出口合同履行的基本运作流程，可以完成出口合同的货、证、船、款各环节的工作。

## 教学要求

| 知识要点 | 能力要求 | 相关知识 |
| --- | --- | --- |
| 基本知识 | (1) 能够理解合同有效成立的条件<br>(2) 能够了解合同的种类、形式和内容<br>(3) 能够理解合同履行的基本步骤 | (1) 合同有效成立的条件<br>(2) 合同的形式<br>(3) 合同的种类<br>(4) 合同的内容 |
| 业务流程 | (1) 能够掌握出口合同的履行流程<br>(2) 理解备货的要求<br>(3) 熟悉报检、租船订舱、报关操作<br>(4) 掌握审证、制单结汇的处理<br>(5) 能够掌握出境货物报检单的填写 | (1) 出口备货流程<br>(2) 出口备货的基本要求<br>(3) 申领出口许可证的程序<br>(4) 出口退税计算 |
| 风险与防范 | 能够运用所掌握的知识在凭信用证支付的交易中，对信用证的掌握、管理和使用进行灵活的运用 | (1) 出口方审证重点<br>(2) 信用证软条款 |

引例

某A公司在1998年11月与阿联酋迪拜某B公司签订了一份出口合同，货物为1×20集装箱一次性打火机。不久B公司即开来一份不可撤销即期信用证，来证规定装船期限为1999年1月31日，要求提供"Full set original clean on board oceanBill of Lading…"(全套正本清洁已装船海运提单)。由于装船期太紧，A公司便要求B公司展期，装船期限改为1999年3月31日。B公司接受了A公司的要求修改了信用证。收到信用证并经全面审查后未发现问题，A公司在3月30日办理了货物装船，4月13日向议付行交单议付。

4月27日接到收到议付行转来的开证行的拒付通知："你第××××号信用证项下的单据经我行审查，发现如下不符点：提单上缺少"已装船"批注。以上不符点已经与申请人联系，亦不同意接受。单据暂代保管，听候你方的处理意见。"

A公司的有关人员立即复查了提单，证实了开证行的拒付是合理的。A公司立即电洽申请人，承认提单缺少"已装船"批注是自己公司业务人员的疏忽所致，货物确实是被如期装船的，而且货物将在5月3日左右如期到达目的港，A公司同意B公司在收到目的港船代的提货通知书后再向开证行付款赎单。B公司回复由于当地市场上一次性打火机的售价大幅下降，只有在A公司降价30%后方可向开证行赎单。A公司考虑到自己理亏在先，同时通过国内同行与其他客户又了解到，进口国当地市场价格确实已大幅下降，A公司处于十分被动地位，只好同意降价30%，了结此案。

按照《联合国国际货物销售合同公约》第三十条规定："卖方必须按照合同和本公约的规定，交付货物，移交一切与货物有关的单据并转移货物所有权。"然而，在实际的出口业务中，由于每一笔交易中的商品品种、贸易条件以及所选用的惯例不同，合同规定的当事人的权利和义务也各不相同，合同的履行往往要经过不同的环节。在我国的出口业务中，最常见的就是以信用证为支付方式、以海运为运输方式的CIF与CFR合同，本章重点讲解此类出口合同的履行。在履行这类合同时往往要经过备货、报验、催证、审证、改证、租船订舱、报关、保险、装运、制单结汇等过程，上述过程可以划分为货(备货)、证(催证、审证、改证)、船(租船订舱)、款(制单结汇)四个环节的工作，是履行出口合同的重要环节和步骤。

## 11.1 备货、报检的操作要求与控制

### 11.1.1 出口备货

国际货物买卖交易中，卖方的基本合同义务之一就是向买方交付符合合同规定的货物。备货即根据出口合同或信用证的规定，准备好合同规定的货物，它是出口商履行出口交货义务的基础。出口交易中，出口方备货工作的内容主要包括：向生产、供货部门或仓储部

门安排和催交货物，核实应交货物的品质、规格、花色、数量、进行必要的加工整理、包装、刷制唛头以及办理货物的检验、领取出口许可证等。

1. 出口备货流程

出口交易中，出口方的主体不同，出口备货的流程也有所不同。如果出口方是进出口公司或个人，则需要与国内生产供货企业签订采购合同；如果出口方是具有进出口经营权的生产企业，则应该及时安排好出口商品的生产；如果出口方是通过进出口公司代理出口的生产企业，则应该与代理公司密切合作，按时完成出口商品的生产。相对来说，进出口公司或个人的备货流程环节最多，而有进出口经营权的生产企业的备货比较简便。

备货一般在合同签订后开始进行，生产企业首先向自己的生产加工或仓储部门下达联系单(有些企业称其为加工通知单、备货单等)，要求生产加工按联系单的内容进行生产加工或者要求仓储部门按联系单的内容对货物进行清点、整理、包装和刷制唛头，使货物符合合同中规定的要求；然后，填制货物出仓申请单，待得到储运部货物出仓通知单后，即可办理其他手续。如果是进出口公司或个人，要先与国内有关生产企业联系货源，按照进出口合同有关货物品质、数量等要求订立国内采购合同；工厂交货前，外贸公司应提前做好准备，包括确定进货的存放地点、堆码垛型、保管方法、进货所需要的各种苫垫材料、必要的检验工具等；工厂交货时，进出口公司或个人应认真核对承运单位的货运记录、供货单位提供的产品质量合格证明、发票，对货物实体进行严格的感官甚至理化鉴定，严把进货质量，保证出口货源的数量准确、质量完好；商品验收合格即可填写商品购进入库单并入库存仓，准备办理其他手续。

2. 出口备货的基本要求

1) 货物的品质必须与出口合同的规定相一致

货物的品质、规格等应与合同规定保持一致，对不符合规定的商品应立即更换，以免买方拒收货物或提出索赔要求，给出口方在经济和声誉上造成损害。凡凭规格、等级、标准等文字说明达成的合同，交付货物的品质必须与合同规定的规格、等级、标准等文字说明相符；如系凭样品达成的合同，则必须与样品相一致；如系既凭文字说明，又凭样品达成的合同，则两者均须相符。在备货过程中，要充分注意到这一点。

2) 备货的数量应保证能满足合同或信用证的要求

货物的数量是国际货物买卖合同的主要条件之一，卖方按合同规定的数量交付货物是卖方的重要义务。对此《联合国国际货物买卖合同公约》等法律法规都有明确的规定，对卖方交货责任的要求是严格的。备货数量一般以略多于出口合同的规定数量为宜，预防货物储存中的自然损耗和国内搬运过程中的货损，以便在装船发现货物短缺或损坏时能及时补足或更换，从而避免发生少装货物的问题。

3) 货物的包装要与合同规定一致

卖方必须按照合同规定的包装方式交付货物。倘若合同对包装未作具体规定，应按《联合国国际货物买卖合同公约》第三十五条第 2 款的规定："应按照同类货物通用的方式装箱或包装。如果没有此种通用方式，则应按照足以保全和保护货物的方式装箱或包装。"若发现包装不妥，要立即更换或修正。

4) 运输标志(唛头)的式样要符合合同的规定

整装刷唛的意义是"将货物特定化"。业务中仓储货运部门应及时按合同、信用证整理出口货物的包装、刷制。运输标志的式样，如合同有规定或进口方另有指定的，则必须按合同规定或客户指定的办理；如合同未规定、进口方对此又无要求的，则由出口方自行选定刷制，而且要做到字迹清晰、位置醒目、刷制正确，尽量避免"白板货"(无唛头货)。如进口国有关当局规定包装标志必须使用特定文字的(如海湾国家要求用阿拉伯文等)，应予照办。

5) 货物备妥时间应与合同与信用证装运期限相适应

交货时间是国际货物买卖合同的主要交易条件，若有违反，买方不仅有权拒收货物并提出索赔，甚至还可宣告合同无效。因此，货物备妥的时间，尤其是进出口公司在与国内生产企业签订采购合同时，企业的交货期必须适应出口合同与信用证规定的交货时间和装运期限，并结合运输条件，进行妥善安排。为防止意外，一般还应适当留有余地。

3. 出口许可证

根据我国出口许可证管理制度规定，出口单位出口许可证管理范围内商品，必须在货物出口前向出口许可管理部门[外经贸部、外经贸部驻各地特派员办事处和各省、自治区、直辖市及计划单列市经贸委厅(委、局)]取得货物出口许可，于货物出口报关时向海关提供出口许可证，否则海关不接受其报关。

1) 申领出口许可证的程序

出口单位出口许可证管理范围内商品时，必须按规定于货物出口报关前申请取得货物出口许可证。企业申请取得货物出口许可证的程序如下。

(1) 首先可以根据商务部会同海关总署制定、调整和发布的年度《出口许可证管理货物目录》与商务部负责制定、调整和发布的年度《出口许可证管理货物分级发证目录》两个"目录"明确合同商品确实属于出口许可证管理范围内商品以及该商品属于哪级发证机关发证。

(2) 认真填写出口许可证申请表，于货物出口报关前向有权签发该合同项下商品出口许可的发证机关办理出口许可证申请手续。各类进出口企业申领出口许可证时，应向发证机关提供的一般文件和材料如下。

① 出口许可证申请表及填好的出口许可证。

② 出口报关合同的复印件一式两份。其中，一份由发证机关留存，一份加盖出口许可证专用章，然后退回申领单位，作为出口许可证的一部分，报关时交海关验核。

③ 申领单位的公函或申领人的工作证，代办人员应出示委托单位的委托函。

④ 非外贸单位(指没有外贸经营权的各机关、团体和企、事业单位)申领出口许可证，需提供其主管部门(司、局级以上) 证明。

⑤ 第一次办理出口许可证的申领单位，应提供外经贸部或经其授权的地方外经贸主管部门批准企业进出口经营权的文件(正本复印件) 。

⑥ 外商投资企业第一次申领出口许可证，应提供政府主管部门批准该企业的批准证书和营业执照(复印件) ，由发证机关存档备案。

此外，一般贸易项下出口属配额管理商品、军民通用化学品、配额有偿招标商品、承包工程带出商品、进料加工复出口、非贸易项下出口的样品和展品，还需要提交其他的文件和材料。

(3) 发证机关审核出口单位申请。经审核，如认为手续完备，符合有关规定，签发许可证。

2) 出口许可证申请表及出口许可证的缮制

出口单位申请出口许可证，须向发证机关填写出口许可证申请表，提出书面申请。发证机关根据出口许可证申请表内容签发出口许可证。由于出口许可证与出口许可证申请表的项目、结构、内容基本相同，发证机关发证时往往要求出口企业填写出口许可证申请表时将出口许可证部分内容事先填好，待其审核通过时签字盖章即可。出口许可证申请表及出口许可证填写方法参见阅读资料。

### 11.1.2 报检

针对不同商品的情况和出口合同的规定，对出口货物进行检验，也是备货工作的重要内容。报检也称作报验。

1. 报检的程序

(1) 首先要确认合同商品必须报检。出口方可以根据 2000 年 1 月 1 日国家公布的《出入境检验检疫机构实施检验检疫的进出境商品目录》查询合同商品确实属于必经国家质量监督检验检疫总局检验检疫出证的商品，或进出口合同中规定由我国国家商检机构检验出证的商品。

(2) 出口商填写“出境货物报检单”，以书面方式向商检部门提出商品检验申请(报验)。出口商品报验时一般应提供如下的单证、资料。

① 出口销售合同或销售确认书。

② 信用证及/或有关函电。

③ 厂检结果单、出境货物运输包装性能检验结果单、出境货物换证凭单等其他根据货物情况需要专门要求的单据。

④ 凭样品成交的，须提供样品。

(3) 商检部门接受出口商商品检验申请，对出口商品进行检验。

(4) 商检部门按照检验结果进行出证。凡法律、行政法规、规章或国际公约规定须经检验检疫机构检验检疫的出境货物，经检验检疫合格，签发《出境货物通关单》，作为海关核放货物的依据；同时要求签发有关检验检疫证书的，发给相应的检验检疫证书。进出口公司应在检验证书规定的有效期内将货物运出。

2. 出境货物报检单的填写

出境货物报检单一般用中文填写(特别要求的除外)，填写内容具体如下。

(1) 报验单位。填写报验单位全称并加盖公章或报验专用章(或附单位介绍信)。

(2) 报验日期。填写报验当天日期。

(3) 报验号。商检机构受理报验的编号，由商检机构受理报验人员填写。

(4) 联系人及电话。按实际填写。

(5) 发货人。填写合同上卖方或信用证受益人名称(全称并中英文对照) 。

(6) 收货人。填写合同上的买方或信用证的开证人名称(全称并中英文对照)。

(7) 商品品名。按合同、信用证中所列的名称中英文对照填写。

(8) 报验重量(毛/净)填写实际报验商品总的毛重和净重。

(9) 报验数量。按实际申请检验数量填写并注明计量单位，如××件。

(10) 包装种类及数量。按实际情况填写使用的包装材料及包装情况是否良好，如“纸箱包装，包装完好”。

(11) 贸易方式。在“正常贸易”或“三来一补”下划“√”或在其他贸易方式下填写其他具体贸易方式。

(12) 商品编码。按《商品分类及编码协调制度》十位数字填写。

(13) 合同/发票总值。按实际情况填写。

(14) 输往国别。填写出口货物的最终销售国。

(15) 许可证/审批号/卫生注册/质量许可证号。只在出口需要卫生注册/质量许可商品时按实际填写。

(16) 合同号、信用证号、货物存货地点。均按实际情况填写。

(17) 发货日期。实际发货日期。

(18) 启运地。货物最后离境的口岸及所在地。

(19) 到达口岸。货物的入境口岸。

(20) 用途。从给出的选项中选择。

(21) 随附单据。报检时随附的单据种类划“√”或补填。

(22) 合同信用证对商检条款的特殊要求。合同信用证有特殊要求时按实际要求填写，如信用证中要求不列明收货人或收货人栏的需以敬启者(To Whom It May Concern)，凭指标(To Order)出证的，都应填写在此栏内，以便商检机构出证时参考，使报验人顺利结汇。

## 11.2 信用证的落实与处理

在凭信用证支付的交易中，对信用证的掌握、管理和使用是履行出口合同至关重要的环节，因为它将直接关系到出口商能否安全、顺利地结汇。落实信用证通常包括催证、审证和改证三项内容。

### 11.2.1 催证

催证是指卖方催促买方按照合同规定的开证时间及时开立信用证，并送达卖方，以便卖方按时将货物装运交付。在凭信用证支付的交易中，按合同规定及时开出信用证是买方在信用证支付方式合同中一项主要义务。催开信用证不是履行每一个出口合同都必须做的工作。通常，在实践中，遇到下列情况就有必要进行。

(1) 签约日期和履约日期相隔较远或者规定的装运期较长，应在合同规定开证日之前或者在装运期之前(15 日～30 日)，提醒对方及时开证。

(2) 卖方根据备货情况，可以提前装运时，可征求买方同意提前开证。

(3) 买方资信欠佳，资金短缺或市场变化，卖方必须及时采取措施催促买方开证。

(4) 买方经常迟开信用证。

出口商可以信函、电报、电传、传真等方式直接向国外客户催证，必要时还可商请银行或我国驻外机构等有关机构或代理商给予协助和配合代为催证。

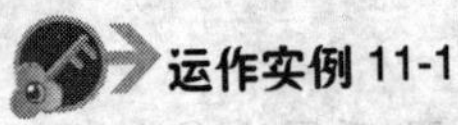


**催 证 函**

Dear Mr. Smith,

We have the pleasure of receiving your counter signed Sales Contract No.STC0011. But we wish to draw

your attention to the fact that the date of delivery is approaching, but we still have not received your covering Letter of Credit.

For your information, our production schedule is almost full this two months, please do your best to expedite the establishment of your L/C, so that we may execute the order smoothly.

We hope to receive your favorable news soon.

Yours faithfully,

DALIAN SHIHONG TRADEING CO.,LTD.

John Wang

### 11.2.2 审证

审证是指出口方对国外进口方通过开证银行开来的信用证内容进行全面审查，以确定是否接受或向进口方提出需要其修改某些内容。审证对于使用信用证业务的出口方来说，是极其重要的工作内容，关系到出口方的收汇安全。信用证是依据合同开立的，信用证内容应该与合同条款一致。但在实际工作中，由于工作的疏忽、电义传递的错误或者进口商故意加列对其有利的附加条款等因素，往往会出现信用证条款和合同条款不符的情况。此时，如果卖方按信用证条款发货，在买方国家市场行情不好的情况下，很容易被其以货物不符合合同为由拒绝受货，从而遭受损失；如果以合同条款发货，由于信用证的“独立性”，在卖方凭单索汇时银行经常会拒付，从而无法顺利结汇。所以，出口商在接到对方开来的信用证时，一定要严格审证，以便在信用证存在问题时及时通知对方改证。

实践中，出口方收到的信用证可能有三个来源，分别是通知行、开证行和开证申请人。值得强调的是，只有通知行送来的信用证才可以使用，因为通知行的责任中包括鉴定信用证的真伪，开证行和开证申请人直接送交的信用证受益人没有能力鉴定真伪。在实际业务中，审核信用证是银行与进出口公司的共同责任。由于银行与出口企业的分工不同，因而在审核内容上各有侧重。

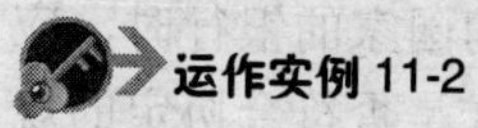


## 开证申请人面交信用证诈骗案

江苏某外贸公司曾收到一份由中国香港客商面交的信开信用证，金额为318万美元。当地中国银行审核后，发觉该证金额、装交期及受益人名称均有明显涂改痕迹，于是提醒受益人注意，并立即向开证行查询，最后查明此证是经客商涂改，交给外贸公司。事实上，这是一份早已过期失效的旧信用证。幸亏我方

银行警惕性高，才及时制止了这一起巨额信用证诈骗案。

资料来源：http://www.ce.cn/，中国经济网，2006年07月26日。

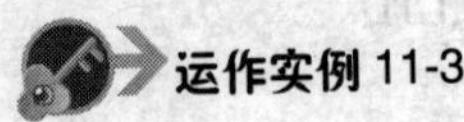
运作实例 11-3

## 通知行严把关，查出伪造保兑信用证诈骗案

某中国银行曾收到一份由印尼雅加达亚欧美银行发出的要求纽约瑞士联合银行保兑的电开信用证，金额为600万美元，受益人为广东某外贸公司，出口货物是200万条干蛇皮。但查银行年鉴，没有该开证行的资料，稍后，又收到苏黎世瑞士联合银行的保兑函，但其两个签字中，仅有一个相似，另一个无法核对。此时，受益人称货已备妥，亟待装运，以免误了装船期。为慎重起见，该中行一方面劝阻受益人暂不出运，另一方面抓紧与纽约瑞士联合银行和苏黎世瑞士联系查询，先后得到答复：“从没听说过开证行情况，也从未保兑过这一信用证，请提供更详细资料以查此事”。至此，可以确定，该证为伪造保兑信用证，诈骗分子企图凭以骗我方出口货物。

资料来源：几则信用证实例的经验分享集合. http://www.ce.cn/，中国经济网2006年07月26日。

1. 银行审证重点

银行着重负责审核有关开证行的政治背景、资信能力、付款责任以及索汇路线等方面的条款和规定。

1) 政治性的审查

来证国家必须是与我国有经济往来的国家和地区，应拒绝接受与我国无往来关系的国家和地区的来证。来证各项内容应符合我国对外方针政策，不得有歧视性内容，否则应根据不同情况向开证行交涉。如果信用证来自与我国有贸易协定的国家的银行时，应该检查开证行是否属于协定中指定的银行，所使用的货币与记账方式是否符合协定的规定等。

2) 开证银行资信的审查

为了保证安全收汇，对开证行所在国家的政治经济状况、开证行的资信、经营作风等必须进行审查。首先要鉴定信用证的真伪，如果银行鉴定信用证真实，在信用证上注明“印押相符”；其次分析开证行的商业信誉，对于资信不佳的银行，应酌情采取适当措施。

3) 对信用证的性质与开证行付款责任的审查

开来的信用证应有开证行保证付款的文句。对有些国家的来证，虽然注明有“不可撤销”的字样，但在证内对开证行付款责任方面加列“限制性”条款或“保留”条件的条款，使“不可撤销”名不符实，应要求对方修改。例如，来证注明“领到进口许可证后通知时方能生效”。

此外，有的银行审证人员会对信用证的条款帮助受益人作大致审核，对有疑义的条款做出标记，提醒受益人注意。

2. 出口方审证重点

1) 一般性复核

受益人对信用证银行审证重点做一般性复核。

(1) 对开证行资信的审查。凡是资信情况不好，经营作风欠佳的银行开来的信用证，原则上应拒绝接受，并请进口方另行委托我方允许往来的其他银行开证。

(2) 对信用证是否已经生效、有无保留或限制性条款的审核。遇到包含“详情后告”“经我方确认生效”等字样的信用证，出口方应及时与进口方协商改证。

2) 专项审核

出口方在对银行审证的重点做复核性审查基础上，重点根据合同规定做好以下专项审核。

(1) 审查开证申请人和受益人。开证申请人大都是买卖合同的对方当事人即买方，但也可能是对方的客户即实际买主或第二买主，因此对其名称和地址均应仔细核对，防止张冠李戴，错发错运。受益人的名称和地址要与出口合同相符，不能错漏。

(2) 审核信用证中对商品名称、质量、规格、数量、包装、唛头等的规定是否与合同条款相符。若信用证中对此加列某些特殊规定，应结合合同内容认真研究，做出能否接受、或是否修改的决策。

(3) 信用证中的货币与金额是否与合同规定相同。来证所采用的货币及金额应与合同一致。若信用证规定商品在数量上可以有一定幅度的增减，金额也应规定有相同幅度的增减。如果来证金额因含有佣金或折扣与合同金额不一致，应核算净值是否符合。

(4) 审核信用证对有效期、到期地点、装运期、及交单期的规定。信用证如果没有有效期，则被视为无效。关于信用证的到期地点，通常要求规定在中国境内到期，如将到期地点规定在国外，不易掌握国外银行收到单据的确切日期，这不仅影响收汇时间，而且容易引纠纷，故一般不宜接受。对装运期的规定应与合同规定相一致，若出口企业由于种种原因不能按时出运货物，应及时要求买方延期。若信用证中未规定装运期，则信用证的有效期即被视为装运期。有效期与装运期之间应有一定的时间间隔，一般规定在装运期限后7天～15天，以使出口企业在出运货物、取得货运单据后有足够的时间制单和议付。再者，交单期也应合理，以免因交单期太短而难以及时向银行交单议付。

(5) 审查信用证运输条款。信用证对装运港(起运地)、目的港(目的地)，以及对转运与分批装运的规定应与合同一致。除非合同中有明确规定，出口方应要求信用证允许转运或分批装运，或对此不作规定。值得强调的是，对于分批装运的货物还应审查来证对分批装运是否有特殊要求。如果信用证规定与合同不符，应视情况考虑是否需要改证，一般信用证要求比合同宽松的或者出口方容易做到的，可以不改证。如合同规定装运港是大连，信用证要求是中国港口，则只要出口方在租船订舱时按合同执行就可。

(6) 审核信用证单据条款。检查信用证中是否有要求合同规定以外的单据，是否对单据的内容、种类、填制方法等提出了特殊要求。若发现有我方不能同意的特殊要求，应立即要求对方改证。

① 发票。如果来证要求出具两份不同抬头的商业发票(Commercial Invoice)时，应要求改证；如果来证要求提供领事发票(Consular Invoice) 一般应要求改证删除，因为出口方所在地不一定有领事馆且办理领事认证费用高、时间长；如果来证要求提供某种格式或编号的海关发票(Customs Invoice)，应核查能否提供，否则应改证。

② 提单。如果信用证指定提供直达提单或某船公司提单时，应结合实际情况考虑能否实现，若无法实现应要求改证；如果来证要求受益人直接邮寄一套正本提单给收货人，因受益人无法控制货权，应结合对方的资信情况考虑是否接受；如果货物装在舱面，来证应规定“舱面提单”可以接受。

③ 保险单。对于保险险别、保险加成等内容应与合同一致。保险加成如果规定高于30%，则要先征得保险人的同意，否则应要求修改；保险风险的要求应与保险人提供的常用险别的承保风险一致，否则易遭保险人拒保。

④ 产地证书和商品检验检疫证书。来证对于出证机构的要求要符合出证机构的业务范围，如商检证书不能要求由“中国贸促会”出具；来证也不能要求不同的出证机构互加证明。

⑤ 受益人证明书。来证要求出具的受益人证明书应该是出口方能够做到和完成的，如寄单证明、复印本等。

⑥ 审查信用证中是否规定有特殊条款。出口方一般不接受特殊条款中的各种规定。特别要注意信用证中的“软条款”，如有“软条款”，应立即要求对方更正。

3. 信用证软条款

软条款就是指开证申请人(进口商) 在申请开立信用证时，故意设置若干隐蔽性的“陷阱”条款，以便在信用证运作中置受益人(出口商) 于完全被动的境地，而开证申请人或开证行则可以随时以单据不符为由，解除信用证项下的付款责任。

对于软条款的判断，国际社会并没有统一的标准。实践中，比较常见的软条款主要有如下几点。

(1) 信用证暂时不生效，何时生效由银行另行通知。这种条款对受益人很不利，因为主动权已掌握在对方手里，如果对方拖延生效时间，给出口方安排货物装运带来决策困难，也影响议付时间。

(2) 信用证规定某些单据必须由申请人或其指定的签字人会签或要求签字、印鉴与银行的留底相符。此类条款应用最多，而国际和国内的相关判例也没有明确反对信用证上的如此规定是不合适的。但此类条款受益人(出口方) 很难保证签字人能够在信用证规定的交单期、有效期内签字，或者签字、印鉴与银行留底相符。

(3) 信用证对银行的付款、承兑行为规定了若干前提条件，如货物清关后才支付、收到其他银行的款项才支付等。

(4) 有关运输事项如船名、装船日期、装卸港等须以申请人修改后的通知为准。

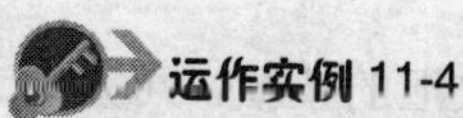
**运作实例 11-4**

## 软条款影响出口收汇

1999 年 1 月，某合资企业将制好的一套单据交给交通银行汕头分行议付，经银行审核，发现其检验证书未按信用证条款要求的经开证行证实。企业得知后，希望把证书再寄给国外进口商，请其要求向开证行证实，但由于往返时间长，如果寄去后再寄回来又会影响交单时间，所以，只好以单证不符寄往国外开证行。由于该客户是老客户，又是资信较好的客商，所以，最后还是把货款收回来了，但是开证行还是扣除了50美元的单证不符费和30元的电报费。

### 11.2.3 改证

对信用证进行了全面细致的审核以后，凡是属于不符合我国对外贸易方针政策，影响合同执行和安全收汇的情况，我们必须要求进口方通过开证行进行修改。

1. 改证的注意事项

(1) 一次性提出修改意见。

在办理改证工作中，凡需要修改的各项内容，应做到一次向国外客户提出，尽量避免由于我们考虑不周而多次提出修改要求。否则，不仅增加双方的手续和费用，而且对外造成不良影响。

(2) 收到修改通知书后发货。

对于发生修改的信用证，收到的信用证修改通知书，要认真进行审核，如出口方发现修改内容有误或不能同意，应及时将做出拒绝修改的通知送交通知行，要求重新修改。出口方应坚持在收到符合要求的银行修改信用证通知书后才能对外发货。值得注意的是，对于信用证的修改通知书，出口方只能选择全部接受或全部拒绝，不能接受其中的一部分内容而拒绝另一部分内容。

(3) 交单时修改通知书要与信用证一起提交。

信用证修改通知书作为信用证一个不可分割的部分，必须在交单时连同原信用证正本一起提交给银行。

(4) 对来证不符情况灵活处理。

在实际业务中，对来证不符合规定的各种情况，还需做出具体分析，不一定坚持要求对方办理改证手续。只要来证内容不违反政策原则，或经过适当努力可以做到的，并能保证出口方安全迅速收汇，可酌情处理，不做修改，按信用证规定办理。

2. 信用证改证函的主要内容

出口方审核信用证，发现有不符合买卖合同或不利于出口方安全收汇的条款，可及时联系进口方通过开证行对信用证进行修改。一封规范的改证函，通常包括以下几个方面的内容。

(1) 感谢对方通过银行开来的信用证。

(2) 列明证中不符点、不能接受的条款，并说明如何改正。如“PLEASE DELETE THE CLAUSE‘BY DIRECT STEAMER’AND INSERT THE WORDING‘TRANSSHIPMENT AND PARTIAL SHIPMENT ARE ALLOWED’”。

(3) 感谢对方的合作，提醒信用证修改书应于某日前到达，以便按时装运等。

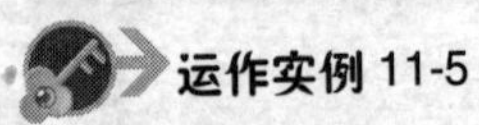


## 改 证 函

Dear Mr. Stephen,

Thank you very much for your Letter of Credit No.WHK432 issued by the State Bank of Germany, Hamburg, Germany dated May.21th, 2005.

Among the clauses specified in your credit we find that the following points do not conform to our Contract No.SHT02S01:

1. Goods should be insured for 110% of the invoice value, not 120%.

2. The name of commodity should be Canned Mushrooms (Champignons), not Mushrooms (Champignons).

3. The destination port should be Hamburg, not Hambug.

4. The delivery date should be 21 days, not 15 days.

5. The L/C should be subject to UCP500.

We look forward to receiving the relevant amendment at an early date and thank you for your friendly cooperation.

Yours faithfully,

NANJING HONGYUN TRADEING CO.,LTD.

Jacky Wang

## 11.3 出口装运的要求与控制

按照CIF或CFR贸易术语成交的合同，出口方在备妥货物、落实信用证后，即应按合同和信用证的规定，及时对外履行装运货物的义务。安排货物装运出口主要涉及托运、投保、报关、装运等工作。

### 11.3.1 托运与订舱

托运与订舱是指出口方委托有权受理对外货物运输业务的单位办理货物的出口运输。对于数量大、需整船运输的货物，办理租船手续；对于数量不够整船运输的货物，可以办理班轮舱位。

1. 托运订舱工作的基本程序

(1) 出口商根据合同和信用证的规定，查看各承运人的船期表，选择合适的船公司，填写并发送订舱委托书或托运单，办理托运订舱委托。出口商也可以不自行办理托运订舱工作，委托货代公司代为办理。货代公司填写托运单并送交给承运人或其代理人，为出口商办理订舱手续。

(2) 承运人或其代理人在接受托运人或货代公司的托运单后，根据托运单的内容，结合船舶的航线、挂靠港口、船期和舱位等条件考虑是否接受托运人的运输申请。如果条件合适，承运人接受托运要求，安排承运船只和舱位，对出口企业签发装货单(也称关单)。装货单的作用有 4 个：①作为承运人承运出口商货物的证明；②通知托运人备货装船；③通知载货船舶的船长接受装货单上列明的货物；④由出口商提交给海关办理出口报关手续。

(3) 出口方收到承运人或其代理人的装货单、港区进货通知，办理货物集中港区业务。出口方应按照港区进货通知规定的期限，将符合装船条件的出口货物及时运至港区内指定的仓库或货场集中，等待装船作业，做到批次清、件数清、标志清。要特别注意与港区、船公司以及有关的运输公司或铁路等单位保持密切联系，按时完成进货，防止因工作脱节而影响装船进度。

(4) 出口方完成货物集中港区业务，就可以持装货单去办理出口报关手续。

2. 托运单的填写

托运单是缮制提单的主要背景资料，是船公司制作提单的依据，如果托运单缮制有差错、延误等，就会影响到其他单证的流转。海洋运输有两种方式：散货班轮运输、集装箱运输，两种运输方式分别使用不同格式的托运单。托运单一式数份，分别用于外轮代理公司留存、装货单、收货单、配舱回单、运费通知、托运人留底等。各承运人制作的托运单格式和内容并不完全一样，但主要内容和项目基本相同。

常见的散货运输托运单由托运人填写的内容及填写方法如下。

(1) 托运人(SHIPPER)。一般情况下，填写出口公司的名称和地址。

(2) 收货人(CONSIGNEE)。一般根据信用证要求填写“TO ORDER/TO ORDER OF SHIPPER”。

(3) 被通知人(NOTIFY PARTY)。填写信用证中规定的被通知人。被通知人的职责是及时接受船方发出的到货通知并将该通知转告真实收货人，被通知人无权提货。

(4) 托运单编号(NUMBER)。一般填写商业发票的号码。

(5) 目的地(PLACE OF DELIVERY)。按信用证的目的港填写。填写时注意重名港口的现象，一般将目的港所在国家名称填写在这一栏中。如果目的地是一内陆城市，这一栏填写卸下最后一艘海轮时的港口名称。在计算运费时，是根据托运单的本项内容计算航程的。

(6) 运输标志(SHIPPING MARKS)。填写信用证或合同规定的唛头，买卖合同或信用证中没有规定唛头，可填写 N/M。

(7) 数量(QUANTITY)。托运单中的数量是指最大包装的件数。

(8) 货物描述(DESCRIPTION OF GOODS)。填写货物大类名称或统称，与发票(信用证)中的货名一致。运费到付(FREIGHT TO COLLECT) 或运费预付(FREIGHT PREPAID) 也可借用此栏加以注明。

(9) 重量(GROSS WEIGHT/NET WEIGHT)。重量应分别计算毛重和净重，一般单位为千克。

(10) 尺码(MEASUREMENT)。填写一批货的尺码总数，一般单位为立方米。

(11) 分批(PARTIAL SHIPMENT)。按照合同或信用证条款填写，只限在“允许”或“不允许”两者中取一。

(12) 转船(TRANSSHIPMENT)。填写要求与分批一致。

(13) 运费(FREIGHT)。一般不显示具体运费，只填写“运费待付”或“运费预付/已付”。

(14) 装运期，有效期（DATE OF SHIPMENT, DATE OF EXPIRY。）本栏根据信用证规定的最迟装运期和议付有效期分别填写。

(15) 提单正本份数。一般一式三份，三份正本提单同时有效(THREE ORIGINAL BILL OF LADING、ORIGINAL BILL OF LADING IN THREE 或者 FULL SET OF BILL OF LADING)指全套正本提单。

(16) 提单副本的份数。一般是出口企业留底份数与寄单所需份数的和。

(17) 特别条款。根据信用证要求或合同要求中有关运输方面的特殊条款。

集装箱货物托运单的填写内容和方法与散货运输托运单基本相同，只是增加了托运货物的交接方式，如 CY-CY、CFS-CFS 等和集装箱货物的种类，如普通、冷藏、液体等。

### 11.3.2 投保

在 CIF 出口合同下，在配载就绪，确定船名后，出口商应于货物装运前，按照买卖合同和信用证的规定向保险公司办理投保手续，取得约定的保险单据。

#### 1. 出口货运投保手续

我国出口货物的投保，一般采取逐笔投保方式，即每发生一笔国际货运业务，出口方即向保险公司办理一次投保手续。投保时，出口方首先向保险公司索取空白投保单，按合同或信用证的规定，如实填写货运投保单内容，送交保险公司投保。保险公司根据投保人(被保险人)的投保申请，考虑接受承保，签发保险单或保险凭证。

#### 2. 投保单的填制

货物运输投保单是保险公司接受投保人(被保险人) 的投保申请和开立保险单的依据。投保单内容正确与否，不仅影响保险公司出具的保险单内容的正确性，同时还会影响出口商的顺利结汇。货物运输投保单用英文填写，方法如下。

(1) 被保险人(INSURED)。此栏填写投保人，一般与合同卖方或信用证受益人一致。信用证有要求时应按信用证要求填写。

(2) 发票号码、合同号码、信用证号码(INVOICE NO./CONTRACT NO./LC NO.)。此处按实际情况如实填写。

(3) 发票金额(INVOICE AMOUNT)。发票金额应按发票实际金额填写(不超过信用证规定的额度)。

(4) 投保加成。一般情况下填写 10%，如果合同或信用证有明确规定，则按合同或信用证规定填写。

(5) 标记(MARKS & NOS)。填写实际发运货物包装唛头，应与发票、提单保持一致。

(6) 数量及包装(QUANTITY)。填写实际发运货物的(最大)包装及件数。

(7) 保险货物描述(DESCRIPTION OF GOODS)。此处可以使用大类货物名称，但应与提单、发票保持一致(与信用证相符)。

(8) 保险金额(AMOUNT INSURED)。此处一般按合同或信用证规定的发票金额110%计算，如果投保加成不是10%，按合同或信用证规定填写计算。

(9) 启运日期、装载运输工具、运输起讫地、提单号码。按实际填写，与提单保持一致。

(10) 赔款偿付地点(CLAIM PAYABLE AT)。一般为货物最终目的地。

(11) 投保险别(CONDITION)。按合同/信用证填写。

### 11.3.3 出口报关

货物集中港区后，出口方要在装船前先办理出口通关手续。出口报关是指出口商向海关如实申报出口，交验有关单据和证件，接受海关对货物的查验并请求海关放行的过程。按照《中华人民共和国海关法》规定："凡是进出国境的货物，必须经由设有海关的港口、车站、国际航空站进出，并由货物的所有人向海关申报。经过海关查验放行后，货物方可提取或装运出口。"在出口货物的发货人缴清税款或提供担保后，经海关签印放行，称为清关或通关。出口通关手续可以由出口商自行办理，也可以由出口商委托报关代理机构代为办理。出口通关手续也是为出口商以后办理出口收汇核销与出口退税手续做准备。

#### 1. 出口报关业务程序

通关的基本程序有申报、查验、征税、放行4个环节。

1) 出口货物申报

出口方在根据出口合同的规定，按时、按质、按量备齐出口货物后，在海关规定的申报时间内，备齐需要的出口货物申报资料，向海关申报。需要委托专业或代理报关企业向海关办理申报手续的出口商，在货物出口之前，应在出口口岸就近向专业报关企业或代理报关企业办理委托报关手续。接受委托的专业报关企业或代理报关企业要向委托单位收取正式的报关委托书，报关委托书以海关要求的格式为准。

(1) 申报时间：报关时限是指货物运到口岸后，法律规定发货人或其代理人向海关报关的时间限制。出口货物的报关时限为货物运抵海关监管区后、装货的24小时以前。

(2) 报关时需交验的单证。

① 主要单证：出口货物报关单。

② 基本单证：货运单据，包括装货单或运单；商业单据，包括商业发票、装箱单/重量单等。

③ 特殊单证：出口收汇核销单、原产地证、出口货物许可证和其他批准文件、加工手册(纸质和电子)、减免税证明文件、担保文件等。

④ 预备单证：贸易合同、信用证、进出口企业的有关证明文件等。

2) 查验

查验是指海关在接受报关单位的申报并以已经审核的申报单位为依据，通过对出口货物进行实际的核查，以确定其报关单证申报的内容是否与实际进出口的货物相符的一种监管方式。海关决定是否查验、决定查验的形式和查验方法。

3) 征税

海关决定征、减、缓、免税费。出口商在规定时限内到海关指定银行缴纳税费(也可电子支付)，收到缴款成功信息，即可申请放行。出口商品一般无须交纳出口税。

4) 放行

出口货物在办完向海关申报、接受查验、缴纳税费等手续后，海关在出口装货凭证(站场收据、装货单、运单) 签盖“海关放行章”；在外管局签发的出口收汇核销单上签名、加盖海关“单证章”；在报关单出口退税证明联签名加盖海关“验讫章”，同时发送电子数据到国税局。货物放行后，出口商可以凭海关签章的出口装货凭证办理货物的装运。报关单收汇证明联和出口收汇核销单留待以后办理外汇核销，报关单出口退税证明联留待以后办理出口退税。

2. 出口货物报关单的填制

出口货物报关单是出口企业在装运前向海关申报出口许可的单据，由出口企业填制，经海关审核、签发后生效。出口货物报关单不仅是出口企业向海关提供审核是否合法出口货物的凭据也是海关凭以征税的凭证和国家法定统计资料的重要来源。出口企业必须如实、规范、正确地填写。

出口货物报关单由中华人民共和国海关统一印制，根据业务性质的不同使用不同的专用报关单，即一般贸易，使用白色报关单；进料加工贸易，使用粉色报关单；来料加工装配和补偿贸易，使用浅绿色报关单；外商投资企业，使用浅蓝色报关单；需国内退税的出口货物，另增填写浅黄色出口退税专用报关单。

报关单由海关考核认可的报关员填写申报，每份报关单只填写一种贸易方式的货物，并限填 4 项商品。这里主要介绍一般贸易出口货物报关单的填制方法。

(1) 预录入编号。填写申报单位或预录入单位对该单位填制录入的报关单的编号。

(2) 海关编号。填写海关接受申报时给予报关单的编号。

(3) 出口口岸。填写实际出口的口岸海关的名称。

(4) 备案号。填写进出口企业在海关办理加工贸易合同备案或征、减、免税审批备案手续时，海关给予的《登记手册》《免税证明》或其他有关备案审批文件的编号。

(5) 出口日期。运输工具申报出境的日期。

(6) 申报日期。填写海关接受出口货物的收发货人或代理人申请办理货物出口手续的日期(6位数，顺序为年、月、日各2位)。

(7) 经营单位。填写对外签订并执行进出口合同的企业或单位的名称及单位编码。

(8) 运输方式。根据实际运输方式按海关规定的《运输方式代码表》选填相应的运输方式，如海运、陆运或空运。

(9) 运输工具名称。填写实际装运货物运输工具的名称及编号，如船名、航次。

(10) 提运单号。填写出口货物提单货运单的编号。

(11) 发货单位。填写货物在境内的生产及销售单位的名称或其海关注册编码(填写国内供应商或出口商)。

(12) 贸易方式。根据实际情况，按海关规定的《贸易方式代码表》选填相应的贸易方式，如一般贸易、加工贸易、易货贸易等。

(13) 征免性质。按海关核发的《征免税证明》中批注的征免性质填报“来料加工”“一般征税”等。

(14) 结汇方式。根据实际情况按海关规定的《结汇方式代码表》选填相应的结汇方式，如托收、信用证等。

(15) 许可证号。该批货物的出口许可证编号，无许可证的货物空白。

(16) 运抵国(地区)。进口商所在国家名称。

(17) 指运港。该批货物的目的港。

(18) 境内货源地。该批出口货物产地。

(19) 批准文号。出口收汇核销单编号。

(20) 成交方式。价格术语。

(21) 运费。出口价格中含有运费时填写实际运费应发生额。

(22) 保费。出口价格中含有保费时填写实际保费应发生额。

(23) 杂费。如有佣金、折扣时填写。

(24) 合同协议号。填写出口合同编号。

(25) 件数。出口货物最外层包装的实际件数。

(26) 包装种类。出口货物最外层包装的种类。

(27) 毛净重。与货物装箱单、发票一致。

(28) 集装箱号、随附单据、生产厂家。如果货物使用集装箱运输就填写集装箱号。

(29) 标记及备注。填写货物唛头。

(30) 商品编码。出口货物的H.S. 8位数编码。

(31) 商品名称、规格、型号。商品的中英文名称，与发票保持一致。

(32) 数量及单位。填写货物的实际数量。

(33) 最终目的国(地区)。出口商品最终目的地所属国家或地区。

(34) 单价、总价、币制。与发票保持一致。

(35) 征免。与“征免性质”一栏填写相同。

(36) 税费征收情况。由海关批注。

(37) 录入员、录入单位等。由预录入单位填写，申报单位为经营单位。

### 11.3.4 货物装运

出口货物经海关查验放行后，出口商持海关签盖放行章的装货单、收货单(大副收据)办理货物的装船作业。在装船前，理货员代表船方，收集经海关放行货物的装货单和收货单，经过整理后，按照积载图和舱单，分批接货装船。装船过程中，托运人(出口商) 或其委托的货运代理应有人在现场监装，随时掌握装船进度并处理临时发生的问题。货物装船完毕，理货组长要与船长或大副共同签署收货单，根据装船货物实际情况在收货单上签字或做适当批注，交与托运人，作为货物已装船的临时收据。然后，由托运人凭该收货单向承运人交付费用并换取正本提单。

### 11.3.5 发送已装船通知

出口商在货物装船后应立即向进口方发出已装船通知，以便进口方做好接货准备。这里必须强调的是，如果出口合同采用 CFR 贸易术语，办理运输保险的手续由进口方承担，则装船通知显得尤为重要。如果出口方未能及时发出装船通知，卖方因此耽误了办理保险，出口方要对由此给卖方造成的损失承担责任。

## 11.4 制 单 结 汇

货物装运后，出口企业应立即按照信用证的规定，正确缮制各种单据(发票、装箱单、商检证书等单据和凭证在货物装运前就已经准备好)，并在信用证规定的交单期内，将各种单据和必要的凭证送交指定的银行办理要求付款、承兑或议付手续。

### 11.4.1 制单结汇的基本原则

出口商在缮制结汇单据时一定要做到正确、完整、及时、简明、整洁认真、谨慎，切勿因为疏忽而导致银行拒付。

“正确”就是要求单据应与信用证条款的规定相一致，单据与单据之间应彼此一致；“完整”是指信用证规定的各项单据必须齐全，不能短缺，单据的种类、份数和单据本身的必要项目内容都必须完整；“及时”是指出口商应在信用证规定的交单期内将各项单据送交指定的银行办理议付、付款或承兑手续；“简明”指单据内容按信用证的规定以及《跟单信用证统一惯例》所反映的国际标准银行实务填写，力求简单明了，切勿加列不必要的内容，以免弄巧成拙；“整洁”是指单据的布局要美观、大方，缮写或打印的字迹要清楚，单据表面要洁净，更改的地方要加盖校对章。

### 11.4.2 结汇单据的分类

出口结汇单据根据签发制作人的不同，可分为自制单据、官方单据、协作单据 3 种。自制单据指汇票、发票、装箱单、受益人证明、装船通知等需出口商自己出具的单据；官方单据是指商检证书、原产地证明等由官方机构或部门签发的单据；协作单据主要包括保险单、提单等由保险公司和船公司等协作业务单位出具的单据。

### 11.4.3 结汇单据的签发时间

出口结汇的各种单据签发日期应保持合理，符合逻辑性及国际惯例。一般说来有以下几种。

(1) 发票日期应在各单据日期之前。

(2) 装箱单应等于或迟于发票日期，但必须在提单日之前。

(3) 保险单据的签发日应早于或等于提单日期(一般早于提单 2 天)，不能早于发票。

(4) 一般原产地证明日期不应迟于提单日期，普惠制产地证书签署日期不得早于发票日期。

(5) 商检证书日期不应晚于提单日期，但也不能太早，尤其是鲜货，容易变质的商品。

(6) 出口许可证日期应早于或等于提单日期。

(7) 受益人证明或声明、船长收据或证明的签发日期应等于或晚于提单日期。

(8) 运费收据应早于或等于提单日期。

(9) 提单日不能超过 L/C 规定的装运期也不得早于 L/C 的最早装运期。

(10) 汇票日期应晚于提单、发票等其他单据，但不能晚于 L/C 的有效期。

### 11.4.4 缮制结汇单据的基本方法

#### 1. 商业发票

商业发票(Commercial Invoice)是出口商开立的发货价目清单，是装运货物的总说明。发票全面反映了合同内容。发票没有统一的格式，其内容应符合合同规定，在以信用证方式结算时，还应与信用证的规定严格相符。发票是全套货运单据的中心，其他单据均参照发票内容缮制，因而发票的制作不仅要求正确无误，还应排列规范，整洁美观。

商业发票制作内容及注意事项如下。

(1) 发货人名称。发票顶端最好有出口商名称、地址、传真和电话号码等内容，其中出口商名称和地址应与信用证一致。

(2) 发票名称。在出口商名称下，应注明“发票”(Commercial Invoice 或 Invoice)字样。

(3) 发票抬头人。通常为国外进口商。在信用证方式时，除非另有规定，否则应为开证申请人。

(4) 发票号码、合同号码、信用证号码及出具日期。发票号码由出口商自行编制；合同号码和信用证号码按实际情况填写，即使信用证无此要求，亦应列明，便于核查；发票日期应在各单据日期之首，不应与运单日期相距太远。

(5) 装运地和目的地。应与信用证和合同的规定能够保持一致，如果有转船，需要注明转船港口。

(6) 运输标志(唛头)。合同或信用证有指定唛头的，按规定制作；如无规定，由托运人自行制定；以集装箱方式装运，可以集装箱号和封印号码取代。

(7) 货物名称、规格、包装、数量和件数。关于货物的描述不一定要详细列明货物的全部情况，只要符合合同要求、和信用证所用文字完全一致即可。

(8) 单价和总值。单价和总值是发票最重要的项目，包括佣金和折扣(明佣与明扣) 等各项金额必须详细、准确列明，在数量上不可有出入，应列明价格条件(贸易术语)，注意总值不可超过信用证金额。

(9) 附加证明文句。如果信用证要求加列费用清单(运费、保险费和 FOB 价) 、原料来源地等的证明文句，必须按照要求的表达内容详细标注。

(10) 出单人名称。发票由出口商出具，在信用证方式下，必须是受益人。

除商业发票外，发票还有形式发票、领事发票、海关发票、厂商发票等。出口商有时应进口商的要求，发出一份有出口货物的名称、规格、单价等内容的非正式参考性发票，供进口商向其本国贸易管理当局或外汇管理单据等申请进口许可证或批准给予外汇等使用，这种发票叫形式发票(Proforma Invoice)。形式发票不是一种正式发票，注明“供进口商申请许可证”或“本交易以卖方最终确认为有效”等字样，其价格仅为估价，不能作为结算单据。领事发票(Consular Invoice) 是一份官方单证，是与商业发票并行的单据。有些国家法令规定，进口货物必须领取进口国在出口国领事签发的发票，作为有关货物征收进口关税的前提条件之一。领事发票一般有固定格式，这种格式可从领事馆获得。海关发票(Customs Invoice) 是进口国海关当局规定的进口报关必须提供的特定格式的发票，主要作为估价完税、确定原产地、征收差别税或征收反倾销税的依据。海关发票在不同国家有不同的专门固定格式，使用时要注意不能混用，如成交价为 CIF，应分别列明 FOB、运费、保险费 3 项价格，且其和应与 CIF 货值相等。厂商发票(Manufacturers Invoice)是生产厂商给出口商的销售货物的凭证，其目的是供进口国海关估价和检查是否有削价倾销行为，征收反倾销税时使用。缮制厂商发票时应注意：出票日期应早于商业发票日期，价格为以出口国货币表示的国内市场价，价格应按发票货价适当地打折扣，抬头人为出口商，出单人为制造厂商。

2. 装箱单

装箱单(Packing List)是商业发票的一种补充单据，是商品的不同包装规格条件，不同花色和不同重量逐一分别详细列表说明的一种单据。它是买方收货时核对货物的品种、花色、尺寸、规格和海关验收的主要依据。装箱单有时也叫重量单(Weight List)或尺码单(Measurement List)，它们的制作方法与主要内容基本一致，只是装箱单着重表示包装情况，重量单着重说明重量情况，尺码单则着重商品体积的描述。

装箱单的主要内容与商业发票十分相似，主要包括：包装单名称、编号、日期、唛头、货名、规格、包装单位、件数、每件的货量、毛净重、包装材料、包装方式、包装规格等。装箱单各项内容的填制也基本与发票完全相同，但是装箱单、重量单和尺码单一般不显示收货人、价格、装运情况，对货物描述一般都使用统称概述。而是必须要着重表现货物的包装情况，从最小包装到最大包装的包装材料，包装方式一一列明，详细表示货物的毛重、净重、皮重和各种体积尺寸等。

3. 汇票

汇票(Draft)应具备“汇票”字样、无条件支付的命令、金额、出票日期、付款时间和地点、付款人、收款人、出票人8个必要项目，但是信用证项下的汇票还必须具备出票条款。

汇票制作主要内容及注意事项如下。

(1) 汇票号码。汇票号码一般按发票号码填写。

(2) 出票时间。通常出口方留空，由银行填写。

(3) 汇票金额。汇票开立的金额应与发票金额完全一致；汇票的币种应与信用证规定的币种相同；在汇票的“exchange for”后填写小写金额，在“the sum of”后填写大写金额，汇票开立的金额大小写必须完全一致。

(4) 付款时间。按照信用证规定的付款时间要求填写，例如 at sight(见票即付)、at 60 days after sight(见票后60天付款)、at 60 days after date(出票日后60天付款)、at 60 days after date of B/L(提单日后60天付款)。

(5) 收款人。信用证业务中受益人可将自己作为收款人，即在汇票上填写“pay to the order of ourselves”再背书转让给接受单据的银行；也可以将自己的账户行作为收款人即“pay to the order of ×××× bank”。

(6) 付款人。在汇票左下角“To”栏，必须按信用证的规定，填写付款人名称、地址，信用证业务一般填写开证行。

(7) 出票条款。信用证名下的汇票，应填写出票条款，内容包括开证行名称、信用证号码和开证日期。

(8) 出票人。汇票的出票人一般位于汇票的右下角，通常填写受益人全称且有负责人的签字或盖章。

3. 海运提单

在使用海运运输时，海运提单是最常见的一种单据，也是各项单据中最重要的单据，通常由出口方或其代理填写提单的主要内容，在货物装船后由船公司签字后交出口方。

海运提单的主要内容及填写方法。

(1) 托运人(Shipper)。一般即为出口商，也即信用证的受益人，如果开证申请人为了贸易上的需要，在信用证内规定作成第三者提单也可照办，例如请货运代理做托运人。

(2) 收货人(Consignee)。该栏又称提单抬头，应按信用证规定制作，一般做成指示式抬头，即写成“To ordcr”或“To thc ordcr of ××××”字样。不可做成以买方为抬头的记名提单或以买方为指示人的提单以免过早转移物权。

(3) 通知人(Notify Party)。这是货物到达目的港时船方发送到货通知的对象，通常为进口方或其代理人。但无论如何，应按信用证规定填写。如果信用证没有规定，则正本提单以不填为宜，但副本提单中仍应将进口方名称地址填明，以便承运人通知。

(4) 提单号码(B/L No.)。提单上必须注明编号，以便核查，该号码与装货单或场站收据(集装箱) 的号码是一致的。

(5) 船名及航次(Name of Vessel ;Voy No.)。填写承运人指定的所装船舶及航次。

(6) 装运港(Port of Loading) 和卸货港(Port of Discharge)。应按照信用证规定填写，如果中途转船，要注明在转船港。

(7) 唛头。与发票所列一致，如果使用集装箱，要标明箱号。

(8) 货物描述(Description of Goods)。按实际情况列明，货物名称允许使用货物统称。但不得与信用证中货物的描述有抵触。

(9) 毛重和尺码(Gross Weight & Measurement)。除信用证另有规定外，重量以千克或公吨为单位，体积以立方米为计算单位。

(10) 运费和费用(Freight & Charges)。本栏只填运费支付情况，CFR 和 CIF 条件成交，应填写运费预付(Freight Prepaid)，FOB 条件成交，一般填写运费到付(Freight Collect),

(11) 正本提单份数(Number of Original Bs/L) 按信用证规定签发，一般用大写数字填写。

(12) 提单日期和签发地点。除备运提单外，提单日期均为装货完毕日期，不能迟于信

用证规定的装运期。提单签发地点按装运地填列。

(13) 承运人签署。按《跟单信用证统一惯例》规定，海运提单表面应注明承运人名称，并由承运人或其代理人、船长或其代理人签署，签署人亦须表明其身份。若为代理人签署，尚须表明被代理一方的名称和身份。

(14) “已装船”批注。一般情况下，提单表面要有货物已装船的批注，在货物描述的空白处标明“On Board”。

(15) 不良批注。提单表面不能有不良批注。

4. 保险单

在CIF或CIP合同中，出口商在向银行或进口商收款时，提交符合销售合同和信用证规定的保险单据是出口商必不可少的义务。

保险单的主要内容及填写方法。

(1) 保险单编号。由保险公司填写。

(2) 被保险人。在CIF或CIP条件下，出口货物由出口商申请投保，在信用证没有特别规定的前提下，信用证受益人为被保险人。

(3) 标记。指唛头，应和提单、发票及其他单据上的唛头一致，通常在标记栏内注明 (as per Invoice No.×××)。

(4) 包装及数量。应与发票内容相一致。

(5) 保险货物名称。可参照商业发票中描述的商品名称填制。

(6) 保险金额。按信用证规定金额投保，若信用证未规定，则按CIF或CIP价格的110%投保。

(7) 保费及资率。保费及资率一般没有必要在保险单上表示，该栏仅填“AS ARRANGED”。

(8) 装载运输工具。与提单相关项目完全相同。

(9) 开航日期、起运地和目的地。与提单相关项目完全相同。

(10) 承保险别。本栏是保险单的核心内容。按照信用证的规定填写，或者按《跟单信用证统一惯例》的规定填写合适的保险条款。

(11) 赔付地点和赔付代理人。一般为保险公司在目的地或就近地区的代理人。

(12) 保险单签发日期和地点。保险单的出单日期不迟于提单或其他货运单据签发日期，以表示货物在装运前已办理保险。

5. 原产地证明书

原产地证明书是证明货物原产地与制造地的文件，也是进口国海关采取不同的国别政策和关税待遇的依据。原产地证分为一般原产地证和普惠制原产地证。

一般原产地证又称普通原产地证，通常不使用海关发票或领事发票的国家，要求提供产地证明以确定对货物征税的税率。有的国家为限制从某个国家或地区进口货物，要求以产地证来确定货物来源国。一般原产地证可由出口商自行签发，或由国家质量监督检验检疫局签发，或由中国国际贸易促进委员会签发。

普惠制原产地证(Generalized System Of Preference Certificate Of origin form A)是普惠制的主要单据。凡是对给惠国出口一般货物，须提供这种产地证。不管信用证是否要求提供这种产地证，出口商均应主动提交。普惠制原产地证的书面格式名称为格式 A(Form A)。但对新西兰还须提供格式 59A(Form 59A)，对澳大利亚不用任何格式，只须在商业发票上加注有关声明文句。普惠制原产地证书由出口人填制后，交由国家质量监督检验检疫局签章。

普惠制原产地证主要内容与填制方法如下。

(1) 出口商名称、地址、国家。此栏带有强制性，应填明详细地址，中国地名的英文译音应采用汉语拼音。

(2) 收货人的名称、地址、国家。该栏应填给惠国最终收货人名称，即信用证上规定的提单通知人或特别声明的收货人或发票抬头人。

(3) 运输方式及路线。一般应填装货、到货地点(始运港、目的港)及运输方式(如海运、陆运、空运)，转运商品应加上转运港，如 VIA HONGKONG。该栏还要填明预定自中国出口的日期。

(4) 商品信息。一般可以按照发票内容填写。

(5) 原产地标准。此栏用字最少，但却是国外海关审核的核心项目。对含有进口成份的商品、因情况复杂、国外要求严格、极易弄错而造成退证查询，应认真审核、慎重填写。填写该栏原产地标准符号的一般规定说明可以参照普惠制原产地证背面的说明。

(6) 发票号码及日期。此栏不得留空。月份一律用英文(可用缩写)表示，此栏的日期必须按照正式商业发票填写。

(7) 出口商的申明。在生产国横线上填英文的“中国”(CHINA)。进口国横线上填最终进口国，进口国必须与目的港的国别一致。

另外，申请单位应授权专人在此栏手签，标上申报地点、日期，并加盖申请单位中英文印章。手签人手迹必须在检验检疫局注册备案，并保持相对稳定。

6. 检验证书

国际贸易中检验证书(Inspection Certification) 种类很多，分别用以证明货物的品质、数量、重量和卫生条件等方面的情况。检验证书一般由国家质量监督检验检疫部门指定的检验检疫机构包括设在各省、市、自治区的质量监督检验检疫局与其他专业检验机构出具，也可根据不同情况，由出口企业或生产企业自行出具，但出证机构检验货物名称和检验项目必须符合信用证的规定。检验证书还须注意检验证书的有效期。

7. 受益人证明

受益人证明是信用证要求受益人单独出具一份证明，常见的有寄单证明(Beneficiary's Certificate for Dispatch of Documents)、寄样证明(Beneficiary's Certificate for Dispatch of Shipment Sample)、邮局收据(Post Receipt)、快速收据(Courier Receipt)、装运通知(Shipping Advice)以及有关运输和费用方面的证明。

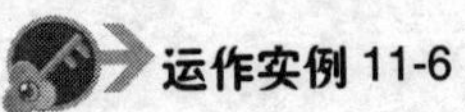
运作实例 11-6

受益人证明

Beneficiary's Certificate

To whom it may concern:

We hereby certify that:

1. All drums are neutral packing.
2. No Chinese words or any hints to show the products made in China.
3. No any printing materials are allowed to fill in drums.

ABC Trading Company

### 11.4.5 交单结汇

交单是指出口商在规定时间内向银行提交信用证规定的全套单据，申请办理结汇。交单应注意 3 点：其一是单据的种类和份数与信用证的规定相符；其二是单据内容正确，包括所用文字与信用证一致；其三是交单时间必须在信用证规定的交单期和有效期内。信用证项下的出口单据经银行审核无误后，银行按信用证规定的付汇条件，将外汇结付给出口企业。我国出口业务中，大多使用出口押汇。

## 11.5 出口收汇核销和出口退税

企业将货物装运出口，顺利收回货款后，应按有关政策及时向外汇管理及税务部门办理出口收汇核销和退税手续。

### 11.5.1 出口收汇核销

出口收汇核销，是国家加强出口收汇管理，确保国家外汇收入，防止外汇流失，指定外汇管理部门对出口企业贸易下的外汇收入情况进行监督检查的一种制度。

#### 1. 出口收汇核销的程序、做法

根据《出口收汇核销管理办法》及《出口收汇核销管理办法实施细则》规定，出口收汇核销程序如下。

(1) 出口单位初次申领出口收汇核销单(以下简称"核销单") 前应当凭以下材料到外汇局办理登记。

① 单位介绍信、申请书。

② 外经贸部门批准经营进出口业务批件正本及复印件。

③ 工商营业执照副本及复印件。

④ 企业法人代码证书及复印件。

⑤ 海关注册登记证明书复印件。

⑥ 出口合同复印件。

外汇局对上述材料审核无误后为出口单位办理登记手续。

(2) 出口单位提前凭单位介绍信、出口核销员证(现为开户单位印鉴卡)到外汇局领取核销单。出口单位向外汇局申领核销单时，应当场在每张核销单的"出口单位"栏内填写单位名称或者加盖单位名称章。核销单自领单之日起两个月以内报关有效。出口单位应当在失效之日起一个月内将未用的核销单退回外汇局注销。

(3) 出口企业报关时，向海关提交事先从外汇管理部门领取的有顺序编号的外汇核销单，经海关审核无误，在核销单和与核销单有相同编号的报关单上盖"验讫章"。

(4) 应当自报关之日起60天内，凭核销单及海关出具的贴有防伪标签、加盖海关"验讫章"的出口报关单、外贸发票到外汇管理局办理送交核销单存根手续，接受外汇管理部门对企业出口收汇情况的监督。

(5) 货物出口后，出口企业将海关退给的核销单、报关单和有关单据送交银行收汇。

(6) 货款汇交至出口地银行以后，银行向出口单位出具结汇水单或收账通知并在结汇水单或收账通知上填写有关核销单编号。

(7) 出口单位凭出口收汇核销单和出口收汇核销专用联的结汇水单或收账通知及其他规定的单据，到国家外汇管理部门办理核销手续。

(8) 国家外汇管理部门按规定办理核销后，在核销单上加盖“已核销”章，并将其中的出口退税专用联退还给出口单位作为日后退税依据。

2. 出口收汇核销单的填写

出口收汇核销单分为存根、正联、退税联3部分，各部分填写方法如下。

1) 存根

(1) 编号。一般外汇管理部门事先已经印好。

(2) 出口单位。填写领取核销单的单位的名称。

(3) 单位代码。填写领取核销单的单位在外汇管理局备案的号码。

(4) 出口币种总价。此栏填写出口成交货物总价及使用币种。一般情况下，须与报关单一致。溢短装出口时，可以不一致，但须提供该笔出口的货运提单副本。提单上有实际出口的数量和重量，根据发票或报关单上的单价与提单上的重量或数量相乘，即可得出实际出口的总金额。

(5) 收汇方式。填写信用证、托收、汇付。

(6) 预计收款日期。依付款期限、地点不同按规定如下填写。

① 即期信用证和即期托收项下的货款，从寄单之日起，近洋地区(香港和澳门)20天内，远洋地区(香港和澳门以外的地区) 30天内结汇或收账。如：2000年6月1日寄单，预计收款日期即应填写2000年6月21日。

② 远期信用证和远期托收项下货款，从汇票规定的付款日起，港澳地区30天内，远洋地区 40天内结汇或收账。如港澳地区，预计收款日期为寄单日期加上邮程日期加上汇票规定的远期天数加上30天。如：寄单日期为2000年6月1日，汇票为远期180天，则预计收款日期应为2000年6月1日+10天+180天+30天，即为2001年1月8日。

(7) 报关日期。同出口报关单右上角的出单日期。

(8) 备注。填写出口单位就该核销单项下需说明的事项。如：北京甲进出口公司代广西乙进出口公司出口，收汇后，原币划转广西进出口公司，则该事项连同该受托公司的联系地址和电话应批注在备注栏内并加盖批注单位的公章。

(9) 有效期。自领单日起4个月。此栏由外汇管理局填。

2) 正联

(1) 出口单位、单位代码填写同存根。

(2) 银行签审一栏中的类别、币种金额、日期相应填写收汇方式、币种总价、收结汇日期，公章处由银行盖章。

(3) 海关签注栏。海关验放该核销单项下的出口货物后，在该栏目内加盖“放行”或

"验讫"章，并填写放行日期。如遇退关，海关需在该栏目加盖有关更正章。

(4) 外汇管理局签注栏。由外汇管理部门将核销单、报关单、发票等配对审核无误后，在该栏内签注意见，并由核销人员签字，加盖"已核销"章。

3) 退税联

(1) 编号、出口单位、单位代码、币种总价填写方法同存根。

(2) 货物名称、出口数量、报关单编号填写同报关单。

(3) 外汇局签注栏填写同正联。

### 11.5.2 出口退税

出口退税是国家为增强出口产品竞争力，对出口产品税收实行的一种先征后退政策。按我国出口退税政策规定，凡出口产品在国内生产和流通环节中已被征收产品税、增值税、营业税、特别消费税的，在该产品报关出口后，国家税务机构向出口单位直接退回已征的税款。

我国实行出口退税与出口收汇核销挂钩政策，按我国出口退税管理办法，出口单位申请出口退税，应向国家税务机关提交银行出具的结汇水单、出口收汇核销单(出口退税专用联)、出口货物报关单、出口销售发票、出口购货发票("三单两票")，经国家税务机关审核无误，退还有关税款。

#### 1. 一般退免税货物应具备的条件

(1) 必须是属于增值税、消费税征税范围的货物。

(2) 必须报关离境，对出口到出口加工区货物也视同报关离境。

(3) 必须在财务上做销售。

(4) 必须收汇并已核销

#### 2. 出口退税程序、做法

按出口退税管理办法，我国出口退税业务的程序、做法如下。

(1) 出口企业从供货部门购进商品，取得增值税专用发票。

(2) 出口企业将货物报关出口并作财务销售处理。

(3) 出口企业取得国外支付货款、办理结汇手续(取得银行出具结汇水单)。

(4) 出口企业按规定向外汇管理部门办理出口收汇核销手续，取得外汇管理部门盖章的出口收汇核销单(出口退税专用联) 。

(5) 出口企业填写出口退税申报表，汇集退税单据凭证(银行出具的结汇水单．出口收汇核销单及出口退税专用联)、出口货物报关单、出口销售发票、出口购货发票)按月报请税务机关批准退还或免征有关税款。

(6) 税务机关部门审核无误将应退税款退给出口企业。

外贸企业一般由财会部门或专人负责办理出口退税事宜。

3. 出口退税计算

计算出口退税之前，首先要确定退税率，退税率不同于征收率。征税税额和退税税额的差额作为企业的税赋成本，计入到出口商品总成本之中。

(1) 增值税。出口货物增值税退税的计算办法主要有 3 种：一是销项免税，进项税额退税即“退税”办法；二是对销项税金先征后退，即“先征后退”办法；三是对销项免税，进项税金准予抵扣部分在内销货物的应纳税款中抵扣，不足抵扣的部分实行退税，即“免、抵、退”办法。第一种办法主要适用于外贸企业和实行外贸企业财务制度的工贸企业、企业集团等，第二、三种办法主要适用于生产企业和准予退税的外商投资企业。出口货物消费税退税的计算办法主要有两种：一是对外贸企业出口的应税消费品的退税；二是对生产企业自营或委托出口的应税消费品的免税。

① 外贸企业出口货物应退增值税的计算。

外贸企业出口货物增值税的计算应依据购进出口货物增值税专用发票上所注明的进项金额和退税率计算。计算公式如下。

应退税额=出口货物的进项金额×退税率

例如，某畜产进出口公司收购一批制刷用山羊毛，出口货物增值税专用发票进货金额为 250 000 元，退税率为 10%，应退税额即为 25 000 元。

② 生产企业出口货物增值税退税额的计算。

生产企业出口货物增值税退税额的计算方法不同于外贸企业，它适用于“先征后退”的办法，即先按照年产值税的有关规定征税，然后按照出口货物离岸价折成人民币按退税率计算退税。具体公式如下。

当期应纳税额=当期内销货物的销项税金＋当期出口货物离岸价×外汇人民币牌价×征税税率－当期全部进项税额

当期应退税额=当期出口货物离岸价×外汇人民币牌价×退税率

(2) 消费税。出口货物应退消费税的计算公式如下。

① 从价定率征收公式。应免消费税税额=出口销售收入×税率

② 从量定额征收公式。应免消费税税额=出口销售数量×单位税额

### 11.5.3 出口押汇

出口押汇是指企业(信用证受益人) 在向银行提交信用证项下单据议付时，银行(议付行)根据企业的申请，凭企业提交的全套单证相符的单据作为质押进行审核，审核无误后，参

照票面金额将款项垫付给企业，然后向开证行寄单索汇，并向企业收取押汇利息和银行费用并保留追索权的一种短期出口融资业务。

出口押汇的办理程序如下。

(1) 出口商如需向银行申请叙作出口押汇，须向银行的国际结算部门提交包括经工商局年检的企业法人营业执照复印件、借款人有权签字人授权书及签字样本、公司近期财务报表和银行需要的其他文件资料。

(2) 出口商应填制《出口押汇申请书》及《出口押汇质押书》各一式二份，加具公司公章及有权签字人签字，连同出口单据和正本信用证一并交银行办理。

(3) 银行在收到企业提交的《出口押汇申请书》和出口单据后，如符合条件，经审核无误后续做出口押汇。

## 本章小结

出口合同如果采用CFR或CIF贸易术语，以信用证方式收取货款，则出口合同履行的一般程序，主要包括货、证、船、款4个环节。备货即根据出口合同或信用证的规定，准备好合同规定的货物，它是出口商履行出口交货义务的基础；出口方备货工作的内容主要包括：向生产、供货部门或仓储部门安排和催交货物，核实应交货物的品质、规格、花色，数量，进行必要的加工整理、包装、刷唛以及办理货物的检验、领取出口许可证等。对信用证的掌握、管理和使用是履行出口合同至关重要的环节，因为它将直接关系到出口商能否安全、顺利地结汇，主要包括催证、审证和改证这3个重要内容。出口方在备妥货物、落实信用证后，即应按合同和信用证的规定，及时对外履行装运货物的义务。安排货物装运出口主要涉及托运、投保、报关、装运等工作。货物装运出运后，出口商要进入制单结汇工作环节，信用证项下通常需要缮制的单据主要有：汇票、发票、装箱单、保险单等。出口方将货物装运出口，顺利收回货款后，应按有关政策及时向外汇管理及税务部门办理出口收汇核销和退税手续。

### 关键名词

(1) Bill of Exchange　汇票

(2) Invoice　发票

(3) Insurance Policy　保险单

(4) Inspetion Certificate　检验证书

# 习　　题

【思考题】

(1) 履行出口合同包括哪些基本环节和程序？
(2) 出口商如果从国内生产厂家采购备货，应特别注意哪些方面？
(3) 什么情况下出口商需要办理出口许可证？如何办理？
(4) 出口报验工作是否是必不可少的？如何填写出口报检单？
(5) 出口商审证的依据是什么？审证要点有哪些？
(6) 办理出口货物的装船和发运需要完成哪些工作？
(7) 如何填写出口报关单？
(8) 信用证项下通常需要缮制的单据有哪些？
(9) 发票的基本内容有哪些？如何与信用证保持相符？
(10) 汇票的基本内容有哪些？如何与信用证保持相符？
(11) 装箱单的基本内容有哪些？与发票有何区别？
(12) 提单的基本内容有哪些？如何与信用证保持相符？与托运单有何联系和区别？
(13) 保险单的基本内容有哪些？如何与信用证保持相符？与投保单有何联系和区别？
(14) 一般原产地证和普惠制原产地证的基本内容有哪些区别？如何填制？两者作用有何异同？
(15) 受益人证明是什么？一般有哪些受益人证明？
(16) 如何办理出口收汇核销手续？如何使用出口收汇核销单？
(17) 如何办理出口退税手续？

# 案　　例

## 案例 1

### 信用证下溢短装处理不妥影响收回案

1998 年 10 月 15 日，英国一家银行开给农产品进出口公司一张信用证，其中有关数量条款如下：“总金额 918 000 美元……1800 公吨，数量允许 5％增减。圆粒白大米，每公吨净重 510 美元 CIF Liverpool。”农产品进出口公司接到信用证后，于 10 月 25 日全部装运完毕，并备妥单据向议付行交单议付。议付行经审单后不同意议付，理由为议付金额超出信用证总金额。发票和汇票金额为 USD945 540，比信用证规定的USD918 000超出USD27 540。农产品进出口公司认为信用证规定货量1800公吨，并允许5%增减，也就是说1800公吨加5%，最高可以装1890公吨。我们实际只装1854公吨，相当于增装3%，在信用证允许范围内，总金额自然就是USD945 540。议付行仍不同意议付，因信用证虽然规定货量允许增减装5%，但信用证总金额并未允许增减。所以即使数量符合信用证规定，而议付的总金额超出信用证总金额限度也是绝对不允许的。农产品进出口公司经研究后，最后由议付行向开证行寄单并在寄单面函中主动列明单证不符情况，由开证行决定是否接受单证不符的单据或付款。

本案出口商对来证的审核存在哪些问题？应吸取哪些教训？

## 案例2

# 信用证条款下单证要求理解有误受损案

W贸易公司收到进口商开来的一份信用证，主要有关内容如下：“……By order of T.P.C. we open an irrevocable letter of credit No.35691 in favor of W Trading Co.…… fullest of shipping company's clean on board original bill of lading made out to order blank endorsed notify buyer marked Freight prepaid Insurance policy covering W.P.A. and war risks as per ocean marine cargo clause of P.I.C.C. dated 1/1/1991. phytosanitary certificate in duplicate.”

W贸易公司根据上述信用证规定在装运后提供所要求的单据并向指定银行办理交单议付。议付银行经审核认为单证相符，即向开证行寄单索汇，两个星期后却接到开证行电告如下：“第35691号信用证项下第D3910号单据经核对发现单证不符，正本单据必须在单据上注明正本字样，必要时再加以签字，这是作为正本单据的必备条件。你方所提供的提单和植物检疫证书都没有表示正本字样，所以不符合上述UCP500条款规定，即未提交正本提单与植物检疫证书。保险单的签发日期晚于提单上的装运日期，单据暂代保管。”

W贸易公司接此通知后，经查所提交的提单正面有承运人正式签章，背面又有正式条款，它是承运人签发的物权凭证，可以凭其提货，但的确没有正本字样。至于植物检疫证书，已按要求提供一式两份，也没有正本字样。保险单签发日期确实晚于提单日期，但保险单上已由保险公司声明：This cover is effective at the date of Loading on board(本保险责任于装船日起生效)，说明已在装船前办理了投保，其保险责任在货物装船日已经生效。根据UCP500第34条e款规定：除非信用证另有规定，或除非保险单据表明保险责任最迟于装船或发运或接受监管日起生效，银行对载明签发日期迟于运输单据注明的装船或发运或接受监管日期的保险单据将不予接受。

根据上述情况，W贸易公司说明反驳意见后，又接到开证行来电：“第D3910号单据问题，对于保险单经与申请人联系，同意接受。但提单与植物检疫证书我们无法接受。”W贸易公司又直接向进口商联系交涉，均无效果，最后只好委托我驻外机构在当地处理货物，损失惨重。

问题：(1) 关于保险单日期和提单日期，开证行应如何处理？业务员应注意什么？

(2) 信用证规定多份单据时，应如何掌握正本和副本？

(3) 从本案中应吸取哪些教训？

【单据样本 11.1】

## 中华人民共和国出口许可证申请表

<table>
<tr><td colspan="3">1. 出口商: 代码:<br>领证人姓名: 电话:</td><td colspan="3">3. 出口许可证号:</td></tr>
<tr><td colspan="3">2. 发货人: 代码:</td><td colspan="3">4. 出口许可证有效截止日期:<br>年 月 日</td></tr>
<tr><td colspan="3">5. 贸易方式:</td><td colspan="3">8. 进口国(地区):</td></tr>
<tr><td colspan="3">6. 合同号:</td><td colspan="3">9. 付款方式:</td></tr>
<tr><td colspan="3">7. 报关口岸:</td><td colspan="3">10. 运输方式:</td></tr>
<tr><td colspan="3">11. 商品名称:</td><td colspan="3">商品编码:</td></tr>
<tr><td>12. 规格、等级</td><td>13. 单位</td><td>14. 数量</td><td>15. 单价(币别)</td><td>16. 总值(币别)</td><td>17. 总值折美元</td></tr>
<tr><td></td><td></td><td></td><td></td><td></td><td></td></tr>
<tr><td></td><td></td><td></td><td></td><td></td><td></td></tr>
<tr><td></td><td></td><td></td><td></td><td></td><td></td></tr>
<tr><td></td><td></td><td></td><td></td><td></td><td></td></tr>
<tr><td>18. 总 计:</td><td></td><td></td><td></td><td></td><td></td></tr>
<tr><td colspan="2">19. 备注:<br>申请单位盖章<br>申请日期:</td><td colspan="4">20. 签证机关审批(初审):<br>经办人:<br>(终审):</td></tr>
</table>

填表说明: 1. 本表应用正楷逐项填写清楚，不得涂改，不得遗漏，否则无效。

2. 本表内容需打印多份许可证的，请在备注栏内注明。

商务部监制

## 出口许可证申请表及出口许可证填写方法

(1) 出口商。

① 配额管理出口商品，应填写出口配额指标单位的进出口企业全称。

② 一般许可证管理出口商品，应填写有出口经营权的各类进出口企业的全称。

③ 还贷、补偿贸易项目出口，应填写有出口经营权的代理公司全称。

④ 非外贸单位经批准出运货物，此栏可填写该单位名称。

⑤ 企业编码，应按外经贸部授权的发证机关编定的代码填写。

(2) 发货人。

① 配额招标商品(包括有偿和无偿招标) 的发货人与出口商必须一致。

② 其他出口配额管理商品的发货人原则上应与出口商一致，但与出口商有隶属关系的可以不一致。

③ 还贷出口、补偿贸易出口和外商投资企业委托代理出口时，发货人与出口商可以不一致。

(3) 出口许可证号。

由发证机关编排。

(4) 出口许可证有效截止日期。

① 实行“一批一证”制的商品，其许可证有效期自发证之日起最长为3个月。供中国港澳(不包括转口)鲜活冷冻商品的许可证有效期为1个月。

② 不实行“一批一证”制的商品、外商投资企业和补偿贸易项下的出口商品，其许可证有效期自发证之日起最长为6个月。

③ 许可证证面有效期如需跨年度时，可在当年将许可证日期填到次年，最迟至二月底。

(5) 贸易方式。

此栏内容有：一般贸易、易货贸易、补偿贸易、进料加工、来料加工，外商投资企业出口、边境贸易、出料加工、转口贸易、期货贸易、承包工程、协定贸易、其他贸易。

(6) 进料加工复出口，此栏填写进料加工。

① 外商投资企业进料加工复出口时，贸易方式填写外商投资企业出口。

② 非外贸单位出运展卖品和样品每批价值在5000元以上的，此栏填写“国际展览”。

③ 各类进出口企业出运展卖品，此栏填写“国际展览”，出运样品填写一般贸易。

(7) 合同号。

① 指申领许可证、报关及结汇时所用出口合同的编码。

② 原油、成品油及非贸易项下出口，可不填写合同号。

③ 展品出运时，此栏应填写外经贸部批准办展的文件号。

(8) 报关口岸。

指出运口岸，此栏允许填写3个口岸，但仅能在1个口岸报关。

(9) 进口国(地区)。

指最终目的地，即合同目的地，不允许使用地域名(如欧洲等)。

(10) 支付方式。

此栏的内容有：信用证、托收、汇兑、本票、现金、记账和免费等。

(11) 运输方式。

可填写海上运输、公路运输、航空运输、邮政运输、固定运输。

(12) 商品名称和编码。

按外经贸部发布的出口许可证管理商品目录的标准名称填写。

(13) 规格等级。

① 规格等级栏，用于对所出口商品作具体说明，包括具体品种、规格(如水泥标号、钢材品种等)、等级(如兔毛等级)。同一编码商品规格超过4种时，应另行填写出口许可证申请表。“劳务出口物资”也应按此填写。

② 出运货物必须与此栏说明的品种、规格等级相一致。

(14) 单位。

指计量单位。非贸易项下的出口商品，此栏以“批”为计量单位，具体单位在“备注”栏中说明。

(15) 数量、单价及总值。

数量表示该证允许出口商品的多少。此数值允许保留一位小数，凡倍数超出的，一律以四舍五入进位。计量单位为“批”的，此栏均为1。

(16) 单价是指与计量单位相一致的单位价格，计量单位为“批”的，此栏则为总金额。

【单据样本 11.2】

# 出境货物报检单

中华人民共和国出入境检验检疫

**出境货物报检单**

报检单位(加盖公章):　　　　　　　　　　　　　　　　　　　　编　　号＿＿＿＿＿＿

报检单位登记号:　　　　　联系人:　　　　　电话:　　　　　报检日期:　　年　　月　　日

| 发货人 | (中文) | | | | |
|---|---|---|---|---|---|
| | (外文) | | | | |
| 收货人 | (中文) | | | | |
| | (外文) | | | | |
| 货物名称(中/外文) | H.S.编码 | 产地 | 数/重量 | 货物总值 | 包装种类及数量 |
| | | | | | |

| 运输工具名称号码 | | 贸易方式 | | 货物存放地点 | |
|---|---|---|---|---|---|
| 合同号 | | 信用证号 | | 用途 | |
| 发货日期 | | 输往国家(地区) | | 许可证/审批号 | |
| 启运地 | | 到达口岸 | | 生产单位注册号 | |
| 集装箱规格、数量及号码 | | | | | |

| 合同、信用证订立的检验检疫条款或特殊要求 | 标记及号码 | 随附单据(划"√"或补填) | |
|---|---|---|---|
| | | □合同<br>□信用证<br>□发票<br>□换证凭单<br>□装箱单<br>□厂检单 | □包装性能结果单<br>□许可/审批文件<br>□委托书<br>□报关单<br>□<br>□ |

| 需要证单名称(划"√"或补填) | | 检验检疫费 | |
|---|---|---|---|
| □品质证书　＿正＿副<br>□重量证书　＿正＿副<br>□数量证书　＿正＿副<br>□兽医卫生证书　＿正＿副<br>□健康证书　＿正＿副<br>□卫生证书　＿正＿副<br>□运物卫生证书　＿正＿副 | □植物检疫证书　＿正＿副<br>□熏蒸/消毒证书　＿正＿副<br>□出境货物换证凭单<br>□出境货物通关单<br>□<br>□<br>□ | 总金额<br>(人民币元) | |
| | | 计费人 | |
| | | 收费人 | |

| 报检人郑重声明: | 领 取 证 单 | |
|---|---|---|
| 1. 本人被授权报检。<br>2. 上列填写内容正确属实，货物无伪造或冒用他人的厂名、标志、认证标志，并承担货物质量责任。<br>签名:＿＿＿＿＿ | 日期 | |
| | 签名 | |

注:有"*"号栏由出入境检验检疫机关填写　　　　◆国家出入境检验检疫局制

[1-2(2000.1.1)]

【单据样本 11.3】

# 商业发票

INVOICE

TO: NO.:

Date:

L/C NO.:

Contract :

From: To:

Shipping Marks:

Quantities & Descriptions:

Unit Price:

Amount:

TOTAL:

TOTAL QUANTITY:

TOTAL WEIGHT:

TOTAL:

【单据样本 11.4】

# 汇 票

1

凭

Drawn under___

信用证或购买证第　　号

L/C or A/P No.___

日期：年　　月　　日

Dated

按息付款

Payable with interest @____________________% per annum

号码　　　汇票金额　　中国，　年　月　日

No.　　　Exchange for，　China　　20

见票　　日后(本票之副本未付)付或其指定人

At sight of this First of Exchange (Second of exchange being unpaid) pay to the order of___

金额

the sum of

此致

To:__________________

【单据样本 11.5】

# 出口报关单

## 中华人民共和国海关出口货物报关单

预录入编号：　海关编号：

<table>
<tr><td>出口口岸</td><td colspan="2">备案号</td><td>出口日期</td><td>申报日期</td></tr>
<tr><td>经营单位</td><td colspan="2">运输方式</td><td>运输工具名称</td><td>提运单号</td></tr>
<tr><td>发货单位</td><td colspan="2">贸易方式</td><td>征免性质</td><td>结汇方式</td></tr>
<tr><td>许可证号</td><td colspan="2">运抵国(地区)</td><td>指运港</td><td>境内货源地</td></tr>
<tr><td>批准文号</td><td>成交方式</td><td>运费</td><td>保费</td><td>杂费</td></tr>
<tr><td>合同协议号</td><td>件数</td><td>包装种类</td><td>毛重(千克)</td><td>净重(千克)</td></tr>
<tr><td>集装箱号</td><td colspan="3">随附单据</td><td>生产厂家</td></tr>
<tr><td colspan="5">标记唛头及备注</td></tr>
<tr><td colspan="5">项号 商品编号 商品名称规格型号 数量及单位 最终目的国(地区) 单价 总价 币制 征免</td></tr>
<tr><td colspan="5"></td></tr>
<tr><td colspan="5">税费征收情况</td></tr>
<tr><td>录入员<br>录入单位</td><td colspan="2">兹声明以上申报无讹并承担法律责任</td><td colspan="2" rowspan="2">海关审单批注及放行日期(签章)<br>审单审价</td></tr>
<tr><td colspan="3" rowspan="3">报关员<br>申报单位(签章)<br>单位地址:<br>邮编:　电话:　填制日期:</td></tr>
<tr><td colspan="2">征税 统计</td></tr>
<tr><td colspan="2">查验 放行</td></tr>
</table>

【单据样本 11.6】

# 一般原产地证

**Original**

<table>
<tr><td>1. Exporter</td><td rowspan="2">Certificate No.<br><br>CERTIFICATE OF ORIGIN<br>OF THE PEOPLE'SREPUBLIC OF CHINA</td></tr>
<tr><td>2. Consignee</td></tr>
<tr><td>3. Means of transport and route</td><td rowspan="2">5. For certifying authority use only</td></tr>
<tr><td>4. Country/region of destination</td></tr>
</table>

| 6. Marks and Numbers | 7. Number and kind of packages; description of goods | 8. H. S. Code | 9. Quantity | 10. Number and date of invoices |
|---|---|---|---|---|
| | | | | |

<table>
<tr><td>11. Declaration by the exporter<br>The undersigned hereby declares that the above details and statements are correct, that all the goods were produced in China and that they comply with the Rules of the People's Republic of China<br><br>-----<br>Place and date, signature and stamp of authorized signatory</td><td>12. Certification<br>It is hereby certified that the declaration by the export is Correct.<br><br>----<br>Place and date, signature of authorized signatory</td></tr>
</table>

【单据样本 11.7】

# 普惠制原产地证

## ORIGINAL

<table>
<tr><td colspan="3">1. Goods consigned from (Exporter's business name, address, country )</td><td colspan="3" rowspan="2">Reference No.<br><br>GENERALIZED SYSTEM<br>OF PRFERENCES CERTIFICATE OF ORIGIN<br>(Combined declaration and certificate )<br>FORM A<br>Issued in THE PEOPLE'S REPUBLIC OF CHINA<br>(COUNTRY)<br>see Notes overleaf</td></tr>
<tr><td colspan="3">2. Goods consigned to ( consignee's name, address, country )</td></tr>
<tr><td colspan="3">3. Means of transport and route ( as far as known )</td><td colspan="3">4. For official use</td></tr>
<tr><td>5. Item number</td><td>6. Marks and numbers of packages</td><td>7. Number and kind of packages, description of goods</td><td>8. Origin criterion (see notes overleaf)</td><td>9. Gross weight or other quantity</td><td>10. Number and date of invoices</td></tr>
<tr><td colspan="3">11. Certification<br>It is hereby certified, on the basis of control carried out,<br>That the declaration by the exporter is correct.<br><br><br>Place and date, signature and stamp of certifying Authority</td><td colspan="3">12. Declaration by the exporter<br>The undersigned hereby declares that the above details and statements are correct; that all the goods were Produced in <u>CHINA</u><br>And that they comply with the origin requirements<br>Specified for those goods in the Generalized System of Preferences for goods exported to<br>____<br>(importing country)<br><br>Place and date, signature of authorized signatory</td></tr>
</table>

**【单据样本 11.8】**

# 出口收汇核销单

## 出口收汇核销单 存根

(沪) 编号：325623454

| 出口单位 |
|---|
| 单位编码 |
| 出口币种总价 |
| 收汇方式 |
| 预计收款日期 |
| 报关日期 |
| 此单报关有效期截止到 |

## 出口收汇核销单

(沪) 编号：325623454

出口单位盖章

| 出口单位 | | | | |
|---|---|---|---|---|
| 单位编码 | | | | |
| 银行签注栏：类别 | 币种金额 | 日期 | 签章 | |
| 海关签注栏 | | | | |
| 外汇局签注栏<br>年 月 日(盖章) | | | | |

## 出口收汇核销单 出口退税用

(沪) 编号：325623454

出口单位盖章

| 出口单位 | | |
|---|---|---|
| 单位编码 | | |
| 货物名称 | 数量 | 币种总价 |
| | | |
| 报关单编号 | | |

海关盖章

| 外汇局签注栏<br>年 月 日(盖章) |
|---|

【单据样本 11.9】

# 货物运输投保单

投保单号：

Application No.

| Applicant | | | | | |
|---|---|---|---|---|---|
| Applicant's Add | | | | Code | |
| Contact | | Tel. | | E-mail. | |
| Insured | | | | Tel. | |
| Contract No. | | L/C No. | | Invoice No. | |
| Marks & Nos. | Packing & quantity | Description of goods | | Invoice value___<br>Value Plus About%<br>Insured Value___<br>Rate___<br>Premium___ | |
| Name of the Carrier: | | B/L No. | | | |
| Departure Date: | | Claims Payable At: | | | |
| Route From Via To(destination) | | | | | |

包装方式：1. 散装 2. 纸箱 3. 瓶装 4. 木箱 5. 编织袋 6. 真空袋 7. 桶装 8. 裸装 9. 苫布 10. 其他方式：______

运输方式：1. 集装箱 2. 冷藏箱 3. 拼装 4. 整船 5. 舱面 6. 其他方式：______

货物项目：1. 精密仪器 是□否□ 2. 旧货物 是□否□ 3. 船龄 年建

**承保条件** Conditions：投保人可根据投保意向选择投保险别及条款，并划"√"以确认，但保险人承保的险别及适用条款以保险人最终确定并在保险单上列明的险种、条款为准

进出口海洋运输： □一切险 □水渍险 □平安险 (PICC《海洋运输货物保险条款》(1/1/81))

□ICC(A) □ICC(B) □ICC(C) (伦敦协会条款)

进出口航空运输： □航空运输险 □ 航空运输一切险 (PICC《航空运输货物保险条款》(1/1/81))

进出口陆上运输： □陆运险 □陆运一切险 (PICC《陆上运输货物保险条款》(1/1/81))

特殊附加险： □战争险 □罢工险 (□PICC条款 □伦敦协会条款)

国内水陆运输： □基本险 □综合险 (《国内水路、陆路货物运输保险条款》(2/1995))

国内航空运输： □航空运输险 □航空运输一切险 (PICC《航空运输货物保险条款》(1/1/81))

其他承保条件：

特别约定 Special Conditions:

续表

**投保人声明：**

1. 本人填写本投保单之前，保险人已经就本投保单及适用的保险条款的内容，尤其是关于保险人免除责任的条款及投保人和被保险人义务条款向本人作了明确说明，本人对该保险条款及保险条件已完全了解，并同意接受保险条款的约束。
2. 本投保单所填各项内容均属事实，同意以本投保单作为保险人签发保险单的依据。
3. 保险合同自保险单签发之日起成立。

投保人签字(盖章)

日期

# 第12章 进口业务履行

## 教学目标

通过本章的学习，熟悉进口合同履行的基本运作流程，可以完成进口合同的开立信用证、审核单据、进口付汇核销、进口报关等各环节的工作。

## 教学要求

| 知识要点 | 能力要求 | 相关知识 |
| --- | --- | --- |
| 基本知识 | (1) 能够了解进口许可证的主要内容<br>(2) 进口商申请开立信用证的程序<br>(3) 审单付款 | (1) 开立信用证<br>(2) 进口许可证的内容 |
| 业务流程 | (1) 掌握进口合同的履行流程<br>(2) 能够了解开立信用证、审核单据的基本要求<br>(3) 熟悉进口报验、报关操作的基本流程和操作<br>(4) 掌握审核单据的处理 | 审核单据的基本要求 |
| 风险与防范 | 能够运用所掌握的风险与防范知识分析各种案例 | 进口索赔时要注意的问题 |

**引例**

我国华东某公司以CIF术语于2002年5月从澳大利亚进口巧克力食品2000箱，以即期不可撤销信用证为支付方式，目的港为上海。货物从澳大利亚某港口装运后，出口商凭已装船清洁提单和投保一切险及战争险的保险单，向银行议付货款。货到上海港后，经该公司复验后发现下列情况：

(1) 该批货物共有8个批号，抽查16箱，发现其中2个批号涉及300箱内含沙门氏细菌超过我国的标准；

(2) 收货人实收1992箱，短少8箱；

(3) 有21箱货物外表情况良好，但箱内货物共短少85公斤。试分析，进口商就以上损失情况应分别向谁索赔？并说明理由。

我国进口货物，大多数是按FOB条件并采用信用证付款方式成交的，按此条件签订的进口合同，合同履行的一般程序包括：开立信用证，租船订舱，接运货物，办理货运保险，审单付款，报关提货，验收与提交货物和办理索赔等。

## 12.1 进口许可证

进口的业务流程，比如说机电产品、食品等的进口要涉及进口许可证管理，在进行一般的进口业务环节之前，要先办理相关的进口许可证。在我国，直接关系到进口许可证管理的制度主要有《货物进口许可证管理办法》和《货物自动进口许可管理办法》。列入进口许可证管理的商品，在对外成交、签订合同前，申领单位或受托代理进口单位必须按规定向主管部门和审批部门履行报批手续，并凭批件向发证机关申领进口许可证；未经审批和领证而擅自成交、无证进口的，要按走私论处。

### 12.1.1 自动进口许可证的办理

为了对部分货物的进口实行有效监测，我国实施货物自动进口许可证管理。商务部授权配额许可证事务局，商务部驻各地特派员办事处，各省、自治区、直辖市、计划单列市商务(外经贸)主管部门以及部门和地方机电产品进出口机构负责自动进口许可货物的管理和《自动进口许可证》的签发工作。进口属于自动进口许可管理的货物，收货人(包括进口商和进口用户)在办理海关报关手续前，应向所在地或相应的发证机构提交自动进口许可证申请，并取得《自动进口许可证》，海关凭加盖自动进口许可证专用章的《自动进口许可证》办理验放手续，银行凭《自动进口许可证》办理售汇和付汇手续。

1. 自动进口许可证的办理程序

1) 查询自动进口许可证管理的进口货物范围

商务部每年会以公告的形式发布当年度实行自动进口许可管理的货物目录，进口方要查询进口合同下的进口货物是否在管理范围内及该货物自动进口许可证由何级机构颁发。如果在自动进口许可管理的货物目录上，就要办理后续的手续。

2) 申请办理自动进口许可证

收货人可以直接向发证机构书面申请《自动进口许可证》，也可以网上申请。

(1) 书面申请：收货人可以到发证机构领取或者从相关网站下载《自动进口许可证申请表》(可复印)等有关材料，按要求如实填写，并采用送递、邮寄或者其他适当方式，与规定的其他材料一并递交发证机构。

(2) 网上申请：收货人应当先到发证机构申领用于企业身份认证的电子钥匙。申请时，登录相关网站，进入相关申领系统，按要求如实在线填写《自动进口许可证申请表》等资料，同时向发证机构提交规定的有关材料。

3) 签发自动进口许可证

进口方或收货人符合国家关于从事自动进口许可货物有关法律法规要求，提交的许可申请内容正确且形式完备，发证机构应当在最多不超过10个工作日予以签发《自动进口许可证》。

2. 申请自动进口许可提交的材料

(1) 收货人从事货物进出口的资格证书、备案登记文件或者外商投资企业批准证书(以上证书、文件仅限公历年度内初次申领者提交)。

(2) 自动进口许可证申请表。

(3) 货物进口合同。

(4) 属于委托代理进口的，应当提交委托代理进口协议(正本)。

(5) 对进口货物用途或者最终用户法律法规有特定规定的，应当提交进口货物用途或者最终用户符合国家规定的证明材料。

(6) 针对不同商品在《自动进口许可管理的货物目录》中列明的应当提交的材料。

(7) 商务部规定的其他应当提交的材料。

### 12.1.2 进口许可证的办理

我国对限制进口的货物实行进口许可证管理。进口许可证是国家管理货物进口的法律凭证。凡属于进口许可证管理的货物，除国家另有规定外，对外贸易经营者应当在进口前按规定向指定的发证机构申领进口许可证，海关凭进口许可证接受申报和验放。商务部会同海关总署制定、调整和发布年度《进口许可证管理货物目录》，商务部负责制定、调整和发布年度《进口许可证管理货物分级发证目录》。许可证局及商务部驻各地特派员办事处和各省、自治区、直辖市、计划单列市以及商务部授权的其他省会城市商务厅(局)、外经贸委(厅、局)为进口许可证发证机构，在许可证局统一管理下，负责授权范围内的发证工作。

1. 进口许可证的办理程序

1) 查询进口许可证管理的进口货物范围

商务部以公告形式发布年度《进口许可证管理货物目录》和《进口许可证管理分级发证目录》，进口方要查询进口合同下的进口货物是否在管理范围内及该货物进口许可证由何级机构颁发。如果在进口许可管理的货物目录上，就要办理后续的手续。

2) 申请办理进口许可证

进口方申请办理进口许可证时，应当认真如实填写进口许可证申请表，并加盖印章；根据进口货物情况，向发证机构提交所规定的进口批准文件及相关材料。

3) 签发进口许可证

进口方或收货人符合国家关于从事进口许可货物有关法律法规要求，提交的许可申请和材料，申请符合要求的，发证机构应当自收到申请之日起3个工作日内发放进口许可证。特殊情况下，最多不超过10个工作日。对进口实行许可证管理的大宗、散装货物，溢装数量按照国际贸易惯例办理，即报关进口的大宗、散装货物的溢装数量不得超过进口许可证所列进口数量的5%。

2. 申请进口许可证应提交的资料

1) 基本资料

对外贸易经营者应当提交经年检合格的《企业法人登记营业执照》及加盖对外贸易经营者备案登记专用章的《对外贸易经营者备案登记表》或者《进出口企业资格证书》。经营者为外商投资企业的，还应当提交《外商投资企业批准证书》。进口货物属国家实行国营贸易或者有其他资质管理要求的，应当提供商务部或者相关部门的有关文件。

2) 特殊资料

(1) 对监控化学品，需要另行提交国家履行禁止化学武器公约工作领导小组办公室批准的《监控化学品进口核准单》和《进口合同》(正本复印件)。

(2) 对易致毒化学品，需要另行提交《易致毒化学品进口批复单》。

(3) 对消耗臭氧层物质，需要另行提交国家消耗臭氧层物质进出口管理办公室批准的《受控消耗臭氧层物质进口审批单》。

(4) 对依照法律、行政法规的规定，其他需要限制进口的商品，需要另行提交国务院商务主管部门或者由其会同国务院其他有关部门签发的许可文件签发进口许可证。

## 12.2 申请开立信用证

进口交易以信用证作为支付方式，及时开立信用证是买方的主要责任之一。因此在签订进口合同后，进口方一定要在合同规定的期间内及时向银行提交开证申请书及进口合同副本，要求银行对外开证。

### 12.2.1 开证申请人与开证行的义务和责任

1. 开证申请人对开证行承担的主要义务

(1) 开证申请人必须偿付开证行为取得单据向受益人支付的货款。在开证申请人付款前，作为物权凭证的单据仍属于银行。

(2) 如果单据与信用证条款相一致而开证申请人拒绝“赎单”，则其作为担保的存款或账户上已被冻结的资金将归银行所有。

(3) 开证申请人有向开证行支付开证所需的全部费用的责任。

2. 开证行对开证申请人的责任

(1) 开证行一旦收到开证的详尽指示，有责任尽快开证。

(2) 开证行一旦接受开证申请，就必须严格按照申请人的指示行事。

### 12.2.2 进口商申请开立信用证的程序

1. 递交申请资料

进口商在向银行申请开立信用证时，应向银行递交有关的进口合同副本及附件，如进口许可证、进口配额证(进口许可证及配额商品时)、某些部门的批文等。申请开立信用证的时间须按合同规定。合同没有规定时，一般掌握在合同规定的装运期前一个月到一个半月左右。

2. 填写信用证开证申请书

进口商要填写银行统一印制的信用证开证申请书。信用证开证申请书是开证银行对外开立信用证的基础和依据，所以填写信用证开证申请书是申请开立信用证过程中最重要的工作。进口商填写开证申请书时，应在其中列明各项交易条件，并使这些条件与合同中的规定完全一致，这样才能保证银行开出的信用证的内容与合同一致，充分利用信用证条款来保证出口方按合同执行。

3. 交纳押金和开证手续费

银行一般会对进口商进口所需外汇进行核查，并可能要求进口商交付全额或一定比例的押金或提供其他担保，然后才按开证申请书的指示对外开出信用证。押金一般用信用证金额的百分比来规定，根据进口方的资信情况交纳的押金金额多少而定。如果进口方在开证行没有账号，开证行在开立信用证之前很可能要求申请人在其银行存入一笔相当于全部信用证金额的资金。我国开证行根据不同企业和交易情况，要求开证申请人缴付一定比例的人民币保证金，然后开证。此外，银行为进口商开证时，开证申请人(进口商)还必须按规定支付一定金额的开证手续费。

4. 银行开立信用证

开证行收到进口商的开证申请后，应立即对开证申请书的内容及其与合同的关系、开证申请人的资信状况等进行审核，在确信可以接受开证申请人的申请并收到开证申请人提交的押金及开证手续费后，即向信用证受益人开出信用证，并将信用证正本采用电开或信开方式，传送到受益人所在地分行或代理行(统称通知行)，由通知行将信用证通知受益人。如果对方对与合同相符的信用证提出修改要求，进口商有权斟酌处理。若同意改证，就要通知开证行办理改证手续。

### 12.2.3 开证申请书的填写

填写开证申请书，应以合同为依据，按合同各项规定和要求填写。开证申请书的内容包括两部分：一是要求开立信用证的内容，也就是开证申请人按照买卖合同条款要求开证行在信用证上列明的条款；二是开证申请人对开证行的声明或具结，用以明确双方的责任。

信用证开证申请书使用英文填写，各银行使用的信用证开证申请书格式不同，但其内容及填写方法基本一致。

(1) 申请开证的时间：按实际申请开证的时间填写，一般合同规定为交货期前一个月到一个半月左右。

(2) 开证方式：信用证开证(传递)的具体方式一般已经印好，需要哪种方式即在哪种方式前划“√”即可。

(3) 信用证性质、号码：信用证性质默认是不可撤销的，如保兑的或可转让等其他性质就须明确写明；信用证号码，由开证行填写。

(4) 申请人(Applicant)、受益人(Beneficiary)：需按合同分别填写进口商和出口商的详细名称、地址(包括电话、传真、E-mail)。

(5) 通知行(Advising Bank)：一般由开证行填写。

(6) 信用证有效期(Date of Expiry)、到期地点(Place of Expiry)：一般按合同填写，有效

期多为装运期后 15 天，到期地点一般为议付行(出口商) 所在地。

(7) 金额(Amount)：分别用小写和大写两种形式表示，与合同金额相符，特别注意溢短装条款下的合同金额的处理，另外要明确币种。

(8) 汇票条款(draft s)：要填写汇票期限、受票人、汇票金额等项目。

(9) 单据条款：一般银行会将常用的发票、提单等单据名称印好，进口商要选择单据名称，并在单据名称后的空白栏中填写所需单据份数和要求的单据内容。

(10) 货物条款：按合同填写货物名称、规格、包装、价格、运输标志等。

(11) 附加条款(Special Instructions)：如果进口商有某些特别的需要时，可以填写。

(12) 交单期限(Documents should be presented within)：一般填写在装运日后的 15 天内。

(13) 运输条款(Shipment from … to …)：按合同填写货物装运港、目的港、装运期，并按合同选择是否允许分批或转运。

## 12.3 租船与投保

### 12.3.1 租船

在 FOB 合同下，进口方负责派船到指定港口接货。通常情况下，卖方收到信用证后，应将预计装船日期通知买方，由买方向船公司租船或订舱。我国进口商往往将这项工作委托给货代公司代办。手续办妥，进口方要将船名、船期通知国外卖方，以便对方备货和做好装船准备，保证船货衔接。租船订舱后，进口方按照预先的计划派船到出口国接运货物。

由于 FOB 条件下保险由进口方办理，我方应督促卖方在货物装船后及时发出装船通知，以便及时办理保险手续。

### 12.3.2 投保

在实际业务中进口货物运输保险一般有两种方式：逐笔投保和预约保险。

#### 1. 逐笔投保

逐笔投保是指进口商在接到国外出口方发来的已装船通知书后，立即向保险公司索取并填具投保申请书，向保险公司办理货运保险，保险公司受理后，签发保险单据交进口商，亦即完成投保手续。因每笔货物进口商要逐一去办理投保手续，就叫逐笔投保。逐笔投保方式适用进口量不大的进口商。

#### 2. 预约保险

凡从事进口业务的外贸公司或长期进口货物的单位，可与保险总公司签订海运、空运、

邮运保险进口货物预约保险合同。预保合同签订后，凡进口商与外商成交并由进口商办理保险的进口货物，保险公司就负有自动承担的责任，即属于承保合同范围内的货物一经装船，保险即开始生效。在预保合同中，明确规定商品名称、承保险别、保险费率、适用条款以及保险费和赔款支付办法。

**运作实例 12-1**

# 进口货物运输预约保险合同

合同号　　　　　　年/号

____________为甲方

中国人民保险公司____________分公司为乙方

双方就进口货物的运输预约保险议定下列各条以资共同遵守。

1. 保险范围

甲方从国外进口的全部货物，不论运输方式，凡贸易条件规定由买方办理保险的，都属于本合同范围之内。甲方应根据本合同规定，向乙方办理投保手续并支付保险费。

乙方对上述保险范围内的货物，负有自动承保的责任，在发生本合同规定范围内的损失时均按本合同的规定负责赔偿。

2. 保险金额

保险金额以进口货物的到岸价格(CIF)即货价加运费加保险费为准(运费可用实际运费，亦可由双方协定一个平均运费率计算)。

3. 保险险别和费率

各种货物需要投保的险别由甲方选定并在投保单中填明。乙方根据不同的险别规定不同的费率。现暂定如下。

| 货物种类 | 运输方式 | 保险险别 | 保险费率 |
|---|---|---|---|
| | | | |
| | | | |
| | | | |

4. 保险责任

各种险别的责任范围，以所属乙方制定的“海洋货物运输保险条款”“海洋货物运输战争险条款”“航空运输综合险条款”和其他有关条款的规定为准。

5. 投保手续

甲方一经掌握货物发运情况，即应向乙方寄送起运通知书，办理投保。通知书一式5份，由保险公司签认后退回一份。如果不办理投保，货物发生损失，乙方不予理赔。

6. 保险费

乙方按甲方寄送的起运通知书照前列相应的费率逐笔计收保费，甲方应及时付费。

7. 索赔手续和期限

本合同所保货物发生保险范围以内的损失时，乙方应按制定的《关于海运进口保险货物残损检验和赔款给付办法》迅速处理。甲方应尽力采取防止货物扩大受损的措施，对已遭受损失的货物必须积极抢救，尽量减少货物的损失。向乙方办理索赔的有效期限，以保险货物卸离海轮之日起满一年终止。如有特殊需要可向乙方提出延长索赔期。

8. 合同期限

本合同自　年　月　日开始生效。

甲方(签章)　　　　　　乙方(签章)

## 12.4 审单付款

为保证对方提交的单据完全符合我方开立的信用证的条款，保证我方的权益，必须认真做好审单工作。审单是银行与企业的共同责任，值得注意的是银行审单和进口商审单关注的重点并不完全相同，因此必须与银行密切联系、加强配合。

### 12.4.1 审单付汇程序

1. 开证行审单

国外出口方将货物装运后，即将全套单据和汇票交出口地银行转我方进口地开证行或指定付款行收取货款。按照我国现行的做法，开证行根据信用证条款审核单据的重点是以下几点。

(1) 单据的种类、份数与信用证要求及议付行寄单回函所列是否相符。

(2) 汇票、发票上的金额是否一致，与信用证规定的最高金额相比是否超额，与议付行寄单回函所列金额是否一致。

(3) 单据中对货名、规格、数量、包装等描述是否与信用证要求相符。

(4) 货运单据的出单日期及内容是否与信用证相符。

(5) 货运单据及保险单据等其他单据的背书是否有效。

银行对任何单据的格式、完整性、准确性、真实性、伪造或法律效力或单据上规定的或附加的一般及/或特殊条件一概不负责任；对于任何单据所代表的货物的描述、数量、重量、品质、状态、包装、价值或存在和发货人、承运人、运输商、收货人、保险人或其他任何人的诚信或行为，及/或疏漏、清偿能力、履责能力或资信情况不负责任。相对而言，开证行更关心单证一致，单单相符。开证行如审单无误，即将上述单证交给进口方进行复审，同时准备履行付款责任。如审单时发现单据表面与信用证规定不符，开证行往往先与进口商联系征求进口商的意见。

2. 进口商审单

与银行审单重点不同，进口商更关心的是单证描述的有关货物内容是否与合同一致。进口商收到开证行交来的全套货物单据和汇票后，根据合同和信用证规定认真审核出口商提交的单据。审核各种单据的内容是否符合信用证要求，单据的种类和份数是否齐全，以商业发票为中心，将其他单据与之对照，审核单据是否一致。进口商审单后，如在 3 个工作日内没有提出异议，开证行须按汇票履行付款或承兑义务。

主要单据审核要点简述如下。

(1) 汇票：信用证名下汇票，应加列出票条款(Drawn Clause)，说明开证行、信用证号码及开证日期。金额应与信用证规定相符，一般应为发票金额。如单据内含有佣金或货款部分托收，则按信用证规定的发票金额的百分比开列，金额的大小写应一致。国外开来汇票，也可以只有小写。汇票付款人应为开证行或指定的付款行，若信用证未规定，应为开证行，不应以申请人为付款人。出票人应为信用证受益人，通常为出口商，收款人通常为议付银行。付款期限应与信用证规定相符。出票日期必须在信用证有效期内，不应早于发票日期。

(2) 提单：提单必须按信用证规定的份数全套提交，如信用证未规定份数，则一份也可算全套。提单应注明承运人名称，并经承运人或其代理人签名或船长或其代理人签名。除非信用证特别规定，提单应为清洁已装船提单。若为备运提单，则必须加上装船注记(Shipped on Board)并由船方签署。以 CFR 或 CIF 方式成交，提单上应注明运费已付(Freight Prepaid)。提单的日期不得迟于信用证所规定的最迟装运日期。提单上所载件数、唛头、数量、船名等应和发票相一致，货物描述可用总称，但不得与发票货名相抵触。

(3) 商业发票：发票应由信用证受益人出具，无需签字，除非信用证另有规定。商品的名称、数量、单价、包装、价格条件、合同号码等描述，必须与信用证严格一致。发票抬头应为开证申请人。

(4) 保险单：如果是采用 CIF 术语进口，保险单正本份数应符合信用证要求，全套正本应提交开证行。投保金额、险别应符合信用证规定。保险单上所列船名、航线、港口、起运日期应与提单一致。保险单应列明货物名称、数量、唛头等，并应与发票、提单及其他货运单据一致。

(5) 产地证：产地证应由信用证指定机构签署。货物名称、品质、数量及价格等有关商品的记载应与发票一致；签发日期不迟于装船日期。

(6) 检验证书：检验证书应由指定机构签发。检验项目及内容应符合信用证的要求，检验结果如有瑕疵，该指定机构可拒绝受理。检验日期不得迟于装运日期，但也不得过早于装运日期。

### 12.4.2 信用证常见不符点

进口商审单的具体内容和前述的出口商制作单据时的内容类似，在此不再赘述，仅重点列出常见的不符点。

(1) 信用证装运日期晚于合同或信用证规定的装运期。

(2) 受益人交单时间超出信用证规定的装运期。

(3) 运输单据不符合信用证和合同的规定，如运输单据类别不正确，没有“货物已装船”证明，未注明“货装舱面”，启运港、目的港或转运港不符，背书不正确等。

(4) 汇票的出票日期不明、票面金额不正确或超过信用证金额、付款时间不正确等。

(5) 货物短装或超装。

(6) 发票上面的货物描述与信用证和合同不符，抬头人的名称、地址等不符。

(7) 汇票、发票金额的不一致或超过信用证规定金额。

(8) 单据上要求的特殊批注缺少或没有必要签字和有效印章。

(9) 单据的份数与信用证不一致。

(10) 各种单据上面的唛头不一致。

(11) 各种单据上面的货物的数量和重量描述不一致。

### 12.4.3 不符点的处理

进口交易中，出现卖方所交单据存在不符时，我方应在《跟单信用证统一惯例》及国际银行业务惯例的基础上，考虑对不符点的性质作出适当处理。

如果进口商可以接受不符点，即可指示开证行对外付款。如果“不符”性质严重，进口商可以指示开证行对外提出异议，拒绝接受单据并拒付全部货款。常见的严重不符点包括所交单据份数或种类与信用证规定不符，货款金额大于信用证金额，单据中重要项目的内容与信用证规定不符，或单据之间相同项目的填写不一致。如果“不符”性质不太严重，可以通过寄单行通知受益人更正单据或由国外银行书面担保后付款，或改为货到检验认可后付款。

### 12.4.4 进口付汇核销

根据我国外汇管理制度的有关规定，我国进口商在从事进口贸易对外支付外汇货款要按规定执行进口付汇核销手续。进口付汇核销的基本业务流程如下。

1. 进口单位取得进出口权

进口单位经商务部或其授权单位批准或备案取得进出口权，并取得中国电子口岸IC卡。

2. 办理“对外付汇进口单位名录”

进口单位持有关材料向注册所在地外汇局申请办理列入“对外付汇进口单位名录”，不在名录上的进口单位不得直接到外汇指定银行办理进口付汇。外汇局审核无误后，为进口单位办理“对外付汇进口单位名录”手续。进口单位应当凭以下材料到所在地外汇局办理列入“对外付汇进口单位名录”的手续。

(1) 对外经贸部(委、厅) 的进出口经营权的批件。

(2) 工商管理部门颁发的营业执照。

(3) 技术监督部门颁发的企业代码证书。

(4) 外汇登记证(外商投资企业)。

3. 办理进口付汇备案

进口单位付汇或开立信用证前，判断是否需到外汇局办理“进口付汇备案表”手续。如需要办理进口付汇备案手续，进口商持有关材料到外汇局办理进口付汇备案手续，领取进口付汇备案表。如不需要办理进口付汇备案手续，进口商持有关材料到外汇指定银行直接办理开证或购汇手续。

进口付汇备案表是针对一些核销方式较特殊、银行资金风险较大及逃套汇发生频率较高的进口付汇，如远期信用证、异地付汇、转口贸易、预付款等所采用的一种事前登记、初审办法。办理备案需要提交下列资料。

(1) 盖有公司公章的进口付汇备案申请函，申请函内容应包含申请备案原因及备案内容。

(2) 进口合同正本及主要条款复印件。

(3) 开证申请书，如备案原因为“远期信用证”，则该开证申请书上应有银行加盖的业务章。

(4) 进口付汇通知单及复印件，如结算方式不为“托收”，则可不提供该单据。

(5) 电汇申请书，如结算方式不为“汇款”，则可不提供该单据。

(6) 进口货物报关单正本、复印件及IC卡，如备案原因不为货到汇款、信用证展期，则可不提供该单据及IC卡。

(7) 特殊备案情况下，外汇局要求提供的其他凭证、文件。

4. 在银行办理购汇

1) 进口单位向外汇指定银行申领核销单

进口单位根据进口业务量凭单位介绍信按月向外汇指定银行领取核销单。领单后，应将空白核销单按不同的领单行登记，严禁在不同的外汇指定银行之间串用核销单。

2) 进口单位填写核销单

进口单位无论采取何种结算方式，在办理进口付汇手续时，除提供规定的凭证外，均应当填写一式两联的核销单，并加盖单位印章。

3) 进口单位在外汇指定银行办理信用证项下的进口付汇核销手续

外汇指定银行在办理进口付汇核销手续时，按不同的结算方式采取不同的核销方式。信用证项下的进口付汇核销手续是进口单位应当在开证时填写核销单并交开证行，付汇金额栏填写实际开证金额。付汇时，外汇指定银行应在付汇日期栏进行逐笔登记。核销完毕，加盖“已核销章”，第一联留存，第二联退进口单位。办理信用证项下的进口付汇核销手续需要提交的资料有以下几点。

(1) 进口单位填写的进口付汇核销单。

(2) 进口付汇备案表，不需要办理进口付汇备案手续的进口付汇不用提交进口付汇备案手续。

(3) 进口合同、发票。

(4) 正本进口货物报关单。

5. 进口付汇核销报审

进口付汇到货报审是进口单位根据《进口付汇核销监管暂行办法》的规定，按月将“贸易付汇到货核销表”及所附单证报送外汇局审查的业务过程和手续。

1) 进口付汇核销报审需要的单据

根据《进口付汇核销监管暂行办法》的规定，进口单位在办理到货报审手续时，须对应提供下列单据。

(1) 进口付汇核销单。

(2) 进口付汇备案表，如核销单付汇原因为“正常付汇”，进口商可不提供该单据。

(3) 进口货物报关单正本，如核销单上的结算方式为“货到付汇”，企业可不提供该单据。

(4) 进口付汇到货核销表，一式两份，均为打印件并加盖公司章。

(5) 外汇局要求提供的其他凭证、文件。

2) 办理进口付汇报审业务的手续

(1) 进口单位备齐报审单据，一并交外汇局进口核销业务人员初审。

(2) 初审人员审核报审单据，初审合格，经办人员签字并转交其他业务人员进行复核；对于未通过审核的单据，应在向企业报审人员明确不能报审的原因后退还进口单位。

(3) 复核人员审核通过初审的报审单据，复核无误，则复核员签字并将企业报审的全部单据及IC卡留存，并留下企业名称、联系电话、联系人；对于未通过审核的单据，应在

向企业报审人员明确不能报审的原因后退还进口单位。

(4) 外汇局将留存的报关单及企业IC卡通过报关单检查系统检验报关单的真伪。如无误，则将IC卡退进口单位，并在到货报审表和报关单上加盖“已报审”章；如报关单通不过检查，则将有关材料及情况转检查部门。

## 12.5 进口报检与进口报关

进口货物运抵目的港后，进口商持提单正本找承运人或其代理人更换提货单，办理进口报检和报关手续，通常情况下进口商都委托货代公司办理。一般货物入境后，要先办理进口报检，然后办理进口报关手续。

### 12.5.1 进口报检

进口商品分法定检验检疫商品和非法定检验检疫商品，法定检验检疫进口商品是列入《出入境检验检疫机构实施检验检疫的进出境商品目录》及其他法律、法规规定的必须经过商检机构或者国家商检局、商检机构指定的检验检疫机构检验检疫的进口商品。除此以外的进口商品为非法定检验检疫商品。这两类商品在办理报检手续上有所不同，法定检验检疫商品到货后，收货人或其代理人必须向口岸商检机构办理进口商品报检登记手续，然后去办理进口通关手续，通关后按商检机构规定的地点和期限向到货地商检机构申请实施检验。非法定检验进口商品到货后，由收、用货部门直接办理进口通关手续。提货后，可按合同的约定自行检验，若发现问题需凭商检证书索赔的，应向所在地商检机构办理进口商品报检手续。

1. 进口货物报检时提供的基本资料

(1) 一般货物要提交入境货物报检单、外贸合同、发票、提货单、装箱单等，代理报检还要有代理委托书。

(2) 凡实施安全许可、卫生注册、强制性产品认证等货物，应提供有关审批文件。

(3) 报检品质检验的，应提供国外品质证书或产品说明书及有关标准与技术资料等；报检数量的，提交数量明细单。

(4) 申请残损鉴定的，提供理货残损单、海事报告、大副签证等证明货物残损情况的有关证单。

(5) 进口动植物、食品等其他特殊货物的，应提供其他规定的文件和单证。

2. 入境货物报检单的填写

报检人要认真填写《入境货物报检单》，内容应按合同、国外发票、提单、运单上的内容填写，报检单应填写完整、无漏项，字迹清楚，不得涂改，且中英文内容一致，并加盖申请单位公章。

(1) 编号：商检机构受理报检的编号，由受理报检人员填写，前 6 位为检验检疫局机关代码，第 7 位为报检类代码，第 8、9 位为年代码，第 10 至 15 位为流水号。

(2) 报检单位登记号：填写报检单位在检验检疫机构登记的号码，并加盖公章或报检专用章。

(3) 报检日期：填写检验检疫机构实际受理的日期。

(4) 发货人：合同中的卖方。

(5) 收货人：合同中的买方，应中英文对照填写。

(6) 品名：按合同、发票所列品名填写，如为废旧货物应注明。

(7) 合同号：买卖双方签订的合同编号。

(8) H.S 编码：进口货物的商品编码，以当年海关公布的商品税编码分类为准。

(9) 原产国(地区)：进口货物的原产国家或地区。

(10) 数/重量：以商品编码分类中标准数量为准，并应注明数/重量单位。

(11) 货物总值：入境货物的总值及币种，应与合同、发票或报关单上所列的货物总值一致。

(12) 包装种类及数量：货物实际运输包装的种类及数量，如是木质包装还应注明材质及尺寸。

(13) 运输工具名称号码：运输工具的名称和号码。

(14) 贸易方式：货物进口的贸易方式。

(15) 贸易国别(地区)：进口货物的贸易国别。

(16) 提单/运单号：货物海运提单号或空运单号，有两程提单的应同时填写。

(17) 到货日期：进口货物到达口岸的日期。

(18) 起运国家(地区)：货物的起运国家或地区。

(19) 许可证/审批号：需办理进境许可证或审批的货物应填写有关许可证号或审批号。

(20) 卸货日期：货物在口岸的卸毕日期。

(21) 起运口岸：货物的起运口岸。

(22) 入境口岸：货物的入境口岸。

(23) 索赔有效期：对外贸易合同中约定的索赔期限。

(24) 经停口岸：货物在运输中曾经停靠的外国口岸。

(25) 目的地：货物的境内目的地。

(26) 合同订立的特殊条款以及其他要求：在合同中订立的有关检验检疫的特殊条款及其他要求应填入此栏。

(27) 货物存放地点：货物存放的地点。

(28) 标记及号码：货物的唛头应与合同、发票等有关外贸单据保持一致；若没有标记号码则填“N/M”。

(29) 领取证单：报检人在领取检验检疫机构出具的有关检验检疫证单时填写领证日期及领证人姓名。

### 3. 进口商品报检的时间及地点

1) 报检时限

(1) 微生物、人体组织、生物制品、血液及其制品、种畜、禽及其精液、胚胎、受精卵在入境前30天报检。

(2) 其他动物在入境前15天报检。

(3) 植物、种子、种苗、其他繁殖材料在入境前7天报检。

(4) 需要索赔出证的，在索赔期限不少于20天前报检。

(5) 其他入境货物在入境前或入境时向报关地检验检疫机构办理报检。

2) 报检地点

(1) 政府有关审批、许可证等批文中规定地点的，在规定的地点报检。

(2) 大宗散装品、易腐烂变质品、废旧物品、卸货时发现包装破损(短重、短量)，必须口岸报施检。

(3) 需安装调试的成套设备、机电仪器及开件后难以恢复包装的商品，收货人所在地报施检。

(4) 其他货物报关地报检、施检。

(5) 入境运输工具、人员口岸报检、施检。

### 4. 进口货物报检应注意事项

(1) 同一合同、同一发票、同一提单限填一份申请单，同一合同、不同发票或提单的，应分别填写申请单。

(2) 对装船前已经过预检验、监造监制的进口法检商品到达口岸时，仍应按规定进行报检。以货到后商检机构的检验结果为最终结果，并对检验不合格的进口商品签发检验证书，按合同规定对外索赔。

(3) 对列入《实施安全质量许可制度的进口商品目录》内的进口商品按法定检验商品办理报检，并加附进口质量许可证复件或提供许可证编号。

## 12.5.2 进口报关

进口报关是指进口货物必须按海关规定的手续向海关办理申报验放的过程。

1. 进口报关的基本程序

进口报关的基本程序包括接受申报、审核单证、查验货物、办理征税、结关放行。货物到达目的港后，进口商填写进口货物报关单，连同提货单、发票、装箱单或重量单及其他必要文件，经商检机构签章后到海关申报；在海关对各种单据及货物查验合格后，将会打出一份进口关税税单和增值税税单；一般进口货物缴纳关税要使用支票，到海关指定的银行交关税后，银行在缴款书上面盖章；按国家规定缴纳关税后，海关将在货运单据上签章放行。我国的进口业务中，报关手续一般由外运公司代办。

2. 进口货物报关单的填写

(1) 进口口岸：填明货物在中国的进境地点名称(第一口岸)。

(2) 经营单位：填明对外签订并执行合同的中国境内企业或单位的名称，要填写全称。

(3) 收货单位：填明进口货物最终收货使用单位名称及所在地。

(4) 合同(协议)号：填明货物合同(协议)的号码。

(5) 批准机关及文号：货物如经有关主管部门批准进口或领有进口许可证的，应填明批准文号或许可证号码。

(6) 运输工具名称及号码：填明实际进入中国国境的运输工具名称及号码。

(7) 贸易性质(方式)：填明申报货物的贸易性质。

(8) 起运国别(地区)：填明货物起始发出直接运往或在运输中转国中未发生任何商业性交易的情况下运往我国的国家(地区)，如货物在运输中转国(地)发生了商业性交易，则该运输中转国(地)即为该货物的起运国(地)。

(9) 原产国别(地区)：填明货物的生产、开采或制造国家(地区)。如果产品经过其他国家加工复制，以最后加工的国家为原产国。原产国一般以货物的产地证明书确定。

(10) 外汇来源：填具购买货物所使用的外汇来源。

(11) 进口日期：填具负责运载货物的运输工具向海关申报进境的日期。

(12) 提单或运单号：填具货物的提单或运单号码。

(13) 运杂费及保险费/率：填具本报单货物所需支付的运、杂费及保险费的金额。

(14) 标记唛码：填具货物的标记唛码，如有地点名称的也应填写。

(16) 包装种类及件数：填具货物的包装方式及总件数。

(17) 海关统计商品编号：应按照《海关统计商品目录》中的编号分别对应填报货物编号，并将编号与货名填写在同一水平线上。

(18) 货名、规格及数量：按实际情况填具。

(19) 成交价格：填具合同订定的成交单价、总价和价格条款，并注明币种。

(20) 备注：有关需要述明的问题在此栏填具。

(21) 随附单据：填具递交的单据名称及份数。

(22) 申报日期：填具向海关申报的日期。

注意：品种繁多、数量零星的同一批货物，可以金额最大的货物的产地填报。

3. 进口关税的计算

按照《海关法》等有关法律法规的规定，海关对准许进口的货物、物品征收进口关税，代征进口环节税(包括增值税和消费税) 。另外，海关还对部分进口减税、免税和保税货物征收海关监管手续费。

1) 进口关税的计算

进口关税计税前要将审定的CIF完税价格折算成人民币，完税价格计算至元，元以下的四舍五入。税额计算到分，分以下的四舍五入。税款的起征点为50元人民币。

$$\text{从价税税额}=\text{货物的完税价格}\times\text{从价税率}$$

$$\text{从量税税额}=\text{货物数量}\times\text{单位税额}$$

2) 进口环节国内税的计算

进口环节税进口货物在办理报关纳税手续后，允许在国内流通，应与国内产品同等对待即缴纳国内税。为简化手续，进口货物的国内税一般在进口环节由海关征收，简称进口环节国内税。

(1) 增值税的计算公式为：

$$\text{组成价格}=\text{关税完税价格}+\text{关税税额}+\text{消费税税额}$$

$$\text{应纳增值税税额}=\text{组成价格}\times\text{增值税税率}$$

(2) 消费税的计算公式如下

从价征收：

$$\text{组成计税价格}+\frac{\text{完税价格}+\text{关税税额}}{1-\text{消费税税率}}$$

$$\text{应纳税额}=\text{组成计税价格}\times\text{消费税税率}$$

$$=\frac{\text{完税价格}+\text{关税税额}\times\text{消费税税率}}{1-\text{消费税税率}}$$

从量定额征收：

$$\text{应纳税额}=\text{应征消费税消费品数量}\times\text{单位税额}$$

注意：同一批货物，即使进口关税按照从量计算，进口环节的增值税仍然按照价格征收，并且增值税、消费税计算公式中的完税价格是指经海关审定后的CIF价格。

**运作实例 12-2**

某单位进口一批化妆品，支付国外买价220万元人民币、国外经纪费10万元人民币；支付运抵我国海关地前的运输费用 20 万元人民币、装卸费用和保险费用 11 万元人民币；支付海关地再运往商贸公司的运输费用 8 万元人民币、装卸费用和保险费用 3 万元人民币。已知该化妆品的进口关税税率是 20%，进口环节消费税税率和增值税税率分别是 30%和 17%。试计算该公司进口环节应缴纳的关税、消费税、增值税。

解:

(1) 进口环节应缴纳关税 =(220+10+20+11)×20%=52.2(万元)

(2) 进口环节应缴纳消费税 =(220+10+20+11+52.2)÷(1－30%)×30%=134.23(万元)

(3) 进口环节应缴纳增值税 =(220+10+20+11+52.2+134.23)×17%=76.06(万元)

注意：计算进口关税完税价格只考虑从出口国运输到进口口岸的运费和保险费，对于国内运费和保险费不能计入完税价格中。

## 12.6 索 赔

进口商品到货后，进口商如发现商品品质、数量、包装等不符合合同的情况，应及时请商检部门对进口货物进行检验、鉴定，并出具商检证书，在弄清事实、分清责任归属的基础上，向有关责任方提出索赔。

### 12.6.1 进口的索赔对象

贸易中进口方的索赔对象有 3 个：向卖方索赔、向承运人索赔、向保险公司索赔。

1. 向卖方索赔

当卖方没有按时、按质、按量交货时，即商品的品质、规格与合同规定不符，数量不足，交货拖延或不交货，包装不良使货物受损等，应向卖方提出索赔。

2. 向承运人索赔

进口货物，如发生残损或到货数量少于提单所载数量，而提单是清洁的无任何不良批注，一般即是承运人的过失造成，买方可根据不同运输方式的有关规定，及时向有关承运人提出索赔。

3. 向保险公司索赔

如出于自然灾害、意外事故或运输装卸过程中事故等致使货物受损，并属于承保范围以内的应向保险公司索赔。此外，属于承运人的过失造成的货物残损、丢失，而承运人不予赔偿或赔偿金额不足抵补损失的，如属于保险公司承保范围以内的也应向保险公司提出索赔。

### 12.6.2 进口索赔应注意的问题

进口商办理进口索赔手续，须注意以下问题。

1. 索赔证据

进口商对外提出索赔必须准备索赔证据，包括制备索赔清单，商检局签发的检验证书、残损证明以及货物的发票、装箱单、提单副本；其次，对不同的索赔对象，还须另附有关证件。

(1) 向卖方索赔时，应在索赔证据中提出确切的根据和理由，如系 FOB 或 CFR 合同，必须随附保险单一份。

(2) 向船公司索赔时，须另附由船长及港务局理货员签证的理货报告及船长签证的短卸或残损证明。

(3) 向保险公司索赔时，须另附保险公司与买方的联合检验报告等。

根据国际惯例，买方向卖方索赔的金额，应与卖方违约造成的损失相等。除损失的商品价值外，索赔的金额还可包括其他有关费用。例如商品检验费、装卸费、银行手续费、仓租、利息及预期的利润。至于索赔的金额具体应包括哪几项，应根据实际情况确定。

2. 索赔期限

对外索赔必须在合同索赔有效期限内提出，过期无效。如果商检工作需要时间较长，买方可向对方要求延长索赔期限。如果买卖合同中未规定索赔期限，买方行使索赔权的最长期限为其实际收到货物起不超过两年。向轮船公司提出海运货损索赔，索赔期限为被保险货物在卸载港全部卸离海轮后一年之内；向保险公司索赔，索赔期限为货物在最后卸载港全部卸离海轮后两年之内。

3. 妥善保管受损货物

如果货物受损责任在卖方，进口方可向卖方提出索赔。在卖方同意赔偿前，进口方须保持货物的原状并作好妥善保管。如果买方不能按实际收到的货物的原状归还货物，他就丧失了宣告合同无效或要求卖方交付替代货物的权利。

在履约过程中，如果进口商的合法权益受到侵害，则应向有关责任人索赔。

如果出现因卖方不交货或不按期交货、原装数量不足、品质低劣、规格与合同规定不符、包装不良使货物受损等情况，进口方应向卖方索赔；如果卸货数量少于提单记载的数量或由于船方过失导致货物残损，货损应由船方负责；如果因自然灾害、意外事故、其他外来原因造成了货物承保范围内的损失，或在承保范围内船方赔偿金额不足以抵补损失的部分，则由保险公司对进口方进行赔偿。

对外索赔必须在合同规定的索赔期限内提出，如果在索赔期内来不及出具检验证书，买方应要求对方延长索赔期，或向对方声明保留索赔权。若合同未对索赔期限作出规定，根据《公约》的规定，这一期限应为买方实际收到货物之日起两年。

进口方对外索赔时，应将合同规定提供索赔清单、商检机构的检验证书、发票、装箱单或重量单、提单副本、保险单及其他必要的文件及单据作为索赔的证据。

**运作实例 12-3**

在本章引例中，如果合同中已明确注明货物必须符合进口国的衡量标准，则货物由于不符合规定而导致的损失应由出口方赔偿，反之则应由进口方自行承担；对于收货时出现的数量短少问题，鉴于该案例中船公司签发的是已装船清洁提单，因此短少的数量应由船公司负责，但如果已经投保了一般附加险，则可以以“偷窃，提货不着险”向保险公司索赔；另外至于箱内货物的短少，由于船公司只负责审查货物外表情况是否良好，货物件数是否符合合同规定，其没有义务核实货物实质情况，所以货物内在瑕疵问题所导致的损失应向出口方索赔。

## 本章小结

进口合同履行的一般程序包括：开立信用证、租船订舱、接运货物、办理货运保险、审单付款、报关提货、验收与提交货物和办理索赔等。如果进口货物涉及进口许可证管理，在进行一般的进口业务环节之前，要先申办相关的进口许可证。进口交易以信用证作为支付方式，进口方填写开证申请书，及时申请开立信用证。出口方收到信用证后，应将预计装船日期通知进口方，由进口方向船公司租船或订舱，派船接运货物。在货运保险方面，进口商可采用预约保险或逐笔保险方式办理保险。出口方制单结汇，全套单据通过出口地银行转到开证行，为保证进口方的货物权益，进口方必须与开证行一同认真做好审单工作；出现卖方所交单据存在不符时，买方应在《跟单信用证统一惯例》及国际银行业务惯例基础上，对不符点的性质作出适当处理。在向境外支付进口商品的货款后，我国进口商要及时办理付汇核销手续。进口货物运抵目的港，进口商办理进口报检和报关手续；如发现商品品质、数量、包装等不符合合同的情况，应及时请商检部门对进口货物进行检验、鉴定，出具商检证书，在弄清事实、分清责任归属的基础上，在索赔期限内向有关责任方提出索赔。

## 关键名词

(1) Customs Clearance　结关
(2) Open the L/C　开立信用证
(3) Insurance Claim　保险索赔
(4) Issuing Bank　开证银行

# 习　　题

【思考题】

(1) 进口合同履行中，哪些环节是必须的？
(2) 我国进口许可证和自动进口许可证的作用和使用有什么不同？
(3) 进口商填写开证申请书要注意哪些问题？
(4) 在进口商办理租船、派船接货环节，如何与出口商相互配合？
(5) 如何办理货物进口报检和报关？
(6) 在进口贸易中，如何降低出口商和承运人恶意欺骗的风险？
(7) 在进口索赔时要注意哪些问题？
(8) 完整的进出口交易履行各环节是如何进行的？

# 案　　例

**案例 1**

装运前后货物质量不符案

买卖双方按照 FOB 条件签订了一笔化工原料的买卖合同，装船前检验时，货物的品质良好，符合合同的规定。货到目的港，买方提货后检验发现部分货物结块，品质发生变化。经调查确认原因是货物包装不良，在运输途中吸收空气中的水分导致原颗粒状的原料结成硬块。于是，买方向卖方提起索赔，但卖方指出，货物装船前是合格的，品质变化是在运输途中发生的，也就是在越过船舷之后才发生的，按照国际贸易惯例，其后果应由买方承担，因此，卖方拒绝赔偿。你认为此争议应如何处理？并请说明理由。

案例2

进口商品质量不符索赔成功案

1997年某公司与德国某跨国钢铁公司新加坡公司签订了进口1万公吨拉丝盘条合同，金额为314万美元。付款方式为L/C 180 DAYS SIGHT。货物产地为保加利亚，材质为美国标准SAE1008。检验条款以SGS(瑞士日内瓦通用鉴定公司)验货报告为付款依据，以CCIB(中国进出口商品检验局)检验结果为索赔依据。争议最终解决方式为仲裁，仲裁地为香港，以香港法律为准。

然而货到后，我方派人到港口接货时却发现货物外观及包装极差；同时港务局理货时也发现，货物件数与单据件数不符，缺少180余件；天津CCIB验货后，出证表明货物短重140余公吨，材质与合同相符，但有“耳子”(EARS)、“飞边”等缺陷。另外，我方还发现实际炉号与对方所提供的SGS报告完全不同。基于以上情况，我方立即通知对方公司北京办事处，提出质量异议，并寄上相关样品、照片和录像，希望对方即刻派人查验货物，以便双方协商解决。然而，对方被多次催促后，只给予一简短回复，大意是他们没有过错，没有义务去验货。至此我方清醒地意识到对方根本没有解决问题的诚意，只有采取索赔措施。

经反复研究，我方制订了如下索赔方案：

(1) 根据其材质缺陷和炉号不符，申请天津CCIB复验，同时请工厂做拔丝试验，测试其是否是“拔丝盘条”；

(2) 向香港国际仲裁中心提交仲裁申请；

(3) 向当地高院通报此案，以寻求支持。

香港国际仲裁中心很快明确回复，说明由于合同未讲明双方所共同接受的仲裁机构的具体名称，根据香港法律，此仲裁无法受理。我方公司向当地高院提出诉讼申请，理由是货物与合同不符，完全无法使用，系欺诈行为，而对方和仲裁机构均拒绝仲裁，我方公司向法院申请诉讼保全，并请法院判令银行止付货款。当地高院依法受理了此案。

至此，情况急转直下，对方公司派人来我方公司面谈，请求我方公司撤诉，以仲裁方式解决，对于没有及时验货表示道歉。对方公司总部同时也派人来天津，委托天津SGS并邀请我方公司三方共同验货，其结果与天津CCIB几乎一致。最后，对方公司同意退货50%，其余货物每公吨降价69美元。

问题：

(1) 签订合同中的品质条款应注意哪些问题？

(2) 合同中的仲裁条款应如何规定？

(3) 本案给我们哪些启发？

【单据样本 12.1】

# 开证申请书

| APPLICATION FOR ISSUING OF CREDIT | |
|---|---|
| Applicant: | Issuing Bank: |
| Date of Application: | Expiry Date and Place for Presentation of Documents<br>Expiry Date:<br>Place for Presentation: |
| □Issue by (air) mail<br>□With brief advice by teletransmission(see UCP500 Article 11)<br>□Issue by teletransmission<br>□Transferable Credit-As per UCP500 Article 48 | Beneficiary: |
| Confirmation of the Credit:<br>□not requested□requested<br>□authorised if requested by Beneficiary | Amount in figures and words (please use ISO Currency Code) |
| Partial shipments<br>□allowed□not allowed | Credit available with Nominated Bank:<br>□by payment at sight::<br>□by deferred payment at:<br>□by acceptance of drafts at::<br>□by negotiation: |
| Trans shipment<br>□allowed□not allowed<br>Please refer to UCP 500 transport Articles for the exceptions to this condition | |
| □Insurance will be covered by us | |
| Shipment as defined in UCP500 Article<br>From:<br>For transportation to:<br>Not later than: | Against the documents detalled herein<br>□and Beneficiary draft(s) drawn on |
| Goods(Brief description without excessive details-see UCP500 Articles): | Terms:<br>□FAS □CIF<br>□FOB □Other terms<br>□CFR □as per INCOTERMS |
| Commercial Invoice□ original and□copies<br>Transport Document:<br>Insurance Document:<br>Certificates:<br>Other Documents: | |
| Documents to be presented with □ days after the date of shipment but within the validity of the Credit | |
| Additional instruction: | We request to issue on our behalf and for our account your Irrevocable Credit in accordance with the above instruction (marked(×)where appropriate).<br>This Credit will be subject to the Uniform Customs and Practice for Documents Credits(1993 Revision， Publication No.500 of the International Chamber of Commerce. Paris. France)， insofar as they are applicable. |

【单据样本 12.2】

# 进口报关单

## 中华人民共和国海关进口货物报关单

预录入编号：　海关编号：

| 进口口岸 | 备案号 | | 进口日期 | 申报日期 |
|---|---|---|---|---|
| 经营单位 | 运输方式 | | 运输工具名称 | 提运单号 |
| 收货单位 | 贸易方式 | | 征免性质 | 征免比例 |
| 许可证号 | 起运国(地区) | | 装货港 | 境内目的地 |
| 批准文号 | 成交方式 | 运费 | 保费 | 杂费 |
| 合同协议号 | 件数 | 包装种类 | 毛重(公斤) | 净重(公斤) |
| 集装箱号 | 随附单据 | | | 用途 |
| 标记唛码及备注 | | | | |
| 项号　商品编号商品名称、规格型号数量及单位　原产国(地区)单价　总价　币制　征免 | | | | |
| | | | | |
| | | | | |
| | | | | |
| 税费征收情况 | | | | |
| 录入员<br>录入单位 | 兹声明以上申报无讹并承担法律责任 | | 海关审单批注及放行日期(签章)<br>审单审价 | |
| 报关员<br>申报单位(签章)<br>单位地址：<br>邮编：　电话：　填制日期： | | | 征税　统计<br>查验　放行 | |

【单据样本 12.3】

# 中华人民共和国出入境检验检疫入境货物报检单

报检单位(加盖公章):　编号________

报检单位登记号:　联系人:　电话:　报检日期______年__月__日

| 收货人 | (中文) | 企业性质(画"√") | □合资□合作□外资 | | |
|---|---|---|---|---|---|
| 收货人 | (外文) | | | | |
| 发货人 | (中文) | | | | |
| 发货人 | (外文) | | | | |
| 货物名称(中/外文) | H.S. 编码 | 原产国 | 数/重量 | 货物总值 | 包装种类及数量 |
| | | | | | |
| 运输工具名称号码 | | | | 合同号 | |
| 贸易方式 | | 贸易国别(地区) | | 提单/运单号 | |
| 到货日期 | | 起运国家(区) | | 许可证/审批号 | |
| 卸毕日期 | | 起运口岸 | | 入境口岸 | |
| 索赔有效期至 | | 经停口岸 | | 目的地 | |
| 集装箱规格、数量及号码 | | | | | |
| 合同、信用证订立的检验检疫条款或特殊要求 | | | | 货物存放地点 | |
| | | | | 用　途 | |
| 随附单据(划"√"或补填) | | | | | |
| 需要证单名称(划"√"或补填) | | 标记及号码 | | 外商投资财产(画"√") | □是□否 |
| □合同<br>□发票<br>□提/运单<br>□兽医卫生证书<br>□植物检疫证书<br>□动物检疫证书<br>□卫生证书<br>□原产地证书<br>□许可/审批文件 | □到货通知<br>□装箱单<br>□质保书<br>□理货清单<br>□磅码单<br>□验收报告<br>□ | | | 检验检疫费 | |
| | | | | 总金额(人民币元) | |
| | | | | 计费人 | |
| | | | | 收费人 | |
| 检验员郑重声明:<br>1. 本人被授权报检。<br>2. 上列填写内容正确属实。<br>签名:________ | | | | 领取证单 | |
| | | | | 日期 | |
| | | | | 签名 | |

【单据样本 12.4】

# 贸易进口付汇核销单(代申报单)

印单局代码： 核销单编号：

<table>
<tr><td>单位代码</td><td>单位名称</td><td>所在地外汇局名称</td></tr>
<tr><td>付汇银行名称</td><td>收汇人国别</td><td>交易编码</td></tr>
<tr><td>收款人是否在保税区：是□ 否□</td><td colspan="2">交易附言</td></tr>
<tr><td colspan="3">对外付汇币种 对外付汇金额<br>其中：购汇金额 现汇金额 其他方式金额<br>人民币账号外汇账号</td></tr>
<tr><td colspan="3">付 汇 性 质<br>□正常付汇<br>□不在名录 □90 天以上信用证 □90 天以上托收 □异地付汇<br>□90 天以上到货 □转口贸易 □境外工程使用物资 □真实性审查<br>备案表编号</td></tr>
<tr><td>预计到货日期 / /</td><td>进口批件号</td><td>合同/发票号</td></tr>
<tr><td colspan="3">结 算 方 式</td></tr>
<tr><td colspan="3">信用证 90 天以内□ 90 天以上□ 承兑日期 / / 付汇日期 / / 期限天</td></tr>
<tr><td colspan="3">托收 90 天以内□ 90 天以上□ 承兑日期 / / 付汇日期 / / 期限天</td></tr>
<tr><td rowspan="2">汇款</td><td colspan="2">预付货款□货到付汇(凭报关单付汇) □ 付汇日期 / /</td></tr>
<tr><td colspan="2">报关单号报关日期 / / 报关单币种金额<br>报关单号报关日期 / / 报关单币种金额<br>报关单号报关日期 / / 报关单币种金额<br>报关单号报关日期 / / 报关单币种金额<br>报关单号报关日期 / / 报关单币种金额<br>(若报关单填写不完，可另附纸。)</td></tr>
<tr><td colspan="3">其他□ 付汇日期 / /</td></tr>
<tr><td colspan="3">以下由付汇银行填写<br>申报号码：□□□□□□ □□□□ □□ □□□□□□ □□□□<br>业务编号： 审核日期： / / (付汇银行签章)</td></tr>
</table>

进口单位签章

【单据样本 12.5】

# 中华人民共和国自动进口许可证申请表

<table>
<tr><td colspan="3">1. 进口商： 代码：</td><td colspan="3">3. 自动进口许可证申请表号：<br><br>自动进口许可证号：</td></tr>
<tr><td colspan="3">2. 进口用户：</td><td colspan="3">4. 申请自动进口许可证有效截止日期：<br><br>年 月 日</td></tr>
<tr><td colspan="3">5. 贸易方式：</td><td colspan="3">8. 贸易国(地区)：</td></tr>
<tr><td colspan="3">6. 外汇来源：</td><td colspan="3">9. 原产地国(地区)：</td></tr>
<tr><td colspan="3">7. 报关口岸：</td><td colspan="3">10. 商品用途：</td></tr>
<tr><td colspan="6">11. 商品名称： 商品编码： 设备状态：</td></tr>
<tr><td>12. 规格、等级</td><td>13. 单位</td><td>14. 数量</td><td>15. 单价(币别)</td><td>16. 总值(币别)</td><td>17. 总值<br>(折美元)</td></tr>
<tr><td></td><td></td><td></td><td></td><td></td><td></td></tr>
<tr><td></td><td></td><td></td><td></td><td></td><td></td></tr>
<tr><td></td><td></td><td></td><td></td><td></td><td></td></tr>
<tr><td></td><td></td><td></td><td></td><td></td><td></td></tr>
<tr><td>18. 总 计</td><td></td><td></td><td></td><td></td><td></td></tr>
<tr><td colspan="3">19. 备注：<br><br>联 系 人：<br><br>联系电话：<br><br>申请日期：</td><td colspan="3">20. 签证机构审批意见：</td></tr>
</table>

# 第13章 选择适当的国际贸易方式

## 教学目标

通过本章的学习，能够熟悉国际贸易方式中的单纯销售方式和综合贸易经营方式，并对电子商务和国际技术贸易有一定的了解与认识。

## 教学要求

| 知识要点 | 能力要求 | 相关知识 |
| --- | --- | --- |
| 基本知识 | (1) 寄售与展卖的含义和特点<br>(2) 包销的含义及主要内容<br>(3) 代理的含义与性质<br>(4) 代理协议的主要内容<br>(5) 拍卖的特点、出价方法与拍卖程序<br>(6) 国际招标的方式、招投标的基本程序<br>(7) 加工贸易的含义，性质与特点，加工贸易合同的主要内容 | (1) 各种贸易方式的主要内容<br>(2) 包销的主要内容<br>(3) 代理的主要内容<br>(4) 商品贸易的含义与特点<br>(5) 加工贸易的含义<br>(6) 对销贸易的含义<br>(7) 拍卖的特点 |
| 业务流程 | (1) 熟悉各种贸易方式及其主要内容特征<br>(2) 能够在实践中根据具体情况选择适用的国际贸易方式 | 各种贸易方式 |
| 风险与防范 | 能够运用所掌握的风险与防范知识分析各种贸易方式案例 | 进口索赔时要注意的问题 |

引例

1997年10月，甲公司与乙进出口公司(以下简称乙公司) 签订代理出口协议一份。协议约定甲公司委托乙公司代理出口花生果1000吨，出口单价随信用证，协议总金额约为720万元人民币。甲公司的主要义务是：组织货源，并负责装船前的一切工作。乙公司的主要任务是：对外签订出口合同；办理有关的出口手续；货物装船后，及时向银行提交有关单据，办理结汇手续，并根据当日银行汇率折人民币(扣除代理费及可能出现的有关费用) 划拨甲公司账户。在代理出口过程中，双方实际出口花生果554.485吨，乙公司先后共付给甲公司货款12.5万美元和18万元人民币，余款一直未付，甲公司遂于1999年将乙公司诉诸法庭。

在审理过程中，甲公司向法庭提交了乙公司报检时先后向商检提交的出口合同(合同现实的交货方式均为CIF，付款方式分别有L/C、D/P和CAD)，证明其已全部履行了其义务。乙公司则辩称，此项代理出口业务的销售方式为寄售，并向法庭提交了一份其与荷兰某进出口公司签订的寄售协议。但是乙公司无法证实曾将该协议送达甲公司，并经甲公司确认该协议内容，也无法证实在代理出口协议履行过程中甲公司曾委托乙公司以寄售方式销售其货物。在审理过程中，一审法庭根据乙公司向法庭提交的海运提单依法从海关调取了乙公司出口报关时所提交的7份外销合同，7份外销合同显示的交货方式均为CIF，付款方式为L/C(7份外销合同均为格式合同，合同上只显示信用证一种付款方式)。法院经审理认为，甲、乙两公司所签订的代理出口协议合法有效，法院所调取得海关档案材料，系乙公司出口报关所提交，其证据力度远远高于甲乙双方单方所举相关证据。根据海关档案材料证实，甲公司委托乙公司代理的554. 485吨花生果已全部出口，并且在结汇问题上不存在任何障碍，甲公司如约履行了代理出口协议约定的全部义务，即应享有收取货款的权利。乙公司所述为甲公司代理的该批货物系寄售的主张，证据不足，不予支持，乙公司应按照代理出口协议和外销合同原定的货款支付方式和价款，在扣除代理费和有关的费用后，还应给付甲公司货款170多万元，并承担逾期付款违约金及案件诉讼费等，共计200余万元。

资料来源：国际商报，2001年。

根据所给资料思考以下问题：

(1) 本案例中，乙公司一、二审败诉的主要原因是什么？

(2) 外贸代理出口业务是我国特殊外贸体制下的产物，为了避免不必要的纠纷和损失，在协议的履行过程中作为代理方应注意哪些问题？

国际贸易方式是指国家间进行商品贸易采用的各种具体做法。随着国际贸易的发展，商品买卖的交易做法越来越多，既有单纯的销售方式，如逐笔售定、包销、代理、招投标、展卖、寄售和拍卖等；又有综合的贸易经营方式，如加工贸易、补偿贸易、租赁贸易、易货贸易和对销贸易等。此外，现代信息技术的发展以及计算机网络在各国企业中的普及，尤其近年来电子商务的迅猛发展，都从各个方面改变着贸易的实现方式。因此，需要掌握每种贸易方式的特点、做法和优缺点，以便在实际业务中灵活掌握和运用。

## 13.1 单纯的销售方式

### 13.1.1 逐笔售定

逐笔售定是最简单的贸易方式，即就某一商品或劳务的交易条件进行反复磋商，通过询盘、发盘、还盘、接受等程序达成交易，签订合同最后履行合同的过程和方式。逐笔售定也是我国外贸实际业务中最常用的贸易方式，优点是灵活机动，适合于不经常有出口业务或者出口量不大的中小型企业。缺陷就是单笔交易的周期长，需要就贸易条件等反复磋商，增加了企业的成本，占用资金，造成资金流动不畅。

### 13.1.2 包销

包销(Exclusive Sale)是国际贸易中习惯采用的方式之一。在我国出口业务中，根据某些商品的特点和扩大出口的需要，在特定的市场上，选择适当客户，也可采用包销方式。

1. 包销的含义

包销指出口人(委托人)通过协议把某一种商品或某一类商品在某一个地区和期限内的经营权给予国外某个客户或公司的贸易做法。在这种方式下，双方当事人通过协议建立起一种较为稳固的购销关系，有利于扩大出口。

尽管包销也是售定，但包销同通常的单边逐笔进出口不同。它除了当事人双方签有买卖合同外，还须在事先签有包销协议。采用包销方式，买卖双方的权利与义务是包销协议所确定的，两者签订的买卖合同也必须符合包销协议的规定。

2. 包销协议的主要内容

包销协议中主要包括以下内容。

(1) 协议名称、签约日期与地点。

(2) 包销协议双方的关系。通常在协议的前文条款中，明确包销商和委托人之间的关系是买卖关系，包销商不是卖方的代表或代理人，无权以卖方的名义签订合同。

(3) 包销商品的范围。委托人(出口人) 经营商品种类繁多，即使是同一类或同一种商品，其中也有不同的牌号与规格。因此，在包销协议中，双方当事人必须约定包销商品的范围。

(4) 包销地区。是指包销商行使销售的地理范围。

通常有下列约定方法。

① 确定一个国家或几个国家。

② 确定一个国家中的几个城市。

③ 确定一个城市等。

确定包销地区的大小时，通常要考虑以下因素。

① 包销的规模及能力。

② 包销商所能控制的销售网络。

③ 包销商品的性质及种类。

④ 市场的差异程度。

⑤ 包销地区的地形位置等。

(5) 包销期限。包销期限可以长也可以短。在我国的出口业务中，往往在签订包销协议时明确规定期限，通常为一年。其他国家市场的习惯做法是，在包销协议中不规定期限，只规定中止条款或续约条款等。

(6) 专营权。专营权是指包销商行使专卖和专买的权利，这是包销协议的重要内容。专营权包括专卖和专买权。前者是委托人(出口人)将指定的商品在规定的地区和期限内给予包销商独家销售的权利。出口人负有不向该区域内的客户直接售货的义务，即卖方授予包销商包销权后，卖方在约定期限、地区内，不得自己直接销售或通过第三者间接销售约定商品，也不得将约定商品在同一区域内另选买主或代理商。后者是包销商承担向出口人购买该项商品，而不得向第三者购买的义务，也就是规定包销商在约定期限和地区内不得销售或代理销售与约定商品相同、类似或有竞争性的其他来源的商品。

(7) 包销数量或金额。包销协议中除规定上述内容外，还应规定数量或金额。此项数量与金额对协议双方均有同等的约束力。有时在协议中规定最低购买额，则包销商必须承担在一定时期内向出口人购买规定数量和金额的义务，而出口人必须承担向包销商出口上述数量和金额的责任。

(8) 作价办法。包销商品的作价办法很多。其中一种做法是在规定的期限内，一次作价。即无论协议内包销商品价格上涨、下落与否，以协议规定价格为准。另一种做法是在规定的包销期限内分批作价。由于国际商品市场的价格变化多端，因此采用分批作价较为普遍。

(9) 广告宣传和商标保护。包销协议的当事双方是买卖关系，因此委托人(出口人) 不实际涉足包销地区销售业务，但十分关心开拓海外市场。为宣传其产品所用的商标，委托人常要求包销商负责为他的商品刊登一定的广告。例如，有些包销协议规定：“买方负责和出资在其包销地区为卖方的机器设备举办展览，招揽订单，在当地报刊上登载广告。”有些协议规定：“包销商应访问有希望达成交易的客户或卖方要求包销商尽量提供市场报导等。”

### 13.1.3 代理

1. 代理的含义与性质

所谓代理(Agency)，是指代理人按照委托人的授权，代表委托人与第三人订立合同或作其他法律行为，而由委托人直接负责由此而产生的权利和义务。代理与包销的性质不同，包销商同出口商之间的关系是买卖关系，在包销方式下，由包销商自筹资金、自担风险和自负盈亏；而销售代理商同出口商之间的关系，不是买卖关系，故代理不垫付资金、不担风险和不负盈亏，只获取佣金。

2. 代理协议的主要内容

(1) 协议及双方当事人名称。

(2) 指定的代理商品和代理地区。

(3) 授予代理的权利。若是普通代理协议，委托人应在协议中规定：保留委托人在代理人的代理地区，在代理人不参与的情况下，直接同买主进行谈判和成交的权利。若是独家代理协议，一般有两种规定方法：一是委托人向代理人提供绝对代理权，使其成为该地区唯一的独家代理人，而货主不能保留在该地区同买主进行交易的权利；二是委托人也可保留对买主直接供货的权利，但通常规定委托人对代理人计付佣金。

(4) 代理佣金。它是指委托人给予代理商为推销商品而支付的酬金。在代理协议中应明确规定佣金率、佣金的计算基础和支付方法等。

3. 代理的类型

1) 总代理(General Agency)

总代理是在指定地区委托人的全权代理。总代理除了有权代理委托人进行签订买卖合同、处理货物等商务活动外，也可进行一些非商业性的活动。总代理有权指派分代理，并可分享分代理的佣金。总代理实际上是委托人在指定地区的全权代表，但与代表还有不同之处，代理人的行为效果直接归于委托人，而代表的行为则视为委托人的行为。

2) 独家代理(Exclusive Agency or Sole Agency)

独家代理是指委托人给予代理商在一定区域和一定时间内享有代销指定货物的专营权。只要在一定区域和规定时间限制内做成了该项货物的交易，除非双方另有约定，无论是由代理商做成，还是由委托人直接签订买卖合同，代理商都可按成交金额提取佣金。

3) 佣金代理(Commission Agency)

佣金代理又称一般代理，是指在同一代理地区、时间及期限内，同时有几个代理人代

表委托人行为的代理方式。与独家代理相比，佣金代理不享有其专营权，根据推销商品的实际金额或根据协议规定的办法和比率向委托人计收佣金。若委托人可以直接与该地区的实际买主成交，则无须给代理佣金。

### 13.1.4 展卖与寄售

#### 1. 展卖

展卖(Fairs)是利用展览会和博览会的形式出售商品，是将展览与销售结合起来的贸易方式。展卖方式灵活，可由货主主办，也可由货主委托他人举办。国际贸易中，展卖可在国外举行，也可在国内举行。在国外举行的展卖业务按其买卖方式可分为两种：一种是通过签约的方式将货物卖给国外客户，由客户在国外举办展览会或博览会，货款在展卖后结算；另一种是由货主与国外客户合作，在展卖时货物所有权仍属货主，并由货主决定价格，货物出售后，国外客户收取一定的佣金或手续费作为补偿，展卖结束后，未售出的货物折价处理或转为寄售。

展卖方式按形式不同可分为国际博览会和国际展览会。

(1) 国际博览会。国际博览会又称国际集市，是一种以国家组织形式在同一地点定期由有关国家或地区的厂商举行商品交易的贸易方式。参加者展出各种各样的产品和技术，以招揽国外客户签订贸易合同，扩大业务活动。

(2) 国际展览会。当代的国际展览会是不定期举行的，通常展示各国在产品、科技方面所取得的新成就。

当代的国际博览会和展览会不仅是一个商品交易场所，而且更多地具有介绍产品和新技术，广告宣传和打开销路的性质。参加展卖的各国商人除参加现场交易外，还大力地进行样品展览和广告宣传，以求同世界各地建立广泛的商业关系。国际博览会或展览会按内容可分为：综合性博览会或展览会(可包括工农业各类产品，通常有许多国家参加)、专业性博览会或展览会(通常是某项或某类工业品参加展出)、国别博览会或展览会等。

国际上著名的博览会，如莱比锡、布鲁塞尔、里昂、巴黎、蒙特利尔博览会大多都是综合性的博览会。随着国际贸易关系和技术的日益发展，通过博览会和展览会进行的展卖方式在国际市场上的地位日益重要。它为买卖双方了解市场，建立商品和技术联系提供了有利条件，成为各国商人签订贸易合同的重要场所。我国举办的综合性展卖场所是中国出口商品交易会(广交会)，自 1957 年首次举办以来，每年春、秋季各举行一次，以出口为主，对我国对外出口贸易起着直接的促进作用。

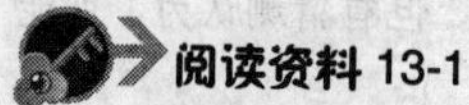
阅读资料 13-1

# 中国广交会

广交会，创办于1957年春季，每年春秋两季在广州举办，迄今已有近五十年历史，是中国目前历史最长、层次最高、规模最大、商品种类最全、到会客商最多、成交效果最好的综合性国际贸易盛会。

广交会由50多个交易团组成，有数千家资信良好、实力雄厚的外贸公司、生产企业、科研院所、外商投资/独资企业、私营企业参展。

广交会贸易方式灵活多样，除传统的看样成交外，还举办网上交易会。广交会以出口贸易为主，也做进口生意，还开展了多种形式的经济技术合作与交流，以及商检、保险、运输、广告和咨询等业务活动。来自世界各地的客商云集广州，互通商情，增进友谊。

在2006年10月15日第100届广交会开幕式上，中国国务院总理温家宝宣布，自第101届“中国出口商品交易会”(简称“广交会”)正式更名为“中国进出口商品交易会”。

此举是为了更好地适应对外开放新形势，扩大进口，增加出口，推动进出口贸易协调平衡发展。这将是广交会第二个百届的起点，是中国适应新的国际贸易形势、为更多外商进入中国提供方便条件的重大举措。新名字只比原名多了一个“进”字。一字之增，意味着广交会在以往出口功能的基础上增加进口功能，“洋货”将与“中国制造”在广交会上同台竞技。

业内人士分析，广交会突破惯性思维增添进口功能，将成为该交易会半个世纪以来最重要的一次创新。这种创新的背后蕴藏着深刻的国际、国内背景，是中国外经贸战略深度转换的必然结果；是中国实施互利共赢的开放战略和实现进出口基本平衡的重要举措；也是广交会求生存谋发展的又一次重大探索。

商务部公布的《商务发展第十一个五年规划纲要》提出，“十一五”期间我国将从重视出口创汇，向进出口均衡发展、实现贸易平衡转变。业内人士评价，商务部是广交会的主办单位之一，广交会完全有条件成为中国外经贸发展新战略的一张执行牌，比如利用现有的外贸平台和国际声誉，在保证出口功能的基础上，增加进口功能，挖掘民间进口能力。

广交会创办至今，始终坚持服务于国家改革开放和经济建设大局，始终坚持服务于外经贸的发展战略。未来仍然会牢固坚持广交会这一发展宗旨，进行一系列改革和探索。虽然在展位规模上广交会已跃居全球第二，然而如何成为真正的世界一流展会，是广交会今后一段时间里需要不断创新的重点，组展方式、办展模式、市场化等都是努力的方向。借助更名契机，广交会可以进一步整合出口资源，优化参展结构和商品结构，同时还可以吸引更多海外企业和国际知名品牌参展，使广交会的品牌价值和竞争力得到进一步提高。

然而，更名也把很多操作层面的问题摆到了广交会以及其主办各方的面前。有老广交提出疑问，更名以后是否会设出口专区和进口专区？他们认为，如果不开辟进口功能展位，那么更名将形同虚设。此外，在出口方面广交会是老大，但是，在进口方面，广交会是否仍然具有如此大的号召力，也是广交会所必须面临的考验。一位外贸企业老总分析：“今后是否有一流的海外企业和国际名优产品来参展，来参加展会后是否能够找到合适的国内代理商或终端，才是衡量更名效果的唯一标准。”

目前，值得注意的是，广交会承办单位中国对外贸易中心已与德国科隆公司签订了合作协议，与英国、德国法兰克福展览公司也都有合作的探讨。虽然广交会方面并未透露更多合作细节，但有猜测认为，可能包括共享客户资源、互助开发市场等内容。

此外，广东省特别是广州市，也将面临着更为艰巨的东道主职责。随着2008年琶洲展馆的全部启动，广交会将迎来历史上人数最多、结构最复杂的参会人员，交通、餐饮、酒店、治安等压力必定增加，基础设施也有待进一步完善。而随着进口展商的加入，大量进口展品将进入广州，如何保证安全、快捷的通关，又给海关、检验检疫、安检等部门出了一道考试题。

“近水楼台先得月”，作为主办地的广东，早在新中国建立初期就比全国其他省市更有条件接触国际贸易规则以及国际贸易信息。发展至今，广交会已吸引了来自211个国家和地区的20万采购商，通过到广东采购，不少客商都对广东强大的加工制造能力和优良的投资营商环境有了直接和感性的认识，有的跨国公司还将订单直接转移到广东生产，推动了广东吸收外资和加工贸易发展，也带动了相关配套产业发展。

有关专家认为，“作为国家强调进口的重大举措之一，广交会更名之后，国家很可能还将有针对性地陆续出台鼓励进口的政策。广东作为前沿阵地必须做好准备，迎接这些新机遇；对于具有一定创新能力的企业，可以借此吸收国外的半成品、资金、技术和服务，在广交会找到更广阔的发展空间。”

思考问题：当年在出口创汇为导向的宏观政策下饮得“头啖汤”的广东，如今是否能够及时顺应政策取向的转折点，实现新的跨越呢？

资料来源：http://www.cantonfair.org.cn/cn/about/briefing/index.htm。

2. 寄售

寄售(Consignment)是一种委托代售的贸易方式，也是国际贸易中习惯采用的做法之一。在我国进出口业务中，寄售方式运用并不普遍，但在某些商品的交易中，为促进成交，扩大出口的需要，也可灵活适当运用寄售方式。

寄售是一种有别于代理销售的贸易方式。它是指委托人(货主)先将货物运往寄售地，委托国外一个代销人(受托人)，按照寄售协议规定的条件，由代销人代替货主进行，货物出售后，由代销人向货主结算货款的一种贸易销售做法。具有下列几个特点。

(1) 寄售是典型的凭实物进行买卖的现货交易。因为寄售人先将货物运至目的地市场(寄售地)，然后经代销人在寄售地向当地买主销售。

(2) 寄售人与代销人之间是委托代售关系，而非买卖关系。代销人只根据寄售人的指示处置货物，货物的所有权在寄售地出售之前仍属寄售人。

(3) 寄售货物在售出之前，包括运输途中和到达寄售地后的一切费用和风险，均由寄售人承担。寄售货物装运出口后，在到达寄售地前，尚在运输途中，如有条件即可成交出售，出售不成则仍运至原定目的地。

从寄售的特点也不难看出这种方式的不足之处：一是寄售人需要承担的风险较大、费用较多；二是先出运、后成交使得资金周转较慢。

### 13.1.5 招标和投标

1. 招标和投标的含义

招标是指招标人在时间、地点、发出招标公告或招标单，提出准备买进商品的品种、数量和有关买卖条件，邀请卖方投标的行为。投标是指投标人应招标人的邀请，根据招标公告或招标单的规定条件，在规定的时间内向招标人递盘的行为。实际上招标、投标是一种贸易方式的两个方面。

2. 招标的类型

目前，国际上采用的招标方式归纳起来有以下 3 类。

(1) 竞争性招标(International Competitive Bidding，ICB)。此类招标是指招标人邀请几个乃至几十个投标人参加投标，通过多数投标人竞争，选择其中对招标人最有利的投标人达成交易，它属于兑卖的方式。在国际性竞争投标中，又有两种做法。

① 公开投标(Open Bidding)。公开投标是一种无限竞争性招标(Unlimited Competitive Bidding)。采用这种做法时，招标人要在国内外主要报刊上刊登招标广告，凡对该项招标内容有兴趣的人均有机会购买招标资料进行投标。

② 选择性招标(Selected Bidding)。选择性招标又称邀请招标，是一种有限竞争性招标(Limited Competitive Bidding)。采用这种做法时，招标人不在报刊上刊登广告，而是根据自己具体的业务关系和情报资料由招标人对客商进行邀请，进行资格预审后，再由他们进行投标。

(2) 谈判招标(Negotiated Bidding)。谈判招标又叫议标，它是非公开的，是一种非竞争性的招标。这种招标由招标人物色几家客商直接进行合同谈判，谈判成功，交易达成。

(3) 两段招标(Two-Stage Bidding)。两段招标是无限竞争招标和有限竞争招标的综合方式，采用此类方式时，则是用公开招标，再用选择招标将其分成两段进行。政府采购物资，大部分采用竞争性的公开招标办法。

3. 业务程序

招投标的程序一般分为以下几个阶段。

1) 招标的准备工作

准备工作主要是指定招标的各项技术和商业条件。招标的技术条件，指招标人对所要购买的商品或所要兴建的工程作出技术指标的规定和技术经济的要求。招标的商业条件，包括付款条件、投标人提供信贷的条件、交货的基本条件、投标人应提供的担保等。

2) 招标

在招标阶段，首先要发出招标通知。由于商品性质和交易习惯不同，各国招标人的招标通知存在一定差异，但一般都包括：商品的品种、规格、数量、交货日期或对工程项目的具体要求，投标人的资格，投标办法，保证条件，开标方法等。

然后，对投标人的资格进行预审。一般可以通过有关银行进行调查，还可以随招标通知发出调查表，对投标人的基本情况、人员、设备力量、业务范围和过去同类项目的完成情况等，预先审核，合格者方可获得参加投标的资格。

最后，编制招标文件。招标文件即标书，是由招标人事先编制的，供投标人购买或索取。其内容包括：招标要求、招标的一般条件和特殊条件、商品说明及技术要求或技术规范和施工要求、工程表格图纸等。

3) 投标

投标人经过慎重研究招标文件，决定投标后，编制或填报投标书，按规定期限密封邮递给招标人。招标人通常要求投标人投标时，交纳一定比例或金额的保证金，或提供银行出具的担保书。如果投标人中标后不履行签约保证，招标人有权没收该项保证金，或凭银行保函向银行索赔。

4) 开标

开标是指招标人在标期截止后的规定时间，对投标人递交的投标书进行比较，并从中选择中标人。开标也有公开开标和不公开开标两种方式。公开开标即由招标人在规定的时间、地点，召集所有投标人，当众拆开密封投标信件，公开宣读投标书，以出价最高和其他条件最优者为中标人。不公开开标，是在没有投标人参加的情况下，由招标人自行选定中标人。物资采购的国际招标通常应将商品规格和价格一起采用一次开标的方法。招标人开标时，如果认为所有报价均不理想，可以全部拒绝，宣布此次招标失败，另定日期重新招标。

### 13.1.6 拍卖

拍卖是由专营拍卖行接受货主的委托，在一定的地点和时间，按照一定的章程和规则，以公开叫价或密封出价竞购的方法，由拍卖人把货物卖给出价最高的买主的一种现货交易方式。

通过拍卖进行交易的商品大都是些品质不易标准化的、或是难以久存的、习惯上采用拍卖方式进行的商品，如茶叶、烟叶、兔毛、皮毛、木材、水果、花卉和艺术品等。还有一些商品，如水貂皮、澳洲羊毛，大部分交易是通过国际拍卖方式进行的，它所形成的价格，对这些商品的行市有很大影响。

拍卖一般是由从事拍卖业务的专门组织，在一定的拍卖中心市场、在一定的时间内按照当地特有的法律和规章程序进行的。拍卖程序不同于一般的出口交易，其交易过程大致要经过准备、看货、出价成交和付款交货等 4 个阶段。

拍卖的出价方法有以下 3 种。

(1) 增价拍卖，也称买方叫价拍卖。这是最常用的一种拍卖方式。拍卖时，由拍卖人提出一批货物，宣布预定的最低价格，估价后由竞买者(Bidder)相继叫价，竞相加价，有时规定每次加价的金额额度，直到拍卖人认为无人再出更高时为止。

(2) 减价拍卖，又称荷兰式拍卖(Dutch Auction)，这种方法先由拍卖人喊出最高价格，然后逐渐减低叫价，直到有某一竞买者认为已经减到可以接受的价格并表示买进为止。

(3) 密封递价(Sealed Bids；Closes Bids)拍卖，又称招标式拍卖。采用这种方法时，先由拍卖人公布每批商品的具体情况和拍卖条件等，然后由各竞争者在规定时间内将自己的出价密封递交拍卖人，以供拍卖人进行审查比较，决定将该货物卖给哪一个竞买者。这种方法不是公开竞买，拍卖人有时要考虑除价格以外的其他因素。有些国家的政府或海关在处理库存物资或没收货物时往往采用这种拍卖方法。

## 13.2 综合的贸易经营方式

### 13.2.1 加工贸易

#### 1. 加工贸易的含义及种类

加工贸易(Processing Trade)是一国通过各种不同的方式，进口原料、材料或零件，利用本国的生产能力和技术，加工成成品后再出口，从而获得以外汇体现的附加价值。加工贸易是以加工为特征的再出口业务，其方式多种多样，常见的加工贸易有以下几种。

1) 进料加工

又叫以进养出，指用外汇购入国外的原材料、辅料，利用本国的技术、设备和劳力，加工成成品后，销往国外市场。这类方式中，经营的企业以买主的身份与国外签订购买原材料的合同，又以卖主的身份签订成品的出口合同。两个合同体现为两笔交易，它们都是以所有权转移为特征的货物买卖。进料加工贸易要注意所加工的成品在国际市场上要有销路。否则，进口原料外汇很难平衡，从这一点看进料加工要承担价格风险和成品的销售风险。

经营进料加工一般要具备3个条件：一是经营人必须是经主管部门或其授权主管部门批准的具有外贸出口经营权的进出口公司，其他单位和个人不得经营；二是用外汇购进的进口原料，零部件必须加工成成品复出口；三是进口的料件和加工的成品的所有权归经营人，经营人自负盈亏。其中进口料件的外汇必须属于进料加工专项外汇，主要来源于：经贸委拨给专业进出口总公司的及总公司拨给分公司的进料加工用汇；经贸委拨给省、市、自治区外贸局的进料加工用汇；各省、市、自治区用地方外汇和留成外汇拨出专供进料加工用的原材料外汇；出口机电产品，由经贸委拨给各有关部、局供进料加工用的原材料外汇；中央下拨的出口商品包装用汇；工贸公司由主管部门批准的进料加工用汇。

经营进料加工的单位应将制定的年度(季度) 进料加工计划报省局一级主管单位，审批汇总(包括专项外汇的审核) 送所在地海关，凭以审批免税申请。若没有计划，海关将不接受申请。

经营单位在办理进料加工合同登记备案手续时，一般应向海关交验下列单证：经贸主管部门签发的《进料加工批准书》；对外签订的合同副本或订货卡片，如属对口合同的，还应同时交验对口出口合同；海关认为必要的其他单证。海关审核后，确定对进口料、件的不同监管方式，如实施全额保税或按比例征免税等，并核发《登记手册》，经营单位凭《登记手册》办理有关进出口和最终核销等手续。下面简单介绍几种经营进料加工单位在不同情况下的具体报关手续。

(1) 专为包装出口商品所进口的包装物料时，凭合同及有关批文、其他单证办理登记备案手续，海关予以保税。

(2) 进出口进料加工货物时，经营单位应填写《进料加工登记手册》和《进料加工进(出)口货物专用报关单》，并向海关申报，同时交验货物的运单、发票、装箱单等有关单证。进料加工合同项下进口的料件，免领进口货物许可证，出口的成品如属出口许可证管理的商品，应交验出口货物许可证。

(3) 进料加工合同项免税进口的料件应坚持专料专用，不得与国内其他料、件串换使用。但是在特殊情况下，因急需加工出口产品，拟使用国内同品种、同规格、同等数量的原材料顶替进口原材料，并无出售盈利赚取差价等问题，应事先报经主管海关批准。通常海关对有色金属、黑色金属、棉花纺纱行业的进料加工，(因生产工艺必须与国内其他料、件串换使用)有以下规定：工艺性料、件串换，经营单位应经主管海关核准，并具备保税工厂监管条件；工厂要健全管理制度，按海关要求建立账册、记录投料与产出时间备查；不允许先出口后进口，或不经加工在国内收购产品出口。不允许倒卖进口料、件；出口成品时，属于搭配使用国产原料加工出口部分，如属应征出口税的，可予免税。

(4) 进料加工项下进口的料件和加工成品，均不得在境内销售。如因故必须转为内销时，应经经贸部主管部门批准，并经海关许可。转内销货物，无论以人民币或外汇结算，经营单位和加工生产企业应及时向海关缴纳原进口料件的关税和产品税(或增值税)。属于国家限制进口的或属于实行进口许可证管理的商品，应按国家有关规定向海关交验进口审批件或进口许可证，方可准内销。

(5) 进口料、件加工为半成品后，转让给其他承接进料加工复出口业务的单位进行再加工装配时，原进口料、件的单位应会同该承接单位，凭双方签订的购销合同或生产加工合同等有关单据，向海关办理结转和核销手续，并可继续予以保税。该承接单位应按照有关规定单独申领新的《登记手册》，但可免办理进出口批准手续。对已执行完毕合同所余的料、件，也可采取结转办法将剩余料、件转入另一合同中继续加工成成品出口，海关继续予以保税。

(6) 进口料件如需要异地加工出口时，接受料件的单位应填写《异地进口料件申请调拨证明书》一式两份，报主管海关批准后，一份交调入地海关留存备案核销，一份退还接受料件的单位，转交申请调出料件的单位向调出地海关办理核销手续。

2) 来料加工

它通常是指加工一方由国外另一方提供原料、辅料和包装材料，按照双方商定的质量、规格、款式加工为成品，交给对方，然后收取加工费。有的是全部由对方来料，有的是一部分由对方来料，一部分由加工方采用本国原料的辅料。此外，有时对方只提出式样、规格等要求，而由加工方使用当地的原、辅料进行加工生产。这种做法常被称为“来样加工”。

虽然来料加工与进料加工仅一字之差，但在具体操作过程中有着明显的区别。首先，来料加工是对方来料，我方(加工方)按其规定的花色品种、数量进行加工，我方向对方收取约定的加工费用；进料加工是我方自营的业务，自行进料，自定品种花色，自行加工，自负盈亏。其次，进料加工，进是一笔买卖，加工再出口又是一笔买卖，在进出口的合同上没有联系；来料加工中原料进口和成品出口往往是一笔买卖，或是两笔相关的买卖，原料的供应者往往是成品接受人。最后，来料加工的双方，一般是委托加工关系，部分来料加工，虽然包括加工方的一部分原料，在不同程度上存在买卖关系，但一般加工方为了保证产品的及时出口，都订有对方承购这些产品的协议；进料加工再出口，从贸易对象来讲，一般没有必然的联系，进归进，出归出，加工方和对方都是商品买卖关系，而不是委托加工关系。

经营单位对外签订来料加工合同时，须经商务部、国务院有关部门或省、自治区、直辖市的对外经贸管理部门，或者其授权的机关审批。签订的合同必须具体列明以下内容：①外商提供的料、件、设备；②我方加工成品的名称、规格、数量、包装、价格；③进口料、件、设备和加工成品的交货日期、进出口岸、运输方式、支付方式、用料定额、损耗率、工缴费标准；④合同有效期限和违约、撤约、索赔、仲裁办法；⑤外商在我境内用外汇价购的料、件应按规定报经主管部门或有关进出口公司批准，并在合同中注明。

在此需要强调的是，凡经批准有对外经营权的外贸(工贸)公司可以对外签约；没有经营权的加工单位在与外商谈判时，需有外贸公司参加。外商委托我国国内代理人签订合同的，要提供经国内公证机关或经贸部门认定的委托证明文件。合资企业也可以搞来料加工，若属于其经批准的经营范围的项目，可直接对外签订来料加工合同；若超出其经营范围，须报有关经贸主管部门批准。

经营单位应在对外签订的来料加工合同自批准之日起一个月内持下列有关单证，向海关办理合同备案手续：加工单位或外贸(工贸)公司的营业执照；税务机关签发的税务登记

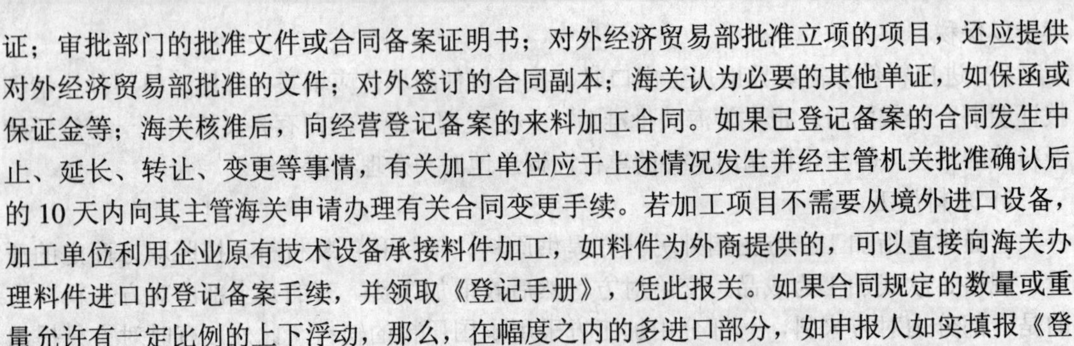

证；审批部门的批准文件或合同备案证明书；对外经济贸易部批准立项的项目，还应提供对外经济贸易部批准的文件；对外签订的合同副本；海关认为必要的其他单证，如保函或保证金等；海关核准后，向经营登记备案的来料加工合同。如果已登记备案的合同发生中止、延长、转让、变更等事情，有关加工单位应于上述情况发生并经主管机关批准确认后的10天内向其主管海关申请办理有关合同变更手续。若加工项目不需要从境外进口设备，加工单位利用企业原有技术设备承接料件加工，如料件为外商提供的，可以直接向海关办理料件进口的登记备案手续，并领取《登记手册》，凭此报关。如果合同规定的数量或重量允许有一定比例的上下浮动，那么，在幅度之内的多进口部分，如申报人如实填报《登记手册》和进出口货物的报关单，海关照数放行。超出上述范围的多进口部分，海关按一般进口货物对待。未申报的应办理进口纳税手续，其中属领证商品的，还应交验进口货物许可证。

一般来料加工项下货物进、出口时应向海关提交下列单证。

(1) “来料加工进、出口货物专用报关单”一式三份。该单有进、出口货物数量、价值、规格等项目，并带有经海关认可的报关单位签章。

(2)《来料加工进出口货物登记手册》。

(3) 进出口货物的运单、发票、装箱单及海关认为必要的其他单证。

海关对上述单证进行审核，如无不符合规定的，对进口货物予以放行。

3) 装配业务

装配业务指由一方提供装配所需设备、技术和有关元件、零件，由另一方装配为成品后交货。来料加工和来料装配业务包括两个贸易进程：一是进口原料，二是出口产品。但这两个过程是同一笔贸易的两个方面，而不是两笔交易。原材料的提供者和产品的接受者是同一家企业，交易双方不存在买卖关系，而是委托加工关系，加工一方赚取的是劳务费，因而这类贸易属于劳务贸易范畴。它的好处在于：加工一方可以发挥本国劳动力资源丰裕的优势，提供更多的就业机会；可以补充国内原料不足，充分发挥本国的生产潜力；可以通过引进国外的先进生产工艺，借鉴国外的先进管理经验，提高本国技术水平和产品质量，提高本国产品在国际市场的适销能力和竞争能力。当然，来料加工与装配业务只是一种初级阶段的劳务贸易，加工方只能赚取加工费，产品从原料转化为成品过程中的附加价值基本被对方占有。由于这种贸易方式比进料加工风险小，目前在我国开展得比较广泛，获得了较好的经济效益。

装配业务主要有以下3种类型。

(1) 由外商提供原材料、零部件、元器件(简称料件)，必要时提供设备，由我方加工单位按对方要求进行加工装配，成品交给对方销售，我方收取工缴费。外商提供的设备价款，我方用工缴费偿还。

(2) 将料件和成品分别计价，分别订立合同，对开信用证，不动用外汇，料件和设备的价款在成品出口价格中扣除，我方净得工缴费。

(3) 由外贸(工贸)公司与外商签订合同，承担加工装配业务，然后组织工厂生产，外贸(工贸)公司同工厂之间按购销关系办理。

在装配业务中，无论来料来件与否都涉及工缴费。因此，如何确定工缴费标准是一个重要的问题。制定合理的工缴费标准不能以国内加工水平来确定，而应该以国际上同行业或相似行业的加工水平来确定。从事装配业务的生产企业，还需要按照国内加工水平核算加工产品的成本，并与工缴费比较，以考虑项目的可行性。加工装配生产企业不仅要考虑外汇收入，还要注意成本核算，计算人民币是否亏损。

一般确定项目可行性时，要计算下列两个指标。

(1) 工缴费盈亏率。工缴费盈亏率是指工缴费外汇增值额占收取工缴费的百分比，其计算公式为

$$\text{工缴费盈亏额}=\text{外汇增值额}-\text{工缴费}$$

$$\text{工缴费盈亏率}=\frac{\text{工缴费盈亏额}}{\text{工缴费}}\times 100\%$$

(2) 工缴费换汇率。计算公式为

$$\text{工缴费换汇率}=\frac{\text{工缴费(人民币)}}{\text{外汇增值额}}\times 100\%$$

在由外商全部提供原材料和零部件的情况下，计算工缴费时，要包括工人和管理人员的工资、生产费用、折旧费、管理费、手续费、税金；如果使用我方商标，还要包括商标费；如果为加工装配业务成立的新企业，还包括企业注册登记费。如果外商提供的是部分原材料和零部件时，我方补充的原材料或零部件的费用应包括在工缴费之内。

4) 协作生产

它是指一方提供部分配件或主要部件，而由另一方利用本国生产的其他配件组装成一件产品出口。商标可由双方协商确定，既可用加工方的，也可用对方的。所供配件的价款可在货款中扣除。协作生产的产品一般规定由对方销售全部或一部分，也可规定由第三方销售。

### 2. 加工贸易中应注意的问题

加工贸易与一般的货物买卖不同，由进料加工、来料加工、装配业务及协作生产所产生的成品，均为委托方所有，没有货物所有权的转移，实际上是国际生产合作的一种初级形式。

(1) 在加工贸易中，国外厂商往往提供商标，要注意商标的合法性，以免因第三方控告侵权造成被动，可以在加工装配协议中补充免责条款。

(2) 加工贸易的法律性较强，有关来料要符合相关政策法规的规定。

(3) 为防止国外厂商只来料、来件而不购买成品，可由外商出具银行保函，或是采用“先收后付”的做法。

(4) 加工贸易收入，要在银行单独开立账户，单独结汇，以利于考核企业经营效益。

(5) 加工贸易的成品一定要保证全部返销国外，除国家政策允许外，否则不能在国内销售。

3. 我国加工贸易的发展状况

加工贸易不仅成为我国主要的对外贸易方式，更是对我国的经济增长、产业升级、技术进步、就业等各方面起着积极的作用。

(1) 加工贸易与我国的经济增长。

在 20 世纪 80 年代的前半期内加工贸易进出口的贡献度与我国国内生产总值存率之间存在负相关关系。主要原因是我国加工贸易刚刚起步，以进料加工为主，进口了大量供国内从事进料加工的设备，而没有相关设备的出口。到 20 世纪 90 年代，我国已经通过各种贸易方式进口了必要的设备，建立起了自己的生产能力。因此我国加工贸易开始出现顺差，加工贸易进出口与我国经济增长呈现正相关的关系。1991 年我国 GDP 增长了 9.2 个百分点，其中 1.14 个百分点是有加工贸易进出口拉动的，它在 GDP 增长中的份额也达到 12.4%。自此，加工贸易无论是在 GDP 增长中的份额，还是对经济增长的拉动都凸现了它的重要地位。特别是 1998—2003 年，加工贸易对经济增长的贡献度，平均每年达 55.6%，对经济增长的拉动度达 4.4 个百分点(GDP 的平均增长率为 8 个百分点)。

(2) 加工贸易与我国产业升级。

制造业中某些产业在制造业中比重依次提升的顺序与加工贸易发展的阶段性特征相吻合。制造业强势产业中的全球化产业是加工贸易增长最快的行业。这些产业包括：电子及通信设备制造业、交通运输设备制造业、电气机械及器材制造业、医药制造业和服装制造业等。加工贸易的发展和我国产业结构的变化，在总体趋势和阶段性动态变化上都表现出了较为明显的一致性。结合外商投资推动的加工贸易在资金、技术和市场等要素的形成和积累中所产生的促进作用，可以充分肯定外商投资和加工贸易发展对中国产业升级的积极影响。

(3) 加工贸易与我国技术进步。

发展中国家引进外资、发展加工贸易的主要目的之一，就是希望外资的进入能够带来先进技术，进而带动本国产业的技术进步。外资企业是我国加工贸易的主体，通过加工贸易的技术转移和技术溢出，可以带动我国的技术进步。跨国公司推动的加工贸易含有两种方式的技术转移，即以直接投资形式进行的公司内部化转移和以分包、许可、OEM 等形式进行的公司外部化转移。通常情况下，跨国公司依据其技术转移的先进程度，由低到高依次采取商品销售、技术贸易和投资形式。因此，总的来看，加工贸易投资转移的技术应是相对先进的。

(4) 加工贸易与我国就业。

近年来，我国加工贸易就业人数一直呈上升态势。1992 年，加工贸易就业人数为 2484.6 万；1994 年突破 3000 万；2003 年就业人数一举突破 4000 万，达到 4549. 6 万，约占全部就业人数总数的 6.11%。从 1992—2003 年，我国加工贸易平均每年就业人数为 3314 万。

加工贸易企业还非常重视对员工的培训，从而使就业质量得到了提高。根据国务院发展研究中心对加工企业的一项调查，21.3%的被调查企业把员工送到国外培训；84.5%的企业在国内对员工进行培训；不对员工培训的企业不到 9%。从事加工贸易的外资企业很多为降低成本、提高竞争力实行了人才本地化战略，大批本地员工走上了技术与管理岗位，其才能在实践中得到了提高。

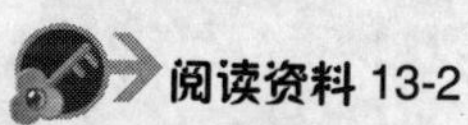

**阅读资料 13-2**

## 加工贸易与传统工业化模式的比较

第一，加工贸易是一种适应经济全球化的经济发展模式。经济全球化的基础是规则化，加工贸易是顺应当今国际贸易与经济规则、适应经济的全球化发展要求而出现的贸易形式，其促进了产业内贸易规模不断扩大和跨国公司产业链不断延伸，在当今世界经济中占有举足轻重的地位，促进了许多新兴工业化国家的工业化进程。而传统的发展中国家工业化模式，是在经济相对封闭或经济全球化色彩较轻的条件下的一种经济发展模式。因此，进口替代战略以与国际经济环境和市场相隔绝为前提，与国际经济一体化趋势背道而驰；出口导向战略以政府的产业政策扶持和补贴为基础，也与以规则为基础的经济全球化发展模式相抵触。加工贸易是经济全球化的产物，同时又进一步促进经济全球化的深化，这是其与传统的发展中国家工业化战略的根本区别。

第二，加工贸易顺应了国际分工深化的趋势。分工与专业化，是社会经济进步与发展的重要标志，是充分利用资源与技术优势的体现。国际分工的深化，使得国际分工从产业间分工为主转变为以产业内生产环节分工为主，促使产业链不断向纵深方向延伸。除了特定产业，如国防工业，即使是发达国家，没有必要也没有可能在一个国家内形成某个完整的产业链。又如美国是 IT 产业最发达的国家，但其生产活动主要集中于 IT 业的最高尖端产品——芯片，以及大型计算机和服务器等高端产品的开发与生产，而其所需的主板、计算机外设部件等已全部转移到其他国家。而进口替代战略，是以发展封闭的、完整的产业结构为目的，在不能适应国际经济一体化的背景下产业更替、技术转化的趋势；传统的出口导向战略也是以产业链的完整和整体产品的生产出口为先决条件，不能适应国际分工深化的要求。

第三，加工贸易以产业链的形式向发展中国家和新兴工业化国家进行产业延伸，为发展中国家提供了一个梯度、渐进发展的机会。发达国家对外产业转移是分步进行的，而不可能将某个产业的上下游生产环节一次性转出。产业链的梯度化转移，是发达国家技术转移的体现形式，是发达国家将已经成熟、扩散或低附加值的技术予以转移，以更新国内技术，生产更高端产品的一种行为。这样一种梯度化的技术与产业转移，虽然不能使发展中国家产品与技术得到突飞猛进的发展，但是却给予了发展中国家一个学习与二次创新、模仿创新的机会和条件，这是进口替代或出口导向战略都无法获得的一种资源和机会。

第四，进口替代或出口导向战略，作为一种国际贸易形式，在历史上曾经对许多国家的工业化进程起到了重要的推动作用。加工贸易是在近年来国际经济一体化的背景下形成的一种产业内贸易形式，它为发展中国家进行工业化提供资本积累，并逐步成为发展中国家实现工业化的新型道路。

第五，加工贸易毕竟是发展中国家工业化进程中的一个阶段，它是发展中国家工业化进程中资本、技术与经验的积累，具有过渡性与阶段性特点，为发展中国家产业结构升级，提升国家在世界产业链中的地位提供基础，最终目的是使发展中国家过渡到自主创新的产业结构高度化阶段。

资料来源：刘焰，邓明然. 加工贸易与传统工业化模式的比较与分析. 武汉理工大学学报. 2006，28(10)，第115-116页.

### 13.2.2 补偿贸易

1. 补偿贸易的含义和特点

(1) 补偿贸易的含义。

补偿贸易(Compensation Trade)是指交易的一方在对方提供信用的基础上，进口设备技术，然后以该设备技术所生产的产品，分期抵付进口设备技术的货款及利息的贸易方式。

早期的补偿贸易主要用于兴建大型工业企业。如前苏联从日本引进价值 8.6 亿美元的采矿设备，以 1 亿吨煤偿还；波兰从美国进口价值 4 亿美元的化工设备和技术，以相关工业产品返销抵偿。后期的补偿贸易趋向多样化，不但有大型成套设备，也有中小型项目。20 世纪 80 年代，波兰向西方出口的电子和机械产品中，属于补偿贸易返销的占 40%～50%。我国在 20 世纪 80 年代，曾广泛采用补偿贸易方式引进国外先进技术设备，但规模不大，多为小型项目，近年来外商将设备技术作为直接投资进入我国，故补偿贸易更趋减少。但是，随着我国市场经济的发展，补偿贸易在利用外资，促进销售方面的优越性仍不容忽视。

(2) 补偿贸易的特点。

① 补偿贸易实质上是用商品为支付的，而一般贸易通常是以货币为支付手段。

② 补偿贸易往往离不开信贷，信贷通常是这种贸易方式的组成部分。但是，一般商品贸易通常不用以信贷为条件。

③ 补偿贸易双方既是买方，又是卖方，具有双重身份，有时供货或销售的义务还可转让给第三方，交易手续比较复杂。一般贸易一方为买方，另一方为卖方，交易手续简便。

④ 补偿贸易往往持续时间较长，有的 3 至 5 年，有的长达 10 年以上，每一笔交易经常包括多次的买卖活动。而易货贸易往往是一次性交易行为，买卖过程同时发生，也大致同时结束。

2. 补偿贸易的方式

补偿贸易基本的方式有 3 种。

(1) 直接产品补偿。由信贷出口方承诺，分期回购一定数量或金额的先期出口设备或技术生产出来的产品，由设备技术进口方用所得外汇分期摊还进口价款和利息。返销的产品被称为直接产品或有关产品。这是补偿贸易的基本形式。

(2) 间接产品补偿。进口方不是用所引进的设备技术生产出来的产品，而是用双方商定的其他产品偿付进口货款和利息。这种补偿产品称为间接产品或无关产品。这往往是由于供应设备技术方不是直接产品的经销商，接受直接产品有困难，或进口的设备技术不生产有形产品。

(3) 劳务补偿。进口方不是用产品，而是接受对方委托加工业务，用所得的劳务费分期摊还进口设备的价款和利息。这种做法多为与来料加工、来件装配等方式结合的补偿贸易。

3. 补偿贸易的作用

1) 对设备技术进口方的作用

企业通过补偿贸易引进设备技术，可解决其缺少资金进行设备更新和技术改造的难题，从而使产品得以升级换代，增强市场竞争能力(包括国际市场和国内市场)。设备技术进口方将产品返销，在抵偿设备技术价款的同时，也利用了设备出口方在国外的销售渠道，使产品进入国外市场。以进口设备技术来带动产品的出口，称为“以进带出”的方法，是当代中小型补偿贸易的一大特点。以补偿贸易方式引进的设备技术，往往并不十分先进，甚至是二手设备。但如果产品能够适销，且市场前景良好，设备价格合理，则对发展中国家增加产品出口，扩大国内就业机会，提高地区经济发展水平仍很有利。

2) 对技术出口方的作用

出口方在提供信贷的基础上，扩大设备和技术的出口。 出口方出于转移产业的需要，通过补偿贸易方式将产业转移至发展中国家，既获得了转让设备和技术的价款，又从返销商品的销售中获取利润，可谓是一举两得。

4. 现代补偿贸易的特点

(1) 跨国公司经营多元化有利于开展补偿贸易扩大设备技术出口。

补偿贸易是一种易货贸易，以设备技术和相关产品相交换，供方既承担供应所需的设备技术，又承担销售作为抵偿的相关产品。如果是单一的设备制造商，就难以接受这种易货方式。随着跨国公司多种经营的迅速发展，生产企业前向经济一体化已日臻完善。在国内外有广泛的销售代理或建立了自己的销售公司，使生产企业有能力销售相关的返销产品，从而把补偿贸易作为一种扩大销售资本货物的手段，并以此获取双重的利润。

(2) 世界分工进一步发展，产业转移向纵深展开，这是补偿贸易的又一促进因素。

一些发展中国家的经济，近年来有了长足的进步，良好的投资环境使发达国家将部分技术和资本密集型产业向发展中国家转移。尽管其中大部分产业转移是为了占领国外市场，但也有相当一部分产品是返销的或者是用来装配整机的零部件。以产业转移为目的，设备技术出口方主要是从返销产品中牟取利润，而不是主要从出口设备技术中牟利。而设备技术进口方则通过信贷方式，引进较为先进的设备技术，建立生产基地，同时又出口了产品，这构成了可能达成补偿贸易的又一基础。

设备技术的先进性是补偿贸易双方的主要矛盾。为了加强对先进技术和设备的控制，发达国家的有关企业在产业转移中，面对市场的激烈竞争，采取了不同的方式。常见的是直接投资，只是利用东道国的土地、劳动力以及原料、动力资源，而把生产技术和设备的所有权、使用权控制在自己手中，但由于补偿贸易对设备技术出口方有着双重利润的吸引力，使得进口方也有了争取引进先进设备技术的能力。双方达成交易的关键取决于技术设备出口方之间的竞争态势、返销产品(或零部件) 的市场前景、设备技术进口方的配套能力、偿付条件等因素。

5. 补偿贸易的业务要点

以下 3 个方面是补偿贸易业务必须重点明确的内容。

(1) 引进设备技术的先进性、适用性及其保障措施。

对引进的设备技术，必须就其质量保证和技术合作方式做出明确规定。技术上至少应该是领先于国内水平，并在国际上也较为先进的，设备供应方应对涉及工业产权的问题做出保证。

(2) 返销产品抵偿设备技术价款的规定。

回购是设备出口方的基本义务。我国在补偿贸易中，通常用直接产品补偿。但在具体交易中，又有以下不同做法。

① 全额补偿。全部设备技术价款由等额的返销产品抵偿。

② 部分补偿。由设备进口方支付部分现汇，其余大部分价款通过返销产品补偿。

③ 超额补偿。要求设备出口方承诺回购超过补偿金额的返销商品。

④ 以相关劳务补偿。这是一种来料加工相结合的补偿贸易，即引进设备技术后，接受对方的来料、来件加工业务，以工缴费抵偿设备技术价款。

(3) 偿还期限和结算方式。

偿还期限与返销商品的数量和价格直接相关。必须对返销商品的作价原则、定价标准和方法作出规定，并应通过约定返销商品的数量或金额，安排偿还期限。补偿贸易虽然是以产品抵偿设备，但并非直接的易货贸易，双方仍要通过货币进行计价支付。设备进口方必须掌握先收后付的原则，选择适当的结算方式。通常采用的方式有：对开信用证、托收、汇付(结合银行保函)等。

6. 补偿贸易办理登记备案的手续

执行补偿贸易合同的经营单位和生产企业，应于合同批准之日起 1 个月内向海关申请备案登记，同时提交以下单证：经贸主管部门签发的批准书和合同备案证明书；工商行政管理部门颁发的营业执照；对外签订的合同副本；对外经贸主管部门批准立项的应领出口货物许可证的出口成品批件；海关认为必要的其他单证和经济担保。

海关在对上述单证审核后，对符合补偿贸易条件的予以备案，并核发《加工装配和中小型补偿贸易进口货物登记手册》，凭此办理货物的报关手续。

7. 补偿贸易项下进出口货物办理报关的手续

补偿贸易的原材料、零部件、元器件和设备进口，以及加工成品出口时，有关外贸(工贸) 公司和生产公司单位应凭《登记手册》和填写的货物报关单一式三份，向进、出口地海关申报，并交验货物的运单、发票、装箱单等有关单证。补偿贸易项下进口的设备，自进口之日起至全部偿还止，属海关监管货物。未经对外经贸管理部门许可和海关批准，任何单位和个人均不得擅自出售、转让、变卖或提取移作他用。如因故需变卖处理的，要报经贸主管部门许可，报海关批准，并按章补纳关税；如属许可证管理商品，还应交验进口许可证。

补偿贸易合同到期或最后一批成品出口之日起 1 个月内，有关单位应如实填写好《登记手册》内的核销申请表(单位盖章)，连同货物进口时经口岸海关盖章的进出口货物专用报关单送交主管海关办理核销结案手续。

8. 签订补偿贸易协议需注意的问题

在签订补偿贸易合同之前，应该进行可行性研究。原材料问题是可行性研究的一个重要课题。如果原材料问题不能解决，就应该停止对外谈判，或者改签加工装配合同，进口的设备以工缴费偿还。如果已经签订了合同，国内原材料突发性短缺，为了履行合同，必须从国外进口原材料，则该进口的原材料将生产成品返销国外，属于进料加工性质，不能给予减免进口税的优惠。如果原材料进口税负过高，有关企业承受不了，在经有关机关批准，原材料进口可作进料加工办理的情况下，海关可按进料加工规定给予减免税。

补偿贸易既涉及设备、技术的进口，又涉及补偿产品的出口，是比较大型、重要、为期较长的贸易。在双方达成一致意见后，一般是签订补偿贸易协议，规定进行补偿贸易总的原则和一般条件，以及具体进出口商品的规格、数量、价格、总值、支付方式、交货时间等，内容比较复杂。还可以同时分别签订多个书面合同，即补偿贸易协议、设备进口合同、补偿产品出口合同。如果涉及转让先进技术的，还可加签一个技术转让合同。签订补偿贸易协议或合同时应注意以下几点。

(1) 文件的合法性。必须不违反所在国家的有关法令和规章。大多数国家都有贸易管制法、外汇管制法及其他法令。如果协议和合同与该国有关法令相抵触就无法执行。

(2) 有无对自己不利的限制条款。例如，在产品返销方面，如对方只接受直接产品的一部分而非全部，而在补偿贸易协议中却规定，该设备生产的全部产品出口必须用对方的商标牌号，并且只能通过对方出售等，则使自己在剩余产品的出口上处于完全无能为力的境地。

(3) 是否与其他协议相违背。如某种产品，我方与某一商号早已签有独家代理或包销协议，在进行补偿贸易时，如果又与该国别的商号签订该种产品的返销或互购合同，这样就与原代理包销协议相抵触。

(4) 如果对方供应的设备和技术引起商标、专利等侵权纠纷时，应由对方负责解决。

### 13.2.3 租赁贸易

租赁贸易(Lease Trade)是当代经济交易中最为活跃的一种贸易方式。发达国家的固定资产投资，有三分之一以上是通过租赁贸易方式实现的，租赁市场是一个对供需双方均十分有吸引力的市场。

#### 1. 租赁贸易的含义及其特点

租赁贸易是指企业之间较长期的动产租赁。租赁对象主要是资本货物，包括机电设备、运输设备、建筑机械、医疗器械、飞机船舶，甚至各种大型成套设备和设施等。出租人一般为准金融机构，即附属于银行或信托投资公司的租赁公司，也有专业租赁公司或生产制造商兼营自己产品的租赁业务。承租人通常为生产或服务企业。

租赁贸易是在信贷基础上进行的。出租人向承租人提供所需设备，承租人则按租赁合同向出租人定期支付租金、设备的所有权属于出租人，承租人取得的是使用权。租赁期一般较长，是一种以融物的形式实现中长期资金融通的贸易方式。

租赁贸易往往是三边贸易，即有三个当事人：出租人、承租人和供货商。在租赁贸易中，除非承租人自身有足够好的信誉，经租赁公司评估后，在一定额度内实现租赁，通常租赁公司要求承租人提供经济担保人，比如银行、投资信托公司、保险公司等出具的保函。

#### 2. 租赁贸易的作用

租赁贸易实质上是出租人向承租人提供信贷的一种交易方式。从利用外资、引进设备的角度看，它与一般的中长期信贷和延期付款有相似之处，但对供需双方来说，有其特有的优越性。

1) 从承租人方面看

企业利用中长期信贷或延期付款方式购入设备，将记录在企业的资产负债表内。而租赁的设备，则不作为企业的负债记录，不影响企业的举债能力。即使企业能以自有资金购入设备。若改用租赁方式，则可增强流动资金的周转能力，改善企业的资产质量。承租人支付的租金可列入生产或经营成本从而降低了企业应税收入的数额。承租人可按自身需要选择生产厂商和所需设备，确定技术指标，而租赁公司作为市场中的大买家，往往拥有优越的谈判地位，能以相对优惠的价格购进设备，从而降低承租人支付的租金。

以租赁方式引进设备，承租人只需和租赁公司达成协议，而落实资金和采购设备均由租赁公司负责，故而业务环节减少，设备到位所需时间较短。承租人可以分享租赁公司所享受的减免税优惠以及所具有的资金运作优势，从而降低租金支出。承租人所支付的租金，包括设备价款、利息和租赁手续费。租金在租赁期内一般固定不变，而中长期贷款的利率往往是浮动的，有上升的趋势。

国际市场是买方市场，承租人作为用户，具有一定的优势，充分利用这一优势，在一定条件下，比起直接获得国外出口信贷，更具现实性和更为经济，比起外商直接投资，在收益分配和经营控制上更有利于设备引进方。

2) 从出租人方面看

出租人购买设备进行租赁业务，作为设备所有人，可享受投资减税待遇，以及折旧或按政策加速折旧的优惠。金融租赁公司作为出租人，租赁贸易也是一种金融业务，由此扩大了资金投放市场。由于拥有设备所有权和应收租主的承诺，贷款风险较小。专业租赁公司作为出租人，一般只需支付所购设备款项的20%～40%，其余部分则以设备所有权和租金受让权作为抵押，由银行等金融机构提供贷款，但出租人仍享有全部减税利益。一些大型制造公司往往附设租赁公司，通过以租代销扩大出口业务。特别对于一些售价高、相对陈旧老化的设备，租赁是一种行之有效的促销方式。

3. 租赁贸易的种类

1) 融资租赁

融资租赁(Financial Lease)的标的物主要是设备。租赁公司出资购买用户选定的设备，出租给用户。租赁期较长，接近设备的使用期。租赁期内由用户自行维修保养，租赁期满，设备归用户所有。或者由用户支付残值后拥有设备。在整个设备使用期内只租给一个用户，租赁公司按设备成本利息加上费用，分摊成租金向承租人收取，故而又称为“完全支付租赁”或“一次性租赁”。这是最基本的租赁形式。

融资租赁中的贸易特点是：企业选择设备的规格型号和技术指标，享有使用权，租赁公司是购货人，对物件有所有权；在贸易洽谈中，应明确出租人和承租人双方的权利、义务和风险，在签订租赁合同时应在法律上明确各时间段的责任，确定风险的划分。

因融资租赁具有贸易属性，贸易方面的风险从订货谈判到交货验收都存在着风险。尽管商品贸易在近代发展比较完备，社会也相应建立了配套的机构和防范措施，如信用证支付、运输保险、商品检验、商务仲裁和信用咨询都对风险采取了防范和补救措施。但由于人们对风险认识和理解的程度不同，有些手段又具有商业性质，加上企业管理的经验不足等因素，这些手段未被全部采用，使得贸易风险依然存在。

在融资租赁中，租金的计算方法一般有两种：一是等额支付年金法，即承租人每期支付的租金数额相同；二是等额支付本金法，即将租赁成本除以期数，作为每期应归还的本金，每期应付的利息以期前的本金余额为基数计算。其中等额支付本金法直观、易懂，很受承租人的欢迎。目前，大多数融资租赁公司都采用这种租金计算方法。

2) 经营租赁

这种形式的租赁期限较短，在设备使用的有效期内，不仅仅租给一个用户，每个用户所缴付的租金只相当于设备投资的一部分，故又称为“不完全支付”租赁。在租赁期内，由出租人提供设备维修保养服务，以期保持设备的良好状态，供再次出租。对承租人来说，这种租赁方式和提供的服务，使其获得了保持正常运转的高新技术设备，但租金也比较高。经营租赁的标的物是通用设备。当承租人只需短期使用某种通用设备时，往往采用这种租赁方式。经营租赁的出租人通常是生产制造商兼营的租赁公司或者专业租赁公司。

经营租赁的主要特点如下。

(1) 可撤销。合同期间，承租人可中止合同，退回设备，以租赁更先进的设备。

(2) 不足支付。基本租期内，出租人只能从租金中收回设备的部分垫支资本，需通过该项设备以后多次出租给多个承租人使用，方能补足未收回的那部分设备投资外加其应获得的利润。

(3) 租赁机构不仅提供融资便利，还提供维修管理等专门服务，对出租设备的适用性、技术性能负责，并承担过时风险，负责购买保险。

经营租赁是一种双边交易，业务手续比较简单，大致可分为以下几个步骤。

(1) 未来承租人把所需租赁的设备名称、规格和型号向租赁机构提出委托。

(2) 租赁机构研究该项委托后，与未来承租人一起磋商选租设备的租期、租金和支付方式等租赁条款，待谈妥后与未来承租人签订租赁合同。为简化手续，经营租赁的出租人往往将各类待出租设备按不同的租期和支付方式，分别列出固定租赁费率，供承租人选择，承租人只需按固定格式填写一份表格式简单租约。

(3) 出租人交货、收租，并提供出租设备的维修服务。

(4) 出租人到期收回租赁物件。租赁开始日租赁资产剩余经济寿命低于其预计经济寿命25%的租赁，也视为经营租赁，而不论其是否具备融资租赁的其他条件。

在经营租赁中，物件由出租人购买供承租人使用，也可以由出租人按承租人的指定购买来供承租人使用，租赁金额和租赁期限不能“饱和”。在租赁开始日，最低租赁付款额现值或最低收款额现值不得大于租赁资产原账面价值的90%。租赁期不得超过租赁资产尚可使用年限的75%。经营租赁的租期结束后，承租人对租赁资产有三种选择(退还、续租、留购)，出租人要承担设备的余值风险，经营租赁的留购价格按照市场公允价格计算。

由此可见，经营租赁和融资租赁有着明显的区别：融资租赁的租金是使用资金的对价，租金由取得贷款的本金、利息和出租人赚取的利差构成，假如使用“等额本金法”计算租金，由于利息随着本金的减少而减少，租金是逐年递减的；经营租赁的租金是使用物件的对价，与出租人取得设备的资金成本无直接关系。但是，出租人收取的租金应足以支付设备折旧和支付营业税，还必须足以支付出租人购置该设备资金的利息，以及取得合理的利润。

承租人是选择融资租赁还是选择经营租赁，取决于承租人的需求。通常在下列情况下，承租人将会选择经营租赁：使用时间不长，或者断续、偶尔使用，即使单位时间的租金较高，承租人也愿意采用经营租赁；承租人希望在同一时间，用同样的资金量使用更多的租赁物；承租人处于流动状态，希望轻装搬家；其他财务上的原因。承租人愿意采用融资租赁，一般会有以下几种情况：使用的设备最终要购买形成固定资产；承租人处于相对稳定的状态，很少有流动或搬迁；维修保养的力量雄厚，不需要出租人提供技术服务；不愿意承担较高的经营租赁的租金。

3) 转租租赁

我国在以租赁方式引进国外设备时，往往由我国的租赁公司作为承租人向国外租赁公司租用设备，然后再将该设备转租给国内用户。经营转租业务的租赁公司，一方面为用户企业提供了信用担保，即以自己的名义承担了支付租金的责任；另一方面又为用户承办涉外租赁合同的洽谈和签订，以及各项进口手续和费用。

我国租赁公司除办理转租赁外，也作为中介机构为国内用户企业介绍国外租赁公司，由用户企业与国外公司直接签约。我国租赁公司开立保函，为国内承租人定期支付租金作保。

4) 回租租赁

承租人向出租人租赁原来属于自己的设施。一般做法是先由承租人和出租人签订租赁协议，然后再签订买卖合同，由出租人购进标的物，将其租给承租人，即原物主。这种租赁方式主要用于不动产，常见于由于承租人缺少资金而出售不动产以筹措所需资金。

回租租赁均为融资租赁。标的物的售价将分摊在各期租金中。故在回租租赁业务中，标的物的售价往往并不反映真正的市场价，而更多取决于承租人所需资金的数额。当然也不可能超过其真正的市场价。

4. 租金和租期

构成租金的主要项目包括租赁标的物的购置成本、租赁期间的利息和费用、经营开支、税收和利润。一般可按下列公式计算：

租金=(租赁标的物的购置成本－估计残值+利息+费用+经营开支+税收+利润)/租期

其中利息是最关键的一个项目。它和租期有关，租期愈长，相应的利率就愈高。利息也和租赁公司的资金来源以及所享受的减免税有关。融资租赁是一次性租赁，故租期最长，可与设备使用的有效期一致，但如果承租人有足够的支付能力，在不造成企业负担过重的情况下，缩短租期，有利于减少利息负担。

5. 国际租赁贸易的一般做法

接下来以融资租赁为例，说明国际租赁贸易的一般做法。

(1) 委托租赁。用户企业将已选定的租赁物品向租赁公司提示，并填写租赁委托书。租赁委托书中应包括企业资产负债状况及经营指标。如有必要，应表明可以提供的担保。

(2) 洽购标的物。由用户企业或租赁公司或双方联合，与租赁标的物的制造厂或供应商磋商购买标的物的贸易条件。

(3) 签订租赁合同。当购买标的物的贸易条件已商定，租赁公司即出具租赁费估价单。然后双方就租期、租金、租赁标的物的交接验收、维修保养以及保险等条件达成一致，并签署租赁合同。

(4) 签订购货合同。租赁公司与制造商就事先谈妥的贸易条件，正式签订购货合同。

(5) 交货验收。制造商按合同规定直接向用户企业交货。我国企业以租赁方式引进设备，其手续等同于一般进口贸易。用户企业验收合格，以承租人身份向租赁公司出具验收收据。

(6) 支付租金和履行合同义务。承租人应按合同规定定期支付租金，并履行合同中规定的其他义务。租赁公司亦应按合同规定，承担保险和维修责任。在融资租赁中，一般由用户自行维修。

(7) 期满留购。融资租赁期满后，通常标的物所有权即归承租人所有。租赁合同也可规定由用户支付一定数额的设备残值后，才拥有所有权。

6. 进出口租赁货物的报关

租赁贸易合同项下进出口的货物，按一般进出口货物的海关手续办理。报关时，应交验各种单证，主要包括：进出口货物报关单一式三份；货运、商业单证；租赁协议；其他有关单证。经海关审核后，按以下情况办理。

(1) 租赁进出口的设备，海关放行后，将报关单一份批注签章后退还报关单位，凭此在设备租赁期满复运出境和进境时报关。

(2) 租赁进口的设备，以海关审查确定的货物的正常租金作为完税价格。征税时，可按以下办理：①按货物正常租金一次支付的，则可以海关确定的该项货物的到岸价格作为完税价格予以征税；②按分期支付租金支付的，分期征税，如收货人要求一次缴纳税款，需向海关申请，经海关核准后方予办理，对按租金缴纳税款、如期满留购时需向出租方补交一部分货款的，同时应对补交货款部分予以补税。

(3) 其他有关情况：①租赁进口的设备，期满复出口时，其进口时所征税款，均不退税；②租赁进口的设备，凡用于来料加工装配或中小型补偿贸易项目，且用加工费或该设备所生产的产品偿付租金的，按海关对来料加工和中小型补偿贸易的规定予以免税；③租赁进口的设备，如用于老企业技术改造项目，可按海关对技术改造减免税优惠办法办理。

目前，在我国的对外租赁业务中，主要是由我国企业向国外出租人租用我国所需要的先进设备和飞机、轮船等大型运输工具。实践证明，要充分发挥租赁贸易的长处为我所用，关键是要订好租赁合同。因为租赁合同是规定出租人和承租人权利、义务的法律文件，直接关系到当事人的权益和责任，决定该租赁业务的成败。所以，在我方作为承租人对外商洽谈和签订租赁合同时，必须对租赁业务的各个环节全面考虑、认真对待。

### 13.2.4 易货贸易

#### 1. 易货贸易的含义及特点

易货贸易(Barter) 是一种古老的贸易方式。它是指单纯的货物交换，不使用货币支付，也不涉及第三者。其基本做法是双方签订易货合同，规定双方交换的货物和时间。每一方既是自己出口货物的出口人，又是对方出口货物的进口人。双方交换的货物，可以是单项货物的交换，也可以是多种货物的综合易货或所谓“一揽子”易货，基本原则是双方交换货物必须是等值的。

易货贸易的特点是：它是一次性的交易行为，只有进口人与出口人两个当事人，不涉及其他的第三者；双方只签订一个进出口合同，包括双方交易的货物；双方交换的货物均须明确地载明在合同上。

#### 2. 易货贸易的具体做法

传统的易货贸易的做法是买卖双方各以等值的货物进行交易，不涉及货币的支付，没有第三人的介入，贸易双方签订相互换货、相互抵偿的合同。在合同中约定，货物及规格、数量、品种在指定的港口交换货物。各自交付货物的时间可以是同时，也可有先有后，分别交付。

现代易货贸易都通过对开信用证的方式进行易货，在签订易货合同时，约定各自出口的商品均按约定的价格以信用证方式付款，有第三方介入，不但可以以货币结算，而且可以以货币支付货款的差额。在货款支付结算上，既可采取笔笔支付平衡，也可以使用记账平衡的方式。

(1) 笔笔支付平衡。它是指双方采取对开信用证方式，所开立的信用证都以双方为受益人，信用证的金额相等或大体相等。由于分别结算，开证时间有先有后，但为了保证对方履行购买的义务，约束对方在第一张信用证上规定以收到对方开立金额相同的信用证时方可生效。

(2) 记账平衡。它是指双方在承担按合同规定购买对方等值货物的义务前提下，由双方银行互设账户记账，货物出口后由银行记账，互相冲账抵销，如有余额或逆差，则仍以货物冲抵或支付现汇。

但是，易货贸易做起来很不方便，有一定的局限性。例如，西方资本主义国家产品出口的企业大部分是私营的，他们专业化程度较高，我们提供的货物不一定是他们对口经营的货物，达成交易比较困难。我们曾经同苏联和东欧国家的贸易采取这种方式，以解决双方外汇紧缺的问题。但须注意采取记账方式，在我国货物先出口或出现贸易顺差时，对方的货物一时供应不上，或所供非所需，便造成外汇积压，经济上受损失。

### 13.2.5 对销贸易

对销贸易(Counter Trade)在我国又被称为“反向贸易”“互抵贸易”和“对等贸易”。我们一般可以把对销贸易理解为包括易货、记账贸易、互购、产品回购、转手贸易等属于货物买卖范畴，以进出结合、出口抵补进口为共同特征的各种贸易方式的总称。

#### 1. 对销贸易的主要方式

由于前面已经单独介绍过易货贸易，因此，接下来主要介绍一下其他对销贸易方式。

1) 回购贸易

回购贸易(Products Buy，Back Trade)，是指出口一方同意从进口一方买回由其提供的机器设备所生产制造的产品。它与补偿贸易有很多相同之处，但两者的区别主要是出口方回购的产品仅限于由出口机器设备所生产的产品。其回购产品价值可能是出口机器设备的全部价值，也可能是部分价值，甚至可能超过其出口全部价值。

回购贸易最早是产生在能源与原材料部门的生产技术、设备的交易。东欧各国家从西方资本主义国家进口生产技术、设备等，先不支付现汇，而用这些生产技术、设备生产出来的产品回销抵偿对方的价款，分期偿付。之后，随着这种贸易形式不断扩大，一些机器制造业和其他方面也采用了这种方式。但是逐渐改变了原来回购贸易的概念，特别是在回购产品方面，发生了很大变化，由原来的直接产品偿付发展到以其他产品(间接产品) 或部分直接产品和部分间接产品结合偿还。由于回购贸易做法的变化，在实际业务中，它与补偿贸易就没有区别了。有人认为它是补偿贸易的一种形式。

2) 互购贸易

互购贸易(Counter Purchase Trade)，又称互惠贸易(Reciprocal Trade)和平行贸易(Parallel Trade)，是指出口的一方向进口一方承担购买相当于他出口货值一定比例的产品。即双方签订两份既独立又有联系的合同：一份是约定先由进口的一方用现汇购买对方的货物；另一份则由先出口的一方承诺在一定期限内购买对方的货物。

互购贸易的做法与补偿贸易的差别是两笔交易都用现汇，一般是通过即期信用证或即期付款交单，有时也可采用远期信用证付款。因此，先出口的一方除非是接受远期信用证，否则不会出现垫付资金的问题，相反还可以在收到出口货款到支付回头货款这段时间内，利用对方资金。这种方式，一般先由发达国家提供设备，这对进口国家来说，不但得不到资金方面的好处，还要先付一笔资金，这样必定要承担一定汇率变动的风险，唯一可取的地方是可以带动本国货物的出口。

3) 转手贸易

转手贸易，是指西方资本主义国家企业向东欧各国家出口机器设备，利用专门从事转手贸易中间商和发展中国家与东欧各国家之间的美元清算账户进行外汇转手，使西方出口企业与东欧各国家贸易达到平衡的贸易做法。

转手贸易是一种涉及面比较广的贸易方式。具体做法是西方出口企业先向东欧某一国家出口机器设备或其他货物，西方出口企业取得清偿账户的权益，然后将这种权益转给专门从事转手贸易的中间商，中间商再从发展中国家购买货物，而不支付外汇。由东欧某一国家与发展中国家按双边清算协定结算。中间商将出口货物销售给其他买主，取得现汇，将现汇扣掉佣金后支付给西方进口企业，完成这笔转手贸易业务。

从转手贸易的做法可以看出，发展中国家在转手贸易中只能根据与东欧某一国家的双边贸易账户而出口，发展中国家出口的货物由中间商销售到其他市场取得现汇，但是对发展中国家非但拿不到丝毫的硬通货，还可能因对方的低价转售而影响它对其他市场的正常出口和国际市场价格。因此，许多发展中国家对于这种转手贸易并不感兴趣，这也是近几年来，转手贸易明显减少的主要原因。

2. 对销贸易的利弊

1) 对销贸易的有利之处

(1) 它是一种可以不动用外汇或少动用外汇就可以发展一国对外贸易的有力手段。

(2) 在贸易保护主义盛行的当代，通过对销贸易，有助于打破西方国家的贸易壁垒，为本国产品，尤其是发展中国家的工业制成品打开市场。

(3) 除了具有一般对销贸易所具有的平衡国际收支的作用外，还具有融通资金和吸收外国资本流入的功能。

(4) 由于对销贸易采用的是进出口结合的做法，故核算其经济效益，可从进出口两方面结合起来通盘考虑，例如，进口盈利，出口亏损，但只要前者大于后者，还是有利可图的。加之，对销贸易是由交易双方私下进行的，这就更增加了决定价格时的灵活性和隐蔽性，而不易被他人所察觉，从而起到补贴出口而不遭报复的作用。

(5) 从发达国家角度看，通过对销贸易，承诺一定的回购，提供信贷或投资，不仅可以增强其市场竞争能力，而且有助于推销一些用现汇难以销售的产品、技术，争取到一些廉价的原材料或零部件供应。

2) 对销贸易的不利之处

(1) 对销贸易带有浓厚的双边性和封闭性，这其实是以限制性的措施来反对保护主义，

其结果反而增加了贸易保护主义的气氛。

(2) 在上述模式下，决定交易的主要因素已不是商品的价格和质量，而是取决于回购的承诺。这就不可避免地削弱了市场机制的作用。

## 13.3 其他贸易方式

### 13.3.1 电子商务

电子商务(Electronic Commerce)产生的历史可以追溯到很早的时期，最初主要是企业为了有效运转而建立的内部局域网和电子数据交换(Electronic Data Interchange，EDI)等技术。全球互联网的普及，使得电子商务在原有基础上有了充分的发展。现今，尽管电子商务的支付、结算和安全性等方面仍有一些问题，但人们对于电子商务的未来发展却充满了信心。这一全新的商业模式必将根本改变人们的经济生活，甚至改变生产方式，进入真正的数字经济时代。

1. 电子商务的概念

电子商务的概念在不同的国家有不同的理解，在最为发达的美国，说法也不尽相同：英特尔公司(Intel)认为，电子商务=电子市场+电子交易+电子服务；国际商用机械公司(IBM)认为，电子商务=Web 等。在此，我们总结认为，电子商务是指通过计算机网络这一电子方式进行贸易或商务活动，在抛开传统贸易方式的同时，利用简单、快捷、低成本的电子通信方式，直接进行交易，从洽谈、签约、交货到付款均在全球电信网络上进行。因此，Internet 这一未来商业信息社会的神经系统，促使电子商务成为国际贸易运作的新方式。

从更宽泛的层面来讲，电子商务除了对有形或无形的产品和劳务进行在线买卖以外，还包括通过对网页访问资料的分析、收集和跟踪信息，企业之间进行电子数据交换，通过计算机网络连接企业和客户、企业和企业、企业与政府部门的交易等众多方面。它不仅可以帮助企业找到客户、进行产品分析与市场行情预测，还可以从网络上获得专家的建议与帮助，招聘新的员工，迅速获得并大规模传播信息，进行低成本的文件传输，进行同业间的联系，创造商机等。因此，电子商务是整个商务活动，即从产品生产、促销、交易磋商、订立合同、产品分批、贷款结算到售后服务等全过程，具有划时代意义的变化，是一种新的生产和交换形态。

2. 电子商务的基本模式

目前，从已有的情况分析，按照交易的主体，电子商务的基本模式有四种。

1) 企业与个人(消费者)之间(Business-to-Consumer，B to C)模式

简称B to C或B-C，它以零售业和服务业为主体，主要是指借助于国际互联网所开展的在线式销售活动，它是利用计算机网络使消费者直接参与经济活动的高级形式。

B-C交易模式是一种常见的模式，它把传统的商业模式应用到了网络上。但是，B-C交易极大地改变了传统商业的面貌。首先，无店铺的销售形式使得商业成本大大降低，不仅减少了店面租金的支出，还降低了人工成本；其次，计算机技术的进步使商业自动化成为可能，对于大型的商业企业，其店铺内的商品更容易管理、也更容易被客户找到。

对于多数企业来讲，很多B-C交易并没有完全在网上得以实现，至少仍然需要传统的物流服务为交易的双方传递商品。B-C交易模式多数采用的形式是企业建立自己的商务网站，购买者进入网站浏览商品并进行交易。为了得到足够的客户流，企业往往需要花费大笔费用进行网站的宣传。

2) 企业与企业之间(Business-to-Business，B to B)模式

简称B to B或B-B，它主要强调企业与企业之间通过Internet、专用网(Extranet)或增值网(Value Added Network，VAN)方式进行电子商务活动。

这种模式(企业间的电子商务)是电子商务的一种重要形式，在全球超过50%的电子商务交易是B-B模式。根据中国社会科学院互联网研究发展中心公布的《2005年中国电子商务市场调查报告》，B-B市场占到了整个电子商务市场份额近98%。B-B电子商务模式是企业之间业务的拓展、是企业之间供应链业务的网上体现。

B-B交易模式在企业竞争中起到了积极的作用。首先，它起到了降低成本、提高企业竞争力的作用。通过网络，企业不仅能够降低信息收集、发布的成本，还能最大限度地缩短物流传递的时间。例如，美国通用电器照明设备分部在采用B-B交易模式后，其采购作业所需要的时间从原来的7天下降到1天，而相关采购费用也下降了30%。其次，B-B交易模式的电子商务使得企业更准确地了解市场的需求，使得企业的生产减少了盲目性。由于在这种模式下，供应链上的企业可以共享信息，使得企业可以大大减少库存，DELL公司就是一个很好的例子。B-B交易模式可以有许多方式：一种是采用专门提供B-B交易服务的电子商务网站的方式，如阿里巴巴(www.alibaba.com)和全球资源网(www.globalsources.com)就为广大企业提供了网上交易市场，这种情况下，企业聚集在这里进行交易；另一种方式是企业通过自己的电子商务网站进行的交易，这些商务活动以该企业为核心，如海尔公司的B-B网站。

3) 消费者与消费者(个人)之间(Consumer-to-Consumer，C to C)模式

简称C to C或C-C，它以个人之间的交换为主要目的，类似于“以物易物”的情况。可以说，C-C交易模式是电子商务所有交易模式中最成功的一个模式。这种交易模式为消费者之间提供了一个直接交易的机会，交易平台仅仅是为他们提供了一个交易“市场”和

各种交易功能。EBAY 是 C-C 交易模式的一个成功典范。在它开始运营的第一个年度里就实现了盈利，说明了它强大的生命力。但是对于消费者来讲，这种形式存在着很大的风险。由于交易的双方通过第三方的虚拟平台进行交易，无法对交易的对方进行足够的了解。为了规避这种风险，很多人采用了网上交流、网下交易的模式。尽管这样可以降低交易的风险，但它极大地限制了 C-C 交易模式的发展。为了解决这些问题，C-C 交易平台采用了许多方法，其中 Alibaba 的支付宝提供了一个有效的解决方案。

4) 企业与政府之间(Business-to-Government，B to G)模式

这种模式简称为 B to G 或 B-G，这种商务活动覆盖企业与政府组织之间的各项事务。

3. 未来的交易模式——B-B-C(Business-to-Business-to-Consumer)

B-B-C 交易模式是在前几种交易模式基础上出现的一种新的交易模式。这种交易模式打破了传统交易模式的界限，将企业、消费者集中在一个平台上进行交易。实际上，在许多网站上，如 www.ebay.com 和 www.taobao.com 上就已经出现了这种现象。

这种模式对于 C-C 交易平台来讲是一种新的收入模式。传统的 C-C 交易平台中参与的双方都是消费者，这种方式的交易有很大的局限性。首先，C-C 交易模式中卖方的信誉和产品很难进行保证，而当卖方以商家的身份出现后这些问题得到了解决；其次，在 C-C 交易平台上商家的出现保证了产品的连续性、使得交易平台上的产品更加丰富，这样增加了对买家的吸引力。

对于传统的 B-B 和 B-C 网站来讲，B-B-C 交易模式降低了营销成本、增加了收益。例如，携程网(www.ctrip.com )是一个著名的旅游业 B-C 网站，它为旅游者提供酒店、机票的订购服务，其网站汇集了大量的商家和消费者。在网上聚集了大量的旅游企业，这些企业之间有着旅游产品买卖的关系，而该网站并没有提供一个 B-B 交易的可能。如果携程网增加了相应的功能，不仅能为企业交易提供方便，还能为自己增加收入而营销成本也没有大的增加。

4. 电子商务的特点

电子商务与传统商业方式不同，其优越性是显而易见的。企业不但可以通过网络，直接接触成千上万的新用户，和他们进行交易，从根本上精简商业环节，降低运营成本，提高运营效率，增加企业利润，而且还能随时与遍及各地的贸易伙伴进行交流合作，增强企业间的联合，提高产品竞争力。电子商务与传统商业方式相比，具有如下特点。

(1) 精减流通环节。电子商务不需要批发商、专卖店和商场，客户通过网络直接从厂家订购产品。

(2) 节省购物时间，增加客户选择余地。电子商务通过网络为各种消费需求提供广泛

的选择余地，可以使客户足不出户便能购买到满意的商品。

(3) 加速资金流通。电子商务中的资金周转无须在银行以外的客户、批发商、商场等之间进行，而直接通过网络在银行内部账户上进行，大大加快了资金周转速度，同时减少了商业纠纷。

(4) 增强客户和厂商的交流。客户可以通过网络说明自己的需求，订购自己喜欢的产品，厂商则可以很快地了解用户需求，避免生产上的浪费。

(5) 刺激企业间的联合和竞争。企业之间可以通过网络了解对手的产品性能与价格以及销售量等信息，从而促进企业改造技术，提高产品竞争力。

5. 电子商务对国际贸易的促进作用

1) 对外贸公司和生产企业产生了积极的影响

电子商务网络具有以下几个方面的优势。

(1) 广告功能。Internet 上有介绍产品的网页、公司和厂家的网页、国际贸易信息数据库和征求产品代理的广告等，展现公司和企业的实力，扩大知名度，寻找最佳的国际分工合作伙伴，便于国际名牌效应的产生，海外市场的开拓和国际竞争力的提高。

(2) 情报功能。通过 Internet 的各项网上服务，可以了解客户的各项最新信息，其他公司动向，跟踪国际市场和国内外产业政策的变化，掌握最新市场动态，明晰国际经济发展趋势，收集顾客的需求信息和对产品的意见反馈，完善售后服务体系。

(3) 业务功能。新兴的电子商务系统从中提供信息服务的商情信息传递机构，向着既提供商务与信息服务，又组织多功能交易的综合机构方面发展。如中国商品交易中心的 CCEC 信息网，就由信息发布子系统和交易交割子系统组成。它可以提供诸如保税展示、产品促销、网上商机撮合、进出口代理等综合贸易及服务功能。

通过这一遍布世界各地的销售网络和用户资源，为贸易商寻找买主，得到订单、产品，降低成本、交易环节和交易费用，获取更大的商业利润。

2) 促进国际分工扩大、深化和跨国公司内部贸易的增长

信息网络技术的发展促进了发达国家之间水平型的国际分工。在 Internet 上可以进行原材料、资金、技术人员等生产要素的调度控制，使跨国公司的母子公司之间通过网络尽展所长，充分发挥其生产能力、资源和人才的优势，促进跨国公司内部国际分工的发展。网上“虚拟现实”的技术能够让世界各地公司、企业之间进行直观的生产和协调，使得生产力的发展日益超过国家的界限，形成生产的国际化。国际分工扩大深化导致了产品和半成品在国家和地区间迅速流动，从而带动了国际贸易额的增长。

3) 国际服务贸易的扩大

现代信息技术突破了时空限制，服务贸易的提供者不必跨出国门就能为其他国家的客户提供国际服务。同时，一个公司足不出户就可以同时承接来自不同国家的业务，而不必

担心国际旅费和日程安排方面的问题。例如，在咨询人才培训、新产品开发、工业设计、医疗诊断等领域，这种服务需求的扩大导致了国际贸易的飞速发展，促进国际贸易商品结构的优化、高级化。

4) 国际技术贸易的发展

现代工业产品更新换代速度加快，产品生命周期缩短，制成品中的科技含量增高，在竞争日趋激烈的国际市场，信息技术的普及和发展对此起了推波助澜的作用。任何科技新成果一出现马上“家喻户晓”，成为同行业赶超的目标。信息技术大量应用于产品的开发和生产，提高了相关产品的贸易，国际贸易总额也随之增加。

6. 电子商务引发国际贸易领域一场新的革命

(1) 国际贸易运行方式和环境的重大变化——“虚拟”市场的兴起。

网上订货、网上促销、网上谈判、跨国公司内部网络销售都为国际贸易开辟了新的发展形式。EDI 工程是信息技术与社会化服务系统的结合，进出口商利用电子表格进行商品的报关、商检、保险、运输、结汇等工作。大大减少了人力、物力和时间消耗，降低了流通成本和交易费用，减少了中间环节，加快了国际贸易的节奏。这种网上虚拟的信息交换，开辟了一个崭新的市场空间，全球以信息网络为纽带连成一个统一的大“市场”。例如，美国三大汽车公司已在网络上建立起了“虚拟汽车展销大厅”，用户不仅可以详尽“参观、了解”汽车构造，而且可以“步入”汽车公司产品开发基地和生产车间，直接同设计师、推销员乃至总经理交谈，或讨价还价，或提出要求。荷兰房地产商人在网络上举办“虚拟住宅交易市场”，向国内外用户出售商品住宅。

(2) 国际贸易经营主体上的重大变化——“虚拟”公司或企业的出现。

作为新兴产业，信息化导致了大批新兴高新技术企业的产生，随着现代化信息技术的发展，一些专门化的信息收集与处理职能从各种不同的公司、企业或政府机构中独立出来，成为专门化的行业。与此相适应，一些专门化的信息收集、分析、处理和提供咨询服务的公司或企业也应运而生。跨国服务公司的动作导致了信息在全球范围内的加速流动，产生了“虚拟”公司或企业这样一种新型的企业组织形式，向世界市场提供产品或服务。由于单个的公司或企业在各自的专业领域拥有卓越的技术，利用现代化信息沟通技术将它们编成一个网络，可以更加有效地向市场提供商品和服务，由众多公司或企业相互联合而形成一个合作组织形式，完成一个公司或企业不能承担的市场功能。这种“虚拟组织”在功能和效果上已经远远超出了原有的单个公司或企业，但在资本关系上却不具有强制各个公司或企业发生联系的权力。因此，它实际上不是一个具有命令系统的经济组织，而是由于承担了一定的信息功能而看来具有某种实体性。

(3) 国际贸易交易方式发生了重大的变化。

这主要集中在以下 3 个方面。

① 交易工具。EDI 将订单、发票、提货单、海关申报单、进出口许可证等日常往来的经济信息，按协议用国际标准化的文件通过网络进行传送。Internet 网上广告代替了电视、杂志、报纸等日常新闻媒介中的一些宣传作用；E-mail(电子邮件)和通过电话连接 Internet，比以前的一些传统工具如传真、信函、国际长途来说，降低了成本和交易费用，节省了时间。

② 付款方式。一些电子商务网上银行系统在网络上实行电子付款。即将资金存入电子银行或信用证公司的电脑中，交易达成后，在网络终端输入信用证的号码，在网络上进行资金的结算、转账、信贷等服务，在客户与银行，银行与银行之间架起一座高速运转的桥梁，但是有时大笔资金流向的安全无法完全保证。

③ 交付方式。网络化上电子商务的交付方式分为两种：一是有形产品的直接贸易方式，即通过电子网络传输为买卖有形产品而进行的洽谈、订货、付款、开发票、收款等活动，然后在商定的地点进行实际产品的交割；二是无形产品的直接贸易方式，即通过电子网络方式买卖咨询报告、电脑软件、数控程序、电子书刊及电子音像制品等，通过计算机传至客户的网络端完成交易。

(4) 国际贸易经营管理方式发生了重大的变革。

以计算机网络信息技术为核心的电子商务系统，为利用信息技术改造传统贸易，缔结一种现代化的贸易服务方式，为国际贸易提供一种信息较为完全的市场环境，从而使市场机制能够更为充分有效地发挥作用。这种方式突破了传统贸易以单向物流为主的运作格局，实现了以物流为依据，信息流为核心，商流为主体的全新战略。在计算机网络上为进出口提供包括进出口代理报关、商检、仓储运输等为内容的物流作为整套服务体系的载体，不断向会员提供商贸信息咨询、市场分析、进口产品的保税展示和仓储、网上推销与广告宣传等服务，在世界各地建立代理销售网络，为制造商与贸易商创造商机，寻找买主，撮合并成交，并提供成交后的出口服务。这种经营战略把代理、展销等多种传统贸易方式融为一体，把全部进出口货物所需要的主要流程如市场调研、国际营销、仓储报关、商检等引入计算机网络中，为世界各地的制造商和贸易商提供全方位、多层次、多角度的互动式的商贸服务，解除了传统贸易活动中的物质、时间、空间对交易双方的限制，促进了国际贸易的深化发展。

(5) 引发国际贸易中间组织结构的革命。

传统的贸易方式是由商人作为生产者和用户或消费者的中介人，在国际贸易中是由进出口商作为国家间商品买卖的媒介，专业的进出口贸易公司占有十分重要的地位。现在生产者与消费者之间通过网络直接接触，使得信息网络成为最大的中间商，贸易中间商、代理商和专业的进出口公司的地位相对降低，从而引发了国际贸易中间组织结构的革命。

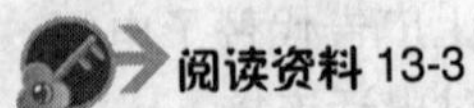

**阅读资料 13-3**

# 我国电子商务的发展趋势

从 20 世纪 90 年代初电子商务概念开始在我国传播，1998 年 3 月我国第一笔互联网网上交易成功，到 2004 年完成 4075 亿元交易额，2005 年市场规模达到 6800 亿元。但与发达国家相比，我国的电子商务尚处在成长阶段。随着全球电子商务的快速发展，我国政府在电子商务方面的大力推动，以及相关企业的积极参与，未来一段时期我国电子商务将呈现以下发展趋势。

一、电子商务的深度将会进一步拓展

目前受限于技术创新和应用水平，企业发展电子商务仍处于初级阶段。随着政府的强力推动、技术创新和应用水平，以及其他相关技术的发展，电子商务将向纵深挺进。电子商务企业将从网上商店和门户的初级形态，过渡到将企业的核心业务流程、客户关系管理等都延伸到 Internet 上，使产品和服务更贴近用户需求。互动、实时成为企业信息交流的共同特点，网络成为企业资源计划、客户关系管理及供应链管理的中枢神经。企业将创建并形成新的价值链，把新老、上下游利益相关者联合起来，形成更高效的战略联盟，共同谋求更大的利益。

电子商务的基础设施将日益完善，支撑环境逐步趋向规范，企业发展电子商务的深度进一步拓展，个人参与电子商务的深度也将得到拓展。高速宽带互联网将扮演越来越重要的角色，制约中国电子商务发展的网络瓶颈有望得到缓解和逐步解决。我国电子商务的发展将具备良好的网络平台和运行环境。电子商务的支撑环境逐步趋向规范和完善。个人对电子商务的应用将从目前点对点的直线方式走向多点的智能式发展。

个性化定制信息需求将会强劲，个性化商品的深度参与成为方向。互联网的出现、发展和普及本身就是对传统秩序型经济社会组织中个人的一种解放，使个性的张扬和创造力的发挥有了一个更加有利的平台，也使消费者主权的实现有了更有效的技术基础。在这方面，个性化定制信息需求和个性化商品需求将成为发展方向，消费者把个人的偏好参与到商品的设计和制造过程中去，对所有面向个人消费者的电子商务活动来说，提供多样化的、比传统商业更具有个性化的服务，是决定今后成败的关键因素。

二、行业电子商务将成为电子商务发展主流

中国电子商务进入迅猛发展时期的典型特征是风险资金、网站定位等将从以往的“大而全”模式转向专业细分的行业商务门户。第一代的电子商务专注于内容，第二代专注于综合性电子商务，而下一代的行业电子商务将增值内容和商务平台紧密集成，充分发挥 Internet 在信息服务方面的优势，使电子商务真正进入实用阶段。面向消费者的垂直型网站和专业化网站前景看好，面向行业的专业电子商务平台发展潜力大。

1. 面向个人消费者的专业化趋势。要满足消费者个性化的要求，提供专业化的产品线和专业水准的服务至关重要。今后若干年内我国上网人口仍将是以中高收入水平的人群为主，他们购买力强，受教育程度高，消费个性化需求比较强烈。所以相对而言，提供一条龙服务的垂直型网站及某类产品和服务的专业网站发展潜力更大。

2. 面向企业客户的专业化趋势。对 B-B 电子商务模式来说，以大的行业为依托的专业电子商务平台前景看好。

三、电子商务应用服务商eASP将有力推动中小型企业的电子商务的发展

电子商务是将来的主要商务交易模式，但对于国内为数众多的中小型企业来说，将面临如建设投入大、运营成本高、见效周期长、效果不理想、缺乏标准化的应用系统、软硬件需不断升级等一系列难题。有了eASP，中小企业可以把上述问题转给他们解决，只专注于做好自己的产品和服务便可。eASP给生产商、销售商、最终用户提供一个电子商务信息平台，该平台的本质与核心不仅包括在线交易，而且也可为各方面的客户提供专业化、多样化、实用性、开放的信息服务。

我国eASP的序幕已经拉开，并且会得到快速的发展。如北京网路科技有限公司的电子商务直通车，中国国际电子商务执行与协同作业平台“一贸自通”，中国电子交易中心的供应链电子商务港。

四、国际化趋势

中国已加入WTO，中国电子商务必然走向世界，同时也面临着世界电子商务强手的严峻挑战。互联网能够超越时间，空间的限制，有效打破国家和地区之间各种有形和无形的障碍，这对促进每个国家和地区对外经济、技术、资金、信息等的交流将起到强大的作用，电子商务将有力刺激对外贸易的快速发展。因此，我国电子商务企业将随着国际电子商务环境的规范和完善逐步走向世界。我国企业可以由此同发达国家真正站在一个起跑线上，变我国在市场经济轨道上的后发劣势为后发优势。电子商务对我国的中小企业开拓国际市场，利用国外各种资源是一个千载难逢的有利时机。同时，国外电子商务企业将努力开拓中国市场。

五、区域化发展优势

区域化优势是就中国独特的国情条件而言的。中国是一个人口众多、幅员辽阔的大国，社会群体在收入、观念、文化水平的很多方面都有不同的特点。我国虽然总体上仍然是一个收入比较低的发展中国家，但地区经济发展的不平衡所反映出来的经济发展的阶段性，收入结构的层次十分明显。在可以预见的今后相当长的时间内，上网人口仍将以大城市、中等城市和沿海经济发达地区为主，B-B的电子商务模式区域性特征非常明显。以这种模式为主的电子商务企业在资源规划，配送体系建设，市场推广等都必须充分考虑这一现实，采取有重点的区域化战略，才能最有效地扩大网上营销的规模和效益。

六、融合化趋势

随着电子商务的发展，电子商务企业或网站在最初的全面开花之后必然走向新的融合，形成规模化、专业化、综合化的企业或应用平台。

1. 同类网站之间的合并。目前大量的网站属于“重复建设”，定位相同或相近，业务内容相似，激烈竞争的结果只能是少数企业最终胜出，处于弱势状态的网站最终免不了被兼并或者倒闭的结果。

2. 同类别网站之间互补性的兼并。那些处于领先地位的电子商务企业在资源、品牌、客户规模等诸方面虽然有很大优势，但与国外著名电子商务企业相比仍是一个数量级的。这些具备良好基础和发展前景的网站在扩张的过程中必然采取收购策略，主要的模式将是互补性收购。

3. 战略联盟。由于个性化、专业化是电子商务发展的两大趋势，每个网站在资源方面总是有限的，客户需求又是全方位的，所以不同类型的网站以战略联盟的形式互相协作成为必然。

4. 电子商务的3种模式将相互融合、相互支持、相互补充。慧聪网与买卖网奋力在运营方式和渠道上创新，积极进入由阿里巴巴一手遮天的B-B市场；淘宝网、当当网、拍拍网大肆宣扬免费策略，eBay易趣的收费越来越低不惜斥巨资在C-C市场上跑马圈地；当当、卓越在B-C市场的价格竞争愈演愈烈，都试图将对手排斥出局……种种现象表明，投资者和企业所看重的不仅是眼前的利润，更是中国电子商务市场巨大的潜力，因此才不惜重金，在市场培育和用户竞争上下工夫。经过2005年的激烈竞争和收购兼

并，中国电子商务市场的竞争格局暂时稳定。而接下来，模式融合的大幕已经拉开。eBay 同环球资源签订战略合作协议，借此进入中国 B-B 市场开始电子商务运作，当当利用资源优势开展 C-C 业务都是电子商务模式融合的前兆；阿里巴巴早在 2003 年就开始了 C-C 运作，B-B 平台和 C-C 网站的融合将给两个平台上的商户带来前所未有的机遇。

资料来源：李道全，黄丙习. 浅析我国电子商务的发展趋势. 电子商务. 2006(12)，第 130-131。

### 13.3.2 国际技术贸易

国际技术贸易(International Technology Trade)是国际技术转让的一种形式，其交易对象与一般商品贸易不同，不是有形商品，因此它在交易中所要处理的问题和交易方式都具有自己的特点。

1. 国际技术贸易的含义及特点

1) 国际技术贸易的含义

首先要清楚技术的概念，技术是指制造一种产品，采用一项工艺，或提供一项服务的系统知识。从法律保护的角度，技术分为两大类：①有工业产权的技术，主要指专利技术和商标；②无工业产权的技术，主要指专有技术。

国际技术转让是指技术持有人把技术的使用权或所有权转让给另一国其他人的过程。一般有两种方式：一是通过政府间经济合作协定或科学界学术交流免费提供的技术，是无偿或非商业性技术转让；二是通过贸易渠道以等价交换转让技术，是有偿或商业性技术转让，也就是技术贸易。那么，国际技术贸易就是指不同国家的企业、经济组织或个人之间，按照一般商业条件，向对方出售或从对方购买技术使用权的一种国际贸易行为。它由技术出口和技术引进这两方面组成。简言之，国际技术贸易是一种国家间的以纯技术的使用权为主要交易标的的商业行为。

2) 国际技术贸易的特点

国际技术贸易与货物贸易有着明显的区别。

(1) 交易标的性质不同。货物贸易的标的是有形的物质商品，易计量、论质和定价；而技术贸易的标的是无形的知识，其计量、论质和定价的标准都是很复杂的。

(2) 交易双方当事人不同。一方面，货物贸易双方当事人一般不是同行，而技术贸易双方当事人则一般都是同行，因为只有双方是同行，引进方才会对转让方的技术感兴趣，引进方才有能力使用这种技术；另一方面，货物贸易中的卖方始终是以销售为目的，而技术贸易中的卖方(或转让方)，一般并不是为了转让而是为了自己使用才去开发技术的，只是在某些特定情况下才转让技术。

(3) 交货过程不同。货物贸易的交货是实物移交，其过程较简单。技术贸易的“交货”则是传授技术知识、经验和技艺的复杂而又漫长的过程。

(4) 所涉及的问题和法律不同。技术贸易涉及的问题多、复杂、特殊。如技术贸易涉及工业产权保护、技术风险、技术定价、限制与反限制、保密、权利和技术保证、支持办法等问题。技术贸易中涉及的国内法律和国际法律、公约也比货物贸易多，因而从事技术贸易远比从事货物贸易难度大。

(5) 政府干预程度不同。政府对技术贸易的干预程度大于对货物贸易的干预程度。由于技术出口实际上是一种技术水平、制造能力和发展能力的出口，所以为了国家的安全和经济利益上的考虑，国家对技术出口审查较严。由于在技术贸易中，技术转让方往往在技术上占优势，为了防止其凭借这种优势迫使引进方接受不合理的交易条件，也为了国内经济、社会、科技发展政策上的考虑，国家对技术引进也予以严格的管理。

2. 国际技术贸易的内容

国际技术贸易是以无形的技术知识作为主要交易标的，这些技术知识构成了国际技术贸易的内容，它主要包括：专利技术、商标和专有技术。商标虽不属技术，但它与技术密切相关，所以常将它作为国际技术贸易的基本内容之一。

1) 专利技术

世界知识产权组织给“专利”下的定义是：“由政府机构或代表几个国家的地区机构根据申请而发给的一种文件，文件中说明一项发明并给予它一种法律上的地位，即此项得到专利的发明，通常只能在专利持有人的授权下，才能予以利用(制造、使用、出售、进口)……”。在这里，“专利”被理解为三层意思：一是指专利证书这种专利文件；二是指专利机关给发明本身授予的特定法律地位，技术发明获得了这种法律地位就成了专利发明或专利技术；三是指专利权，即获得法律地位的发明的发明人所获得的使用专利发明的独占权利，它包括专有权(所有权)、实施权(包括制造权和使用权)、许可使用权、销售进口权利放弃权。简言之，专利权就是专利持有人(或专利权人)对专利发明的支配权。在我国，专利权是以申请在先原则授予的。专利权受到专门法律《专利法》的保护。可见，专利、专利技术、专利权和专利权人这几个概念是有密切联系的。其中专利权有其明显的特点。

(1) 专利权是一种法律赋予的权力。发明人通过申请，专利机关经过审查批准，使他的发明获得了法律地位而成为专利发明，而他自己同时也因之获得了专利权；这种权利的产生与物权的自然产生是不同的。

(2) 专利技术是一种知识财产、无形财产。专利权是一种特殊的财产权。

(3) 专利权是一种不完全的所有权。专利权的获得是以发明人公开其发明的内容为前提的。而公开了的知识很难真正为发明人所独有。

(4) 专利权是一种排他性(独占性、专有性)的权力。对特定的发明，只能有一家获得其专利权。也只有专利权人才能利用这项专利发明，他人未经专利权人的许可，不能使用该专利发明。

(5) 专利权是一种有地域性的权利。专利权只在专利权批准机关所管辖的地区范围内发生效力。

(6) 专利权是一种有时间性的权利。专利权的有效期一般为10年～20年。超过这个时间，专利权即失去效力。

根据专利技术的创造性程度的高低和其他特点，常把专利分为3种类型。

(1) 发明专利。所谓发明，是指对产品、方法或者其改进所提出的新的技术方案。它是利用自然规律解决实践中特定的技术问题的新方案。发明可分为两类，一类是产品发明，其发明的结果是一种新产品；另一类是方法发明，其结果是一种制造产品或测试或操作的新方法。

(2) 实用新型专利。实用新型是对产品的形状、构造或者其结合所提出的适于实用的新技术方案。实际上，实用新型也属于一种发明。它与上述发明专利不同之处在于，实用新型是一种仅适于产品的、创造性水平较低能够直接应用的发明(有人称之为“小发明”)。在实践中，实用新型这种“小发明”为数众多，所以包括中国在内的世界上少数国家把它从发明中划分出来，单独加以保护。实用新型专利条件低，审批程序简单，收费也少，这有利于鼓励众多的小发明者。

(3) 外观设计专利。外观设计是指产品的形状、图案、色彩或其结合所作出的富有美感并适于工业上应用的新设计。它与实用新型不同，外观设计对产品形状的设计主要是图好看，而实用新型对产品形状的设计主要是基于增加产品的使用价值，使其有新功能，主要是图好用。专利中的外观设计实际上是工业外观设计，它与纯美术作品不同，造型、图案和色彩只有体现在有独立用途的制成品上，才是专利中的外观设计。它是在保证或不影响产品用途的前提下，通过外型、图案、色彩的设计来吸引消费者。

2) 商标

商标是商品生产者或经营者为了使自己的商品同他人的商品相区别，而在其商品上所加的一种具有显著性特征的标记。常见的商标是文字商标和图形商标。国外有立体商标，如“可口可乐”饮料瓶子的特殊形状。还有音响商标、气味商标等形式。商标大体上可分为制造商标、商业商标和服务商标3类。

一般只有能够移动的重复性生产的商品才使用商标。商标须具有显著性特点，即相同或类似的商品不能使用相同或相似的商标。商标主要具有以下功能。

(1) 区别功能，即商标能标明产品的来源，把一企业的产品与另一同类企业的产品区别开来。这是商标的最基本最重要的功能。

(2) 间接标示产品质量的功能。产品的来源不同，其质量和信誉也会有差别。商标作为特定来源的产品的标记，它间接地反映了该产品的内在质量。人们选购商品时，一般无法当场检验其内在质量，而往往是根据自己的经验和商品的社会信誉凭商标来选购所希望的具有一定质量的商品的。

(3) 广告功能。由于商标的简明性和显著性，最容易被消费者记住，从而使商标成为醒目的广告。

商标是一种无形的知识财产，所以商标权也就是一种特殊的财产权。商标权是商标使用者向商标管理部门申请注册并得到批准的商标专用权。但在少数国家，商标权是由于商标的首先使用而获得的。在我国，商标权是以注册在先原则而取得的。商标权的内容包括使用权、禁止权(禁止他人使用)、转让权、许可使用权和放弃权。商标权受专门法律《商标法》的保护。它是一种排他性权利，只在注册机构所管辖地区范围内有效。与专利权期满不可延期不同，商标权到期可续展延期，且延期次数不限。

3) 专有技术

专有技术的英文名称叫“Know-how”，意为“知道如何制造”。它有许多中文名称：技术诀窍、技术秘密、专门知识等。还有直译成“诺浩”的，但最常用的名称是“专有技术”。

所谓专有技术是指在实践中已使用过了的没有专门的法律保护的具有秘密性质的技术知识、经验和技巧。专有技术可以是产品的构思，也可以是方法的构思，与专利技术相比，它主要有以下不同点。

(1) 专利技术必须是可以通过语言来传授的，专有技术虽也须是可以传授的，但它未必都是可言传的，有些只能通过“身教”才能传授。

(2) 专有技术是处于秘密状态下的技术；而专利技术是公开技术。

(3) 专有技术没有专门法律保护，所以它不属于知识产权。

(4) 专利技术是被专利文件固定了的静态技术，而专有技术则是富于变化的动态技术。

(5) 专利技术受保护或被垄断的期限是有限的(最多 20 年)，而专有技术是靠保密而垄断的，因而它被垄断的期限是不定的。

专有技术也是一种无形的知识财产，它除需用保密手段得到保护以外，也需要法律的保护。在实际中，专有技术是援引合同法、防止侵权行为法、反不正当竞争法和刑法取得保护的。但专有技术受法律保护的力度远比专利技术受到专利法保护的力度小。

3. 国际技术贸易的基本方式

国际技术贸易采用的方式主要有许可贸易、特许专营、技术服务与咨询、合作生产，以及含有知识产权和专有技术转让的设备买卖等。

1) 许可贸易

许可贸易有时又称为许可证贸易。它是指知识产权或专有技术的所有人作为许可方，通过与被许可方(引进方)签订许可合同，将其所拥有的技术授予被许可方，允许被许可方按照合同约定的条件使用该项技术，制造或销售合同产品，并由被许可方支付一定数额的技术使用费的技术交易行为。许可贸易是国际技术贸易中使用最为广泛的技术贸易方式。

许可贸易按其标的内容可分为专利许可、商标许可、计算机软件许可和专有技术许可等形式。在国际技术贸易实践中，一项许可贸易可能包括上述一项内容，如单纯的专利许可，也可能包括上述两项或两项以上内容，成为“一揽子”许可。许可贸易实际上是一种许可方用授权的形式向被许可方转让技术使用权，同时也让渡一定市场的贸易行为。根据其授权程度大小，许可贸易可分为如下5种形式。

(1) 独占许可。它是指在合同规定的期限和地域内，被许可方对转让的技术享有独占的使用权，即许可方自己和任何第三方都不得使用该项技术和销售该技术项下的产品。所以这种许可的技术使用费是最高的。

(2) 排他许可，又称独家许可。它是指在合同规定的期限和地域内，被许可方和许可方自己都可使用该许可项下的技术和销售该技术项下的产品，但许可方不得再将该项技术转让给第三方。排他许可是仅排除第三方面不排除许可方。

(3) 普通许可。它是指在合同规定的期限和地域内，除被许可方该允许使用转让的技术和许可方仍保留对该项技术的使用权之外，许可方还有权再向第三方转让该项技术。普通许可是许可方授予被许可方权限最小的一种授权，其技术使用费也是最低的。

(4) 可转让许可，又称分许可。它是指被许可方经许可方允许，在合同规定的地域内，将其被许可所获得的技术使用权全部或部分地转售给第三方。通常只有独占许可或排他许可的被许可方才获得这种可转让许可的授权。

(5) 互换许可，又称交叉许可。它是指交易双方或各方以其所拥有的知识产权或专有技术，按各方都同意的条件互惠交换技术的使用权，供对方使用。这种许可多适用于原发明的专利权人与派生发明的专利权人之间。

在上述几类许可形式中，受许可人获得的许可授权和法律地位差别很大，许可人索取的酬金也不同。在具体实务中，国际技术贸易双方当事人要根据各自的需要以及市场前景、竞争状况和技术的性质来决定采用哪一种方式，签订哪一种许可协议。

许可协议是国际技术贸易双方当事人确定各自的权利和义务的法律依据，内容复杂，涉及法律问题众多，其主要条款包括：序文、关键词语的定义、技术内容和范围、许可授权条款、技术改进和发展条款、搭售条款、技术服务条款、保证条款、保密条款、酬金的支付及清算、账册的检查、最优惠待遇条款、违约及其救济方法、不可抗力和情势变更条款、争议解决与法律适用及协议的生效、终止、满期及延期等十几项内容。下面就其中一些主要条款做简单的介绍。

(1) 序文。

序文要写明许可协议的名称，双方当事人的名称、法律地位及法定地址，说明双方当事人所经营的行业，订约的目的、希望和意图。如果序文和具体条款发生抵触，通常要以具体条款的规定为准。

(2) 关键词语的定义。

当事人双方要在许可协议中对一些重要的名词术语规定明确的定义，防止履行协议时发生争议。像基本技术、专利、商标、专有技术、技术情报、技术改进与发展、技术服务与协助、使用和销售的领域、协议产品、工艺方法、协议地区、协议工厂、质量标准、净售价、会计年度、生效时间、有效期限、不可抗力和情势变更等名词术语，双方最好应该在许可协议中规定其明确的定义。

(3) 技术内容和范围。

许可协议中要订明所许可使用的技术的具体内容和要求，许可使用的是哪项专利或商标，许可人是何时何地取得该项专利权或商标权的，受许可人将把技术用于何种领域及其范围。最重要的是，许可协议中要订明许可人应保证全部、完整、正确、及时地提供约定的包括实施该项技术所必需的一切知识、经验、数据、设计、计算方法及公式、图纸、工艺、检验标准、维修方法及产品包装运输等各种技术资料，并且把所需的技术资料详细开列出清单，作为许可协议的有效组成部分。

(4) 许可授权条款。

许可授权条款是许可协议中的核心法律条款，要对该许可协议是独占许可、排他许可或普通许可作出规定。这一条款还要订明使用权、制造权和销售权的范围，即许可人同意受许可人使用的技术及其范围，许可人同意受许可人使用许可技术制造产品的地区和工厂，许可人同意受许可人使用项下的技术生产的产品销往哪些国家或地区。此外，有些许可协议还要对受许可人是否有权把许可技术再许可给第三人即转让权问题作出规定，有权再许可的称为可转让的许可协议，反之称为不可转让的许可协议。受许可人依此与第三人签订的协议称为再许可协议或分许可协议。

(5) 技术改进和发展条款。

许可协议中应该对技术改进的成果所有权属于哪一方，当事人双方是否有交换技术改进成果的义务以及交换的条件作出明确的约定。一般应规定技术改进的成果所有权属于作出改进的当事人所有并拥有专利申请权。双方在许可协议中应规定按照互惠或对等的原则，采用互相许可的办法，互相无偿地将技术改进成果提供给对方使用。

(6) 搭售条款。

许可协议中可以规定，受许可人如果提出要求，许可人有义务按照国际市场的公平价格向受许可人提供机器设备、原材料或零配件等。此外，为了保证许可技术的正确实施和产品质量达到标准，协议中也可以规定受许可人向许可人购买某些特定的设备、原材料或零部件等。

(7) 技术服务条款。

许可协议中要对许可人向受许可人提供设计和工程服务、技术培训和管理服务等技术服务的项目、内容以及实施的方法和步骤作出明确的约定。例如在技术培训项目中，应规定清楚培训的人数、专业、期限以及差旅和培训费用的负担等内容。

(8) 保证条款。

许可协议中一般应当规定许可人要对许可技术向受许可人做出技术上和权利上的保证。就技术保证而言，许可人应保证所提供的技术资料是完整、可靠和正确的；并且，受许可人在正确使用其技术资料的前提下，可以达到许可协议所规定的产品质量标准；就权利保证而言，许可人应保证对项下的技术拥有合法的权利，如被他人指控有侵权行为，许可人应承担一切责任。在专利许可中，许可人应保证专利的有效性，如果专利由于受到他人的异议或专利权人不按时交纳年费等原因而导致专利被宣告失效，受许可人有权终止协议。在商标许可中，受许可人应保证其产品的质量符合规定的标准，许可人有权对受许可人的生产和产品质量进行监督和检查，如产品质量不能达到规定的标准，许可人有权要求受许可人予以改进，或者终止协议的履行。

(9) 保密条款。

在国际技术贸易实务中，专利技术和商标的使用权有时与专有技术秘密结合在一起转让，这就涉及技术的保密问题。这种类型的许可协议称为混合型的许可协议。一般情况下，混合型许可协议的许可人会要求受许可人承担保密义务，保密期限一般与许可协议的期限相同，也可以长于或短于许可协议的期限，主要取决于许可技术的性质及其所处的有效时限。此外，根据权利和义务对等的原则，许可协议中可以规定如果许可人已公开其技术，受许可人可以免除其保密义务。

(10) 酬金支付及清算。

酬金支付及清算条款是许可协议中又一个核心法律条款，是国际技术贸易双方当事人必须反复磋商的最重要和最复杂的问题之一。由于技术知识是一种无形的财产，对其价值的准确评估要受到多种复杂因素的影响，比确定有形货物的价值要困难得多，所以许可贸易中的酬金计算办法和支付方式与一般商品贸易方式相比有很大的不同。在国际技术贸易实务中，许可贸易的支付方式基本上分为包价付款、提成费和包价与提成费相结合三种方式。其中提成费方式中又有两种特别的方式，即最低、最高提成费和递减提成费。

① 包价付款。双方当事人在签订许可协议的时候，一次性算清许可协议中各个技术项目所应支付的费用并确定一个固定的金额，在协议中加以规定，这就是包价付款方式。包价金额可以一次性付清，也可以分次支付。在实际操作中一般都采取一次算清，分期付款的办法。例如，双方可以规定在许可协议订立后的一个月内支付包价的10%～15%，许可人交付技术资料或图纸时再支付包价的 15%～20%，其余的在协议签订后两年左右分次付清。

② 提成费。提成费是受许可人取得并使用许可协议项下的技术之后，以该项技术在经济上所取得的成果作为函数来确定的、按期支付给许可人的一种技术报酬方式。在许可协议中可以规定按照产量、销售价格或利润来计算应付给许可人的提成费金额。

按产量计算。当事人双方可以在许可协议中规定按照许可技术所生产出来的产品，每一单位产量应付给许可人提成费的金额。

按销售价格计算。双方可以在协议中规定按产品销售价的百分比来计算提成费的金额。其中一种是按总销售价计算，即双方按产品的发票价格计算，只要通过检查发票和账册就可以确定应付给许可人的提成费金额。实际业务中一般是采取另一种方法即按净销售价计算。所谓净销售价，就是在总销售价中减去除许可技术以外的其他项目的成本、费用或价值而得出的价格。其中，一般要减去包装费用、保险费用、运输费用、进出口税、营业税、一般商业折扣和在产品使用地的安装费用等项目。

按利润计算。当事人双方可以在许可协议中规定按照企业从该项技术产品的销售中所获得利润的一定百分比来计算提成费金额。

双方可以在许可协议中规定一个最低限度的提成费金额，作为按产量或按售价或按利润计算提成费的一种补充方式，以保障许可人的合理利益，也利于促使受许可人充分合理地使用许可技术来创造效益。许可协议中也可以规定一个最高提成费金额作为补充方式，以保障受许可人的合理利益。最低提成费和最高提成费可以单独规定，也可以一起规定在同一个许可协议中。

当事人双方也可以商定在许可协议中规定递减提成费，即根据产量或销售金额的增长而逐步降低提成费率。

③ 包价与提成费相结合。在国际许可贸易实务中，许可人与受许可人可以在许可协议中规定，受许可人在签约后若干天内或在收到技术情报资料后若干天内，支付一笔约定的金额，即初付费，以后再按规定的办法支付提成费。如果确定采用提成费方式支付技术报酬，双方还要规定提成费具体的申报和确定办法，提成费的计算期间以及实际付费的时间和地点等款项清算的具体问题。

(11) 账册的检查。

为了核对受许可人计算和申报的提成费是否准确，许可人一般会要求在许可协议中规定受许可人必须建立必要的账册，许可人有检查账册的权利，对查账的时间、地点以及查账费用的分担也要规定清楚。检查的办法可以是由双方同意或者共同委托的会计师或审计师进行检查，也可以是由许可人或其指派的代表进行检查。

(12) 最优惠待遇条款。

在许可贸易中常常要订立这一条款，目的是为了受许可人不致遭受差别待遇，其基本含义是：如果许可人就同一个工业产权技术与一个以上的受许可人签订许可协议时，如果后签的许可协议在许可条件和条款上比先前的许可协议的条件和条款要更为优惠，则先前的受许可人可以援引最优惠的条款要求予以同等优惠的待遇。

(13) 违约及其救济办法。

许可协议中可以对双方能够预见的各种违约情况及救济方法作出具体的规定。当一方违反许可协议时，受损害的一方有权按照协议的约定，直接采取适当的救济措施或者做为仲裁和诉讼的依据，以维护自身的合法权益。

许可人常见的一些违约行为有如下几种。

① 不提供许可协议中约定的技术情报，或不按协议的约定传授技术经验，或不提供相关的技术服务与协助等。这是根本违反许可协议义务的行为，构成了根本违约。这种情况下，受许可人有权终止许可协议，并可以要求退还已付的款项，向受许可人支付一笔约定的违约金。

② 迟延提供专有技术，受许可人可以要求许可人按迟交时间的长短支付约定的违约金。

③ 许可技术未能达到许可人保证的预期效果，受许可人有权按照协议的约定终止许可协议，或者修改协议条款或要求支付约定的违约金。

④ 违反权利担保，即许可技术的合法性或有效性受到了第三人的异议，或被有权机关撤销或宣告无效，受许可人有权停止履行其义务、修改酬金的支付条件或终止许可协议。

受许可人最常见的违约行为主要有不付款和迟延付款两种。如果受许可人不按许可协议的规定向许可人付款，许可人有权停止履行其义务或终止许可协议，并可要求受许可人退还已取得的技术情报，支付约定的违约金。如果受许可人迟延付款，许可人可以要求按迟延支付的款项的利息支付违约金。

(14) 不可抗力和情势变更条款

许可协议双方可以把不可抗力和情势变更的表现、范围、法律后果及双方应采取的措施规定在此条款中，例如规定遭受不可抗力的一方应当在10天内将情况通知另一方，并提出应对措施的建议；或者规定何种情况下可中止或迟延履行协议，何种情况下可以解除许可协议；还可以规定因不可抗力不能履行协议或迟延履行协议的，任何一方都无权要求损害赔偿。

(15) 争议解决与法律适用

许可协议中可以规定，双方当事人之间如果发生了争议，首先应当通过双方的友好协商解决分歧。如果通过友好协商不能达成和解，按照通行的做法，可以采取下列方式处理。

① 协议中可以规定由双方共同指定一名独立的专家对技术问题提出处理意见，并规定专家的类别及处理事务的能力、指定的程序和费用的分担等问题。

② 许可协议中可以规定仲裁条款，由双方选定仲裁机构和仲裁的程序规则，并约定仲裁费用的分担。

③ 许可协议中也可以不订立仲裁条款，而规定发生争议时任何一方都有权向有管辖权的法院起诉，由法院通过司法程序来解决争议。

此外，许可协议中还应当对法律适用问题做出规定。由于国际许可贸易往往涉及多个国家，而各国的法律规定又差别很大，并且法律适用问题与双方当事人有着极为密切的利害关系，所以贸易双方在这一问题上往往争执很大，不易达成一致意见。

(16) 协议的生效、终止、满期及延期

许可贸易双方可以在协议中规定协议的生效条件及生效日期，例如可以规定许可协议在签订后经本国政府主管部门批准后生效，批准日期即为协议的生效日期。协议中应当对协议的有效期作出规定，其长短有时受当事人所在国的法律限制，不能太长。许可协议有效期届满时，如果双方当事人同意，可以适当延长。

此外，双方还要在协议中对协议终止的条件作出明确的规定。因为协议终止的原因、理由和条件是多方面的，引起的法律后果也各不相同，一般会涉及酬金是否继续支付、技术及技术情报能否继续使用以及是否仍须承担保密义务等问题，双方对此应有明确的规定。

总之，国际技术许可协议通常内容复杂，涉及法律问题众多，包括中国或外国的法律以及国际惯例。在实务操作中需个案研究，分别对待。

2) 特许专营

特许专营是迅速发展起来的一种新型商业技术转让方式。它是指由一家已经取得成功经验的企业，将其商标、商号名称、服务标志、专利、专有技术以及经营管理的方式或经验等全盘地转让给另一家企业使用，由后一企业(被特许人)向前一企业(特许人)支付一定金额的特许费的技术贸易行为。

特许专营的受方与供方经营的行业，生产和出售的产品，提供的服务，使用的商号名称和商标(或服务标志)都完全相同，甚至商店的门面装潢、用具、职工的工作服、产品的制作方法、提供服务的方式也都完全一样。例如，美国的麦克唐纳快餐店在世界各地几乎都有它的被授人，他们所提供的服务同美国一样，所生产和销售的汉堡包的味道也完全一样。

特许专营类似许可，但它的特许方和一般的许可方相比要更多地涉入对方的业务活动，从而使其符合特许方的要求。因为全盘转让，特别是商号、商标(服务标志)的转让关系到他自己的声誉。

特许专营的被特许方与特许方之间仅是一种买卖关系。各个特许专营企业并不是由一个企业主营的，被特许人的企业不是特许人企业的分支机构或子公司，也不是各个独立企业的自由联合。它们都是独立经营、自负盈亏的企业。特许人并不保证被特许人的企业一定能盈利，对其盈亏也不负责任。

特许专营合同是一种长期合同，它可以适用于商业和服务业，也可以适用于工业。特许专营是发达国家的厂商进入发展中国家的一种非常有用的形式。由于风险小，发展中国家的厂商也乐于接受。

3) 技术服务和咨询

技术服务和咨询是指独立的专家或专家小组或咨询机构作为服务方应委托方的要求，就某一个具体的技术课题向委托方提供高知识性服务，并由委托方支付一定数额的技术服务费的活动。技术服务和咨询的范围和内容相当广泛，包括：产品开发、成果推广、技术改造、工程建设、科技管理等方面，大到大型工程项目的工程设计、可行性研究，小到对某个设备的改进和产品质量的控制等。企业利用“外脑”或外部智囊机构，帮助解决企业发展中的重要技术问题，可弥补自身技术力量的不足，减少失误，加速发展自己。我国“二汽”委托英国的工程咨询公司改进发动机燃烧室形腔设计，合同生效半年内就取得了较好的技术经济效果。

技术服务和咨询与许可贸易的主要区别在于以下几点。

(1) 许可贸易是以技术成果为交易对象的，而技术服务和咨询则是以技术性劳务为交易对象的。

(2) 许可贸易的技术供方所提供的技术是被其垄断的新的独特的技术，这些技术属于知识产权或专有技术。而在技术服务和咨询中，服务方所提供的技术多是一般技术，即知识产权和专有技术以外的技术。

在国际技术贸易实践中，许可贸易特别是专有技术许可中常含有技术服务和咨询(如设备安装调试、人员培训)的内容。而在技术服务和咨询活动中，也有提供服务的供方以其专利或专有技术完成其服务任务的。许可贸易与技术咨询服务是国际技术贸易的两种基本的贸易方式，其他技术贸易形式一般都是这两种方式在特殊情况下的运用或是包含了这两种方式。

4) 合作生产

对于合作生产，有多种不同的理解。从国际技术贸易的角度来看，合作生产是指分属不同国家的企业根据它们签订的合同，由一方提供有关生产技术或各方提供不同的有关生产技术，共同生产某种合同产品，并在生产过程中实现国际技术转让的一种经济合作方式。

合作生产中的一方或各方拥有生产某种合同产品的特别技术，在合作生产过程中通过单向许可或双向交叉许可的方式，可能再辅以一定的技术服务咨询，从而实现国际技术转让。

合作生产作为一种国际技术贸易方式，它并不是一种独立的基本的技术贸易方式，实际上，它是建立在各方合作生产目的之上的许可贸易和技术服务咨询。这种技术贸易的目的与单纯的技术贸易不同，它是为各方的合作生产服务的。

5) 含有知识产权和专有技术转让的设备买卖

在国际贸易实际业务中，在购买设备特别是关键设备时，有时也会含有知识产权或专有技术的转让内容。这种设备买卖也属于技术贸易的一种方式。但是，单纯的设备买卖，即不含有知识产权和专有技术许可的设备的买卖则属于普通商品贸易，不是技术贸易。

含有知识产权和专有技术转让的设备买卖，其交易标的包含了两方面的内容：一是硬件技术，即设备本身；二是软件技术，即设备中所含有的或与设备有关的技术知识。这些技术知识又分为两部分：一部分属于一般的技术知识；另一部分是专利技术和专有技术。

这种设备的成交价格中不仅包括设备的生产成本和预得利润，而且也包括有关的专利或专有技术的价值。在这种设备的买卖合同中含有专利和专有技术许可条款以及技术服务和咨询条款。

这种方式的技术转让在发达国家与发展中国家的技术贸易中占有相当大的比重。它也常用于工程承包之中。除上述五种情形外，许可贸易的做法还常出现在补偿贸易中，一方提供的设备中含有专利或专有技术，该方以设备出口和技术许可的综合方式向对方提供技术设备，对方以该项设备生产的产品或其他产品补偿其技术和设备的价款。许可贸易的做法也常出现在合资经营方式中。或者拥有专利和专有技术的一方直接转让其技术，实行技术作价入股；或经过许可方式获得他人专利或专有技术使用权的一方，经技术产权方的允许后，以分许可的方式向合资企业进行技术的再转让。

4. 国际技术贸易的有关国际规定

在国际技术贸易实践中，技术出口方往往容易凭借其技术上的优势地位而迫使引进方接受种种不公平的限制条件。这种现象在国际上逐渐被普遍化，从而使之成为国际技术贸易中限制性商业惯例，它越来越阻碍国际技术贸易的发展。为此，许多发展中国家要求联合国主持制定一项国际性的技术转让守则。

1978 年 10 月，联合国大会委托联合国贸发会负责起草的《国际技术转让行动守则》(以下简称《守则》)出台，此后又经多次修改。该《守则》草案规定交易各方的谈判地位应均衡，任何一方不应滥用其优势地位的条件举行技术转让的交易，特别是涉及发展中国家的技术转让交易，从而达成彼此满意的协定。它还规定了技术转让当事各方应避免在合同中采用的 20 条限制性惯例。但代表转让方利益的一些发达国家千方百计地想使限制性惯例在《守则》中合法化，而以 77 国集团为首的发展中国家为维护引进方的利益与发达国家进行了针锋相对的斗争。终因双方的严重分歧，该守则至今未获正式通过。但是，《守则》草案总结了国际技术转让的一些做法，提出了技术转让的普遍应遵循的原则，在国际上有较广泛的基础，因而对指导国际技术转让、建立良好的国际技术贸易新秩序有着重要意义。

5. 我国技术进出口的管理

1) 技术引进的管理

为维护我方利益，根据我国实践经验并参考一些国家的立法，我国规定，引进合同中不得含有下列不合理的限制性条款。

(1) 要求受方接受同技术引进无关的附带条件，包括购买不需要的技术、技术服务、原材料、设备或产品。

(2) 限制受方自由选择从不同来源购买原材料、零部件或设备。

(3) 限制受方发展和改进所引进的技术。

(4) 限制受方从其他来源获得类似技术或与供方竞争的同类技术。

(5) 双方交换改进技术的条件不对等。

(6) 限制受方利用引进的技术生产产品的数量、品种或销售价格。

(7) 不合理地限制受方的销售渠道或出口市场。

(8) 禁止受方在合同期满后，继续使用引进的技术。

(9) 要求受方为不使用的或失效的专利支付报酬或承担义务。

依照我国法律规定，合同的引进方应自合同签订之日起的30天内，向审批机关报批。审批机关应在收到报批申请书之日起的60天内决定批准或不批准。审批机关逾期未予答复的，视为合同获得批准。经批准的合同自批准之日起生效，并由审批机关发给技术引进合同批准证书。在技术引进合同的履约过程中涉及税收和用汇问题，分别统一由国家税务局(涉及关税的由海关总署)和国家外汇管理局负责解决和管理。

2) 技术出口的管理

我国以贸易渠道出口技术是从20世纪80年代开始的。1986年国家制定了我国技术出口的方针、原则和管理制度。

我国技术出口应遵循6项原则。

(1) 遵守我国的法律、法规。

(2) 符合我国外交、外贸和科技政策并参照国际惯例。

(3) 遵守我国对外签订的协议和所承担的义务。

(4) 不得危害国家安全和社会公共利益。

(5) 有利于促进我国对外贸易发展、科学技术进步以及经济技术合作。

(6) 保护我国经济技术权益和我国产品在国际市场上的竞争地位。

为贯彻上述原则，我国把技术项目分为禁止出口、控制出口(重大技术)和允许出口(一般技术)三大类，并对技术出口项目和技术出口合同实行双重审批制度。

6. 我国加入有关公约的情况

最后简要介绍一下我国已加入的有关公约。

(1) 1980年6月，我国正式成为《世界知识产权组织公约》的成员国。该公约于1970年4月26日生效，其宗旨是：通过政府之间的合作，并与其他有关国际组织适当配合，促进在全世界保护知识产权，保证各知识产权联盟之间的行政合作。

(2) 1985年3月，我国正式加入《保护工业产权巴黎公约》。该公约于1883年3月24日在巴黎签订，是最早签订的一项关于保护商标权和专利权的国际公约。该公约制定了工业产权保护的具体对象和适用的国民待遇原则、优先权原则，以及缔约国必须遵守的共同规则。

(3) 1989年10月，我国正式加入《商标国际注册马德里协定》。该协定于1891年4

月14日在西班牙马德里签订。它对商标国际注册的申请、申请人的资格、国际注册的效力、期限以及申请国际注册的商标禁止使用的标记等内容做了具体规定。我国加入该公约后，我国注册商标所有人均可申请商标国际注册。

(4) 1994年4月，我国正式加入《专利合作条约》。该条约于1970年6月19日在华盛顿签订，它属于《保护工业产权巴黎公约》的一个特别协定，其目的是为了使获得发明保护的工作更加简化和经济。

(5) 1994年8月，我国正式加入《商标注册用商品与服务国际分类尼斯协定》。该协定于1995年6月1日在法国尼斯签订。它规定了参加协定的国家采用共同的商品和服务分类表，供商标注册用。

(6) 另外，我国还是1989年在华盛顿通过的《关于集成电路知识产权保护条例》的首批签字国。但由于美、日等发达国家的反对，该条例迄今尚未生效。

(7) 1994年4月，我国还签署了关贸总协定乌拉圭回合达成的《与贸易有关的知识产权协议》。

## 本章小结

国际贸易方式是指国际间进行商品贸易采用的各种具体做法。随着国际贸易的发展，商品买卖的交易做法多种多样，有逐笔售定、包销、代理、招投标、展卖、寄售、拍卖等单纯的销售方式，还有如加工贸易、补偿贸易、租赁贸易、易货贸易、对销贸易等综合的贸易经营方式。随着现代信息技术的发展以及计算机网络在各国企业中的普及，尤其近年来电子商务的发展异常迅猛，从各个方面都改变着贸易的实现方式。国际技术贸易则是以无形的技术知识作为主要交易标的的贸易方式。

### 关键名词

(1) Exclusive Sale　包销

(2) General Agency　总代理

(3) Sole Agency　独家代理

(4) Commission Agency　佣金代理

(5) Consignor　寄售人

(6) Consignment　寄售

(7) Invitation to Tender　投标

(8) Submission of Tender　招标

(9) Auction 拍卖
(10) Processing Trade 处理贸易
(11) Compensation Trade 补偿贸易
(12) Lease Trade 租赁贸易
(13) Barter 易货贸易
(14) Counter Trade 互购贸易
(15) Electronic Commerce 电子商务
(16) International Technology Trade 国际技术贸易

## 习 题

【思考题】

(1) 包销协议主要包括哪些内容？
(2) 什么是代理？同包销相比代理有哪些特点？
(3) 什么是补偿贸易？它有哪些补偿方式？
(4) 寄售有什么特点？
(5) 在进出口贸易中，展卖方式的优势在哪里？
(6) 招标和投标有哪些主要阶段？
(7) 何为加工贸易？它有哪几种形式？
(8) 什么是国际技术贸易？同货物贸易相比，它有什么特点？
(9) 试述租赁贸易的种类及作用。
(10) 传统易货贸易的做法与现代易货贸易的做法有什么不同？
(11) 电子商务对国际贸易的促进作用有哪些？

## 案 例

### 案例 1

德国 X 公司与中国 Y 公司签订了一份独家代理协议，指定 Y 公司为 X 公司在中国的独家代理。不久，X 公司推出指定产品的改进产品，并指定中国的 Z 公司做该改进产品的独家代理。问 X 公司有无这种权利？

## 案例2

我国A公司以寄售方式向越南出口一批积压商品。货到目的地后，虽经代售人努力促销，货物还是无法售出，最后只得又装运回国。试分析A公司有何不当之处？

## 案例3

某招标机构接受委托，以国际公开招标形式采购一批机电产品。招标文件要求投标人制作规格和两份投标文件，开标时，先开规格标，对符合条件者，再定期开价格标，确定中标者。共有12家企业投标。在开标期先开了价格标，经慎重筛选，初步选定7家，要求他们对规格标进行澄清，并将投标有效期延长两个月。7家中，有4家送来澄清函并同意延长有效期。其余3家提出将提高报价10%或更多，否则将撤销投标。招标机构拒绝了后3家的要求。到了价格标的开标日期，对仅有的4家开标后，却发现4家报价均过高，超过招标机构预订标底30%以上。招标机构只得依法宣布此次招标作废，重新招标。试分析此次招标失败的原因以及应吸取的教训。

## 案例4

我国某制鞋有限公司以生产加工及设计男女皮鞋闻名中外，其生产的产品在国内占有一定的市场，拥有的"利盟"牌文字和图形的商标在国内也有较高的知名度。为尽快打开国际皮鞋市场，让自己的产品走出国门，走向世界，该公司的高层领导和决策部门决定在提高产品质量，在国外广做宣传和积极促销的同时，还要在美国、日本、瑞典、法国、西班牙、比利时、丹麦、韩国等国家申请"利盟"牌文字和图形商标的注册专用权。为此，该公司特地委托该市某商标事务所代为办理各国商标注册事宜。考虑到公司拟申请商标注册的绝大多数国家都是《商标国际注册马德里协定》的成员国，因此，该商标事务所决定通过国际注册的方式在各有关国家取得商标专用权，然后对那些不属于《商标国际注册马德里协定》成员国的其他国家，再逐一取得注册"利盟"牌文字和图形商标的资格。试问，如何通过国际注册使"利盟"牌文字和图形商标在各有关国家取得商标专用权？

# 参 考 文 献


[1] 海闻. 国际贸易：理论 政策 实践. 上海：上海人民出版社，1993.

[2] 李平，滕振忠. 国际贸易实务新编. 哈尔滨：哈尔滨工程大学出版社，2001.

[3] 安徽. 国际贸易实务教程. 北京：北京大学出版社，2005.

[4] 郎丽华. 国际贸易案例精选. 北京：经济日报出版社，2005.

[5] 王斌义. 外销员业务操作指引. 北京：对外经济贸易大学出版社，2004.

[6] 梅清豪. 国际贸易实务. 上海：上海人民出版社，1995.

[7] 郎丽华. 国际贸易案例精选. 北京：经济日报出版社，2005.

[8] 许罗丹，杨全发. 进出口贸易. 广州：中山大学出版社，1995.

[9] 郭建军. 国际货物贸易实务教程. 北京：科学出版社，2005.

[10] 黎孝先. 进出口合同条款与案例分析. 北京：对外经济贸易大学出版社，2003.

[11] 吴百福. 进出口贸易实务教程. 上海：上海人民出版社，2004.

[12] 曹民之. 国际贸易实务指导. 北京：立信会计出版社，2005.

[13] 张亚芬. 国家贸易实务与案例. 北京：高等教育出版社，2002.

[14] 蔡玉彬. 国际贸易理论与实务. 北京：高等教育出版社，2004.

[15] 王明明. 国际贸易理论与实务. 北京：机械工业出版社，2003.

[16] 石玉川. 国际贸易理论与实务. 台北：淑馨出版社，2002.

[17] 郭燕，杨楠楠. 国际贸易案例精选. 北京：中国纺织出版社，2004.

[18] 国际商会中国国家委员会翻译. 2000 年国际贸易术语解释通则. 北京：中信出版社，2000.

[19] 徐景霖. 国际贸易实务. 大连：东北财经大学出版社，2005.

[20] 徐进亮. 最新国际商务惯例与案例. 南宁：广西科学技术出版社，2000.

[21] 王明明. 国际贸易理论与实务. 北京：机械工业出版社，2001.

[22] 彭福永. 国际贸易. 上海：上海财经大学出版社，2002.

[23] 梁琦. 国际结算. 北京：高等教育出版社，2005.

[24] 石玉川. 国际贸易实务. 北京：对外经济贸易大学出版社，2005.

[25] 董瑾. 国际贸易理论与实务. 北京：北京理工大学出版社，2005.

[26] 刘耀威. 进出口商品的检验与检疫. 北京：对外经济贸易大学出版社，2001.

[27] 鲁丹萍. 国际贸易理论与实务. 北京：清华大学出版社，2006.

[28] 博尔. 营销管理：国际贸易实务——商检与索赔. 北京：中国言实出版社，1998.

[29] 兰菁. 国际贸易理论与实务. 北京：清华大学出版社，2003.

[30] 高成兴，朱立南. 国际贸易教程. 北京：中国人民大学出版社，2001.